KORSIKA

Marcus X. Schmid

Recherche und Text: Marcus X. Schmid
Wanderung GR 20 (Nord): Dirk Sievers
Wanderung GR 20 (Süd): Christoph Berg
Weitere Wandervorschläge: Christina Echeverria
Lektorat: Horst Christoph
Redaktion: Peter Ritter
Layout: Dirk Thomsen
Fotos: s. Nachweis im Inhaltsverzeichnis
Illustrationen: Thomas Hübner
Covergestaltung: Karl Serwotka
Titelmotive: oben: Bavella Massiv
unten: Bastia
Karten: Susanne Handtmann, Judit Ladik

Herzlichen Dank für Hilfe und Tipps:
Maik Behrendt, Josef Bernhard, Kirsten Binder, Michael E. Breuer, Diethard Brohl, Elvira Christian, Maria Claußen, Dieter Eder, Christine Engl, Irmgard Federolf, Raymond Federolf, Barbara Friedberger, Georgia Furtwängler, Reiner Furtwängler, Claudia Gans, Cornelia Germer, Ralf Germer, Monika Geschermann-Scharff, Jochen Grashäuser, Manfred Handlos, Willi Hausmann, Kristin Hausmann, Stefan Hochstrasser, Elke Höfke-Behrendt, Heike Itzek, Olav Kanno, Patricia Köberl, Markus Kornetzky, Renate Krauß, Rainer Kursch, Ralf Lacher, Claudia Lammert, Cornelia Langer, Christa Limpert, Robert Lütolf, Wolfgang Maxhofer, Thomas Milatz, Michael Müller, Gerhard Reck, Birgit Rubensdörffer, Heiner Schäfer, Miriam Schaich, Oliver Schöller, Thomas Scharff, Eberhardt Scheube, Katrin Schwedes, Hans Schymik, Petra Stettler, Anja Tischer, Anastasia Tziridis, Torsen Vogel, Birgit Wagner, Christiane Weinreich, Claudia Wolpensinger, Bernard Zappoli, Raphaël Zuccarelli

Besonderer Dank an:
Christoph Berg für die Beiträge "Mit dem Motorrad" und "Kochrezepte"
Martin Lendi für die Beiträge "Korsische Musik" und "Langustenfischerei"

ISBN 3-923278-84-5

© Copyright 1991 Michael Müller Verlag, Erlangen. Alle Rechte vorbehalten. Alle Angaben ohne Gewähr. Printed in Germany

Aktuelle Infos online unter: http://www.michael-mueller-verlag.de

5. vollständig überarbeitete und erweiterte Auflage 2002

**Reisepraktisches
Geschichte**

**Bastia
Cap Corse
Nebbio**

Ostküste

**Südkorsika
Golf von Valinco**

Golf von Ajaccio

**Golf von Sagone
Golf von Porto**

Galéria und Fango-Tal

**Castagniccia
Nördliche Hochtäler
Corte und Umgebung
Südliches Bergland**

GR 20

INHALT

Die "Insel der Schönheit" 10

Anreise 12
Mit dem Flugzeug 12
Mit dem eigenen Fahrzeug 14
Mit der Eisenbahn 22
Mitfahrzentralen 24
Fährverbindungen 24

Unterwegs auf Korsika 30
Mit dem Auto 30
Mit der Eisenbahn 32
Mit dem Bus 33
Mit dem Motorrad 34
Mit dem Fahrrad/Mountainbike 36

Übernachten 37
Feriendörfer/Hôtel-Résidences/
Mini-Villen 37
Hotels 38
Camping 39
Andere Übernachtungs-
möglichkeiten 40

Essen und Trinken 40

Sport 46
Wassersport 46
Wandern und Bergsteigen 49
Weitere Sportarten 54

Land und Leute 56
Geographie 56
Klima 57
Flora 59
Fauna 60
Wirtschaft 62
Bevölkerungsstruktur 65
Bildungswesen 66
Bildende Kunst und Architektur 67
Korsische Musik 68
Lektüretipps 70

Wissenswertes von A bis Z 72
Adresse 72
Alignement 72
Arbeit 72
Autonomisten 73
Bergerie 73
Blutrache 73
Clans 74
Diebstahl 74
Diplomatisches 74
Diskos 74
Dolmen 75
Ermäßigungen 75
Etang 75
Fest- und Feiertage 75
Fotografieren und Filmen 76
Fremdenlegion 76
Geld 76
Gesundheit 77
Haustiere 78
Höflichkeit 78
Information 78
Internet 78
Kriminalität 79
Kunsthandwerk 79
Menhir 79
Mohrenkopf 80
Müll 80
Öffnungszeiten 80
Ortsnamen 81

Parc Naturel Régional de la Corse	81
Pieds-Noirs	82
Polyphone Gesänge	83
Post	83
Reisedokumente	84
Siesta	84
Sprache	84
Steinmänner	85
Strom	85
Tabak	85
Telefon	85
Thalasso-Therapie	86
Touristen	86
Trinkgeld	87
Wachtürme	87
Waldbrände	87
Zeitungen/Zeitschriften	88
Zoll	89
Zyklopenmauern	89

Geschichte 90

Prähistorie	90
Griechische Kolonisation	93
Römische Kolonisation	94
Christen und Barbaren	94
Pisanische Herrschaft	95
Genuesische Herrschaft	96
Der Kampf Korsikas um die Unabhängigkeit	99
Der korsische Staat unter Pasquale Paoli	102
Unter französischer Herrschaft	105
Pariser Politik und korsischer Sprengstoff	109

Bastia 114

Cap Corse 126

Pietranera	127
Lavasina	128
Erbalunga	128
Macinaggio	129
Barcaggio	131
Centuri-Port	134
Pino	135
Canari	137
Nonza	138
Patrimonio	140

Nebbio 141

Saint-Florent	141
Tageswanderung zur Punta Mortella	146
Rundfahrt durch das Nebbio	147

Ostküste 151

Route Casamozza – Moriani-Plage	151
Moriani-Plage	152
Route Moriani-Plage – Aleria	154
Aleria	155
Aleria/Umgebung	160
Ghisonaccia	161
Ghisonaccia/Umgebung	162
Solenzara	164
Solenzara/Umgebung	166
Route Solenzara – Porto-Vecchio	166

Südkorsika 167

Porto-Vecchio	168
Küstenabschnitte nördlich von Porto-Vecchio	174
Küstenabschnitte südlich von Porto-Vecchio	176
Hinterland von Porto-Vecchio	177
Bonifacio	179
Bonifacio/Umgebung	190
Route Bonifacio–Sartène	192
Sartène	193
Sartène/Umgebung	200

Golf von Valinco 206

Propriano 207	Porto Pollo 212
Küstenabschnitte südlich von Propriano 210	Hinterland von Propriano 213
Campomoro 210	Olmeto 213
Küstenabschnitte nördlich von Propriano 211	Filitosa 213
	Route Propriano–Ajaccio 217

Golf von Ajaccio 219

Ajaccio 219	Küstenabschnitte nördlich von Ajaccio 231
Küstenabschnitte südlich von Ajaccio 230	Hinterland von Ajaccio 232
Porticcio 230	

Golf von Sagone 235

Sagone 235	Cargèse 239
Küstenabschnitte südlich von Sagone 237	Hinterland von Sagone 244
Küstenabschnitte nördlich von Sagone 239	Vico 244

Golf von Porto 246

Porto 246	Girolata 255
Küstenabschnitte südlich von Porto 250	La Scandola 256
Les Calanche 250	Hinterland von Porto 256
Wanderungen durch die Calanche 251	Ota 256
Piana 253	Spelunca-Schlucht 257
Küstenabschnitte nördlich von Porto 254	Evisa 257
	Wanderung im Forêt d'Aïtone 258

Galéria und Fango-Tal 259

Galéria 260	Route Galéria–Calvi 264
Fango-Tal 262	

Balagne 266

Calvi 267	Lumio 281
Calvi/Umgebung 277	Algajola 282
Wanderung: Forêt de Bonifatu – Bocca di Erbaghiolu – Bocca di Bonassa 278	Aregno-Plage 284
	L'Ile-Rousse 284
Calenzana 279	Route L'Ile-Rousse – Désert des Agriates 288
Route Calvi – L'Ile-Rousse 281	Das Hinterland der Balagne 289

Castagniccia 295

Cervione 296	Piedicroce 299
Kloster von Alesani 298	Piedicroce/Umgebung 300

Tageswanderung: Monte San Petrone	301	
		La Porta ... 302
		Morosaglia ... 303

Nördliche Hochtäler ... 304

Ponte Leccia	304	Calacuccia ... 311
Asco-Tal	306	Albertacce ... 313
Bergtour auf die Bocca di Pampanosa	308	*Tageswanderung zum Lac de Nino* ... 313
Niolo	310	Casamaccioli ... 314

Corte und Umgebung ... 316

Corte	317	Route Corte – Col de Vizzavona ... 329
Restonica-Tal	324	Venaco ... 329
Wandern im Tavignano-Tal	328	Vivario ... 330
Route Corte–Aleria	329	Vizzanova ... 331

Südliches Bergland ... 333

Das Taravo	333	Levie ... 337
Die Alta-Rocca	335	Levie/Umgebung ... 338
Zonza	336	Das Bavella-Gebiet ... 340

GR 20 ... 342

GR 20, nördlicher Teil: Von Calenzana nach Vizzavona ... 349	GR 20, südlicher Teil: Von Conca nach Vizzavona ... 370

Etwas Französisch ... 382

Sach- und Personenindex ... 396

Geographischer Index ... 398

Zeichenerklärung für die Karten und Pläne

═══	mehrspurige Straße	▲	Berggipfel	🛈	Information
───	Asphaltstraße	⌒	Höhle	🅿	Parkplatz
───	Piste	☀	Aussichtspunkt	☎	Telefon
- - - -	Wanderweg	🏰	Burg	✉	Post
▬ ▬ ▬	Bahnlinie	†	Kirche, Kapelle	🚌	Bushaltestelle
░░░	Strand	⁘	Kloster	🚕	Taxistandplatz
	Gewässer	🕯	Leuchtturm	✈	Flughafen
	Grünanlage	🏖	Badestrand	⛺	Campingplatz

Fotonachweis

Christoph Berg: 9, 11, 12, 35, 37, 41, 44, 46, 59, 85, 112, 141, 194, 227, 235, 243, 347, 369, 375, 378, 381, 266, 316, 333

Elvira Christian: 58

Christina Echeverria: 50, 83, 328

Jochen Grashäuser: Titelfoto (unten) 10, 30, 51, 114, 120, 124, 125, 334, 342, 367

Barbara Heß: 122, 219

Bernd Jacobi: 23, 67, 81, 129, 147, 246, 251, 288

Ernst Kemenesy: 52

Martin Lendi: 79, 90, 92, 131, 134, 151, 160, 173, 200, 252, 297

Karsten Luzay: Titelfoto (oben), 1, 18, 21, 42, 47, 48, 64, 77, 167, 194, 392

Marcus X. Schmid: 25, 27, 33, 38, 54, 56, 61, 62, 68, 73, 75, 93, 97, 104, 106, 107, 111, 126, 137, 139, 148, 149, 157, 177, 178, 188, 189, 199, 202, 204, 213, 216, 217, 223, 240, 250, 255, 259, 262, 265, 273, 274, 275, 277, 283, 294, 299, 300, 303, 309, 311, 312, 315, 322, 323, 325, 327, 330, 331, 339, 341

Dirk Sievers: 180, 186, 290, 353, 356, 359, 362, 364

Werner Tögel: 253, 281, 304

Farbseiten-Fotos: Chr. Berg (= CB), J. Grashäuser (= JG), M. Lendi (= ML), K. Luzay (= KL), M. X. Schmid (= MXS)

Kartenverzeichnis

Anreise	15	Golf von Ajaccio	220
Bastia	117	Ajaccio	225
Cap Corse	127	Sagone	236
Nebbio	142	Golf von Sagone	238
St. Florent	145	Golf von Porto	247
Ostküste-Nord	153	Porto	248
Aleria	159	Galéria und Fango-Tal	260
Ostküste-Süd	165	Balagne	268/269
Südkorsika	168	Calvi	270
Porto-Vecchio	171	L'Ile-Rousse	285
Porto-Vecchio/Umgebung	175	Castagniccia	295
Bonifacio	182/183	Nördliche Hochtäler	306
Sartène	196	Corte und Umgebung	317
Golf von Valinco	206	Corte	321
Propriano	209	Südliches Bergland	335
Filitosa	215	Capula	338

"Mit dem '...' von '...' versuche ichs erst gar nicht. Das ist eines von jenen Reisebüchern, deren Verfasser man immer gern bei sich hätte, um sie mit der Nase an alle Mauern zu stoßen, die man einrennen würde, wenn man ihre törichten Ratschläge befolgte. Das Kartenmaterial ist mäßig, die Stadtpläne sind voller Fehler, die Angaben über die Hotels unzuverlässig, die Wegbeschreibungen von entwaffnender Kindlichkeit, das Nachschlageverzeichnis wimmelt von Druckfehlern."

Kurt Tucholsky, "Ein Pyrenäenbuch"

Das muss nicht sein. Für Ihre Kritik – auch positive – und für Hinweise, z. B. zu Hotels, Restaurants und Campingplätzen, sind wir Ihnen dankbar. Ihre Reiseerfahrungen sind für uns eine wertvolle Hilfe, die nächste Auflage noch besser zu machen!

Marcus X. Schmid
Stichwort "Korsika"
c/o Michael Müller Verlag
Gerberei 19
D-91054 Erlangen
mxs@michael-mueller-verlag.de

Das Bavella-Massiv: Verlockung für Bergsteiger

Die "Insel der Schönheit" ...

Hochglanzprospekte preisen Korsika gern als die "Insel der Schönheit". Das ist so vielversprechend wie allgemein. Das informative Reisebuch dagegen zielt aufs Konkrete: Ohne die Insel zu verklären, redet es von den Schönheiten im Einzelnen.

Die Vielfalt der korsischen Natur steht hier natürlich an erster Stelle: hochalpine Regionen, duftende Kiefernwälder, Wildwasser, Gebirgsseen, sanfte Hügellandschaften mit Olivenhainen – und schließlich das glasklare, tiefblaue Meer mit unzähligen Buchten im Westen. Um diese Wunder der Natur auch für kommende Generationen zu erhalten, wurde der *Parc Naturel Régional de la Corse* geschaffen, der ungefähr ein Drittel der Insel umfasst. Wer die Schönheiten entdecken will, hat verschiedene Möglichkeiten:

Wandern: Zweifellos die beste Art, die Insel kennen zu lernen. Es muss nicht unbedingt der GR 20 sein, diese strapaziöse Hochgebirgstour durch menschenleere Gegenden. Das "Gebirge im Meer" kennt auch zahlreiche andere markierte Wanderwege, auf denen man ins Schwitzen kommen, entlegene Täler und Dörfer erkunden und sich für ein paar Tage von Hektik und Alltag verabschieden kann.

Mit dem Fahrrad: Beliebt sind Touren durch die hügelige Balagne oder rund ums Cap Corse, wo der Duft der Macchia die Nase kitzelt; mit einem Badeurlaub lässt sich das gut kombinieren. Sportlich Ambitionierte kurven durch die malerischen Dörfchen und Kastanienwälder der Castagniccia

Palombaggia-Strand: Verlockung für Wasserratten

oder strampeln von Osten ins Niolo hoch, um anschließend die Spelunca-Schlucht zum Strand von Porto hinunterzusausen. Übrigens: Der *Trinighellu,* wie die Korsen ihre Eisenbahn nennen, befördert auch Fahrräder.

Motorisiert: Das bescheidene öffentliche Verkehrssystem leistet leider dem motorisierten Privatverkehr Vorschub. Doch Vorsicht: Im Westen und im Inselinnern sind die Straßen oft eng und unübersichtlich, so dass der Fahrer gut daran tut, sein Augenmerk vor allem auf den Asphalt zu richten. Die schönen Landstriche erlebt er dann aber höchstens als vom Autofenster gerahmte Postkarten. Wer wirklich etwas sehen will, stellt das Gefährt ab und schnürt die Wanderstiefel.

... und Blicke hinter die Kulissen

Wenn heute in der Presse von Korsika die Rede ist, dann von Bombenanschlägen, Korruption und fiskalischen Betrugsmanövern im großen Stil. Das ist vor dem Hintergrund der jahrhundertealten *malaise corse* besser zu verstehen. Korsikas Geschichte ist nicht nur eine Geschichte der Fremdherrschaft und der Auflehnung dagegen, sondern auch eine Geschichte des insularen Clanismus und der von ihm mitverschuldeten Wirtschaftsmisere. Die Kenntnis der Geschichte ist nicht zuletzt ein heilsames Gegengift gegen immer noch zirkulierende Klischees wie *"Korsen wollen nicht arbeiten", "Korsen sind gewalttätig"* und Ähnliches mehr. Wer frei ist von Vorurteilen, wird den Bewohnern der "Insel der Schönheit" auch frei begegnen und sie verstehen können.

Biker finden auf Korsika ein Paradies

Anreise

Mit dem Flugzeug

In 90 Minuten von Frankfurt nach Ajaccio – zum Tarif von gut 200 Euro. Der verlockende Preis bezieht sich auf einen einwöchigen Charterflug. Bei zwei Wochen wird's teurer, in der Hauptsaison noch teurer, und wer nicht samstags fliegen will, muss sich anderswo umsehen. Fly & Drive, Spar-Tarif, Stand-by, Pauschalarrangement usw., usw. – die Lage auf dem Flugreisemarkt ist ziemlich unübersichtlich und wechselhaft.

Da hilft nur eins: ein gutes Reisebüro aufsuchen oder gar mehrere, sich beraten lassen, Prospekte studieren oder das Web durchkämmen und kalkulieren. Grundsätzlich kommt die schnelle Anreise in Betracht für:

- Reisende, die Pauschalarrangements buchen. In den meisten Fällen ist der Flug mit einem ein- oder mehrwöchigen Aufenthalt in einem Strandhotel bzw. Bungalow verbunden.
- Wanderer, die die meiste Zeit ihres Aufenthalts in den Bergen verbringen.
- Einzelreisende, die die Spritkosten für die Anfahrt alleine tragen müssten.
- Alle, denen die Anreise über Land und Meer zu zeitaufwendig oder zu nervenaufreibend ist.

Wer sich auf Korsika nicht auf das bescheidene Bus- und Bahn-Angebot verlassen möchte, studiere die *Fly-&-Drive-* bzw. die *Pauschalarrangement-&-Drive-Angebote* oder überlege sich, für einen Teil des Urlaubs einen Mietwagen vor Ort auszuleihen.

Mit dem Flugzeug 13

Linienflüge

Von Deutschland aus führen Linienflüge in der Regel erst nach Paris, von da aus weiter per Inlandflug mit Air France/Corse Méditerranée nach Ajaccio, Bastia oder Calvi. Alternativen zum Flug via Paris: mit Air Littoral über Nizza nach Korsika, mit Sabena über Brüssel oder mit Crossair über Basel bzw. Zürich. **Direkte Linienflüge** von Deutschland auf die Insel der Schönheit sind von Berlin, Düsseldorf und Frankfurt aus möglich – in der Regel nur in der Saison und im besten Fall zweimal wöchentlich.

Beim Flug via Paris muss man einen etwas umständlichen Flughafenwechsel in Kauf nehmen. Der *Flughafen Charles de Gaulle* (internationale Flüge) liegt im Norden der Stadt, der *Flughafen Orly* (Inlandflüge, also auch Flüge nach Korsika) im Süden. Die Fahrt von einem zum andern ist sowohl mit dem Bus als auch mit der Bahn *(RER, umsteigen in Saint-Michel/Notre Dame)* möglich. Drei Stunden Umsteigezeit sollte man alles in allem einkalkulieren, oder man sucht sich gleich ein Hotel und macht sich einen schönen Abend in der französischen Metropole.

Liegt das Urlaubsziel auf Korsikas Südzipfel, so kann auch ein **Flug nach Olbia (Sardinien)** in Frage kommen. Olbia wird von zahlreichen deutschen Flughäfen aus direkt angesteuert. Das italienische Busnetz ist im Gegensatz zum korsischen hervorragend, und man ist relativ schnell in der Hafenstadt Santa Teresa di Gallura und von dort mit der Fähre in einer Stunde in Bonifacio.

Wer sich vorab auf Hin- und Rückflugdatum festlegen kann, profitiert von ermäßigten Spartarifen.

Charterflüge

Mit den Charterflügen ist häufig eine Pro-forma-Reservierung auf einem Campingplatz oder in einem Hotel in der Nähe des Zielflughafens verbunden (Campingflüge). Die Preise hängen von Aufenthaltsdauer und Saison ab. Die Buchung ist nur in Reisebüros möglich. Das Papier für die Übernachtungsreservierung muss auf jeden Fall mitgeführt werden, berechtigt aber im Allgemeinen nicht zu der aufgedruckten Leistung.

Weitere Tipps

Rail & Fly: Mit dem Rail-&-Fly-Ticket können Reisende jeden Flughafen in Deutschland auf dem Schienenstrang vergünstigt erreichen. Zwischen Hin- und Rückfahrt dürfen höchstens zwei Monate liegen, beim Fahrkartenkauf muss das Flugticket vorgezeigt werden. Die Hinfahrt muss am Abflugtag oder einen Tag vorher erfolgen, die Rückfahrt am Rückflugtag oder einen Tag danach. Bis zu 300 km kostet die Fahrkarte ca. 55 €, ab 301 km ca. 80 €. Jede weitere Person zahlt ca. 25 €, Kinder von 4 bis 11 Jahren ca. 10 € (alle Preise hin und zurück). ICE-Züge sind zuschlagpflichtig.

Stadtmagazine und ähnliche Publikationen durchblättern: Hier inserieren oft kleinere Reisebüros und -veranstalter.

Internet: Am besten eine gute Suchmaschine einsetzen (Stichwörter "last minute" oder "Billigflüge"). Man kann damit ungeheuer viel Zeit verlieren, aber bekanntlich findet manchmal auch eine blinde Sau eine Eichel.

> **Generalvertretungen der Air France**
> **Deutschland**: Zeil 5, 60313 Frankfurt, ✆ 0180/583.08.30, ✉ 0180/525.76.76
> **Schweiz**: Kanalstr. 31/33, 8152 Glattbrugg, ✆ 01/439.18.18, ✉ 01/809.46.06
> **Österreich**: Kärntner Str. 49, 1010 Wien, ✆ 01/514.19.41, ✉ 01/513.94.26

Mit dem eigenen Fahrzeug

Wer möglichst viel von der Insel sehen will, ist mit dem eigenen Fahrzeug am besten dran. Die Busverbindungen auf Korsika sind – vor allem an der Westküste und im Inselinneren – äußerst dürftig, so dass wer auf sie angewiesen ist, in seiner Mobilität sehr eingeschränkt ist.

Die optimale Reiseroute zu den Fährhäfen am Mittelmeer hängt natürlich vom Wohnort ab. Wer von Aachen kommt, wird eine andere Route bevorzugen als Urlauber aus Bayern oder Österreich.

Für fast alle deutschen Städte, für die Schweiz und für Österreich liegen die italienischen Hafenstädte näher als die französischen. Überdies ist die Überfahrt vom italienischen Festland aus bei geschickter Planung etwas billiger. Nachstehend werden nur die Hauptreiserouten vorgestellt.

Zu den italienischen Hafenstädten

Wer die Anreise nach Genua, La Spezia oder Livorno exakt kalkulieren will, greife zum Taschenrechner. Zu beachten sind: Straßenkilometer, Benzinpreise in Deutschland, in der Schweiz, in Österreich und in Italien sowie Autobahn- und Tunnelgebühren.

Brenner-Route: München – Innsbruck – Verona – Genua – Savona (bzw. Verona – La Spezia – Livorno)

Sie bietet sich für Reisende aus Schleswig-Holstein, Niedersachsen, aus den neuen Bundesländern sowie für Bayern und Österreicher an.

Von München bis Innsbruck stehen mehrere Varianten zur Wahl:

Entweder über die **Starnberger Autobahn** nach *Garmisch,* gut ausgebaut mit etlichen Rastplätzen und schöner Sicht auf die Alpen. Von Garmisch-Partenkirchen über die Landstraße weiter zum *Grenzübergang Mittenwald/Scharnitz.* Abenteuerlich ist dann die Fahrt den Zirlerberg hinunter nach *Innsbruck* (15 % Gefälle). Beeindruckend der Blick auf das Inntal und die Olympiastadt. Die Sprungschanze thront mächtig über der Stadt. Ca. 140 km.

Oder auf der **Salzburger Autobahn** bis zum *Abzweig Holzkirchen,* von dort weiter Richtung *Miesbach* und *Tegernsee* (kleine Pause einplanen). Über *Kreuth* hinauf zum *Achenpass* (Grenzübergang), dann am *Achensee* vorbei auf die Autobahn nach *Innsbruck.* Ca. 140 km.

Mit dem eigenen Fahrzeug 15

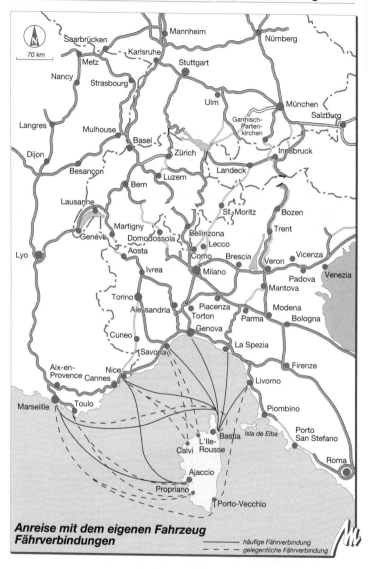

**Anreise mit dem eigenen Fahrzeug
Fährverbindungen**

——— häufige Fährverbindung
– – – gelegentliche Fährverbindung

Oder die bequemste, aber auch längste Route: von München auf der **Salzburger Autobahn** bis zum Inntaldreieck, dann – weiter Autobahn – zum *Grenzübergang Kiefersfelden/Kufstein* und nach *Innsbruck*. Ca. 160 km.

Ab Innsbruck steht man wieder vor der Wahl:

Anreise

Entweder über die Europa-Brücke und die **Brenner-Autobahn**, dann über Bozen das *Etschtal* hinunter nach Verona – der schnellste Weg nach Italien. Allerdings muss man bei dieser Variante zusätzlich zur 1997 eingeführten Autobahnvignette ca. 8 € Mautgebühren für die Überquerung des Brennerpasses zahlen. Ca. 230 km.

Oder über die **alte Brennerstraße** neben der Autobahn. Der Abzweig erfolgt direkt im Zentrum von Innsbruck (blaue Hinweistafeln beachten). Der alte Passübergang ist für Lkw gesperrt und kostet keine Mautgebühren. Durch das reizvolle *Eisacktal* hinunter nach *Bozen*, gemütliche Rasthäuser unterwegs. Weiter auf der Landstraße – stets parallel zur Autobahn über *Trento* nach *Verona*. Erst enge Straße, ab Trento bequeme, gebührenfreie Schnellstraße. Ca. 240 km.

Oder sowohl als auch: alte Brennerstraße bis *Sterzing*, von da – um die zeitaufwendige, schmale Überlandstraße zu vermeiden – auf der Autobahn bis *Trento*, dann weiter auf autobahnähnlicher Schnellstraße nach *Verona*.

Verona–Genua–Savona: Bei *Verona* hat man den nördlichen Rand der Po-Ebene erreicht. Auf der Autobahn ist die öde Landschaft schneller durchquert: A 4 bis *Brescia*, dann auf der A 21 über *Piacenza* bis *Tortona*, dann über und durch die ligurischen Alpen nach *Genua* (ca. 260 km). Ist *Savona* der Zielhafen, so lohnt es sich, 10 km nach Tortona über die A 26/7 auf der A 26 in Richtung Küste zu fahren, man erspart sich so den nervenaufreibenden Verkehr in und um Genua herum.

Verona – La Spezia – Livorno: *Entweder* auf der A 22 quer durch die Po-Ebene bis *Modena*, dann ein Stück auf der A 1 (Autostrada del Sole) in Richtung Milano; hinter *Parma* führt die A 15 über den Apennin nach *La Spezia*. Ca. 250 km.

Oder auf der A 22 bis *Mantova*, von da die Abkürzung über die Landstraße nach *Parma* (blaue Schilder) und hinter Parma auf die A 15 nach *La Spezia*. Man spart etwas Benzin, Autobahngebühren und – wenn nicht gerade Rushhour ist – auch Zeit. Ca. 200 km.

Noch bevor man in La Spezia einfährt, führt links die A 21 die Küste entlang nach *Livorno* (ungefähr weitere 85 km).

Österreich – Hinweise für Autofahrer

ÖAMTC-Pannenhilfe: ✆ 120
Polizeinotruf: ✆ 133
Unfallrettung: ✆ 144
Vignettenpflicht in Österreich: Die Schweizer haben es vorgemacht, Österreich zog 1997 nach: Seither ist auf Autobahnen und Schnellstraßen der Aufkleber an der Windschutzscheibe obligatorisch. Im Unterschied zur Schweiz führte die Wiener Regierung jedoch ein differenziertes System ein. Für Kraftfahrzeuge bis zu 3,5 Tonnen hat man die Wahl zwischen einer Jahresvignette für 72,60 € (Motorräder 29 €; gültig vom Dezember des Vorjahrs bis zum Januar des Folgejahrs), einer 2-Monats-Vignette für 21,80 € (Motorräder 10,90 €; gültig für 2 aufeinander folgende Monate) oder einem 10-Tage-Pickerl für 7,60 € (Motorräder 4,30 €; gültig für 10 aufeinander folgende Tage). Wer sich ohne Vignette erwischen lässt, zahlt ca. 80 € Strafgeld!

Erhältlich ist der Aufkleber u. a. in österreichischen Postämtern, an Tankstellen in Grenznähe und an der Grenze selbst – oder zu Hause beim Automobilclub.

Mit dem eigenen Fahrzeug 17

Engadin-Route: Innsbruck – Mailand – Genua – Savona (bzw. Mailand – La Spezia – Livorno)

Bis *Innsbruck* siehe Brenner-Route. Dann einfach am Inn entlang talaufwärts fahren. Bei *Landeck* die Hauptroute verlassen (Richtung Schweiz) und weiterhin dem Inn treu bleiben. Noch vor dem Reschenpass, der nach Italien führt, rechts abzweigen (Richtung Schweiz, St. Moritz), stets am Inn entlang, der sich auf der Schweizer Seite *En* nennt und dem *Engadin* seinen Namen gegeben hat. Das wunderschöne Tal, in dem noch Rätoromanisch, die vierte Schweizer Landessprache, gesprochen wird, zeigt sich in seinem untersten Teil als Schlucht mit einigen schmucken Dörfern, in seinem oberen Teil als Hochebene mit kleinen Seen in der Nähe des mondänen, sündhaft teuren *St. Moritz*. Unweit davon liegt *Sils-Maria*, wo der deutsche Philosoph Friedrich Nietzsche große Teile seines Spätwerks schrieb. Hier, auf dem "Dach Europas", fasste er die Grundgedanken zu seinem *Zarathustra*.

Oberhalb der Engadiner Seen führt die Straße zum *Maloja-Pass* (1815 m) und dann steil hinunter ins *Bergell*, ein weithin unbekanntes Schweizer Tal, in dem bereits Italienisch gesprochen wird. Weiter gelangt man nach *Chiavenna*, schon in Italien, und zum *Lago di Como*. Den lang gestreckten See mit seinen zwei "Beinen" kann man am Westufer (nach Como) oder am Ostufer entlangfahren (nach Lecco, enge Landstraße oder Autobahn mit zahlreichen Tunnels). Von *Como* wie von *Lecco* aus sind es ca. 50 Autobahnkilometer nach *Mailand*. Fortsetzung siehe Gotthard-Route.

Tauern-Route: Salzburg – Villach – Padua – Verona – Genua – Savona (bzw. Verona – La Spezia – Livorno)

Für Reisende aus Salzburg (und damit auch für Linzer und Wiener) ist sie eine Alternative zur Brenner-Route und nur wenig länger als diese.

Die Mautgebühr für die beiden *Tauerntunnels* ist mit ca. 10 € etwas höher als die der Brennerautobahn. Nach dem Grenzübergang hinter *Villach* erst ungefähr 50 km Landstraße bis zur A 23, die bei *Palmanova* auf die A 4 stößt, auf dieser über *Mestre* (Tipp: Abstecher nach *Venedig*), *Padua*, *Vicenza* nach *Verona*. Weiter siehe Brenner-Route.

Kärnten und die *Grazer Gegend* liegen an der Alpensüdseite. Wer aus diesen Gegenden kommt, stößt – ohne Maut zu zahlen – in *Villach* auf die Tauern-Route.

Gotthard-Route: Basel – Luzern – Mailand – Genua – Savona (bzw. Mailand – La Spezia – Livorno)

Für Reisende aus Schleswig-Holstein und Niedersachsen ist sie eine Alternative zur Brenner-Route; für Korsika-Fahrer aus den Ländern Nordrhein-Westfalen, Rheinland-Pfalz, Saarland und Hessen ist es die kürzeste Strecke zu den italienischen Hafenstädten. Dasselbe gilt für die meisten Reisenden aus Schwaben und für Schweizer.

Von der Grenzstadt am Rhein durchstößt man den Jura (mehrere kleine Tunnels) und gelangt quer durchs industrialisierte schweizerische Mittelland nach *Luzern*, das bereits am Rande der

18 Anreise

Am Hafen von Bastia

Voralpen liegt. Die für schweizerische Verhältnisse mittelgroße Stadt ist dank ihrer schönen Lage – am Kopf des mehrarmigen *Vierwaldstättersees* – zu einem Zentrum des internationalen Tourismus geworden: Amerikaner und Japaner zuhauf.

Der See wird südlich umfahren. Von seinem Ende führt die Autobahn hoch nach *Göschenen*. In der Hochsaison kommt es hier nicht selten zu Staus und Wartezeiten, um zu vermeiden, dass die Durchreisenden im Gotthard-Tunnel feststecken. Mit 17 km Länge hält dieser den europäischen Rekord. Erst bei *Airolo* verlässt man das Loch wieder. Nicht selten erweist sich das Alpenmassiv als Wetterscheide: Während Luzern im Regen steht, herrscht an der Südseite eitel Sonnenschein (auch umgekehrt möglich).

Das *Tessin* ist der einzige italienischsprachige Kanton der Schweiz. In der Gegend um *Locarno* und *Lugano* haben sich jedoch so viele reiche Deutsche und Deutschschweizer eingekauft, dass diese beiden Städtchen heute praktisch zweisprachig sind. Den *Luganersee*, der seine Arme nach Italien ausstreckt, überquert man auf dem *Staudamm von Melide*. Von da ist es nicht mehr weit zum Grenzstädtchen *Chiasso*. Der Ort hat kaum mehr als 10.000 Einwohner, aber 20 Bankfilialen und 50 Finanzgesellschaften.

Unmittelbar hinter der Grenze liegt *Como*, ein Zwischenstopp am gleichnamigen See lohnt sich. Von da ist es nicht mehr weit nach *Mailand*.

Mailand–Genua–Savona: Auf der Tangentiale westlich an *Mailand* vorbei auf die A 7 nach *Genua*, im letzten Stück durch die ligurischen Alpen unzählige Tunnels. Basel–Genua ca. 530 km. Ist *Savona* der Zielhafen, so lohnt es sich, 10 km nach Tortona über die A 26/7 auf der A 26 in Richtung Küste zu fahren, man erspart sich so den nervenaufreibenden Verkehr in und um Genua herum.

Mailand – La Spezia – Livorno: Auf der Tangentiale westlich an *Mailand* vorbei auf die A 1, knapp vor *Parma* weiter auf der A 15 nach *La Spezia,* dann auf der A 12 nach *Livorno.* Basel – La Spezia ca. 610 km; Basel–Livorno ca. 700 km.

Die Strecke von Milano über Genua nach La Spezia bzw. Livorno ist etwas länger und wegen der unendlich vielen Tunnels vor, in und nach der ligurischen Hauptstadt ziemlich nervenaufreibend.

Italien – Hinweise für Autofahrer

Pannenhilfe: ✆ 116. Pannenhilfe mit Bordmitteln und Abschleppen bis zur nächsten Werkstatt ist für alle Fahrzeuge mit nichtitalienischen Kennzeichen kostenlos.
Verkehrspolizei: ✆ 113
Unfallrettung: ✆ 118
ADAC – deutschsprachiger Notrufdienst in Mailand: Comune Antico, 43, I-20125 Milano, ✆ (02) 66.15.91, ✎ (02) 66.10.15.17.
Benzinpreise: Ob Super verbleit, Super bleifrei (senza piombo) oder Diesel (gasolio) – neben Portugal verkauft Italien den teuersten Sprit Europas.
Autobahngebühren: Der Richtpreis beträgt ca. 5 € pro 100 km. Kontrollstellen befinden sich an jeder Autobahnauffahrt. Die Ausgabe der Tickets erfolgt automatisch (gegebenenfalls auf den roten Knopf drücken). Wer sich nicht mit Kleingeld oder gar mit den Lautsprecheranweisungen einer automatischen Stimme (für Zahlungen mit Kreditkarte) herumschlagen will, besorgt sich eine Viacard und lässt die Gebühren elektronisch abbuchen. Sie ist beim ADAC für ca. 25 € erhältlich und reicht für eine einfache Fahrt vom Brenner bis Livorno.
Höchstgeschwindigkeit: Pkw auf Autobahnen 130 km/h (Fahrzeuge unter 1100 ccm 110 km/h), auf Landstraßen 90 km/h. Pkw mit Anhänger auf Autobahnen 100 km/h, auf Landstraßen 80 km/h. Motorräder auf Autobahnen 130 km/h (Fahrzeuge unter 350 ccm 110 km/h, Fahrzeuge unter 150 ccm verboten), auf Landstraßen 90 km/h.
In jüngster Zeit sind die Strafgelder für Geschwindigkeitsübertretungen mehrmals drastisch erhöht worden. Wer nicht sofort zahlt, riskiert die Beschlagnahmung seines Fahrzeugs. Die Promillegrenze liegt bei 0,8. Weitere Verkehrsvorschriften: Abschleppen auf der Autobahn ist verboten.
Gegenstände, die über das Wagenende hinausreichen (z. B. Surfbrett oder -mast), müssen mit einem 50 x 50 cm großen, rot-weiß gestreiften Schild gesichert werden – erhältlich an jeder Tankstelle für ca. 10 €.

Grand-Saint-Bernard-Route: Basel – Bern – Lausanne – Aosta – Genua – Savona (bzw. Genua – La Spezia – Livorno)

Von *Basel* über *Bern* bis knapp vor *Lausanne.* Dann am *Genfer See* entlang bis zu dessen Ostende und weiter nach *Martigny.* Von hier führt die Passstraße (Landstraße) bis auf eine Höhe von fast 2500 m. Der *Pass Grand Saint-Bernard* ist bis zu fünf Monate im Jahr gesperrt. In diesem Fall den 6 km langen Tunnel nehmen, Zoll- und Passkontrolle bei der Einfahrt. Tunnelgebühr für Pkw ca. 16 € (einfache Fahrt) bzw. ca. 27 € (hin und zurück).

Auf der italienischen Seite durch den schönen oberen Teil des *Aostatals* bis *Aosta.* Von da Autobahnen: A 5 bis *Ivrea,* dann A 26 bis *Alessandria,* weiter ein kurzes Stück auf der A 21 bis *Tortona* und schließlich auf der A 7 nach *Genua.* Von da weiter auf der A 12 nach *La Spezia* und *Livorno.* Ist *Savona* der Zielhafen, so lohnt es sich, 10 km nach Tortona über die A 26/7 auf der A 26 in Richtung Küste zu fahren, man erspart sich so den nervenaufreibenden Verkehr in und um Genua herum.

Schweiz – Hinweise für Autofahrer

Pannenhilfe: Der Straßenhilfsdienst des Schweizer Automobilclubs ist überall in der Schweiz unter ✆ 140 zu erreichen.
Notruf/Unfallrettung: ✆ 117 (Polizeinotruf), 144 (Sanitätsnotruf)
Straßenzustand: Unter ✆ 163 erfährt man, ob die Pässe geschlossen bzw. nur mit Winterreifen befahrbar sind oder gar Ketten erfordern.
Benzinpreise: An der Grenze zur Schweiz läuft an deutschen Tankstellen nicht viel. In der sonst teuren Schweiz ist zumindest das Benzin billiger. Achtung: Nach 23 Uhr steht an den meisten Autobahntankstellen kein Personal mehr zur Verfügung. Der Automat ist dann die einzige Lösung, und dieser schluckt nur Kredit- und EC-Karten sowie 10- und 20-Franken-Scheine!
Autobahngebühren: Pauschal wird der Preis von ca. 24 € für die Vignette erhoben. Diese berechtigt zur Benutzung sämtlicher Autobahnen des Landes und ist von Anfang Dezember des vorhergehenden Jahres bis Ende Januar des folgenden Jahres gültig. Die Vignette ist gut sichtbar am Fenster des Fahrzeugs anzubringen, sie ist nicht übertragbar. Wer sich ohne Vignette auf der Autobahn erwischen lässt, zahlt ca. 75 € Strafe. Die Vignette ist bei allen ADAC-Geschäftsstellen, an sämtlichen Grenzübergängen und in jedem Schweizer Postamt erhältlich.
Höchstgeschwindigkeit: Auf Autobahnen liegt die Grenze bei 120 km/h, auf Überlandstraßen bei 80 km/h. Die Geldstrafen für Verkehrssünder sind in der Schweiz hoch.
Promillegrenze: 0,8 Promille
Alpentunnels: Sie sind grundsätzlich gebührenfrei. Eine Ausnahme bildet der binationale Tunnel durch den Grand Saint-Bernard ins Aostatal, der von einer Privatgesellschaft verwaltet wird.

Zu den französischen Hafenstädten

Die Fährverbindungen von Marseille, Toulon und Nizza nach Korsika sind – zumindest für Autofahrer – etwas teurer als die Überfahrt von Italien. Die Anfahrt bis zu den Hafenstädten ist zudem länger. Für Korsika-Fahrer aus Deutschland, der Schweiz und aus Österreich kommt die französische Route praktisch nur im Zusammenhang mit einer Frankreichreise – meist mit Aufenthalt in Südfrankreich – in Frage.

Saône-Rhône-Route: Dijon – Lyon – Marseille (– Toulon – Nizza)

Von einigen westrheinischen Gebieten Deutschlands fährt man am schnellsten gleich über *Metz*, in den meisten Fällen bleibt man auf der bundesdeutschen Gratis-Autobahn und stößt über *Mulhouse–Besançon* auf diese Route.

Kilometer zählen und Kilometer zahlen – das ist hier die Hauptbeschäftigung des Reisenden. Wer auf die Landstraße ausweicht, spart zwar, verliert aber viel Zeit. Erst im unteren Rhône-Tal, ungefähr ab *Valence*, kommt man in Versuchung, die Landstraße zu nehmen; sei es wegen der sich häufenden Staus, sei es wegen der schöner werdenden Landschaft.

Von *Metz* bis knapp vor *Dijon* Autobahn, teilweise durch recht öde Land-

Raus aus dem schwimmenden Haus

schaften. Wer eine Pause einschalten will, besucht unterwegs das touristisch frequentierte Römerstädtchen *Langres*. Ab Dijon wird die Autobahn schnell voller – weniger wegen der neu zustoßenden Kundschaft aus Deutschland und dem Elsass als vielmehr wegen des von Paris einmündenden Verkehrs. Bis *Lyon* größtenteils Fahrt die Saône entlang. Auf der Fahrt das Rhône-Tal hinunter bis vor *Marseille* ist mit Staus zu rechnen (Metz–Dijon ca. 150 km; Dijon–Marseille ca. 510 km).

Wer nach *Toulon* fahren will, ohne sich Marseille anzusehen, fährt besser über *Aix-en-Provence,* da die südfranzösische Metropole oft im Verkehrsinfarkt liegt. Dijon–Toulon ca. 560 km.

Die Straße nach *Nizza* führt ebenfalls über *Aix-en-Provence,* dann mitten durch die *Provence* nach *Cannes,* das letzte Stück die teure *Côte d'Azur* entlang. Dijon–Nizza ca. 650 km.

Alternative 1: Wer Nizza als Fährhafen gewählt und sonst in Frankreich nichts verloren hat, kann auch die Anfahrt über *Genua* in Betracht ziehen (über die Brenner- bzw. die Gotthard-Route, s. o.). Genua–Nizza ca. 200 km.

Alternative 2: Wer Nizza als Fährhafen gewählt, sonst in Frankreich nichts verloren hat und landschaftliche Reize über den Adrenalin-Kick auf der Autostrada stellt, folgt unserer Empfehlung: Bis *Aosta* siehe Grand-Saint-Bernard-Route. Dann weiter nach *Turin,* die Fiat-Stadt aber östlich umfahren und die Straße nach *Cuneo* nehmen. In diesem verträumten Provinzstädtchen am Fuß der ligurischen Alpen lässt's sich gut speisen, man findet auch Übernachtungsmöglichkeiten. Von Cuneo auf den *Col de Tende,* der die Landesgrenze nach Frankreich bildet. Hinter dem Pass folgt eine beeindruckende Schlucht. Die Côte d'Azur erreicht man bei *Menton*. Von da über das Steuerparadies *Monaco* noch ca. 40 km nach *Nizza*.

Frankreich – Hinweise für Autofahrer

Pannenhilfe: AIT-Assistance, ✆ 0800.08.92.22
ADAC: deutschsprachiger Notrufdienst ganzjährig in Lyon, ✆ 04.72.17.12.22
Polizeinotruf: ✆ 17
Benzinpreise: Verbleites Super (super), Super bleifrei (super sans plomb) und Normal bleifrei (essence sans plomb) sind etwas teurer als in Deutschland, Diesel (gazole) hingegen wesentlich billiger. Tipp: Billiger tankt man stets an den Zapfsäulen der Supermärkte am Stadtrand (Intermarché, Casino, Carrefour, E. Leclerc etc.).

Autobahngebühren: Die Mautstellen unterwegs müssen gefüttert werden. Richtpreis ca. 5 € pro 100 km. Preisbeispiel: Metz–Lyon ca. 18 €.
Höchstgeschwindigkeit: Auf Autobahnen 130 km/h (bei Nässe 110 km/h), auf Nationalstraßen mit zwei getrennten Bahnen pro Fahrtrichtung 110 km/h (bei Nässe 100 km/h), auf Landstraßen 90 km/h (bei Nässe 80 km/h). Wer seinen Führerschein noch kein ganzes Jahr besitzt, darf auf allen Straßen höchstens 90 km/h fahren!
Promillegrenze: 0,5 Promille
Weitere Hinweise für Autofahrer siehe *Unterwegs auf Korsika/Mit dem Auto*.

Mit der Eisenbahn

Die stressfreie Variante für alle, die über gutes Sitzfleisch verfügen. Eine Platzreservierung ist in jedem Fall sinnvoll, insbesondere für die Italien-Route. Andernfalls riskiert man, die Po-Ebene stehend zu durchqueren.

Die Eisenbahnreise dauert nicht selten einen halben Tag bzw. eine Nacht (z. B. Frankfurt–Genua ca. 12 Stunden), und man kann sich schon vorher überlegen, wie man diese Zeit überstehen will. Die italienische Rock-Sängerin Gianna Nannini hat dem *wagon-lit* einen Song gewidmet, der den Kern der Sache trifft: Im Schlafwagen vergeht die Zeit subjektiv schneller. Wer nachts reist und sich diesen Komfort nicht leisten will, kann sich überlegen, einen Liegeplatz *(couchette)* zu reservieren. Wären die Züge leer, so könnte man die Reise auch im Sitzabteil liegend bequem hinter sich bringen, doch dieser Glücksfall tritt nie ein.

Die Fahrt zu den italienischen Hafenstädten führt in den meisten Fällen über den Brenner (via München und Innsbruck) oder durch den Gotthard-Tunnel (via Basel oder Zürich) über Mailand nach **Genua** und **Savona**. Gelegentlich kommt auch die Lötschberg-Simplon-Route (via Bern) oder die Semmering-Bahn (via Villach–Udine) in Betracht. Für Reisende nach **La Spezia** und **Livorno** ist in der Regel Genua (gelegentlich auch Parma) Umsteigebahnhof.

Die südfranzösischen Hafenstädte **Marseille** und **Toulon** werden in der Regel über die Routen Basel–Genf oder Zürich–Genf erreicht. Für die Fahrt nach **Nizza** bietet sich die Route Genua–Ventimiglia an. Sie ist etwas kürzer und entsprechend billiger als die Rhônetal-Route. Österreicher wählen die italienische Verbindung auch, um nach Marseille oder Toulon zu gelangen.

Ermäßigungen

Vor allem in Deutschland und Frankreich wird jährlich neu daran getüftelt, wie man die Plätze optimal auslasten kann, d. h., zu welchen Zeiten in welchen Zügen für welche Personengruppen Preisermäßigungen den Umsatz

Mit der Eisenbahn

Das korsische Schienennetz – klein, aber ein Erlebnis

fördern könnten. Der Dienst am Kunden führt direkt in den Dschungel der Bestimmungen. Am einfachsten, man erkundigt sich direkt am Schalter bzw. bei der Bahnhofsinformation der DB oder der SNCF.

Die DB hat für Juli 2002 ein komplett neues Preissystem versprochen, das mehr Transparenz verspricht. Großer Vorteil: Es wird in Kooperation mit anderen nationalen Bahnen erarbeitet und soll mehr oder weniger mitteleuropaweit gelten. Bei Redaktionsschluss war von Sonderpreis 1, Sonderpreis 2 und Sonderpreis 3 die Rede, eine neue BahnCard wird eine wesentliche Rolle spielen, ebenso eine kluge Vorausplanung. Für Familien soll es weiterhin Sonderkonditionen geben. Eine systematische Darstellung war bei Redaktionsschluss noch nicht möglich. Es bleibt uns die Hoffnung, dass der aus dem alten Dschungel herausgeführte Kunde nicht in einen neuen Dschungel hineingestoßen wird.

Autoreisezüge

In Hamburg, Berlin, Hildesheim, Dortmund, Köln und Frankfurt/Neu-Isenburg können Sie Ihren Wagen abends auf die Verladerampe fahren und sich im Schlafwagen eine ruhige Nacht gönnen. In Livorno steigen Sie – mittlerweile ist es Nachmittag – gut ausgeschlafen wieder in Ihr Gefährt. Einziger Nachteil: Der Huckepack-Transport ist sündhaft teuer. Die Möglichkeit besteht nur von Mai bis Oktober. Nähere Auskünfte an jedem größeren DB-Bahnhof.

Fahrräder

Wer sein Fahrrad in Deutschland aufgeben und am Zielbahnhof wieder heil in Empfang nehmen will, packt dieses gut ein (am besten in eine spezielle Fahrradverpackung) und schickt es als Vorausgepäck ungefähr eine Woche

24 Anreise

vor Abfahrt auf die Reise. Der Drahtesel wird an jedem DB-Bahnhof angenommen, zur Abholung am italienischen Bahnhof begibt man sich zum *ufficio bagagli*. Genauso einfach ist das Verfahren für den Rücktransport.

* *Bike & Bus*: Der Verband selbstverwalteter Fahrradläden (VSF) weist auf die sog. Euro-Shuttles hin: Busse, die den Kunden mitsamt Fahrrad von Deutschland an den Urlaubsort bringen. Für Korsika-Radler interessant sind folgende Adressen:
Reisezeit, Guldenstr. 29, 80339 München, 089/50.50.50, 089/50.10.05. Von Nürnberg/München (in der Hauptsaison auch andere Städte) nach Livorno.
Natours, Untere Eschstr. 15, 49177 Ostercappeln, 05473/922.90, 05473/82.19. Von Osnabrück/Dortmund nach Livorno.

Mitfahrzentralen

Eine professionelle Variante für Reisende mit schmalem Geldbeutel sind die Mitfahrzentralen (MFZ), die man in zahlreichen Städten Deutschlands findet. Der Fahrpreis setzt sich aus der Vermittlungsgebühr und der Betriebskostenbeteiligung für den Fahrer zusammen. Dazu kommt eine von der Fahrtstrecke unabhängige, freiwillige Versicherungsgebühr. Die Vermittlungsgebühr ist vor Antritt der Reise zu bezahlen. Der Fahrpreis (Betriebskostenbeteiligung) ist von der MFZ festgesetzt und direkt an den Chauffeur zu entrichten.

Preisbeispiel: Frankfurt–Genua ca. 45 € (15 € Vermittlungsgebühr + 29 € Betriebskostenbeteiligung + 1 € Versicherungsgebühr).

Um spätere Schwierigkeiten bei der Bezahlung am Ziel auszuschließen, sollte man sich unbedingt von der MFZ einen Beleg ausstellen lassen. Auf diesem sind der noch an den Fahrer zu zahlende Betrag und die schon gezahlte Versicherungssumme einzutragen; die Unterschrift der MFZ, des Fahrers und des Mitfahrers dürfen nicht fehlen. Auch der Fahrer meldet sich sinnvollerweise einige Tage vor der Abfahrt im Büro. Dort gibt er noch freie Plätze, exaktes Fahrtziel und Abfahrtszeit bekannt.

Citynetz ist ein Zusammenschluss von Mitfahrzentralen aus ganz Deutschland und bundesweit unter der einheitlichen Telefonnummer 19444 plus der jeweiligen Ortsvorwahl zu erreichen.

ADM-Mitfahrzentralen ist eine weitere Dachorganisation mit vielen Vertretungen in bundesdeutschen Städten. Mit wenigen Ausnahmen unter der einheitlichen Telefonnummer 19440 plus der jeweiligen Ortsvorwahl erreichbar.

Allostop-Provoya ist das zentralistische französische Pendant zum eher dezentralen deutschen MFZ-System: 8, rue Rochambeau, F-75009 Paris, 01.53.20.42.43.

Fährverbindungen

Autofahrer tun gut daran, sich bereits vor der Abreise darum zu kümmern. Wer keine unfreiwillige Übernachtung auf dem Festland riskieren will, reserviert zu Hause. Vor allem in der Saison und an Wochenenden sind die Plätze oft ausgebucht. Unter der Woche sind die Chancen auf einen freien Platz besser und die Tarife günstiger.

Grundsätzlich ist die Überfahrt vom französischen Festland her etwas teurer als von Italien. Dafür peilen die französischen Schiffe oft direkt das südlich milde Ajaccio an, während die italienischen Verbindungen fast ausnahmslos nach Bastia führen.

Fährverbindungen

Gute Reise!

Nach der langen Autofahrt ist der Aufenthalt auf dem Schiff eine Wohltat, sofern man nicht seekrank wird. Bei Tagesüberfahrten schnappt man sich einen Liegesessel, zieht sich bis auf die Badekleidung aus und kann sich schon einen Sonnenbrand holen, bevor man den ersten Fuß auf die Insel gesetzt hat. Oft weht jedoch auf See ein unangenehmer Wind, und plötzlich werden die Innenräume der Fähre interessant. Diese sind selten geheizt und im Frühjahr und Herbst oft ziemlich kühl. Der Pullover liegt im Auto, das Autodeck ist abgesperrt ...

Italien–Korsika

Zwei Reedereien, die unter italienischer Flagge fahren, teilen sich das Hauptgeschäft: die **Corsica Ferries** und die **Moby Lines**. Die Konkurrenz ist hart: Jeder schaut, was der andere an Vergünstigungen anbietet, um dann nachzuziehen, und außerhalb der Saison zählt man eifersüchtig, wie viele Wagen auf das gegnerische Deck fahren. Die gegenseitige Überwachung hat dazu geführt, dass Preise und Komfort sich stark angeglichen haben.

Einen kleinen Teil des italienischen Marktes haben sich die **Corsica Marittima**, eine Tochter des französischen Staatsunternehmens SNCM, und die italienische **Happy Lines** (La Spezia – Bastia) erobert.

Sondergebühren: Das korsische Regionalparlament erhebt seit 1992 Ein- und Ausreisegebühren von jeweils ca. 7 € pro Person und ca. 5,50 € pro PKW. Die nachgenannten Preise enthalten diese Gebühr noch nicht.

Corsica Ferries: Die gelb-weiße Flotte fährt von *Savona* und *Livorno* nach *Bastia*. Diese Linien werden ganzjährig bedient. Von Juli bis September wird das Angebot durch die Verbindungen *Savona – L'Ile-Rousse* und *Savona–Calvi* ergänzt.

26 Anreise

- *Preise und Konditionen*: **Personen**: 4 verschiedene Tarife, teurer in der Saison und an Wochenenden. Nulltarif für Kinder bis zu 4 J., halber Tarif für Kinder von 4 bis 12 J.
Fahrzeuge: Preisstaffelung nach den o. g. 4 Tarifen sowie nach Länge des Gefährts (bis 4 m, bis 5 m, zusätzliche Meter). Extrakosten für die Überschreitung von 2,2 m Höhe bzw. 2 m Breite.
Wer die Rückfahrt gleich mitbucht, zahlt für diese nur den halben Fahrzeugtarif, sofern sie auf einen Tag der billigsten Tarifklassen fällt (gleiches Angebot bei Moby Lines).
Preisbeispiel: Livorno–Bastia und zurück für 2 Personen plus Auto von 410 cm Länge im billigen Tarif ca. 204 €, alle Taxen inbegriffen.
Kabinen: Kabine für 1–3 Personen (Livorno–Bastia) je nach Ausstattung und Tarifstufe (siehe Personen) zwischen 31 € und 92 €.
Tiere: Unabhängig von Art und Größe zahlen sie ca. 11,50 € für die Überfahrt Livorno–Bastia und haben keinen Zutritt zur Cocktailbar. Lässt man den Liebling im Auto, so fährt er kostenlos mit.
Umbuchung/Stornierung: Für Umbuchungen werden grundsätzlich ca. 9 € berechnet. Für Stornierung gilt eine Fristenregelung: Bis zu einem Monat vor der Abfahrt behält die Gesellschaft 10 % ein, bis 48 Stunden 20 %, bis 1 Stunde vor Abfahrt (Personen ohne Fahrzeug 30 Minuten) 50 %.
Online-Buchung: Tippen Sie auf ihrem PC *www.corsicaferries.com* ein und halten Sie Nummer und Verfallsdatum Ihrer Kreditkarte bereit.
- *Einschiffung*: Fahrzeuge müssen sich spätestens eine Stunde vor Abfahrt einfinden. Das Personal kontrolliert das Ticket direkt in der Warteschlange und klebt die unerlässliche Bordkarte auf die Windschutzscheibe.
Personen ohne Fahrzeug müssen sich spätestens 30 Min. vor Abfahrt einfinden. Während der Überfahrt ist das Autodeck nicht zugänglich.
- *Übernachtung an Bord*: Wer bereits am Vorabend ankommt und einen Kabinenplatz gebucht hat, kann von der Formel "Nautel" profitieren – Übernachtung inklusive Frühstück an Bord 31 €/Person (für die Unterdeckkabine mit Waschbecken, max. 3 Personen) bis 69 € (Top Class).
- *Komfort an Bord*: Restaurant, Bar, Boutiquen, Fernsehen. Die luxuriösen Dampfer *Corsica Regina* und *Corsica Victoria* verfügen zudem über einen Swimmingpool.

Moby Lines: Zielhafen ist *Bastia,* Abfahrtshäfen an der italienischen Küste sind *Livorno* und *Genua.* Die blau-weiße Moby-Flotte (*Moby Rider, Moby Ale, Moby Magic, Moby King, Moby Lally* usw.) hat den Wal zum Markenzeichen erkoren. Neueste Errungenschaften sind die schnellen *Moby Wonder* und *Moby Freedom,* die zur Saison 2001 aus der südkoreanischen Werft eintrafen; sie legen die Strecke Genua–Bastia in 3 Stunden und 55 Minuten zurück.

- *Preise und Konditionen*: **Personen**: 4 verschiedene Tarife, der teuerste gilt vor allem an Wochenenden und in der Hauptsaison. Nulltarif für Kinder bis zu 4 J., halber Preis bis 12 J.
Fahrzeuge: Preisstaffelung nach den o. g. Tarifen sowie nach Länge des Gefährts (bis 4 m, bis 5 m, zusätzliche Meter). Extrakosten für die Überschreitung von 2,2 m Höhe bzw. 2 m Breite.
Wer die Rückfahrt gleich mitbucht, zahlt für diese nur den halben Fahrzeugtarif, sofern sie auf einen Tag der billigsten Tarifklasse fällt (gleiches Angebot bei Corsica Ferries). Ausgenommen von dieser Regelung sind die schnellen *Moby Wonder* und *Moby Freedom,* die mit 29 Knoten von Genua nach Bastia rasen.
Preisbeispiel: Livorno–Bastia und zurück für 2 Personen plus Auto von 410 cm Länge im billigen Tarif ca. 207 €, alle Taxen inbegriffen, also praktisch preisgleich mit Corsica Ferries.
Kabinen: Preise ähnlich wie Corsica Ferries.
Tiere: Unabhängig von Art und Größe zahlen sie ca. 16 € und müssen geimpft sein.
Stornierung: Bis zu einem Monat vor der Abfahrt behält die Gesellschaft 10 % ein, bis 48 Stunden 20 %, bis eine Stunde vor Abfahrt 50 %, bei Nichterscheinen ohne vorherige Stornierung 75 %.
- *Einschiffung*: Fahrzeuge müssen sich spätestens 90 Min. vor Abfahrt einfinden; in der Saison ist es sicherer – auch wenn man ein Ticket hat –, bereits zwei Stunden vor Abfahrt vor Ort zu sein. Am Schalter bekommt

Fährverbindungen

man die unerlässliche Bordkarte (für die Windschutzscheibe). Personen ohne Fahrzeug müssen sich spätestens 30 Min. vor Abfahrt einfinden. Während der Überfahrt ist das Autodeck nicht zugänglich.

• *Komfort an Bord*: Restaurant, Bar, Boutiquen, Fernsehen. *Moby Wonder, Moby Freedom, Moby Fantasy* und *Moby Magic* verfügen zudem über einen Swimmingpool.

• *Übernachtung an Bord*: Wer bereits am Vorabend in Livorno ankommt und eine Morgenfahrt gebucht hat, kann zum *Moby-Night-Tarif* die Nacht auf dem Schiff verbringen. Einschiffung an Bord 20–21 Uhr, nachher kann das Schiff bis zur Abfahrt nach Korsika nicht mehr verlassen werden. Self-Service-Restaurant und Bar. Zuschlag für Übernachtung mit Frühstück ca. 48 € pro Kabine (1–4 Personen).

Happy Lines: Verglichen mit den beiden vorgenannten Reedereien ist Happy Lines ein Zwerg. Die Firma verfügt über eine einzige Fähre, den *Happy Dolphin*, der von April bis September zwischen La Spezia und Bastia pendelt.

Moby Lines – Blechkarossen aus dem Wellblechbauch

• *Preise und Konditionen:* **Personen**: 3 verschiedene Tarife, der teuerste gilt vor allem an Wochenenden und in der Hauptsaison. Nulltarif für Kinder bis zu 4 J., halber Preis bis 12 J.

Fahrzeuge: Preisstaffelung nach den o. g. Tarifen sowie nach Länge des Gefährts (bis 4 m, bis 5 m, zusätzliche Meter). Extrakosten für die Überschreitung von 2,2 m Höhe bzw. 2 m Breite.

Wer die Rückfahrt gleich mitbucht, zahlt für diese nur den halben Fahrzeugtarif, sofern sie auf einen Tag der billigsten Tarifklasse fällt (gleiches Angebot bei Corsica Ferries und Moby Lines).

Preisbeispiel: La Spezia – Bastia und zurück für 2 Personen plus Auto von 410 cm Länge im billigen Tarif ca. 198 €, alle Taxen inbegriffen, also praktisch preisgleich mit Corsica Ferries und Moby Lines.

Kabinen: Die Preise liegen deutlich unter denen der Konkurrenz: je nach Ausstattung und Saison 21–44 €.

Tiere: Unabhängig von Art und Größe zahlen sie ca. 10 € für die Überfahrt.

Stornierung: Bis zu einem Monat vor der Abfahrt behält die Gesellschaft 10 % ein, bis 48 Stunden 20 %, bis eine Stunde vor Abfahrt 50 %, danach ist alles zu spät.

Online-Buchung: www.happylines.it anklicken und sich weiterleiten lassen.

• *Einschiffung*: Fahrzeuge müssen sich spätestens 60 Min. vor Abfahrt einfinden. Am Schalter bekommt man die unerlässliche Bordkarte (für die Windschutzscheibe). Personen ohne Fahrzeug müssen sich spätestens 30 Min. vor Abfahrt einfinden. Während der Überfahrt ist das Autodeck nicht zugänglich.

• *Übernachtung an Bord*: Wer bereits am Vorabend in La Spezia ankommt und eine Morgenfahrt gebucht hat, kann die *Formule Happy Night* wählen und die Nacht auf der Fähre verbringen. Einschiffung an Bord 20–21.30 Uhr, nachher kann das Schiff bis zur Abfahrt nach Korsika nicht mehr verlassen werden. Self-Service-Restaurant (bis 21.30 Uhr geöffnet) und Bar. Die Kabinenpreise richten sich nach Größe (2–4 Personen) und Ausstattung (Waschbecken oder Dusche/WC).

28 Anreise

Corsica Marittima: Die Gesellschaft ist eine Tochter des französischen Staatsunternehmens SNCM (s. u.), bei dem sie auch ihre Schiffe ausleiht. Die Corsica Marittima fährt vor allem im Juli und August die Strecke *Livorno–Bastia* (in der Regel mit dem Schnellboot NGV) und unterhält an Samstagen eine Verbindung *Livorno – Porto-Vecchio* aufrecht.

Auf den französischen Schienen rast der TGV, auf dem Seeweg das NGV: Das *Navire à Grande Vitesse* schafft die Strecke Livorno–Bastia in nur einer Stunde und 50 Minuten. Für die eilige Variante zahlt der Kunde einen Aufpreis von ca. 30 % auf den Tarif der langsameren Konkurrenz.

Südfrankreich–Korsika

Die Verbindung ist leicht teurer als die "Italian connection". Die staatliche Gesellschaft SNCM *(Société Nationale Maritime Corse-Méditerranée)* beherrscht den Markt. Schließlich handelt es sich um eine Fahrt von Frankreich nach Frankreich. Ein kleines Marktsegment hat die italienische *Corsica Ferries* erobert.

SNCM: Prunkstück der Flotte ist die *Napoléon Bonaparte*, geboren 1996, die Platz für 708 Autos und exakt 2650 Passagiere bietet. Wenn sie in Ajaccio ankert, überragt sie die Hafengebäude und wirkt wie ein schwimmender Wohnblock. Von *Marseille* und *Nizza* aus wird das ganze Jahr über gefahren, der Hafen von *Toulon* wird nur saisonal aktiviert. Mit Ausnahme von *Bastia* und gelegentlich *Porto-Vecchio* liegen die korsischen Zielhäfen an der Westküste: *Ajaccio, Propriano, Calvi, L'Ile-Rousse*.

- *Preise*: **Personen**: 4 verschiedene saisonabhängige Tarife. Sehr kompliziertes Ermäßigungssystem, auf dessen Wiedergabe wir hier verzichten.
Fahrzeuge: Preisstaffelung nach Länge und Höhe des Gefährts.
Kabinen: Diverse Angebote, Preis abhängig von Ausstattung und Saison.
Tiere: Hunde und Katzen müssen gegen Tollwut geimpft sein. Dann dürfen sie für ca. 14 € im Auto gelassen, für ca. 25 € auf Deck in die Hundefächer geschlossen werden.
Stornierung: Es gilt folgende Fristenregelung: Bis zu 72 Stunden vor der Abfahrt behält die Gesellschaft 10 % ein, bis 24 Stunden vor Abfahrt 30 %, innerhalb der letzten 24 Stunden 50 %, danach ist alles zu spät.
- *Online-Buchung*: www.sncm.fr anklicken, dann durch das Wirrwarr der Sondertarife surfen und im richtigen Moment die Kreditkarte zur Hand haben.
- *Einschiffung*: Die Zeit ist in der Regel auf der Fahrkarte angegeben: Fahrzeuge müssen spätestens eine Stunde, Passagiere spätestens 30 Min. vor Abfahrt einchecken. Am Schalter wird gegen Vorzeigen des Tickets die unerlässliche Bordkarte ausgegeben. Während der Überfahrt ist das Autodeck nicht zugänglich.
- *Komfort an Bord*: Restaurant, Bar, Boutiquen, einige Schiffe verfügen darüber hinaus über einen Kinosaal.

Corsica Ferries: Der gelbe Riese aus Italien fährt von *Nizza* aus *Bastia* an, aber auch die Westküstenorte *Calvi, L'Ile-Rousse* und *Ajaccio*. Seit 2001 werden auch die Strecken *Toulon–Bastia* und *Toulon–Ajaccio* bedient; für Letztere braucht der neue *Mega Express* nur fünfeinhalb Stunden.
Preisstaffelung und *Konditionen* siehe unter Italien–Korsika auf S. 26 oben.

Fährgesellschaften: Agenturen/Einschiffungsbüros

Corsica Ferries
Internet: *www.corsicaferries.com*
Deutschland: Georgenstraße 38, 80799 München, ✆ 089/389.99.10, ✉ 089/33.85.76
Schweiz: Tourship, Wehntalerstr. 102, 8057 Zürich, ✆ 01/364.16.00, ✉ 01/364.16.06
Livorno: Stazione Marittima, Calata Carrara, ✆ 0586.88.13.80, ✉ 0586.89.61.03
Savona-Porto Vado: Calata Nord, ✆ 019.216.00.41, ✉ 019.216.00.43
Nizza: Port de Commerce, ✆ 04.92.00.43.76, ✉ 04.92.00.43.77
Toulon: Gare maritime, ✆ 04.94.41.11.89, ✉ 04.94.41.12.54
Ajaccio: Gare maritime
Bastia: Gare maritime, ✆ 04.95.32.95.95, ✉ 04.95.32.95.55
Calvi: Port de Commerce, ✆ 04.95.65.43.21, ✉ 04.95.65.43.22
L'Ile-Rousse: Gare maritime, ✆ 04.95.60.44.11, ✉ 04.95.60.42.96

Moby Lines
Internet: *www.mobylines.de*
Deutschland: Moby Lines Europe GmbH, Wilhelmstr. 36–38, 65183 Wiesbaden, ✆ 0611/1.40.20, ✉ 0611/1.40.22.44
Schweiz: Cosulich AG, Beckenhofstr.26, 8035 Zürich, ✆ 01/363.52.55, ✉ 01/362.67.82
Genua: Terminal Traghetti Calata Chiapella, Via Milano 51, ✆ 010.25.41.513, ✉ 010.25.43.916
Livorno: Ditta L. V. Ghianda, Via V. Veneto 24, ✆ 0586.82.68.23, ✉ 0586.82.68.24
Bastia: 4, rue Commandant Luce de Casablanca, ✆ 04.95.34.84.94, ✉ 04.95.32.17.94
Bonifacio: Hafen, ✆ 04.95.73.00.29, ✉ 04.95.73.05.50.

Happy Lines
Internet: *www.happylines.it*
La Spezia: Molo Italia, ✆ 0187.75.12.73, ✉ 0187.75.33.29.
Bastia: Gare maritime nord, ✆/✉ 04.95.55.25.52

SNCM/Corsica Marittima
Internet: *www.sncm.fr*
Deutschland: SNCM Germany GmbH, Unterortstr. 6–8, 65760 Eschborn, ✆ 06196/4.29.11, ✉ 06196/48.30.19
Schweiz: Wasteels Voyages SA, Eigerplatz 2, 3007 Bern, ✆ 031/370.90.85, ✉ 031/371.90.91
Marseille: 61, bd des Dames, ✆ 04.91.56.38.63, ✉ 04.91.56.35.86
Nizza: Quai du Commerce, ✆ 04.93.13.66.99, ✉ 04.93.13.66.89
Toulon: 49, av. de L'Infanterie de Marine, ✆ 04.94.41.50.01, ✉ 04.94.16.66.68
Livorno: Stazione Marittima, ✆ 0586.21.05.07, ✉ 0586.21.05.15
Ajaccio: Quai L'Herminier, ✆ 04.95.29.66.99, ✉ 04.95.29.66.77
Bastia: Nouveau Port, ✆ 04.95.54.66.99, ✉ 04.95.54.66.69
Calvi: Quai Landry, ✆ 04.95.65.01.38, ✉ 04.95.65.09.75
L'Ile-Rousse: Av. J. Calizi, ✆ 04.95.60.09.56, ✉ 04.95.60.02.56
Porto-Vecchio: Port de Commerce, ✆ 04.95.70.06.03, ✉ 04.95.70.33.59
Propriano: Quai Commandant L'Herminier, ✆ 04.95.76.04.36, ✉ 04.95.76.00.98

Im Verkehrsgetümmel von Bastia

Unterwegs auf Korsika

Mit dem Auto

Bei den französischen Pneu-Herstellern ist die Insel zum Testfeld geworden: Der Reifen, der die korsischen Pisten am besten übersteht, hat gute Chancen, Marktführer zu werden.

Gut ausgebaut sind die mit einer N-Nummer versehenen **Nationalstraßen**. Davon gibt es fünf auf der Insel: *N 193* (Bastia – Ponte Leccia – Corte – Ajaccio), *N 196* (Ajaccio–Bonifacio), *N 197* (Ponte Leccia – Calvi), *N 198* (Bastia–Aleria–Bonifacio) und *N 200* (Corte–Aleria). Alle anderen Straßen sind mit zwei- oder dreiziffrigen D-Nummern (**Departementstraßen**) gekennzeichnet. Sie sind schmaler, gelegentlich holprig, in Höhenlagen oft löchrig und vermutlich jenes Testfeld der Pneu-Fabrikanten, von dem oben – aus dem Wirtschaftsteil einer seriösen Zeitung zitierend – die Rede war.

Holprig oder nicht – kurvenreich und deshalb unübersichtlich sind viele Straßen auf Korsika. Und wenn's dann noch eng wird – in der Castagniccia, in den Hochtälern des Innenlandes und an der Westküste keine Seltenheit –, bleibt **Hupen** oft die einzige Möglichkeit, um auf sich aufmerksam zu machen.

Korsen sind nicht unbedingt bessere Autofahrer, meist aber schnellere. Die Autoralley *Tour de Corse* zieht jährlich Tausende von korsischen Schaulustigen an, und nicht wenige scheinen sich hier inspirieren zu lassen.

Höchstgeschwindigkeit: Die Grenze für Pkw liegt bei 110 km/h auf Nationalstraßen mit zwei getrennten Fahrspuren pro Fahrtrichtung (südlich von

Bastia und bei Ajaccio), bei 90 km/h auf Landstraßen (bei Nässe jeweils 10 km/h weniger). Wer seinen Führerschein noch kein ganzes Jahr besitzt, darf auf allen Straßen höchstens 90 km/h fahren!

Kreisverkehr: Den *rond point* gibt's vor allem in größeren Orten. Stets gilt: Wer im Kreis drin ist, hat Vorfahrt, sofern kein Verkehrsschild oder Polizist Gegenteiliges behauptet.

Verkehrsschilder: Sie entsprechen den europäischen Standards. Zusätzliche Informationen werden oft schriftlich kundgetan (s. Kasten).

Pannenhilfe/Notruf/Unfallrettung: AIT-Assistance unter ✆ 0800.08.92.22 oder Polizeinotruf unter ✆ 17.

Benzin: Auf dem französischen Festland beträgt die Mehrwertsteuer auf Sprit 20,6 %, auf der Insel lediglich 13 %. Leider geben nur wenige korsische Tankstellen diesen Vorteil an die Kunden ab. Wie auf dem französischen Festland gilt: Wer mit Diesel fährt, fährt billig. An den Zapfstationen der größeren Supermärkte ist der Sprit günstiger, dafür gibt es keinen Service, kein Wasser, keine Luft. Im Inselinneren sind die Tankstellen spärlich gesät!

Mietwagen: Die großen Firmen *Avis, Hertz, Europcar* unterhalten an allen vier Flughäfen und praktisch in jedem größeren Ort ein Büro (siehe Reiseteil). Der etwas billigere Verleiher *Budget* ist auf Korsika nur spärlich vertreten. Bei mehrtägiger Miete und in der Hauptsaison ist die Buchung von zu Hause aus in der Regel günstiger. Am besten bei mehreren Firmen Informationen einholen.

Trampen: Touristen, die mit dem Auto nach Korsika kommen, pflegen so viel Gepäck mitzunehmen wie möglich; Einheimische sind oft alleine unterwegs, fahren aber in der Regel nicht viel weiter als bis zum nächsten Dorf. Von diesen beiden Gegebenheiten müssen Tramper ausgehen.

Wenn sich eine Bus- oder gar Bahnfahrt als Alternative anbietet, sollte man zugreifen, bevor die Mundwinkel so weit herunterhängen, dass kein Autofahrer mehr Lust verspürt anzuhalten.

accès à la mer (plage)	Zugang zum Meer (Strand)
Attachez vos ceintures!	Schnallen Sie sich an!
Au pas!	Schritttempo
centre ville	Stadtzentrum
chantier	Baustelle
chaussée déformée	Unebene Fahrbahn
Danger!	Gefahr!
déviation	Umleitung
entrée	Einfahrt
Halte!	Stopp!
horodateur	Parkuhr
impasse	Sackgasse
passage interdit	Durchfahrt verboten
ralentir	Geschwindigkeit verringern
route barrée	Straße gesperrt
sens unique	Einbahnstraße
sortie	Ausfahrt
Stationnement interdit!	Parken verboten!
stationnement payant	Parken gebührenpflichtig
toutes directions	Alle Richtungen
travaux	Straßenarbeiten
véhicules lents serrez à droite	Langsame Fahrzeuge: rechts fahren
virage	Kurve

Landkarten

Michelin-Karte, Blatt Nr. 90, 1:200.000, ca. 3 €. Die ideale Karte für Selbstfahrer. Die Klassifizierung der Straßen stimmt bis ins Detail, die wichtigsten touristischen Attraktionen sind eingezeichnet.
IGN-Karte, Blätter 73 (Nord) u. 74 (Süd), 1:100.000, ca. 5 € pro Blatt. Zu Hause beim Buchhändler erhältlich, in Korsika in größeren Buchhandlungen. Geeignet für Radfahrer, da auch Höhenlinien eingezeichnet sind. Für Wanderer dagegen ist die Karte absolut ungenügend! Autofahrer finden den Maßstab 1:100.000 vielleicht zu exakt. Dass die Sehenswürdigkeiten farbig, die Ortsnamen nur in bescheidenem Grau eingezeichnet sind, mag manchem die Orientierung erschweren.
Spezielle Karten für Wanderer werden im Kapitel *Sport/Wandern und Bergsteigen* gesondert vorgestellt.

Mit der Eisenbahn

Nur 227 km Schienenlänge, aber 38 Tunnels und 34 Viadukte – die Fahrt mit der korsischen Eisenbahn ist höchst abenteuerlich und ein einzigartiges Vergnügen.

Seit 1982 fahren allerdings neue Lokomotiven mit modernen Wagen, die romantischen alten Züglein, in deren "Anhänger" man sich regelrecht durchs korsische Gebirge schütteln lassen konnte, sind längst passé. Im Landesinnern streift der Wagen gelegentlich haarscharf an granitenem Gemäuer vorbei, zuckelt über Viadukte und verschwindet in Tunnels. Die abenteuerlichste Strecke ist zweifellos die von Corte nach Vizzavona: Knapp vor Vivario überquert man in schwindelerregender Höhe auf einer vom Eiffelturm-Konstrukteur *Gustave Eiffel* gebauten Eisenbrücke das Tal des Vecchio-Baches.

Gegründet wurde die korsische Eisenbahn 1878 in der Pionierzeit dieses Verkehrsmittels. In den 60er Jahren des letzten Jahrhunderts wurde die Stilllegung der Bahn angedroht, die Korsen protestierten energisch, und Paris lenkte ein. Mittlerweile hat das Landesinnere an touristischem Interesse gewonnen, und kein Mensch denkt mehr an die Einstellung des Betriebs.

Das Hauptschienen"netz" des *Trinighellu*, wie die Korsen ihre Bahn nennen, beschränkt sich auf ein Ypsilon, bestehend aus der Korsika-Transversale Bastia – Ponte Leccia – Ajaccio und einem Seitenarm von Ponte Leccia nach Calvi. An zahlreichen Stellen gilt "Halt auf Verlangen", so auch bei einigen Campingplätzen.

Von Bastia nach Ajaccio fahren täglich vier Züge; die ersten 21 km dieser Strecke (bis Casamozza) verkehren zusätzliche Züge durch Bastias Industriezone. Nicht für Arbeiter, sondern für Touristen wird in der Saison ein Pendelverkehr an der Küste zwischen L'Ile-Rousse und Calvi eingerichtet (*Trains-Tramways de la Balagne*).

Wenn man die Wahl zwischen Bahn und Bus hat (z. B. von Bastia nach Ajaccio oder von Bastia nach Calvi), ist die Bahn die bessere Variante. Sie ist

In schwindelnder Höhe: korsischer Eisenbahnviadukt

zwar nicht ganz so schnell, verkehrt aber etwas häufiger und ist etwas billiger. Obendrein ist die Fahrt mit der korsischen Eisenbahn – siehe oben – einfach aufregender.

Preisbeispiel: Die Fahrt von Bastia nach Ajaccio kostet ca. 16 €. Für die 158 km braucht die Bahn ungefähr drei Stunden. Sofern Platz ist, und das ist meist der Fall, können Fahrräder und Mofas mitgenommen werden. Fahrpläne sind in jedem Bahnhof erhältlich.

Ein überlegenswertes Angebot ist die *Carte Zoom*: unbeschränkte Schienenbenutzung an sieben aufeinander folgenden Tagen für ca. 45 €.

Tipp für Autofahrer: Verzichten Sie nicht auf das Vergnügen einer Fahrt mit der korsischen Eisenbahn. Zum Beispiel könnte man bei schönem Wetter das Auto in Corte stehen lassen, eine Fahrkarte nach Vizzavona lösen, sich im dortigen Wald verlustieren, in den *Cascades des Anglais* ein erfrischendes Bad nehmen und – sofern man den letzten Zug nicht verpasst – zum Abendessen wieder zurück in Corte sein.

Mit dem Bus

Die Überlandbusse sind ausnahmslos in den Händen privater Gesellschaften, die es sich nicht leisten können, defizitär zu arbeiten – von diesem Grundsatz ist die Qualität der Verbindungen bestimmt.

Mit zwei Fahrten pro Tag ist die Rennstrecke entlang der Ostküste (Bastia – Porto-Vecchio) relativ gut bedient, ebenso die Inseldurchquerung Bastia–Corte–Ajaccio (in diesem Fall ist die Fahrt mit der Eisenbahn – siehe oben – schöner!). Problematischer wird's an der Westküste zwischen Ajaccio und Calvi. Hier fährt nur ein Bus pro Tag, und außerhalb der Hauptsaison darf der Chauffeur sonntags ausruhen. Kleinere Orte im Landesinnern werden – wenn überhaupt – noch seltener angefahren.

34 Unterwegs auf Korsika

Einen Gesamtplan über die Busverbindungen auf Korsika gibt es leider nicht. Die jeweiligen *Syndicats d'Initiative* (Informationsbüros) kennen sich in ihrem geographischen Geltungsbereich aus, weiter nicht. Im 1994 eröffneten Gebäude des *Terminal Maritime et Routier* von Ajaccio unterhalten sämtliche Busgesellschaften einen Schalter: Destinationen und Abfahrtszeiten auf einen Blick. Im *gare routière* (Busbahnhof) von Bastia legen diverse Gesellschaften Prospekte und Fahrpläne aus. Außerhalb dieser beiden Städte bleibt nichts anderes übrig, als die Abfahrtszeiten vor Ort zu erfragen. Über die Häufigkeit der jeweiligen örtlichen Busverbindungen informieren wir Sie im Reiseteil.

Mit dem Motorrad (von Christoph Berg)

Um es vorwegzunehmen: Korsika ist ein Paradies für Biker. Das liegt nicht nur an der grandiosen Landschaft. Hinreißende Panoramastrecken schmiegen sich windungsreich an die Hänge tief eingeschnittener Schluchten, an dicht bewaldete Täler und spektakuläre Steilküsten. Es ist vor allem auch die überraschend gute Qualität der Straßenbeläge, die im Mittelmeerraum ihresgleichen sucht. Selbst die Korsen wundern sich, wie gut der Straßenbau auf ihrer Insel funktioniert.

Korsika wird gerne als die "Insel der zehntausend Kurven" bezeichnet. Und das ist nicht übertrieben. An der Westküste und im Landesinneren trifft man auf eine Vielzahl exzellenter Slalomstrecken, für die einmal mehr das Motto gilt: Der Weg ist das Ziel. Schnell bekommt man ein Gefühl für die richtige Geschwindigkeit, um den Rhythmus der unzähligen Rechts-Links-Kombinationen in vollen Zügen genießen zu können. Selten wird auf diesen Straßen eine höhere Durchschnittsgeschwindigkeit als 40 km/h erreicht. Das sollte man bei seinen Tourenplanungen unbedingt berücksichtigen.

Ja, der Weg ist das Ziel: Alle Sinne werden angesprochen. Dem kräftig würzigen Duft der Macchia folgt der Geruch von Kiefernharz in den ausgedehnten Nadelwäldern. Zwischen dichtem Grün blickt man auf die umliegenden kahlen Berggipfel, deren schneebedeckte Kuppen sich vor allem im Frühjahr deutlich vom tiefblauen Himmel absetzen. Von den Hängen stürzen Gebirgsbäche ins Tal, bevor sie sich durch enge Schluchten zwängen. Und mittendrin wedelt der Biker im Kurvenrausch. Dabei spielt es keine Rolle, ob er mit einer Enduro, einer Sportmaschine oder einem Big-Bike unterwegs ist.

Auch Off-Road-Fans kommen auf ihre Kosten. Neben einem dichten Netz kleinster Asphaltstrecken gibt es eine Vielzahl unbefestigter Erdpisten aller Schwierigkeitsgrade. Steigungen von über 15 % sind keine Seltenheit und erfordern teilweise viel Erfahrung. Andere Strecken führen zu einsamen Küstenabschnitten, die noch völlig unerschlossen sind.

Um diese Schönheiten unbeschwert genießen zu können, sollte man jedoch einige korsikaspezifische Umstände beachten. Es sind die Schweine, Rinder und Maultiere, die oftmals unvermittelt hinter engen Kurven mitten auf der Fahrbahn den Fahrfluss abrupt unterbrechen. Das gilt insbesondere für die

Mit dem Motorrad

Fußgänger haben Vortritt!

Abendstunden, wenn der Asphalt die untertags gespeicherte Wärme abstrahlt. Grundsätzlich ist dann erhöhte Vorsicht geboten, insbesondere wenn Exkremente gehäuft auf dem Pflaster liegen. Dann sind es oft nur noch wenige hundert Meter bis zur drohenden Begegnung mit der tierischen Art.

Bereits bei der Urlaubsplanung empfiehlt es sich, an die Mitnahme eines guten Bügel- oder Kettenschlosses, eventuell auch eines zusätzlichen Bremsscheibenschlosses zu denken. Motorrad-Diebstahl ist leider auch in Korsika kein Fremdwort. Mehrere Motorräder zusammenzuketten oder zumindest die zahlreich in den Gehsteigen eingelassenen Stahlbügel zur Befestigung zu verwenden, bietet eine gewisse Sicherheit. Bei der Unterkunft im Hotel oder einer Ferienwohnung sollte man auf das Angebot einer Motorradgarage achten.

Motorrad-Verleih: Wer per Flugzeug, Bahn oder Pkw anreist, braucht auf Motorrad-Feeling nicht zu verzichten. In den größeren Küstenorten gibt es Motorrad-Verleiher, die insbesondere 125er- oder 250er-Enduros anbieten. Diese sind ideal für kleinere Touren auch abseits der asphaltierten Wege.

Christoph Berg bereist die Insel regelmäßig seit bald zwanzig Jahren und ist Autor des Buches "Touren in Korsika", eines Korsikaführers für Motorradfahrer. Einziger Fehler dieses Buches: Es ist vergriffen. Der Autor hat jedoch sein gesammeltes Biker-Wissen – Tourenempfehlungen, motorradfreundliche Herbergen, Werkstättenverzeichnis, Technik-Lexikon und vieles mehr – im Internet zugänglich gemacht: **www.bike-and-smile.de**.

Mit dem Fahrrad/Mountainbike

Die geeignete Radlerzeit ist die Vorsaison, wenn die Sonne noch nicht allzu stark brennt und die Macchia ausgiebig ihre Düfte verströmt.

Korsika auf dem Rad zu erkunden wird immer beliebter. Ambitionierte lassen sich auch vom gebirgigen Inselinnern nicht abschrecken. Ein berggängiges Rad mit umfangreicher Gangschaltung bringt natürlich große Vorteile. Grundsätzlich genügt zwar ein *Dreigang-Rad* – man muss aber immer damit rechnen, mal ein, zwei Stunden bergauf zu schieben (für die Talfahrten auf jeden Fall eine zweite Handbremse montieren, beide Bremsen neu abgleichen und zwei Ersatzbremszüge inkl. Verschleißteile wie Bremsklötzchen mitnehmen).

Sinnvoller ist ein *Mountain- oder Trekking-Rad* mit einem speziellen hinteren Schaltwerk für Bergfahrten und einem Gepäckträger (beladen mit höchstens 16 kg inkl. Wasser und Verpflegung). Zu überlegen ist die Reifenbreite: Schmale Reifen rollen zwar schnell, haben aber kaum Federung, breite Reifen erfordern höheren Kraftaufwand, sind aber bequemer für den Fahrer.

Wer mit dem Flugzeug oder als Tramper nach Korsika gekommen ist, hat sein Rad wohl zu Hause gelassen. Macht nichts, denn in vielen Küstenorten (leider nicht mehr in Galéria) werden preiswert Fahrräder verliehen. Eine Tour lässt sich jederzeit einplanen. Besonders beliebt sind:

Rundfahrt ums Cap Corse: Fahrradverleih in Saint-Florent. Mit Badestopps drei Tage einplanen.

Rundfahrt durch die Balagne: Fahrradverleih in Calvi oder L'Ile-Rousse. Viel auf und ab, aber nie steil. Hübsche Dörfer und unzählige schöne Aussichtspunkte. Je nach Route ein bis zwei Tage einplanen.

- *Gepäck/Werkzeug:* Das Gepäck in wasserdichten Packtaschen am Hinterrad verstauen. Falls nötig, vorne einen zusätzlichen Gepäckträger installieren. Bei zu viel Gewicht können Speichenbrüche die Folge sein. Da es auf Korsika kaum Fahrradwerkstätten gibt, Zahnkranzabnehmer, Ersatzspeichen passender Länge (sicherheitshalber eventuell noch um 1 mm abfeilen), Nippel und Speichenschlüssel mitnehmen.

Wichtig: Genügend Ersatzmaterial für Gangschaltung, Bremsen und Reifen einpacken, notwendiges Werkzeug, ausreichend Flickzeug und zwei Ersatzschläuche mitnehmen. Um einige Platten wird man kaum herumkommen.

- *Karten:* Siehe Kasten auf S. 32.
- *Kleidung:* Fährt man mehr als 50 km am Tag, sind Rennhosen mit Innensitzleder (eincremen!) empfehlenswert. Gegen die Sonne unbedingt eine Kopfbedeckung (z. B. Rennmütze) sowie Sonnencreme mitnehmen (Lichtschutzfaktor mindestens 10, besser mehr). Alle freien Körperteile eincremen, erst spät am Abend merkt man, wo man es vergessen hat! Wasserdichte (aber luftdurchlässige) Kleidung ist ebenfalls sinnvoll, gut ist Goretex (oder Sympatex), leider teuer.
- *Literatur:* Das Mountainbike heißt auf Französisch V.T.T. (Vélo Tout Terrain), und speziell für Fahrer und Fahrerinnen eines solchen gibt es auf Französisch einen ausführlichen Führer (mit Streckenbeschreibungen) in den größeren Buchhandlungen auf Korsika erhältlich ist: **Les Guides V.T.T., Band 9 (Nordkorsika) und Band 10 (Südkorsika)**, beide von Charles Pujos verfasst und erschienen bei Didier & Richard. Pro Band ca. 10 €.

Einzelzimmer in den Bergen

Übernachten

Feriendörfer/Hôtel-Résidences/Mini-Villen

Richtige *Feriendörfer* sind sehr selten auf Korsika. Häufiger findet man die Formel *Hôtel-Résidence*. Dabei handelt es sich in der Regel um einen Komplex aus einem Hotel, um das sich mehrere Bungalows gruppieren. Es ist die klassische Form für Pauschalurlauber, die bereits zu Hause die Entscheidung zwischen verschieden luxuriösen Ausführungen treffen. Grundsätzlich ist eine Buchung nur wochenweise möglich. Da die Hôtel-Résidences oft im Besitz von Festlandfranzosen sind, die damit saftige Profite machen, geraten sie als Ziel von Sprengstoffanschlägen gelegentlich in die Schlagzeilen. Keine Panik: Meist wird gebombt, bevor die Anlagen fertig gestellt sind, oder im Winter, wenn sie leer stehen. Menschen werden stets evakuiert.

Sog. *Mini-Villen* sind vor allem in der Gegend um Porto-Vecchio in Mode gekommen: meist kleine Häuser im Besitz von Einheimischen, die wochenweise und nicht gerade billig vermietet werden. Eine Liste ist im *Office de Tourisme* erhältlich.

Feriendörfer, Hôtel-Résidences und Mini-Villen finden in diesem Reiseführer keine weitere Erwähnung. Für nur wochenweise mietbare Objekte ist ein Prospektstudium zu Hause oder eine eingehende Besichtigung vor Ort dringend geboten.

Hotels

Das französische Tourismusministerium inspiziert und klassifiziert jährlich die Hotels und verteilt auf achteckigen, blauen Schildern seine Sterne:

**** Grand Luxe: Hotels dieser Klasse bleiben in unserem Reiseführer unerwähnt. Auf Korsika sind sie eine Rarität.

*** Hoher Komfort: TV und Zimmertelefon sollten selbstverständlich sein, ebenso eine gute Hotelbar. An der Rezeption beherrscht man Fremdsprachen. Oft Sportangebot (Tennis, Schwimmen).

** Mittlerer Komfort: Touristen- und Vertreterkategorie. Dusche und WC in der Regel im Zimmer.

* Billighotel, Dusche und WC oft auf der Etage.

Hotels ohne Stern sind in der Regel bescheidene Häuser, die nicht klassifiziert sind, was nicht unbedingt gegen sie spricht.

Rezeption im 1. Stock

In den Übernachtungspreisen ist *Frühstück* nur selten inbegriffen. Bezahlt wird grundsätzlich für das Zimmer, unabhängig davon, ob man alleine oder zu zweit unterwegs ist. Einige Hotels gewähren Einzelreisenden einen kleinen Preisnachlass. In der Regel steht im Zimmer ein *grand lit* (großes Bett) französischer Breite (140 cm), gelegentlich werden etwas teurere Zimmer mit *deux lits* (zwei Betten) angeboten.

Zimmerpreise: Neben Willkür sind verschiedene andere Faktoren für ihre Höhe verantwortlich: *Die Anzahl der verliehenen Sterne; die Lage des Hotels* (direkt am Meer und mit Zugang zu diesem, etwas abseits vom Meer, im Dorf etc.); *die Lage des Zimmers* (Meerseite, Straßenseite, Gartenseite etc.); *der Zimmerkomfort* (Bad, Dusche, WC etc.); *die Saison*: An der Küste herrschen große Preisunterschiede zwischen Vor- bzw. Nachsaison und Hauptsaison (Juli/August). Einige Hotels teilen das Jahr sogar in mehrere saisonale Kategorien ein und berücksichtigen dabei auch das Ostergeschäft.

In unserem Reiseführer geben wir die Preisspanne für ein Doppelzimmer an. Beispiel: DZ 43–51 € heißt: billigstes Doppelzimmer für 43 € (z. B. Nebensaison, Zimmer zur Straße, WC auf Etage), teuerstes 51 € (z. B. Hauptsaison, Meerseite, Dusche und WC im Zimmer). Alle Preisangaben beruhen auf Recherchen des Jahres 2001. Sofern keine Öffnungszeiten angegeben sind, kann davon ausgegangen werden, dass das Hotel ganzjährig geöffnet ist.

Den größten Touristenstrom verzeichnet Korsika von Juli bis Mitte September. In dieser Zeit herrscht oft Zimmermangel; eine telefonische Voranmeldung hat zwar den Nachteil, dass man das Zimmer nicht in Augenschein nehmen kann, erhöht aber die Chancen, überhaupt eines zu finden. Viele Hotels sind vom Spätherbst bis in die Osterzeit geschlossen.

Camping

Die ersten Campingplätze auf der Insel wurden Mitte der 50er Jahre am Golf von Porto-Vecchio eingerichtet, die Tradition ist also jung. Heute zählt Korsika ungefähr 200 Campings, über 90 % davon an der Küste. Camping – zumal im europäischen Vergleich billig – erfreut sich auf Korsika immer größerer Beliebtheit. Vom Iglu bis zum komfortablen Familienwohnzelt, in dem sich die gesamte heimatliche Häuslichkeit wiederfindet, sieht man auf korsischen Campingplätzen alles.

Tipp: Wer Strom benötigt, sollte mindestens 50 m Stromkabel dabeihaben sowie eine Dreifach-Steckdose und einen Adapter.

Wie für Hotels werden auch Campingplätzen Sterne verliehen:

**** **Luxus-Camping**: Gemeinschaftseinrichtungen, größeres Sportangebot, Disko etc.

*** **Hoher Komfort**: Stellplätze mit Stromversorgung, Lebensmittelladen, Parkplatz, Rund-um-die-Uhr-Bewachung, meist Tennisplatz und – wenn nicht direkt am Meer gelegen – Swimmingpool.

** **Durchschnittlicher Komfort**: Warmwasser, Steckdosen für Rasierapparate, individuelle Waschbecken, gelegentlich Waschmaschine.

* **Sanitäre Minimalausstattung**: Meist nur Kaltwasserduschen. Zu dieser Kategorie gehören auch die wenigen Campings, die in öffentlichem Besitz sind (Camping communal oder Camping municipal).

Des Öfteren findet man auch Campingplätze ohne Stern, meist handelt es sich dann um einfache Einrichtungen ohne großen Komfort oder um eine sog. aire naturelle, ein Stück Wiese mit Wasseranschluss.

Eine Snackbar und oft auch eine Pizzeria findet sich auf fast jedem Campingplatz, ist also kein besonderer Luxus. Bei der Vergabe von Sternen werden vor allem die "technischen" Qualitäten berücksichtigt (sanitäre Anlagen, elektrische Anschlüsse etc.), weniger die natürlichen Gegebenheiten wie Bewaldung und Bodenbeschaffenheit. In einem sanitär gut ausgerüsteten 2-Sterne-Camping kann also die pralle Sonne brennen und der Boden steinhart sein, während ein romantischer Platz im schattigen Wald nur einen Stern bekommt, weil ihm das Warmwasser fehlt. *Aus diesen Gründen verzichten wir in unserem Reiseführer auf die Angabe von Sternen und geben dafür den Ratschlag: besser vorher inspizieren.*

Preise: selten unter 2,50 €, selten über 5 € pro Person, Zelt und Auto durchschnittlich jeweils 1,50 €.

Wildzelten: *Camping sauvage interdit!* heißt Wildzelten verboten, und das gilt für ganz Korsika. An einigen besonders verlockenden Küstenstrichen patrouillieren Polizisten, im Landesinnern überwachen Wächter des Korsischen Naturparks die Einhaltung des Verbots.

Andere Übernachtungsmöglichkeiten

Gîtes ruraux: Das *Gîte rural* ist die ländliche Spielart des Feriendomizils abseits des Küstentrubels, meist auf einem Bauernhof. Die Vermietung erfolgt stets wochenweise.

Information: Gîtes ruraux de France, Région Corse, 22, bd Paoli, 20000 Ajaccio, ✆ 04.95.20.51.34.

Jugendherbergen/Gîtes d'étape: Offiziell im französischen Dachverband der Jugendherbergen sind einzig das *Corsôtel* in Calvi und die neue *Auberge de Jeunesse* in Moriani-Plage (nähere Informationen siehe dort). Inoffiziell können auch die *Case amiche (Maisons amies)* als Jugendherbergen angesehen werden. Meistens liegen sie an Wanderwegen im Landesinnern und sind als *Gîtes d'étape* ausgeschildert. Es sind einfache Unterkünfte in 4- bis 8-Bett-Zimmern mit Kochgelegenheit, die meist nur für eine Nacht aufgesucht werden.

Information: Ein Faltblatt mit sämtlichen Adressen der *Case amiche* bzw. *Gîtes d'étape* liegt in den Informationsbüros des Parc Naturel Régional de la Corse aus.

Klöster: In seltenen Fällen lebt die Tradition noch: Wer an die Klosterpforte klopft, dem wird geöffnet. Allerdings sind die Mönche oft außer Haus, da sie in der Regel mehrere Dörfer seelsorgerisch zu betreuen haben. Der Wanderer wird als Durchreisender betrachtet und nicht als Daueraufenthalter, die Unterkünfte sind bescheiden.

Essen und Trinken

Thymian, Majoran, Rosmarin, Basilikum, Salbei, Myrte – die Macchia gehört mit zur korsischen Küche. Ihre Kräuter würzen Zicklein und Wildschwein, Fisch und Vogel.

Die echte korsische Küche findet man im Landesinnern und – als Spezialität für Touristen – in den größeren Städten. An der Küste hat weitgehend die kontinentalfranzösische Küche gesiegt, bedrängt von zahlreichen Pizzerie.

Grundsätzlich ist das Essen im *Restaurant* eine teure Angelegenheit. Die Menüpreise variieren von 12 bis 36 €. Mit einem Fläschchen Wein dazu und einem Kaffee zum krönenden Abschluss sollte man mit mindestens 17 € pro Person rechnen. Wer sich das Menü selber zusammenstellt *(à la carte)*, zahlt noch mehr (angeführt wird die Preisliste von den Langusten). Fischrestaurants sind stets teurer, korsische Spezialitätenrestaurants ebenso, aber meist sehr gut.

Die billigere Variante, den Hunger zu stillen, ist die *Pizzeria,* von der Edelpizzeria in der Stadt bis zur Strandpizzeria. Wer die Pizza nicht einfach als Magenfüller (sie hält bekanntlich nicht lange vor) versteht, sondern sie auch genießen will, sucht sich ein Lokal aus, das mit *feu de bois* (Holzfeuer) wirbt.

Trinkgeld: In der Regel ist es im Preis inbegriffen. Nach oben zu runden ist in jedem Fall freundlich und ganz und gar üblich.

An touristischen Orten hat auch das *Fastfood* Einzug gehalten: Pommes frites und Schnellpizze, dazu die Cola aus dem Pappbecher. Im *Café,* der *Bar*

Alles Käse

oder der *Café-Bar* wird außer frischen Croissants zum Frühstück und gelegentlich Sandwichs nichts gegessen. Tonangebend sind hier die Pastis-Trinker. Eisspezialitäten wiederum gibt's beim *Glacier*.

Vorspeisen

Charcuterie corse: Auf Deutsch "korsische Wurstwaren". Die korsischen Schweine vagabundieren frei durch die Landschaft, das hält sie schön mager und sorgt für ausgezeichnetes Fleisch. Berühmt ist der **lonzu** (gepfeffertes Filet, geräuchert) und die **coppa** (in Salz und Wein eingelegtes Fleisch vom Kamm, geräuchert), die man meist auch im *sandwich de charcuterie corse* findet. Sowohl *lonzu* als auch *coppa* sind in jeder korsischen Metzgerei erhältlich.

Die **soupe corse** steht auf jeder Karte der korsischen Küche. Es handelt sich dabei um einen schmackhaften Gemüseeintopf. Als ganz große Delikatesse gilt unter den Korsen die **pâté de merle** (Amselpastete). Obwohl die Amseljagd mittlerweile verboten ist, findet man das Hors d'œuvre gelegentlich noch in Spezialitätenrestaurants. Wer legal einen Singvogel verspeisen will, fragt nach einer **paté de sansonnet** (Starpastete).

Fleisch

Porc (Schweinefleisch) wird praktisch überall und in zahlreichen Varianten serviert. Da die Tiere frei herumlaufen, schmeckt es wesentlich kräftiger als auf dem Festland, besonders spürbar bei den saftigen, mit Macchiakräutern gewürzten Koteletts.

42 Essen und Trinken

Sanglier (Wildschwein) steht vor allem während der Jagdzeit im Herbst auf dem Speisezettel.
Cabri heißt Zicklein und wird oft als *ragout* oder *filet aux herbes* (mit Kräutern zubereitet) angeboten.
Tripes aux herbes du maquis (mit Macchiakräutern zubereitete Kutteln) seien dem, der Innereien schätzt, empfohlen.

Fisch und andere Meerestiere

Die Fischküche ist keine spezifisch korsische Spezialität, eher eine vom französischen Festland importierte Tradition. Sie sei hier trotzdem kurz erwähnt. Relativ häufig auf der Speisekarte stehen **rouget** (Meerbarbe) und **dorade** (Goldbrasse), die sowohl gedämpft als auch gegrillt serviert werden. Auch **loup de mer** (Wolfsbarsch) und **lotte** (Seeteufel) finden den Weg auf den Teller. Königin der Krustentiere und auch Spitzenreiter der Preistabelle ist die **Languste**, die von den Franzosen wegen ihres größeren Fleischgehalts dem Hummer vorgezogen wird. **Austern** werden im Etang de Diane und im Etang d'Urbino im Osten gezüchtet (Näheres über diese Delikatesse siehe Kasten *Zum Nachspülen am besten Champagner* auf S. 161).

Bereit für den abendlichen Ansturm: Straßenbetischung in Bonifacio

Vegetarisch

Fleischlose Restaurants wird man auf Korsika nicht finden. In seltenen Fällen steht nach den Rubriken *poisson* und *viande* eine *assiette végétarienne* auf der Speisekarte. Wer auf Fleischloses Wert legt und nicht schon wieder eine Pizzeria aufsuchen will, kann auch einfach die Speisekarte beiseite legen und der Bedienung seinen Wunsch nach Salaten und Gemüse erklären. Letzteres kommt in der Regel frisch und in gedünsteter Form auf den Tisch.

Nachspeisen

Käse ist der klassische Nachtisch auf Korsika. Es werden meist verschieden harte Schafs- und Ziegenkäse angeboten, gelegentlich mit sehr durchdringendem Geruch. Eine Inselspezialität ist der **brocciu**, ein leicht gesalzener Frischkäse aus Ziegen- und/oder Schafsmilch. Er ist der korsische Käse schlechthin und dient auch als Gebäckfüllung *(beignets au brocciu)* sowie zur Zubereitung des **fiadone**, eines korsischen Käsekuchens. In Spezialitätenrestaurants wird der *brocciu* gelegentlich als Ravioli- und Cannelloni-Füllung verwendet.

Drei Rezepte zum Selbstkochen (von Christoph Berg)

Der Korsika-Urlaub war kurz, die Küche dort hat Ihnen gut geschmeckt, und jetzt stellen sich bei Ihnen Entzugserscheinungen ein. Dem kann abgeholfen werden. Die folgenden drei Rezepte (jeweils für 4 Personen) sind auf der Basis klassischer korsischer Gerichte vom Autor dieses Beitrags weiterentwickelt worden und zum Nachkochen für zu Hause gedacht. Sie können alle mit hiesigen Zutaten zubereitet werden. Die Gerichte sind so ausgewählt, dass sich daraus ein dreigängiges Menü zusammenstellen lässt.

Omelette au brocciu et à la menthe

400 g milder Schafskäse (griechischer), Schafsmilch-Ricotta oder verschweißter brousse aus dem korsischen Supermarché (hält 4 Monate)
8 große Eier
eine Hand voll frische oder getrocknete Minze
Salz, Pfeffer

Den Schafskäse durch ein Sieb passieren. Eier aufschlagen und mit etwas Milch oder Sahne verrühren. Frische Minze klein hacken und dem Rührei zugeben. Mit Salz und Pfeffer würzen. Dem Rührei einen großen Schluck Sprudel zugeben, damit das Omelett schön locker wird. Etwas Olivenöl in einer Pfanne erhitzen und das Rührei hineingeben. Bevor das Ei abbindet, den Käse gleichmäßig darauf verteilen. Mit elegantem Hüftschwung das Omelett in der Pfanne wenden (Bräunung nach Gusto).

Stuffatu à la Châtaigne

800 g Rindergulasch
250 g Speckwürfel
250 g klein gehackte Zwiebeln
3 Zehen Knoblauch
800 g geschälte und gewürfelte Tomaten
400 g frische und gehäutete Kastanien oder aus der Konserve
½ l Weißwein
Thymian, Kräuter der Provence, Salz, Pfeffer, Muskat
Als Beilage: 500 g Makkaroni, Spaghetti, Kartoffeln oder Reis

Speck und Zwiebeln in einem hohen Topf 5 Min. anbraten. Gulasch hinzufügen, alles gut vermischen und weitere 5 Min. braten. Tomaten untermischen und aufkochen. Mit Weißwein ablöschen und abgedeckt auf schwacher Flamme eine Stunde köcheln lassen (gelegentlich umrühren). Knoblauchzehen und Kastanien (ganze) hinzugeben und eine weitere Stunde abgedeckt köcheln lassen (gelegentlich umrühren). Mit Thymian, Kräutern der Provence, Salz, Pfeffer und Muskat nach Gusto würzen. Am besten über Nacht stehen lassen, damit sich das Aroma richtig entfaltet.

Fiadone

500 g milder Schafskäse (griechischer), Schafsmilch-Ricotta oder verschweißter brousse aus dem korsischen Supermarché (hält 4 Monate)

Essen und Trinken

75 g Zucker
3 große Eier
eine unbehandelte Orange oder ein Päckchen Orangenaroma
5 cl Orangenlikör (kein Blue Curaçao, sonst wird der Kuchen grün!) oder Vin d'Orange aus dem Korsika-Urlaub
ein Päckchen Vanillezucker

Den Schafskäse durch ein Sieb passieren und in eine Rührschüssel geben. Die Schale der unbehandelten Orange mittels Reibeisen abrubbeln. Eigelb und Eiweiß trennen. Klein geriebene Orangenschale bzw. Orangenaroma, Eigelb, Zucker und Orangenlikör bzw. Vin d'Orange zum Schafskäse zugeben. Mittels Rührgerät zu einem gleichmäßigen Teig verrühren. Eiweiß zu Eischnee schlagen und Vanille zugeben. Geschlagenes Eiweiß unter den Teig heben. Niedrige Backform gut einfetten, Teig einfüllen und glatt streichen. Form in den vorgeheizten Backofen geben und bei Umluft und 180 Grad 30 Min. backen, bis der Kuchen goldgelb ist (warm servieren).

Korsische Weine

Was das Herz begehrt

Auf dem Festland sind korsische Weine so gut wie unbekannt; selbst in französischen Weinlexika kommen sie allenfalls als Fußnoten vor. Die Quantitäten der korsischen Qualitätsweine sind zu gering, um für den Export eine Rolle zu spielen. Aber es gibt sie natürlich, die guten korsischen Weine: Bekannt sind die traditionellen Anbaugebiete von **Patrimonio** (Rotwein und Muscat, ein Dessertwein), **Ajaccio** (Rotweine) und **Sartène** (Rotweine). Zwei Drittel der korsischen Weinproduktion stammen jedoch von der Ostküste, wo der Weinbau im großen Stil betrieben wird (Ertragsdichte 75 Hektoliter/ Hektar). Produziert werden hier vor allem durchschnittliche Tafelweine – rot, weiß und rosé. Zu den regelbestätigenden Ausnahmen gehört der *Vignoble du Président* bei Aleria.

Authentische korsische Trauben sind *Niellucio* und *Sciacarello* für Rotweine, *Vermentino* für Weißweine. Es gibt acht A.O.C.-Bezeichnungen *(Appellation d'Origine Contrôlée)* auf der Insel mit dem Zusatz *Vin de Corse* (max. 50 hl/ha): **Patrimonio** (dessen Roter von französischen Weinpäpsten als Korsikas Nummer eins eingestuft wird), **Calvi**, **Ajaccio**, **Sartène**, **Figari**,

Porto-Vecchio, Corse (Ostküste), **Cap Corse** (bekannt auch für seinen *Muscat*). Das begehrte V.D.Q.S.-Label *(Vin Délimité de Qualité Supérieure)* wurde bislang nur einigen Weinen aus dem **Sarténais** und aus der **Balagne** verliehen.

Serviert werden die Weine übrigens in Flaschen zu 0,75 l oder 0,375 l, die Tafelweine oft auch im *pichet* (Weinkrug oder Karaffe, viertel- oder halbliterweise). Prost!

Andere Getränke

Cola-Fanta-Sprite gibt's natürlich auch auf Korsika, Sirup-Arten werden in allen Kolorierungen konsumiert.

Kaffee: Als *café* – schwarz und kräftig – wird er im Tässchen getrunken, als *grand café* in der Tasse, als *café au lait* (Milchkaffee) mit Croissant schmeckt er am Morgen vorzüglich.

Bier: Marktführer auf Korsika sind die Elsässer Brauereien, aber auch deutsche Biere halten Einzug auf der Insel. Ganz jung noch ist die korsische Bierproduktion. 1995 wurde das dunkle *Pietra* lanciert: 6 % Alkohol und leichter Kastaniengeschmack; 1998 folgte mit *Serena* die blonde Alternative 4,8 %), im Jahr 2000 ergänzte *Colomba,* ein 5%iges Weizenbier, die Produktpalette. Die Brauerei in Furiani (siehe Kasten *Biera corsa* auf S. 123) exportiert bereits in verschiedene europäische Länder; auf der Insel konnte sie ihren Marktanteil in kurzer Zeit deutlich von ungefähr 5 % (1998) auf 17 % (2001) steigern.

Pastis: In den Bars und Cafés, ob auf Dörfern oder in der Stadt, wird er von morgens bis abends konsumiert. Der Anisschnaps, mit kühlem Wasser verdünnt, wird nach seinem Hauptvertreter auf Korsika *Pastis 51* (ein Produkt der Firma *Pernod)* ganz einfach *Pastis* genannt, auch wenn es sich um *Ricard* handelt; als korsischer Pastis sind die Marken *Casanis* und *Dami* im Handel. So oder so – mit 45 % Alkohol.

Cap Corse: Als Apéritif ist er die süße Alternative zum Pastis, Hauptbestandteile sind Rotwein, Chinin und Kräuter aus der Macchia. Weit über Korsika hinaus bekannt ist der Cap Corse der Firma *L.N. Mattei,* deren Stammhaus in Bastia zu den Sehenswürdigkeiten der Stadt zählt (siehe dort).

Liköre: Hier gibt es eine breite Palette; am bekanntesten ist der *murtellina,* ein Myrtenlikör. Auch die Früchte des *arbousier* (Erdbeerbaum) sowie Kirschen und Kastanien werden zu süßen alkoholischen Getränken verarbeitet.

Auf der Insel bläst fast immer ein Wind

Sport

Wassersport

Je exakter man eine unregelmäßig verlaufende Linie misst, desto länger wird sie bekanntlich. Allgemein werden 1000 km Küste genannt, die Korsika sein Eigen nennt. Im Westen ist ein großer Teil nicht oder nur sehr schwer zugänglich, doch bleiben noch genug Strände, um Wasserratten aller Arten zufriedenzustellen.

Das Meer ist noch immer die touristische Attraktion Nummer eins auf Korsika, und da der Tourismus längst zur wirtschaftlichen Haupteinnahmequelle geworden ist, ist seine Sauberhaltung ein wichtiges Anliegen. Eine Ölpest wäre für Korsika, das mit den Worten eines einheimischen Politikers zum bronze-cul (Arschbräuner) Europas geworden ist, eine wirtschaftliche Katastrophe. Saubere Strände sollten auch ein individuelles Anliegen sein. Cola-Dosen und Bierflaschen gehören nicht in den Sand vergraben!

Baden

Ostküste: Hier liegen die längsten Strände. Südlich von Bastia bis Solenzara ist der weiße Sandgürtel nur von einigen Flussmündungen unterbrochen. Der Strand ist flach, morgens und abends bläst gelegentlich ein kräftiger Wind. Die Ostküste mit ihren ungefährlichen, kinderfreundlichen Stränden und großen FKK-Plätzen zwischen *Prunete* und *Bravone* ist allerdings bar jeder Naturromantik und auf die Dauer etwas langweilig. Große Hotel-

und Sportanlagen für den Pauschaltourismus und zahlreiche meist lieblos geführte Pizzerien an der Küstenstraße bestimmen das Bild.

Eines der beliebtesten Badeparadiese Korsikas ist der *Golf von Porto-Vecchio* mit seinen Nebengolfen. Dank guter Infrastruktur (bequem erreichbar, große Zeltplätze, Supermärkte, Stadtnähe) ist diese Gegend für den erholsamen Familienurlaub geeignet.

Westküste: Mit ihren großen Golfen und kleinen Buchten ist die zerklüftete Westküste das pure Gegenstück zum Osten und Traumziel vieler Korsika-Fahrer: wilde Naturlandschaft und hübsche, gelegentlich nur schwer zugängliche Badebuchten, in denen das Wasser oft schnell an Tiefe gewinnt. Ein eigenes Fahrzeug ist von großem Vorteil, wenn auch nicht unabdingbar. Für den komfortablen Badeurlaub mit Wohnwagen und Fernsehen sind allenfalls die stadtnahen Strände von *Propriano, Ajaccio* und *Calvi* geeignet.

Petit bronze-cul

Schnorcheln/Tauchen

Ideal für Unterwasserexpeditionen ist die Westküste: glasklares Wasser, Fischschwärme, Korallenriffe, an einigen Stellen Zivilisationswracks und abgeschossenes Kriegsmaterial wie der viermotorige Bomber, der 1943 unweit von Calvi in 26 m Tiefe ein Seemannsgrab gefunden hat.

Schnorchler tun gut daran, sich bereits zu Hause mit einer Ausrüstung einzudecken. Das Angebot an Masken ist auf dem Festland vielfältiger (Spezialmasken für Brillenträger!), und die Preise sind deutlich niedriger.

Der Weg vom Schnorcheln zum Tauchen ist etwa so weit wie der vom Tretboot zur Hochseeyacht. Das Tauchen will nicht ausprobiert, sondern gelernt sein. Wer nicht schon über einen Tauchschein verfügt, der Ausbildung und Prüfung bescheinigt, sollte einen Lehrgang absolvieren. Tauchschulen, die auch die entsprechende Ausrüstung vermieten, gibt es in allen größeren Touristenorten (Näheres im Reiseteil).

Als besondere Tauchparadiese gelten die Südspitze um *Bonifacio* und die Küste beim Fischerörtchen *Tizzano* (siehe *Sartène/Umgebung* auf S. 204). An einigen Stellen (Lavezzi-Inseln, Scandola, Porto usw. – Auskunft darüber bei jedem Tauchclub) ist das Tauchen streng untersagt. Verstöße werden mit hohen Strafen geahndet. Last not least: Unterwasserjagd bitte nur mit der Kamera betreiben.

48 Sport

Mit leichtem Gepäck im Mittelmeer

Surfen/Wellenreiten und Segeln

Surfer finden in Korsika ideale Voraussetzungen. Fast rund um die Insel kann gesurft werden. Einzig der Golf von Porto mit seinen felsigen Steilküsten ist ungeeignet und wegen hohen Wellengangs oft gefährlich. Beliebt sind der *Golfe de Propriano* und der *Golfe de Sagone* mit ihren sanften Sandbuchten, flotter geht's im *Golfe de Santa-Manza* (siehe *Bonifacio/Umgebung* auf S. 191) voran. Könner wählen die stets windige *Bucht von Figari* (siehe *Route Bonifacio–Sartène* auf S. 192) oder setzen sich den Winden im Norden des *Cap Corse* aus.

Bretter und Zubehör werden praktisch in allen Küstenorten verliehen. Ebenfalls zahlreich ist das Angebot an Surfkursen, die den blutigen Anfänger geduldig mit der Technik vom Umgang mit Körper und Wind bekannt machen und ihm so etlichen Frust ersparen.

Vom einfachen Segelboot bis zur kleinen Yacht kann man in Korsika alles ausleihen – nur eine Preisfrage. Wer größere Touren oder gar eine Umsegelung der Insel im Sinn hat, findet in den Touristenbüros der Hafenorte eine nützliche Broschüre: *Corse Nautique*. Dort sind neben sämtlichen Yachthäfen und Ankerplätzen der Insel mit Angaben über Kapazitäten, Reparaturwerkstätten etc. auch Telefonnummern für medizinische Notversorgung und meteorologische Informationen aufgeführt. Die nautische Erfahrung aber muss man selber mitbringen. Besondere Navigationskenntnisse und eine gute Seekarte erfordert die Umsegelung der *Südspitze bei Bonifacio*. Die Felsbänke und Untiefen haben hier schon zahlreiche Schiffe zerschellen lassen.

Wandern und Bergsteigen 49

- *Literatur*: Andrea Horn/Wyn Hoop, *Korsika, Nordost-Sardinien, Toskanische Inselwelt*, Delius Klasing, Hamburg 1998 (Reihe "Edition Maritim"), ca. 39 €. Der ideale Führer für Skipper mit zahlreichen detaillierten Karten und Plänen, Hafenbeschreibungen, Schönwetterankerplätzen, Werkstätten etc.

Wandern und Bergsteigen

Für die einen ist es das Motiv schlechthin, nach Korsika zu fahren, andere wollen sich einfach für ein paar Tage vom faulen Strandleben losreißen und etwas vom "wirklichen" Korsika, von seinen abgeschiedenen Dörfern und der faszinierenden Bergwelt, erschnuppern.

Hochgebirgswanderer und Bergsteiger tun gut daran, sich schon zu Hause vorzubereiten und das Richtige – nicht zu wenig, aber auch nicht zu viel – einzupacken. Nicht unterschätzt werden sollte das Klima in der Bergwelt. Ein *Wettersturz* kann selbst im Hochsommer ganz plötzlich und ohne jede Vorwarnung eintreten. Selbst für Eintagestouren sind feste Wanderschuhe dringend geboten, ebenso ein warmer Pulli und eine lange Hose.

Die berühmteste Wanderroute ist noch immer der *GR 20,* der die Insel von Nordwesten nach Südosten (oder umgekehrt) durchquert – und jährlich Scharen von Wanderern anlockt. Auf den damit verbundenen Wander-Boom haben die korsischen Behörden reagiert und weitere markierte Wege angelegt. Sie liegen zumeist im Gebiet des *Parc Naturel Régional de la Corse,* wie der Naturpark offiziell heißt, der große Teile des Inselinnern umfasst.

> In diesem Reisehandbuch finden Sie neben der detaillierten Beschreibung des GR 20 (im letzten Kapitel) eine ganze Reihe von meist weniger bekannten Wandervorschlägen. Wer sich darüber hinaus längere Wanderungen in alpinen Regionen vorgenommen hat, sollte sich mit einem einschlägigen Führer eindecken. Literaturtipps dazu am Ende dieses Kapitels.

GR 20 (Grande Randonnée 20)

Er ist der Traum der Korsika-Wanderer, die Königsroute sozusagen: Durch eine einzigartige Hochgebirgslandschaft führt der GR 20 an den höchsten Berggipfeln der Insel vorbei, über Geröllfelder und zu klaren Gebirgsseen. Keine Dörfer, einige verlassene Bergerien – von den zahlreichen anderen Wanderern abgesehen eine menschenleere Gegend.

Wer nicht darauf versessen ist, mit Nahrungsmitteln für zwei Wochen zu starten, findet in jedem guten Wanderführer sowie in unserer GR-20-Beschreibung die Nachschubmöglichkeiten verzeichnet. Als Übernachtungsmöglichkeiten sind in Etappenabschnitten *Refuges* eingerichtet, Selbstversorger-Hütten mit Tischen und Bänken, Gaskocher und Ofen, Matratzen, aber keinen Decken (Übernachtungspreis ca. 8 €, Camping ca. 3 €). Im Hochsommer sind diese "Orte der Zuflucht" jedoch meist heillos überlaufen, so dass man besser draußen vor der Tür biwakiert.

GR 20 ist die Abkürzung für *Grande Randonnée 20* (Großer Wanderweg 20). Er beginnt in *Calenzana* (in der Nähe von Calvi) und endet nach 173 km nördlich von Porto-Vecchio in *Conca* (oder umgekehrt). Zählt man die Steigungen

Vorsicht, Stufe!

zusammen, so kommt man insgesamt auf etwa 10.000 m Höhendifferenz.

Viele unterschätzen den GR 20 bzw. überschätzen sich und kehren bereits nach der ersten Etappe um. Für den ganzen GR 20 muss man mindestens vierzehn, besser mehr Tage veranschlagen. Es ist jedoch auch möglich, sich nur ein Teilstück auszusuchen oder sich auf ein Teilstück dieses Teilstücks zu beschränken (Ein- und Ausstiegsmöglichkeiten siehe Kapitel *GR 20* ab S. 342).

Tra Mare e Monti

"Zwischen Meer und Bergen" – unter dieser Überschrift firmieren die weichen Alternativen zum GR 20. Nur selten überschreitet man die Höhe von 1000 m, und die Steigungen sind weniger anstrengend. Im Gegensatz zum GR 20 führen die *Tra Mare e Monti* durch Dörfer, in denen man sich mit Lebensmitteln eindecken kann und in denen *Gîtes d'étape* zur Übernachtung eingerichtet sind. Die *Tra Mare e Monti* bieten sich vor allem in der Vor- und Nachsaison an, wenn die Hitze nicht mehr so erbarmungslos zuschlägt; im Mai duftet die Macchia am stärksten.

Calenzana–Cargèse *(Tra Mare e Monti Nord):* Wer die Wanderung nicht unbedingt in den vorgesehenen acht Tagen hinter sich bringen will, kann in *Galéria* eine längere Strandpause einlegen (Gîte d'étape und Campingplätze). Eine Tagesetappe davon entfernt folgt das autofreie *Girolata* (mit Gîte d'étape), ebenfalls am Meer gelegen.

Ajaccio–Propriano *(Tra Mare e Monti Sud):* Die 5-Tages-Wanderung, in Etappen von vier bis sechs Stunden angelegt, unternimmt man auf einem "Balkon" über den Golfen von Ajaccio und Valinco. Wer eine Badepause einlegen will, macht von Serra-di-Ferro einen Abstecher an die *Copabia-Bucht* (mit Camping-Möglichkeit).

Ein dritter Wanderweg der *Tra Mare e Monti* ist an der Ostküste in Planung. Er soll dereinst von Solenzara nach Ghisoni führen.

Da Mare a Mare

Hinter der Formel "Von Meer zu Meer" verbergen sich drei weitere vom Korsischen Naturpark markierte Wanderwege. Diese Routen verbinden Ost- und Westküste und sind jeweils in sechs bis sieben Tagen zu schaffen.

Wandern und Bergsteigen 51

Schritt für Schritt

Moriani-Plage – Cargèse *(Da Mare a Mare Nord):* Durch die Castagniccia führt der Weg über Corte, das Tavignanotal und das Niolo zum 1477 m hohen Col de Vergio, von dort hinunter nach Evisa. Zur Küste geht man ab Evisa über den Mare e Monti Nord nach Cargèse.

Ab Sermano verläuft eine schöne Variante südlich des Rotondomassivs durch das Mandanellotal über die Bocca d'Oreccia (1427 m) und das Curzinital über Guagno-les-Bains nach Marignana, wo man dann auch auf den *Mare e Monti Nord* stößt. Dieser Weg ist in der Regel ab Anfang Mai bis Ende Oktober begehbar. In Jahren mit viel Schnee können die Pässe allerdings auch bis Mitte Mai unzugänglich sein.

Ghisonaccia–Ajaccio *(Da Mare a Mare Centre):* Durch das Fium'Orbu gelangt man zum 1525 m hoch gelegenen Col de Laparo (1525 m) und hinunter nach Zicavo im Taravo. Von dort geht es über mehrere Hügelzüge nördlich an Santa-Maria-Sicchè vorbei über den Col de Saint-Georges (N 196) zum Golf von Ajaccio, den man ca. 15 km südlich der Hauptstadt erreicht. Die Wanderung ist laut Angaben des Korsischen Naturparks von Mitte Mai bis in den November hinein möglich. Auch hier bieten unterwegs *Gîtes d'étape* bescheidene Übernachtungsmöglichkeiten.

Porto-Vecchio – Propriano *(Da Mare a Mare Sud):* Die Route führt mitten durch die Alta-Rocca; unterwegs bietet sich ein Abstecher zu den Ausgrabungen von *Cucuruzzu* und *Capula* an. Da man nur selten – und selbst dann nur knapp – die 1000-Meter-Grenze überschreitet, kann die Wanderung praktisch zu jeder Jahreszeit unternommen werden. Als Übernachtungsmöglichkeiten stehen *Gîtes d'étape,* gelegentlich auch Campingplätze und Hotels zur Verfügung.

Der Spion von Aalen

Hans Schymik nach einer Biwaktour in den korsischen Bergen (1973)

Seine ersten Bergtouren auf Korsika unternahm Schymik Anfang der 60er Jahre, seither ließ ihn die Bergwelt der Insel nicht mehr los. Über 300 Gipfel hat er während seiner rund 40 Korsika-Aufenthalte bestiegen.

Es ist bergsteigerischer Usus, dass Erstbesteiger dem bezwungenen Gipfel einen Namen geben. Insgesamt sechs Gipfel auf Korsika kann Hans Schymik als Premiere verbuchen. Einen von ihnen – er gehört zum Bavella-Massiv – hat er nach der berühmten Turmfigur Aalens "Spion von Aalen" getauft. Indem er seinen deutschen Wohnort ehrte, ehrte er ganz beiläufig auch sich selbst. Denn schließlich kommt "Spion" von "spähen", und kaum einer hat die korsische Bergwelt so ausgespäht wie Hans Schymik aus Aalen.

PS: "Ich kenne alle Reiseführer, die ich jeweils eingehend durchgesehen habe. Ich kann mir daher das Urteil erlauben und sagen, dass das Reisehandbuch 'Korsika' nicht nur gelungen ist, sondern auch die wenigsten Unrichtigkeiten aufzuweisen hat", schrieb uns Hans Schymik zur ersten Auflage unseres Reisehandbuchs 1991. Und legte seinem Brief gleich eine Liste mit kritischen Anmerkungen und Verbesserungsvorschlägen bei. Auch in den folgenden Jahren traf gelegentlich kritische Post aus Aalen ein, die der Verfasser zu schätzen wusste und deren Ausbleiben er heute vermisst. Hans Schymik starb 1998.

Erschlossene Wandergebiete

Der Korsische Naturpark hat einige Gegenden für Wanderer erschlossen bzw. markiert und ausgeschildert, die sich hervorragend für Kurzwanderungen oder kürzere Rundwanderungen eignen. Zu vielen Gebieten sind bei den Informationsstellen des Naturparks (siehe *Wissenswertes von A bis Z/ Parc Naturel Régional* auf S. 81) nützliche Faltblätter mit den notwendigsten Informationen erhältlich, u. a. *Alta-Rocca, Centre Corse, Giussani* (südöstlich der Balagne), *Niolo, Venachèse* (rund um Venaco), *Castagniccia, Gravona*.

Wandern und Bergsteigen

Literatur/Karten

• *Wanderbücher*: **Hausmann, Willi und Kristin**, *Wandern durch Korsika*, Hanau 2002 (CoCon Verlag), ca. 17 €. Schwerpunkte dieses Wanderführers zweier erfahrener Bergwanderer und Korsikakenner sind der GR 20, die beiden "Mare e Monti"-Wanderungen sowie alle drei "Mare a Mare"-Varianten (Durchquerungen der Insel von Ost nach West). Daneben auch Anregungen für kleine Wanderungen, bei denen die Fernwanderwege mitbenutzt werden. Ausführlicher Ratgeber für eine gut durchdachte Vorbereitung für größere Wanderungen.

Schymik, Hans, *Korsika. Kreuz und quer durch das Gebirge im Meer*, München 1991 (Verlag Bruckmann), ca. 20 €. Ein spezieller Führer für Rundwanderungen und Ein- bis Dreitagestouren mit leichten Gipfelbesteigungen.

Schymik, Hans, *Korsika. 33 Strand- und Bergwanderungen für jedermann. Wanderungen zu den schönsten Routenabschnitten des alpinen Wanderwegs "GR 20"*, Pforzheim 1996 (Goldstadt Verlag), ca. 6,50 €. Exakt, was der Titel verspricht. Dünnes Bändchen mit Routenskizzen und Fotos.

Fédération française de la randonnée pédestre (Hg.), *GR 20* (Topo-Guide), ca. 14 €. Nur in französischer Sprache. Die Topo-Guide-Serie hat, wie zu allen anderen französischen Grandes Randonnées, auch eine Broschüre zum G(rande) R(andonnée) 20 herausgebracht. Neben Beschreibungen der einzelnen Streckenabschnitte findet man eine übersichtliche schematische Darstellung über Dauer der Etappen, Übernachtungsmöglichkeiten, Verpflegungsnachschub etc. Kopierte Kartenausschnitte.

> **Weitere Tipps für Wanderer**: Das Informationsbüro des Korsischen Naturparks hat folgende Materialien für Wanderer erarbeitet, die in seinen Informationsstellen (siehe *Wissenswertes von A bis Z/Parc Naturel Régional*) angeboten werden:

• *Broschüren "Randonnées en Corse"*: **Tra Mare e Monti** (Calenzana–Cargèse), ausführliche Beschreibung eines der schönsten Wanderwege der Insel. Ca. 7 €.

Da Mare a Mare (alle drei Varianten, s. o.), unaufwendig gemachte Heftchen mit Wegbeschreibungen und praktischen Informationen zu den Ost-West-Durchquerungen der Insel. Jeweils ca. 3,50 €.

• *Faltblätter "Le Sentier du Pays"*: Sie beziehen sich auf lokale Wandergebiete und versorgen den Benutzer mit einem kopierten Kartenausschnitt und den wichtigsten Informationen über Dauer der Wanderung, Unterkunfts- und Verpflegungsmöglichkeiten, Sehenswertes, Sportmöglichkeiten etc. Erschienen sind bislang Faltblätter über folgende Wandergebiete: **Alta-Rocca**, **Centre Corse**, **Giussani** (südöstlich der Balagne), **Niolo**, (bei Zicavo), **Venachèse** (rund um Venaco), **Castagniccia**, **Gravona**.

• *Wanderkarten*: **Itinéraires Pédestres**, 1:50.000, Wanderkarte (2 Blätter), Editions Didier & Richard, ca. 11 € pro Blatt. Derzeit nicht auf dem Markt, wird aber vermutlich neu aufgelegt. Die Karte wurde auf Grundlage des amtlichen Kartenmaterials des Institut Géographique National (IGN, 1:50.000) erarbeitet und deckt praktisch die ganze Insel ab – mit Ausnahme einiger Küstengebiete. So fanden z. B. zwei Streckenabschnitte des *Tra Mare e Monti Nord* keinen Platz mehr, vor Ort sind diese jedoch ausreichend markiert.

Blatt Nr. 20: Corse Nord; Blatt Nr. 23: Corse Sud.

IGN, 1:25.000, topographische Karte (36 Blätter), ca. 11 € pro Blatt. Die 1:25.000-Karten des Institut Géographique National gehören für den Bergprofi zur Basisausrüstung, können aber auch Wanderern empfohlen werden, die sich auf bestimmte kleinere Gebiete beschränken. Wanderwege sind nicht als solche gekennzeichnet, dafür tritt die topographische Beschaffenheit (exakt eingezeichnete Höhenlinien) wesentlich stärker hervor als bei der 1:50.000-Karte. Die IGN-Karten sind auf Korsika in jeder Buchhandlung, in touristischen Orten in jedem Schreibwarengeschäft erhältlich.

Beim Nationalsport

Weitere Sportarten

Reiten: *Centre équestre* ist ein Hinweisschild, das man in Korsika häufig sieht. Dabei handelt es sich meist um Reitschulen in der Nähe von Campingplätzen. In der Regel werden Reitstunden und organisierte Rundritte (auch mehrtägige) angeboten. Der Ausflug zu Ross durch die Macchia an der Westküste oder auf dem weißen Sand der Ostküste kostet pro Stunde ca. 10 €, pro Tag ca. 40 €.

Wildwasserfahrten: Nichts für Anfänger! Das Boot – am besten ist ein wendiger Einerkajak – muss man selber mitbringen. Die ideale Zeit ist Anfang April bis Mitte Mai, wenn die Schneeschmelze den Wasserpegel der Bergbäche hochtreibt. Dann sind im unteren Teil – aber nur für den Könner – praktisch alle Flüsse "schiffbar": *Golo, Asco* (Einstieg bei der Genuesenbrücke bei Asco), *Tavignano, Fium'Orbo, Rizzanese, Taravo* ...

• <u>Literatur</u>: Josef Haas, *Wildwasserparadies Korsika*, 2 Bde., Konstanz 1994 und 1987 (Verlag des Südkuriers), beide Bände zusammen ca. 40 €. Zweisprachig, viele Fotos, äußerst nützliche Ratschläge, Kartenskizzen. Eigentlich unentbehrlich. Allerdings als Gepäck im Kajak ungeeignet, das Notwendige also kopieren!

Skifahren: Wintersport auf Korsika ist nach wie vor selten. Die Pisten für Abfahrer bei *Ghisoni*, am *Col de Vergio* oder *Bastelica* können den Festlandeuropäer, dem die Alpen mit ihren gut ausgebauten Wintersportgebieten näher liegen, kaum reizen. Auch die Langlaufgebiete *Evisa, Zicavo, Quenza, Val d'Ese* (bei Bastelica) werden eher von Bastia und Ajaccio, allenfalls noch vom nahen italienischen Festland aus aufgesucht.

Eine große Versuchung hingegen könnte die Ski-Tour über die *Haute Route de la Montagne Corse* (von *Haut-Asco* nach *Bastelica*) sein, das winterliche

Pendant zum nördlichen Abschnitt des GR 20 und teilweise auf denselben Wegen. Die 8-Tage-Tour ist allerdings nicht nur sehr strapaziös, sondern auch äußerst gefährlich, denn durch Schnee und Nebel geht der Weg vorbei an lawinenbedrohten Abhängen. Auch Sportler mit Spitzenkondition sind auf eine professionelle Führung angewiesen.

Information: **Fédération Française de Ski**, Comité Régional Corse de Ski, 34, bd Paoli, F-20200 Bastia, ✆ 04.95.32.01.94

Golf: Das exklusive Plaisir ist auf Korsika im Kommen. Derzeit stehen insgesamt vier Plätze zur Verfügung. Der Verfasser hat den Schläger nie geschwungen und beschränkt sich hier auf Kurzangaben:

Golf de Sperone, 18 Löcher, südöstlich von Bonifacio (gegenüber den Lavezzi-Inseln). Gilt als eines der schönsten Terrains in ganz Europa. ✆ 04.95.73.17.13, 04.95.73.17.85.

Golf de Spano, 9 Löcher, bei Marine de Sant'Ambroggio. ✆ 04.95.60.75.52.

Bastia Golf-Club, 9 Löcher, Borgo (südlich von Bastia). ✆ 04.95.38.33.99, 04.95.36.38.06.

Golf de Lezza, 6 Löcher, südlich von Porto-Vecchio. Eher ein Trainingsgelände. ✆ 04.95.72.06.89, 04.95.70.01.39.

Golf du Regino, 6 Löcher, östlich von L'Ile-Rousse (an der Straße nach Bastia). Ebenfalls eher ein Trainingsgelände. ✆ 04.95.61.51.41.

Practice, 6 Löcher, beim Camping Benista in Porticcio. ✆ 04.95.25.95.00.

Ein **siebter Golfplatz** ist in der Nähe von Solenzara geplant – swwiiinnng!

"Mit dem '...' von '...' versuche ichs erst gar nicht. Das ist eines von jenen Reisebüchern, deren Verfasser man immer gern bei sich hätte, um sie mit der Nase an alle Mauern zu stoßen, die man einrennen würde, wenn man ihre törichten Ratschläge befolgte. Das Kartenmaterial ist mäßig, die Stadtpläne sind voller Fehler, die Angaben über die Hotels unzuverlässig, die Wegbeschreibungen von entwaffnender Kindlichkeit, das Nachschlageverzeichnis wimmelt von Druckfehlern."

Kurt Tucholsky, "Ein Pyrenäenbuch"

Das muss nicht sein. Für Ihre Kritik – auch positive – und für Hinweise, z. B. zu Hotels, Restaurants und Campingplätzen, sind wir Ihnen dankbar. Ihre Reiseerfahrungen sind für uns eine wertvolle Hilfe, die nächste Auflage noch besser zu machen!

Marcus X. Schmid

Stichwort "Korsika"

c/o Michael Müller Verlag

Gerberei 19

D-91054 Erlangen

mxs@michael-mueller-verlag.de

Märchenlandschaft: die Calanche bei Porto

Land und Leute

Geographie

"Ein Gebirge im Meer", urteilte der deutsche Geograph Friedrich Ratzel und meinte damit nicht irgendeine beliebige Insel, sondern Korsika. Die Symbiose von Meer und Gebirge, die gelegentlich hart aufeinander prallen, macht den Reiz Korsikas aus – oder wie die Poeten sagen: ihre raue Schönheit.

Mit 8720 km² ist Korsika etwas mehr als halb so groß wie Schleswig-Holstein, zählt ein Zehntel der Einwohner des norddeutschen Bundeslandes und ist tausendmal weniger flach.

Ein Gebirgsmassiv, das sich leicht S-förmig von Norden nach Süden zieht, bildet die Hauptwasserscheide der Insel. Nach Osten fließen der Golo, der Tavignano, der Fium'Orbo und die Solenzara, nach Westen der Fango, der Porto, der Liamone, die Gravona, der Prunelli und der Rizzanese. Die beiden Hälften dieses Fischgrätenmusters sind höchst ungleich.

Der kleinere **östliche Teil** besteht hauptsächlich aus kristallinem *Schiefer*; die dunkelgrün bis schwarz schimmernde Gesteinsformation fällt vor allem bei einer Rundfahrt ums *Cap Corse* auf. Das Gebirge hat hier sanfte Formen und fällt relativ flach zum Meer ab – die kilometerlangen Badestrände zwischen Bastia und Solenzara sind typisch für die Ostküste. Ihre meist nur langsam zunehmende Wassertiefe ist ideal für den Familienurlaub mit Kindern.

Ganz anders der **Westen:** Hier ist das korsische Urgestein tonangebend – der Granit. Mit seinen Felswänden und Geröllfeldern vermittelt das Gebirge – vor allem im nördlichen Teil – schon ab 1800 m einen hochalpinen Eindruck. Nach Westen fällt es steil zur Küste ab, die mit zahlreichen unzugänglichen Buchten gesegnet ist. Hier stimmt noch das Bild vom Meer, das zärtlich den Felsen umspült oder Gischt an ihn peitscht. Der Westen ist der wildere Teil Korsikas, das Paradies für Wanderer. Aber auch Badeurlauber kommen auf ihre Kosten. Die weit geschwungenen *Golfe von Valinco, Ajaccio* und *Sagone* bieten zahlreiche Badeplätze, von denen aus man – ein eigenes Fahrzeug ist von Vorteil – wunderschöne Ausflüge ins Hinterland unternehmen kann.

Politische Geographie: Auch sie hat sich weitgehend dem Relief der Insel untergeordnet. *Au Deçà des Monts* (diesseits der Berge, Ostteil) und *au Delà des Monts* (jenseits der Berge, Westteil) unterschied man bereits im Mittelalter, wobei offensichtlich das genuesische Bastia den Blickwinkel bestimmte. *Au Deçà* war damals zeitweilig die *Terra di Commune* (das Gebiet der autonomen Landkommunen), *au Delà* war die *Terra dei Signori* (Feudalherrschaft). Ersteres umfasste die Bistümer Aleria, Mariana, Nebbio, Letzteres diejenigen von Ajaccio und Sagone. *Au Deçà* wurde nach der französischen Machtübernahme 1793 zum *Département Golo, au Delà* zum *Département Liamone.*

Napoléon vereinigte die beiden Teile, erklärte Ajaccio zur Hauptstadt Gesamtkorsikas, und so blieb es bis 1975. Erst der französische Präsident Giscard d'Estaing kehrte zur alten Zweiteilung zurück, allerdings hatten sich die Grenzen seit dem Mittelalter etwas verschoben. Hinter dem *Département Haute-Corse* (Hauptstadt Bastia, Autokennzeichen 2 B) verbirgt sich immer noch das *au Deçà*, hinter dem *Département Corse-du-Sud* (Hauptstadt Ajaccio, Autokennzeichen 2 A) das *au Delà*. Selbst die unausrottbare Clan-Wirtschaft ist der alten Teilung unterworfen. Im Norden, so sagt man, regieren die *Giacobbi,* im Süden die *Rocca-Serra.*

Klima

Wie ein Magnet zieht das mediterrane Klima jedes Jahr Millionen von Touristen über (und durch) die Alpen in die Länder, wo die Zitronen blüh'n. Das Klima Korsikas weist einige Spezialitäten auf, die für die Wahl der Reisezeit entscheidend sind.

An der Küste gilt im Wesentlichen die Definition des Mittelmeerklimas: heißer Sommer, milder Winter. Die Temperaturkurve (in Klammern die mittleren Temperaturen in Ajaccio in Grad Celsius) steigt von Januar (8,9°) bis März (11,6°) kaum merklich an, wird dann von April (13,9°) bis Mai (17,1°) steiler, noch steiler im Juni (20,1°), um in den Monaten Juli (23,5°) und August (23,9°) Spitzenwerte zu erreichen. Auch im September (21,5°) ist es noch sehr heiß. Im Oktober (17,5°) sinkt die Temperatur meist rapide ab und hat im Dezember (10,9°) dann fast wieder das Niveau vom Januar erreicht. Die regenreicheren Monate des mediterranen Klimas sind November bis Februar, für Korsika kommen die Monate März, April und Oktober noch hinzu.

Winde: Von Westen weht gelegentlich ein kühler *Mistral,* der sich auf seinem Weg vom Atlantik mit Wasser angereichert hat, das er noch vor der Überquerung der Nord-Süd-Gebirgskette loswerden will. An der Ostküste wird er dann zu einem föhnartigen, heißen Wind, dem *libeccio,* der nicht selten das Tyrrhenische Meer in Wallung versetzt. In der Gegend von Bastia bringt der *gregale,* der sich im Golf von Genua auflädt, gelegentlich Dauerregen, im südlicheren Abschnitt der Ostküste ist der aus Nordafrika kommende heiße *sirocco* gefürchtet, der sich in Gewittern entlädt. Generell ist die Westküste trockener als die Ostküste, der Süden trockener als der Norden.

Vom Winde angeweht: Kiefer auf dem Bavella-Pass

Im gebirgigen *Landesinnern* verlieren die Regeln des mediterranen Klimas weitgehend ihre Gültigkeit. Die Temperaturen sinken mit zunehmender Höhe, und auch in den Sommermonaten können die Nächte empfindlich kühl sein. Grundsätzlich ist das Landesinnere regenreicher als die Küste. Während am Strand oft kein Wölkchen den Himmel trübt, kann es ein paar Kilometer weiter im Inselinnern regnen. Die Winde blasen hier heftiger und führen nicht selten zu Wetterstürzen. In den höheren Regionen ist stets mit plötzlichen Gewittern zu rechnen. GR-20-Wanderer wissen ein Liedlein davon zu singen.

Wetterprognosen: Sie werden täglich in der korsischen Tageszeitung *Corse-Matin* veröffentlicht. Für die Interpretation der Wölkchen, der gelben Blitze und strahlenden Sonnen braucht man keine großen Französischkenntnisse. Ausführliche meteorologische Informationen, vor allem auch über Windverhältnisse, sind in den *Capitainerien* der Yachthäfen erhältlich.

Reisezeiten: Sonnenanbeter, die ihren Urlaub hauptsächlich am Strand verbringen wollen, kommen von Mai bis September auf ihre Kosten. Der Andrang erhöht sich erheblich in der turbulenten Hauptsaison: Im Juli und August ist es oft nicht einfach, ein Zimmer zu bekommen. Wer seinen Urlaub nicht von den Schulferien abhängig machen muss, findet im Mai wesentlich mehr Ruhe, nimmt aber in Kauf, dass einige Hotels und Campingplätze noch im Winterschlaf verharren und die ohnehin schon raren Busse an der Westküste erst mit halber Frequenz fahren.

Silberdistel

Wanderer, die sich alpine Routen vorgenommen haben, sind im Mai eindeutig zu früh dran. Nicht nur die nächtliche Kälte wird ihnen zu schaffen machen, sondern auch der Schnee, der um diese Zeit noch persilweiß in der Sonne strahlt. Ideal sind die Monate Juli bis September, zur Tagesmitte wird es allerdings sehr heiß.

Flora

Anders als die anderen großen Mittelmeerinseln Sardinien und Sizilien ist Korsika mit einer üppigen Vegetation ausgestattet. Schon die ersten Touristen Anfang des 20. Jahrhunderts schwärmten von den riesigen Waldgebieten im Landesinnern. Vorherrschend auf der Insel aber ist immer noch die Macchia.

Napoléon I. behauptete, seine Heimatinsel an ihrem Duft erkennen zu können. Allerdings war er damals bereits auf St. Helena verbannt und hatte keine Gelegenheit mehr, den Beweis anzutreten.

Der würzige Duft der Macchia wird besungen und der leicht bittere Honig aus ihren Blüten (*miel corse – fleurs du maquis* heißt er in den Spezialitätenläden) von Liebhabern geschätzt. Die Macchia (französisch: *le maquis*), dieser wohlriechende, unnütze Landfresser – was ist sie eigentlich? In erster Linie ein undurchdringliches Gestrüpp, dornenreich und in einigen Gegenden (z. B. auf Cap Corse) übermannshoch. Die hauptsächlichen Ingredienzien dieses Wildwuchses: ein oft baumartiges *Heidekraut*, *Zistrosen* (weiße und rosafarbene Blüten), *Ginster* (gelbe Blüten), *Rosmarin*, *Lavendel*, *Myrte*, der *Erdbeerbaum* (aus dessen Früchtchen wird Schnaps gebrannt), der *Mastix-Baum* (Familie der Pistazien), *Lilien*, *Farnkraut* und *Gräser*.

Als die Vendetta auf Korsika noch in voller Blüte stand, hatte die Macchia wenigstens noch eine Funktion: Sie war die Heimat für jene, die mit dem Gesetz in Konflikt geraten waren, und bot den Bluträchern Schutz vor ihren Häschern. Heute hat sie jeden praktischen Nutzen verloren, und unaufhaltsam scheint sie voranzuschreiten: Waren vor dem Ersten Weltkrieg 41 % des bebaubaren Bodens Macchia, so sind es heute bereits um die 70 %. Wo die Landbewirtschaftung aufgegeben wird, gewinnt die Macchia an Terrain, und nach Waldbränden ist sie oft zur Stelle, bevor eine Regeneration des natürlichen Baumbestands eingesetzt hat.

Wälder: Berühmt sind sie zu Recht, vor allem in den höheren Lagen: *Forêt de Vizzavona, Forêt de Valdu-Niellu, Forêt d'Aïtone*. Meist ist hier die *Laricio-Kiefer* vorherrschend, deren Schönheit und Duft sich nur dem Spaziergänger erschließen. Kleine *Eichen* (Steineichen) und gelegentlich auch *Buchen* sorgen für Abwechslung. Oberhalb der Waldgrenze vegetieren praktisch nur noch *Zwergerlen,* eher ein Gestrüpp.

> **ATTENTION AU FEU!**
> Schilder mit dieser Aufschrift warnen vor Feuer und fordern dazu auf, selbst keines zu entfachen. Mehr dazu im Kapitel *Wissenswertes von A bis Z/ Waldbrände.*

Kastanienbäume dominieren – nomen est omen – in der Castagniccia, sind aber auch in der näheren Umgebung von Bergdörfern heimisch (z. B. Bastelica, Bocognano, Zicavo, Zonza). *Korkeichen* findet man vor allem in der Umgebung von Porto-Vecchio. Die Bäume werden alle acht bis zehn Jahre geschält, der gewonnene Kork wird aufs französische Festland exportiert und dort zu Flaschenkorken weiterverarbeitet. *Pinienwälder* bevorzugen die niedrigeren Lagen und schmücken einige Küstenstriche, wo sie von Campern als Schattenspender geschätzt werden (z. B. Calvi). Zierbäume sind der *Eukalyptus* mit seinem ausfasernden Stamm (schönstes Beispiel auf Korsika die Allee in Porto) und die *Palme*. Letztere ist praktisch nur in Küstenstädten anzutreffen, wo sie sich bei der Verbreitung von etwas mediterranem Flair nützlich macht.

Fauna

Die Tierwelt Korsikas bietet dem tierliebenden Europäer wenig Aufregendes. Eine Ausnahme bildet der Mufflon, das korsische Wildschaf. Doch bekommt man ihn – Schicksal vieler geschützter Arten – eher im heimischen Zoo als in der korsischen Natur zu Gesicht.

Der *Mufflon,* heute nur noch auf Korsika und Sardinien frei lebend anzutreffen, ist der Urahn des europäischen Schafs. Mit den grasenden Wollknäueln in unseren Breitengraden hat er äußerlich jedoch wenig gemein. Das rotbraune Tier mit dem riesigen, schneckenförmig gedrehten Gehörn erinnert eher an eine Gämse; ca. 300 Exemplare sollen auf Korsika noch existieren. Einst in niedrigeren Regionen heimisch, haben sich die Mufflons mehr und mehr ins unwegsame Gebirge zurückgezogen. Heute lebt der größte Teil im oberen Asco-Tal, wo ein spezielles Reservat eingerichtet wurde.

Fahrzeugkontrolle

Wildschweine gibt es noch immer auf Korsika, auch wenn deren Reinrassigkeit von den durch die Wälder streunenden korsischen Hausschweinen bedroht ist. Kreuzungen kommen daher häufig vor, so dass der Anteil von Wild am Schwein meist nicht auszumachen ist. Möglicherweise wahr ist die Behauptung, dass reinrassige Wildschweine nur noch im Désert des Agriates anzutreffen seien, in jener Stein-Macchia-Wüste westlich von Saint-Florent, in die sich kein Hausschwein verirrt.

An Kreuchendem und Fleuchendem trifft man vor allem auf *Eidechsen,* am häufigsten auf die *Ruineneidechse,* ein scheues Tierchen mit einer zarten Netzzeichnung auf dem Rücken. Seltener bekommt man den schwarz-gelben *Feuersalamander* zu sehen. Der *Gecko,* eine Echse aus der Familie der Haftzeher, hält sich vor allem im Gemäuer auf und weiß sich hervorragend zu tarnen. Auch *Schlangen* lieben die korsische Natur, aber – darauf kann man Gift nehmen – giftig sind sie nicht. Meist handelt es sich um die *Zornnatter,* die, kaum hat man sie wahrgenommen, blitzschnell davonzischt.

Der König der Lüfte ist der *Steinadler.* Einige Paare leben noch im Cinto- und im Bavella-Massiv; die Spannweite ihrer Flügel reicht bis zu zwei Metern. Der *Fischadler* – derzeit zählt Korsika noch drei Paare – nistet im Naturreservat der Halbinsel *La Scandola.* Ebenso selten ist der *Bartgeier* (Flügelspannweite 2,50 m), der hoch in den Lüften seine Kreise dreht und nach Aas Ausschau hält. Man kann ihn gelegentlich im Cinto-Massiv entdecken. Häufigere Raubvögel sind *Bussarde, Milane* und *Sperber.* Eine Spezialität ist der *Korsenkleiber,* er kommt nur auf Korsika vor und wohnt in Baumhöhlen, wie es seiner Gattung geziemt. Ansonsten findet man auf der Insel auch die bei uns einheimischen Sing- und Zwitschervögel. Besonders interessiert sind die Korsen an der *Amsel:* In Pastetenform *(pâté de merle)*

62 Land und Leute

Wild oder Schwein? Vermutlich harmlose Promenadenmischung

gilt sie als Delikatesse der einheimischen Küche. Dass die Amseljagd auf der Insel mittlerweile verboten ist, macht den einheimischen Gourmets keine Bauchschmerzen.

Schnepfen und *Wildenten* lieben die Ostküste, insbesondere den Etang de Biguglia, wo sie im Schutz des Naturreservats ungestört über das seichte Wasser paddeln. *Möwen* kommen praktisch rund um die Insel vor. In Hafennähe umkreisen sie ewighungrig (doch ohne Hitchcock-Ambitionen) die ein- und auslaufenden Fährschiffe.

Wer sich für die *Fauna des Meeres* interessiert, dem sei ein Besuch des Aquariums in Bonifacio empfohlen. Hier ist fast alles versammelt, was sich in korsischen Küstengewässern tummelt. Alternative: ein gutes Fischrestaurant aufsuchen.

Wirtschaft

Korsika ist Frankreichs ärmste Provinz. Die wirtschaftliche Misere als Dauerzustand ist zum stehenden Begriff geworden: "la malaise corse". Das landläufige Vorurteil, dass der Korse zur Arbeit nicht tauge, Siesta und mediterraner Schlendrian die Schuld an der miserablen Wirtschaftslage trügen, hält sich zäh. Die solches verbraten, täten gut daran, einfach einen Blick in die Wirtschaftsgeschichte der Insel zu werfen.

Die *malaise corse* beginnt spätestens mit der jahrhundertelangen genuesischen Besatzung. Als die Franzosen Korsika in die Hand bekamen, war die Insel wirtschaftlich kaum mehr überlebensfähig. Die französischen Revolutionäre fanden weder Zeit noch hatten sie Lust, sich um die ferne Provinz zu kümmern, und *Napoléon I.* sah in seiner Heimat vor allem ein Reservoir an menschlichem Kanonenfutter. Als die korsische Misere in der zweiten Hälfte des 18. Jahrhunderts in Paris bereits sprichwörtlich geworden war – schlechte Erntejahre und Cholera-Epidemien kamen hinzu –, begannen die ersten massiven Auswanderungswellen.

Von der industriellen Revolution, die in weiten Teilen des europäischen Festlands eine neue Epoche einleitete, bekam Korsika so gut wie nichts mit, die Insel verharrte in agrarischer Rückständigkeit. Und der freie Markt, der die ökonomischen Gesetze der Zeit neu schrieb, belastete Korsika zusätzlich: Viele Korsen kehrten der unrentabel gewordenen Landwirtschaft den Rücken und suchten ihr Auskommen in Europa – ein Mas-

Wirtschaft 63

senexodus, der ganze Landstriche entvölkerte und vielerorts dem schon geschwächten Wirtschaftszweig den Todesstoß versetzte. Die Insel geriet in eine tiefe Krise, von der sie sich nicht mehr erholte.

Landwirtschaft: Einen ernsthaften Versuch, dem Niedergang der korsischen Landwirtschaft entgegenzusteuern, unternahm die französische Regierung in den 50er Jahren. Die *SOMIVAC (Société pour la mise en valeur agricole de la Corse)* wurde gegründet, eine Gesellschaft mit "gemischter Ökonomie" (staatliche und privatwirtschaftliche Gelder), von der vor allem die *pieds-noirs* (Algerienfranzosen) profitierten. Allein gegen Ende des algerischen Unabhängigkeitskrieges (1962) kamen ungefähr 12.000 *pieds-noirs* nach Korsika. Mit dem Elan der Neusiedler und den Geldern der SOMIVAC machten sie sich an die Arbeit.

Der einzig nennenswerte und noch heute spürbare Erfolg des SOMIVAC-Projekts war die Landbewirtschaftung in der Ebene von Aleria und Ghisonaccia. Das Urbarmachen von Land, das der Macchia entrissen wurde, sowie große Stau- und Bewässerungsprojekte verhalfen dieser Gegend zu relativer Blüte. Zwei Drittel der korsischen Weine (allerdings die schlechtesten zwei Drittel!) wachsen zwischen Bastia und Solenzara, außerdem werden *Zitrusfrüchte* und *Kiwis* (fast 40 % der französischen Produktion) angebaut. Auf dem europäischen Markt aber stößt die kleine korsische Klementine auf die großkalibrige Konkurrenz aus Spanien und Marokko, die korsische Kiwi auf die billigere italienische und neuseeländische. Die Agrarprojekte an der Ostküste sind zwar eindrucksvoll, jedoch nur regional bedeutend.

Getreideanbau und *Olivenkultur* – einst in der Balagne von wirtschaftlicher Bedeutung – sind heute ebenso heruntergekommen wie die *Kastanienkultur*. Die Produktion von Kastanienmehl (das Mehl der Armen) ist mittlerweile eine teure Liebhaberei, das weiße Mehl im Supermarkt ist billiger. Die Kastanien werden den in den Wäldern umherstreifenden Schweinen überlassen; die schlagen sich den Magen voll und lassen den Rest der Früchte verfaulen.

Auch die *Viehzucht* spielt auf Korsika keine große Rolle mehr. Die mageren "Hindukühe", die man hie und da am Straßenrand sieht, geben selten mehr als einen halben Liter Milch pro Tag, kaum Nutztiere also, eher eine Gefahr für den Straßenverkehr. Die *Schafzucht* ist ebenfalls im Niedergang begriffen. Die traditionelle *Transhumanz* gibt es zwar noch, den Schäfer, der mit seiner Herde den Sommer im Gebirge, den Winter in der Ebene verbringt. In den letzten Jahren hat dieser Beruf sogar etwas Zulauf bekommen. Dass das freie Schäferleben dennoch bald einer romantisch verklärten Vergangenheit angehören wird, steht zu befürchten. Ein schlechtes Omen: In den Restaurants an der Küste verdrängt der Camembert vom Festland zusehends den korsischen Schafskäse.

Fischerei: Korsikas Fischer verzeichneten 1993 einen großen Erfolg. Erstmals schlug der Export (ins nichtfranzösische Ausland) von Fisch und Muscheln stärker zu Buche als der von Klementinen, Kiwis und Wein. Größter Abnehmer ist Italien. Doch ist dies alles zu relativieren. Im Rahmen des gesamteuropäischen Markts sind sowohl korsische Fische wie auch korsische Kiwis ein Leichtgewicht.

Le petit train: Touristentransporter

Industrie: Eine industrielle Entwicklung hat auf Korsika so gut wie nie stattgefunden. Von der kleinen Industriezone südlich von *Bastia* abgesehen, ist nichts Nennenswertes zu vermerken. In *Ajaccio,* der zweiten korsischen "Großstadt", lebt der Großteil der Bevölkerung vom Dienstleistungssektor, am Stadtrand findet sich etwas Baugewerbe. Von den fünf großen Käsefabriken der Insel wurden drei in den 80er Jahren geschlossen (Ajaccio, L'Ile-Rousse, Corte), nachdem die Bestellungen der Hauptabnehmer aus dem südfranzösischen Aveyron (Roquefort-Produktion) zurückgegangen waren. Der Asbestabbau auf Cap Corse (nördlich von *Nonza*) und der Abbau des Kugeldiorits bei *Sainte-Lucie-de-Tallano* haben sich als nicht mehr rentabel erwiesen und wurden eingestellt. Von industriellen Investitionen auf Korsika keine Spur.

Tourismus: Heute ist der Tourismus der Erwerbszweig Nummer eins auf Korsika. Neben der SOMIVAC (siehe oben) stellte Ende der 50er Jahre die *SETCO (Société pour l'équipement touristique en Corse),* ebenfalls eine Gesellschaft mit Mischfinanzierung aus staatlichen und privatwirtschaftlichen Geldern, einen weiteren Versuch dar, der korsischen Wirtschaft auf die Sprünge zu helfen. Außer einigen 3-Sterne-Hotels und Ferienvillen hat die Geldspritze jedoch nichts gebracht.

Die touristische Entwicklung setzte in den 70er Jahren ein und gewann bald ein rasantes Tempo. Hotels wurden gebaut, Campingplätze eingerichtet, Feriensiedlungen folgten – die Korsen hatten bald Angst vor einer "Balearisierung" bzw. "Neckermannisierung" der Insel. Soweit ist es allerdings nicht gekommen. Die Saison ist zu kurz, die Haupteinnahmen aus dem Tourismusgeschäft werden in zwei Monaten gescheffelt. Viele Hotels haben

sich darauf eingestellt und sind mehr als das halbe Jahr über geschlossen.
Die Investitionen ins Tourismusgeschäft sind trotzdem beträchtlich. Veranstalter von Pauschalurlaubsreisen brauchen entsprechende Kapazitäten. Sog. *Résidence-Hôtels* und Feriensiedlungen werden aus dem Boden gestampft, vor allem in der Gegend von Porto-Vecchio, Ajaccio, Calvi und L'Ile-Rousse. Meist kommen die Investoren vom französischen Festland – und da liegt der Haken. Die großen Profite aus dem Tourismus-Boom fließen aufs Festland zurück, die Korsen haben das Nachsehen.

Die *Sprengstoff-Anschläge* auf Ferieneinrichtungen, mit denen korsische Autonomisten gelegentlich von sich reden machen, sind vielleicht eine ohnmächtige Antwort auf diese neue Form des wirtschaftlichen Kolonialismus, immerhin haben sie eine öffentliche Debatte über kontrollierte Tourismuspolitik bewirkt. Die mit Sprengstoff agierenden autonomistischen Gruppen haben nichts gegen den Tourismus (Touristen werden vor Anschlägen "evakuiert", meist sind die betroffenen Gebäude jedoch leerstehend oder im Bau); ihr Ziel ist ein Tourismus, der einerseits der korsischen Wirtschaft zugute kommt, andererseits die Schönheit der Insel bewahrt und die Einheimischen nicht von den Stränden abschneidet – d. h. öffentlicher Zugang zum Meer, keine Zubetonierung der Küste.

Wer sein privates Scherflein zur Entwicklung der korsischen Wirtschaft beisteuern will, meidet die großen Ferienanlagen der Kapitalinvestoren vom Festland und kauft die Lebensmittel – möglicherweise etwas teurer – beim einheimischen Händler statt im Supermarkt.

Bevölkerungsstruktur

Vier alte Männer rücken ins Bild: Sie sitzen auf einem Baumstamm, erinnern sich wehmütig an längst vergangene Zeiten und kommentieren das Dorf- und das Weltgeschehen – so in "Asterix auf Korsika".

Heute haben sich die alten Männer auf einer Bank auf dem Dorfplatz oder im Schatten der Kirchenmauer niedergelassen; sinnträchtiges Bild für die vor allem im Landesinnern gültige statistische Diagnose: Korsikas Bevölkerung ist überaltert. Schuld daran ist einerseits die wirtschaftliche Misere, die zahlreiche Menschen im arbeitsfähigen Alter zur Auswanderung treibt; allein auf dem französischen Festland wohnen über 200.000 Korsen, vorwiegend im Raum Marseille. Andererseits kehren viele Korsen im Rentenalter auf die Insel zurück und verbringen ihren Lebensabend in ihrem Dorf (oder im mühsam ersparten Häuschen an der Küste) und tragen so zusätzlich zur Überalterung bei – in den Bergdörfern ist heute jeder vierte Einwohner über 60 Jahre.

Derzeit zählt Korsika ca. 260.000 *Einwohner* (im Vergleich dazu Sardinien: 1,65 Millionen, Sizilien: 5,05 Millionen), pro Quadratkilometer sind es 29 Einwohner (Sardinien: 69; Sizilien: 200). Ungefähr die Hälfte wohnt entweder in Ajaccio oder Bastia, an der Küste leben insgesamt zwei Drittel aller Inselbewohner.

Von den Inselbewohnern sind etwas mehr als die Hälfte Korsen, ca. 35 % sind *Festlandfranzosen*, die *pieds-noirs* (Algerienfranzosen) mitgezählt. Der *Ausländeranteil* beträgt etwas über 10 %, die *Marokkaner* stellen davon die

Korsen

Was, bitte, sind eigentlich Korsen? Die Wissenschaft spekuliert noch immer. Gängig ist die Theorie, dass es sich um ein altes Mischvolk handelt. Seine mögliche multikulturelle Entstehungsgeschichte lässt Rassisten das Blut gefrieren: subnegroide, proto-keltische, iberische und ligurische Väter und Mütter sollen am *Homo cyrneus,* dem korsischen Prototypen, mitgemischt haben.

Wie auch immer: Es gibt sie, den Korsen und die Korsin. Einzig die Franzosen wollten sich mit dieser Tatsache lange nicht anfreunden. Nach dem Motto, dass nicht sein kann, was nicht sein darf, ignorierten sie geflissentlich die Existenz eines korsischen Volkes. Diese Vogel-Strauß-Politik wurde 200 Jahre lang durchgehalten, exakt bis zum 4. April 1991. An diesem Tag begann im französischen Parlament eine hitzige Marathon-Debatte über ein neues Korsika-Statut. Um 6 Uhr früh wurde die Sitzung unterbrochen, und am Nachmittag des 5. April war es dann so weit: Mit 297 gegen 275 Stimmen beschloss die Nationalversammlung in Paris, dass es tatsächlich ein "korsisches Volk" gibt.

Zu früh gefreut! Die bei der Abstimmung unterlegenen Neogaullisten bemühten den Verfassungsrat, und dieser erklärte, dass die *Grande Nation* keine Unterschiede hinsichtlich Herkunft, Rasse oder Religion kenne, der im Parlament eben durchgegangene "Korsenartikel" mithin verfassungswidrig sei.

mit Abstand größte Gruppe; sie sind teils auf den Plantagen an der Ostküste, teils in den niederen Berufen des Hotelgewerbes in Porto-Vecchio und Ajaccio tätig.

Würde man die *Touristen* mit in die Einwohnerstatistik aufnehmen, ergäbe sich ein völlig anderes Bild. Orte wie Saint-Florent oder Porticcio, die im Januar knapp über 1000 Einwohner zählen, verzehnfachen im Sommer ihre Bevölkerung. Und im Spitzenmonat August (ca. 400.000 Touristen) sind die Insulaner dann flächendeckend in der Minderheit.

Bildungswesen

Es gilt das klassische französische System – der Pariser Zentralismus. Korsika ist eine französische Provinz, und was in französischen Provinzen gelehrt und gelernt wird, wird in Paris bestimmt.

In Paris werden auch die Schulbücher geschrieben, und so lernen denn Korsenkinder bereits im Schulalter die Metropole kennen – aus dem Lesebuch. Das Bildungssystem ist ein zentraler Nerv des Staates, und so darf es nicht wundern, dass die Autonomisten mit ihrer Forderung nach Berücksichtigung der korsischen Sprache und Kultur in Paris lange Zeit auf taube Ohren stießen.

Erst in den 70er Jahren wurde Korsisch als Regionalsprache anerkannt, in den Achtzigern wurde es Wahlfach an den Schulen, heute fordern die autonomistischen Gruppen ein Obligatorium. Die 1980 in Corte eröffnete *Uni-*

Trotzdem: Korsikas Bevölkerung ist überaltert

versität ist wohl der größte bildungspolitische Erfolg seit der Zeit eines unabhängigen Korsika unter Pasquale Paoli. Gegenwärtig hat sie die Fakultäten Rechtswissenschaft, Wirtschafts- und Politikwissenschaft, Literatur- und Geisteswissenschaft sowie Technische Wissenschaften. Ein Institut für Sprache und Kultur Korsikas ist der Uni angegliedert. Die Einrichtung einer medizinischen Fakultät wird seit Jahren diskutiert. Die meisten Korsen sind stolz auf ihre Universität, die Autonomisten feiern sie als geistiges Zentrum. Auf dem französischen Arbeitsmarkt allerdings dürfte ein Studienabschluss in Corte immer noch weniger wiegen als das entsprechende Examen an der Sorbonne.

Bildende Kunst und Architektur

Der Bildungsbürger wird enttäuscht sein. Viel darf man auf Korsika nicht erwarten. Die Kunst war schon immer da zu Hause, wo sie das Geld gefunden hat, und die Architektur erst recht. Ein Palazzo wird erst gebaut, wenn ein Betuchter da ist, der den sündhaft teuren Auftrag erteilt.

So darf man sich nicht wundern, dass im Vergleich z. B. zur nahe gelegenen Toskana Korsika ein kunstarmes Land ist. Kein Medici und kein Papst, die auf der Insel in Kunst und Architektur investiert hätten, Prachtbauten fehlen. Daran änderte auch die französische Herrschaft nichts. Für die Franzosen war stets Paris das kulturelle Zentrum, und das gilt heute noch.

Was die bildende Kunst betrifft, so ist die Gemäldesammlung des Kardinals Fesch in Ajaccio Korsikas Vorzeigemuseum. Doch handelt es sich um italienische Kunst – und obendrein oft nur um zweitklassige. Für Kunsthistoriker

interessant, aber auch für den Laien eine Besichtigung wert sind einige pisanisch-romanische Kirchen und Kapellen aus dem 12. und 13. Jahrhundert, deren Steinfriese noch erhalten sind, z. B. *San Michele bei Murato* oder die alte Kirche auf dem Friedhof von *Aregno (Eglise de la Trinité).* Die Barockkirchen hingegen, die man vor allem in der Balagne und in der Castagniccia antrifft, sind zwar hübsch und von außen imposant, aber doch nur ein Abklatsch der prunkvolleren Vorbilder des italienischen Festlands. Wer Begriffe wie Kunst und Architektur jedoch weiter fasst, als es dem herkömmlichen Verständnis entspricht, der wird Korsika nicht ganz so kulturlos empfinden. Fein skulptierte Menhir-Statuen aus dem 2. Jahrtausend v. Chr. sind ebenso Teil der korsischen Kultur wie die verschiedenen Häusertypen: festungsähnliche Turmhäuser im Sartenais, einladende alte Landhäuser in den einst reichen Dörfern auf Cap Corse. Auch beeindruckende Zeugnisse moderner Architektur sind auf Korsika zu finden. Gelungenes Beispiel ist das *Anthropologische Museum in Corte,* bei dem eine breite Glasfront das Gemäuer der Zitadelle durchbricht – eine kühne Verbindung von Mittelalter und Moderne, wie sie in Deutschland kaum denkbar wäre.

Korsische Musik (von Martin Lendi)

Lange Zeit galt das eigene musikalische Erbe Korsikas als vergessen. Erst Anfang der 70er Jahre wurde es von Jean-Paul Poletti und Petru Guelfucci im Bozio, dem Hinterland von Corte, wiederentdeckt. Dort hatten alte Männer das Liedgut, welches über Jahrhunderte nur mündlich überliefert worden war, bewahrt. Tief berührt gründeten Poletti und Guelfucci daraufhin im Jahre 1973 die Gruppe *Canta u Populu Corsu,* die – wenn auch in anderer Zusammensetzung – auch heute noch existiert und große Erfolge verzeichnet. Anfangs waren viele Korsen ihrer Musik gegenüber skeptisch gestimmt. Jean-François Bernardini, Kopf von *I Muvrini,* der berühmtesten korsischen Gruppe, erzählt, dass die Muvrini in ihren Anfängen als Bauern verspottet wurden, wenn sie ihre Gesänge vortrugen. Trotz dieser Startschwierigkeiten fand die korsische Musik immer mehr Anhänger. Diese Entwicklung ging Hand in Hand mit der allgemeinen Wiederentdeckung der korsischen Kultur und Sprache. Vor allem junge Korsen fanden in den alten Liedern ihre Wurzeln, ihre Identität wieder. Auch heute noch gibt es auffallend viele junge Musikgruppen auf der Insel. Einige Bands genießen heute weltweite Berühmtheit, allen voran die bereits erwähnten Muvrini mit den Brüdern Bernardini. Sie geben Konzerte in Europa, den USA, Kanada und Asien.

1992 kam der endgültige Durchbruch der korsischen Musik. Die Gesänge der *Nouvelles Polyphonies Corses* wurden bei ihrem Auftritt bei der Eröffnungsfeier der Olympischen Winterspiele in die ganze Welt ausgestrahlt.

Die traditionellen korsischen Gesänge, a capella (mehrstimmig, ohne Instrumentalbegleitung) gesungen, sind die *paghjellas,* die man in ähnlicher Form auch im weiteren Mittelmeerraum antrifft. Sie werden auf vorgegebenen Schemata improvisiert und setzen sich aus den Stimmlagen Bass *(u bassu),* Bariton *(a segonda)* und Tenor *(a terza)* zusammen. Die Lieder besingen vergangene Zeiten, die Liebe, die korsische Natur oder die Jungfrau Maria. Das *Diu vi salvi, Regina* wurde anno 1735 zur korsischen Nationalhymne erkoren.

Es fällt auf, dass der Gesang auf Korsika stark von den Männern geprägt ist. Eng beieinander stehend, eine Hand hinter ein Ohr gelegt, um die eigene Stimme besser zu hören, lassen sie eine *paghjella* erklingen. In der Regel ist es der Bass, der sie anstimmt, danach setzen die anderen Stimmen ein. Sie liegen disharmonisch übereinander, kommen aber zwischendurch immer wieder zu einem harmonischen Dreiklang zusammen. Die Texte werden leicht versetzt gesungen, wodurch der Eindruck eines Halles entsteht. Am Schluss finden sich die Stimmen wieder in einem harmonischen, die Spannung lösenden Dreiklang.

Weitere Liedformen auf Korsika sind das Wiegenlied *nanna,* die *sirinata* als Ausdruck von Freude oder als Liebeserklärung und das *lamentu,* eine Totenklage. Der *voceru* rief früher zur Vendetta, zur Blutrache, auf. Colomba, die Heldin aus dem gleichnamigen Roman von Prosper Merimée, war eine Meisterin der *lamenti* und *voceri,* die ausschließlich von Frauen vorgetragen wurden und heute nahezu verschwunden sind. Ebenfalls sehr selten zu hören sind die *chjam e rispondi:* In einer Art Wettstreit provozieren zwei Sänger einander zu möglichst originellen und poetischen Parolen. Schlagfertigkeit ist hier gefragt!

Einige der wichtigsten Gruppen

I Muvrini ("Die kleinen Mufflons") sind die bekannteste Gruppe Korsikas. Sie wurde 1975 von den Brüdern Jean-François (Ghjuvan-Francescu) und Alain (Alanu) Bernardini gegründet. Schon ihr Vater, Schreiner in Tagliu Isulacciu, war ein begnadeter Sänger. Anfangs waren die Konzerte der Gruppe auf Korsika verboten. Von französischer Seite hieß es, ihre Texte seien rassistisch. Allen Verboten zum Trotz sangen sie dennoch, und dies überaus erfolgreich. Die Muvrini haben es geschafft, traditionelle korsische Gesänge mit modernen Instrumenten und Rhythmen zu verschmelzen. Die Musik und auch die Texte der Lieder haben sich im Laufe der Jahre geöffnet. Sie besingen nicht mehr nur ihre Heimat *(A tè Corsica, Terra, Anu lasciatu),* sondern auch allgemeinere Themen. Heute zählt die Band fünfzehn Mitglieder, und da in einem Muvrini-Konzert jeder einzelne Musiker und jedes einzelne Instrument seinen Platz hat, sei die Formation hier vollständig vorgestellt: Jean-François Bernardini, Alain Bernardini, JB Rongiconi (Gitarre, Cetera), Alain Bonnin (Keyboard), Gilles Chabenat (Leier), Régis Gisavo (Akkordeon), Loïc Taillebrest (Dudelsack), César Anot (Bass), Roger Biwandu (Schlagzeug) sowie Joséphina Fernandez, Martin Vadella, Stéphane Mangiantini, Marc Ventura, Franck Ventura und J.-Charles Adami (Gesang).

Jeden Sommer von Ende Juli bis Ende August sind die Muvrini auf Korsikatournee. Die Konzerte finden unter freiem Himmel statt. Zahlreiche Plakate an Bäumen und Hausmauern weisen darauf hin. Wegen der Stimmung besonders empfehlenswert sind die Konzerte etwas abseits der großen Touristenzentren. Beim zur Tradition gewordenen Schlusslied *A voce revolta* hält es niemanden mehr auf dem Stuhl fest. Feuerzeug nicht vergessen! In den Wintermonaten geben die Muvrini Konzerte in Frankreich, Deutschland, der Schweiz, aber auch in den USA, Kanada und Japan.

Canta u Populu Corsu ist eine weitere herausragende Gruppe auf Korsika. Leider sind ihre Konzerte nicht so häufig wie jene der Muvrini, dafür "korsischer". Trifft man bei den "Mufflons" noch auf viele deutschsprachige Touristen, sind diese bei den Konzerten von Canta nur vereinzelt zugegen. Seit kurzem setzt aber auch diese Gruppe – wenn auch dezent – Schlagzeug und Bassgitarre ein. Beim *Diu vi salvi, Regina* steht das Publikum blitzartig auf und singt inbrünstig mit. Die Band geht auf das Publikum ein und lädt es am Schluss ein, auf die Bühne zu kommen und mitzusingen. Ein unvergesslicher Abend!

Chjami Aghjalesi singen vom Stil her ähnlich wie *Canta u Populu Corsu*, allerdings ohne Schlagzeug und Bassgitarre. Die Band wurde 1977 von den Brüdern Tony, Jean-Marie, Thierry und François Pesce gegründet.

Weitere empfehlenswerte Gruppen sind **Diana di l'Alba**, **A Filetta**, **Giramondu** und **A Tavagna**.

Lektüretipps

* *Belletristik*: **Mérimée, Prosper**, *Mateo Falcone,* Ditzingen (Reclam), ca. 2,50 €. Die Novelle um den korsischen Ehrbegriff kostet weniger als ein Bier und ist schnell gelesen – keine literarische Offenbarung, aber amüsant. Mérimée hat sie noch vor seiner Korsikareise geschrieben.

Mérimée, Prosper, *Colomba,* Ditzingen (Reclam), ca. 4,50 €. Als der französische Erzähler, nachdem er als Inspektor für historische Monumente Korsika bereist hatte, 1840 diesen Roman publizierte, ging erst ein Raunen, dann ein Schaudern durch die Pariser Salons. Blutrache, eine ebenso schöne wie rachsüchtige Heldin, Banditen in der Macchia – das Buch traf mitten ins Herz des romantischen Zeitgeists. Auch heute noch ist *Colomba* eine spannende Lektüre. Weiteres über *Colomba* siehe im Reiseteil unter den Ortschaften Sartène, Fozzano und Campomoro.

Culioli, Gabriel Xavier, *La Terre des Seigneurs,* 1999 (Auberson), ca. 18 € (in französischer Sprache). Der Autor – ein Historiker mit viel Sympathie für die autonomistischen Strömungen – erzählt das Leben seiner Familie über vier Generationen hinweg. Die Biographie der Culiolis ist vor dem Hintergrund der korsischen Geschichte des 20. Jh. gezeichnet und gibt einen exzellenten Einblick in die aktuellen Verhältnisse auf der Insel. Bei seinem Erscheinen 1986 wurde *La Terre des Seigneurs* auf Korsika ein Bestseller. Eine deutsche Übersetzung ist nur noch in Bibliotheken erhältlich.

Kleeberg, Michael, *Der König von Korsika,* Stuttgart/München 2001 (DVA), ca. 20 €. Eine episch breit angelegte Biographie über die illusterste Figur der korsischen Geschichte: Theodor von Neuhoff, Baron von Westphalen, Spion, Hochstapler, Al-

Lektüretipps

chimist, Abenteurer, Träumer, König von Korsika und Häftling in London. Das korsische Abenteuer Theodors beginnt allerdings erst auf Seite 230 des 380 Seiten starken Buchs, und dem Leser wird viel Verständnis für opulente Sprachgirlanden abverlangt. Trotzdem: vorzüglich.

• *Comic*: **Goscinny/Uderzo**, *Asterix auf Korsika*, Stuttgart 1995 (Delta), ca. 4 €. Die Väter von Asterix spielen virtuos auf der Klaviatur der Klischees: Korsen sind stolz, freiheitsliebend, schlechte Sklaven, greifen schnell zum Messer und sind während der Siesta durch nichts zu erschüttern. Großartig!

• *Sachbücher*: **Mérimée, Prosper**, *Notes d'un voyage en Corse*, Paris 1997 (Editions Adam Biro), ca. 10 € (in französischer Sprache). "Monsieur le Ministre, dans le rapport que j'ai l'honneur de vous soumettre ..." Der Bericht Mérimées an den französischen Minister über seine Korsikareise 1839 ist allenfalls für Kulturhistoriker interessant. Einige seiner Spekulationen über die Funde sind abwegig, andere wurden später von der Wissenschaft anerkannt, und im Falle des *Dolmen von Fontanaccia* entpuppte sich der Romancier-Inspektor als Entdecker.

Gregorovius, Ferdinand, *Korsika. Historische Skizzen und Wanderungen im Jahre 1852*, Reprint, Frankfurt 1988 (Societäts-Verlag), ca. 16 €. Ein Klassiker! Der deutsche Kulturhistoriker durchstreifte 1852 die Insel, skizzierte die Landschaft, notierte Begegnungen. Eingebaut in das Werk ist die Geschichte Korsikas mit Geschichten in der Geschichte und Biographien korsischer Helden – oft mit liebevoller Ironie und immer spannend erzählt. Leider nur noch in Bibliotheken erhältlich.

Culioli, Gabriel Xavier, *Le Complexe Corse*, Paris 1990 (Gallimard), ca. 19 € (in französischer Sprache). In Anlehnung an die klassischen sieben Todsünden verhandelt der Autor in sieben Kapiteln die sieben korsischen Sünden (Gewalt, Stolz, Faulheit, Völlerei, Banditentum, Clanismus, Andersartigkeit) und präsentiert eine "Archäologie der Vorurteile" querbeet durch die Epochen bis zum heutigen Zeitpunkt. Brillant!

Caratini, Roger, *Napoléon – une imposture*, 1998 (Verlag Michel Lafon), ca. 20 € (in französischer Sprache). Auf Deutsch ließe sich der Titel "Napoleon – ein Bluff" übersetzen. Eine gnadenlose Abrechnung mit dem Mythos Napoleon, geschrieben von einem Korsen, der die Archive des französischen Senats konsultierte. Der "große Korse" erweist sich als ein direkter Vorfahre Hitlers: Diktator, Menschenschlächter und schließlich auch noch antisemitischer Gesetzgeber. Beim Erscheinen des Buches heulte die bonapartistische Partei von Ajaccio auf. Einer ihrer Vertreter wollte das Werk gleich öffentlich verbrennen ("Wer Bücher verbrennt, der verbrennt auch am Ende Menschen", schrieb einst Heinrich Heine.)

Andreani, Jean-Louis, *Comprendre la Corse*, Paris 1999 (Gallimard), ca. 5 € (in französischer Sprache). Ein kluger Beitrag zum Verständnis der jüngsten politischen Entwicklungen auf Korsika.

Fombonne-Bresson, Jean-Marc, *Pour en finir avec la Corse*, Lausanne 2000 (Favre), ca. 15 € (in französischer Sprache). Eine Polemik über die moderne korsische "Malaise". Die Gelder aus Paris versickern im Korruptionsschlamm, die Mafia gebärdet sich autonomistisch, und die Autonomisten übernehmen mafiose Praktiken. Das Schlussplädoyer des Autors mündet in die Forderung: Franzosen, gebt doch Korsika einfach den Genuesen zurück!

Rossi, Jean-Michel/Santoni François, *Pour solde de tout compte*, Paris 2000 (Denoël), 5 € (in französischer Sprache). Das Interview eines Journalisten von *Libération* mit zwei historischen Führern des FLNC liest sich wie ein Polit-Thriller. Rossi und Santini, die nach dem Mord am französischen Präfekten Erignac der Organisation den Rücken kehrten, reden offen über Strukturen und Strategien der nationalistischen Organisationen, über die sog. Revolutionssteuer, über interne Diskussionen, über Geheimgespräche mit Paris, über Sprengstoffaktionen und Mordanschläge. Ihren Mut bezahlten die Autoren mit dem Leben: Rossi wurde im August 2000 erschossen, Santini ein Jahr später.

Wanderführer werden im Kapitel *Sport/Wandern und Bergsteigen* vorgestellt, **Landkarten** im Kapitel *Unterwegs auf Korsika*.

Wissenswertes von A bis Z

Adresse 72	Menhir 79
Alignement 72	Mohrenkopf 80
Arbeit 72	Müll 80
Autonomisten 73	Öffnungszeiten 80
Bergerie 73	Ortsnamen 81
Blutrache 73	Parc Naturel Régional de la Corse . 81
Clans 74	Pieds-Noirs 82
Diebstahl 74	Polyphone Gesänge 83
Diplomatisches 74	Post 83
Diskos 74	Reisedokumente 84
Dolmen 75	Siesta 84
Ermäßigungen 75	Sprache 84
Etang 75	Steinmänner 85
Fest- und Feiertage 75	Strom 85
Fotografieren und Filmen 76	Tabak 85
Fremdenlegion 76	Telefon 85
Geld 76	Thalasso-Therapie 86
Gesundheit 77	Touristen 86
Haustiere 78	Trinkgeld 87
Höflichkeit 78	Wachtürme 87
Information 78	Waldbrände 87
Internet 78	Zeitungen/Zeitschriften 88
Kriminalität 79	Zoll 89
Kunsthandwerk 79	Zyklopenmauern 89

Adresse

Grundsätzlich steht bei französischen Adressangaben die Hausnummer vor dem Straßennamen, also: *37, rue de la Gare*. Wenn Sie *37bis, rue de la Gare* lesen, handelt es sich um den ersten Nebeneingang des Hauses Nr. 37 an der Bahnhofstraße. Vielleicht ist das Haus besonders lang und hat noch einen zweiten Nebeneingang; dieser bekommt dann die Nummer *37ter*.

Alignement

Das französische Wort *alignement* bedeutet so viel wie "Ausrichtung". In Korsika sind damit exakt in einer Linie oder Doppellinie ausgerichtete Menhirreihen gemeint, die die Angehörigen der Megalithkultur (siehe *Geschichte/Prähistorie* auf S. 91) zu vermutlich kultischen Zwecken anlegten. Bekannt sind vor allem die *Alignements de Palaggiu* (siehe *Sartène/Umgebung* auf S. 204) mit ihren 258 Menhiren. Berühmter und wesentlich länger sind die *alignements* in der Bretagne.

Arbeit

Für Deutsche und Österreicher gibt es diesbezüglich keine Probleme: Staatsangehörige von EU-Ländern dürfen jederzeit in Frankreich arbeiten. Etwas komplizierter ist es für Schweizer, doch lassen die 1998 geschlosse-

Alignements von Palaggiu

nen Abkommen mit der EU hoffen. Französische Firmen, die Schwarzarbeiter beschäftigen, zahlen, wenn sie erwischt werden, happige Strafen.
Bezahlt werden muss zumindest der SMIC, der gesetzlich garantierte Mindestlohn, derzeit bei der 39-Stunden-Woche exakt 1127 € brutto, bei der 35-Stunden-Woche 1010,89 € brutto. Da bleibt nach Abzug der Sozialabgaben nicht viel übrig – sofern es überhaupt gelingen sollte, auf Korsika einen Job zu finden.

Autonomisten

Sie machen mit Sprengstoffanschlägen und in seltenen Fällen mit Mord von sich reden und hinterlassen ihre Graffiti-Spuren auf der ganzen Insel. Zur Geschichte, den Organisationen und Zielen autonomistischer Bewegungen siehe *Pariser Politik und korsischer Sprengstoff* auf S. 109.

Bergerie

Bergerien sind bescheidene Sommersitze der korsischen Schäfer in den einsamen Bergen, meist aus Naturstein gebaut und von einem Schafgatter umgeben. Hier wird auch der Käse gelagert, der gelegentlich an Wanderer verkauft wird. Das langsame Aussterben des Schäferberufs auf Korsika hat dazu geführt, dass zahlreiche Bergerien verlassen sind.

Blutrache

"Wir haben viele Mörder, aber nicht einen einzigen Dieb", sagt der männliche Hauptdarsteller im bekannten Roman *Colomba* von *Prosper Mérimée* (siehe *Lektüretipps* auf S. 70). Und 1870 schreibt der Preuße Theodor Fontane: "Unter einem Korsen hatte ich mir nie etwas anderes gedacht als einen kleinen braunen Kerl, der seinen Feind meuchlings niederschießt und drei Tage später von dem Bruder seines Feindes niedergeschossen wird." Blutrache stand einst hoch im Kurs auf Korsika, zeitweise war sie eine der häufigsten Todesursachen. Seinen düsteren statistischen Höhepunkt feierte dieses Phänomen zu Beginn des 18. Jahrhunderts: ca. 30.000 Morde in 30 Jahren. Die Insel zählte damals ungefähr 120.000 Einwohner! Heute gilt die Vendetta, der Mord um der Ehre willen, als ausgestorben.

Clans

Sie sind nicht ausgestorben. Clanismus und Nepotismus (Vetternwirtschaft) spielten in der korsischen Geschichte und Politik seit jeher eine entscheidende Rolle. Heute verbirgt sich das Clan-System weitgehend hinter den Namen der großen französischen Parteien auf Korsika, programmatische parteipolitische Unterschiede wie in Kontinentalfrankreich spielen auf der Insel praktisch keine Rolle. Der Kampf gegen den Clanismus ist erklärtes Ziel autonomistischer Parteien, die in diesem Phänomen eine der Ursachen der wirtschaftlichen Stagnation sehen.

Diebstahl

Es gibt ihn auf Korsika wie anderswo auch, und die allgemeinsten Vorsichtsmaßnahmen sollten beachtet werden. Es besteht z. B. kein Grund, die Fotoausrüstung und den Familienschmuck auf dem Autorücksitz auszubreiten. In jüngster Zeit wurden an einigen touristischen Schwerpunkten organisierte Banden vom Festland gesichtet. Im Falle eines Diebstahls sucht man am besten das nächstgelegene *commissariat de police* auf. Dieses zaubert zwar nicht den geklauten Gegenstand aus der Schublade, stellt aber die für die Versicherung notwendige Bescheinigung aus.

Diplomatisches

• *Botschaft/Konsulate in Deutschland*: **Französische Botschaft**, Kochstr. 6, 10969 Berlin, ✆ 030/20.63.90.00, ✆ 030/20.63.90.10.
Konsulate in Düsseldorf, Frankfurt, Hamburg, München, Saarbrücken und Stuttgart.
• *In der Schweiz*: **Ambassade de France**, Schoßhaldenstr. 46, 3006 Bern, ✆ 031/359.21.11, ✆ 031/359.21.91.
Konsulate in Basel, Genf, Zürich.

• *In Österreich*: **Französische Botschaft**, Technikerstr. 2, 1040 Wien, ✆ 01/50.27.50, ✆ 01/50.27.51.68, E-Mail: *france@netway.at*.
Konsulat in Innsbruck.
• *Vertretungen auf Korsika*: **Deutsches Konsulat** in Furiani (Industriezone im Süden Bastias), von der Hauptstraße aus beschildert. ✆ 04.95.33.03.56.
Die **Schweiz** und **Österreich** unterhalten derzeit keine Vertretung auf Korsika.

Diskos

Es gibt sie nur in größeren Touristenorten, und auch da geht es allenfalls im August heiß her. Sound & Light entsprechen meist dem internationalen Standard. Keine Empfehlungen. Ausprobieren.

Ein Tisch aus Stein (Cauria)

Dolmen

Das Wort kommt aus dem Keltischen: *dol* ist der Tisch, *men* ist der Stein, *dolmen* ist "der Tisch aus Stein" oder einfach "der Steintisch", und so sieht er auch aus. Die Dolmen gehören zur Megalith-Kultur (siehe *Geschichte/ Prähistorie* auf S. 90); das schönste Exemplar für diese Form des Kultbaus ist der *Dolmen von Fontanaccia* (siehe *Sartène/Umgebung* auf S. 203).

Ermäßigungen

Kinder – meistens liegt die Grenze bei sieben Jahren – haben es gut: Sie erhalten oft Preisnachlass, und in immer mehr Restaurants gibt es Kindermenüs. Studenten haben mit dem internationalen Studentenausweis oft bei Museen Erfolg, Ermäßigung der Eintrittsgebühr bis zu 50 %. Nicht alle Museen bieten diesen Service, private in der Regel nie.

Etang

Das Wort bedeutet "Teich". Auf Korsika wird damit die spezielle Art der Lagunengewässer an der Ostküste bezeichnet (Etang de Biguglia, Etang de Diane, Etang d'Urbino) – vom Meer abgetrennte oder nahezu abgetrennte stehende Gewässer, gelegentlich mit etwas Süßwasserzufuhr.

Fest- und Feiertage

Arbeitsfreie staatliche und kirchliche Feiertage sind:

- 1. Januar (Neujahr)
- 1. Mai (Tag der Arbeit)
- 8. Mai (Waffenstillstand 1945)
- 14. Juli (französischer Nationalfeiertag)
- 15. August (Mariä Himmelfahrt)
- 1. November (Allerheiligen)
- 11. November (Waffenstillstand 1918)
- 25. Dezember (Weihnachten)

Dazu kommen die beweglichen Feiertage: Ostern (inkl. Ostermontag), Christi Himmelfahrt und Pfingsten (inkl. Pfingstmontag). Achtung: Fällt ein Feiertag auf Dienstag oder Donnerstag, so sind am Montag bzw. am Freitag Behörden, Banken und Geschäfte in der Regel geschlossen. Dieses arbeitnehmerfreundliche System wird mit *faire le pont* (wörtl. "die Brücke machen") bezeichnet.

Fotografieren und Filmen

Film- und Fotozubehör ist auf Korsika teurer als in Deutschland, Österreich oder in der Schweiz. Zudem riskiert man bei Filmen, keine frische Ware zu bekommen. Lithium-Batterien, wie sie oft für hochwertige Kameras benötigt werden, findet man praktisch nur beim Fachhändler in Ajaccio oder Bastia.

Fremdenlegion

Dass die Autonomisten deren Abzug aus Korsika fordern, versteht sich von selbst. Nachdem die Fremdenlegionäre in den 80er Jahren ihren Stützpunkt in Bonifacio verlassen haben, ist heute auf Korsika einzig noch in Calvi eine Fallschirmjägereinheit (knapp 1400 Legionäre) stationiert.

Gegründet wurde die französische Fremdenlegion 1831 zwecks Eroberung Algeriens; 1940 wurde sie aufgelöst und 1946 wieder zum Leben erweckt. In den 90er Jahren waren die Legionäre vor allem im Tschad im Einsatz, aber auch im Golfkrieg 1991. Da die Anwerbebüros in Straßburg und Marseille im Ruf standen (und noch stehen), bei willigen Söldnern nicht nach einem polizeilichen Leumundszeugnis zu fragen, haftete der Fremdenlegion stets die Aura des Abenteuerlichen an. Mit dem bürgerlichen Gesetz in Konflikt Geratene suchten in der Legionärsuniform Schutz. Doch das Leben in der Fremdenlegion ist kein Zuckerschlecken; erst einmal heißt es: Pass abgeben und für die erste Zeit Ausgangsverbot. In den Gesichtern der meist Englisch, Spanisch oder Deutsch sprechenden Soldaten in Calvi spiegelt sich weder Abenteurertum noch Romantik. Übrigens: In der Schweiz wird der Dienst in der Fremdenlegion als Landesverrat geahndet!

Geld

Wie alle EU-Angehörigen begleichen auch die Korsen ihre Geldgeschäfte mit dem *Euro* (€) und dem *Cent* (den *Cent* nennen die Franzosen allerdings entsprechend der alten Währung gewöhnlich *Centime*). Für Schweizer: Ihr harter Franken ist nur 0,677 Euro wert (Stand: Februar 2002).

Wesentlich verbreiteter als in Deutschland ist das Bezahlen mit dem Scheck oder der Kreditkarte – ob an der Tankstelle, im Supermarkt, Hotel oder Restaurant. Zum Geldziehen findet man bei vielen Banken einen rund um die Uhr zur Verfügung stehenden *Bancomaten,* der in der Regel neben den gängigen Kreditkarten auch die ec-Karte akzeptiert. Problemlos werden in den Banken oder größeren Postämtern Schecks anerkannter Geldinstitute gewechselt; am problemlosesten sind Reiseschecks. Praktisch unbrauchbar geworden sind hingegen die Eurocheques.

Suche nach dem geeigneten Mitbringsel: Kunstgewerbeladen in Bonifacio

Postsparbuchbesitzer können nur mit der *SparCard* (ähnlich wie Eurocard; wird vom heimischen Postamt ausgestellt) an korsischen Postämtern und Banken Geld abheben – gebührenfrei in der EU bis zu viermal im Jahr. Pro Tag können maximal etwa 250 € abgehoben werden.

Gesundheit

Wer spezielle Medikamente benötigt, sollte diese in ausreichender Menge mitnehmen, ansonsten ist eine normale Reiseapotheke völlig ausreichend. Das Apotheken-Netz ist weit gespannt: Eine Apotheke gehört in jedem größeren Dorf zur Grundausstattung der Gemeinschaft. In Bastia und Ajaccio ist nachts und am Wochenende immer eine *pharmacie* (Apotheke) geöffnet – welche, steht in der Zeitung.

Ein dreifach Hoch der Bürokratie: Wer keine Reisekrankenversicherung abschließt, muss bei seiner Krankenkasse einen Auslandskrankenschein abholen (Vordruck E 111). Dieser wird im Bedarfsfall bei der nächsten Ortskrankenkasse *(caisse primaire d'assurance maladie)* oder im Rathaus *(Hôtel de Ville* oder *Mairie)* gegen einen französischen Krankenschein *(feuille de soins d'assurance maladie)* eingetauscht, den man dem behandelnden Arzt oder Krankenhaus übergibt. Erst muss die gesamte Rechnung in bar bezahlt werden. Zu Hause bekommt man die Kosten zurückerstattet; dabei wird in Deutschland allerdings das französische System angewandt, das eine wesentlich höhere finanzielle Eigenbeteiligung kennt als das deutsche. Wer eine kurzfristige Reisekrankenversicherung abschließt, erspart sich also nicht nur viel Gerenne, sondern – im Falle eines Falles – auch Geld.

Haustiere

Haustiere benötigen für ihren Korsika-Aufenthalt ein Tollwutimpfzeugnis, das mindestens einen Monat alt sein muss, jedoch nicht älter als 12 Monate alt sein darf.

Höflichkeit

In Deutschland gilt, wer das Wörtchen *bitte* vergisst, nicht unbedingt als unhöflich. Wenn Sie's mit Korsen oder Franzosen zu tun haben, dann aber bitte mit *s'il vous plaît*.

Information

Vor Reiseantritt informieren die französischen Fremdenverkehrsämter:

Deutschland: Maison de la France, Westendstr. 47, 60325 Frankfurt, ✆ 0190/57.00.25, ✆ 0190/59.90.61, E-Mail: *franceinfo@mdlf.de*.
Auch in anderen Großstädten wie Berlin oder Düsseldorf unterhalten die Franzosen ein Maison de la France.

Schweiz: Französisches Verkehrsbüro, Rennweg 42, 8001 Zürich, ✆ 01/217. 40.00, ✆ 01/217.46.17.

Österreich: Französisches Fremdenverkehrsamt, Argentinierstr. 41 a, 1040 Wien, ✆ 01/503.28.90, ✆ 01/503.28.71.

Auf Korsika findet man in größeren Städten ein *Office de Tourisme,* das meist einen farbigen Hochglanzprospekt sowie eine Broschüre mit Angaben zu Hotels und Restaurants und weiteren nützlichen Adressen ausliegen hat. In kleineren Orten übernimmt das *Syndicat d'Initiative* diese Funktion, ein vom lokalen Tourismusgewerbe gesponsertes Informationsbüro.

Der Korsische Naturpark unterhält in eigener Regie spezielle Informationsbüros (siehe Stichwort *Parc Naturel Régional de la Corse* auf S. 81).

Internet

Eine weitere Informationsmöglichkeit ist das Internet. Man kann zu Hause schon kreuz und quer über die Insel surfen, sich auf den Urlaub vorbereiten, sich den Mund wässrig machen. Nachstehend einige Tipps:

- *In Deutsch*: www.paradisu.de – die Nummer eins der deutschsprachigen Internet-Adressen zu Korsika: sehr schön aufbereitet, informativ und stets aktualisiert. Die wichtigsten Themen im Menü, die jeweils zu Untermenüs führen: Land und Leute, Geschichte, Geographie, Reisen, Fotoalbum. Darüber hinaus informiert eine umfassende Link-Liste über nützliche Stationen im Internet-Dschungel.
www.korsikaweb.de – die Adresse für den Wanderer.
www.bike-and-smile.de – die Adresse für den Motorradfahrer.
www.korsika-toern.de – die Adresse für den Segler.
http://leini.de/korsika/korsika.htm – vieles über die Insel und vor allem ein leben-

- *In Französisch*: www.sitec.fr/iledebeaute – Geschichten, Mythen, Persönlichkeiten, Städte und mehr.
www.lacorsemysterieuse.com – der Reiseführer im Web.
www.corsematin.com – die korsische Tageszeitung online.
www.parc-naturel-corse.com – die Homepage des Parc Naturel Régional de la Corse.

> Dies war nur eine kleine Auswahl aus dem Angebot. Wer mehr Adressen wissen will, fängt wieder oben an: *www.paradisu.de* – dort im Menu auf "Links" klicken.

Kriminalität

Die Kriminalitätsrate auf Korsika ist vermutlich nicht höher als im übrigen Frankreich. Die Chance, einem Delikt zum Opfer zu fallen, ist in Paris eindeutig höher als in Ajaccio. Doch infolge der politisch motivierten Anschläge ist die Insel die am schärfsten bewachte französische Region. Weiteres unter dem Stichwort *Diebstahl* auf S. 74.

Kunsthandwerk

Bis ins 19. Jahrhundert war die *Castagniccia* für die kunsthandwerkliche Verarbeitung des Kastanienholzes zu Pfeifenköpfen, Tellern und Löffeln bekannt, und die Bruyère-Pfeifenköpfe aus dem *Sartenais* und dem Hinterland des *Golfs von Valinco* standen bei Kennern noch bis Mitte des 20. Jahrhunderts hoch im Kurs. Doch bereits mit der großen Wirtschaftskrise im ausgehenden 19. Jahrhundert ging es mit dem korsischen Kunsthandwerk steil bergab. Nach dem Zweiten Weltkrieg galt es als mehr oder weniger ausgestorben. Die Wiederbelebung kam in den 60er Jahren. Unter dem Markenzeichen *CORSICADA* vereinigten sich korsische Kunsthandwerker zu einer ökonomisch-kulturellen Organisation, die dem korsischen Kunsthandwerk neues Leben einhauchte, um auf dem Markt die einheimischen Produkte gegen billige Importware zu verteidigen. Die Initiative war insofern erfolgreich, als heute wieder zahlreiche Läden, meist *Casa di l'Artigiani* (Haus der Kunsthandwerker) genannt, korsische Produkte verkaufen – Keramik, Holzschnitzereien, Textilien, Korbwaren, Lederwaren sowie Erzeugnisse der Landwirtschaft wie Olivenöl und Honig.

Menhir

Das Wort ist keltisch: *men* ist der Stein, und *hir* heißt lang. Der französische Obélix verkauft in seinem gallischen Dorf *menhirs*, sein deutscher Synchronsprecher nennt sie *Hinkelsteine*. Die Menhire sind stumme Zeugnisse der Megalith-Kultur. Es darf vermutet werden, dass sie kultischen Zwecken dienten. In Asterix' Stammland, der Bretagne, findet man bis zu 20 m hohe Kolosse. Auf Korsika sind sie bescheidener, dafür – und das ist einzigartig – hat man auf der Insel skulptierte Menhire mit Menschengesichtern und Waffendarstellungen gefunden. Mehr darüber siehe *Geschichte/Prähistorie* auf S. 90.

Mohrenkopf

Der markante Kopf ist auf der Insel allgegenwärtig. Er prangt auf der korsischen Flagge, verziert als Aufkleber die Karosserie, als Aufdruck das T-Shirt und weist auf dem Etikett das korsische Produkt als solches aus. Das Symbol stammt aus der Zeit der Sarazeneneinfälle. Den einen zufolge stellt der Kopf einen maurischen Fürsten dar, mit der weißen Stirnbinde als Zeichen der Würde. Andere sind der Ansicht, es handle sich ursprünglich um einen Sklaven mit verbundenen Augen, dem die freiheitsliebenden Korsen das Tuch auf die Stirn geschoben hätten (siehe *Geschichte/Christen und Barbaren* auf S. 95).

Müll

Wie die Faust aufs Auge: Mitten in der schönsten Naturlandschaft zeigt sich eine Abfallhalde, auf der nebenbei auch Karosserien verrosten. In Sachen Müllbeseitigung hat sich zwar in den letzten Jahren auf der Insel einiges verbessert, doch der mitteleuropäische Standard ist noch längst nicht erreicht. Selbst Ajaccio mit seinem für korsische Verhältnisse fortschrittlichen Entsorgungssystem liegt unter der französischen Norm (und diese bekanntlich unter der deutschen). Kommunale Müllabfuhren existieren zwar auf Korsika, arbeiten aber höchst unzuverlässig. Viele Campingplatz-Besitzer entsorgen deshalb selbst, in der Saison oft täglich. In den Bergen muss der Abfall mühsam mit Helikoptern weggeschafft werden. Wanderer sollten genügend Umweltbewusstsein aufbringen und ihren Müll bei den Refuges deponieren.

Öffnungszeiten

Grundsätzlich gilt: Der Mittag (12–14 Uhr) ist den Korsen heilig – Siesta.

Banken: Am Montag oft für den Publikumsverkehr geschlossen. Sonst sind die Öffnungszeiten unterschiedlich. In der Regel lassen sich Geldgeschäfte von 9.30 bis 12 Uhr und von 14 bis 16 Uhr tätigen.

Geschäfte: In der Regel geöffnet Montag–Samstag 9–12 und 14.30–19 Uhr, am Montagmorgen oft geschlossen. Große Supermärkte sind auch über die Mittagszeit geöffnet und schließen oft erst um 20 Uhr (auch samstags).

Behörden: Montag–Freitag 9–12 und 14–17 Uhr. Sollten sie nicht pünktlich öffnen, so darf man wenigstens davon ausgehen, dass sie pünktlich schließen.

Kirchen: Oft über die Mittagszeit (12–14 Uhr) geschlossen. Viele werden vor und nach der Saison ständig verschlossen gehalten, manche auch im Hochsommer. In diesen Fällen erkundigt man sich am besten beim nächstliegenden Haus nach dem Schlüssel.

Post: Die Öffnungszeiten sind von Ort zu Ort verschieden. Relativ sicher findet man zwischen 9 und 12 Uhr sowie zwischen 14 und 16.30 Uhr offene Türen.

Tourist-Infos (Office de Tourisme, Syndicat d'Initiative): An touristischen Brennpunkten während der Hochsaison oft ohne Mittagspause bis zum frü-

Bei Tante Emma

hen Abend geöffnet, auch an Wochenenden. Andere Büros halten sich streng an die üblichen Geschäftszeiten. In ausgesprochenen Badeurlaubsorten sind gelegentlich nur in der Sommerzeit Geschäftsstellen eingerichtet, davor oder danach sind Auskünfte und Prospekte im Rathaus *(Hôtel de Ville, Mairie)* erhältlich.

Ortsnamen

In jüngster Zeit haben die Behörden der Zweisprachigkeit der Insel Rechnung getragen. Vor vielen Ortschaften stehen zwei Tafeln an der Straße, eine mit dem französischen und eine mit dem korsischen Namen. Wo nicht, haben meistens autonomistische Trupps den französischen Namen korsisch überpinselt.

Das vorliegende Buch hält sich in der Regel an die Namengebung der IGN-Karten, d. h. in den meisten Fällen wird die französische Variante wiedergegeben. Damit ist die Übereinstimmung mit den meisten Karten gewährleistet. Einzig bei größeren Orten wurde im Titel der korsische Name in Klammern angegeben – eine bescheidene Reverenz. Als Grundlage für die Schreibweise diente *I nomi di i nostri lochi* von *P. M. Agostini.*

Parc Naturel Régional de la Corse

Die Idee eines Naturparks trug der deutsche Bergsteiger Hans Schymik (siehe *Sport/Wandern und Bergsteigen* auf S. 52) 1963 seinem französischen Kollegen Michel Fabrikant vor. Der Deutsche Alpenverein und die Internationale Alpenkommission unterstützten das Vorhaben, das noch im selben Jahr in einen offiziellen Auftrag der französischen Regierung mündete. Zum 200. Geburtstag Napoléons I. im Jahr 1969 wurde der Parc Naturel Régional de la Corse Realität.

Nachdem der Naturpark 1990 um große Teile der Castagniccia erweitert wurde, zählt er heute 138 Gemeinden und nimmt etwa ein Drittel der gesamten Inselfläche – ca. 2.600 Quadratkilometer – ein. In seinem nordwestlichen Teil umfasst er auch das Küstengebiet einschließlich des Meeres: u. a. den *Golfe de Porto* und die *Halbinsel Scandola* mit ihren seltenen Tier- und Pflanzenarten.

Der Naturpark ist weder ein Reservat noch ein Museum, sondern eine lebendige Region mit Dörfern und Menschen, denen die Erhaltung ihrer schönen Umgebung nicht gleichgültig ist. Die in ihm zusammengeschlossenen Gemeinden haben sich mehrere Aufgaben gestellt:

Ökologie: Schutz seltener Tier- und Pflanzenarten wie des gesamten Landschaftsbildes. Dazu gehören die Bekämpfung von Wilddiebstahl und von Waldbränden.

Ökonomie: Versuch, die Landfluchtbewegung durch Unterstützung der korsischen Vieh- und Weidewirtschaft sowie des Kunsthandwerks aufzuhalten. So wurden z. B. mit Mitteln des Naturparks bisher 130 Bergerien wiederaufgebaut oder renoviert.

Tourismus: Förderung eines sanften Tourismus. Zahlreiche Wanderwege wurden markiert, *Gîtes d'étape* (siehe *Übernachten* auf S. 40) wurden angelegt, auf dem GR 20 werden Refuges unterhalten.

Für die Durchsetzung seiner Ziele hat der Naturpark nur wenig Personal, und es ist jammerschade, wenn dieses sich noch mit dem Wegräumen des Zivilisationsmülls sorgloser Wanderer befassen muss!

Der *Parc Naturel Régional de la Corse* hat neben Broschüren und Faltblättern für Wanderer auch mehrere Schriften über die korsische Fauna und Flora herausgegeben. Sie sind bei den Informationsstellen des Naturparks erhältlich:

Ajaccio: Das Büro in Ajaccio ist die Zentrale (2, rue Major Lambroschini). Ganzjährig geöffnet. ✆ 04.95.51.79.10, ✆ 04.95.21.88.17, E-Mail: infos@parc-naturel-corse.com, Internet: *www.parc-naturel-corse.com*.

Porto-Vecchio: Büro an der Rue Colonel Quenza. In der Hauptsaison vormittags geöffnet. ✆ 04.95.70.50.78.

Zonza: Informationsbüro im Rathaus (Ortszentrum, Straße Richtung Sartène). Nur in den Sommermonaten geöffnet.

Pieds-Noirs

Pieds noirs heißt "schwarze Füße" – eine Bezeichnung, die aus den Zeiten des Ersten Weltkriegs stammt. Damals wurden die algerischen Araber von den Franzosen *pieds-noirs* getauft. Erst später bezog sich dieser Begriff auf die in Algerien ansässigen Franzosen. Diese flüchteten nach der siegreichen algerischen Revolution 1962 zuhauf zurück ins Mutterland. Ein Teil von ihnen (ca. 17.500) wurde auf Korsika angesiedelt und brachte mit Hilfe staatlicher Gelder die Agrarwirtschaft an der Ostküste und vor allem den Weinanbau in Schwung (mehr darüber im Reiseteil unter *Aleria*). Zahlreiche *pieds-noirs* siedelten sich auch in Bastia und Ajaccio als Geschäftsleute an.

Lac de Rinoso im Monte-Cinto-Massiv

Polyphone Gesänge

Die *chants polyphones* (mehrstimmige Gesänge) erleben seit einiger Zeit eine Renaissance auf der Insel. Meist handelt es sich dabei um eine *paghjella*, einen traditionellen Gesang mit drei Stimmen, der bereits im Mittelalter bekannt war. Ob traditionelle Volkslieder, religiöse Gesänge oder die korsische Hymne *(Diu vi salve, Regina):* Die Polyphonie lässt den Interpreten stets Raum für Variationen und Improvisation. Nicht selten werden neue musikalische Ausdrucksformen geschickt mit der Tradition verwoben. Die Sänger schauen dabei nicht auf ein Notenblatt, sondern verlassen sich einzig auf ihr Gehör. Oft finden Konzerte in Kirchen statt, da diese eine ideale Akustik bieten (Veranstaltungshinweise in der Tageszeitung und auf Plakaten).

Ein besonderes Ereignis sind die jährlich Mitte September veranstalteten *Rencontres de Chants Polyphoniques* in Calvi: polyphone Gesänge an verschiedenen Örtlichkeiten im Zitadellenviertel, u. a. in der Kathedrale (siehe auch *Korsische Musik* auf S. 68).

Post

Mit den Großbuchstaben P.T.T. für *Postes, Télégraphes, Téléphones* wirbt von der Hauptpost bis zur kleinsten Filiale jedes französische Postamt. Ansichtskarten und Briefe bis zu 20 Gramm nach Deutschland, Österreich oder in die Schweiz kosten ca. 0,50 €. Die Zustellzeiten entsprechen in etwa der deutschen, schweizerischen oder österreichischen Norm. Aber Augen auf beim Wurf der Urlaubspost in den Briefkasten! In größeren Orten haben die korsischen Briefsammler mehrere Schlitze: einen für die Stadt, in der man sich befindet, und einen für *autres destinations* (andere Bestimmungsorte), womit der Rest der Welt gemeint ist.

An die Postämter kann man sich auch problemlos Briefe oder Päckchen schicken lassen. Am *Poste-Restante*-Schalter gegen Ausweis (Reisepass) die Sendung abholen. Adressierschema:

Name
Poste centrale (nur bei größeren Orten)
Poste restante
F-Postleitzahl und Ort ("F" steht für Frankreich)

Wird die postlagernde Sendung innerhalb von 15 Tagen nicht abgeholt, geht sie zurück an den Absender.

Reisedokumente

Korsikareisende benötigen einen gültigen *Reisepass* oder *Personalausweis*, für Schweizer genügt die *Identitätskarte*. Kinder ohne eigene Dokumente müssen amtlich im Ausweis eines mitreisenden Elternteils eingetragen sein. Autofahrern wird empfohlen, sich von der Versicherung vor der Abreise eine *Internationale Grüne Versicherungskarte* ausstellen zu lassen. Das Landeskennzeichen (D, CH, A) ist für ausländische Fahrzeuge in Frankreich obligatorisch.

Siesta

In *Asterix auf Korsika* weigert sich ein um die Mittagsstunde von seinen römischen Ketten befreiter Korse, aufzustehen und das Weite zu suchen: Siesta! Das Schläfchen zwischen 12 und 14 Uhr ist dem Korsen heilig. Bitte nicht stören!

Sprache

Keiner versteht sie, die Korsen – wenn sie korsisch reden. Die sprachwissenschaftliche Schubladisierung des Korsischen ist umstritten. Die einen vermuten einen toskanischen Dialekt, die anderen einen katalanischen und wieder andere ein direktes Derivat aus dem Lateinischen.

Die korsische Sprache ist Teil der kulturellen Identität Korsikas, Autonomisten fordern seit langem Korsisch als obligatorisches Schulfach. Nach über 200 Jahren französischer Herrschaft droht die französische Sprache die korsische ganz zu erdrücken. Die meisten Korsen reden auch untereinander Französisch. Als Mischsprache ist das sog. *francocorse* entstanden: Korsisch, durchsetzt mit französischen Ausdrücken. Unverfälschtes Korsisch hört man fast nur noch in Berggegenden.

Mit Fremden reden Korsen grundsätzlich Französisch. Der Tourist tut also besser daran, seine vielleicht vorhandenen Französischkenntnisse aufzubessern, als sich in die Geheimnisse der korsischen Sprache einzuarbeiten und dann – wenn's ernst wird – doch nichts zu verstehen.

Rentnerleben

Steinmänner

Auch *Steinmännchen* genannt oder auf Französisch bzw. keltisch *cairns*. Sie sind vor allem für den Wanderer im Hochgebirge wichtig. Die zu mehr oder weniger hübschen Türmchen aufgebauten Steinbrocken ersetzen Farbmarkierungen und zeigen ihm, dass er sich auf dem richtigen Weg befindet. Bitte nicht zerstören!

Strom

Es fließt 220 Volt Wechselstrom. Der in Deutschland gebräuchliche zweipolige Stecker passt in keine französische Dose. Diese hat drei Löcher, das dritte für die Erdung. Preisgünstige Adapter, die das Anschlussproblem sauber lösen, gibt es – meist im Doppel- oder Dreierpack – fast in jedem Supermarkt. Luxuriöse Campingplätze sind für deutsche Stecker ausgerüstet.

Tabak

Raucher können sich freuen. Auf Korsika sind die Tabakwaren billiger als auf dem französischen Festland. Die nur für Korsika geltenden geringeren Tabak-, Alkohol- und Autosteuern verdanken sich einem Gesetz, das aus Napoleons Zeiten in die Gegenwart hinübergerettet wurde. Natürlich gefährdet Rauchen auch auf Korsika Ihre Gesundheit.

Telefon

Telefonzellen findet man in jedem Ort, aber ohne Telefonkarte *(télécarte)* geht in der Regel nichts. Diese wird zu 50 oder 120 Einheiten in allen Postämtern und in manchen Tabakläden verkauft.

Der Umgang mit der Karte wird am Apparat in Digitalschrift (auf Französisch) erläutert: Hörer abhängen – Karte reinschieben – Geduld haben – wählen. Das auf der Karte noch verfügbare Guthaben wird ebenfalls digital angezeigt. Für Telefonate von Korsika nach Deutschland, Österreich oder in die Schweiz werden zwei Tarife angewandt: *Normaltarif* Montag–Freitag 8–21.30 Uhr und Samstag 8–14 Uhr; *reduzierter Tarif* außerhalb dieser Zeiten.

Telefonieren vom Ausland nach Korsika: Für ganz Korsika gilt die südfranzösische Vorwahl 04. Dann folgt eine 95 für Korsika. Für Telefonate von Deutschland, der Schweiz oder Österreich aus entfällt nach der Landesvorwahl für Frankreich (0033) die 0, also: 0033-4-95...

Telefonieren von Korsika ins Ausland: Vorwahl nach Deutschland 0049, in die Schweiz 0041 und nach Österreich 0043. Bei der folgenden Stadtvorwahl entfällt die Null; Beispiel für die Ziffernfolge von Korsika nach Frankfurt: 0049-69 + Anschlussnummer.

Telefonieren vom französischen Festland nach Korsika und umgekehrt: Für ganz Korsika gilt die südfranzösische Vorwahl 04. Sie ist stets mitzuwählen, auch auf Korsika selbst. Ihr folgt stets eine 95, die für Korsika steht. Deshalb beginnen alle korsischen Telefonnummern in diesem Reiseführer mit 04.95. Dann folgen die weiteren sechs Ziffern des Anschlusses. Unter zehn Ziffern geht also nix.

Nationaler Auskunftsdienst: 12
Internationaler Auskunftsdienst: 0033.12. + Nr. des Landes. Auskunft über deutsche Tel.-Nummern also unter 0033.12.49.
Notruf Feuerwehr: 18
Notruf Polizei: 17

... und wenn der Apparat gar nicht mehr funktioniert, wie er soll: Im Falle einer **Störung** (en cas d'incident) kann man mittels der Unglückszahl 13 sein Glück versuchen.

Thalasso-Therapie

Der Begriff taucht an der Küste gelegentlich im Zusammenhang mit größeren Kurhotels auf. *Thalassa* sagt der Grieche zum Meer, und das Meer ist die Grundlage dieser Therapie, die in der Antike wohlbekannt war ("das Meer wäscht alle Leiden vom Menschen ab", sagt *Plato*) und später in Vergessenheit geriet, bis ein Monsieur *Quinton* die alte Kur- und Heilform einem größeren Publikum wieder schmackhaft machte. Grundthese der Thalasso-Therapie: Alles irdische Leben stammt aus dem Meer, und das Urelement Salzwasser ist am besten in der Lage, Gebrechen zu lindern oder zu heilen bzw. Körper und Geist zu regenerieren.

Die Kombination von warmem und kaltem Meerwasser, ständig frisch in die Bäder der Kurzentren gepumpt, Algen- oder Meerschaumpackungen, Gymnastik, Massage und Spaziergänge an der reinen Meeresluft werden eingesetzt zur Behandlung von rheumatischen Erkrankungen, Kreislaufstörungen oder Störungen des Stoffwechsels und des vegetativen Nervensystems. Auch wenn keine akuten Beschwerden vorliegen, bietet sich die Thalasso-Therapie an, z. B. zum Stressabbau.

Touristen

Sie sind schmutzig und verdrecken die Umwelt. – Sie sind schlecht erzogen, unhöflich und frech. – Sie sind "machines à bronzer" (Bräunungsmaschinen), die sich nur für das Meer und die Sonne interessieren und mit den Korsen nicht sprechen. Ihretwegen steigen die Preise im Sommer. Antworten von

Einheimischen auf eine Umfrage der Industrie- und Handelskammer von Ajaccio, die über das Ansehen der Touristen bei den Korsen Aufschluss geben sollte. Die positiven Antworten bezogen sich fast ausnahmslos auf den wirtschaftlichen Aspekt: Touristen bringen Geld, schaffen Arbeitsplätze, heben das Bruttosozialprodukt.

Die Deutschen stehen im Ruf, wenig Geld auszugeben, im Gegensatz zu den Italienern, die in Restaurants ausgiebig zu speisen pflegen. Wie viel man sich ein Abendessen kosten lassen will, ist natürlich Privatsache – Höflichkeit und Freundlichkeit auch ... Ein besseres Image haben die Touristen im Landesinnern. Wanderer lassen in der Regel zwar nicht das große Geld liegen, doch scheinen sie wesentlich freundlicher zu sein und finden schneller Kontakt zu den Einheimischen.

Trinkgeld

Bedienungsgeld ist in der Regel im Preis inbegriffen. Nach oben zu runden ist in jedem Fall freundlich und ganz und gar üblich.

Wachtürme

Ungefähr 150 Stück zählte man auf Korsika einst, in regelmäßigen Abständen die Küste entlang, rund um die Insel. Geblieben sind etwas mehr als die Hälfte, meist in ruinösem Zustand. Nur in wenigen Fällen wie z. B. in Campomoro (siehe *Küstenabschnitte südlich von Propriano* auf S. 210) wurden sie restauriert.

Die runden Wachtürme stammen zum großen Teil aus dem 16. Jahrhundert, als Korsika von der Bank des Heiligen Georg verwaltet wurde (siehe *Geschichte/ Genuesische Herrschaft* auf S. 97), und bildeten ein wirksames Informations- und Verteidigungssystem gegen Sarazenen- und Piratenüberfälle, die vom Meer aus drohten. Die jüngsten datieren aus dem 17. Jahrhundert. Die Genuesentürme wirken recht wuchtig: An der Basis beträgt der Durchmesser um die 10 m, nach oben nimmt er leicht ab; die Turmhöhe liegt in der Regel zwischen 12 und 17 m.

Nur wenige Türme weichen von der klassischen Form ab und zeigen einen quadratischen Grundriss, die berühmtesten Beispiele stehen in *Nonza* und *Porto*. Lange Zeit wurden sie fälschlicherweise in die pisanische Zeit datiert (auch in früheren Auflagen des vorliegenden Reisebuchs). Heute ist sich die Forschung einig, dass diese Türme zwar älter als die runden sind, doch ebenfalls den Genuesen zugeschrieben werden müssen; einzig das Exemplar von Nonza steht möglicherweise auf einem pisanischen Vorläufer. Die ähnlich gebauten, viereckigen Türmen im Landesinnern auf Cap Corse (z. B. Pino, Morsiglia) dienten teils als Wohntürme, teils als Zufluchtsorte, teils als Wehrtürme. Sie stammen aus dem 15. und 16. Jahrhundert.

Waldbrände

Die Schlagzeile kommt mit jedem Frühjahr: Korsika brennt! Im Sommer, wenn Macchia und Wälder strohtrocken sind und – einmal angezündet – lichterloh brennen, vermehren sich die Katastrophenmeldungen. In den meisten Fällen handelt es sich um Brandstiftung. Waren es früher Hirten, die sich mit einem Streichholz Weideland für das kommende Frühjahr verschaffen wollten, machten sich bis vor kurzem korsische Prämienjäger die archaische Sitte zunutze. Die Rechnung war einfach: Aufgrund eines Gesetzes von 1974 konnte eine Prämie für Kuhhaltung abkassiert werden. Kühe fressen Gras, Gras kommt, wo die Macchia abgebrannt ist, die Macchia brennt am besten, wenn der *sirocco* weht – und der Wald ist dann rasch in Mitleidenschaft gezogen. Seit 1994 auf Druck Brüssels das Prämiengesetz abgeschafft wurde, sind die Waldbrände auf der Insel erheblich zurückgegangen.

Aber auch bodenlos unvorsichtige Touristen können Urheber von Waldbränden sein. Von Feuerstellen im Freien bis zum achtlos aus dem Autofenster geworfenen oder nicht richtig ausgetretenen Glimmstängel reicht die Palette des naturzerstörenden Leichtsinns.

Attention au Feu! – einige Verhaltensregeln

Was tun, wenn es brennt? Wenn man einen Brand entdeckt? Der *Parc Naturel Régional de la Corse* hat ein Faltblatt mit folgenden Verhaltensregeln herausgegeben:

- Wählen Sie den Feuerwehr-Notruf 18. Oder rufen Sie die Gendarmerie, das Rathaus *(Mairie, Hôtel de Ville)* oder ein Forsthaus *(Maison forestière)* an.
- Bis Hilfe eintrifft: Versuchen Sie, das Feuer zu löschen! *Mit Zweigen:* nicht allzu kräftig schlagen (sonst Blasebalg-Effekt). *Mit einem Werkzeug:* z. B. mit einer Schaufel brennende Teile von noch nicht brennenden trennen und ersticken. *Mit Wasser.*
- Helfen Sie der Feuerwehr, und halten Sie den Zugang zur Brandstelle frei. Ein Brand ist kein Schauspiel.
- Bei Gefahr: Gehen Sie an einen sicheren Ort! Schützen Sie sich! Gegen den Rauch hilft ein feuchtes Tuch vor Mund und Nase, gegen die Hitze hochgeschlossene Kleidung.
Laufen Sie nicht blind vor dem Feuer davon, sondern halten Sie seine Ausbreitung im Auge! Flüchten Sie nicht mit dem Auto über Wege, die Sie nicht kennen! Suchen Sie Zuflucht in einer bereits abgebrannten oder vegetationsarmen Zone!

Zeitungen/Zeitschriften

Der *Corse-Matin,* ein Ableger des rechtsliberalen *Nice-Matin,* ist die einzige korsische Tageszeitung und in jedem Dorf erhältlich. Wer Französisch lesen kann und sich über Tagesberichte hinaus mit Hintergrundinformationen zur korsischen Politik, Ökonomie und Kultur versorgen will, findet gelegentlich auch kleinere korsische Blätter, als deren Herausgeber meist autonomistische Gruppierungen verantwortlich zeichnen.

In größeren Orten gibt es ein *Maison de la Presse,* wo die großen französischen Zeitungen wie *Le Monde, Le Figaro* und *Libération* sowie zahlreiche Magazine zu allen möglichen Themen ausliegen.

Deutschsprachige Presse ist nur in größeren Städten, in der Saison auch in touristischen Hochburgen zu haben: *Süddeutsche Zeitung, Frankfurter Allge-*

meine Zeitung, Neue Zürcher Zeitung, Die Welt etc. – meist mit einem halben bis ganzen Tag Verspätung.

Zoll

Seit der Einführung des EG-Binnenmarktes 1993 gelten für alle EU-Staaten sehr liberale Bestimmungen über die im Reisegepäck mitgeführten Freimengen. Grundsätzlich wird die Mehrwertsteuer im Erwerbsland, d. h. beim Kauf der Ware, fällig. Bei der Ausreise sind weder Zollabgaben noch sonstige Steuern zu entrichten. Bedingung dafür ist, dass alle gekauften Produkte nicht gewerbsmäßig genutzt, also nicht weiterverkauft werden. Die Einfuhr von Tabak und Alkoholika nach Korsika ist nur Personen ab 17 Jahren gestattet. Für **Einfuhr von Waren nach Korsika** gelten folgende Bestimmungen:

Aus EU-Ländern (Deutschland, Österreich): Bei folgenden Mengen pro Person stellen die Behörden den "persönlichen Bedarf" nicht in Frage:
10 l Spirituosen; 20 l alkoholische Zwischenerzeugnisse (Portwein, Sherry); 90 l Wein oder weinhaltige Getränke, davon höchstens 60 l Schaumwein/Sekt; 110 l Bier.
800 Zigaretten; 400 Zigarillos; 200 Zigarren; 1 kg Tabak.
Ein Überschreiten der angegebenen Mengen stellt kein Problem dar, wenn Sie glaubhaft versichern können, dass der gesamte Alkohol- und Zigarettenvorrat zum Eigenverbrauch bestimmt ist.

Aus Nicht-EU-Ländern (Schweiz): Zollfrei eingeführt werden dürfen: 1 l über 22%ige Spirituosen oder 2 l unter 22%ige Spirituosen; 2 l Schaumwein oder 2 l sonstiger Wein; 200 Zigaretten oder 100 Zigarillos oder 50 Zigarren oder 250 g Tabak; 500 g Kaffee oder 200 g Kaffeeauszüge; 100 g Tee oder 40 g Teeauszüge; 50 g Parfum; 0,25 l Eau de Toilette; Waren und Geschenke dürfen den Gegenwert von 50 € nicht überschreiten (für Kinder unter 15 Jahren liegt die Grenze bei ca. 25 €); für Fernsehgeräte (tragbare ausgenommen) ist eine Kaution zu hinterlegen, Videogeräte sind bei der Einreise zu deklarieren.

Bei der **Ausfuhr von Waren aus Korsika** sind die jeweiligen Einfuhrgesetze des Wohnlandes zu berücksichtigen:

Nach Deutschland und Österreich: Gemäß der Logik des EU-Binnenmarkts sind die Bestimmungen identisch mit den oben genannten Einfuhrbestimmungen nach Korsika (siehe also *Einfuhr von Waren nach Korsika aus EU-Ländern*).
In die Schweiz: 2 l alkoholische Getränke bis 15 Grad und 1 l alkoholische Getränke über 15 Grad; 200 Zigaretten oder 50 Zigarren oder 250 g Tabak; Waren für den privaten Bedarf oder zu Geschenkzwecken dürfen den Wert von 200 Franken (für Jugendliche unter 17 Jahren 100 Franken) nicht übersteigen.

Zyklopenmauern

Sie tauchen im Zusammenhang mit den Torreanern auf (siehe *Geschichte/Prähistorie* auf S. 90). Zyklopenmauern sind Schutzwälle um torreanische Siedlungen und Kultmonumente. Die Torreaner siedelten sich meist auf Hügelkuppen an, wo bereits vorhandene Felsbrocken in die Verteidigungsanlage eingebaut werden konnten. War das natürliche Gelände für den Schutz nicht ausreichend, wurden Zyklopenmauern errichtet: grob behauene Steinblöcke, mörtellos aufeinander geschichtet.

Einer von rund 150 steinernen Zeugen der genuesischen Herrschaft

Geschichte

Prähistorie

Die Frau lag auf dem Rücken, den Kopf zur rechten Schulter geneigt, leblos. Da kam jede Hilfe zu spät: Die Frau war tot, absolut tot. Wie man später errechnete, seit etwa 8500 Jahren. Kein Schmuck, keine Grabbeigaben, nur ein paar schützende Kalksteinbrocken um das Skelett und großzügig verstreuter ockerfarbener Puder.

Die **Dame von Bonifacio**, heute im Museum von Levie untergebracht, ist das früheste Zeugnis menschlicher Besiedlung auf Korsika. Ihr Todesjahr wurde mittels der Radiokarbonmethode auf 6570 v. Chr. datiert, fällt also in das Mesolithikum (Mittelsteinzeit). Über das Leben dieser frühen Inselbewohner – Jäger, Sammler und Fischer – weiß man praktisch nichts. Auch die Keramikfunde – Punktmuster und sog. Magenmundform – helfen nicht viel weiter.

Aufregender wird die Geschichte erst im späten Neolithikum (Jungsteinzeit) und in der Bronzezeit. *Menhire* (übersetzt: lange Steine), *Dolmen* (Steintische) und *torreanische Kultmonumente* (Rundbauten aus grob behauenen Felsbrocken) fallen in diese Epoche, über die wir dank der Forschungen des Archäologen *Roger Grosjean* etwas besser unterrichtet sind. Menhire sind dem Asterix-Leser als "Hinkelsteine" vertraut und kommen in der Bretagne zuhauf vor. Quantitativ kann Korsika mit den dortigen Funden nicht konkurrieren, qualitativ jedoch durchaus. Die künstlerische Bearbeitung der

Prähistorie

Steine haben die korsischen Megalithiker ihren bretonischen Zeitgenossen voraus. *Grosjean* unterteilt die **Megalithkultur** (Großsteinkultur) anhand der Menhirfunde in drei Zeitabschnitte *(Megalithikum I–III),* deren letzter mit der Invasion der Torreaner zusammenfällt.

Megalithikum I (ca. 4000–2500 v. Chr., Menhir-Stadium 1): Acker- und Viehwirtschaft und die halbnomadische Lebensform der Transhumanz (im Sommer ziehen die Hirten mit dem Vieh zu den höher gelegenen Weiden) sind bereits gang und gäbe. Mit der Nachbarinsel Sardinien wird Handel getrieben, Obsidian (glasiges Gestein, meist zu Pfeilspitzen geschliffen) wird importiert. Die Toten werden in sog. *Steinkistengräbern* beerdigt – in die Erde eingelassene Grabkammern mit vier Steinplatten als Wänden und einer Deckplatte. Als Grabbeigaben wurden Lebensmittel gefunden, ein Indiz für den Glauben an das Jenseits. In unmittelbarer Nähe der Gräber stehen ein oder mehrere *Menhire* von ein bis zwei Metern Größe. Steinkistengräber wurden vor allem in der Nähe von Porto-Vecchio, im Sartenais und in der Alta-Rocca gefunden.

Megalithikum II (ca. 2500–1500 v. Chr., Menhir-Stadium 2): Die Steinkistengräber ragen erst halb, dann vollständig aus dem Boden heraus. Das Resultat ist der *Dolmen* (Steintisch), sozusagen ein oberirdisches Steinkistengrab. Schönstes Beispiel hierzu ist der *Dolmen von Fontanaccia* (siehe *Sartène/Umgebung* auf S. 203).

Die Menhire, drei bis vier Meter hoch und im oberen Teil breiter als im unteren, bezeichnet Grosjean als "proto-anthropomorph"; sie lassen schon die spätere Skulptierung von Menhir-Statuen erahnen. Der abgerundete oberste Teil kann als Kopf interpretiert werden, allerdings fehlen klare Konturen zwischen ihm und dem restlichen Körper.

In diese Zeit fallen auch die *alignements,* Aneinanderreihungen von Menhiren, meist in Nord-Süd-Richtung, wobei das "Gesicht" nach Osten gewandt ist, der aufgehenden Sonne zu. Schönstes Beispiel auf Korsika sind die *Alignements de Pallagiu* (siehe *Sartène/Umgebung* auf S. 204), eine Doppelreihe von insgesamt 258 Menhiren.

Megalithikum III (ca. 1500–1000 v. Chr., Menhir-Stadien 3–6): In dieser Zeit beginnen die Megalithiker mit der künstlerischen Ausgestaltung der Menhire. In einer ersten Phase (Menhir-Stadium 3) findet eine Grobskulptierung statt, die nicht mehr als einen Schulteransatz erkennen lässt. Diese sog. *anthropomorphen Menhire* (Menhire in Menschengestalt) haben in der Regel menschliche Größe, sie ragen meist ca. 150–180 cm aus dem Boden.

Die Entwicklung führt zu den *Menhir-Statuen* (Menhir-Stadium 4): Mit einem Quarzmeißel werden die Gesichtszüge herausgearbeitet, ein eindrucksvolles Beispiel aus dieser Epoche ist die restaurierte Statue *Filitosa XII* im kleinen Museum von Filitosa.

In einer nächsten Stufe (Menhir-Stadium 5) bekommen die Statuen plötzlich ein kriegerisches Aussehen, sie tragen Schwerter und Dolche. Zahlreiche dieser *bewaffneten Menhir-Statuen* wurden bei Filitosa gefunden und sind heute im dortigen Open-Air-Museum zu besichtigen – Beispiel dafür die *Filitosa V.* Der Wandel in der Darstellung ist auf das Eindringen der *Torreaner*

Aus den Anfängen der Kunst

zurückzuführen. Die waffenstarrenden Statuen stellen die torreanischen Invasoren dar. Die Skulptierung des Feindes ist eine auch aus anderen Kulturen bekannte Methode, um dessen bösen Geist in Stein zu bannen. Doch mit Kunst gewinnt man keine Kriege, und so wie den kunstliebenden Athenern im 5. Jahrhundert v. Chr., die gegen die militärisch gedrillten Spartaner unterlagen, erging es 1000 Jahre vorher den friedliebenden, bildhauernden Megalithikern. Im Kampf gegen die waffentechnisch überlegenen Torreaner hatten sie keine Chance. Ein Zeugnis der Auseinandersetzung der beiden Kulturen ist die Ausgrabungsstätte von Filitosa: Zahlreiche Menhir-Statuen wurden von den siegreichen Torreanern in Teile zerschlagen und dann als Baumaterial für ihr zentrales Kultmonument verwendet. Die Megalithiker wichen nach Norden aus. Der Krieg war vorbei, die Statuen sind wieder unbewaffnet (Menhir-Stadium 6). Eines der am besten erhaltenen Beispiele der letzten megalithischen Epoche ist der heute in Patrimonio aufgestellte *U Nativu,* Korsikas einzige Menhir-Statue aus Kalkstein.

Torreanische Kultur: Der Sieg der Torreaner über die einheimischen Megalithiker ist zugleich der Sieg der Bronze- über die Steinzeit. Die Bronzeverarbeitung war den torreanischen Eindringlingen bekannt, und dies erwies sich als waffentechnischer Vorteil.

Über die Torreaner ist wenig bekannt. Roger Grosjean identifiziert sie mit dem Seevolk der *Shardanen,* das im 12. Jahrhundert eine Invasion Ägyptens versuchte und scheiterte. Als einziges Indiz dient ihm ein ägyptisches Tempelrelief mit der Darstellung shardanischer Krieger, die eine verblüffende Ähnlichkeit mit den von den Megalithikern skulptierten Feinden aufweisen. Wer die Entdeckung nachvollziehen will, findet im Museum von Filitosa – in unmittelbarer Nachbarschaft der bewaffneten Menhir-Statuen also – eine graphische Reproduktion des ägyptischen Reliefs.

Möglicherweise waren es dieselben Shardanen, die der Nachbarinsel Sardinien den Namen gegeben haben. Die dortige *Nuraghe-Kultur* beginnt ungefähr zeitgleich mit der torreanischen Invasion auf Korsika, erlebt ihre Blüte aber erst zwischen 1000 und 500 v. Chr., als die Torreaner Korsika bereits wieder verlassen haben. Die sardischen *nuraghi* – wenn auch wesentlich größer – erinnern stark an die torreanischen Rundbauten. Und auch auf den Balearen

Torreanerbauten: Relikte aus der korsischen Urgeschichte

finden sich aus derselben Epoche ähnliche Bauwerke, die *talayots*. Stoff für prähistorische Spekulationen ...

Die Hinterlassenschaft der Torreaner auf Korsika besteht neben wenigen größeren Burganlagen wie *Castello d'Arraggio* (siehe *Hinterland von Porto-Vecchio* auf S. 178), *Cucuruzzu* und *Capula* (beide siehe Kapitel *Südliches Bergland*) vor allem aus kleinen *Kultmonumenten,* meist auf dem höchsten Punkt eines Hügels errichtet. Viele sind – auf macchiaüberwucherte Felsen gebaut – nur schwer zugänglich, eine dankbare Ausnahme bildet das Monument von *Torre* (siehe *Hinterland von Porto-Vecchio* auf S. 177) direkt beim gleichnamigen Dorf. Die torreanischen Kultmonumente (Höhe: drei bis sieben Meter) stehen meist auf einem größeren runden Sockel, der durch einen Zugang unterbrochen ist, durch den man in den Hauptraum *(Cella)* gelangt. Über ihn wölbt sich eine Kuppel aus grob behauenen Granitsteinen – heute meist nur noch in Ansätzen erkennbar. Die Funktion dieser Bauten ist bis heute nicht geklärt. Gefundene Asche und Rauchspuren lassen auf kultische Zwecke schließen.

Griechische Kolonisation

Die Quellen sind spärlich, Spuren vor Ort nur noch im Museum von Aleria zu sehen. Um das Jahr 560 v. Chr. landeten die *Phokäer* auf Korsika, ein auf See erfahrenes Volk, das in seinem kleinasiatischen Stammland (dem heute türkischen *Foça*) von den Persern bedroht wurde. Im westlichen Mittelmeerraum gründeten sie nicht nur *Massilia,* das heutige Marseille, sondern auch *Alalia,* heute Aleria, das somit die älteste städtische Siedlung auf Korsika ist.

Über die Beziehungen zwischen der einheimischen Bevölkerung auf Korsika und den Griechen ist so gut wie nichts bekannt. Sicher sind die seefahrenden Phokäer nicht ins Landesinnere vorgedrungen, vermutlich aber haben einige Korsen in der griechischen Siedlung Arbeit gefunden. Der griechische Geschichtsschreiber *Herodot* berichtet, dass die Phokäer nach der Niederlage in einem Seegefecht gegen eine etruskisch-phönizische Flotte um 535 v. Chr. Aleria verließen.

Später unterhielten die Phönizier *(Punier),* ein Seefahrervolk aus der Gegend des heutigen Israel, eine Zeit lang im Norden der Insel den Handelsstützpunkt *Argha* (heute Algajola).

Römische Kolonisation

Factotum, Linoleum, Postscriptum, Aluminium und der Kaugummi-Stützpunkt *Chouingum* sind Erfindungen der Asterix-Väter Goscinny und Uderzo. Historisch belegt hingegen sind die auf der Korsika-Karte im Asterix-Band eingezeichneten Orte *Aleria, Mariana, Portus Syracusus* (eine Handelssiedlung) und *Agylla* (ein den Puniern abgenommener Handelsstützpunkt).

Mit Rom kam Korsika im Verlauf des Ersten Punischen Krieges in Berührung. Im Jahr 259 v. Chr. landete unter *Lucius Cornelius Scipio* eine römische Legion auf der Insel und zerstörte vermutlich Aleria. Bald darauf setzt an der Ostküste eine römische Besiedlung ein, und zusammen mit Sardinien wird Korsika zur römischen Provinz erklärt.

Gelegentlich sollen römische Legionäre ins Landesinnere auf Korsenjagd gegangen sein, um die Gefangenen dann auf dem römischen Sklavenmarkt zu verschachern. Doch glücklich wurden die Römer nicht mit den Korsen. Diese wollten sich weder an die Tributpflicht gewöhnen, noch eigneten sie sich als Sklaven. Das Inselvolk galt bei den römischen Geschichtsschreibern als äußerst störrisch, und zahlreiche Revolten machten der Besatzungsmacht zu schaffen. Um der Situation Herr zu werden, baute der römische Feldherr *Sulla* 81 v. Chr. Aleria zur Garnisonstadt aus und siedelte römische Kriegsveteranen an, an die er das umliegende Land verteilte. Eine weitere römische Garnisonstadt befand sich bereits seit 100 v. Chr. an der Golo-Mündung: *Mariana,* benannt nach ihrem Gründer *Marius,* Sullas späterem großen Gegenspieler um die Macht in Rom. Von Mariana sind heute nur noch wenige Ausgrabungsreste zu sehen, einige Funde sind im Museum von Bastia ausgestellt. In Aleria hingegen erwartet den Besucher ein größeres Ausgrabungsgelände sowie ein kleines, kompetent geführtes Museum.

Christen und Barbaren

Die Anfänge des Christentums auf Korsika liegen im 3. Jahrhundert. Die korsischen Märtyrerinnen *Sainte-Julie* (siehe *Nonza* auf S. 139) und *Sainte-Restitude* (siehe *Calenzana* auf S. 280), beide Opfer der diokletianischen Christenverfolgung, werden noch heute verehrt.

Nach dem Toleranzedikt von Mailand (313) herrschte bekanntlich Religionsfreiheit im Römischen Reich, das Christentum konnte sich ungehindert entfalten. Auf Korsika konkurrierte es allerdings noch bis ins 7. Jahrhundert mit den tief verwurzelten Naturreligionen. Nach dem Zusammenbruch des

Weströmischen Reiches 476 war die christliche Religion jedoch bereits so weit etabliert, dass die fünf Bistümer auf Korsika (Mariana, Nebbio, Aleria, Ajaccio, Sagone) sich als institutionelle Stütze erwiesen.

Im 5. Jahrhundert waren es vor allem die *Vandalen,* die – mit Plünderungsabsichten – auf Korsika auftauchten. Dieses Volk war im damaligen allgemeinen Völkergewandere aus Schlesien quer durch Westeuropa gezogen, setzte dann nach Nordafrika über und machte das alte Karthago zum Sitz seines Reiches. Die vandalische Flotte beherrschte zeitweise das gesamte westliche Mittelmeer. Endgültig wurde ihre Macht 535 unter dem byzantinischen Kaiser *Justinian* gebrochen, der große Teile des ehemals Weströmischen Reiches zurückgewann. Doch Byzanz (das heutige Istanbul) war weit entfernt, und die Vandalen bedrängten die Korsen noch bis Ende des 6. Jahrhunderts. Gänzlich vertrieben wurden sie erst unter *Gregor I.* (Papst von 590 bis 604), der als Wegbereiter des Kirchenstaats ebenso eifrig administrierte wie missionierte.

Dem kurzen Zwischenspiel einer langobardischen Besetzung der Insel machte der Frankenkönig *Pippin* (gelegentlich mit dem Attribut "der Jüngere", "der Kleine" oder "der Kurze" versehen), Sohn Karl Martells und Vater Karls des Großen, 755 ein Ende. Korsika wurde ein Teil des Pippinschen Geschenkpakets an den Papst und damit des neugeborenen Kirchenstaats.

Gegen die *Sarazenen,* die Korsika vom 9. bis zum 11. Jahrhundert heimsuchten, vermochten weder die Franken noch der Papst viel auszurichten. Während im östlichen Mittelmeerraum die Kreuzritter im Namen des Christentums den "Heiligen Krieg" führten, plünderten die Muselmanen die Dörfer an der Westküste Korsikas und brannten die Kathedralen von Sagone und Saint-Florent nieder. Lebendiges Sinnbild dieser frühmittelalterlichen Zeit ist der auf Korsika allgegenwärtige Maurenkopf, Symbol der korsischen Flagge. Früher hatte der Mohr – wie sein Bruder auf Sardinien – eine Augenbinde. Später, vermutlich in der Zeit des korsischen Unabhängigkeitskampfes, ist sie hochgerutscht und zum stolzen Stirnband mutiert, will heißen: Korsika hat die Augen geöffnet. Wahrscheinlich in dieser Zeit des Kampfes gegen die Sarazenen entstand auf der Insel die Herrschaft der Seigneurs *(signori)*. Die Feudalherren, oft gefeiert als Helden im Kampf gegen den äußeren Feind, entwickelten sich jedoch rasch zu lokalen und regionalen Tyrannen.

Pisanische Herrschaft

Unter den zahlreichen fremden Herrschern auf Korsika bekommen die Pisaner von den Geschichtsschreibern das beste Zeugnis ausgestellt. Sie brachten den Handel zwischen der Insel und dem italienischen Festland in Schwung und betrachteten Korsika eher als Protektorat denn als Kolonie, wenn man den feinen Unterschied gelten lassen will. Natürlich wusste auch Pisa den militärstrategischen Wert der zentralen Mittelmeerlage zu schätzen, zumal es mit dem wirtschaftlich aufstrebenden Genua einem Handelskonflikt entgegensteuerte.

Die pisanische Herrschaft beginnt im Jahr 1077, als der Kirchenstaat die Verwaltung Korsikas in die Hände des Bischofs von Pisa legt; später kommt noch das Recht hinzu, die korsischen Bischöfe einzusetzen. Doch bald macht auch Genua beim Papst Ansprüche geltend, weil es sich bei der Vertreibung der Sarazenen ebenso engagiert hat wie Pisa. So wird die Insel 1133, dem Kräfteverhältnis der beiden Handelsstädte entsprechend, in zwei Einflussbereiche aufgeteilt. Um arithmetische Probleme zu vermeiden, werden aus den bisher fünf Bistümern sechs gemacht, drei für Pisa, drei für Genua. Die päpstliche Entscheidung ist weise, hält aber die beiden Handelsmächte nicht davon ab, sich auf Land und auf See weiter zu bekriegen. Im Süden Korsikas wechselt Bonifacio mehrmals den Besitzer, bis das militärisch stärkere Genua sich durchsetzt und seine Vorherrschaft auf Korsika endgültig etabliert. Die historische Entscheidung zwischen Pisa und Genua fällt 1284 in der Seeschlacht von Meloria – für Korsika der Beginn einer fast ein halbes Jahrtausend dauernden Herrschaft der Genuesen.

Geblieben aus der pisanischen Epoche sind auf Korsika die Kathedrale *La Canonica* (siehe *Bastia/Umgebung* auf S. 124) und diejenige von Saint-Florent sowie zahlreiche romanische Kirchen und Kapellen. Es sind meist schmucklose, einschiffige Bauten. Zumindest was das Außendekor betrifft, bilden die Kirchen *San Michele* bei Murato (Nebbio) und *de la Trinité* von Aregno (Balagne) mit ihren Steinskulpturen eine Ausnahme.

Genuesische Herrschaft

Mit dem Sieg über Pisa 1284 hatten die Genuesen die Herrschaft über Korsika zwar an sich reißen können, Ruhe hatten sie aber noch lange nicht. Während ihnen auf der Mittelmeerbühne Venedig die Hauptrolle streitig machte, lag auf der Insel die faktische Macht weitgehend in den Händen der korsischen Seigneurs, des Feudaladels. Deren Tyrannei führte im 14. Jahrhundert im Norden der Insel zu siegreichen Bauernrevolten. Als Führer der Aufständischen machte sich *Sambucuccio d'Alando* einen Namen, der die Organisation der befreiten Gebiete zu autonomen Kommunen vorantrieb, die sich dem Protektorat Genuas unterstellten. Mit Ausnahme des Cap Corse wird so der Norden zur *Terra di Commune,* regiert von den Familienchefs der Gemeinden, die sich später zu Kleintyrannen aufschwingen und ihre clanistischen Fehden führen. Im Süden, in der *Terra dei Signori,* besteht die alte Feudalherrschaft fort.

Im 15. Jahrhundert spannen die Seigneurs das *Haus Aragon* für ihre Sache ein. Im Verbund mit der katalonischen Flotte soll die genuesische Herrschaft gebrochen werden. *Alphons V.* von Aragon bekommt für kurze Zeit Calvi in die Hand und belagert vier Monate lang Bonifacio, allerdings erfolglos (siehe *Bonifacio/Geschichte,* S. 180 f). Sein Hauptverbündeter auf Korsika ist der Feudalherr *Vincentello d'Istria,* der eine Zeit lang als "Vizekönig von Korsika" fast über die ganze Insel herrscht. Der aragonische König verliert bald jegliches Interesse an Korsika und schickt sich stattdessen an, das Königreich Neapel zu erobern; es gelingt ihm. Der korsische Vizekönig hält seine Macht noch eine Weile aufrecht, indem er sich die Unterstützung fast des gesamten Feudaladels sichert und sich auch mit einigen Clanchefs

Bastia – Alter Hafen (CB) ▲▲

▲▲ Bastia – am Alten Hafen (JG)
▲ Bastia – Marktmobil (JG)

Das Kirchlein San Parteo bei Bastia (JG) ▲

Am Abhang der Castagniccia – Cervione (JG) ▲▲
Fassadenschmuck in Montegrosso, Balagne (MXS) ▲

▲▲ Castagniccia (MXS)
▲ Erbalunga (ML)

der *Terra di Commune* verbündet, die er dann mit einer fetten Pfründe aus der politischen Verantwortung zu entlassen pflegt.

Augsburg hatte die *Fugger,* Florenz die *Medici* – Genua hatte die *Bank des Heiligen Georg.* Bei dieser Kapitalgesellschaft stand die genuesische Republik mittlerweile so bös in der Kreide, dass sie 1453 ihre Rechte auf Korsika an die heiligen Banker abtrat. Die Bank des Heiligen Georg betreibt eine ebenso klare wie rigide Politik auf Korsika. In der *Terra dei Signori* wird gegen die renitenten Feudalherren und ihre Unterstützer mit Erfolg die Taktik der verbrannten Erde angewandt. In der *Terra di Commune* werden geschickt die verschiedenen Clans gegeneinander ausgespielt. Und natürlich will die Bank Einkünfte sehen. Die in-

Sampiero-Denkmal in Bastelica

direkten Steuern zu erhöhen macht wirtschaftlich nur einen Sinn, wenn Erträge vorhanden sind, und so beschließt sie, aus Korsika eine genuesische Kornkammer zu machen. Ländereien werden an genuesische Patrizier verliehen, Kolonien werden gegründet. Aus dieser Zeit stammt ein Großteil der Genuesentürme an der Küste. Die Insel ist eine Zeit lang befriedet, doch dann beginnen die Korsen gegen den Wirtschaftskolonialismus der Bank und gegen die genuesische Aristokratie auf der Insel aufzumurren; ihr Anführer: *Sampiero Corso* (siehe Kasten *Intermezzo: Sampiero Corso* auf S. 98).

Nach Sampieros gewaltsamem Tod machen seine Anhänger seinen 17-jährigen Sohn *Alfonso d'Ornano* zum Führer des antigenuesischen Widerstands. Doch diesem gelingt es nicht, die große Volkserhebung anzuzetteln. Die Kriegsmüdigkeit auf beiden Seiten führt zu einem Friedensvertrag zwischen den korsischen Chefs und der genuesischen Republik, die 1562 die Insel von der Bank des Heiligen Georg wieder zurückgekauft hatte.

Genua hat inzwischen dazugelernt und versucht, die Verwaltung der Insel straffer in die Hand zu nehmen. Eine Art Korsika-Ministerium wird gegründet, das die Ansiedlungspolitik forciert, gegen die zunehmende Piraterie werden neue Wehrtürme errichtet, die korsische Landwirtschaft soll – selbstverständlich zum genuesischen Wohl – neu in Schwung gebracht werden. Doch die Korsen mögen nicht mehr. Viele ziehen sich ins Landesinnere zurück, andere verdingen sich – trotz eines genuesischen Verbots – an den Höfen Europas.

Steuerabgaben lasten schwer auf den korsischen Kleinbauern, und selbst die Schäfer, deren Weideland nicht selten von abgabepflichtigen Latifundien unterbrochen wird, werden zur Kasse gebeten. Banditentum und Vendetta stehen im 17. Jahrhundert hoch im Kurs, zumal mit dem französisch-genuesischen Krieg die Feuerwaffen in Mode gekommen sind. Alles in allem: eine desolate Situation, die revolutionären Zündstoff birgt.

Intermezzo – Sampiero Corso

In Europa steht die erste Hälfte des 16. Jahrhunderts ganz im Zeichen des Kampfes zwischen dem spanisch-habsburgischen Reich unter *Karl V.* und dem französischen Nationalstaat, der mit dem Osmanischen Reich verbündet ist. Korsika stand unter der Wirtschaftsfuchtel Genuas. Und Genua hatte sich aus der früheren französischen Abhängigkeit befreit und war mit Karl V. ein Bündnis eingegangen. Eine erfolgreiche französisch-türkische Intervention auf Korsika würde nicht nur einen Stützpunkt für die gemeinsame Flotte bedeuten, sondern auch den habsburgischen Erzfeind schwächen.
In französischen Diensten stand ein korsischer Offizier, der es durch seine Tapferkeit und Klugheit in militärischen Dingen zu hohem Ansehen gebracht hatte: *Sampiero* – oder wie die Korsen den "korsischsten aller Korsen" nennen: *Sampiero Corso*. Ob eine französische Militärexpedition auf Korsika Sampieros Idee war, ist umstritten. Jedenfalls sah der damals schon berühmte Patriot in ihr die Chance einer Befreiung vom genuesischen Joch.
Im August 1553 beginnt die französisch-türkische Streitmacht, unterstützt von Sampieros korsischen Partisanen, mit der Eroberung der Insel. Die Genuesen fliehen, wohin sie können. Allein die Städte Calvi, Ajaccio und Bonifacio leisten nennenswerten Widerstand, und von diesen ist Calvi (*semper fidelis* – "immer (genua)treu" – siehe *Calvi/Geschichte* auf S. 268) die einzige, die der Einnahme erfolgreich trotzt.
Im November 1553 schickt die genuesische Republik ein Heer nach Korsika, um die alten Verhältnisse wiederherzustellen. Den Oberbefehl hat *Andrea Doria,* der Genua seinerzeit aus der französischen Bevormundung herausgeführt hat. Dem damals bereits 86 Jahre alten Militärprofi gelingt im Norden die teilweise Rückeroberung der Insel. Doch Sampiero gibt nicht auf, mobilisiert alle Kräfte der Korsen, schlägt die Genuesen zurück, und bald erklärt Frankreich ganz offiziell Korsika zum Teil seines Staatsgebiets. Doch die Freude der Korsen über das abgeschüttelte genuesische Joch soll nicht lange dauern. Die neuen französischen Herren denken weltpolitisch, und da zählt die kleine Mittelmeerinsel offenbar wenig. Im *Friedensvertrag von Cateau-Cambrésis* (1559), den *Heinrich II.* mit dem Spanier *Philipp II.* schließt, wird die Rückgabe Korsikas an Genua angeordnet, der heldenmütige Sampiero hat das Nachsehen.
Sampiero schifft sich aufs Festland ein und sucht an fast allen europäischen Höfen um Unterstützung für die korsische Sache nach. Selbst beim Sultan in Istanbul spricht er vor. "Hundertmal lieber die Türken als die Herrschaft der Genuesen!", schrieb er an *Katharina von Medici*, die Gattin

> des französischen Königs. Doch in den Zentren der Weltpolitik begegnet
> man ihm nur mit Mitleid und leeren Versprechungen.
> Sampieros zweiter Versuch, die Genuesen aus seiner Heimat zu vertreiben, mutet geradezu waghalsig an. Mit angeblich 20 Korsen und 25 Franzosen legt er 1564 im Golf von Valinco an. Als Zeichen ihrer Entschlossenheit sollen die Ankömmlinge ihre beiden Schiffe gleich nach der Ankunft versenkt haben. Innerhalb kurzer Zeit wächst die Schar der Anhänger auf über 100, und Genua bekommt allein schon bei der Nennung des Namens Sampiero das Fracksausen. "Gegen diesen Mann", schreibt der deutsche Kulturhistoriker *Ferdinand Gregorovius*, "der als Proskribierter mit ein paar Proskribierten auf die Insel gekommen war, hatte sie (die genuesische Republik, d. Verf.) nach und nach ihre ganze Macht ins Feld geschickt, ihre und eine spanische Flotte, ihre Söldner, Deutsche, 15.000 Spanier, ihre größten Generale Doria, Centurione und Spinola; und sie vermochte nicht, ein armes und von aller Welt verlassenes Volk zu bändigen, das in den Krieg zog, hungernd, zerlumpt, unbeschuht, schlecht bewaffnet, und das, wenn es nach Hause kam, nichts fand als die Asche seiner Dörfer."
> Die Genuesen durften aufatmen, als der heldenhafte Korse starb. Angeblich weil sie mit dem Erzfeind zu verhandeln bereit war, brachte Sampiero im Jahr 1562 seine eigene Frau um, fünf Jahre später ereilte ihn die Vendetta (Blutrache). Wie weit genuesische Hände und Gelder dabei im Spiel waren, ist nicht geklärt.

Der Kampf Korsikas um die Unabhängigkeit

Im Oktober 1729 kommt es zu einem allgemeinen Steuerstreik. Im folgenden Jahr steigen die Korsen zu Zehntausenden von den Bergen herab und belagern Bastia, die genuesische Hauptstadt der Insel. Die Genuesen bieten, um Zeit zu gewinnen, Verhandlungen an. Doch der allgemeine Aufstand ist nicht mehr zu bremsen. Im Dezember 1730 wird eine Führung unter *Andrea Colonna Ceccaldi, Luigi Giafferi* und dem Abt des Klosters von Orezza, *Raffaelli*, gebildet. Die zahlreichen Clan-Streitereien unter den Korsen müssen erst dem nationalen Anliegen hintangestellt werden, dann findet im Februar 1731 in Corte eine gesetzgebende Versammlung statt, die feierlich schwört, das genuesische Joch abzuschütteln, und den allgemeinen Volksaufstand organisiert.

Die Genuesen werden der Lage nicht mehr Herr und kaufen bei Kaiser *Karl VI.* deutsche Söldner, mit deren Hilfe der korsische Aufstand erstickt werden soll. In der *Schlacht von Calenzana 1732* schlagen sich die Korsen zwar tapfer, aber auf Dauer sind sie der Übermacht nicht gewachsen. Ein Waffenstillstand wird geschlossen, die Führer der Aufständischen werden nach Europa verbannt: Raffaelli verschwindet nach Rom, Ceccaldi taucht vorübergehend in Spanien unter, und Giafferi wartet im nahen Livorno die weiteren Ereignisse ab.

Kaum jedoch haben die letzten Deutschen die Insel verlassen, flammen die Kämpfe wieder auf. Im Herbst bilden sich um den einflussreichen *Ghiacinto*

Paoli Widerstandskreise, und bald trifft man auch wieder Giafferi und Ceccaldi an der Spitze des Widerstands. Bis 1734 ist praktisch das gesamte Landesinnere der genuesischen Kontrolle entrissen, und ein Advokat namens *Sebastiano Costa,* der, um der nationalen Sache besser dienen zu können, seinen Job an den Nagel gehängt hat, wird beauftragt, eine Verfassung für Korsika auszuarbeiten.

Doch Genua bleibt nicht untätig. Eine Seeblockade schneidet Korsika von der übrigen Welt ab. Die Revolutionäre, die zuvor vergebens um die Protektion des spanischen Königs nachgesucht haben, schlagen der Volksversammlung vor, mangels eines weltlichen Verbündeten Korsika unter den Schutz der Heiligen Maria zu stellen; deren Bildnis wird in die Flagge aufgenommen. Als die Not am höchsten ist, tauchen zwei englische Schiffe auf, vollbeladen mit Lebensmitteln und Waffen. "Geschenke für die Korsen von mysteriösen Gebern. Die Kapitäne der Schiffe verschmähten jedes Entgelt", schreibt *Ferdinand Gregorovius,* "sie baten nur um einigen korsischen Wein, um ihn auf das Wohl der tapferen Nation zu trinken. Dann gingen sie unter den lauten Segenswünschen des Volkes wieder in See." Die Hilfe aus heiterem Himmel gibt den Korsen erneut Mut, sie greifen erfolgreich Aleria an und versuchen, auch Bastia und Calvi einzunehmen. Doch bald sind ihre Mittel erschöpft, Verzweiflung macht sich breit.

Auch nach der Intervention des Märchenkönigs (siehe Kasten *Intermezzo: Theodor von Neuhoff*) und seiner etwas überstürzten Abreise gehen die Kämpfe munter weiter. Waffenstillstände und Scharmützel wechseln sich ab. Eine neue Qualität gewinnen die Auseinandersetzungen mit dem Erscheinen der Franzosen auf dem Schauplatz, die sich als Vermittler und Ordnungsmacht aufdrängen. Die genuesische Republik ist wirtschaftlich bereits so geschwächt, dass sie der französischen Einmischung mehr oder weniger tatenlos zuschauen muss. 1739–41 haben die Franzosen Korsika fest im Griff. Die geschlagenen Generäle Giafferi und Paoli finden sich mit der Verbannung ab.

Kaum ist jedoch die französische Befriedungsaktion beendet, kaum sind die Franzosen aufs Festland zurückgekehrt, schlägt der alte Hass auf die Genuesen wieder Flammen. Die Korsen versammeln sich 1743 im Kloster von Orezza und wählen als Führung ein Triumvirat aus *Gian Pietro Gaffori, Alerio Matra* und *Ignazio Venturini.* 1748 rufen die bedrängten Genuesen ein weiteres Mal nach französischer Vermittlung. Diese trifft umgehend ein, beschränkt sich diesmal aber nicht auf militärische Aktionen, sondern versucht, tiefgreifendere Änderungen durchzuführen. Ökonomische, bildungspolitische und administrative Initiativen sollen der Insel zu Stabilität verhelfen. Dies geht den Genuesen zu weit, sie beschweren sich am Hof in Versailles, und 1753 ziehen sich die Franzosen wieder aufs Festland zurück.

Die Geschichte leidet unter Wiederholungszwang: Kaum sind die Franzosen weg, flackern die Kämpfe wieder auf. Die korsischen Widerstandskämpfer treffen sich im Kloster von Orezza, dem traditionell gewordenen Ort der Beratung, und wählen Gaffori zum alleinigen General. Der "General der Nation", ein gewiefter Militärstratege, entwickelt sich bald zum Schrecken Ge-

Der Kampf Korsikas um die Unabhängigkeit

nuas. Und wie die Genuesen knapp 200 Jahre zuvor den großen Sampiero ausgeschaltet haben, so erledigen sie jetzt auch Gaffori. Der korsische General wird in einen Hinterhalt gelockt und ermordet.

Die Nachfolge Gafforis gestaltet sich der Clan-Rivalitäten wegen äußerst schwierig. Zwei Jahre lang funktioniert mehr oder weniger eine Kollektivführung. Dann finden die zerstrittenen Clans einen Kompromiss in *Pasquale Paoli,* Sohn des Ghiacinto Paoli und wie dieser im italienischen Exil. Im April 1755 setzt der 30-Jährige seinen Fuß in Aleria auf die Insel, die er 16 Jahre zuvor mit seinem Vater verlassen musste.

Intermezzo – Theodor von Neuhoff

Manchmal scheint die Geschichte Märchen zu schreiben. Wie ein solches mutet jedenfalls das Auftauchen des westfälischen Barons *Theodor von Neuhoff* auf Korsika an – wohl die skurrilste Figur der korsischen Geschichte.

Theodor kam auf dem italienischen Festland mit Exilkorsen in Kontakt, die ihm von der verzweifelten Lage der korsischen Widerstandskämpfer berichteten. Zu dieser Zeit hatte der 1694 in Köln geborene Glücksritter schon einiges hinter sich, hatte Reisen quer durch Europa unternommen, sich an den verschiedensten Höfen herumgetrieben, glücklose Finanzspekulationen überstanden, nannte sich bereits Lord von England, Pair von Frankreich, Grande von Spanien, Graf des Heiligen Reiches und Fürst des Römischen Reiches. Warum eigentlich nicht auch König werden, mochte er sich gedacht haben, als er mit den Unterhändlern der korsischen Generäle ins Geschäft kam. Er versprach ihnen, seine diplomatischen Kanäle für Korsika zu verwenden und innerhalb eines Jahres genügend Mittel zur Verfügung zu stellen, um die Genuesen auf ewige Zeiten von der Insel zu vertreiben. Als Gegenleistung verlangte der Abenteurer nichts Geringeres als die Inthronisierung seiner Person als König von Korsika. Waren Ghiacinto Paoli und Luigi Giafferi, die Generäle des korsischen Widerstands, von allen guten Geistern verlassen, als sie ihren Unterhändlern in Livorno grünes Licht gaben? Vermutlich ja. Die Lage war wirklich verzweifelt.

Am 12. März 1736 landet an der Küste von Aleria unter englischer Flagge ein Schiff. Ihm entsteigt – wie ein Paradiesvogel gekleidet und königlich abgemessenen Schrittes – Theodor von Neuhoff. Wie er die Schiffsladung – 10 Kanonen, 4000 Flinten, Munition, 3000 Paar Schuhe, 700 Säcke Getreide, Gold und Geld – zusammengebracht hat, weiß man nicht, aber der strahlende Theodor versichert den staunenden Korsen, das sei nur der Anfang.

Am 15. April beschließt eine Volksversammlung im Kloster von Alesani, die kaum in Kraft getretene republikanische Verfassung, in der ein König natürlich nicht vorgesehen war, entsprechend zu ändern. Dann setzen die Generäle des korsischen Widerstands die Krone auf das Haupt Theodors, der sich fortan Theodor I., König von Korsika, nennt.

Einerseits machte Theodor durchaus Ernst mit der Unterstützung der korsischen Unabhängigkeit. Er stellte Heere zusammen und ließ diese gegen die genuesischen Stellungen aufmarschieren. Andererseits aber gefiel er sich in seiner Märchenrolle. Ein König braucht einen Hof, und da das entsprechende Gefolge fehlte, erhob er kurzerhand zahlreiche korsische Clanchefs in den Adelsstand. Ghiacinto Paoli fand sich als Minister und Marquis wieder, und Sebastiano Costa, Advokat und Autor der ersten republikanischen Verfassung, nahm als Graf Costa die Funktion eines königlichen Hofkanzlers ein.

Der Kampf gegen Genua geht weiter, und verzweifelt warten die Korsen auf die von Theodor versprochene große Hilfe, auf die Flotte, die bereits unterwegs sei zur Unterstützung der korsischen Sache. Das Volk beginnt aufzumurren, und einige ahnen bereits die Wahrheit: dass sie einem Schönredner und Luftschlossarchitekten aufgesessen sind. Auch Theodor wird mulmig zumute, und im November 1736 schifft er sich ein, angeblich, um selber nach dem Rechten zu sehen. Als König nimmt er von Korsika Abschied, als Priester verkleidet – um den genuesischen Häschern zu entgehen – geht er in Livorno an Land.

Zwei Jahre später taucht er in Korsika wieder auf, noch reicher beladen als bei seiner ersten Ankunft, und versucht, sein Königreich zu restaurieren. Doch die Korsen stecken bereits in Verhandlungen mit den Franzosen und haben mittlerweile wohl auch gemerkt, dass sie einen König nicht brauchen. Unter diesen Umständen verlässt Theodor als persona non grata sein Königreich bald wieder. Ein drittes und letztes Mal erscheint er 1743 mit Unterstützung der Engländer, aber ohne etwas auszurichten. Später findet man ihn im Schuldturm von London, und im Jahr 1756 stirbt Theodor I., Abenteurer und König von Korsika, mittellos in der britischen Hauptstadt.

Der korsische Staat unter Pasquale Paoli

Im Juli 1755 wird Pasquale Paoli zum General der Nation proklamiert, allerdings nicht ganz einmütig. Denn auch *Emmanuele Matra* (ein Bruder des oben erwähnten Alerio Matra) hat Ambitionen auf den obersten Posten und lässt sich von den Seinen ebenfalls zum General ausrufen. Die Clan-Differenzen dauern ein halbes Jahr an. Es sind mörderische Kämpfe unter Korsen. Die Matras unterliegen, ihr Chef fällt im Kampf, ein Teil seines Gefolges flieht nach Bastia, um sich später den korsischen Nationalisten als Offiziere in genuesischen Uniformen entgegenzustellen.

In seiner Exilzeit hat Paoli nicht nur eine vorzügliche militärische Ausbildung genossen, sondern sich auch mit den ökonomischen, staatspolitischen und philosophischen Schriften seiner Zeit vertraut gemacht. Nachdem er die Clan-Differenzen auf Korsika bereinigt hat, steht er unangefochten an der Spitze der Unabhängigkeitsbewegung und macht sich daran, seinem Volk einen passenden Staat zu zimmern.

Der korsische Staat unter Pasquale Paoli

Jean-Jacques Rousseau – verhinderter Verfassungsvater?

"Es gibt in Europa noch ein Land, das zur Gesetzgebung befähigt ist: das ist die Insel Korsika. Die Tapferkeit und die Standhaftigkeit, mit der dieses mutige Volk seine Freiheit wiederzugewinnen und zu verteidigen wußte, verdiente gar sehr, daß ein weiser Mann es lehrte, sie zu bewahren" – so schrieb *Jean-Jacques Rousseau* in seinem politischen Vermächtnis, dem *Contrat social* (Gesellschaftsvertrag), in dem er die grundlegenden Gedanken einer neuen Gesellschaftsordnung niederlegte. Das Buch – erst zu Zeiten der Französischen Revolution ein Bestseller – wurde bald nach seinem Erscheinen auf Geheiß des französischen Ministerpräsidenten verbrannt, der Autor musste fliehen.

Auf Korsika hatte zumindest einer den *Contrat social* gelesen, ein General namens *Mathieu Buttafoco*. Nach Rücksprache mit Paoli schreibt er einen Brief an Rousseau, verweist ausdrücklich auf die oben zitierte Stelle und lädt den großen Philosophen dazu ein, die Theorie in die Praxis umzusetzen und für das unabhängige Korsika eine Verfassung zu schreiben.

Der Philosoph, der in *Môtiers*, einem kleinen Dorf im Schweizer Jura, vor seinen Verfolgern Zuflucht gefunden hat, ist begeistert von der Idee und trägt sich schon mit dem Gedanken, seinen Lebensabend als Verfassungsvater auf Korsika zu beschließen. Doch je konkreter Buttafoco wird – er beginnt schon Rousseaus Reise und Aufenthalt zu organisieren –, desto unverbindlicher fallen die Antworten aus. In seinem fünften und letzten Brief an Buttafoco schwärmt Rousseau noch einmal von der Tapferkeit des korsischen Volkes und bedankt sich für das entgegengebrachte Vertrauen. Er hält sich aber für zu alt und zu krank, um die beschwerliche Reise auf sich zu nehmen. – Keine Verfassung von Jean-Jacques für Korsika also.

Die paolinischen Gesetze waren die fortschrittlichsten ihrer Zeit und trugen bereits die Grundzüge moderner Staatsverfassungen, wie sie später Frankreich und die USA verwirklichten. Die Legislative (gesetzgebende Gewalt) lag bei der *Consulta,* der Generalversammlung, zu der je tausend Bürger einen Vertreter wählten, die Exekutive (gesetzausführende Gewalt) beim *Staatsrat,* einem neunköpfigen Gremium, in dem jede korsische Provinz einen Vertreter hatte. Als Präsident des Staatsrats – und an dessen Beschlüsse gebunden – fungierte der General, also Paoli selbst. Auch die Judikative (richterliche Gewalt) nahm in ihren Grundzügen den modernen Staat bereits vorweg: Die Richter wurden gewählt, das Urteil konnte kassiert und vom Gemeindegericht zum Provinzgericht, in schweren Fällen bis zu einem von Staatsrat und Generalversammlung gemeinsam bestimmten Sondergericht weiterverwiesen werden.

Theorie ist eine Sache, Praxis eine andere. Natürlich werkelte unter dem Mantel der Musterdemokratie die Clan-Wirtschaft munter weiter. Die entsprechenden Schaltstellen der Macht lagen meist in den Händen der Clanchefs.

Ende der korsischen Unabhängigkeit: zerstörte Brücke von Ponte Nuovo

Gegenläufig zu den demokratischen Tendenzen wurde eine Art Notstandsgesetz geschaffen, das es dem General erlaubte, in ihm dringend scheinenden Fällen das geltende Recht weitgehend außer Kraft zu setzen. Schließlich befand sich die Insel im permanenten Kriegszustand.

Eine Berufsarmee lehnte Paoli ab und zog stattdessen die allgemeine Wehrpflicht und Volksbewaffnung vor. Einzig zwei stehende Regimenter von je 400 Soldaten machten eine Ausnahme. Gegen die immer noch bestehende genuesische Seeblockade baute Paoli eine kleine Flotte auf. In diese Zeit fällt auch die Stadtgründung von L'Ile-Rousse, das korsische Gegenstück zur genuesischen Hafenstadt Calvi.

Es war Paolis Verdienst, der Insel mitten im Krieg zur Eigenstaatlichkeit verholfen zu haben. Münzen wurden geprägt, eine nationale Druckerei errichtet, eine Zeitung – mehr oder weniger ein Regierungsorgan – herausgeben. Volksschulen sprossen aus dem Boden, und im Januar 1765 wurde in Corte feierlich eine Universität eröffnet, deren Professoren ausnahmslos Korsen waren.

Die altersschwache genuesische Republik muss sich eingestehen, dass sie mit dem unter Paoli gefestigten Staat nicht mehr alleine fertig wird. Also ruft man wieder die Franzosen herbei; sie sollen wenigstens die Küstenstädte Bastia, Ajaccio, Calvi und Saint-Florent, die noch immer in genuesischer Hand sind, beschützen. Ein entsprechender Vertrag wird 1764 geschlossen, seine Gültigkeit wird auf vier Jahre begrenzt. Die Franzosen hielten sich an den Vertrag mit Genua und besetzten lediglich die Küste. Da der Paoli-Staat stets nur im Landesinnern konsolidiert war – in Ajaccio konnte er so wenig Fuß fassen wie in Bastia –, gab es vorerst keine großen Reibereien zwischen Franzosen und Korsen.

Das ändert sich schlagartig 1768. Der französisch-genuesische Vertrag ist ausgelaufen, ohne dass sich die Situation für Genua gelöst hätte. Die Franzosen allerdings haben ihre Verhandlungsposition verbessert. Am 15. Mai 1768 wird in Versailles ein neues Vertragswerk aufgesetzt, in dem Genua, bis es seine Schulden zurückzahlen kann, Frankreich die gesamte Insel überlässt. Formell handelt es sich um einen Pfändungsvertrag, faktisch jedoch – Genua ist wirtschaftlich am Ende – kommt der Vertrag einem Verkauf gleich, und so wird er auf der Insel auch aufgenommen. Pasquale Paoli reagiert schnell: Am 22. Mai beruft er in Corte eine Versammlung ein, die den bewaffneten Massenaufstand beschließt. Auf die korsische Generalmobilmachung antwortet Versailles mit einem militärischen Feldzug. Der französisch-korsische Krieg dauert ein ganzes Jahr, bis am 9. Mai 1769 in der *Schlacht von Ponte Nuovo* die französische Übermacht der korsischen Unabhängigkeit den Todesstoß versetzt.

Kaum 15 Jahre hatte der einzige unabhängige korsische Staat der Geschichte gedauert. Im Juni 1769 schiffte sich Paoli mit 300 Getreuen nach Livorno ein. Für den "Vater des Vaterlandes" war dies der Anfang eines 20-jährigen Exils in London.

Unter französischer Herrschaft

Mit der Niederlage von Ponte Nuovo beginnt für Korsika die französische Herrschaft, die später in die totale Französisierung der Insel mündet und so zu den bis heute aktuellen Problemen der Insel führt.

Mit dem Jahr 1769 wird Korsika formell französische Provinz, die faktische Regierungsgewalt wird von *Comte de Marbeuf,* dem Sieger von Ponte Nuovo, ausgeübt. Anfänglich müssen die Franzosen noch des Öfteren zur Waffengewalt greifen, um die Insel zu befrieden. Dann machen sich die neuen Herren daran, die genuesische Konkursmasse genauer zu inspizieren. Landvermesser und Kartographen kommen aus Paris, eine straffe Verwaltung wird aufgebaut, in der zahlreiche Festlandfranzosen, aber auch die korsischen Clanchefs eine Stelle finden. Zu den Letzteren gehört auch *Charles Bonaparte,* einst Sekretär Pasquale Paolis, jetzt königlicher Gerichtsschreiber in Ajaccio und seit dem 15. August 1769 Vater eines Knaben, der auf den Namen *Napoléon* hört und später Weltgeschichte schreiben wird.

Zwanzig Jahre später bricht in Paris die Französische Revolution aus. Beim korsischen Volk, das ebenso wie das französische unter der Günstlingswirtschaft des Ancien Régime und unter hohen Steuerabgaben leidet, fallen die Ideen der Pariser Revolutionäre auf fruchtbaren Boden. Im November 1789, vier Monate nach dem Sturm auf die Bastille, werden sämtliche korsischen Widerstandskämpfer amnestiert. *Pasquale Paoli* kehrt aus seinem Londoner Exil zurück, nicht um den Kampf für ein unabhängiges Korsika wiederaufzunehmen, sondern um in seiner Heimat den Idealen der Französischen Revolution zum Durchbruch zu verhelfen. Ein begeisterter Empfang

106 Geschichte

Staatlich verordnete Harmonie am Fahnenmast

wird ihm bereitet. Als Präsident des korsischen Departementdirektoriums macht sich der mittlerweile 65 Jahre alte "Vater des Vaterlandes" daran, der neuen Ordnung Geltung zu verschaffen.

Doch die Euphorie hält nicht lange an. Die Auseinandersetzung in Paris zwischen den gemäßigten *Girondisten,* die das Erreichte sichern wollen, und den radikalen *Jakobinern,* die die Revolution weitertreiben wollen, schlägt auch in Korsika Wellen. Paoli unterstützt die Girondisten, missbilligt die Exzesse der jakobinischen Revolutionäre und sieht bereits eine neue Tyrannei heraufziehen. Die korsischen Jakobiner – zu ihnen zählt auch der spätere Kaiser Napoléon I. – treten auf Volksversammlungen mittlerweile offen gegen Paoli auf, der noch immer eine große Popularität genießt. Auf einer Versammlung in Corte verweigern Paoli und seine Anhänger der Revolutionsregierung in Paris den Gehorsam; der "Vater des Vaterlandes" wird daraufhin zum Gesetzlosen erklärt.

Von den französischen Revolutionären enttäuscht, wendet sich Paoli 1793 an die Engländer. Im Juni 1794 beschließt die korsische Abgeordnetenversammlung in aller Form, die Insel dem britischen Schutz zu unterstellen. In diese Zeit fällt auch die Einnahme Calvis durch die Engländer (siehe *Calvi/ Geschichte* auf S. 268). Doch haben die Korsen die alten Herren nur gegen neue eingetauscht. Paoli wird von den Engländern entmachtet und geht im Oktober 1795 wieder in sein Londoner Exil. Bald darauf verschwinden unter dem Druck einrückender französischer Truppen die Engländer ihrerseits von der Insel. Die Franzosen haben freie Hand.

Am 15. Februar 1807 stirbt Pasquale Paoli in London. Von den 82 Jahren seines Lebens hat der "Vater des Vaterlandes" 50 Jahre im Exil verbracht.

Napoléon I.

Der französische Revolutionskalender verzeichnete den 18. Brumaire, der Gregorianische Kalender den 9. November 1799, als Napoléon Bonaparte in einem Staatsstreich die Macht in Frankreich an sich riss. Am 6. April 1814, nachdem er die Völkerschlacht bei Leipzig verloren hatte, dankte er ab, riss im Folgejahr die Macht noch einmal für 100 Tage an sich und erlebte dann sein Waterloo. Vorhang.

Der Welt berühmtester Korse hat in den 15 Jahren seiner Macht Korsika nicht ein einziges Mal gesehen. Unter seiner Herrschaft wurde die Insel endgültig zur französischen Provinz. Dafür sorgte Napoléons Statthalter auf Korsika, General *Morand*. Mit Repressalien und Sondergesetzen bekämpfte dieser Despot die letzten Funken des korsischen Unabhängigkeitsfeuers.

Der große Feldherr betrachtete seine Heimat vor allem als Kanonenfutter-Reservoir für die Realisierung seiner Weltmachtträume. Dass er – verbannt auf der Atlantikinsel Sankt Helena und bereits an Magenkrebs leidend – am Ende seines Lebens von seiner korsischen Heimat schwärmte, die er am Duft der Macchia mit geschlossenen Augen erkennen würde, mag wahr sein und klingt obendrein romantisch. Mehr nicht.

Kaiserliche Silhouette

Seit Napoléon I. die Insel vollständig der französischen Nation einverleibt hat, kann man kaum mehr von einer eigenen korsischen Geschichte sprechen. Vielmehr spiegelt sich auf der Ebene der korsischen Provinz die Geschichte der Grande Nation wider. Doch die korsische Psyche (bzw. was man dafür hält) wird so leicht mit Napoléon nicht fertig. Auch wenn der in Ajaccio geborene Kaiser nichts für Korsika getan hat: Er war Korse, und blinder Patriotismus lässt ihn allein deshalb schon hochleben.

Vom Heimat-Bonus der Bonapartes profitiert später *Napoléon III.* (Kaiser von 1852 bis 1870), der einige Korsen in seiner Pariser Verwaltung einstellt, sonst aber wie sein Onkel nichts für Korsika tut. Er findet auf der Insel überaus große Unterstützung, so dass in Paris nach der Absetzung des

108 Geschichte

Kaisers eine regelrecht antikorsische Stimmung aufkommt. Noch über Jahre hinweg bleibt die bonapartistische Partei in Korsika die stärkste, dann schrumpft sie allmählich auf das zusammen, was sie heute noch ist: eine Mini-Partei, die außer in Napoléons Geburtsstadt Ajaccio (wo sie noch bis 2001 den Bürgermeister stellte!) bedeutungslos ist.

Im ausgehenden 19. Jahrhundert erlebt Korsika eine Wirtschaftskrise, von der sich die Insel bis heute nicht erholt hat. Das noch archaische Agrarland kann im Zeitalter der industriellen Revolution nicht mehr mithalten. Die Landwirtschaft wird größtenteils aufgegeben, die Korsen emigrieren zuhauf. Im Ersten Weltkrieg und danach verschärft sich die Lage weiter. Ca. 30.000 Männer bleiben auf den Schlachtfeldern liegen, die Auswanderung hält an, und obendrein sucht eine Grippe-Epidemie die Insel heim, die nun buchstäblich auszubluten droht.

In die Zwischenkriegszeit fällt die Geburt des modernen korsischen Autonomiegedankens. Der *Partitu Corsu d'Azione* (seit 1926: *U Partitu Corsu Autonomista, P.C.A.*) gibt den Franzosen und den einheimischen Clans die Schuld an der korsischen Misere und bekennt sich offen zum Autonomismus. Gleichzeitig aber zeigen einige Wortführer des *P.C.A.* eine fatale Vorliebe für den Mussolini-Faschismus, ein dunkles Kapitel in der Geschichte des korsischen Autonomismus, das – so *Gabriel Xavier Culioli* in seinem Buch *Le complexe corse* – den korsischen Identifikationsprozess eine Generation lang blockierte. Mussolini seinerseits hatte ein Auge auf Korsika geworfen; 1942 beanspruchte er die Insel für sich, allerdings ohne Korsen. Die wollte er ins italienisch besetzte Äthiopien umsiedeln.

Der Zweite Weltkrieg spielt sich im Gegensatz zum Ersten für die Korsen auch zu Hause ab. Während Nazi-Truppen im November 1942 Südfrankreich besetzen, landen in Bastia die Italiener. Den ungefähr 80.000 Soldaten begegnen die Korsen anfangs eher gleichgültig. Erst als die faschistische Miliz beginnt, Lebensmittel und Fahrzeuge zu requirieren und Internierungslager einzurichten, regt sich der Widerstand: Zahlreiche Korsen verpflichten sich der französischen Résistance und riskieren Folter, Erschießung und Deportation.

Die Italiener geben nach ihrer Kapitulation am 8. September 1943 die Waffen ab. Teilweise verbünden sie sich sogar mit den korsischen Truppen gegen die Deutschen, die mit ungefähr 12.000 Mann auf der Insel sind. Den größten Schaden im Zweiten Weltkrieg bekommt Bastia ab, das erst von der deutschen Luftwaffe und dann von den Alliierten bombardiert wird.

Am 4. Oktober 1943 wird Bastia von der Naziherrschaft befreit und damit auch Korsika. General *Charles de Gaulle* meint später in einer Rede: "La Corse a la fortune et l'honneur d'être le premier morceau libéré de la France. La Corse n'a jamais cru à la défaite." ("Korsika hat das Glück und die Ehre, das erste befreite Stück Frankreichs zu sein. Korsika hat nie an die Niederlage geglaubt.") Der General war übrigens hoch angesehen bei den Korsen mit ihrer Vorliebe für große Persönlichkeiten. An der Feier des 200. Geburtstags Napoléons 1969 hätte er gerne teilgenommen, doch da saß ihm die Revolte vom Mai 1968 noch in den Knochen.

Pariser Politik und korsischer Sprengstoff

In den 60er Jahren beginnen sich die korsischen Autonomisten wieder zu regen. Der Grund dafür liegt teils im starren Pariser Zentralismus, der für Frankreichs ärmste Provinz kein politisches und wirtschaftliches Konzept hat, zum anderen im korsischen Clanismus, der Hand in Hand mit Paris dafür sorgt, dass alles so bleibt, wie es ist.

Politische Wahlen in Korsika erweisen sich als Farcen. Das französische Parteiensystem wird dem korsischen Clan-System übergestülpt, parteipolitische Unterschiede spielen keine Rolle: Der Süden – so sagten die Einheimischen bis vor kurzem – gehört *Jean-Paul de Rocca-Serra* (Präsident der korsischen Regionalversammlung und dem Parteibuch nach Gaullist), der Norden *François Giaccobi* (mit linksliberalem Parteibuch). Seit dem Tod dieser beiden Fossile der korsischen Politik (1997 Giaccobi, 1998 Rocca-Serra) hat sich daran nichts Wesentliches geändert. "Die Vornamen lauten jetzt anders", meinte 1998 ein Einheimischer und traf damit des Clanismus Kern.

Wählen kann jeder, der auf Korsika einwohnerrechtlich gemeldet ist und daselbst auch seine Steuern zahlen soll. Das Resultat: In einigen Dörfern ist die Anzahl der abgegebenen Wahlzettel mehr als doppelt so hoch wie die der tatsächlich dort wohnhaften Wahlberechtigten. Spezielle Wahl-Chartermaschinen landen auf korsischen Pisten, und selbst die Gewählten sind nicht unbedingt auf Korsika ansässig. So wohnte der 1982 gewählte Bürgermeister von L'Ile-Rousse in Nizza, derjenige von Calenzana in Paris, und ein Orts namens Olmiccia soll gar von Saigon aus regiert worden sein!

Solcher Clanismus ist Öl ins autonomistische Feuer. Im studentischen Milieu der "1968er" wird der *Front Régionaliste Corse (FRC)* gegründet, der jedoch über den Status eines korsischen Debattierzirkels in Paris kaum hinauskommt. Fast zeitgleich entsteht um den späteren Europaparlamentarier *Max Siméoni* die *Action Régionaliste Corse (ARC)*, die sich anfänglich politisch zurückhält, dann aber über die Agrarfrage große Teile der Bevölkerung zu mobilisieren vermag.

In den 70er Jahren verschärft sich die Situation. Mit Bombenanschlägen machen die verschiedensten autonomistischen Gruppierungen von sich reden. Als langlebig erweist sich der *Front de Libération Nationale de la Corse (FLNC)*, der 1983 von Paris verboten wird, infolgedessen in den Untergrund abtaucht und als Geheimorganisation weiteroperiert. Das sog. *Drama von Aleria* im August 1975, bei dem zwei französische Sicherheitspolizisten *(CRS)* erschossen werden, bildet einen ersten blutigen Höhepunkt der Auseinandersetzungen. Die Sprengstoffanschläge (*plastiquages* genannt, weil Plastiksprengstoff verwendet wird) häufen sich. Waren es 1974 "nur" 40, so steigt ihre Zahl 1976 auf fast 400, und 1982 sind es gar über 800 Anschläge. 1983 wird der *FLNC* verboten, die Pariser Entscheidung führt zu zahlreichen Festnahmen, entschärft die Lage aber keineswegs.

Galten in den 60er und frühen 70er Jahren die Anschläge vor allem den *SOMIVAC*-Projekten der *pieds-noirs*, den Algerienfranzosen, werden jetzt zunehmend die touristischen Einrichtungen von Festlandfranzosen zum Ziel der *plastiquages,* die in den meisten Fällen auf das Konto des *FLNC* gehen: Yachten, Villen und Hotels. Die Organisation weiß zwischen Personen- und Sachschaden zu unterscheiden und schlägt vor allem im Winter zu, wenn die Einrichtungen leer stehen. Gegebenenfalls werden Personen vorher "evakuiert". Erklärter Zweck der Anschläge ist die Verhinderung der "Balearisierung" Korsikas durch baulichen Wildwuchs und Verschandelung der Küste. Zudem sollen die Gelder, die mit dem Tourismus nach Korsika kommen und die Korsika so sehr braucht, nicht nach Frankreich abfließen. *"A terra corsa a i corsi"* (Korsika den Korsen) lautet eine der zahlreichen Wandparolen, mit der die Autonomisten ihre Politik auf eine kurze Formel bringen.

Bis in jüngste Zeit noch finanzierten sich einige autonomistische Organisationen durch das Eintreiben einer sog. Revolutionssteuer. Für die betroffenen korsischen Betriebe war diese "Steuer" von der ordinären Schutzgelderpressung, wie sie die italienische (und korsische) Mafia auf der Insel praktizieren, kaum zu unterscheiden. Die *Accolta Nazionale Corsa (ANC)* zog die Konsequenzen und startete im Namen der politischen Moral eine *Racket-No-Kampagne*. Im September 1992 schwor auch der *FLNC* der umstrittenen Praxis öffentlich ab.

1982 billigte die französische Regierung ein korsisches Regionalparlament mit einigen Kompetenzen (Tourismuspolitik, Landwirtschaft, Bewässerungsprojekte), ein erstes Experiment der französischen Dezentralisierung. Da die darauf folgenden Wahlen zu keiner regierungsfähigen Mehrheit führten, wurden 1984 Neuwahlen ausgeschrieben, bei denen der gaullistische *RPR* 30 von 61 Sitzen erhielt; seither stellt er den Regionalpräsidenten.

Der *FLNC* konnte sich nicht so recht über diesen ersten Schritt in Richtung korsische Autonomie freuen. Er sah den alten Clanismus, nun vom korsischen Volk legitimiert (wenn man von einigen obskuren Begleiterscheinungen des Wahlvorgangs absieht), weiter an den Schaltstellen der wirtschaftlichen und politischen Macht. Die Bombenanschläge gingen vorerst weiter, bis der *FLNC* im Sommer 1988 einen Waffenstillstand verkündete. Der *Plan Joxe,* nach dem damaligen französischen Innenminister *Pierre Joxe* benannt, wurde angekündigt. Er sollte den Korsen weitere Autonomie zugestehen.

Knapp vor der Abstimmung über den neuen Plan setzten auf Korsika die Sprengstoffanschläge wieder ein. 1990 wurde der *Plan Joxe* in erster Lesung vom französischen Parlament verabschiedet. Drei der vier korsischen Abgeordneten stimmten dagegen, einer enthielt sich der Stimme. Sie behaupteten, der Plan gehe ihnen nicht weit genug; zutreffender ist vermutlich, dass sie um ihre eigenen clanistischen Privilegien fürchteten. 1991 wurde in Paris nach einer Marathonsitzung des Parlaments der umstrittenste Artikel der neuen Gesetzesvorlage verabschiedet: Die Existenz des "korsischen Volkes" wurde – allerdings mit der Einschränkung "Teil des französischen Volkes" – mit 297 gegen 275 Stimmen anerkannt. Die in der Abstimmung unterlegenen Neogaullisten riefen darauf Frankreichs höchste juristische Instanz zu Hilfe, den Verfassungsrat. Und der gab bekannt, dass die Grande

Pariser Politik und korsischer Sprengstoff 111

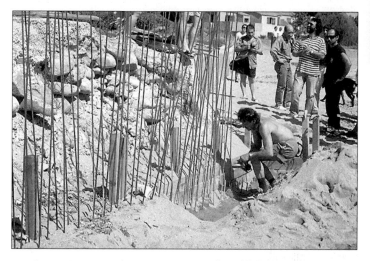

Säge-Aktion von Autonomisten

Nation keine Unterschiede hinsichtlich Herkunft, Rasse oder Religion kenne, die Existenz eines korsischen Volkes mithin verfassungswidrig sei.

Bei den Wahlen für das korsische Regionalparlament 1992 bekam Paris die Quittung. Über 20 % der Stimmen gingen an die Autonomisten. Auch die Regierung Balladur schaffte es nach 1993 nicht, das korsische Misstrauen gegenüber der Zentralmacht abzubauen. "Der französische Staat hat den Gehilfen gewechselt, nicht die Doktrin", urteilte lapidar der *FLNC*.

Die Lage bleibt weiterhin brisant. 1996 kam es zu blutigen Auseinandersetzungen unter verschiedenen autonomistischen Gruppierungen. 1997 erklärte der FLNC einen erneuten Waffenstillstand, im Januar 1998, dass er die militärischen Aktionen wieder aufnehmen wolle. Im Februar 1998 machte der Mord am Präfekten für Korsika, dem höchsten Pariser Politiker auf der Insel, *Claude Erignac*, Schlagzeilen, worauf die Autonomisten vom korsischen Volk einen Denkzettel verpasst bekamen: Sie verloren bei den Regionalwahlen im März 1998 vier ihrer neun Sitze im Parlament. Allerdings: Dieselben Wahlen wurden im Dezember 1998 auf Antrag von *Edmond Siméoni* (UPC) vom obersten französischen Verwaltungsgericht wegen Unregelmäßigkeiten bei 1300 Stimmabgaben für null und nichtig erklärt. Bei der Wahlwiederholung im März 1999 drehte sich der Wählerwind wieder: Die autonome Liste *Corsica Nazione* sitzt seither mit 8 von 51 Sitzen im Regionalparlament von Ajaccio.

Im Frühjahr 2000 goss der neue französische Präfekt *Bernard Bonnet* höchstpersönlich und im fast wörtlichen Sinn Öl ins Feuer: In der sog. *affaire des paillottes* (Strohhüttenaffäre) – zwei illegale Strandbars wurden niedergebrannt – vermutete man erst eine nationalistische Urheberschaft, die Spuren führten jedoch bald in eine andere Richtung. Die Polizei selber hatte gezündelt, und Frankreichs Statthalter auf Korsika mußte den Hut nehmen. Im Januar 2002 wurde er zu drei Jahren Gefängnis verurteilt, wogegen er natürlich - wie in solchen Kreisen üblich - Berufung einlegte.

Korsische Graffiti

Die gegenwärtige Regierung unter *Lionel Jospin* hat eine langwierige Diskussion eingeleitet, die in ein neues Korsika-Statut münden soll. Im sog. *Processus de Matignon,* benannt nach dem Sitz der französischen Regierung, ist derzeit ein heftiges Tauziehen im Gange. Den korsischen Autonomisten gehen die Pariser Vorschläge nicht weit genug, den Pariser Gaullisten und auch einigen jakobinischen Sozialisten viel zu weit. Mittlerweile hat der Verfassungsrat den zentralen Punkt des debattierten Korsika-Statuts - nationale Gesetze unter bestimmten Umständen den spezifischen Bedürfnissen der Insel anzupassen - für verfassungswidrig erklärt. Fortsetzung folgt.

Kleines Who's Who der Autonomisten und Separatisten

Die Handschrift der Autonomisten ist auf Korsika allgegenwärtig. Die Korsifizierung der Namen auf den Ortsschildern ist dem Besucher bald ein vertrauter Anblick, ebenso die zahlreichen Abkürzungen an Hauswänden, Telefonmasten und Brücken.

Das Organisationsspektrum der Autonomisten ist recht unübersichtlich. Jährlich entstehen neue Gruppierungen, es wird fusioniert und gespalten.

Pariser Politik und korsischer Sprengstoff

Insgesamt herrscht jedoch eine große Dialog- und Kooperationsbereitschaft unter den verschiedenen Organisationen. Am aktivsten sind derzeit folgende:

A Cuncolta Independentista: Sie ist mit Abstand die stärkste Gruppierung innerhalb der autonomistischen Fraktion *Corsica Nazione,* die derzeit im korsischen Regionalparlament 8 von 51 Sitzen einnimmt. Mit den politischen Vorstellungen des separatistischen FLNC erklärt sich die Cuncolta gelegentlich solidarisch und wird deshalb oft als ihr parlamentarischer Flügel angesehen.

Accolta Nazionale Corsa (ANC): Die ANC macht verstärkt auch "grüne" Positionen geltend und vertritt daneben ein regionales Konzept für den Mittelmeerraum, unter besonderer Berücksichtigung seiner Inseln.

Armata Corsa: 1999 gegründete bewaffnete Fraktion, vermutlich eine Abspaltung des FLNC. Einige schreiben die Organisation dem 2001 erschossenen ehemaligen FLNC-Führer François Santoni zu, der sich allerdings stets von ihr distanziert hat, andere halten die Organisation schlicht für eine Agents-Provocateurs-Gruppe des französischen Geheimdiensts.

Corsica viva: Diese in den 90er Jahren entstandene Gruppierung hat öffentlich vom bewaffneten Kampf Abschied genommen. Sie strebt im breitesten Sinne soziale und ökonomische Reformen wie auch die des Steuersystems an. Ebenso wichtig aber sind ihr die Anerkennung einer kulturellen korsischen Identität sowie die Pflege und institutionelle Förderung der korsischen Sprache.

Corsica Nazione: Unter diesem Namen haben sich verschiedene autonomistische Gruppierungen zusammengefunden, um trotz aller politischen Differenzen eine starke parlamentarische Fraktion bilden zu können.

Front de Libération Nationale de la Corse (FLNC): Separatistenorganisation, die seit ihrem Verbot 1983 aus dem Untergrund weiterbombt. Im Sommer 1988 versprach sie der Pariser Regierung einen Waffenstillstand und hielt ihn über ein Jahr lang ein. Wohl aus Enttäuschung darüber, dass diese Zurückhaltung nichts gebracht hat, nahm sie Anfang der 90er Jahre die Politik der Sprengstoffanschläge wieder auf. Der FLNC hat zahlreiche Spaltungen (und neue Zusammenschlüsse) erlebt, bleibt aber weiterhin eine der aktivsten politischen Gruppierungen auf der Insel.

Independenza: 2001 an der Universität Corte als Zusammenschluss von vier nationalistischen Gruppierungen gegründet, strebt die politische Unabhängigkeit nach einem langen Marsch durch die Institutionen an. Eine nähere Einschätzung war bei Redaktionsschluss noch nicht möglich.

Mossa Naziunale: Gegründet im Jahr 2000. Gewaltfreie Gruppe, die der UPC-scelta nova (s. u.) nahe steht.

Resistenza: Sie gilt als der "bewaffnete Arm" der ANC (s. o.).

UPC-scelta nova: Sie ist 1999 aus der ehemaligen UPC (Unione di u Populu Corsu) hervorgegangen, die zeitweise mit *Max Siméoni* im Europaparlament vertreten war. Ihr Ziel ist ein autonomes Korsika innerhalb Frankreichs, orientiert an der Idee eines "Europas der Regionen".

Blick auf den alten Hafen von Bastia

Bastia (ca. 55.000 Einwohner)

Vor allem deutsche Korsikafahrer setzen hier den Fuß auf die Insel. Die Hafenstadt, weniger als 100 km vom italienischen Festland entfernt, ist mit der Fähre von Livorno in vier Stunden erreicht. Viele der Neuankömmlinge nehmen Bastia nicht weiter zur Kenntnis und versuchen gleich am Ankunftstag, in verheißungsvollere Urlaubsgebiete zu gelangen. Schade, denn die Stadt ist einen Kurzaufenthalt mehr als wert.

Bastia hat viele Gesichter. Hinter der lang gestreckten *Place St-Nicolas,* deren Straßencafés von Touristen und Einheimischen gleichermaßen frequentiert werden, findet man die beiden Hauptgeschäftsstraßen, den *Boulevard Paoli* und die *Rue César Campinchi:* schicke Boutiquen neben Einkaufsläden für den Alltagsbedarf. Italienisches Flair vermittelt die *Place du Marché* in der Altstadt mit ihrem täglichen Markt (korsische Wurst- und Käsespezialitäten); mit einem Marmorbrunnen hat in den 90er Jahren ein Bildhauer aus der Balagne dem historischen Platz einen modernen Tupfer verpasst: ein Wasser speiendes Mädchen harrt der allegorischen Deutung.

Der malerische *alte Hafen* gehört heute eher zum Kapitel Essen und Trinken. Wer in den angrenzenden baufälligen Häusern wohnt, kann es sich allerdings wohl kaum leisten, die teuren Fischrestaurants aufzusuchen.

Im *Zitadellenviertel* weht noch der Atem jahrhundertelanger genuesischer Besatzung durch die engen Gassen. Die Zeit scheint stehen geblieben, nur

Bastia

an den Häusern nagt ihr Zahn. Die glücklichsten Bewohner des Viertels sind vermutlich die streunenden Katzen: Für den motorisierten Verkehr ist wenig Durchkommen, und sie haben daher gute Aussichten auf ein langes Leben.

Unter dem alten Hafen und dem Zitadellenviertel hindurch führt ein 1984 fertig gestellter Straßentunnel in Richtung Ajaccio und Bonifacio. Hier, im Süden der Stadt, beginnt Korsikas einzige nennenswerte Industriezone, Bastias hässlichstes Gesicht – oder vielmehr: sein über 10 km langer Hals. Für den Reisenden von Interesse sind hier allenfalls die Autoreparaturwerkstätten (alle großen Marken vertreten) und das deutsche Konsulat (in Furiani ausgeschildert).

Geschichte

Von der nachgewiesenen prähistorischen Besiedlung ist nichts mehr zu sehen, ebenso wenig von der römischen Kolonie *Mantinum,* die den Vandaleneinfällen zum Opfer fiel. Auch die Spuren der pisanischen Herrschaft sind verschwunden.

Bastia gewinnt erst unter den Genuesen Bedeutung, mit ihnen beginnt der Aufstieg zur korsischen "Großstadt". Der genuesische Gouverneur *Leonello Lomellino* verlegt 1380 den Regierungssitz vom 10 km südlich der Stadt gelegenen *Biguglia,* wo bereits die Pisaner residierten (heute ein Ort ohne jede Attraktion), nach Bastia. Im 15. Jahrhundert werden die Befestigungen des Zitadellenviertels über dem alten Hafen fertig gestellt, der neuen Stadt fehlen nur noch die Bewohner. Mittels Steuerbefreiung für korsische Siedler ist das Problem im Handumdrehen gelöst. Als Mitte des 16. Jahrhunderts der korsische Freiheitskämpfer *Sampiero Corso* sich anschickt, mit französischer Hilfe die Genuesen von der Insel zu vertreiben, gehört die Zitadelle von Bastia zu den wenigen Orten, deren militärische Eroberung nicht gelingt.

Im 18. Jahrhundert ist Bastia immer wieder umkämpft: 1731 belagern revoltierende Bauern die Stadt, der genuesische Gouverneur muss fliehen. Österreichisch-sardische Verbände greifen 1745 die Stadt an, die genuesische Herrschaft ist nach über 350 Jahren ins Wanken geraten. Der berühmte Freiheitskämpfer *Pasquale Paoli,* dessen kurzlebiger korsischer Staat nur im Innern der Insel abgesichert ist, muss mit ansehen, wie die Stadt 1764 von den Genuesen an die Franzosen abgegeben wird. 1793 ruft Paoli die Engländer gegen das Jakobinerregime zu Hilfe. Die lassen sich nicht zweimal bitten: Bastia erhält einen englischen Gouverneur. Dieser vermag sich zwei Jahre zu halten, dann hat sich die Französisierung der Insel endgültig durchgesetzt. 1811 muss Bastia als Hauptstadt Korsikas zugunsten Ajaccios, der Geburtsstadt *Napoléons,* abdanken.

Im Zweiten Weltkrieg wurde Bastia zuerst von der deutschen Luftwaffe, dann von den Amerikanern bombardiert und zu fast 80 % Prozent zerstört. Mit der Befreiung der Stadt von deutschen und italienischen Truppen am 4. Oktober 1943 wird Korsika zum "ersten befreiten Stück Frankreich" (Charles de Gaulle). Seit der politischen Neugliederung Korsikas 1975 ist Bastia Hauptstadt des Departements *Haute-Corse* (Autokennzeichen 2 B).

116 Bastia

Postleitzahl/Information

- *Postleitzahl*: 20200
- *Deutsches Konsulat*: in Furiani (Industriezone im Süden Bastias), von der Hauptstraße aus ausgeschildert.
 ✆ 04.95.33.03.56.
- *Information*: **Office Municipal du Tourisme**, Place Saint-Nicolas. Stadtplan und Hotelverzeichnis. Mit der Frage, wo sich das von Mitterand 1993 eingeweihte Résistance-Denkmal befinde, war die Dame überfordert: Wir fanden es 20 m vom Info-Pavillon entfernt. ✆ 04.95.54.20.40, 📧 04.95.54.20.41, E-Mail: *OT-BASTIA@wanadoo.fr*.

Verbindungen

- *Flugzeug*: Vom ca. 20 km südlich gelegenen, im Ausbau begriffenen Flughafen Poretta regelmäßige Flüge mit der Compagnie Corse Méditerranée zum französischen Festland (Paris, Marseille, Lyon, Nizza, Nîmes, Toulon). Auskunft am Flughafen (✆ 04.95.54.54.54).
Air France, 6, av. Emile Sari,
✆ 0.802.802.802.
Der Bus zum Flughafen (Abfahrt am Bahnhof) kostet ca. 6 €. Die Fahrt dauert 25 Minuten.
- *Schiff*: Alles über die Verbindungen zum Kontinent siehe Kapitel *Anreise*. Büros der Schifffahrtsgesellschaften:
Corsica Ferries, Gare Maritime,
✆ 04.95.32.95.95, 📧 04.95.32.95.55.
Moby Lines, 4, rue Comm. Luce de Casabianca, ✆ 04.95.34.84.94,
📧 04.95.32.17.94.
SNCM, Nouveau Port, ✆ 04.95.54.66.99, 📧 04.95.54.66.64.
Corsica Marittima, 6, rue Comm. Luce de Casabianca, ✆ 04.95.32.66.95, 📧 04.95.32.69.09.
Happy Lines, Gare Maritime Nord, ✆/📧 04.95.55.25.52.
- *Bahn*: Täglich 4-mal Direktverbindung nach Ajaccio (über Corte, Fahrtzeit ca. 3½ Stunden) und 2-mal nach Calvi (über L'Ile-Rousse, Fahrtzeit knapp 3 Stunden). Die Strecke quer durch die Insel nach Ajaccio mit ihren unzähligen Tunnels und Viadukten ist ein Abenteuer für sich! Auskunft unter ✆ 04.95.32.80.60.
- *Bus*: Nach Ajaccio und Calvi 2-mal täglich; die "Rennstrecke" die Ostküste entlang bis Porto-Vecchio 2-mal täglich (sonntags nur 1-mal) mit den "Rapides Bleus"; Richtung Cap Corse und in die Umgebung Bastias mit öffentlichen Bussen. Auskunft und Abfahrt an der zentralen Busstation (Gare Routière).
- *Le Petit Train*: Touristenbähnchen auf Rädern für die Stadtbesichtigung mit Kommentar oder die bequeme Variante, in die Altstadt und ins Zitadellenviertel zu gelangen. Abfahrt an der Place Saint-Nicolas.

Diverses

- *Autoverleih*: **Avis**, Rue Saliceti/Bd. Paoli, ✆ 04.95.32.57.30; **Europcar**, 1, rue du Nouveau Port, ✆ 04.95.31.59.29; **Hertz**, Square Saint-Victor (hinter der Tourismus-Information), ✆ 04.95.31.14.24 od. ✆ 04.95.31.14.24 (zentrale Nummer für ganz Korsika); **Budget**, Port de Toga, ✆ 04.95.31.77.31.
Die Agenturen sind auch am Flughafen Poretta vertreten.
- *Einkaufen*: Geschäfte aller Art findet man am Boulevard Paoli und an der Rue César Campinchi. Liebhabern **korsischer Weine** sei der "Cave Seddas", 3, av. Emile Sari, empfohlen. Das kleine Geschäft hat eine über 100-jährige Tradition. Patrimonio-Weine und Muscat werden hier zu räsonablen Preisen in Flaschen abgefüllt. Auch "Grand Vin Corse", 24, rue César Campinchi, füllt direkt ab. Das Angebot an edlen Tropfen ist reichlich und der Besitzer ein großer Kenner.
Das Stammhaus von **L.N. Mattei**, dem berühmten korsischen Aperitif-Produzenten, ist allein schon wegen seines Interieurs einen Besuch wert (siehe *Sehenswertes/Place Saint-Nicolas*).
Schinken, **Honig aus den Blüten der Macchia**, **Olivenöl**, **Myrten-Gelee**, **Kastanienmarmelade** und weitere insulare Spezialitäten gibt's bei "U Montagnolu", 15, rue César Campinchi, wo man Ihnen auf Wunsch Ihre Einkäufe auch per Post nach Hause liefert. Die Alternative ist das etwas

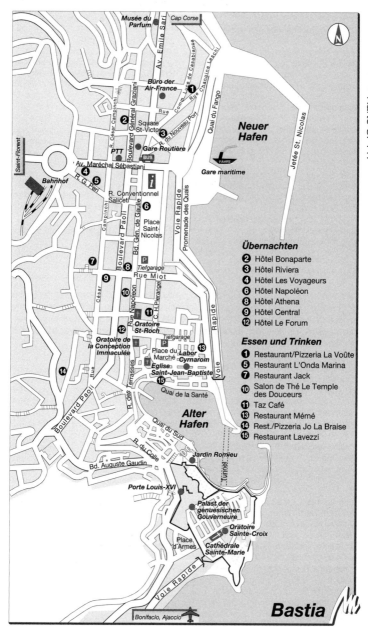

118 Bastia

zu rustikal aufgemachte "A Campagna", 25, rue César Campinchi.

Unter den **Buchhandlungen** ist die "Librairie Jean Patrice Marzocchi" an der Rue Conventionnel Saliceti zu empfehlen, eine seriöse Buchhandlung mit einem ansehnlichen Angebot an französischsprachiger Literatur und einer stattlichen Korsika-Abteilung. Außerdem vertreibt der Laden auch die für jeden Wanderer unabdingbaren IGN-Karten (1:25.000) sowie deutschsprachige Bergführer. Mit etwas Glück finden Sie hier sogar den vorliegenden Reiseführer (falls Sie ihn unterwegs verlieren sollten).

Ebenfalls gut bestückt mit **Büchern über Korsika** ist die "Librairie Terra Nova – St-Roch" an der Rue Napoléon (gleich neben dem Oratorium St-Roch).

• *Festival*: Das dreitägige **Festival Pasquale Paoli** (Festivale di a canzona corsa) wurde 2001 ins Leben gerufen. Auf dem Programm standen pro Abend zwei Konzerte korsischer Gesangsgruppen. Aufgrund des Erfolgs wurde jährliche Fortsetzung versprochen. Zweite Augusthälfte auf der Place Saint-Nicolas. Eintrittspflichtig.

• *Internet*: Öffentlicher Zugang bei **Cyber@**, 27, rue César Campinchi. Ansonsten bleibt noch das **Taz Café** (siehe *Essen und Trinken*).

• *Parken*: Die Innenstadt ist fast durchgängig mit Parkuhren ausgestattet. Nicht bezahlt wird nur nachts, an Sonntagen und während der sakrosankten Siesta-Zeit (12–14 Uhr). Die Kontrollen sind scharf. Viel Ärger mit Parkplatz- und Kleingeldsuche erspart sich tagsüber, wer ein unterirdisches Parkhaus aufsucht: **Place St-Nicolas** (geöffnet 7–21 Uhr), **Place du Marché** oder **beim Theater** (Südende der Rue César Campinchi).

• *Markt*: Jeden Morgen außer Mo auf der Place du Marché.

Übernachten (siehe Karte S.117)

Laut behördlicher Einschätzung fehlen in Bastia ungefähr 300 Betten. Wer die Suche nicht erst bei Einbruch der Dunkelheit beginnt, wird jedoch in der Regel ein Zimmer in der Innenstadt finden. Die Preise liegen eindeutig über dem Inseldurchschnitt. Notfalls muss man in den noch teureren nördlichen Vorort Pietranera ausweichen oder in den Süden Bastias (Nähe Flughafen).

*** Hôtel Les Voyageurs (4), komfortable Zimmer in zentraler Lage. Nach dem Umbau 2000 dient das frühere Restaurant im Parterre als großzügiger Frühstücksraum, und für 2002 ist ein hoteleigener Parkplatz hinter dem Haus versprochen. Airconditioning. DZ 63–76 €. 9, av. Maréchal Sebastiani, ✆ 04.95.34.90.80, ✆ 04.95.34.00.65.

** Hôtel Napoléon (6), das kitschige Wandgemälde im Treppenaufgang kontrastiert etwas eigenartig mit der Hinterhofrealität, die der Blick aus dem Fenster freigibt. Innen hat das Hotel eine komplette Renovierung erfahren; geräumige Zimmer mit luxuriösem Bad. Neben TV, Direktwahltelefon und Minibar auch kleine Extras wie Haartrockner und Safe. DZ 44–125 €, Frühstück inklusive. 43–45, bd Paoli, ✆ 04.95.31.60.30, ✆ 04.95.31.77.83.

** Hôtel Le Forum (12), freundlicher Familienbetrieb, sauber und gepflegt. Einige Zimmer mit Balkon, hübscher Salon. Eine angenehme Überraschung bietet der einladende, betischte Balkon zum Hinterhof. DZ mit Dusche und WC 38–84 €. 20, bd Paoli, ✆ 04.95.31.02.53, ✆ 04.95.31.65.60.

** Hôtel Bonaparte (2), in puncto Luxus ist Bonaparte wie Napoléon – fürstlich. DZ 53–76 €, die teuersten Zimmer mit Minibar. Garage für Motorräder zu bescheidenem Tarif. 45, bd Général Graziani, ✆ 04.95.34.07.10, ✆ 04.95.32.35.62.

** Hôtel Athena (8), zentrale Lage und trotzdem sehr ruhig. Nach erfolgter Innenrenovierung in Qualität und Preis gestiegen. Alle Zimmer mit Airconditioning. DZ 38–76 €. 2, rue Miot, ✆ 04.95.34.88.40, ✆ 04.95.31.26.41.

** Hôtel Central (9), der Name verrät den Vorteil: Lage mitten im Geschäftszentrum. Freundlicher Betrieb, renovierte Zimmer mit TV, teils mit Balkon. DZ 31–61 €. 3, rue Miot, ✆ 04.95.31.71.12, ✆ 04.95.31.82.40.

* Hôtel Riviera (3), gepflegte, teils geräumige Zimmer in Hafennähe. Kein TV und Telefon, dafür Airconditioning, wir hätten ihm einen Stern mehr zugeschlagen. DZ 30–58 €. 1bis, rue du Nouveau Port, ✆ 04.95.31.07.16, ✆ 04.95.34.17.39.

Camping

Camping San Damiano, südlich von Bastia an der Lagunenstraße (Cordon Lagunaire), östlich des Etang de Biguglia, nach dem Abzweig ca. 6 km. Mit großem Abstand der beste Platz in der Umgebung Bastias. 280 Stellplätze. Großes, schattiges Gelände mit Sandstrand. Das Wasser sieht trotz Stadtnähe sehr sauber aus. Restaurant. Der Supermarché ist nur bei Hochbetrieb offen, sonst reduziertes Lebensmittelangebot bei der Rezeption. An sonnigen Wochenenden ist der Camping von Bastianern frequentiert. April bis Mitte Oktober geöffnet. ✆ 04.95.33.68.02, ✉ 04.95.30.84.10.

Camping J. J. Casanova, in Miomo (Richtung Cap Corse). Wiese mit einigen Schattenplätzen. Sanitäre Anlagen okay. Für mehr als eine Nacht kaum zu empfehlen. 75 Stellplätze. Mai–Oktober geöffnet. ✆ 04.95.33.91.42.

Camping Les Orangers, ebenfalls in Miomo. Nur 25 Stellplätze, auf vier Terrässchen angelegt. Snackbar. Für die Warmwasserdusche muss extra bezahlt werden. "Ein kleiner Platz, für einen Stadtcampingplatz nicht schlecht", schreibt ein Leser. Mai bis Mitte Oktober geöffnet. ✆ 04.95.33.24.09.

Essen und Trinken (siehe Karte S.117)

Restaurant Lavezzi (15), Bastias beste Fischadresse und wohl auch die teuerste. Mit Terrasse über dem alten Hafen. Zu den illustren Gästen des Traditionsrestaurants zählte auch François Mitterrand. 8, rue Saint-Jean. Außerhalb der Saison So geschlossen, ebenso Mitte Februar bis Mitte März.

Restaurant/Pizzeria La Voûte (1), Restaurant und Pizzeria. Gediegenes, größeres Gewölbelokal, das die flinke Bedienung zwingt, stets den Kopf einzuziehen. Ausgezeichnete italienische Küche, Pizza über dem Holzfeuer. Balkon mit Blick auf den neuen Hafen. 6, rue Luce de Casabianca. So geschlossen.

Restaurant L'Onda Marina (5), eines der wenigen Fischrestaurants im Geschäftsviertel. Menüs ab ca. 15 €. 33, rue César Campinchi. So geschlossen.

Restaurant Mémé (13), Fischrestaurant, unweit vom alten Hafen und wesentlich preiswerter als die Konkurrenz in der Umgebung. Auch Qualität und Service überzeugen. Menüs ab 14 €. Quai des Martyrs.

Restaurant/Pizzeria Jo La Braise (14), ein Schlagzeuger hat vor 30 Jahren den Beruf gewechselt und erwies sich als Doppelbegabung. Im sympathischen Lokal hinter dem Theater verkehren gelegentlich nach der Aufführung die Schauspieler neben dem meist einheimischen Publikum. Der Patrimonio wird hier offen ausgeschenkt, die Wurstwaren werden direkt von Jos Familie aus der Castagniccia geliefert, und wundern Sie sich nicht über die Banane, die das Wildschwein an der Wand im Maul hält. Es handelt sich um einen Hinweis auf die Dessert-Spezialität des Hauses: über dem Holzfeuer gegrillte Banane, Schale inklusive, flambiert serviert in einer alkoholischen Sauce, deren Rezept der Meister nicht verrät – Jos Postskriptum zu einer veritablen korsischen Küche. 7, bd Giraud. So geschlossen.

Restaurant Jack (7), kleines, angenehmes Lokal mit billigen Menüs und einer Käseplatte, wie man sie sonst nur im Landesinnern zu sehen bekommt. 18, rue César Campinchi. So geschlossen.

Salon de Thé Le Temple des Douceurs (10), Bastias Tortenparadies. Neben leckerem Gebäck gibt's im dezenten Interieur auch Crêpes, Salate und Eis. 32, bd. Paoli.

Taz Café (11), Snackbar, in der man nicht die Berliner *taz* findet, sondern in der ersten Etage einen Internetservice für 3 € pro Stunde – *taz* also allenfalls online. 4, cours H. Pierangeli.

Sehenswertes

Place Saint-Nicolas: Der 300 m lange Platz – Treffpunkt von Kaffeetrinkern und jugendlichen Fußballern und Flaniergelände für Müßiggänger – wurde erst gegen Ende des 19. Jahrhunderts fertig gestellt.

Place Saint Nicolas

Die neoklassizistische *Napoléon-Statue* auf dem südlichen Teil wurde angeblich von der kaiserlichen Schwester Elisa in Auftrag gegeben und war eigentlich für Ajaccio bestimmt. Doch fand die Vaterstadt Napoléons den Preis zu teuer. Die Bastianer zeigten sich weniger geizig und erstanden 1853 das 17-Tonnen-Werk. Der Kaiser hatte bereits etwas Staub angesetzt, schließlich wartete er seit 1815 im Atelier auf einen Käufer. Dem Monument des postrevolutionären Kriegstreibers in gerechter Symmetrie gegenüber steht auf dem nördlichen Teil das *Denkmal der Kriegsgefallenen*. Es erinnert an die drei großen Kriege, in denen Korsen ihr Blut für Frankreich vergossen: an den deutsch-französischen Krieg 1870/71 und an die beiden Weltkriege.
Zwischen den Cafés an der Westseite des Platzes steht das *Stammhaus der Firma L.N. Mattei,* bekannt geworden durch den berühmten Aperitif *Cap Corse*. Der Laden wurde 1900 eröffnet, und seither scheint sich dort außer den Preisen nichts geändert zu haben, die Buchhaltung wird immer noch von Hand gemacht. In einem der Schränke sind die Produkte der Nachahmer ausgestellt, die das berühmte Etikett in leicht abgewandelter Form auf ihre Flaschen klebten. Von ihnen redet heute keiner mehr, Matteis *Cap Corse* hingegen findet sich in jeder Bar auf der Insel.

Oratoire Saint-Roch: Das Kirchlein mit der neoklassischen Fassade am südlichen Ende der Rue Napoléon stammt aus dem 17. Jahrhundert und ist dem Heiligen Rochus, dem Schutzpatron gegen die Pest, gewidmet. Im Inneren hüllen Holztäfelung und dunkelrote Tapete den Besucher in ein stimmungsvolles Halbdunkel.

Das Museum für feine Nasen

Die mannigfaltige Macchia verwöhnt als Gewürz der korsischen Küche den Gaumen, warum sollte ihr Duft – in Flacons abgefüllt – nicht auch unseren Riecher verwöhnen? Von 130 Primärprodukten der Parfumindustrie kommen schließlich 25 auf der Insel vor, und darin liegt ein olfaktorisches Potential.

Das kleine **Musée du Parfum** im Haus Nr. 29 an der Avenue Emile Sari ist eine Einladung für feine Nasen. Parfumeur Guy Cecchini hat seine Lehr- und Gesellenjahre in der französischen Parfumhochburg Grasse hinter sich gelassen und sich auf seiner Heimatinsel selbständig gemacht. Wenn Sie Glück haben, ist der Meister persönlich anwesend und erklärt Ihnen den "Stammbaum des Parfums", eine Säule mit Flachreliefs, die den Verkaufsraum ziert; danach werden Sie in das Hinterstübchen mit Regalen voller Fläschchen und Destillierapparate geführt. Während sich die Parfumeure in den Fabriken von Grasse ausschließlich dem Kreieren von Düften widmen, betreut Guy Cecchini den gesamten Produktions- und Distributionsprozess seiner Parfums: Destillation, Filterung, Kreation, Abfüllung in Flacons und Vertrieb.

In den Monaten Juli bis September darf man auch ins Herz der Produktion vorstoßen: In der Altstadt von Bastia an der Rue Monseigneur Rigo Nr. 9 befindet sich das **Labor Cyrnarom**. Auf engstem Raum lagern hier Alkoholfässer und Korbflaschen, in denen die Parfums bis zu ihrer Abfüllung ruhen. In der ersten Etage glaubt sich der Besucher in eine mittelalterliche Alchimistenstube versetzt. In Tausenden von Fläschchen harren die Essenzen ihrer Weiterverarbeitung, und mittendrin geht Guy Cecchini seiner liebsten Tätigkeit nach: der Erfindung von neuen Düften.

Öffnungszeiten: Im Sommer 10–12 und 15.30–19.30 Uhr, im Winter 10–12 und 15–19 Uhr; So geschlossen. Eintritt frei.

Oratoire de l'Immaculée Conception: Im Unterschied zum vorgenannten Oratorium weist die Fassade der *Kapelle der Unbefleckten Empfängnis* einen hübschen Barockstuck auf. Im Inneren findet sich die gleiche dunkle Kombination von Holztäfelung und Tapete. Prunkstück ist die auf einem mehrköpfigen Ungeheuer stehende Goldmadonna – auf einem kleinen Balkon mit Parkett.

Eglise Saint-Jean-Baptiste: Die zweitürmige Barockkirche, die den Hafen dominiert, stammt aus dem Jahr 1583. Das Kircheninnere vermag weniger zu beeindrucken. Auffällig viele Beichtstühle – oh sündiges Bastia!

Zitadellenviertel: Das älteste genuesische Viertel Bastias mit seinen Treppen und engen Gassen ist den Besuch unbedingt wert. Autofahrer finden an der *Place d'Armes* einen Parkplatz. Fußgänger können den Eingang durch die *Porte Louis-XVI.* nehmen, ein wuchtiger Doppeltorbogen, der – nach diversen kriegerischen Auseinandersetzungen im 18. Jahrhundert – unter *Ludwig XVI.* repariert wurde. Schöner aber ist der Aufstieg von unten: den

Südquai am alten Hafen entlang durch den *Jardin Romieu,* einen schattigen, kleinen Park, der sich zum Genuesenpalast hochzieht (Fußweg ausgeschildert).

Den früheren militärstrategischen Vorteil wissen heute vor allem Fotografen zu schätzen: Der **Palast der genuesischen Gouverneure** mit gut erhaltenem Wehrturm bietet einen einmaligen Blick auf den alten Hafen mit der Jean-Baptiste-Kirche. Heute ist im Palast das **Ethnographische Museum** untergebracht. Der Parcours durch die korsische Geschichte beginnt bei einigen *neolithischen Fundstücken* – teils aus dem berühmten Filitosa (siehe S. 213) – und führt dann zu Exponaten aus der *Römerzeit,* darunter ein komplettes, bei Aleria gefundenes Ziegelsteingrab. Die Epoche der *genuesischen Herrschaft* bis zur französischen Einverleibung der Insel repräsentieren vor allem Porträts und Büsten der großen Männer Korsikas: Sambucuccio, Sampiero Corso, Theodor von Neuhoff, Pasquale Paoli, Napoléon Bonaparte (Personenkult ist Geschmackssache, aber die Darstellung geschichtlicher Zusammenhänge lässt einiges zu wünschen übrig). In der *ethnologischen Abteilung* vermittelt das Modell einer korsischen Bergerie eine Ahnung vom harten Landleben. An das 20. Jahrhundert erinnern im Hof ein Wrackteil des berühmten U-Boots *Casabianca,* das im Zweiten Weltkrieg die Verbindung zwischen der Insel und Algerien aufrechterhielt, und das Funkgerät eines jungen, von den faschistischen Truppen füsilierten Widerstandskämpfers.

Öffnungszeiten: Wiedereröffnung nach Renovierungsarbeiten eventuell noch im Jahr 2002, eventuell erst 2003. Das Museum soll umbenannt werden in "Musée d'Anthropologie humaine" – ob unsere Beschreibung dann noch stimmt, sei dahingestellt.

Cathédrale Sainte-Marie (Rue Esplanade): Die Kathedrale im Zitadellenviertel stammt aus dem 15. Jahrhundert. Das für einen Bischofssitz (bis 1801) etwas bescheidene Äußere wird durch die üppig-barocke Innenausstattung kompensiert.

Oratoire Sainte-Croix (Rue de l'Evêché): Unterhalb der Kathedrale und an diese angebaut, ist das Oratoire Sainte-Croix vollständig mit den alten Wohnhäusern des Viertels verwachsen. Die Besonderheit des hübschen Barock-Kirchleins ist das *schwarze Holzkreuz* in der Seitenkapelle. Die Legende erzählt, dass in einer Nacht des Jahres 1428 zwei Fischer aus Bastia, die Brüder Giuliani, auf dem Meer einen leuchtenden Gegenstand schwimmen sahen. Dieser entpuppte sich als Christuskreuz aus schwarzem Holz, vermutlich der Bug eines untergegangenen Schiffes. Die Fischer bargen das Kreuz und deponierten es im Oratorium Sainte-Croix, wo es mit den Jahrhunderten zur Reliquie mutierte. Jährlich am 3. Mai ist das Oratorium proppenvoll, die Bastianer feiern an diesem Tag ihren *Cristu Negru*. Es ist das Fest der "Kreuzerhöhung", vom katholischen Kalender eigentlich auf den 14. September festgelegt. Die Terminabweichung in Bastia wurde durch ein päpstliches Dekret genehmigt.

> ### Biera corsa
>
> Die zündende Idee kam Dominique Sialelli beim Bier. Als der Manager der France Télécom aus Paris nach einem Konzert der Muvrini in Corte in der nächsten Bar seinen Durst mit einem korsischen Bier löschen wollte, beschied man ihm bündig: "Korsisches Bier? Gibt es nicht." Das war Anfang der 90er Jahre. Der Exilkorse hing seine Pariser Karriere an den Nagel und begann, die Regeln der Bierbrauerei zu studieren.
>
> Als er Freunden von der Idee eines Biers aus Kastanienmehl erzählte, erntete er nur Spott, allenfalls ein nachsichtiges Lächeln, man hielt das eben mehr oder minder für eine Bieridee. Nach vier Jahren ökonomischer und bierologischer Vorarbeiten präsentierten Dominique Sialelli und seine Frau Armelle 1994 der Öffentlichkeit ihr *Pietra,* ein Bier aus Malz und Kastanienmehl. Eine Weltneuheit war geboren, und die Kritiker wurden etwas kleinlauter.
>
> Anfänglich noch in Straßburg gebraut, wurde die Produktion 1996 nach Furiani bei Bastia verlagert. Zählte man beim Start auf der Insel noch sechs Angestellte, so sind es heute bereits 22, im selben Zeitraum stieg die Produktion von 2300 Hektoliter auf 17.000 Hektoliter. Die kleine Fabrikhalle neben Bastias Fußballstadion ist längst zu klein geworden, die Pietra-Brauerei bezieht 2004 ein größeres Gelände ein paar Kilometer südlich von Furiani. Das dunkle Gebräu mit dem lange anhaltenden Nachgeschmack hat seinen festen Platz auf dem korsischen Biermarkt, die Produktpalette wurde inzwischen um das helle Serena und das Weizenbier Colomba ergänzt ... und den Spöttern ist das Lachen längst vergangen.
>
> P.S. Wenn an dieser Erfolgsgeschichte etwas nicht stimmt, dann ist es der Anfang. Die Idee zum Bier aus Kastanienmehl sei ihnen bei einer sommerlichen Siesta unter einem Kastanienbaum gekommen, erinnert sich Armelle Sialelli. Unter einem Kastanienbaum liegen und von einem Bier träumen ... eine Gründerlegende so schön wie die andere.

Couvent Saint-Antoine: Das Kloster auf halber Anhöhe an der Straße nach Saint-Florent war früher ein stiller Ort in der Natur mit Blick auf die Stadt. Heute konkurrieren Wohnblöcke um die angenehme Lage. Gegründet wurde das Kloster 1540 von einem Kapuzinerpater aus dem Nebbio namens Mariano, der Ausbau der Anlage erfolgte im 17. Jahrhundert. Im Gefolge der Französischen Revolution wurden die Kapuziner vertrieben, kehrten aber bald wieder zurück. Dasselbe wiederholte sich zu Beginn des 20. Jahrhunderts.

Rätselhafte Schönheit am Marktplatz

Seit 1920 verläuft das religiöse Leben des Klosters ungestört.
Nach Auskunft von Einheimischen kann man im Kloster gegen geringe Bezahlung übernachten. (Der Rechercheur will das weder bestätigen noch dementieren; ein Klosterbewohner war nicht aufzufinden, und auch Radio Salve Regina, das von hier aus Gottes Wort verkündet, wollte sich nicht verbindlich äußern.)

Baden: Eine Hafenstadt mit Industrie ist natürlich nicht der Traum der Badeurlauber. Der **Arinella-Strand** südlich von Lupino kann nicht empfohlen werden. Besser fährt man gleich zur Lagunenstraße *(Cordon Lagunaire),* die den Etang de Biguglia östlich einrahmt, Radfahrer finden einen für sie abgetrennten Weg vor. Bei **La Marana** gelangt man an einen langen Sandstrand, das Wasser sieht sauber aus.

Bastia/Umgebung

Etang de Biguglia: Der Etang im Süden Bastias – nur einen knappen Meter tief und mit 1700 Hektar der größte Korsikas – ist ein ornithologisches Schutzgebiet: Vor allem Enten, Bussarde und Fischreiher sind an den wenigen Stellen zu beobachten, an denen der Blick auf den Etang frei ist. Wenn sich die Vögel nicht zeigen, ist der Ausflug auch nicht umsonst: Auf der anderen Seite der Lagunenstraße finden sich schöne Badegelegenheiten.

La Canonica: Südlich des Flughafens Poretta im Golo-Mündungsgebiet. Die wuchtige *Kathedrale* am Straßenrand war in pisanischer und genuesischer Zeit Bischofssitz des Bistums Mariana, bis die Kathedrale Sainte-Marie im Zitadellenviertel von Bastia diese Funktion übernahm. Die bodenständige Frühromanik hatte wenig für Schnörkel übrig, und so bildet das Tierfries über dem Türbogen den einzig nennenswerten Schmuck dieses Baus aus dem frühen 12. Jahrhundert.

An der Südseite verrät eine lateinische Inschrift aus dem Jahr 1960, dass die Ausgräber auf Knochen gestoßen waren. Die Grabungen galten wohl dem *Bischofspalast,* der sich hier anschloss.

Von einer Vorläuferin der *Canonica,* einer frühchristlichen Kirche mit Baptisterium aus dem 4. Jahrhundert, stammen die heute teils notdürftig über-

Entdeckt in Canonica

dachten Funde südlich der Kathedrale: Schönstes Stück ist ein quadratisches, symmetrisch angelegtes Bodenmosaik, das fast vollständig erhalten ist. Die weiteren Ausgrabungsreste stammen von der römischen Garnisonsstadt *Mariana,* die 100 v. Chr. hier gegründet wurde. Einige Fundstücke sind im Ethnographischen Museum von Bastia ausgestellt.

Etwa 300 m westlich der Canonica, inmitten der Wiesen etwas verloren dastehend, findet man ihre kleine Schwester aus derselben Epoche, das Kirchlein **San Parteo** mit etwas Apsis-Schmuck und einem hübschen Löwenrelief über dem südlichen Eingang.

Serra di Pigna: Von der Straße nach Saint-Florent zweigt knapp vor dem Col de Teghime ein 4½ km langes Sträßchen zum 960 m hohen, mit Sendemasten bestückten Hausberg Bastias ab. Oft steht er im Nebel, bei schönem Wetter aber bietet er einen Blick aus der Vogelperspektive auf die Stadt und auf den Etang de Biguglia.

Ganz im Norden: Blick auf die Insel Giraglia

Cap Corse

Gut 100 km lang ist die Kap-Rundfahrt von Bastia nach Saint-Florent. Im Osten mit seiner relativ flachen Küstenlandschaft laden ab und zu kleine Buchten zum schnellen Bad ein. Im Westen fällt das Gebirge oft steil ins Meer ab, Badegelegenheiten sind rarer. Auffällig viele Genuesentürme aus dem 14. und 15. Jahrhundert bewachen die Halbinsel. Die Kap-Korsen galten stets als genuatreu, bis zur Französisierung der Insel pflegten sie enge Wirtschaftsbeziehungen zum italienischen Festland.

Die Dörfer im Landesinnern hatten jeweils an der Küste ihren kleinen Handelsstützpunkt, der dem Export der landwirtschaftlichen Produkte diente. Jeder Cap-Corse-Besucher fährt heute zwangsläufig durch die Orte *Marine de Sisco*, *Marine de Pietracorbara* und *Marine de Luri*. Doch die Hauptdörfer im Hinterland, *Sisco*, *Pietracorbara* und *Luri* (jeweils aus mehreren Siedlungen zusammengesetzt), nimmt kaum einer zur Kenntnis. Es sind verschlafene Nester, die bald ganz einzuschlafen drohen – die Jugend ist längst nach Bastia abgewandert oder hat in Kontinentalfrankreich Arbeit gefunden. Landwirtschaft wird nur noch minimal betrieben, als Sieger bleibt die Macchia zurück, die schon weite Teile des Kaps erobert hat.

Da die öffentlichen Verkehrsmittel von Bastia aus die Region nur sparsam bedienen, ist eine Kap-Rundfahrt nur mit dem eigenen Fahrzeug sinnvoll. Trotz der relativ kurzen Strecke sollte man zumindest einen vollen Tag einplanen, besser etwas mehr. Vor allem im Westen sind die Straßen reich an

Kurven, und es gibt einige schöne Stellen, die eine längere Pause rechtfertigen. Sportlicher – und in letzter Zeit sehr beliebt geworden – ist die Cap-Corse-Tour mit dem Fahrrad. In diesem Fall empfiehlt es sich, zwei Tage zu veranschlagen.

Im Uhrzeigersinn oder gegenläufig? Die Frage, wie man die Rundfahrt angeht, stellt sich bereits in Bastia. Wer die pralle Sonne meiden will, wählt die Uhrzeigervariante: vormittags an der West- und nachmittags an der Ostküste. Obendrein fährt man so stets an der Bergseite, was im Hinblick auf eine mögliche Kollision beruhigend sein mag. Fotografen jedoch denken an die Beleuchtung und fahren gegen den Uhrzeiger. Wie auch immer: Die nachfolgende Beschreibung nimmt ihren Ausgang in Bastia und führt erst an der Ostküste entlang nach Norden, dann an der Westküste zurück nach Saint-Florent.

Tipp: Wer nicht gerade seine gesamte Wohnung im Anhänger mitführt, wählt von Bastia nach Miomo als Alternative die D 31, eine kurvige Höhenstraße, die auf der Michelin-Karte zu Recht als malerisch markiert ist – durch Wälder und Macchia mit schönen Ausblicken auf die Küste.

Pietranera (kors.: Petra Nera)

Der Ort hat eine Karriere vom eigenständigen Dorf zum Vorort Bastias bis zu dessen noblerem Stadtteil durchlaufen. Teure Lokale und einige noble Hotels nebst einem wirklich kleinen Kiesstrand sind das Einzige, was geboten wird. Zu literarischer Berühmtheit ist Pietranera durch *Prosper Mérimée* gekommen. Der Autor der berühmten *Colomba* hat den Tatort seines Vendetta-Romans von Fozzano (siehe dort) nach Pietranera verlegt – aus Angst, dass das Blut, das sich nach generationenlangem Morden doch endlich beruhigt hatte, wieder in Wallung geraten könnte. Trotzdem: Merimée hätte sich ruhig einen für die düstere Geschichte glaubwürdigeren Ort einfallen lassen können.

Lavasina

Hier hat man das Ballungsgebiet von Bastia endgültig hinter sich gebracht. Im Ort fällt ein kurioser neuzeitlicher Kirchturm auf, dessen Spitze nicht ein Kreuz schmückt, sondern eine Figur. Nur kurzsichtige Banausen glauben, die Statue of Liberty vor sich zu haben. Es ist die *Madonna von Lavasina,* Korsikas Gegenstück zur Notre Dame von Lourdes. Eine für Kunsthistoriker interessantere Darstellung der wundertätigen Madonna befindet sich im Kircheninneren über dem monumentalen weißen Marmoraltar. Das Gemälde wird der Schule von Perugino, dem Lehrer Raffaels, zugeschrieben. Alljährlich am 8. September wird Lavasina von zahlreichen Pilgern aufgesucht.

Erbalunga

Das Dorf wird in jedem Souvenirshop Bastias als Postkarte verkauft: Tiefblaues Meer umspült eine kleine Felszunge, auf der sich die Häuser hart aneinander drängen. Der Genuesenturm, ein wuchtiges Exemplar, wenn auch ramponiert, gehört in dieser exzellenten Lage schon fast selbstverständlich dazu. Ein kleiner Fischerhafen gibt der Idylle den letzten Schliff. Erbalunga zieht sich heute beiderseits der Straße dahin, und der eben beschriebene Postkarten-Blick bleibt dem eilig Durchfahrenden verborgen. Wer sich für die Schönheit des Ortes Zeit nehmen will, lässt im Zentrum von Erbalunga das Fahrzeug auf dem Parkplatz links der Straße stehen und begibt sich zu Fuß in Richtung Meer. Keine Bademöglichkeiten, dafür zwei kleine Restaurants am Platz und ein weiteres direkt gegenüber der Mole; sie sehen alle gleich einladend aus.

• *Übernachten*: ***** Hôtel Résidence Castel'Brando**, an der Durchgangsstraße. Palazzo mit stilvollem Neuanbau, dahinter Swimmingpool. Gefrühstückt wird unter den Palmen. Komfortable Zimmer mit Air-conditioning, die im "Palazzu" doppelverglast. Hoteleigener Parkplatz. DZ je nach Saison 88–134 €, noch teurer sind die Suiten. April–Oktober geöffnet. ✆ 04.95.30.10.30, ✉ 04.95.33.98.18.

Hinter Erbalunga beginnt die Einsamkeit. Die Macchia zieht sich oft bis zum Meer hinunter, und wo sie den Blick auf den Boden freigibt, wird schwarz-grünes Schiefergestein sichtbar, geologisches Kennzeichen Nordost-Korsikas. Genuesische Wehrtürme bewachen in fast regelmäßigem Abstand die Küste, ab und zu lädt eine kleine Bucht zum Baden ein.

Einen ausgezeichneten größeren Strand findet man bei **Marine de Pietracorbara**. 6 km nördlich davon liegt ein eng gebautes Fischerdörfchen mit klitzekleinem Hafen: **Marine de Porticciolo**. Die Idylle ist nicht bedroht, für die Tourismus-Entwicklung ist hier zu wenig Platz. Nur 2 km weiter liegt **Santa Severa (Marine de Luri)**, wo am nördlichen Ortsausgang rechter Hand der Straße die *Domaine Pieretti* einen Besuch lohnt. Das Weingut wird seit fünf Generationen von derselben Familie bewirtschaftet und produziert hervorragende Tropfen: Rotwein, Rosé, Weißwein und Muscat stehen zur Degustation an.

Erbalunga: die Rückseite der Idylle

- *Tauchen*: Der **Aquatica Club Cap Corse** in Santa Severa (Marine de Luri) bietet Tauchausflüge und -lehrgänge an. ✆ 06.76.47.48.97 (mobil).
- *Übernachten/Camping/Essen*: **Hôtel de la Marine**, Marine de Sisco. Von der Straße aus ahnt man das Paradies nicht: überdachte Terrasse und dahinter ein riesiger Garten mit Rasen bis zum Meer. Kieselstrand. Bescheidene, fernsehfreie, saubere Zimmer im Anbau. Parkmöglichkeit auf dem Hotelgelände. DZ 36–40 €. Mai–September geöffnet. ✆ 04.95.35.21.04, @ 04.95.35.26.12.

Camping A Casaïola, Marine de Sisco. 250 m von der Straße landeinwärts in absolut ruhiger Lage. 60 Stellplätze. Bescheidenes, leicht terrassiertes Gelände, auf dem Eichen und Oliven viel Schatten spenden. Bungalowvermietung. Heißwasser vorhanden. In der Saison kleine Snackbar. ✆/@ 04.95.35.21.50.

Camping La Pietra, Marine de Pietracorbara, ca. 800 m vom Strand entfernt. Ca. 50 abgetrennte Stellplätze zwischen Oleanderbüschen und Eukalyptusbäumen. Parzellenabtrennung durch Büsche schafft Privatsphäre. Hervorragende sanitäre Anlagen, Waschmaschine. Lebensmittelladen und in der Hauptsaison täglich frisches Brot. April–Oktober geöffnet. ✆ 04.95.35.27.49, @ 04.95.35.28.57.

Restaurant/Pizzeria A Casaïola, Marine de Sisco. Regionale Küche und Pizze unter Schatten spendenden Kastanienbäumen oder auf der Terrasse über dem Meer. Dazu kleiner Kieselstrand.

Macinaggio

(korsisch: U Macinaghju)

Mit seinem geschützten Hafen hat der Ort für die Wirtschaft des Kaps früher eine bedeutende Rolle gespielt. In die Annalen der korsischen Geschichte trat Macinaggio 1789 ein. Hier landete, nach 20-jährigem englischen Exil von der französischen Revolutionsregierung amnestiert, *Pasquale Paoli,* um als Präsident der korsischen Nationalversammlung noch einmal eine Rolle in der Politik der Insel zu übernehmen. Der alte Freiheitskämpfer wurde begeistert empfangen.

Heute profitiert der Segel- und Yacht-Tourismus von der geschützten Hafenlage und bringt etwas Leben in den Ort. Am Quai reihen sich Restaurants, Bars und Geschäfte aneinander.

• *Bootsausflüge*: Mit "U San Paulo" in einer Stunde zu den **Finocchiarola-Inseln**, einem Naturreservat. "Ganz nett, wenn auch nicht gerade der Reißer", schreibt ein Leser. Die Verlängerung dieser Tour (um etwa eine Stunde) führt zum Leuchtturm von Agnello und nach Barcaggio. Auskunft und Reservierung unter ✆ 04.95.35.07.09.

• *Reiten*: **Centre Equestre "Cavallu di Ruglianu"**, beim nachgenannten Camping und zu diesem gehörig. Kurse, Promenaden und längere Ausritte. Nur Juli/August geöffnet. ✆ 04.95.35.43.76.

• *Übernachten/Camping*: ** **Hôtel des Iles**, direkt am Quai. Saubere Zimmer, Restaurant und Bar (Außenbetischung zum Hafen). DZ mit Dusche 46 €. ✆ 04.95.35.43.02, 04.95.35.47.05.

Camping de la Plage "U Stazzu", nördlich des Orts (Richtung Rogliano, dann ausgeschilderter Abzweig rechts). Schattiges, einsames Gelände mit 100 Stellplätzen. Preiswertes Restaurant (auch Pizze) mit Schattenterrasse. Der Strand vor dem Camping ist zum Baden nicht geeignet. Besser fährt man 1½ km auf der Schotterstraße Richtung Norden zur Bucht von Tamarone; dort findet sich ein kleiner, feiner Sandstrand. Dahinter liegt ein Naturschutzgebiet, zu dem auch die Finocchiarola-Inselchen gehören. Mai–Oktober geöffnet. ✆ 04.95.35.43.76.

Saubere Energie

Wer von Macinaggio auf der D 80 ins Landesinnere fährt, sieht sie schon von weitem. Wie riesige Mercedes-Sterne krönen die sieben Dreiblattrotoren (frz. *eoliennes*) der Windkraftanlage von Rogliano die Berge, ein paar Kilometer weiter folgen jene von Ersa, dreizehn an der Zahl. Die flügellose *Moulin Mattei* in der Nähe wirkt dagegen wie ein kümmerliches Relikt aus längst vergangenen Zeiten.

In Sachen saubere Energie ist Korsika zum Vorreiter in Frankreich geworden. Auf dem Festland setzt man schließlich immer noch auf Atomkraftwerke (auch sauber, sofern man von GAUs und ausgedienten Brennstäben absehen kann), doch ruhen auch dort bereits rund 20 Projekte für Windkraftwerke in den Schubladen. Ruhende Projekte, die möglicherweise einschlafen – derweil man auf Korsika bereits die nächsten Anlagen diskutiert: in Centuri, Patrimonio, San-Martino-di-Lota und Ville-di-Pietrabugno. Unumstritten sind die Windkraftanlagen aber auch auf Korsika nicht. Vögel mögen den von den Rotoren produzierten Sound nicht, ab und zu sollen auch welche zwischen den Propellern zu Tode kommen, die Ornithologen stehen in vorderster Front der Gegner. Zu ihnen gesellen sich Landschaftsschützer und all jene, die die Dinger einfach hässlich finden. Na ja, an den Anblick von Sendemasten auf Bergspitzen haben wir uns schließlich auch gewöhnt.

Ab Macinaggio führt die Straße an einigen Weingütern vorbei ins Landesinnere. Etwas abseits, über eine Nebenstraße erreichbar, klebt terrassenförmig **Rogliano** am Hang. Der aus mehreren Weilern bestehende Ort inmitten von Olivenhainen ist den Abstecher wert. Das Herrschaftsgeschlecht der *da Mare,* das vom 12. bis ins 16. Jahrhundert am nördlichen Cap Corse das Sagen hatte, war hier ansässig. Ein Kloster (heute Privatbesitz), mehrere

Kirchen, Burgruinen sowie ein Friedhof mit prunkvollen Familiengruften zeugen von der ehemaligen Größe Roglianos.

- *Übernachten/Essen*: **Hôtel U Sant'Agnellu**, im zentralen Weiler von Rogliano bei der großen Kirche. Man soll sich von der einfachen Fassade nicht täuschen lassen: Das Hotel hat Charme und obendrein eine ausgezeichnete Küche. Großartiges Panorama vom Speisesaal und der Terrasse aus. Kleiner, schattiger Garten. DZ mit Dusche ab 38 €. Mai–September geöffnet.
✆/📠 04.95.35.40.59.

Barcaggio (kors.: U Varcaghju)

Noch ein kleiner Abstecher, besser noch als Mini-Rundreise zu gestalten. Beim Dörfchen *Ersa* führt eine Straße teils durch Olivenhaine, meist aber durch wüst wucherndes Macchia-Gebiet nach Barcaggio. Dem Ort an der Nordküste des Kaps vorgelagert liegt – mit einem mächtigen Leuchtturm versehen – die Insel La Giraglia. Zentrum von Barcaggio ist der hübsche Fischerhafen, der mit Hilfe von EG-Geldern ausgebessert wurde. Östlich des Dorfes liegt einer der schönsten *Badestrände* des Kaps: äußerst flach und daher kinderfreundlich, feiner Sand – und bestimmt nicht überlaufen.

Langustenfischer

- *Übernachten*: ** **Hôtel La Giraglia**, am Nordausgang des Dorfes. Absolut ruhige Lage, betischter Garten direkt zum Meer, stilvoll und komfortabel. DZ mit Dusche/WC ca. 58 €, ohne ca. 50 €. Preiserhöhend wirkt sich wohl die grandiose Aussicht auf die Insel La Giraglia aus. April–Oktober geöffnet. ✆ 04.95.35.60.54, 📠 04.95.35.65.92.

- *Essen*: **Restaurant Il Fanale**, im Dorfzentrum, Fischspezialitäten zu akzeptablen Preisen.

Von Barcaggio führt eine enge Straße nach **Tollare**, der zweiten menschlichen Siedlung an der Nordküste. Ein restaurierter Genuesenturm, ein paar pittoreske Häuser mit Dach und Außentreppe aus grünem Schiefer, ein kleiner, grober Kiesstrand – mehr hat der Weiler nicht zu bieten, und so wird er auch weiterhin gottverlassen dahindämmern.

Auf dem Weg zurück nach *Ersa* sieht man in der Hügellandschaft verstreut mehrere verfallene Kirchen, stumme Zeugen aus einer Zeit, in der das Cap Corse noch nicht so entvölkert war. Ungefähr einen Kilometer westlich von Ersa führt von der Passhöhe des *Col de Serra* aus ein Fußweg von fünf Minuten rechts hoch zur **Moulin Mattei**, einer von der Aperitif-Firma Mattei teilrestaurierten Windmühle. Vom Platz aus bietet sich ein großartiges Panorama über die gesamte Nordspitze des Kaps und zur Giraglia-Insel, im Westen reicht der Blick bis nach Centuri-Port, einem Fischerdorf, zu dem hinunter 3 km südlich der Moulin Mattei ein Nebensträßchen abzweigt.

Langustenfischerei

Centuri-Port ist Frankreichs wichtigster Hafen der Langustenfischerei, das behauptet zumindest der *Corse Matin*. Der Ort lebt fast ausschließlich von der Fischerei und vom Tourismus. Von den rund 200 Einwohnern Centuris sind 20 professionelle Fischer. Mit Fernand, Alex und André durfte ich einmal mit aufs Meer.

Die winzige Disko auf der anderen Hafenseite schloss gerade, als ich schlaftrunken den Quai entlang zu Fernands Boot trottete. Es war kurz vor vier Uhr. Fernand, Alex und André waren bereits da – sie sind es gewohnt, so früh aufzustehen. Jeder von uns hatte ein riesiges Lonzu-Sandwich und zwei Flaschen St-Georges-Wasser dabei. Wir gingen an Bord, Fernand ließ den Motor an, und Alex und André lösten die Taue. Die *Laura*, so heißt das 10 m lange, blau-weiße Boot, setzte sich in Bewegung und verließ den kleinen Hafen. Begleitet vom monotonen Brummen des Motors fuhren wir in nördliche Richtung. Das Meer war spiegelglatt. Über uns funkelten unzählige Sterne. Nur ganz schwach zeichneten sich die Hügel des Cap Corse am Horizont ab. Fernand saß am Steuer im kleinen Führerhäuschen und hörte über Funk den aktuellen Wetterbericht ab, während André sich in eine kleine Nische im Schiffsrumpf verkroch, um noch etwas zu schlafen. Der Leuchtturm auf der Giraglia-Insel zeigte uns, dass wir die Nordspitze Korsikas erreicht hatten. Fernand erklärte mir die Funktionen der GPS-Navigationshilfe (Global Positioning System) und deutete auf dem Bildschirm auf unsere exakte Position. Mit unserer momentanen Geschwindigkeit von rund acht Knoten würden wir noch fast zwei Stunden bis zu den ersten zu ziehenden Netzen benötigen, errechnete er. Als ich einmal zurückschaute, erschrak ich erst: Wie eine hell erleuchtete Stadt kreuzte ein riesiges Schiff unseren Weg. Alex erklärte mir, dass es sich dabei um die *Kalliste* der CMN handle, die – von Marseille kommend – Bastia ansteuerte.

Langsam setzte die Dämmerung ein. Im Osten zeigte sich die Insel Capraia noch als schwarzer Schatten am Horizont, weit im Süden erhoben sich die Berge des Cap Corse aus dem Meer. Alex weckte André und zog sich danach gelbe, wasserabstoßende Gummihosen an. In seinem Logbuch hatte sich Fernand genau aufgeschrieben, wo er die Netze drei Tage zuvor ausgeworfen hatte. Mit Hilfe der GPS-Navigationshilfe fand er zu exakt dieser Stelle zurück. André fasste eine lange Stange, an deren Ende ein kleiner Haken befestigt war, und wartete damit ganz vorne am Bug. Er entdeckte die gelbe Boje, welche einsam auf dem Meer schwamm, und zog sie mit der Stange an Bord. Sie war mit *Laura 13* beschriftet. An der Boje war ein Seil befestigt, welches André um die über dem Bug befestigte

Winde legte. Diese wurde mit einem Motor angetrieben und zog das bis zum Meeresgrund hinunterreichende Seil nach oben. Anschließend folgte das Netz, das nun drei Tage am Grund des Meeres gelegen hatte. Nun begann die eigentliche Arbeit: Fernand, der sich mittlerweile ebenfalls die wasserabstoßenden Fischerhosen angezogen hatte, nahm einen Knüppel und setzte sich auf den Bug. Dort schlug er den unerwünschten Ballast – Steine, Fischskelette, Seeigelschalen, Seesterne und so weiter –, der sich im Netz verfangen hatte, zurück ins Meer. Alex stand etwas weiter hinten und beseitigte die letzten Reste des Drecks. Währenddessen legte André das Netz sorgfältig und ohne Gewirr in den Schiffsrumpf, damit es nachher wieder problemlos ausgeworfen werden konnte. Fernands zweite Aufgabe bestand darin, das aus der Dunkelheit der Tiefe auftauchende Netz in den Augen zu behalten und darauf zu achten, ob sich eine Languste darin verfangen hatte. War dies der Fall, wurde die Winde gestoppt und das Netz von Hand nach oben gezogen. Ansonsten wäre das kostbare Schalentier vom Druck des über 100 m zum Meeresgrund hinunterhängenden Netzes in der Winde zerquetscht worden. Insgesamt zogen wir in rund drei Stunden sechs Netze zu je 750 m Länge nach oben. Nebst 25 kg Langusten hatten sich auch ein paar Seeteufel *(lotte),* einige *chapons* und Seespinnen *(araignée)* in den Netzen verfangen. Fernand war mit der Ausbeute zufrieden.

Nach einer kurzen Pause mussten die Netze wieder ausgeworfen werden. Wir fuhren ein schönes Stück nach Osten. Die *Corsica Express Seconda,* deren Wellen unser Boot wild hin- und herschaukeln ließ, kreuzte unseren Weg. Plötzlich verlangsamte Fernand die Fahrt, notierte die von der GPS-Navigationshilfe angezeigte Position und gab André das Zeichen, die Boje des ersten Netzes und das Seil zu werfen. Während der Weiterfahrt wurde das Netz Meter um Meter über die Reling gelassen. Zu guter Letzt folgte wieder ein Seil und an dessen Ende eine weitere Boje. Es dauerte nochmals knappe drei Stunden, bis alle Netze wieder auf dem Meeresgrund lagen. Schließlich steuerte Fernand wieder den heimatlichen Hafen an, während Alex, André und ich das Deck schrubbten. Es hatte sich allerlei Dreck vom Meeresgrund darauf angesammelt. Alex und André legten sich danach schlafen. Die Arbeit unter der gleißenden Augustsonne ist hart! Als wir die Küste des Cap Corse wieder erreichten, zeigte mir Fernand eine kleine Grotte nördlich von Centuri – in seiner Kindheit war dies sein geheimes Versteck. Am Nachmittag, nach über zehn Stunden auf dem Meer, fuhren wir wieder in den Hafen von Centuri ein. Die kostbare Ladung brachten wir sogleich in eines der Restaurants, damit sie abends frisch serviert werden konnte.

Abends, nach einer langen und ausgiebigen Siesta, genoss ich mit Fernand, Alex und André eine wunderbare, von einer Flasche *Gioielli blanc* begleitete *langouste grillée.* Was für ein Tag!

Martin Lendi

Ein Dorf für Romantiker: Centuri-Port

Centuri-Port

Ein Fischerdorf wie aus dem Bilderbuch! Centuri-Port mit seinen schiefergedeckten Häusern um den windgeschützten Hafen verzaubert jeden Betrachter. Zu Zeiten der Unabhängigkeitskriege im 18. Jahrhundert hatte der Hafen militärstrategischen Wert und wurde unter *Pasquale Paoli* entsprechend ausgebaut. Heute ist er den Fischern vorbehalten, nur selten legt eine Yacht an. Für eine Inanspruchnahme durch die Tourismus-Industrie ist der Ort zu klein, und so bleibt die Idylle wohl auch weiterhin erhalten.

• *Übernachten/Camping*: **** Hôtel du Vieux Moulin**, am südlichen Dorfausgang. Größeres Hotel mit Charme und Gartenrestaurant, von dem aus man das Treiben im Fischerhafen überblicken kann. Einige Zimmer sind nur durch die zum stillen Aufenthaltsraum umfunktionierte Bibliothek zugänglich. DZ ca. 47 €, alle Zimmer mit Dusche und WC, zum Teil mit Aussicht auf die Windkraftanlagen von Ersa. März–Oktober geöffnet. ✆ 04.95.35.60.15, ✉ 04.95.35.60.24.

* Hôtel Le Pêcheur, am Hafen. In idyllischer Lage, zwei Schattenterrassen, nach hinten eine Sonnenterrasse. Sechs kleine Zimmer über dem gleichnamigen Restaurant. Nach mehrjähriger Schließung hat das Hotel zur Saison 2001 wiedereröffnet. Hübsche, einfache Zimmer mit Blick aufs Dorfleben. DZ in der Hauptsaison 46–54 €. Die Preise der Nebensaison waren noch nicht in Erfahrung zu bringen, dürften jedoch unter denen der vorgenannten liegen. ✆ 04.95.35.60.14, ✉ 04.95.35.65.74.

* Hôtel de la Jetée, über dem Hafen. Ein GmbH-Hotel, dem es im Vergleich zu den beiden vorgenannten eindeutig an Charme mangelt. DZ 35–59 €, die billigeren mit Etagendusche. ✆ 04.95.35.64.46, ✉ 04.95.35.64.18.

Camping L'Isulottu, 1½ km außerhalb an der wenig befahrenen Straße nach Morsiglia und Saint-Florent. Schattiger, angenehmer Ort mit 150 Stellplätzen und ausreichenden sanitären Anlagen, Lebensmittelgeschäft nur in der Hauptsaison geöffnet. 10 Minuten Fußweg zum Strand.

Ganzjährig geöffnet. ✆ 04.95.35.62.81, 🖂 04.95.35.63.63.

• *Essen*: Die fünf Fischrestaurants am Hafen servieren, was der Fang bringt: Hummer, Langusten, Doraden, Rötlinge. Unsere Empfehlung gilt dem **Restaurant Le Langoustier** am östlichen Hafenende: Der Patron geht selbst auf Langustenfang, und sein Meeresfrüchtesalat ist ein wahrer Traum.

Bei **Morsiglia**, einem kleinen Bergdorf mit herrlicher Sicht auf die Küstenlandschaft, gelangt man wieder auf die Hauptstraße, die sich ab hier – mehr oder weniger streng dem kurvigen Küstenverlauf folgend – in Richtung Süden zieht.

Der Holzfischer

Möbel aus dem Meer – Pierre Fuger hat sich die wohl bizarrste Werkstatt auf Cap Corse geschaffen. Vor dem Eingang seines Häuschens türmt sich vom Meersalz gebleichtes Schwemmholz. Der Gartentisch ist ein Möbel aus Schwemmholz, der Stuhl für den Gast ebenso und auch der Liegestuhl daneben, von dem aus der Künstler den Blick auf die Küste genießt. Fußschemel, Spiegeleinfassungen, Bilderrahmen, Kerzenhalter – das Design bleibt sich stets gleich, und da jeder aus dem Meer gefischte Ast seine eigene knorrige Form hat, wird jedes Stück zum Unikat. Einzig nicht aus dem Meer kommen die Nägel und Schrauben, die diesen wunderlichen Möbeln Stabilität verleihen.

Jahrelang war Fuger als Tänzer und Choreograph an der Pariser Oper beschäftigt, dann packte er seine Koffer. Ein Häuschen mit Blick aufs Meer und einen 2 CV, was braucht man mehr zum Leben ... natürlich Ideen.

Das Atelier befindet sich am nördlichen Ortsausgang von Morsiglia. Wenn besagter 2 CV am Straßenrand steht, dürfen Sie davon ausgehen, dass der Meister zu Hause ist. Andernfalls fragen Sie in der Dorfbar nach oder unter ✆ 04.95.35.65.22.

Pino (korsisch: Pinu)

Mit einer Thermalquelle wäre aus dem Dorf bestimmt ein hübscher Kurort geworden. In luftiger Höhe inmitten einer üppigen Vegetation aus Olivenbäumen, Eichen und Platanen gelegen, gehört Pino zu den schönsten Dörfern des Cap Corse. Am nördlichen Dorfeingang ist der Blick frei bis hinunter zum Meer, wo ein ehemaliges Franziskanerkloster aus dem 15. Jahrhundert und ein ebenso alter Genuesenturm gegenseitig ihrem Verfall zusehen. Auf halber Höhe zum Meer ragt ein restaurierter quadratischer Wohnturm aus dem dichten Wald hervor. Ein zweiter Turm derselben Bauart steht – mit einem alten Herrschaftshaus ein architektonisches Ensemble bildend – im oberen Teil des Dorfes (von der Straße nach Luri aus gut sichtbar).

Pino ist wie die meisten Dörfer des Kaps ziemlich entvölkert und überaltert. Das spärliche öffentliche Leben spielt sich im Fastfood-Lokal neben der Tankstelle und auf den Bänken an der Durchfahrtsstraße ab.

• *Essen*: **Restaurant/Pizzeria La Tour Génoise**, korsische Küche und Pizze. Großer Speisesaal, schattiger Garten und Sonnenterrasse mit Blick aufs Meer und den Genuesenturm. Das Restaurant wurde 2000 eröffnet und profitiert eindeutig vom Gruppen-Tourismus. Bei ihrer Kap-Rundfahrt finden Cars in Pino die einzige Parkmöglichkeit zwischen Macinaggio und Nonza.

Unweit von Pino steht der **Seneca-Turm** *(Tour de Sénèque)*. Auch wenn es unwahrscheinlich ist, dass der nach Korsika verbannte römische Philosoph *Seneca* just in diesem Turm gehaust hat – der Ausflug ist reizvoll. Die Anfahrt erfolgt über die Nebenstraße ins Landesinnere Richtung *Luri*. Der stattliche Genueserturm ist schon von weitem zu sehen. Nach 5 km gelangt man auf den *Col de Sainte-Lucie* mit einem verlassenen Kirchlein und einer hübschen Wiese davor – ein idealer Ort zum Wildcampen, wenn da nicht ein strenges Verbotsschild von der Kirchenmauer drohte. Von hier führt rechts ein schmaler Asphaltweg (nicht ausgeschildert) zu einem großen Gebäude mit Parkplatz. Es ist das *Château dei Motti* und sieht auf den ersten Blick eher wie ein altes Fabrikgebäude aus. Doch die riesigen Seitenflügel des demolierten Baus wie auch der alte Garten (mit Schwimmbad!) zeigen, dass es sich früher um ein ansehnliches Herrschaftshaus gehandelt haben muss. Bis in die späten 80er Jahre noch war hier ein Kinderheim untergebracht. Heute geben im Inneren zerbrochenes Mobiliar, Stuhlskelette, zerstörte Fensterrahmen, Glasscherben und herumliegende Fliesen eine gespenstische Kulisse ab.

> ### Seneca
>
> Der vier Jahre v. Chr. geborene römische Philosoph *Lucius Annaeus Seneca* hatte bereits eine glänzende Karriere als Advokat und Senator hinter sich, als ihn Kaiser *Claudius* im Jahr 41 in die korsische Verbannung schickte. Angeblich hatte der Philosoph einen Flirt mit einem Spross aus dem kaiserlichen Haus. Ob es sich dabei um die kaiserliche Nichte *Agrippina die Jüngere* handelte, verschweigen die Biographen. Sicher aber ist, dass Claudius eben jene Agrippina selber heiratete, nachdem er *Messalina,* seine dritte Gemahlin, hatte hinrichten lassen. Die frischgebackene Kaiserin erlöste Seneca aus dem unfreiwilligen korsischen Exil mit dem Auftrag, ihren in die Ehe mit eingebrachten Sohn *Nero* zu erziehen. *De clementia* ("Über die Sanftmut") heißt die Bildungsschrift, die der Philosoph dem 18-jährigen Zögling zudachte. Gegen den mörderischen Zeitgeist im damaligen Rom konnte jedoch Senecas Erziehung zur Tugend nichts ausrichten: Agrippina lässt im Jahr 54 ihren Gemahl vergiften, um Sohn Nero auf den Thron zu heben. Dieser bedankt sich fünf Jahre später, indem er seine Mutter vergiften lässt und ganz nebenbei auch seine Schwester. Im Jahr 65 schließlich zwingt er Seneca – angeblich wegen Teilnahme an der gegen Nero gerichteten Pisonischen Verschwörung – zum Selbstmord. Weitere drei Jahre später begeht auch Kaiser Nero Selbstmord. Vorhang.

Von diesem etwas eigenartigen Platz, der sich übrigens hervorragend zum Picknick eignet, ist man zu Fuß in einer Viertelstunde – das letzte Stück leichte Kletterei – oben am Genueserturm. Die rechtwinkligen Fundamente unterhalb des Turms sind Teile einer früheren, nicht mehr zu rekonstruierenden Befestigung, die der Legende nach Senecas korsischer Wohnsitz gewesen sein soll. Mit oder ohne Legende: Die Aussicht zur Westküste und über die Hügel hinweg zu einigen Abschnitten der Ostküste ist großartig.

Ab Pino wird die Fahrt abenteuerlich und nicht ganz ungefährlich. Die Straße folgt dem Küstenverlauf, oft hart in den Felsen gehauen, die Kurven sind unübersichtlich, und der Abgrund ist tief. Hupen und aufpassen! An der Bucht von **Marine de Giottani** treffen sich die einheimischen Sonntagsfischer. Mit ihren verstreuten Häuschen ist sie nicht gerade ein Schmuckstück, aber das Wasser ist glasklar. Grober Kiesstrand.

Canari

Ein kleiner Abstecher für eine große Aussicht. Auf halbem Weg zwischen Pino und Nonza liegt das freundliche Bergdorf Canari. Wahrzeichen des Ortes ist ein hübscher Glockenturm, von dem aus man ein phantastisches Panorama über die Küste genießt. Unweit davon – direkt hinter dem einzigen Hotel von Canari – steht ein gut erhaltener romanischer Kirchenbau mit skulptierten Masken im Fries und dahinter ein verlassenes Kloster. Der schattige alte Hain beim Friedhof ist ein idealer Picknickplatz.

* _Anfahrt_: Südlich von Marine de Giottani ausgeschildert. Mögliche, aber sehr zeitaufwendige Alternative: Von Pino ca. 1 km in Richtung Luri, dann rechts auf die D 33 abzweigen. Das windige Sträßchen führt parallel zur Küstenstraße (teils durch Wälder) auch nach Canari.

* _Übernachten/Essen_: Hôtel **Au Bon Clocher**, gegenüber dem Glockenturm von Canari. Ein freundlicher Familienbetrieb, ausgezeichnete korsische Küche und ein sagenhafter Sonnenuntergang. DZ ab 30 €. ✆ 04.95.37.80.15, 📠 04.95.37.81.37.
Im Weiler Abro etwa 6 km südl. von Marine de Giottani lädt an der Küstenstraße der kleine Landgasthof **L'Auberge du Chat qui Pêche** mit einer kleinen Terrasse zur Meerseite zu einem Zwischenhalt ein. Abends bietet er eine schmackhafte Küche oder Pizza auf Holzkohle. Wer sich dann von der freundlichen Atmosphäre nicht mehr trennen mag: Das DZ kostet ca. 30 €, es sind nur zwei Zimmer vorhanden. März–Dezember geöffnet. ✆ 04.95.37.81.52.

Die unterhalb von Canari gelegene Bucht von **Marine d'Albo** mit ihrem idyllischen Genuesenturm verleitet zu einem kurzen Badestopp.

Glockenturm von Canari

Der feine Kiesstrand soll allerdings leicht asbesthaltig, d. h. der Gesundheit möglicherweise abträglich sein (siehe Kasten auf der folgenden Seite).

Ein Stück korsischer Industriegeschichte

An der Küstenstraße stört knapp nach der *Auberge du Chat qui Pêche* ein riesiger, grauer Bau das romantische Landschaftsbild. Darüber liegen die Abraumhalden des Asbestabbaus am Monte Cuccaro – Korsikas größtes industrielles Abenteuer und auch sein gefährlichstes. Die 1928 hier entdeckten, riesigen Asbestvorkommen führten zu einer industriellen Ausbeutung, die nach dem Zweiten Weltkrieg bis zu 400 Menschen beschäftigte. Die wichtigste Eigenschaft von Asbest besteht darin, dass es feuerfest ist. Das im Bergwerk von Canari geförderte Mineral fand Eingang in Isolationsmaterial für Böden und Decken, in feuerfeste Anzüge, Theatervorhänge u. a. m. Die Produktion auf Cap Corse reichte aus, um ganz Frankreich zu versorgen. Nach einigen Arbeitskämpfen wurde der Betrieb 1965 mangels Rentabilität geschlossen, das Kapital hatte anderswo auf der Welt günstigere Produktionsbedingungen gefunden.

Zu den unmittelbaren Folgen der Schließung gehörte ein rapider Bevölkerungsschwund auf der Westseite des Kaps, zu den Spätfolgen gehört die gesundheitliche Schädigungen der Bergarbeiter. "Als einzigen Schutz trugen wir eine Maske. Sie verstopfte sich laufend, also legten wir sie ab und mussten nun dauernd diesen Staub einatmen, der in den Stollen so dicht war, dass man keine zwei Meter weit sah", gab ein ehemaliger Arbeiter zu Protokoll. Nach der sog. Asbestlunge (Reizhusten, Atemnot) entdeckte man auch den kanzerogenen Effekt des Minerals. Mit überdurchschnittlicher Häufigkeit verzeichnet die Statistik als Todesursache bei ehemals im Asbestberg Beschäftigten Lungenkrebs.

Ebenfalls zu den Spätfolgen des Asbestabbaus gehört die Umweltverschmutzung. Als Anfang der 60er Jahre der Präfekt von Korsika, Frankreichs oberster Vertreter auf der Insel, dem Betrieb untersagte, den asbesthaltigen Abfall einfach der Natur zu überantworten, war dies vermutlich schon zu spät (abgesehen davon, dass sich die Verantwortlichen ohnehin nicht daran hielten). Folge: Wer heute von Nonza hinunter auf die Küste blickt, sieht einen riesigen, verdächtig grauen Strand, der auch in der Hochsaison menschenleer ist. Und was einem die letzte Hoffnung rauben könnte: Das Wort *Asbest* kommt aus dem Griechischen und bedeutet "unvergänglich".

Derzeit stehen für den Industriebau am Berghang zwei Vorschläge zur Diskussion. Der eine sieht vor, mit dem Abbruch der Fabrikruine die Erinnerung an Korsikas größtes industrielles Abenteuer ganz einfach auszulöschen, der andere plädiert für den Umbau zum Industriemuseum. In diesem hätte dann die Geschichte des Asbestabbaus mit all ihren Facetten mehr Platz zur Verfügung als in einem Reiseführer.

Nonza

Hoch über dem Meer auf einen Felsvorsprung gebaut, an der abschüssigsten Stelle von einem quadratischen, grünschiefrigen Turm bewacht, ist Nonza ein Bild stolzer Wehrhaftigkeit. Vermutlich in pisanischer Zeit gebaut, wurde er später zerstört und unter genuesischer Herrschaft wiederaufgebaut. Die Geschichte vom heroischen Hauptmann *Casella* (siehe Kasten, S. 140) passt so gut hierher, dass man sie ohne weiteres glaubt.

Das Leben im Dorf konzentriert sich auf die Bar des Restaurants *Patrizi* am Dorfplatz und das *Café de la Tour* gegenüber. Den optischen Abschluss des Dorfkerns bildet die Fassade der *Barockkirche Sainte-Julie*. Mit einer Prozession wird jährlich am 22. Mai der Schutzpatronin Nonzas gedacht, einer Märtyrerin, die unter dem Christenverfolger *Diokletian* gekreuzigt wurde, nachdem ihr zuvor die Brüste abgeschnitten worden waren. Die Legende will es, dass der Felsen, auf den die Brüste der Heiligen geworfen wurden, zwei wundertätige Quellen hervorbrachte.

Pisanisch oder genuesisch? Wachturm von Nonza

Der *Strand von Nonza* – über einen Kilometer lang und angenehm breit, am besten aus der Vogelperspektive vom Dorfplatz aus zu überschauen – hat seine eigene kanzerogene Geschichte: In seiner heutigen Form ist er ein Nebenprodukt des Asbestabbaus am Monte Cuccaro, d. h. der über Jahre hinweg ins Meer gekippten Geröllmassen (siehe Kasten *Ein Stück korsischer Industriegeschichte*). Bis zur Mitte des 20. Jahrhunderts waren die Terrassenabhänge noch mit Oliven und Zitrusfrüchten bepflanzt, und am Südende des damals noch kleineren Strandes befand sich eine Bootsanlegestelle für die Fischer von Nonza. Heute lohnen weder Asbestabbau noch Landwirtschaft und Fischerei, die Arbeitskräfte sind ausgewandert, zurückgeblieben sind die Rentner und der homogene, graue, asbesthaltige Strand von Nonza. Fußgänger finden einen Zugang zum Meer über eine Treppe, die vom nördlichen Dorfende durch die verwilderten Terrassen hinunterführt. Bequemer zu erreichen, aber weniger schön ist das nördliche Ende des Strands: mit dem Auto bis zum Tennisplatz. Vom Baden wird wegen möglicher Gesundheitsgefährdung abgeraten!

• *Übernachten/Camping*: **Auberge Patrizi**, am Dorfplatz. Restaurant mit korsischen Spezialitäten. DZ 46–61 €, Frühstück inklusive. April bis Mitte Oktober geöffnet. ✆ 04.95.37.82.16, ✉ 04.95.37.86.40.
Camping A Stella, in Marine de Farinola, ca. 10 km südlich von Nonza und 8 km nördlich von Saint-Florent. Schattiges Gelände mit 150 Stellplätzen an einer größeren Bucht. Snackbar. Zu den sanitären Anlagen gehört auch eine Waschmaschine. Sowohl Kies- als auch Sandstrand, Letzterer nördlich des malerischen Genuesenturms. Mai–September geöffnet. ✆ 04.95.30.14.37, ✉ 04.95.37.13.84.

Wie Hauptmann Casella die Franzosen hereinlegte

Wir schreiben das Jahr 1768, der unabhängige korsische Staat von *Pasquale Paoli* ist weitgehend zerschlagen, das Cap Corse unter französischer Kontrolle. Das ganze Cap Corse? Nein, im Turm von Nonza regt sich noch Widerstand. Der alte Hauptmann *Casella* ist nicht bereit, das Feld zu räumen, auch nachdem seine letzten Getreuen – in realistischer Einschätzung der Kräfteverhältnisse – ihn im Stich gelassen haben. Heimlich hatten sie sich nächtens aus dem Turm geschlichen, dem alten Korsen ihre Gewehre überlassend. Als sich am nächsten Morgen die Franzosen dem Turm nähern, veranstaltet Casella mit der noch vorhandenen Kanone und den zurückgelassenen Flinten einen wahren Höllenlärm. Die erschrockenen Belagerer schicken ihm einen Emissär entgegen, der ihm die Sinnlosigkeit des Widerstands klarmachen soll. Hauptmann Casella erwidert, er müsse erst Kriegsrat abhalten, und verschwindet im Innern des Turmes. Eine Weile später kommt er heraus und erklärt, die Mannschaft des Turmes wolle kapitulieren, sofern man ihr freien Abzug unter Mitnahme der Waffen gewähre. Die Franzosen willigen ein, und der alte Hauptmann, schwer beladen mit Flinten und Pistolen, tritt aus dem Turm. Den noch immer auf die vermeintliche Besatzung wartenden Franzosen schleudert er stolz entgegen: "Ich bin die Mannschaft des Turms von Nonza!"
Die Eroberer hielten Wort und gaben dem Helden ein Ehrengeleit mit auf den Weg ins Hauptquartier von Pasquale Paoli.

Patrimonio (korsisch: Patrimoniu)

Der im südlichen Landesinnern des Cap Corse gelegene Ort mit der markanten Kirche aus dem 16. Jahrhundert ist den Connaisseurs korsischer Weine ein Begriff. Der aus der *Niellucio-Traube* (angeblich identisch mit der besten Chianti-Traube) gewonnene Rotwein hat selbst die snobistischen Gaumen der Pariser *Académie du Vin* zu überzeugen vermocht. Daneben werden auch Weißweine sowie ein Dessertwein *(Muscat)* produziert. Der Gesamtertrag ist nicht sehr groß, Hauptabnehmer sind Grossisten vom französischen Festland. Degustations- und Verkaufslokale finden sich in der Umgebung zuhauf.

Einzige Sehenswürdigkeit in dem sonst eher langweiligen Dorf ist *U Nativu,* eine in der Umgebung gefundene Menhirstatue aus Kalkstein, ausgestellt in einem kleinen Park an der Straße zur alten Pfarrkirche. Die ausgeprägten Gesichtszüge der 2,29 m hohen Megalith-Skulptur lassen auf eine relativ späte Entstehung schließen; die Forscher datieren *U Nativu* – den bisher einzigen Menhirfund aus Kalkstein – ins erste Jahrtausend v. Chr. ins sog. Megalithikum III. Dem steinernen Zeugen frühgeschichtlicher Kunst steht eine moderne Steinbogen-Skulptur gegenüber, die an die Toten der beiden Weltkriege erinnert – Bildhauerei einst und heute.

Einkaufen: Rund zwei Dutzend **Weingüter** laden in Patrimonio und seiner unmittelbaren Umgebung zur Degustation ein. Gute Tropfen fanden wir im einladenden Keller des **Clos Marfisi** an der Straße nach Bastia sowie in der **Domaine de Catarelli** (3 km vom Ortszentrum in Richtung Nonza), die einen ausgezeichneten Vermentino produziert.

Saint-Florent

Nebbio

Nebbio heißt Nebel, und dieser hängt morgens oft schwer über dem Gebirgsgrat beim Col de Teghime. Bis zur geschützten Bucht von Saint-Florent hinunter kommt er jedoch nur selten – ein Glück für das Hauptstädtchen, das sich mit Haut und Haar dem Tourismus verschrieben hat.

Hinter Saint-Florent breitet sich eine fruchtbare Landschaft aus, durchzogen vom Aliso und seinen Zuflüssen. Wie an so vielen Orten auf Korsika ist aber auch hier die landwirtschaftliche Nutzung stark zurückgegangen. Wo früher noch Wein und Oliven den Reichtum der Gegend begründeten, macht sich heute zunehmend die Macchia breit. Geblieben sind etwas Getreideanbau und Viehwirtschaft in der Umgebung der romantischen, steinigen Dörfer auf den Hügeln. Doch der Exodus der arbeitsfähigen Bevölkerung hat längst eingesetzt.

Saint-Florent (korsisch: San Fiurenzu)

Mit einer unwegsamen Stein-Macchia-Wüste, dem "Désert des Agriates", zur einen Seite und den Ausläufern der steilen Westflanke des Cap Corse zur anderen braucht Saint-Florent als touristisches Zentrum keine Konkurrenz aus der Umgebung zu fürchten. Eine Monopolstellung, die allerdings auch ihre Nachteile hat: Jeden Sommer schwillt die Bevölkerungszahl an, im französischen Ferienmonat August bis auf weit über 10.000 – idyllisches Fischerstädtchen ade!

Saint-Florent erwies sich als zu klein, um einen derart großen Besucheransturm unbeschadet zu überstehen. Bars, Restaurants, Boutiquen, Kunsthandwerk-

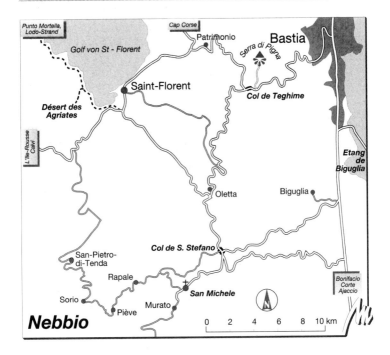

und Souvenirshops haben das Gesicht der Altstadt nachhaltig verändert. Braun und rot gebrannte Urlauber sitzen beim Eis im Straßencafé und schauen ihresgleichen beim Flanieren durch die wenigen Geschäftsstraßen zu. Einzig die betagten Männer auf dem großen Platz vor dem Yachthafen lassen sich vom ganzen Rummel nicht beeindrucken – ihre ungeteilte Aufmerksamkeit gilt dem korsischen Nationalsport, dem Boule-Spiel.

Geschichte: Die historische Vorläuferin von Saint-Florent ist die alte Stadt *Nebbio*, ein ehemals römischer Handelsplatz, der nach dem Zusammenbruch des Imperiums noch jahrhundertelang als Bischofssitz des Bistums Nebbio von großer Bedeutung war. Die *Kathedrale Santa Maria Assunta* – wegen der Verlandung der Küste heute etwa einen Kilometer im Landesinnern – ist ein letztes Andenken an die im frühen Mittelalter von den Sarazenen zerstörte Stadt.

Saint-Florent selbst ist eine Genuesengründung aus dem 15. Jahrhundert. Der ärgste Feind der für Handel und Armee ideal angelegten Hafenstadt war die im sumpfigen Gebiet der Aliso-Mündung heimische Malariamücke. Korsen, Genuesen und Franzosen fielen der Krankheit gleichermaßen zum Opfer, bis den Blutsaugern im 19. Jahrhundert durch Trockenlegung der Sümpfe der Garaus gemacht wurde.

Saint-Florent

Heute hat Saint-Florent mit Ausnahme des blühenden Tourismus-Gewerbes jede wirtschaftliche Bedeutung verloren, und am Hafen haben die Kriegsschiffe ihren Platz längst an die Yachten abgegeben.

Postleitzahl/Information/Verbindungen

- *Postleitzahl*: 20217
- *Information*: **Syndicat d'Initiative**, im Gebäude der Post (Straße nach Bastia). Freundlich und kompetent.
 ✆ 04.95.37.06.04.
- *Verbindungen*: Die **Autocars Santini** (Haltestelle an der Straße nach Calvi) fahren täglich um 7 Uhr und 13.30 Uhr nach Bastia. In der Saison Busse auch nach Calvi (über L'Ile-Rousse), Abfahrt um 9 Uhr.

Diverses

- *Autoverleih*: **Europcar**, bei Autocars Santini, Straße nach Calvi. ✆ 04.95.37.02.98.
- *Bootsverleih*: Bei **Dominique Plaisance** an der Straße nach Calvi (bei der Aliso-Mündung). Vom lizenzfreien 6-PS-Schlauchboot bis zum 140-PS-Flitzer, auch Kanus und Kajaks. Kaution!
 ✆ 04.95.37.07.08, ✆ 04.95.37.02.66.
 Corse Plaisance, an der Straße nach Calvi, direkt am Hafen. Motorboote von 9,9 bis 65 PS und ebenfalls Kanus.
 ✆ 04.95.37.02.66.
- *Fahrradverleih*: Bei **Aliso Sports**, Résidence Ste-Anne (an der Straße nach Calvi). Im Angebot sind Mountainbikes und Tourenräder. ✆/✆ 04.95.37.03.50. Wenn alle Räder weg sind: bei **Corse Plaisance** (s. o.) nachfragen.
- *Schiffsausflüge*: Die Firma **Popeye** fährt von Mai bis September täglich in der Hauptsaison bis zu 5-mal zur Plage de Lodo, die mit dem Auto nicht erreichbar ist. Dort findet man einen schneeweißen, unglaublich feinen Sand vor. Die Fahrt dauert 30 Min. und kostet ca. 9 € hin und zurück. Unsere Empfehlung. ✆ 04.95.37.19.07.
- *Tauchen*: **Aqua Do**, an der Straße nach Calvi. Tauchausflüge und -kurse unter der Leitung von Christine und Manu, die Deutsch sprechen. ✆ 0.4.95.37.27.43, ✆ 04.95.37.25.12.

Übernachten (siehe Karte S.145)

Das Stadtzentrum ist zu klein für die Tausende von Betten, die in der Saison gebraucht werden. Als hätte ein kommunaler Bebauungsplan es so vorgeschrieben, findet man Hotels fast nur an der Straße nach Bastia.

*** Hôtel Bellevue (4), an der Straße nach Bastia. St-Florents nobelstes Etablissement. Zimmer mit TV, Mini-Bar, Direktwahltelefon, die teureren mit Blick aufs Meer. Privatparkplatz und hoteleigener Strand. DZ 54–130 € je nach Saison und Land- oder Meerseite. Nach Absprache darf für 12 € auch das Schoßhündchen ins Zimmer. April–Oktober geöffnet.
✆ 04.95.37.00.06, ✆ 04.95.37.14.83.

*** Hôtel Dolce Notte (3) (mit Zwei-Sterne-Anbau), an der Straße nach Bastia. Die "süße Nacht" wird in einem motelähnlichen Häuserkomplex direkt am Meer (schmaler Kiesstrand) versprochen. Die Zimmer – alle mit Bad, WC und Direktwahltelefon – sind sehr unterschiedlich, einige groß und mit Superausblick aufs Meer, andere klein und ohne Romantik. Also vorher anschauen. DZ 45–95 €, starke saisonale Unterschiede, im Anbau 23–50 €. März–Oktober geöffnet (im Anbau nur Mai–September).
✆ 95.37.06.65, ✆ 04.95.37.10.70.

*** Hôtel Santa Maria (5), moderner Bau an der Straße nach Bastia, alle Zimmer mit kleinem Balkon, Bad, WC und Direktwahltelefon. DZ je nach Saison 38–76 €. Mitte März bis Mitte Oktober geöffnet.
✆ 04.95.37.04.44, ✆ 04.95.37.04.47.

** Hôtel Maxime (12), gepflegte, geräumige Zimmer mit Bad, nach hinten mit Blick auf den hier kanalisierten und befahrenen Poggio-Bach. Überaus freundlicher Familienbetrieb in ruhiger Stadtlage. DZ ab 46 €. Ganzjährig geöffnet.
✆ 04.95.37.05.30, ✆ 04.95.37.13.07.

Auberge U Liamone (1), nicht klassifiziert, an der Straße nach Bastia. Alle Zimmer mit Dusche/WC, einige mit kleinem Balkon. Katzen und Hunde dürfen mit aufs Zimmer genommen werden! Die Auberge wird von

Nebbio Karte S. 142

einer freundlichen Familie geführt, die auf der Dachterrasse und auf dem Vorplatz mit einer gut bestückten Bar für das Wohl der Gäste sorgt. Einen kleinen Kiesstrand findet man 50 m weiter in Richtung Zentrum. DZ ca. 35 €, in der Hauptsaison etwas teurer. Ganzjährig geöffnet. ✆ 04.95.37.12.81, ✉ 04.95.37.19.11.

Hôtel Sole e Mare (2), an der Straße nach Bastia. Motelähnliche Einrichtung mit freundlicher Wirtsfamilie und gepflegten Zimmern, alle mit Dusche/WC und jedes mit einer kleinen Terrasse ausgestattet; nach vorne bekommt man den Straßenlärm mit, wird dafür aber mit dem Sonnenuntergang über der Landzunge entschädigt. DZ 31 €, in der Saison leicht teurer. ✆ 04.95.37.01.59, ✉ 04.95.37.07.74.

Hôtel du Centre (8), kleines Stadthotel. Alle Zimmer mit TV und neuen Bädern. Freundlicher Empfang. DZ 38–46 €. Rue du Centre. Ganzjährig geöffnet. ✆ 04.95.37.00.68.

Hôtel de l'Europe (10), am zentralen Dorfplatz, seitlicher Eingang beim gleichnamigen Café, das nicht im selben Besitz ist. Für den zweiten Stern in den etwas ältlichen Zimmern ist wohl das Telefon verantwortlich. DZ ca. 35 €. Ganzjährig geöffnet. ✆ 04.95.37.00.03. ✉ 04.95.37.17.36.

Camping

Camping d'Olzo, nördlich von Saint-Florent (an der Straße nach Bastia). Hinter der imponierenden Beflaggung verbirgt sich eine 3-Sterne-Anlage mit 60 Stellplätzen in angenehm schattigem Gelände. Einziger Nachteil: Der vorgelagerte Strand ist in Privatbesitz. Wer baden will, findet 500 m in Richtung Saint-Florent einen Kiesstrand. April–September geöffnet. ✆ 04.95.37.04.34, ✉ 04.95.37.09.55.

Mehrere Campingplätze findet man am Südstrand von Saint-Florent (Richtung Calvi, dann gut ausgeschildert), darunter:

Camping Kalliste, ca. 160 Stellplätze. Restaurant, Bar und Einkaufsmöglichkeit. Drei Minuten Fußweg zum Strand. April–Oktober geöffnet. ✆ 04.95.37.03.08, ✉ 04.95.37.19.77.

Camping U Pezzo, 500 m hinter dem vorgenannten und wesentlich bescheidener als dieser. Ca. 140 Stellplätze. Sanitäre Anlagen und Schatten vorhanden, sonst nichts. Der Camping ist zwar direkt am Meer gelegen, doch ist der Sandstrand nicht sehr einladend. April–Oktober geöffnet. ✆ 04.95.37.01.65, ✉ 04.95.37.07.26.

Essen und Trinken

Restaurants findet man in Saint-Florent zur Genüge, z. B.:

Restaurant L'Atrium (9), Ortszentrum. Für den Gourmet die Nummer eins am Ort. Knapp vor der Jahrtausendwende eröffnetes Fischlokal mit überdurchschnittlichen Preisen, aber hervorragender Küche. Bouillabaisse, Langusten und andere Leckereien aus dem Meer.

Restaurant La Marinuccia (6), hinter dem Yachthafen, mit Terrasse über einer winzigen Meeresbucht. Wer eine Ader fürs Romantische hat und auch die frische Seeluft liebt, findet hier ein kleines Plus. Fischküche, preislich über dem Durchschnitt.

Restaurant L'Ombrée (7), konkurriert in Hafennähe mit seinem Nachbarn "Le Grand Bleu" und hat eindeutig die interessantere Speisekarte: mit *brocciu* gefüllte Sardinen, gebratene Lammkeule, *rougets* mit Macchia-Kräutern, korsische *tripette*. Preiswert.

La Maison des Pizzas (11), "leckere und riesige Holzofen-Pizze, auch die Muscheln sind zu empfehlen, aber das Bier ist schweineteuer" (Leserbrief).

Sehenswertes

Zitadelle: Verglichen mit anderen Genuesenbefestigungen auf Korsika ist die Zitadelle von Saint-Florent eher ein Witz. Im 15. Jahrhundert hat der kleine Rundbau noch das Stadtbild mitgeprägt, heute liegt er ziemlich versteckt am oberen Ortsende. Mit der Innenrestaurierung wurde begonnen; der zukünftige Verwendungszweck der Räumlichkeiten war 2001 noch nicht klar. Nichts Spektakuläres, aber vielleicht doch der Anlass für einen netten

Beim Aufstieg zum Monte Renoso (JG) ▲

Gratwanderung auf dem GR 20 (CB) ▲▲
Müder Rucksack (JG) ▲

GR 20 – die große Korsikadurchquerung (JG)

▲▲ Abendstimmung in Porto (MXS)
▲ Golf von Porto (CB)

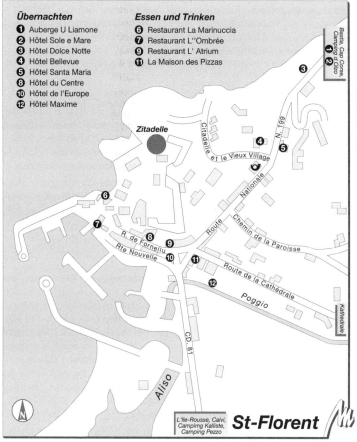

Spaziergang: Der Rundweg führt bei der Post hoch und dann am Rundbau und an ein paar übrig gebliebenen Grundmauern vorbei wieder hinunter zum hinteren Stadtteil.

Kathedrale Santa Maria Assunta: Die alte Kathedrale des Bistums Nebbio stammt aus den Anfängen des 12. Jahrhunderts und war bis 1814 Bischofssitz. Sie ist neben der *Canonica* (siehe *Bastia/Umgebung* auf S. 124) der zweite religiöse Monumentalbau aus pisanischer Zeit. Im Stil sind sich die beiden Kathedralen sehr ähnlich: dreischiffig, mit Apsis, schmale Rundbogenfenster, wenig Skulpturenschmuck. Zu Letzterem gehören in der Santa Maria Assunta vor allem der Löwe und die beiden Schlangen an den Kapitellen links und rechts des Eingangs.

Im Innern sind die sterblichen Überreste eines in Saint-Florent geborenen Generals ausgestellt. Kunsthistorisch interessanter ist der "Schwarze Christus", ein bemaltes Kruzifix aus dem 15. Jahrhundert. Der Schlüssel wird im Syndicat d'Initiative (siehe *Information,* S. 143) gegen Hinterlegung des Reisepasses ausgehändigt.

Anfahrt: Im Ortszentrum die Straße hinter dem "Maison des Pizzas" einschlagen, nach 700 m steht man vor dem Sakralbau.

Baden/Surfen

Die Strandabschnitte im Norden der Stadt liegen oft unmittelbar hinter der Straße; im Süden ruhiger, flacher, kinderfreundlicher Strand. Unser Tipp: einen Bootsausflug zum *Lodo-Strand* buchen, dort sauberer, märchenhaft feiner, weißer Sandstrand, allerdings wenig Schatten – die Firma Popeye (siehe *Schiffsausflüge,* S. 143) hat das Problem erkannt und vermietet kleine Sonnenschirme.

Die seichten Gewässer des Südstrands sind ideal für die blutigsten Surf-Anfänger. Wer die Grundregeln kapiert hat, versucht sich an den Kiessträndern nördlich von Saint-Florent.

Tageswanderung: Von Saint-Florent zur Punta Mortella

Saint-Florent – Punta Mortella: 2½ Stunden (Rückweg: selbe Strecke, selbe Dauer)
Markierung: gut ausgeschildert

Der folgende Wandervorschlag von Saint-Florent durch den *Désert des Agriates* zur *Punta Mortella* ist geeignet für jedermann, auch für Familien mit Kindern. Der Wanderweg führt am Meer entlang.

Die Landschaft um Saint-Florent vermittelt dem Wanderer den Eindruck eines Paradieses. Der hier beschriebene Wanderweg führt vorbei an Bergerien, kleinen Buchten und Stränden mit grünlich schimmerndem Wasser; hin und wieder erblickt man von weitem alte, schlossähnliche Gebäude, versteckt hinter bunt wuchernden Gärten. Zuweilen muss man sich daran erinnern, dass dies alles Teil der Insel Korsika ist, so außergewöhnlich wirkt dieser Garten Eden auf den Besucher.

Wegbeschreibung: Der Straße am Südstrand von Saint-Florent an den Campingplätzen *Kalliste* und *U Pezzo* vorbei bis zum Ende folgen. Von hier geht es zu Fuß weiter. Das erste Stück des Weges verläuft auf einem breiten, unbefestigten Fahrweg, der langsam ansteigt. Es geht vorbei an Wäldern und Privatvillen, die den Weg säumen.

Nach etwa einer halben Stunde kommen Sie zu den Grundmauern eines ehemaligen Blockhauses und zu einem Weg, der rechts wegführt. Man folgt diesem und gelangt zuerst zu einem Flussbett, dann auf den Weg am Meer entlang.

Der schmale Pfad am Meer führt Sie nun durch die niedrige Macchia zum Turm der *Punta Mortella.* Auf dieser Strecke immer wieder hinreißende Blicke auf Saint-Florent. Zwischendurch laden saubere Strände zum Baden ein. Wundern Sie sich nicht, wenn Ihnen dabei gelegentlich Kühe Gesellschaft leisten.

Punta Mortella – Plage de Lodo: 1½ Stunden (Rückweg: selbe Strecke, selbe Dauer)
Markierung: gut ausgeschildert

Fortsetzung: Die Wanderung kann bis zum Lodo-Strand verlängert werden, allerdings ist dieser Abschnitt für Kinder nicht unbedingt geeignet. Festes Schuhwerk wird empfohlen.

Vom Lodo-Strand kann man sich mit "Popeye" (siehe *Schiffsausflüge,* S. 143) nach Saint-Florent zurückfahren lassen. Für diesen Fall ist es ratsam, sich schon vorher nach dem Fahrplan zu erkundigen und notfalls zu reservieren, in der Hochsaison können die Plätze auf dem Kahn rar werden.

Christina Echeverria

Rundfahrt durch das Nebbio

Die klassische Rundfahrt über *Oletta*, *Murato* und *Santo Pietro-di-Tenda* nimmt einen halben Tag in Anspruch. Am besten fährt man am späteren Morgen ab: Etwaiger Nebel hat sich dann meist verzogen, die Luft ist noch frisch, während in Saint-Florent schon die Mittagshitze zu drücken beginnt. Am Nachmittag bleibt noch ausreichend Zeit zum Baden.

Die erste Ortschaft, nachdem man die Beckenlandschaft von Saint-Florent durchquert hat, ist **Oletta**, ein steiniges, verwinkeltes, vom Tourismus wenig berührtes Dorf in angenehmer Höhenlage und mit wunderbarer Aussicht auf den Golf. Die landwirtschaftliche Nutzung des Umlandes machte Oletta einst zum reichsten Ort des Nebbio, doch sind die guten Zeiten längst vorbei. Und auch die schlechtesten: Eine Gedenktafel am Dorfplatz verweist auf einen Bürger, dessen Haus 1732 von den Genuesen niedergebrannt wurde. Keine Gedenktafel hingegen erinnert an die Männer von Oletta, die 1768 von den Franzosen – als Antwort auf den von *Pasquale Paoli* ausgerufenen Volksaufstand – exekutiert wurden.

Küstenstreifen bei Saint-Florent

Von Oletta sind es nur wenige Kilometer zum **Col de San Stefano**. Ein kleiner Vergnügungspark mit Schwimmbecken und Rutschbahn ziert die Passhöhe, auf der sich fünf Straßen im Kreisverkehr treffen. Zwei davon führen zur "Rennstrecke" an der Ostküste. Von beiden sieht man über die fruchtbare, vom *Bevinco* durchzogene Landschaft hinunter bis zum *Etang de Biguglia*. Romantischer ist die nördliche Route, das wegen der

Romanisches Schmuckstück: San Michele bei Murato

geringen Straßenbreite für Lkw gesperrte *Défilé de Lancone*. Wer es eilig hat oder mit einem größeren Mobil unterwegs ist, tut gut daran, die südliche Variante zu wählen.

Besser hebt man sich die Abfahrt zur Ostküste für später auf und dringt in Richtung Süden weiter ins Nebbio ein. Knapp vor dem Ort *Murato* steht links am Straßenrand die **Kirche San Michele**, ein wahres Schmuckstück aus der frühromanischen Epoche. *Prosper Mérimée, der 1839 als Inspecteur des monuments historiques* die Insel bereiste, vermerkte in seinem Bericht, dies sei die eleganteste und schönste Kirche, die er auf Korsika gesehen habe. Das verschiedenfarbige Gestein – dunkelgrüner Schiefer und heller Kalkstein, teils zu Streifen angeordnet – erzielt denselben optischen Effekt wie die toskanischen Kirchen aus Pisa-Marmor. Der Turm, im vorderen Teil auf zwei Säulen, im hinteren auf den Hauptbau gestützt, wurde im 19. Jahrhundert renoviert und bei dieser Gelegenheit – was nicht notwendig gewesen wäre – leicht erhöht. Das Besondere an dem Kirchlein ist jedoch sein Skulpturenschmuck, für das Auge eine wahre Entdeckungsreise: Ornamente und Motive aus frühchristlicher Zeit, Masken, naive figürliche Darstellungen und Szenen, die immer wieder überraschen. Am eindrücklichsten ist die Nordseite mit ihren Flachreliefs: Eine Riesenschlange hält den paradiesischen Apfel im Mund, daneben Eva, mit der einen Hand nach dem sündigen Objekt greifend, mit der anderen die Scham bedeckend. Unter dem zweiten Fenster bedrohen zwei zähnefletschende Bestien das kreuztragende Lamm Gottes. Wer die Kirche betreten will, besorge sich den Schlüssel im nächstliegenden Haus. Doch ist das Innere – wie bei allen frühromanischen Bauten auf Korsika – ohne jeden Reiz.

Murato, das südlichste Dorf des Nebbio, ist weich in die Hügellandschaft gebettet. Die Klosterkirche am Dorfeingang ist geschlossen, der Rest der Anlage aus dem 16. Jahrhundert in den Dienst diesseitiger Erbaulichkeiten gestellt:
<u>Essen</u>: **Restaurant Le Monastère**, korsische Wurstspezialitäten, Lämmchen und Zicklein, dazu ein Fläschchen Wein vom eigenen Gut. Für Gourmets mit dicken Portemonnaies.

Um die Rundtour fortzusetzen, fährt man zunächst wieder zurück zur Kirche San Michele und zweigt dort links in Richtung Nordwesten ab. Die Straße ist eng und ihr Zustand nicht der beste. Über *Rapale* erreicht man

Unberührte Wüste aus Stein und Macchia: Désert des Agriates

das Dörfchen **Pieve**. Dort ist direkt neben dem grünschiefrigen Glockenturm eine *Menhirstatue* eingezäunt, von der Forschung in die Endphase des sog. Megalithikums III (ca. 1000 v. Chr.) datiert. Sie ist ebenfalls aus Schiefer gearbeitet und unterscheidet sich darin von allen anderen Menhirfunden auf der Insel. Grüner Schiefer ist das Material der Gegend. Geologisch besonders eindrückliche Formationen findet man unterhalb von **Sorio**, wo die Straße das bewaldete *Aliso-Tal* überquert.

Einen letzten Stopp rechtfertigt die romanische Kirche von **Santo-Pietro-di-Tende**. Ungefähr einen Kilometer nach dem Ortsausgang führt rechts ein Weg hinunter zu dem erstaunlich großen Bau aus dem frühen 13. Jahrhundert, dessen gänzlicher Zerfall 1979 durch eine Restaurierung verhindert wurde. Dadurch wurden die Ornamente gerettet: geometrische Motive und kleine Masken.

Das letzte Stück der Rundreise führt durch teils abgebrannte Macchialandschaft zu den östlichen Ausläufern des *Désert des Agriates* (s. u.), wo man auf die D 81 stößt, die L'Ile-Rousse mit Saint-Florent verbindet. Etwas Leben kommt immer Anfang September in die öde Gegend. Dann nämlich wird die Büchse geschultert, werden die Hunde auf den Wagen verfrachtet, und auf geht's zur Wildschweinjagd – bei den Korsen ein beliebter Sport.

Désert des Agriates: Die 160 km^2 große Wüste aus Felsen und Macchia westlich von Saint-Florent ist das kargste Stück Land auf ganz Korsika. Seit wann diese undurchdringliche Felsenlandschaft als Wüste bezeichnet wird, ist ungeklärt, zumal die Bezeichnung *agriates* auch "bewirtschaftete Felder" bedeutet. Für den Tourismus attraktiv ist der Désert des Agriates wegen seines 35 km langen, jungfräulichen Küstenabschnitts – lange Zeit nur auf dem Wasserweg erreichbar und nautischer Geheimtipp. Mit den in Mode gekommenen geländegängigen Gefährten und Mountainbikes ist die Wüste aber jäh aus ihrem Dornröschenschlaf gerissen worden. Drei holprige Pisten führen derzeit von der Hauptstraße hinunter zum Meer, die breiteste an der Passstelle *Bocca di Vezzu*.

> ### Lieber Wildschweine als Bodenspekulanten
>
> Immer mehr Touristen, die sich beweisen müssen, dass sie nicht umsonst mit einem geländegängigen Fahrzeug nach Korsika gekommen sind, durchqueren den *Désert des Agriates*. Die früher auf dem Landweg unerreichbare Küste ist näher gerückt. Um eine unselige Bodenspekulation gar nicht erst aufkommen zu lassen, hat die Regierung für einmal schnell geschaltet und den Küstenstrich weitgehend aufgekauft.
>
> Geplant ist, den *Désert des Agriates* zum Modell einer ökologisch und ökonomisch kontrollierten Entwicklung zu machen. Neben den bereits bestehenden Pisten sollen keine weiteren gebaut werden. Einige touristische Einrichtungen sind am *Strand von Saleccia* mit seinem märchenhaften Kiefernwald vorgesehen. Im Landesinnern soll wieder Weideland entstehen, eine Wiederaufforstung steht ebenfalls auf dem Programm. Eine Verschärfung der Jagdgesetze wird vor allem die Wildschweine freuen – es sind angeblich die letzten reinrassigen auf der ganzen Insel. Der Regierungsplan ist ebenso unbescheiden wie ehrenwert: *bonne chance!*

Am südlichen Ende der Ostküste kommen wieder Formen ins Landschaftsbild: Bucht von Favone

Ostküste

Landschaftlich hat der Streckenabschnitt zwischen dem Etang de Biguglia und Solenzara wenig zu bieten, weder schmucke Dörfchen noch einladende Buchten. Eine kurvenarme, gut ausgebaute Straße zieht sich in Richtung Süden. Von ihr führen ab und zu Stichsträßchen zu kilometerlangen flachen Stränden.

Freizeitpaläste, Bungalow-Siedlungen und FKK-Organisationen haben aber noch nicht den ganzen Küstenabschnitt unter Kontrolle, und so findet der Durchreisende noch genügend Strandabschnitte, um einen ruhigen Badetag einzuschalten. Wer von einer Expedition ins leicht erreichbare Hinterland – im Norden die *Castagniccia,* im Süden die *Bavella-Region* – zurückkehrt, wird dies zu schätzen wissen. Mit dem Ausgrabungsgelände von *Aleria,* Korsikas größter Römersiedlung, hat die Ostküste aber auch für den Kultur-Touristen etwas parat.

Große Bedeutung hat die Ostseite der Insel für die Wirtschaft. Im Umland von Aleria wird großflächig Wein angebaut. Allerdings kann er in puncto Qualität mit den Produkten der kleinen Güter um Patrimonio, Sartène oder Ajaccio nicht konkurrieren. In der Ebene des *Fium'Orbo* bei *Ghisonaccia* finden sich die größten landwirtschaftlichen Betriebe der Insel.

Route Casamozza – Moriani-Plage

In **Casamozza**, einem unansehnlichen Ort am Südrand der Industriezone von Bastia, trennen sich die Wege. Ein Teil des Verkehrs verschwindet den

152 Ostküste

Golo entlang im Landesinnern und erreicht über *Ponte Leccia* und *Corte* bei *Ajaccio* die Westküste; der andere Teil – dem sich die folgende Beschreibung anschließt – fährt auf der gut ausgebauten Straße die Ostküste entlang in Richtung Süden nach *Porto-Vecchio*. Bis *Moriani-Plage* verläuft die Route im Landesinnern; für Camper und Badelustige hat man aber einige Stichstraßen in Richtung Küste gebaut.

- *Sport/Baden*: **Anghione**, Stichstraße 2 km südlich von Querciolo beim Restaurant "U Fragnu". Ein Mini-Sportzentrum bietet Tennis, Squash und Reiten und vermittelt zur Abwechslung auch Ausflüge in die Umgebung. Der ungefähr 1 km lange Sandstrand ist wenig attraktiv, ebenso das kleine Restaurant vor Ort.

San Pellegrino, über eine Stichstraße von Folelli aus erreichbar. Ein kleiner Badestopp am einfachen Strand.

- *Übernachten/Camping*: **** Hôtel San Pellegrino**, am oben genannten Strand. Komfortabler Aufenthalt mit Sport- und Vergnügungsangebot (Tennis, Wasserski, Segelboote, Windsurfen, Bogenschießen, Reiten und Faulenzen in der Chaiselongue). Übernachtung in Pavillons mit verschiedenen Kapazitäten. Nur Halbpension ist möglich, 46–68 € pro Person. Mai bis Mitte Oktober geöffnet. ✆ 04.95.36.90.61, ✉ 04.95.36.85.42.

Camping Europa Beach, Abzweig in Querciolo, dann knapp vor dem Pinarellu-Strand rechts die Naturstraße bis zum Ende fahren. Relativ neue Einrichtung, es fehlt nicht an Schatten, aber an Charme. Auch der campingeigene Strand ist nicht sehr attraktiv. Zum Baden besser gleich den Pinarellu-Strand (mit Pizzeria) aufsuchen. Kein Telefon.

- *Essen*: **Auberge Amandria**, Abzweig von der Hauptstraße auf halbem Weg zwischen Folelli und Figareto ins Landesinnere (ausgeschildert), auf einem Pfahlbau auf einem kleinen Hochplateau in abgeschiedener Lage. An langen Holztischen unter freiem Himmel gibt's hier für alle Gäste das gleiche fünfgängige Menü. Korsische Spezialitäten. Inklusive Wein und Kaffee ca. 17 €. Eine Leserin war begeistert, der Autor tauchte am 31. Mai einen Tag zu früh auf. Juni–September geöffnet (ab 20 Uhr).

Moriani-Plage (korsisch: A Padulella)

Nur wenige Dörfer der Ostküste sind direkt am Meer gelegen, Moriani-Plage ist eines von ihnen. Der bislang erfolglose Versuch, aus dieser Lage Kapital zu schlagen und sich als Badeort zu profilieren, ist nicht zu übersehen: Ein großer Parkplatz und eine kleine, kopfsteingepflasterte Strandpromenade sind die augenfälligsten Kennzeichen. An seiner Landseite gibt sich Moriani-Plage wie andere Orte an der Durchgangsstraße auch: zersiedelt, charakterlos und ohne Reiz.

An der Straße zum Strand erinnert eine kleine Gedenktafel an den korsischen Freiheitskämpfer *Ghiacinto Paoli,* den Vater des "Vaters des Vaterlandes", der sich 1739 hier für ein 15 Jahre dauerndes Exil nach Neapel einschiffte; mit dabei war der damals 14-jährige Pasquale.

Information/Verbindungen/Diverses

- *Information*: **Syndicat d'Initiative**, an der Straße zum Strand. Offiziell Mo–Fr 9–13 Uhr, aber darauf kann man sich nicht verlassen.
- *Verbindungen*: Täglich 2-mal (So nur 1-mal) mit den "Rapides Bleus" in Richtung Porto-Vecchio, täglich mehrmals nach Bastia. Bushaltestelle im Ortszentrum. Abfahrtszeiten im Aushang des Info-Büros.
- *Waschsalon*: gleich neben dem Info-Büro.

Moriani-Plage

Übernachten/Camping

** Hôtel Le Petit Trianon, an der Durchgangsstraße, südlicher Ortsausgang. Ohne jeden Charme, aber korrekt, und im Restaurant des Hotels isst man gar nicht so schlecht (hausgemachte Wurstwaren). Hoteleigener Parkplatz. DZ 27–46 €, alle mit Dusche, die billigeren mit WC auf der Etage. ✆ 04.95.38.50.41, ℻ 04.95.3856.06.

Hôtel A l'Abri des Flots (keine Klassifizierung), an der Straße zum Strand. Zur Verfügung stehen vier bescheidene Zimmer in ruhiger Lage, die schnell ausgebucht sind. Im angenehm schattigen Gartenrestaurant werden Fischspezialitäten und Pizze serviert. DZ ca. 27 €. ✆ 04.95.38.40.76.

Jugendherberge (Auberge de Jeunesse), ca. 2 km von Moriani-Plage entfernt (am nördlichen Ortsausgang von Sainte-Lucie). Neben dem Corsôtel von Calvi Korsikas zweite Jugendherberge und noch ganz jung: sehr schöne, angenehm großzügige Anlage mit Palmen. Fußballfeld und Wiese bis zum Meer. Übernachtung ca. 10 € pro Person, für Bettlaken 2,50 €. Empfang 9–12 und 17–20 Uhr. ✆ 04.95.38.50.10, ℻ 04.95.38.50.11.

Camping Merendella, südlich von Moriani-Plage. Großer, gepflegter Camping mit 135 Stellplätzen. Steckdosen und Dreifach-Anschlüsse ausreichend vorhanden. Im vorderen Teil bilden alte Laubbäume ein Schattendach über der Wiese. Der weite Sandstrand ist kinderfreundlich flach, bedarf allerdings etwas der Pflege. Gute sanitäre Anlagen, zwei Waschmaschinen und ebenso viele Telefonzellen; Snackbar und in der Hauptsaison kleiner "Super"markt. Mai–September geöffnet.
✆ 04.95.38.53.47, ℻ 04.95.38.44.01.

Camping U Ponticchiu, nördlich von Moriani-Plage. 100 Stellplätze, ausreichend Schatten. Im oberen Teil meist von französischen Dauercampern belegt. Das Strandcafé ist nur in der Hauptsaison geöffnet, ansonsten muss man mit dem Restaurant an der Straße vorlieb nehmen. Mitte Mai bis Mitte September geöffnet.
✆ 04.95.38.57.79, ℻ 04.95.38.49.01.

Ostküste-Nord

Karten S. 153 u. S. 165

Essen und Trinken

Die Restaurants an der Strandpromenade sind komplett auf die Wünsche der Touristen eingestellt: Restaurant/Pizzeria/Eisdiele/Bar. Durchschnittliches Essen zu durchschnittlichen Preisen. Ausnahme: Der Bierpreis ist unüblich hoch.

Ohne Meerblick, aber in gemütlicher Atmosphäre isst man im Gartenrestaurant **A l'Abri des Flots** an der Straße zum Strand.

Ein freundlicher Leser empfiehlt das **Restaurant U Lampione**, von der zentralen Kreuzung in Moriani-Plage ca. 300 m ins Landesinnere: "Kleiner Familienbetrieb, Treffpunkt der Männer zum Boule-Spiel. Nur ein Menü auf der Karte, das es aber in sich hat. Korsische Küche, 6 Gänge. Gemütliche Terrasse."

Baden/Surfen: Direkt dem Ort vorgelagert ist ein größerer, flacher Sandstrand. Fast mit Garantie weht den Surfern tagsüber ein leichter Wind aus Süd- oder Nordosten, der in den Abendstunden erheblich stärker wird.

Demeter und destillierte Düfte

Der Wegweiser an der Straße von Moriani-Plage ins Landesinnere ist unauffällig und leicht zu übersehen. Das Schild mit der Aufschrift "Bordeo" führt zu einem deutschen Kleinunternehmen, das auf eine schon über 35 Jahre alte Tradition zurückblicken darf.

Der deutsche Arzt, Agrarwissenschaftler und Anthroposoph Adalbert Graf von Keyserlingk gründete hier in den 60er Jahren einen landwirtschaftlichen Betrieb, der dem biologisch-dynamischen Anbau verpflichtet ist. Wirtschaftlich ertragreicher als die kleine Kiwi-Plantage ist für Bordeo jedoch die Herstellung wohlriechender Essenzen, die zur Weiterverarbeitung in der Kosmetik und der Parfumherstellung gefragt sind, aber auch als Endprodukte (z. B. Lampenöle) exportiert werden. Die Kräuter für die Destilliergeräte im Schuppen kommen aus den korsischen Bergen, z. T. aus der Balagne.

Nach dem Tod des Gründers entschloss sich sein Sohn, das Unternehmen weiterzuführen. Zu den fünf Angestellten gehört ein Biologe, der das Projekt wissenschaftlich begleitet. Die Produkte haben Demeter-Qualität und das Siegel der jährlichen EG-Bio-Kontrolle.

Anfahrt: Bei der Bar La Corsica im Dorfzentrum landeinwärts fahren, das dritte Sträßchen auf der linken Seite führt zu Bordeo. Die Produkte werden auch vor Ort verkauft. Voranmeldung wird empfohlen: ✆ 04.95.38.46.06, ✆ 04.95.38.46.05.

Moriani-Plage/Umgebung

Moriani-Plage ist ein idealer Ausgangspunkt für eine Fahrt in die **Castagniccia** (siehe gleichnamiges Kapitel). Bei der Bar La Corsica im Dorfzentrum führt eine Straße landeinwärts; an der einsamen, von großen Kastanienbäumen umgebenen *Barockkirche San Nicolao* vorbei gelangt man über die *Corniche de la Castagniccia* – die Straße ist eng und führt kurvenreich am waldigen Abhang entlang – nach *Cervione*.

Route Moriani-Plage – Aleria

Von *Prunete* aus führt eine Straße ins Landesinnere nach *Cervione* und in die *Castagniccia,* doch ist die oben erwähnte Route (Abzweig in Moriani-Plage) weitaus romantischer.

Zwischen Prunete und Aleria ist die Küste fast durchgängig für den Nudismus reserviert. Die *centres naturistes,* teils groß und einladend, teils bescheiden und fast verschämt ausgeschildert, haben sich die schönsten Strände der Ostküste unter den Nagel gerissen. Wer's mag und nicht schon zu Hause bei einer FKK-Organisation gebucht hat, schaut am besten bei *A Bagheera* (Abzweig vor *Bravone*) vorbei: ein Luxus-Feriendorf mit Campingmöglichkeit im dichten Eukalyptuswald.

• *Übernachten/Camping*: **Salon de Thé de la Tour,** südlich vom Bravone-Bach die Stichstraße Richtung Meer. Vermietung von Appartements und Studios, Letztere auch tageweise. Den Hinweis auf dieses wunderschöne Plätzchen nicht weit vom Sandstrand verdanken wir Hans Schymik, der uns folgende Beschreibung aus einem seiner Bücher zum Nachdruck überließ:
"Da fuhr eine blonde Norddeutsche nach Korsika und heiratete einen Korsen. Gemeinsam schufen sie sich eine Existenz, die besonders erwähnenswert ist. Das saubere Lokal ist ein Schmuckstück und seit vielen Jahren gleichbleibend gut. Das Café *La Tour* liegt in einem prachtvollen Garten mit wunderschöner Aussicht auf das Meer und die Berge. Hier wird Ihnen ein reichhaltiges Frühstück serviert, es gibt selbstgebackene Kuchen nach Großmutters Art, eine Vielfalt köstlich schmeckender Eisbecher und für den Abend herzhafte Kleinigkeiten. Eine gute Auswahl korsischer Weine und Spirituosen ergänzt das Angebot. Die ständige Gemälde- und Töpfereiausstellung gehört zu diesem Kleinod in zauberhafter korsischer Landschaft." Es stimmt alles. Bead & Breakfast im Studio ca. 46 € für 2 Personen, wobei das Breakfast vorzugsweise im Garten eingenommen wird. Mai–September geöffnet, Mi geschlossen. ✆/🖷 04.95.38.81.54.

Camping Calamar, in Prunete. Kleines, gepflegtes Terrain mit knapp 30 Stellplätzen in ruhiger Lage direkt am Meer, Eukalyptus- und Olivenbäume. Snackbar, heiße Duschen und vorbildlicher Empfang. Juni–September geöffnet.
✆ 04.95.38.03.54, 🖷 04.95.38.00.82.

Camping Olmello, nördlich von Prunete (beim Port de Campoloro). Ca. 150 Stellplätze auf einer Wiese mit ausreichend Schatten. Snackbar und bemerkenswert schöner Strand. April–Oktober geöffnet.
✆ 04.95.38.03.21, 🖷 04.95.38.06.85.

Baden: Eine Stichstraße 3 km südlich von Prunete führt zur *Plage de Pisonaccio,* einem kleinen Strand frei von Freikörperkultur, geeignet zur schnellen Erfrischung unterwegs. Mehr nicht.

Aleria

Mit gutem Grund hat der Comic-Zeichner Uderzo auf seiner Karte in "Asterix auf Korsika" das Zepter Cäsars wie eine gigantische Stecknadel in Aleria eingerammt: Der im fruchtbaren Mündungsgebiet des Tavignano gelegene Ort hat eine große Vergangenheit. In der griechischen und römischen Antike lebten hier zeitweise über 20.000 Menschen.

Heute allerdings ist Aleria ein etwas charakterloses Dorf wie andere Ortschaften an der Ostküste auch, und der Gang in die Geschichte – zum Ausgrabungsgelände mit Museum – ist das Beste, was der Besucher hier tun kann. Die triste Gegenwart lässt sich danach bei einer Flasche Rosé vergessen. Zwar hat dieser nicht das Qualitäts-Label, aber er ist angenehm süffig. Die großen Weinmonokulturen in der Umgebung achten mehr auf Quantität als auf Qualität. Der Weinbau liegt übrigens fast ausnahmslos in den Händen der *pieds-noirs* (siehe Kasten auf S. 156), die über hochwertige technische Instrumente und billige marokkanische Arbeitskräfte verfügen.

Pieds-noirs, Staatsknete, verzuckerte Weine und Bomben

Als *pieds-noirs* (wörtl. "Schwarzfüße") werden die Algerienfranzosen bezeichnet, die sich in den späten 50er und frühen 60er Jahren aus Nordafrika absetzten, nachdem ihnen der algerische Boden wegen des Unabhängigkeitskampfes (1954–62) zu heiß geworden war. Um die 17.500 *pieds-noirs* siedelten sich in Korsika an, was damals rund einem Zehntel der Inselbevölkerung entsprach.

Die von der französischen Regierung 1957 gegründete SOMIVAC (Gesellschaft zur agrikulturellen Entwicklung Korsikas) kam vor allem den Neuankömmlingen zugute. Die *pieds-noirs,* die im Kampf gegen die Macchia große Flächen wieder urbar machten und so der insularen Landwirtschaft neue Impulse zu geben vermochten, waren die Hauptempfänger der staatlichen Gelder. Dies konnte nicht gut gehen, die Spannungen zwischen Korsen und *pieds-noirs* nahmen zu. Autonomistische Organisationen erhielten Auftrieb, und bereits ab Mitte der 60er Jahre explodierten die ersten Plastiksprengsätze.

Einen Meilenstein in der neueren korsischen Geschichte markiert das sog. *Drama von Aleria* im August 1975. Autonomisten der ARC *(Action Régionaliste Corse)* bezichtigten einen *pied-noir* der seit 1972 gesetzlich verbotenen Weinverzuckerung. Ein schlimmer Vorwurf, hatte doch erst ein paar Jahre zuvor dieses vor allem von den Weinkönigen an der Ostküste praktizierte Verfahren die korsischen Weine um ihren guten Ruf und damit um den Markt gebracht. Der inkriminierte Betrieb wurde besetzt, französische Sicherheitskräfte (CRS) schritten ein, es gab Schießereien – und zwei tote Polizisten. Die ARC wurde verboten, und die Statistiker registrierten in den folgenden Jahren eine Zunahme der Attentate gegen französische Einrichtungen.

Geschichte

Aleria ist die älteste städtische Siedlung ganz Korsikas. Um 560 v. Chr. landeten hier Phokäer – Griechen, die in ihrem kleinasiatischen Stammland (um das heute türkische *Foça*) von den Persern bedroht wurden. Die Phokäer, ein mit der See vertrautes Volk, suchten den Weg nach Westen und gründeten im Mittelmeerraum unter anderem Marseille und Aleria, damals noch *Alalia* genannt. Der griechische Geschichtsschreiber *Herodot* berichtet, dass sie nach der Niederlage in einem Seegefecht gegen eine etruskisch-phönizische Flotte um 535 v. Chr. Aleria verließen.

Die Quellen sind spärlich. Im Verlauf des 1. Punischen Krieges soll der Römer *Publius Cornelius Scipio* 259 v. Chr. Aleria völlig zerstört haben. Ab 230 v. Chr. beginnt die Besiedlung der Ostküste durch die Römer, zu deren besonderen Vergnügen es gehörte, auf die einheimischen Korsen Jagd zu machen, um sie dann in Rom als Sklaven zu verkaufen. Der griechische Geograph *Strabo* berichtet, dass die Korsen ihrer Aufmüpfigkeit wegen als Sklaven recht ungeeignet gewesen seien und auf dem Markt daher zu Spottpreisen gehandelt wurden.

Aleria 157

Korsikas älteste städtische Siedlung

Der römische Feldherr und Diktator *Sulla* ließ um 80 v. Chr. Aleria erneut befestigen, um hier Veteranen anzusiedeln, an die das umliegende Land verteilt wurde – eine freundliche Art des Abschiebens aufs politische Altenteil. Die Praxis wurde später von *Cäsar* und vermutlich auch von *Augustus* wieder aufgegriffen. Nach dem Untergang des Römischen Reiches hatte Aleria nur noch als Bischofssitz Bedeutung. Die Stadt wurde im 5. Jahrhundert von den Vandalen zerstört.

*P*ostleitzahl/*I*nformation/*V*erbindungen/*W*eine

- *Postleitzahl*: 20270
- *Information*: **Office de Tourisme**, an der Durchgangsstraße. Wenn schon, dann richtig, hat man sich in Aleria wohl gesagt. Das Info-Büro gehört zu den besten der Insel. Viel Material, freundliches und kompetentes Personal. Mo–Fr 9–12 und 15–18 Uhr, im Winter reduzierte Öffnungszeiten. ✆ 04.95.57.01.51.
- *Verbindungen*: Busverbindungen täglich 2-mal (Sonntag nur 1-mal) mit den "Rapide Bleus" in Richtung Bastia und Porto-Vecchio. Die Bushaltestelle findet man im Ortszentrum nördlich des Tavignano.
- *Weine*: In der Regel werden in Aleria keine Qualitätsweine produziert. Gegen die Regel verstößt der **Vignoble du Président**. Man findet seine Produkte in den "Caves d'Aleria" an der Stichstraße zum Meer (Abzweig knapp vor der Küste).

*Ü*bernachten/*C*amping/*E*ssen und *T*rinken

- *Übernachten/Camping*: *** **Hôtel L'Atrachjata**, im Ortszentrum nördlich des Tavignano. Hotel mit Restaurant und Bar, in der es recht lebendig zugeht. Alle Zimmer mit Dusche/WC, einige mit Balkon zur Straße. Der Verkehrslärm dringt nur verhalten in die Zimmer. DZ ca. 59 €, Einzelpersonen zahlen weniger. ✆ 04.95.57.03.93, ✆ 04.95.57.08.03.

* **Hôtel Les Orangers**, im Ortszentrum nördlich des Tavignano (an der Stichstraße zum Meer). Kleines Restaurant angeschlossen. Bescheiden. Im Foyer hat vor 50 Jahren ein begnadeter, aber mitteloser Künstler seine Zimmermiete in Form eines Wandgemäldes beglichen. In den Umrissen der "Insel der Schönheit" schuf er eine

158 Ostküste

"Schönheit der Insel"; auch eine Orientierungsmöglichkeit, z. B.: Corte liegt knapp über dem Bauchnabel. DZ mit Dusche/WC 38 €, mit Dusche/WC auf dem Flur 31 €. ✆ 04.95.57.00.31, ℻ 04.95.57.05.55.

Camping Marina d'Aleria, nördlich des Tavignano an der Stichstraße zum Meer. 250 Stellplätze, schattig im Kiefernwald, dahinter liegt gleich der Sandstrand. Moderne sanitäre Anlagen, Waschmaschinen und – Rarität auf Korsika – eine speziell für Wohnmobile ausgelegte Abwasserstelle. Tenniscourts, Pingpongtische und Kinderspielplatz gehören zum Angebot. Das Restaurant (mit guter Küche zu moderaten Preisen, auch Pizze), die Bar und ein bescheidenes Lebensmittelgeschäft stehen leider erst in der Hochsaison zur Verfügung. Mitte April bis Oktober geöffnet. ✆ 04.95.57.01.42, ℻ 04.95.57.04.29.

• *Essen und Trinken*: Wer gerne Austern schlürft: Im Etang de Diane und im Etang d'Urbino werden die Köstlichkeiten gezüchtet.

Wer sich in gehobener Atmosphäre wohl fühlt, besucht das äußerlich ziemlich geschmacklose **Restaurant Le Chalet** an der Durchgangsstraße (auf der Höhe des Etang de Diana). Das Dutzend Austern – auf dem Eisteller serviert – berappt man ca. 13 €. Eher plebejisch ist das Ambiente in den **schwimmenden Restaurants**, von denen jeder der beiden Etangs über eines verfügt.

Sehenswertes

Römisches Ruinengelände: Die Ausgrabungen wurden 1958 in Angriff genommen und sind längst nicht abgeschlossen. Abgesehen vom eingezäunten Gelände, wo noch geforscht wird, darf man frei zwischen den Ruinenresten herumspazieren. Wer ein zweites Pompeji erwartet, wird jedoch enttäuscht sein. Außer den Grundmauern ist wenig zu sehen, und es bedarf einiger Vorstellungskraft, um aus den Ruinenstücken ein Bild der antiken Stadt zu gewinnen. Die pseudorömischen Ortsschilder auf dem Terrain sind dabei weniger hilfreich als der Orientierungsplan am Eingang, den wir hier wiedergeben.

Das trapezförmige **Forum** zeigte an seinen fast 100 m langen Längsseiten jeweils einen Portikus, eine auf Pfeiler gestützte offene Vorhalle. An der Ostseite sind die Grundmauern eines **Tempels** erhalten, der – wie eine Inschrift vermuten lässt – *Augustus* geweiht war. Nördlich schließt sich – nur noch wenige Mauern sind zu sehen – das sog. **Domus mit Dolium** an, ein Haus, das den Archäologen zahlreiche Funde bescherte: Inschriften, Keramik, Münzen, eine Kornmühle sowie eine Salzmühle aus Lavagestein. An der Westseite des Forums ist noch die Treppe zu sehen, die zu einem größeren Tempel (Beschilderung: "Kapitol") führte, der im östlichen Teil des **Prätoriums**, des zentralen Regierungsgebäudes, angesiedelt war. Das Prätorium muss man sich als eine hübsche Anlage vorstellen: an drei Seiten Säulengänge, im Innern Wasserspiele und Becken unter freiem Himmel. Die eigentliche Badeanlage aber war das **Balneum** mit seinen zahlreichen, z. T. geheizten Wasserbecken und der klassischen römischen Bodenheizung.

Reste der römischen **Industriezone** wurden im Nordwesten der Stadt entdeckt. Die Funde lassen vor allem auf Fischverarbeitung schließen. Ein Berg von zurückgelassenen Austernschalen, der den Ausgräbern in die Hände beziehungsweise auf die Schaufeln fiel, weist die Veteranen von Aleria als Gourmets aus.

• *Anfahrt*: Südlich des Tavignano den braunen Wegweisern in Richtung Landesinneres folgen. Sie führen auf eine Anhöhe bis zum Parkplatz vor dem alten Ortskern von Aleria. Links an der Genuesenfestung **Fort de Matra** (Museum) vorbei gelangt man über einen Wiesenweg zu den Ausgrabungen.

• *Eintritt*: Siehe Archäologisches Museum.

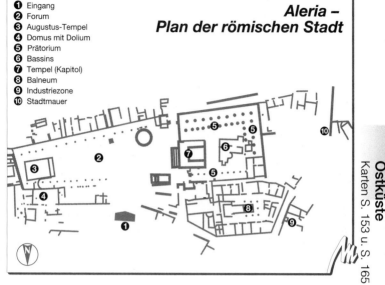

Aleria – Plan der römischen Stadt

❶ Eingang
❷ Forum
❸ Augustus-Tempel
❹ Domus mit Dolium
❺ Prätorium
❻ Bassins
❼ Tempel (Kapitol)
❽ Balneum
❾ Industriezone
❿ Stadtmauer

Archäologisches Museum: Zum Spaziergang über das Ausgrabungsterrain bildet der Besuch des Museums eine sinnvolle Ergänzung. Es ist im *Fort de Matra,* einer Genuesenburg aus dem 15. Jahrhundert, untergebracht (Anfahrt siehe *Römisches Ruinengelände*).

Zum weitaus größten Teil sind Grabfunde aus der vorrömischen und römischen Zeit Alerias ausgestellt; die Darstellungen auf den Vasen sind eine wahre Entdeckungsreise für Liebhaber des Details. Grafiken und genaue Pläne der Gräber (Lage der Skelette, gefundene Beilagen) erleichtern das Verständnis. Eine wirklich vorbildliche Museumsarbeit! Etwas makaber wirkt das *Grab des Gefangenen:* Die längst zu weit gewordenen Eisenfesseln über dem knöchernen Fußgelenk hindern das Skelett noch immer an der Flucht ...

Die kleine *Menhirstatue* mit kaum noch erkennbaren Gesichtszügen stammt aus dem 2. Jahrtausend v. Chr. und wurde – als bisher einzige an der Ostküste – in der Nähe von Ghisonaccia gefunden.

Öffnungszeiten: Mitte Mai bis September tägl. 8–12 und 14–19 Uhr; Oktober bis Mitte Mai 8–12 und 14–17 Uhr. November–März an Sonntagen geschlossen. Eintritt 1,50 €. Die Eintrittskarte gilt gleichzeitig auch für den Besuch des Ruinengeländes.

Baden/Kurzwanderung

Die einzige Bademöglichkeit in der Umgebung von Aleria bietet die **Plage de Padulone**. Man erreicht sie am Ende der gut ausgebauten Stichstraße, die beim Ortszentrum nördlich des Tavignano abzweigt. Zum kilometerlangen Sandstrand gehören ein Restaurant und ein kleines Strandcafé gleich daneben.

160 Ostküste

Rebbau an der Ostküste – mehr Tafel- als Spitzenweine

Ein Pfad schlängelt sich durch Macchia und Weinanbaugebiete von Aleria zum genuesischen *Tour de Diana* auf der Landzunge, die den Etang de Diane (siehe unten) vom offenen Meer trennt; von da an der Küste entlang zum *Padulone-Strand*. Insgesamt knappe zwei Stunden veranschlagen, schneller geht's mit dem Mountainbike.

Aleria/Umgebung

Etang de Diane: Der nördlich von Aleria gelegene Etang, einst Stützpunkt der römischen Flotte, dient vor allem der Austernzucht. Bereits die Römer verstanden sich auf dieses Handwerk. Davon legt mitten im Etang ein Inselchen *(Ilot des Pêcheurs)* Zeugnis ab: Es besteht aus lauter Austernschalen, ein antiker Abfallhaufen sozusagen. Die Römer pflegten das zarte Fleisch aus der Schale zu lösen und für den Export einzusalzen. Die drei Privatgesellschaften, die heute den Etang unter sich aufgeteilt haben, verladen die Kostbarkeiten mitsamt der schiefrigen Schale – ein Glück für Gourmets, die Austern als Rohkost zu schätzen wissen, das Fleisch im lebenden (!) Zustand verzehren und hinterher das Wasser aus der Schale schlürfen. Die Ausbeute aus dem Etang de Diane und aus dem südlich von Aleria gelegenen *Etang d'Urbino* (s. u.) verbleibt zu drei Vierteln auf der Insel, ein Viertel wird nach Italien exportiert. Frankreich ist dank seiner riesigen "Austern-Parks" von Marennes-Oléron an der Atlantikküste ausreichend versorgt. Am Etang werden von Juni bis September Austern auch direkt verkauft.

Etang d'Urbino: Er liegt ein paar Kilometer südlich von Aleria, ist mit einer Fläche von 750 Hektar etwas größer als der *Etang de Diane* und dient wie dieser vorrangig der Austernzucht. Auch hier lädt ein schwimmendes Restaurant zur Degustation ein, und auch hier kann man zu "Erntezeiten" die Austern stück- oder kiloweise einkaufen.

> **Zum Nachspülen am besten Champagner**
>
> Die Austern sind gekauft, man freut sich auf eine himmlische Vorspeise und sieht sich plötzlich dem Problem gegenüber: Wie öffne ich die Muschel? Das Tier lebt nämlich noch, wehrt sich gegen sein Schicksal und hält mit seinem starken Muskel die Schale fest zusammen. Ratschlag: Nicht lange hilflos mit dem Taschenmesser herumfummeln, sondern sich ein spezielles Austernmesser besorgen (das vor Abrutschen und versehentlichem Aufschneiden der Pulsader schützt) und sich das Know-how des Austernöffnens demonstrieren lassen. Kurzbeschreibung: Die Muschel mit der tieferen Schalenhälfte nach unten in die Hand nehmen, an der dicksten Stelle der Seite das Instrument ansetzen, den Schließmuskel durchtrennen, die obere Schalenhälfte mit einer Drehbewegung abheben und das Fleisch vorsichtig von ihr lösen. Etwaige Schalensplitter entfernen.
>
> Austern werden roh, gebraten, gedünstet, gratiniert oder gekocht (Austernsuppe) verzehrt. Am einfachsten ist das Rezept *Austern nature:* Das rohe Austernfleisch im eigenen Wasser in der größeren, unteren Schalenhälfte servieren, wenn möglich, auf zerstoßenes Eis gebettet. Zitrone und Pfeffer bereitstellen, dazu dunkles Brot mit Butter und einen trockenen Weißwein oder Champagner.
>
> *Gesunde Austern zeigen folgende defensive Reaktionen: Sie lassen sich schwer öffnen (Austern, die sich von selbst geöffnet haben, sollte man besser nicht verzehren), der Mantel des rohen Fleisches zieht sich leicht zusammen, wenn er mit Zitronensaft beträufelt wird.*

Ghisonaccia (korsisch: Ghisunaccia)

Der Ort in der Ebene des *Fium'Orbo* ist das landwirtschaftliche Zentrum der Ostküste. Bewässerungsprojekte, die in den späten 50er und in den 60er Jahren mit SOMIVAC-Unterstützung (siehe Kasten auf S. 156) realisiert wurden, haben die Umgebung zur größten Anbaufläche ganz Korsikas gemacht. Technische Experimente wie die den Israelis abgeschaute *Tropfen-für-Tropfen-Bewässerung* wurden hier mit wissenschaftlicher Begleitung durchgeführt. Das forcierte Wachstum Ghisonaccias vom Dorf zur Kleinstadt hat Bars, Restaurants, Einkaufsläden und Supermärkte gebracht. Die Einheimischen wissen derlei Komfort zu schätzen, Touristen fliehen den unschönen Ort.

- *Postleitzahl*: 20240
- *Information*: **Office de Tourisme**, an der Durchgangsstraße. Kompetentes Personal und eine Hochglanzbroschüre, in der auch die Umgebung zu Worte kommt. Juni–September 9–12 und 16–21 Uhr.

04.95.56.12.38, 04.95.56.19.86, E-Mail: *tourisme.ghisonaccia@wanadoo.fr*.

- *Verbindungen*: Täglich 2-mal (Sonntag nur 1-mal) mit den "Rapides Bleus" in Richtung Bastia und Porto-Vecchio. Bushaltestelle im Ortszentrum.

Ostküste

- *Übernachten/Camping*: **** Hôtel Franceschini**, neues Hotel direkt an der Durchgangsstraße. Zu den teuren Kunden zählen eher Spesenritter als Touristen. Airconditioning im schallgeschützten Zimmer. DZ ca. 54 €, Frühstück inkl. Avenue du 9 septembre, ✆ 04.95.56.06.39, ✉ 04.95.56.20.45.

Camping Arinella Bianca, Stichstraße vom Ortskern zum Meer, dann an den Ferienanlagen "Erba Rossa" und "Marina d'Oru" vorbei. Eindeutig der schönste Campingplatz an der ganzen Ostküste: Ein Süßwasser zieht im Schneckentempo durch das Gelände. Im oberen Teil wird gefischt, im unteren können selbst Kleinkinder gefahrlos planschen oder in Gummibooten paddeln. Die große, schattige Anlage verfügt über 4 Sterne, 300 Stellplätze und ist infrastrukturell hervorragend ausgerüstet, u. a. auch Surfbrettverleih.

Fischrestaurant und dahinter ein großartiger Sandstrand. Die Preise liegen etwas über dem Durchschnitt – mit gutem Recht. Mitte April bis Oktober geöffnet. ✆ 04.95.56.04.78, ✉ 04.95.56.12.54.

- *Essen*: Ein paar Kilometer südlich am Ortsausgang des Weilers Casamozza steht die **Birreria Pasquale Paoli** am Straßenrand. Ein Trio braut hier seit 1999 ein eigenes Bier auf Kastanienmehlbasis, das "A Tribbiera". Die Quantitäten reichen gerade für den Hausgebrauch und einige Bars in der Umgebung. Ein fröhlicher Schuppen mit Restaurant und Gartenbetischung. Gelegentlich finden Konzerte statt, manchmal setzen sich einfach ein paar Gäste an die Instrumente und legen los. Nur abends an bestimmten Tagen geöffnet, die 2001 noch wöchentlich neu festgelegt wurden.

Baden: Die Stichstraße mit getrenntem Fahrradweg vom Ortskern zum Meer endet an einem lang gezogenen, gepflegten Sandstrand. Das Restaurant *Deux Magots* bietet Menüs von 20 bis 81 € (Gourmet-Variante).

Plage de Quercioni: Ungefähr 300 m nördlich des Orts *Mignataja* führt eine teilweise ramponierte Straße zum Meer (keine Beschilderung; bei der ersten Gabelung rechts). Die Bauern der Umgebung nutzen den kilometerlangen, einsamen Sandstrand zum morgendlichen Pferdeausritt; einzig die Mirage-Düsenjäger, die mit ohrenbetäubendem Lärm vom nahen Militärflugplatz abheben, stören gelegentlich die Idylle.

Ghisonaccia/Umgebung

Ghisoni: Die Namensverwandtschaft verweist auf den historischen Zusammenhang: Früher war Ghisonaccia nur die "Küstenstation" von Ghisoni. Inzwischen hat die ökonomische Entwicklung mit ihrer Begünstigung des Flachlands das Verhältnis umgekehrt, Ghisoni ist zur "Bergstation", zum Ausflugsort von Ghisonaccia geworden.

Ghisoni selbst hat wenig zu bieten, die Fahrt dahin aber ist eine äußerst reizvolle Abwechslung zur öden Ostküstenlandschaft. Bis *Saint-Antoine* verläuft die Straße schnurgerade durch die landwirtschaftlich genutzte Ebene. Von da ab führt sie das Tal des *Fium'Orbo* entlang hinauf. Der **Stausee von Sampolo** kündigt sich bereits in den talwärts verlaufenden Pipelines der *Défilé de l'Inzecca* genannten Schlucht an. Noch enger und kurvenreicher ist das *Défilé des Strette*. Im Süden ragen die unzugänglichen Felsnadelberge **Kyrie-Eleïson** und **Christe-Eleïson** gen Himmel – ein beliebtes Fotomotiv.

Übernachten: **Hôtel Kyrié**, im Dorfzentrum. DZ mit Dusche/WC 46–53 €, im Restaurant korsische Spezialitäten, Menüs ab 15 €. April–Oktober geöffnet. ✆ 04.95.57.60.33, ✉ 04.95.57.63.15.

Von Ghisoni aus lässt sich die **Fahrt in Richtung Norden** über den *Col de Sorba* (1311 m) nach *Vivario* (siehe dort) oder in Richtung Süden zum *Col de*

Ghisonaccia/Umgebung

Verde (1289 m) fortsetzen. Beide Routen führen durch herrlich duftende Kiefernwälder.

- *Übernachten/Camping*: Das **Relais San Petru di Verde** bietet 30 Schlafplätze (in der Saison bestimmt ausgebucht!) und verfügt über ein kleines Camping-Gelände. Im Sommer können die Wanderer sich hier mit Lebensmitteln für die nächsten Etappen eindecken.

> ### Die korsische Antigone
>
> *Kyrie-Eleïson, Christe-Eleïson* – Worte, die alte Katholiken aus der Sonntagsmesse kennen, dienen hier der Bezeichnung zweier Berggipfel. Das macht stutzig und bedarf einer Erklärung, die wir mit der folgenden Legende gerne liefern:
>
> Das Papsttum hatte im 14. Jahrhundert seinen politischen Zenit erreicht, kein Luther und kein Calvin rüttelten an der geistlich-weltlichen Macht. Und wenn sich religiöse Opposition regte, schickte Rom die Schergen der Inquisition. Auf Korsika waren es die im Fiumorbo aktiven *Giovannali*, die mit ihrem urchristlichen Ideal – Gleichheit und Verzicht auf Besitzstand – Papst *Urban V.* in Rage brachten. Zwar fraß und hurte man im Vatikan damals noch nicht so eifrig wie später unter den Renaissance-Päpsten, doch scheint die Giovannali-Sekte mit ihrer Ethik den Tatbestand der Ketzerei erfüllt zu haben. Ihr Ideengut war bereits in die Castagniccia eingesickert, als die Inquisition zuschlug.
>
> Das päpstliche Kommando taucht auch in Ghisoni auf, wo es einen gewissen François-Marie aufspürt und mitsamt vier Gesinnungsgenossen hinrichtet. Am folgenden Tag sollen die Leichen verbrannt werden, denn Gottes Erde lässt laut päpstlicher Auffassung nicht zu, dass Abtrünnige in ihr die letzte Ruhe finden. Assunta, die Schwester des besagten François-Marie, findet dies nicht in Ordnung und versucht – ganz wie Sophokles' Antigone – nächtens den brüderlichen Leichnam zu stehlen, um ihn wie einen anständigen Christenmenschen zu beerdigen. Doch das Auge der Inquisition ist überall: Assunta wird ertappt und an Ort und Stelle getötet. Als am Morgen darauf die nunmehr sechs Leichen auf dem Scheiterhaufen brennen, stimmt die Bevölkerung von Ghisoni das Kyrieeleison an, so gewaltig, dass es von den zackigen Gipfeln widerhallt: "Kyrie eleison, Christe eleison".

Fiumorbo: Das gebirgige Hinterland von Ghisonaccia wurde in den letzten Jahren für Wanderer erschlossen. Fünf orange markierte Wanderungen von drei bis sechs Stunden werden vom Parc Naturel Régional de la Corse empfohlen. Ausgangspunkte sind die Dörfer *Ania, San-Gavino-di-Fiumorbo, Chisa* und *Serra-di-Fiumorbo*. Ein Faltblatt mit Kartenausschnitt ("Sentiers du Pays, Fiumorbu") erhält man bei den Informationsstellen von Aleria und Ghisonaccia, eine Karte im Maßstab 1:25000 ist trotzdem nützlich.

In Pietrapola findet man über dem Abatesco-Bach das **Thermalbad von Pietrapola**, einen Bau aus dem 19. Jahrhundert, der vor allem von Kassenpatienten, gelegentlich aber auch von Urlaubern aufgesucht wird. Im

Untergeschoss stinkt es gesund nach Schwefel, das Wasser schießt mit einer Temperatur von 55 Grad aus dem Boden, in den "Einzelzellen" mit ihren musealen Badewannen und im unterirdischen Schwimmbad ist es dann auf 38 Grad abgekühlt. Man kann sich die Anlage in aller Ruhe zuerst ansehen und dann sein individuelles Gesundheitsprogramm (Einzelbad in der Wanne, Schwimmbad, Massage etc.) zusammenstellen.

<u>Übernachten</u>: **** Hôtel Les Thermes de Pietrapola**, DZ 47–67 €, die billigsten mit WC/Dusche auf der Etage, die teureren mit Loggia zur Talseite. ✆ 04.95.56.70.03, ℻ 04.95.5675.20.

Solenzara
(korsisch: Sulinzara)

Der Ort profitiert eindeutig von seiner Lage am Meer. Mit kleinem Yachthafen, Einkaufsläden, Hotels und Restaurants entlang der Durchgangsstraße sowie Strand bietet Solenzara zumindest eine Infrastruktur für Individualreisende – eine Seltenheit an der sonst eher dem Pauschaltourismus zugewandten Ostküste. Der Ort selbst hat wenig zu bieten, kann aber ein Stützpunkt sein für Ausflüge ins *Bavella-Gebirge* oder zum *Golf von Pinarellu* (siehe *Küstenabschnitte nördlich von Porto-Vecchio* auf S. 176).

- <u>Information</u>: **Syndicat d'Initiative**, an der Durchgangsstraße, Ortszentrum. Mo–Fr 8.30–12 Uhr und 15.30–18 Uhr, Sa 8.30–12 Uhr, außerhalb der Hauptsaison nur vormittags. ✆ 04.95.57.43.75.
- <u>Verbindungen</u>: Täglich 2-mal (So nur 1-mal) mit den "Rapides Bleus" in Richtung Bastia und Porto-Vecchio. Bushaltestelle im Ortszentrum.
- <u>Autovermietung</u>: **Hertz**, bei der Garage mit der Total-Tankstelle im Norden des Dorfes.
- <u>Waschsalon</u>: im Ortszentrum hinter dem Restaurant "A Cantina".
- <u>Übernachten/Camping</u>: **** Hôtel de la Solenzara**, am nördlichen Ortsausgang. Das 2000 renovierte Hotel ist jetzt noch schöner und noch teurer. Die ruhigeren Zimmer liegen an der Rückseite und bieten einen phantastischen Ausblick auf die Solenzara-Mündung. Es gibt einen Swimmingpool, in dessen Mitte eine Palme thront. Ein paar Tische am Bassinrand verleiten zum Longdrink – eine durchaus geschmackvolle Anlage, ergänzt durch eine Eisdiele und eine Crêperie. Wem der Sinn mehr nach Natur steht, geht die Treppe zur Solenzara hinunter und riskiert dort ein Bad. DZ mit Dusche/WC 49–81 €, Frühstück inkl. ✆ 04.95.57.42.18, ℻ 04.95.57.46.84.

* Hôtel Orsoni, Ortszentrum (an der Durchgangsstraße). Geräumige, gepflegte Zimmer, die ruhigeren zum Hintergarten. Freundliche Belegschaft. Rezeption in der ersten Etage, das Restaurant gehört nicht zum Hotel. DZ 38–46 €, alle mit Dusche, die billigeren mit WC auf der Etage. ✆ 04.95.57.40.25, ℻ 04.95.57.41.47.

Camping Côte des Nâcres, 500 m nördlich von Solenzara. Größeres Terrain mit 130 Stellplätzen unter Eukalyptusbäumen und Kiefern, sanitäre Anlagen okay, Sandstrand und Tennisplatz. Kleines Lebensmittelgeschäft, Strandbar, Restaurant. April–September geöffnet. ✆ 04.95.57.40.65, ℻ 04.95.57.45.12.

Camping Le Grand Bleu, 7 km südlich von Solenzara an der feinsandigen Plage de Canella. Kleines, schattiges, terrassiertes Gelände ohne Komfort – dafür direkt am Meer. Snackbar und in unmittelbarer Nähe das Strandrestaurant "La Dolce Vita" (nur mittags geöffnet). Juni–September geöffnet.

Camping U Rosumarinu, 7 km im Landesinneren (Straße zum Bavella-Pass), direkt an der Solenzara, die hier wunderschöne Badebecken bildet. Die sanitären Anlagen reichen in der Hauptsaison knapp aus. Für 2002 ist elektrischer Anschluss versprochen. Snackbar und Pizzeria, freundlicher Empfang. Der Name trügt nicht: Wilden Rosmarin finden Sie auf dem Hügel über dem Camping. Juni–September geöffnet, dem Autor schlug am Besitzer vor, angesichts der vielen deutschen Gäste schon im Mai zu beginnen – die Chancen stehen gut.
✆ 04.95.57.47.66, ℻ 04.95.57.46.63.

Solenzara

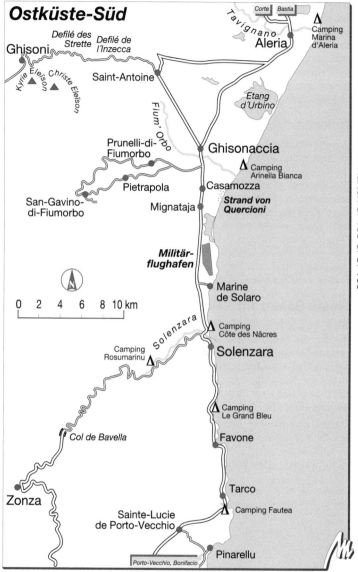

- *Essen und Trinken*: Restaurants findet man zur Genüge. Eine preiswerte Fischküche serviert das **Restaurant Orsoni**. Mit einem großen Pizza-Angebot wartet das **Restaurant Les Muriers** auf. Beide im Ortszentrum (an der Durchgangsstraße gelegen).

Baden: Das lokale Badeangebot beschränkt sich auf den Sandstrand nördlich von Solenzara. Ein einsamer Strand ohne jede Infrastruktur, dafür mit gelegentlichem Fluglärm findet sich 4 km weiter bei *Marine de Solaro*. Ruhiger und auch schöner ist die 7 km südlich von Solenzara in einer geschützten Bucht an der Mündung des Canella-Bachs gelegene *Plage de Canella* – feiner Sand, flacher Einstieg. Die erfrischende Alternative: An der Straße zum Bavella-Pass bildet die *Solenzara* eine ganze Reihe von Bademöglichkeiten.

Solenzara/Umgebung

Bavella-Massiv: In Solenzara zweigt eine Route ins Landesinnere zum 30 km entfernten *Col de Bavella* und weiter nach *Zonza* ab. Schon von weitem ist sowohl die südliche als auch die nördliche Gruppe des Bavella-Massivs zu sehen. Unterwegs lädt die Solenzara mit wunderschönen Bassins zum erfrischenden Bad ein. Aufgepasst: Das Sträßchen ist nach zahlreichen notdürftigen Reparaturarbeiten über weite Strecken holprig, außerdem kurvenreich und im oberen Teil oft so eng, dass der Blick auf Korsikas fotogensten Gipfeln lebensgefährlich sein kann. Sperrige Fahrzeuge wie Wohnmobile sind für die Fahrt ungeeignet. Für sie bietet sich als Alternative die besser ausgebaute Straße von Porto-Vecchio über Zonza an (mehr über das Bavella-Massiv siehe unter *Bavella-Gebiet* auf S. 340).

Route Solenzara – Porto-Vecchio

Ab Solenzara führt die Straße hart an der Küste entlang, doch nicht mehr die für die Ostküste charakteristischen, lang gezogenen, flachen Sandstrände bestimmen das Bild, sondern ein unzugängliches, felsiges Ufer. Nur wenige kleine Sandbuchten stimmen Badefreudige versöhnlich. Nach der *Bucht von Fautea* verläuft die Straße nach Porto-Vecchio durchs Landesinnere (zum Golf von Pinarellu siehe *Küstenabschnitte nördlich von Porto-Vecchio* auf S. 176).

Baden: Eine hübsche, kleine Sandbucht findet sich beim hässlichen Bungalow-Ort *Favone*. Weniger attraktiv, weil zwischen Straße und Meer eingeklemmt, ist der ca. 3 km südlich davon gelegene Strand bei *Tarco,* einer weiteren unansehnlichen Bungalow-Siedlung.

• *Camping*: **Fautea**, schönes, schattiges Gelände auf einer Landzunge. 100 Stellplätze, Snackbar und kleiner Lebensmittelladen. Kleine Sandstrände in unmittelbarer Nähe. Ca. Mai–September geöffnet. ✆ 04.95.71.41.51, 04.95.71.57.62.

Kreidefelsen bei Bonifacio

Südkorsika

Einladende Badebuchten am Golf von Porto-Vecchio, das verwegen über dem Meer auf einem Kreidefelsen thronende Bonifacio, das granitgraue, düstere Städtchen Sartène mit prähistorischen Fundstätten in der Umgebung – der Südzipfel Korsikas ist abwechslungsreich und vielseitig.

Auch hier gilt wie für so viele Gegenden Korsikas: Ein eigenes oder gemietetes Fahrzeug mit vier oder zwei Rädern ist von Vorteil. Die öffentlichen Verkehrsmittel garantieren nicht viel mehr als die Verbindung zwischen den drei genannten Städten, jede eine Sehenswürdigkeit für sich. Die landschaftlichen Reize aber lassen sich so kaum erkunden.

Sowohl Porto-Vecchio als auch Sartène – Letzteres allerdings mit eingeschränkten Übernachtungsmöglichkeiten – sind geeignete Stützpunkte für Abstecher ins Landesinnere, ins berühmte *Bavella-Gebiet* oder ins *Alta-Rocca* mit seinen noch wenig bekannten Wanderwegen. Wer eine solche Tour als Tagesausflug plant, den er nicht nur in oder auf seinem Fahrzeug verbringen will, muss allerdings früh aus den Federn – es lohnt sich! Radfahrer sollten dafür ruhig zwei Tage einplanen, schönes Wetter vorausgesetzt.

Porto-Vecchio

(korsisch: Portivechju)

Der Golf mit seinen ruhigen Buchten, Korkeichen- und Pinienwäldern ist ein Touristen-Magnet. In der Hauptsaison platzt die hoch über dem Hafen gelegene Altstadt von Porto-Vecchio aus allen Nähten.

Dann füllen sich die Cafés auf der zentralen *Place de la République,* in den paar Seitengässchen läuft der Gastronomiebetrieb auf Hochtouren, Boutiquen, Korallen-Shops und Läden mit korsischen Wurstspezialitäten machen ihr Geld. Denn alle wissen: Spätestens Mitte September kehren die kaufkräftigen Devisenbringer auf den Kontinent zurück, und es herrscht Geschäftsflaute bis zur nächsten Saison. Der Jahresumsatz muss praktisch binnen zweier Monate erwirtschaftet werden.

Ruhiger geht es unten im Hafengelände zu: Ein paar Restaurants beim Yachthafen bieten Langusten, Doraden und Rougets an. Über die Preise mag der Blick auf die angestrahlten Reste der alten Zitadelle, die man tagsüber kaum wahrnimmt, hinwegtrösten.

Recht schäbig wirkt der kleine Handelshafen, über dessen Ausbau oder Abschaffung die Lokalpolitiker sich streiten. Derzeit findet er noch für die Verschiffung von Kork Verwendung. Seit 1991 bedient die französische

Historische Stadtansicht

Schifffahrtsgesellschaft SNCM mit der hochmodernen *Monte d'Oro,* einem Frachter mit Personentransport, die Linie Porto-Vecchio – Marseille, allerdings nur saisonal.

Geschichte

Griechische Kolonisten aus Syrakus legten im 9. Jahrhundert v. Chr. einen Hafen an, den *Portus Syracusanus.* Doch erinnert in Porto-Vecchio nichts mehr an die antike Zeit.

Die heutige Stadt geht in ihren Grundmauern auf eine genuesische Befestigung aus dem Jahr 1539 zurück. Ein ruhiges Leben war den Siedlern allerdings nicht beschieden. Im Juli 1564 taucht *Sampiero Corso* auf und nimmt die Stadt nach zwanzigstündigem erbittertem Gefecht ein. Im November desselben Jahres steht an der Spitze eines tausendköpfigen Heeres aus deutschen und italienischen Söldnern der Genuesengeneral *Giovanni Doria* vor den Mauern der Stadt. Die knapp hundert korsischen Verteidiger haben keine Chance, die einfachen Soldaten werden auf die Galeere geschickt, ihre Offiziere zur Erschießung an den Füßen aufgehängt, Sampiero entkommt. Doch auch Doria wird nicht glücklich mit der Stadt. Bereits ein Jahr später – inzwischen zum Gouverneur der Insel avanciert – lässt er die Mauern schleifen, der Unterhalt von Porto-Vecchio ist zu aufwendig für die geringen Einkünfte, die den Genuesen aus der Stadt zufließen.

Einen neuen Befestigungsversuch unternimmt 1578 mit genuesischer Baugenehmigung ein gewisser *Pietro Massa* aus Ventimiglia. Über 2 m dicke und 7,5 m hohe Mauern umgeben die Stadt, die nach der Herkunft ihres Gründers *Ventimiglia Nuova* getauft wird. Doch umsonst: Hungersnot und Malaria vertreiben 1580 die Bewohner, und der Stadtgründer stirbt noch im selben Jahr.

Südkorsika

Im Laufe der Jahrhunderte wurde Porto-Vecchio wiederbesiedelt, der größte Feind blieb fortan die in den Mündungsgebieten des *Stabaccio* und des *Oso* beheimatete Malariamücke. Erst der massive Einsatz von DDT Ende der 50er Jahre machte ihr den Garaus. Die Stadt atmete auf und sah wieder Zukunft. Diese lag in dem von Jahr zu Jahr wachsenden Tourismusgewerbe. Und schon bald schossen in dem einst von der Malaria geschüttelten Gebiet die Grundstückspreise ins Unermessliche.

Postleitzahl/Information

- *Postleitzahl*: 20137
- *Information*: **Syndicat d'Initiative**, Rue du Dr de Rocca Serra. Mo–Sa 9–19.30 Uhr, So 9–13 Uhr. ✆ 04.95.70.09.58, ✆ 04.95.70.03.72, Internet: *www.accueil-portovecchio.com*. In der Hauptsaison ist vormittags in der Rue Colonel Quenza das **Informationsbüro des Parc Naturel Régional** geöffnet: alles über den Nationalpark, Flora, Fauna, Wanderwege. ✆ 04.95.70.50.78.

Verbindungen

- *Flugzeug*: Vom 25 km entfernten Flughafen Figari/Sud-Corse täglich Verbindungen nach Paris, Marseille und Nizza; in der Saison weitere französische Ziele sowie Flüge nach Calvi und Bastia. Der Flughafen wird oft von ausländischen Charterflugzeugen angesteuert. Flughafenauskunft unter ✆ 04.95.71.10.10. Vom Flughafen gibt's eine Busverbindung nach Porto-Vecchio, erste Abfahrt um 8 Uhr, gelegentlich sammelt der Busfahrer Ankommende von verschiedenen Flugzeugen ein, was Wartezeiten zur Folge haben kann.
- *Schiff*: Regelmäßige Verbindungen mit der SNCM nach Marseille, siehe Kapitel *Anreise*. Büro der **SNCM**: Gare maritime, ✆ 04.95.70.06.03.
- *Bus*: Mit den "Rapides Bleus" 2-mal täglich nach Bastia, Abfahrt bei *Corsica Tours*, Rue Jean Jaurès; regelmäßige Fahrten nach Bonifacio, Sartène, Propriano, Ajaccio (mit Eurocorse); saisonal schwankend ist die Verbindung ins Landesinnere nach Zonza (Abfahrt Rue Pasteur). Am besten erkundigt sich man im Syndicat d'Initiative (siehe oben).

Diverses

- *Rundflüge*: Fürs dicke Portemonnaie bietet die **Heli-Station** (an der Straße, die vom Hafen in Richtung Bonifacio führt) Rundflüge über den Golf und Luft-Taxis an. ✆ 04.95.72.18.63, ✆ 04.95.72.18.93.
- *Schiffsausflüge*: Fahrten zu den Lavezzi-Inseln vor Bonifacio oder einfach nur zu den Stränden der Umgebung (u. a. auch Palombaggia-Strand) mit der **Compagnie de Promenades en Mer** bei der Capitainerie.
- *Autoverleih*: **Hertz**, am südlichen Ende des Yachthafens, ✆ 04.95.70.32.05. **Europcar**, an der Straße nach Bastia, ✆ 04.9570.14.50. Etwas billiger als die Großen ist der Autoverleih **Magliolo**, 3, rue de la Porte Génoise oder 6, rue Colonel Quenza (Hintereingang), der als billigstes Vehikel einen Renault Clio im Angebot führt. ✆ 04.95.70.08.97.
- *Autowerkstätten*: Spezialisten für Reifen, Auspuff und Autoelektrik sowie einige Vertragswerkstätten findet man an der Straße nach Bastia.
- *Bootsverleih*: Am Yachthafen konkurrieren ein halbes Dutzend Verleiher, die Wünsche überprüft man am besten direkt vor Ort.
- *Surfbretter*: **La Marine**, am Hafen. Empfehlung eines Lesers, der von zahlreichen anderen Verleihern enttäuscht war. ✆ 04.95.70.23.47.
- *Einkaufen*: **Supermärkte** mit riesigen Parkplätzen haben sich im Ortsteil Poretta (an der Straße nach Bastia) niedergelassen. Weniger bequem, aber schöner ist es, den Einkauf mit einem Spaziergang durch die Altstadt zu verbinden.
- *Parken*: Die Altstadt ist klein, die engen Nebenstraßchen überlasse man freundlicherweise den Einheimischen. Ein größerer ausgewiesener Parkplatz findet sich gleich neben der Post.

Porto-Vecchio

Übernachten
- ❸ Modern'Hôtel
- ❼ Hôtel La Calèche d'Or
- ❽ Hôtel Panorama
- ❾ Hôtel Holzer
- ⓫ Hôtel da Mama

Essen und Trinken
- ❶ Restaurant Le Donjon
- ❷ Restaurant Chez Anna
- ❹ Restaurant La Merendella
- ❺ Pizzeria La Vigie
- ❻ Restaurant Le Rocher Rouge
- ❿ Restaurant U Pesca Luna

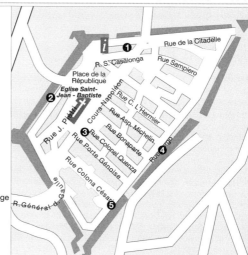

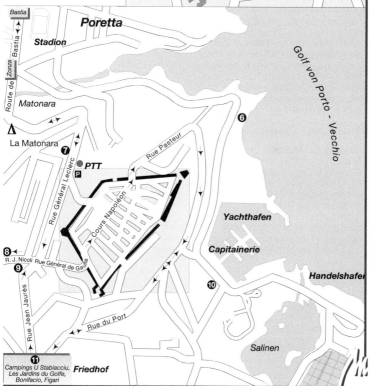

Südkorsika Karte S. 168

Südkorsika

- *Reiten*: **Centre Equestre A Staffa**, hinter dem Camping U Stabacciu (siehe unten). Reitschule und Vermietung der Pferde für Tagesausritte. Nur zur Saison geöffnet. ☎ 04.95.70.47.51, 📠 04.95.70.52.22.

Übernachten (s. Karte S. 171)

Im Folgenden werden nur Hotels und Campingplätze aufgeführt, die in der Stadt selbst oder in unmittelbarer Stadtnähe liegen. Weitere Übernachtungsmöglichkeiten siehe unter *Küstenabschnitte nördlich bzw. südlich von Porto-Vecchio*.

** Hôtel La Calèche d'Or (7), wenig attraktiver Bau an der Durchgangsstraße. Alle Zimmer mit Dusche/WC. DZ 46–76 €, in der Hauptsaison nur Halbpension. Rue Général Leclerc. April–Oktober geöffnet. ☎ 04.95.70.19.03, 📠 04.95.70.41.66.

** Hôtel Holzer (9), moderne, schallgeschützte Zimmer mit Dusche/WC/TV, Safe und Airconditioning. Halbpensionäre essen nebenan im Restaurant Chez Louis (korsische Spezialitäten). DZ 46–69 €, in der Hauptsaison nur Halbpension. 12, Rue Jean Jaurès, ☎ 04.95.70.05.93, 📠 04.95.70.47.82.

* Modern'Hôtel (3), das helle, blau-weiße Interieur lässt eher an ein Strand- als an ein Stadthotel denken. Mitten im Zentrum der Altstadt gelegen und daher für Nachteulen empfohlen. DZ 38–91 €, bei der untersten Preisklasse muss man Etagendusche und -WC in Kauf nehmen. 10, cours Napoléon. April–September geöffnet. ☎ 04.95.70.06.36.

* Hôtel Panorama (8), wer wirklich auf ein Panorama aus ist, frage nach den Zimmern Nr. 8 oder 9 in der dritten Etage: Blick über die Dächer der Altstadt auf die Salinen und den Golf. Hoteleigener Parkplatz, DZ 38–49 €. 12, rue Jean Nicoli. Juni–September geöffnet. ☎ 04.95.70.07.96.

Hôtel da Mama (11), keine Klassifizierung. Am Stadtrand in Richtung Bonifacio (10 Minuten zu Fuß in die Stadt). Man lasse sich vom Äußeren des Baus nicht abschrecken: In der ehemaligen Gendarmerie-Station ist ein freundlicher Empfang gewiss. DZ ab ca. 40 €, alle Zimmer mit Dusche, die billigeren mit Etagen-WC. Wenn kein Platz mehr ist: Mama betreibt auch ein Motel an der Straße nach Sotta, gleiche Preise, gleiche Freundlichkeit. Route de Bonifacio. Ostern–September geöffnet. ☎/📠 04.95.70.56.64.

Camping

Camping La Matonara, am Stadtrand, Straße nach Bastia. Großer, stadtnaher Camping mit knapp über 60 Stellplätzen im Korkeichenwald, der in der Hauptsaison oft überfüllt ist. Zu Fuß sind es knappe 10 Minuten zur Altstadt hoch. Größerer Supermarkt in der Nähe. Mitte Mai bis Oktober geöffnet. ☎/📠 04.95.70.37.05.

Camping U Stabacciu, knappe 2 km südlich von Porto-Vecchio an der Straße zum Palombaggia-Strand, ausgeschildert. 160 Stellplätze unter Korkeichen und schattigen Kiefern, gepflegte sanitäre Anlagen und ein kleines Restaurant. Der knapp 2 km entfernte Strand ist wegen der Hafennähe ziemlich verdreckt und nicht empfehlenswert. Lieber gleich zum 9 km entfernten Palombaggia-Strand fahren. Offiziell April bis Mitte Oktober geöffnet (man verlasse sich nicht darauf!). ☎/📠 04.95.70.37.17.

Camping Les Jardins du Golfe, vom vorgenannten noch 1 km weiter in Richtung Palombaggia-Strand. Gepflegtes, 1997 eröffnetes Gelände mit 100 Stellplätzen. Schatten unter Strandkiefern und Korkeichen. Im hinteren Teil zirkeln noch junge Pflänzchen den Wohnwagensektor (mit Elektroanschlüssen) ein. Wenn am Morgen der Palombaggia-Strand zu weit ist, springt man einfach in den Swimmingpool. Snackbar und Lebensmittelverkauf. Einzig gegen die Mücken kommt der freundliche Besitzer nicht an. Mai–September geöffnet. ☎ 04.95.70.46.92, 📠 04.95.70.10.28.

Camping U Pirellu, auf dem Weg zum Palombaggia-Stand (gleich hinter der Abzweigung zur Pointe de la Chiappa). Terrassiertes Gelände mit 120 Stellplätzen. Viel Schatten, teils unter Korkeichen. Gepflegte Sanitäranlagen, elektrische An-

Porto-Vecchio 173

schlüsse, Swimmingpool, Pizzeria und Grill, Einkaufsladen mit Metzgerei – und dennoch nur ein Stern. Auch Bungalowvermietung – und gegen Bezahlung in der Residenz daneben: Sauna. Mitte April bis September geöffnet. ✆ 04.95.70.63.13, ✆ 04.95.70.23.44.

Essen und Trinken (siehe Karte S. 171)

Die Auswahl an Restaurants ist groß: Neben Fischspezialitäten, korsischer, italienischer und französischer Küche findet man auch marokkanische, fernöstliche und sogar brasilianische Tupfer. Eines haben die Lokale alle gemein: Mit wenigen Ausnahmen sind sie teurer, als man es von anderen korsischen Städten gewohnt ist.
Oft führt die Aussicht auf schnell verdientes Geld in den Konkurs; die Restaurant- und Kneipenszene wechselt in Porto-Vecchio schneller als anderswo auf der Insel. Und die Tendenz geht in Richtung Fastfood – zuungunsten der traditionellen Küche.

Restaurant Le Rocher Rouge (6), an der Hafenstraße. Die beste Adresse für Fischliebhaber. Eigener Fischfang. Leider nur Juli/August geöffnet, in den anderen Monaten geht der Patron seinem Erstberuf als Maurer nach.

Restaurant U Pesca Luna (10), am Yachthafen. Teures Fischrestaurant, in dem vor allem der korsische Käse überzeugt hat (vielleicht hat jemand anderer mehr Glück!).

Pizzeria La Vigie (5), keine Billig-Pizzeria, sondern gediegenes Restaurant in den Resten der Stadtmauer mit phantastischem Ausblick über Golf und Hafen. Rue Borgo.

Restaurant La Merendella (4), in der Stadtmauer. Terrasse mit einem Blick auf den Hafen, der das alteingesessene La Vigie (siehe oben) vor Neid erblassen lassen könnte. Menüs ab 14 €, auch Pizze. 33, rue Borgo.

Restaurant Chez Anna (2), preiswerte und gute Küche, Menüs ab 15 €, zum Nachtisch Profiterolles im Angebot. Unsere Empfehlung in der Oberstadt. 16, rue de Rocca-Serra.

Restaurant Le Donjon (1), ein kleines Restaurant mit Menüs ab 11 € und damit eines der billigeren in der Altstadt. Straßenbestuhlung. Rue S. Casalonga.

• *Außerhalb*: **Restaurant/Pizzeria du Petit Marché**, an der Straße nach Bastia (noch vor La Trinité auf der linken Seite). Von außen ist das Lokal alles andere als attraktiv, aber die Küche ist hervorragend und überdies preiswert. Fisch, Fleisch und v. a. Gemüse – alles sehr liebevoll zubereitet. Keine große Auswahl, aber Qualität.

Restaurant/Pizzeria Le Figuier, an der Straße, die von La Trinité in Richtung Meer abzweigt. Gute Atmosphäre im schattigen, halboffenen Lokal aus Naturstein – und hervorragende Küche obendrein.

Restaurant Le Relais, im Zentrum von Sotta (Straße nach Figari). Regionale Küche, im Sommer auch im Innenhof. Probieren Sie die Charcuterie: *lonzu* und *coppa* sind hausgemacht. Im offenen Ausschank wird ein vorzüglicher Roter aus Figari serviert. In der Saison Reservierung empfohlen. ✆ 04.95.71.22.14.

Südkorsika
Karte S. 168

Baden: Die stadtnahen Strände bei der Mündung der *Matonara* und neben dem Handelshafen sind ziemlich verdreckt. Schöner sind die Strände in der Umgebung (siehe folgende Abschnitte); allerdings ist man ohne eigenes Fahrzeug ziemlich aufgeschmissen.

Küstenabschnitte nördlich von Porto-Vecchio

Golf von Porto-Vecchio: Seit dem Sieg über die Malariamücke Ende der 50er Jahre wird der große Meereseinschnitt mit seiner Seitenbucht **Golfo di Sogno** von Badetouristen sehr geschätzt. Die Lage ist geschützt und der Strand meist feinsandig. Hier entstanden die ersten Campingplätze von ganz Korsika. Noch immer findet man einladende Badeplätze, doch Bungalows und Mini-Villen haben der Gegend einiges an Reiz genommen, und der schönste Teil des Golfes, **Cala Rossa**, ist heute eine Siedlung der Superreichen, in der der Fremde nichts zu suchen hat. Er muss sich schon als Gast eines Villenbesitzers oder zumindest als potentieller Kunde des luxuriösen *Grand-Hôtel de Cala Rossa* vorstellen, damit der Concierge den Weg ins Paradies freigibt. Kein Wunder, dass aufgebrachte Autonomisten die Hotel-Reklame mit dem Slogan *Terra Corsa a i Corsi* ("Die korsische Erde den Korsen") übersprüht haben.

• *Camping*: An der Nordseite des Golfs von Porto-Vecchio finden sich mehrere Campingplätze, teils etwas im Landesinneren. Die hier aufgeführten liegen alle direkt am Wasser:

Camping La Baie des Voiles, von Porto-Vecchio die Straße den Golf entlang (D 568), knapp vor dem Abzweig nach La Trinité. Schattiger Korkeichenwald mit 180 Stellplätzen. Kleiner, auch für Kinder geeigneter Badestrand am unteren Ende des Platzes. Mai–September geöffnet. ✆ 04.95.70.01.23.

Camping Golfo di Sogno, an der Sogno-Nebenbucht. Allein schon die Rezeption hinter dem modernen Glasschalter mit Sprechmembran verrät Professionalität und Luxus: 4-Sterne-Camping mit 650 Stellplätzen und Bungalow-Vermietung, groß, teuer und schön. Zur Einrichtung gehören: Restaurant, Pizzeria, Bar, Supermarkt, Metzgerei, Patisserie, Tabakgeschäft, Minigolf, Bowling, Tennisplatz, Volleyball-Platz, Surfschule, Diskothek ... und hinter dem Pinienwald ein 1½ km langer, feiner Sandstrand. Mai bis Mitte Oktober geöffnet. ✆ 04.95.70.08.98, ✉ 04.95.70.41.43.

Camping de l'Oso, ungefähr 1 km nördlich vom Camping Golfo di Sogno. 80 Stellplätze. Ohne großen Charme, aber ausreichend Schatten. Gepflegte sanitäre Anlagen. Baden im Swimmingpool, im Oso-Bach oder am 1½ km entfernten Strand. Mitte Juni bis September geöffnet. ✆ 04.95.71.60.99, ✉ 04.95.70.37.33.

Ein Kuhhandel

Das Terrain, auf dem sich die beiden Campingplätze *Les Ilots d'Or* und *La Baie des Voiles* ausbreiten, war einst im Besitz eines Notabeln aus Sartène. Im Jahr 1912 beschloss dieser, das nicht sehr wertvolle Gelände an die Einheimischen zu verkaufen. Die interessierten Käufer bekamen per Los eine Parzelle zugeteilt. Wert des Camping-Terrains damals: 12 Kühe. Das Gelände fand erst als Dreschplatz Verwendung. Als dank DDT und Chininabgabe an die Bevölkerung ("Wir haben das Zeug en masse geschluckt!") die Malaria ausgerottet war, wurden hier Korsikas erste Zeltplätze errichtet. Der Kuhhandel erwies sich als rentabel.

Küstenabschnitte nördlich von Porto Vecchio 175

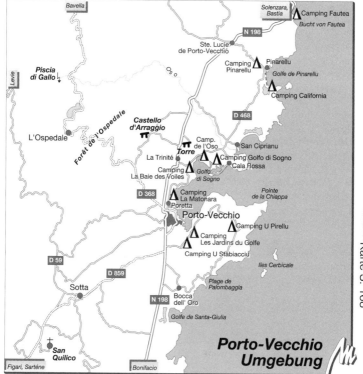

Bucht von San Cipriano: Wenig Bademöglichkeiten, aber viel Stoff zum Nachdenken! An der einst einsamen Sandbucht hat eine wilde Bautätigkeit eingesetzt, die seit einiger Zeit die korsischen Gemüter erhitzt. Am 6. November 1989 sprengte ein Kommando des *FLNC (Front de Libération Nationale de la Corse)* zwei Gebäude der Gesellschaft *Paese di Mare,* für die keine einwandfreie Baugenehmigung vorlag, in die Luft – ein Anschlag, der übrigens bei weiten Teilen der korsischen Bevölkerung auf Sympathie stieß. Die Einheimischen fürchteten zu Recht, dass mit dem "Ausverkauf des Vaterlandes" der vom Gesetz vorgeschriebene freie Zugang zum Meer nicht mehr garantiert gewesen wäre. An einigen Stellen war dieser Fall bereits eingetreten, und in Zonza und Lecci entstanden lokale Initiativen, die von den Behörden die Einhaltung der Gesetze erzwangen.

"Der Bau von betonierten Dörfern", schreibt *G. X. Culioli* in seinem Buch *Le complexe corse,* "wie man ihn im Norden der Insel feststellen kann, die Schließung der Strände für die Korsen (und Nicht-Korsen) zugunsten einiger begüterter Touristen, auch das ist Gewalt. Sie ist weniger spektakulär als ein Sprengstoffanschlag, aber sie ist von längerer Dauer. Jeder Stein der

Insel, jedes Stückchen Strand gehört dem korsischen Volk. Als Eigentümer ist dieses auch verantwortlich vor den zukünftigen Generationen" (Übersetzung, d. Verf.). Mit Sprengstoff also für eine nachhaltige Entwicklung ...

Golfe de Pinarellu: Der ungefähr 20 km nördlich von Porto-Vecchio gelegene Golf – im südlichen Teil dicht mit Pinien bewaldet – ist landschaftlich ausgesprochen reizvoll, hat aber einen großen Makel: Seine schönsten Stellen sind in Privatbesitz und deshalb unzugänglich. So führt z. B. die nach *Capo di Fora* ausgeschilderte Straße nicht ans Kap gegenüber der *Pinarellu-Insel*, sondern endet nach 2 km Fahrt durch den Pinienwald ganz unvermittelt vor einem geschlossenen Tor.

Dennoch: Verbaut ist noch nichts, und das Meer lädt zum Bade. Die schönste Stelle ist der lange, relativ flache Sandstrand südlich des Orts; das Fahrzeug irgendwo an der Straße stehen lassen und den Pinienwald durchqueren. Weitere Bademöglichkeiten findet man direkt neben dem kleinen Fischerhafen von *Pinarellu*.

- *Übernachten/Camping/Essen*: ***** Hôtel de la Tour Génoise**, beim Hafen von Pinarellu. Alle Zimmer mit großem Balkon zum Strand. DZ 58–73 €. Juni–September geöffnet. ✆/≙ 04.95.71.44.39.
Camping Pinarellu, noch vor der Ortseinfahrt. Schatten unter knorrigen Korkeichen, 100 Stellplätze, gepflegte sanitäre Anlagen mit Waschmaschine. Swimmingpool und Tennisplatz. Zum Meer sind es knappe 500 m. Der Zeltplatz betreibt einen Fahrradverleih. Mai–September geöffnet. ✆/≙ 04.95.71.43.98.
Camping California, knapp vor dem Capo di Fora. Hübsche Anlage mit 100 Stellplätzen und ausreichend Schatten. Lebensmitteleinkauf und Pizzeria. Tenniscourt. Felsen- oder Sandstrand – zu beiden ein Katzensprung. Nacktbaden ist im hinteren Teil, der direkt in den FKK-Camping La Villata überführt, erlaubt und wird mehrheitlich auch praktiziert. Mitte Mai bis Mitte Oktober geöffnet. ✆/≙ 04.95.71.49.24.
Restaurant A Strada, an der Straße von Ste-Lucie nach Pinarellu. Ein freundliches Lokal, das unter anderem auch Fische serviert. Man sitzt im Freien und genießt die Stimmung oder sorgt selber für welche. Juli/August jeden Abend Open-Air-Kino im Garten daneben. März–Oktober geöffnet.
Pizzeria U Fornu, im Weiler Foce (D 468 zwischen Pinarellu und Cala Rossa). Bescheidene, freundliche Pizzeria mit Tischen im Freien.

Küstenabschnitte südlich von Porto-Vecchio

Pointe de la Chiappa: Die Landspitze an der südlichen Einfahrt in den Golf von Porto-Vecchio ist in den Händen eines FKK-Clubs mit Bungalows, Campingplatz und clubeigenen Sportanlagen. Wer etwas anderes sucht, ist hier fehl am Platze.

Plage de Palombaggia: Er gehört zu den schönsten Stränden ganz Korsikas: weiße Sanddünen, rote Felsen, dahinter ein grüner Piniengürtel, und ein in allen Blautönen schimmerndes Meer. Villen und Feriensiedlungen halten sich diskret im Hinterland versteckt – ungetrübte Badefreuden.

Golfe de Santa-Giulia: Die außerordentlich hübsche Bucht mit ihrem weißen Sandstrand ist leider weitgehend zugebaut. Im Norden liegt die Feriensiedlung *Marina di Santa Giulia*. Im Westen, wo ein schmaler Damm das Meer von einem Etang trennt, macht sich der Pavillon-Komplex *Moby Dick* breit. Auch hier hat sich eine lokale Initiative gebildet, die sich gegen den Ausverkauf der Küste wehrt. Der derzeit einzige öffentliche Zugang zum Meer befindet sich beim Parkplatz am südlichen Ende des Damms.

Torreanerfestung bei Arraggio

- <u>Übernachten/Camping</u>: **** Hôtel Villa Conti**, an der Straße nach Bonifacio (ca. 3 km südlich des Abzweigs zum Golfe de Santa-Giulia). DZ 41–105 € je nach Saison. Komfortable Zimmer und Appartements, hübsche Terrasse. Das Hotel ist inmitten einer kleinen Parkanlage mit Olivenbäumen und Korkeichen gelegen. Für gestresste Eltern wird Babysitting angeboten. Das Hotel hat sehr unterschiedliche Leser-Reaktionen hervorgerufen, von großem Wohlbefinden bis zum Gegenteil. Es empfiehlt sich also, das Zimmer in Augenschein zu nehmen. Mai–September geöffnet. ✆ 04.95.70.01.50, ✆ 04.95.70.54.50.

Camping La Rondinara, ungefähr auf halber Strecke zwischen Porto-Vecchio und Bonifacio zweigt links ein Sträßchen zum Golfe di Rondinara ab. Nach ca. 6 km hat man den Campingplatz erreicht. Einsame Lage mit 100 Stellplätzen, gute Infrastruktur. Swimmingpool. Einziges Problem ist der etwas mangelnde Schatten. Zu Fuß knappe 10 Minuten zum Sandstrand der wunderschönen Rondinara-Bucht. Mitte Mai bis September geöffnet.
✆ 04.95.70.43.15, ✆ 04.95.70.56.79.

Hinterland von Porto-Vecchio

Torre: Oft ist die Besichtigung torreanischer Bauten mit einem mühsamen Aufstieg durch Macchia und Felsen verbunden, nicht so in Torre. Das torreanische Kultmonument ist vom Halbdutzendhäuserdörfchen aus kaum einen Katzensprung entfernt.

Der kleine Bau mit dem Eingang an der Nordseite diente vermutlich als Krematorium. Das Loch an der Rückwand wird von der Forschung als Rauchabzug interpretiert.

Wer enttäuscht ist – torreanische Kleinbauten haben für den Laien meist wenig Spektakuläres –, kann sich vom Rundblick über den Golf von Porto-Vecchio entschädigen lassen.

<u>Anfahrt</u>: Von Porto-Vecchio in Richtung Bastia. Vom nördlichen Ortsschild von La Trinité sind es noch 500 m, bis rechts ein schmales Asphaltsträßchen nach Torre hochführt.

Castello d'Arraggio: Wesentlich imposanter als das kleine Monument von Torre ist die Torreanerfestung von *Arraggio*. Die auf einen Felsvorsprung mit Aussicht auf den Golf von Porto-Vecchio gebaute Anlage wurde 1967 von *Roger Grosjean,* dem berühmtesten Spezialisten megalithischer und torreanischer Kulturen, ausgegraben.

Die Festung diente sowohl Kult- als auch militärischen Zwecken, und vermutlich war sie auch Wohnsitz des Herrschers. Sie ist von einer über 3 m hohen, mörtellosen Mauer umgeben, wobei – ein für die torreanische Bauweise typisches Verfahren – bereits vorhandenes Felsengestein geschickt in die Konstruktion mit einbezogen wurde. Besondere Beachtung verdient der Eingang mit seinen schweren, flachen Deckplatten.

* <u>Anfahrt</u>: Von Porto-Vecchio in Richtung Bastia. Knapp hinter La Trinité führt links eine Straße nach Arraggio (D 759). Im hinteren der beiden Ortsteile von Arraggio das Fahrzeug stehen lassen und zu Fuß der Beschilderung folgen. Der Aufstieg ist teils ziemlich steil, die auf dem Wegweiser veranschlagten 40 Minuten sind dennoch übertrieben. Selbst mit Gepäck ist man in einer halben Stunde oben. (Der Autor ist unbeschwert in 20 Minuten hochgeeilt.)

Forêt de L'Ospédale und Cascade de Piscia di Gallo: Ein landschaftlich überaus reizvoller Ausflug. Nur wenige Kilometer im Nordwesten von Porto-Vecchio (Straße nach *Zonza*) beginnt der *Forêt de L'Ospédale,* ein riesiger Kiefernwald, Bestandteil des *Parc Naturel Régional de la Corse* und somit geschützt (allerdings nicht vor Waldbränden!). Der Ort **L'Ospédale** mit seinen paar Restaurants und Bars wird von der Bevölkerung Porto-Vecchios der frischen Luft wegen geschätzt.

Etwas oberhalb von L'Ospédale führt die Straße an einem Stausee vorbei, und 700 m nach der Staumauer findet man an der rechten Straßenseite, halb unter den Bäumen, einen größeren Parkplatz. Von Mitte Juni bis September ist eine Snackbar geöffnet, und es herrscht viel Betrieb. Denn hier

Dauerpinkler: Piscia di Gallo

beginnt der etwas mehr als 30-minütige Abstieg zu einem der berühmtesten Wasserfälle ganz Korsikas, zum *Piscia di Gallo* (auf Deutsch: Hahnenpiss). Der Weg ist markiert, führt erst durch den Wald und dann über spärlich bewachsene Felsen mit einem herrlichen Rundblick in die Berglandschaft. Erst der letzte Abschnitt bringt einige Kletterei, und bei nassem Boden ist es klüger, sich mit dem Anblick auf halber Höhe zu begnügen. Auch wenn man den Hahn nicht sieht, der Piss ist da: Aus einer Felskerbe heraus schießt das Wasser des *Oso-Baches* 75 m in die Tiefe – spektakulär!

Tipp: Am fotogensten ist's, wenn's in der Sonne pisst: am späten Vormittag.

Kapelle San Quilico de Montilati: Die Kapelle aus dem 12. Jahrhundert liegt etwas abseits der Straße nach *Figari* und ist allenfalls für Spezialisten interessant: klein und schmucklos. Einziger Lichtdurchlass ins Tonnengewölbe ist ein schmales Fenster an der Apsis. Zur Schlichtheit des Baus passt das Dach aus Granitschindeln; es hat 800 Jahre überdauert, ohne den geringsten Schaden zu nehmen.

• *Anfahrt*: Von Porto-Vecchio aus erst in Richtung Bonifacio, nach der Überquerung des Stabaccio die Route nach Figari einschlagen. Ungefähr 7 km hinter dem Ort Sotta führt links ein Asphaltsträßchen (Schild *"Chapelle 12e siècle"*) hoch zum Weiler Montilati mit der Kapelle.

Bonifacio (korsisch: Bunifaziu)

Ein großartiges Bild: Hoch über dem Meer auf einen Kreidefelsen gebaut, von tiefem Blau umspült (und teils auch unterspült), von einer wuchtigen Mauer umfasst und so zusätzlich geschützt – Bonifacio ist ohne Zweifel die imposanteste Stadtanlage auf ganz Korsika. Die beste Sicht auf die Stadt hat man von der Seeseite, und allein das rechtfertigt schon einen kleinen Bootsausflug.

Im Mittelalter eine der blühendsten Städte Korsikas, jedoch wegen seiner geostrategisch günstigen Lage – am Südkap der Insel und im Zentrum des Mittelmeerraums – stets im Mittelpunkt kriegerischer Auseinandersetzungen, hat Bonifacio heute an Bedeutung verloren. Ajaccio, Bastia, Porto-Vecchio und auch Calvi haben der Stadt längst den Rang abgelaufen, und heute zählt sie mit knapp 3000 Seelen nur noch halb so viel Einwohner wie in ihren besten Zeiten.

In der einst glanzvollen Oberstadt bröckelt der Putz. Fotografen finden jede Menge Motive, doch die da wohnen müssen, haben vermutlich weniger Sinn für Sozialromantik. Der Tourismus ist – wie vielerorts auf Korsika – die einzige nennenswerte Einnahmequelle, und die Saison, in der die alten Viertel künstlich belebt werden, ist kurz. Von Oktober bis Mai sind die meisten Läden geschlossen, dann weht nachts ein kühler Wind durch die gespenstisch leeren Gassen.

Hochbetrieb herrscht sommers am windgeschützten Hafen: Die Bars und Eisdielen am *Quai Comparetti* (benannt nach dem von den Deutschen 1943 erschossenen Bonifacier Widerstandskämpfer *Jerôme Comparetti*) sind proppenvoll, Fischerboote werden entladen, und fast fünfminütlich tuckert ein mit kamerabehängten Touristen beladenes Vergnügungsboot in die offene See.

Geschichte

Ob Odysseus' Begegnung mit den Laistrygonen, den menschenfressenden Riesen, sich tatsächlich an der Küste bei Bonifacio abspielte, mögen die Mythenforscher klären. Erwiesen hingegen ist eine römische Besiedlung am *Strand von Piantarella* (6 km östlich von Bonifacio). Die Archäologen, die das

Verwegen auf den Kreidefels gebaut: Bonifacio

Gelände der Forschung erhalten wollten, scheinen den Kampf gegen die Tourismusökonomen der Stadt jedoch verloren zu haben: Seit 1998 wird mit Bildern des traumhaften Sandstrands im Internet geworben.

Die Gründung der heutigen Stadt geht auf einen toskanischen Edelmann namens *Bonifacio* zurück, der sich um die Vertreibung der Sarazenen aus Korsika verdient gemacht hatte und in der heutigen Oberstadt eine Zitadelle erbauen ließ. Nach und nach entstand rund um diese Festung ein Gemeinwesen aus Seeleuten und Händlern.

Im 11. Jahrhundert kam Bonifacio unter pisanische Herrschaft. Im Jahr 1187 tauchen dann zum ersten Mal die Genuesen auf, verjagen die Pisaner und zerstören die Stadt. Die Rückeroberung durch Pisa 1195 ist nur ein kurzes Zwischenspiel. Ein Jahr später wird Bonifacio erneut von den Genuesen eingenommen, die sich diesmal ihren Besitz durch eine Strategie sichern, die bei einigen Staaten auch im 20. Jahrhundert noch Anwendung findet: aggressive Siedlungspolitik. Die Bewohner Bonifacios werden vertrieben und durch eine ungefähr tausendköpfige genuesische Kolonie ersetzt, die unter dem Schutz der starken genuesischen Garnison steht. Die Stadt wird erweitert und von einer gewaltigen Mauer umgeben, die im Verbund mit den steilen Klippen jede Eroberung unmöglich machen soll.

Einen ersten großen Test im Jahr 1420 bestand die Befestigung erfolgreich. *Alphons V.*, König von Aragonien, der sich daran erinnerte, dass ein Papst 130 Jahre zuvor Korsika dem Haus Aragonien zugesprochen hatte, und *Vincentello d'Istria*, ein korsischer Feudalherr, Krieger und Pirat, machen gegen Genua gemeinsame Sache. Als Vize-König von Korsika beherrscht Vincentello d'Istria fast die ganze Insel, als er mit dem Spanier zusammen zur

Belagerung Bonifacios ansetzt. Die Spanier werfen von ihren Schiffstürmen nicht nur brennende Pfeile in die Stadt, sondern konfrontieren die Bonifacier auch mit einer bis dahin unbekannten Waffe, der Flinte. Fünf Monate lang blockiert die feindliche Flotte den Hafen, bis ein genuesisches Geschwader der bedrängten, halb ausgehungerten Bevölkerung die ersehnte Befreiung bringt. Alphons V. findet man ein Jahr später als König in Neapel wieder, Vincentello d'Istria herrscht noch ein paar Jahre über die Insel, bis er 1434 von den Genuesen gefangen gesetzt und in Genua hingerichtet wird.

Im Jahr 1528 wütet die Pest in Bonifacio und dezimiert die Bevölkerung von ehemals 5000 auf 700 Einwohner. Davon hatte sich die Stadt vermutlich noch nicht erholt, als ihr 1553 die zweite große Belagerung in ihrer Geschichte bevorstand. Ein französisches Heer von 2000 Mann, unterstützt von *Sampiero Corso* und seinen korsischen Partisanen einerseits, von einer riesigen türkischen Flotte unter dem Befehl des berühmten Seeräubers *Dragut* andererseits, schickte sich an, die Stadt einzunehmen. Mit insgesamt 6000 Kanonenkugeln hatte die türkische Artillerie in 18 Tagen bereits gewaltige Breschen in die Mauern der Stadt geschlagen, als die Bevölkerung sich ergab. Entgegen französischen Zusagen einer friedlichen Übernahme richteten die Türken und Korsen ein furchtbares Gemetzel an. Die Franzosen nahmen die Verwaltung der fast völlig ausgestorbenen Stadt in die Hand, reparierten und modernisierten die Befestigung, die nach der Rückgabe Bonifacios an die Genuesen (gemäß Friedensvertrag von Cateau-Cambrésis 1559) von diesen vervollständigt wurde. Der heutige Zustand der Mauern und Bastionen datiert größtenteils aus dieser Zeit.

Die nächsten 200 Jahre genuesischer Herrschaft verlaufen relativ ruhig. Mit dem Vertrag von 1768 – Bonifacio spielt längst keine wesentliche Rolle mehr – wird Korsika französische Provinz.

Bleieicheln

"Von den Schiffstürmen und Mastkörben aber warfen die Spanier fort und fort Pfeile und warfen auch bleierne Eicheln aus gewissen handlichen Bombarden aus gegossenem Erz, die wie ein Rohr hohl waren und die sie Sclopetus nennen. Diese Bleieichel aber wurde durch Feuer fortgetrieben und durchbohrte einen bewaffneten Mann."

So beschreibt *Peter Cyrnäus* (hier zitiert nach dem deutschen Kulturhistoriker *Ferdinand Gregorovius*) das neue Produkt der Rüstungsindustrie des 15. Jahrhunderts. Dass sich die Liebe zur Feuerwaffe bei den Korsen bald zu einer wahren Obsession entwickelte, demonstrieren über 100 Gesetze, die zwischen 1600 und 1720 erlassen wurden – ein vergeblicher Versuch, das Tragen von Waffen zu reglementieren. Anfang des 18. Jahrhunderts zählte man jährlich über 900 Morde auf der Insel, die Tradition der Vendetta stand in voller Blüte.

In den 60er Jahren des 20. Jahrhunderts stationierten die Franzosen Fremdenlegionäre auf dem Militärgelände der Oberstadt; sie wurden 1983 abgezogen; heute hält eine kleine französische Einheit die Stellung.

182 Südkorsika

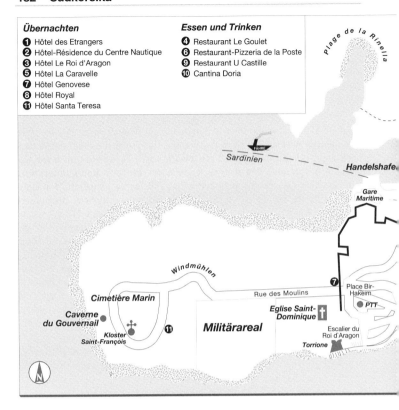

Übernachten
1. Hôtel des Etrangers
2. Hôtel-Résidence du Centre Nautique
3. Hôtel Le Roi d'Aragon
5. Hôtel La Caravelle
7. Hôtel Genovese
8. Hôtel Royal
11. Hôtel Santa Teresa

Essen und Trinken
4. Restaurant Le Goulet
6. Restaurant-Pizzeria de la Poste
9. Restaurant U Castille
10. Cantina Doria

Postleitzahl/Information

- *Postleitzahl*: 20169
- *Information*: **Office de Tourisme**, direkt an der Festungsmauer in der Oberstadt, dank der großen Lettern nicht zu übersehen. Mo–Sa 9–20 Uhr, So geschlossen. 04.95.73.11.88.

Verbindungen

- *Bus*: 2-mal täglich nach Ajaccio (über Sartène, Propriano) und nach Porto-Vecchio. In der Saison auch Verbindungen zum 8 km entfernten Golf de Santa-Manza (Abfahrt am Parkplatz Nr. 1, Kopfende des Yachthafens).
- *Le Petit Train*: In Bonifacio mag das für Frankreich typische Stadtbähnchen für Touristen sogar Sinn machen, an heißen Tagen ist der Weg von der Unter- in die Oberstadt tatsächlich etwas beschwerlich. Abfahrt für müde Knochen am Kopfende des Hafens.
- *Fähren nach Sardinien*: Die Schifffahrtsgesellschaften **Saremar** und **Moby Lines** (Letztere nur in der Saison) fahren täglich mehrmals nach Santa Teresa di Gallura an der Nordspitze Sardiniens. Beide unterhalten ein Büro an der Gare maritime. Die Überfahrt dauert eine knappe Stunde, ca. 8 €/Person, Autos je nach Länge.

Vor allem bei italienischen Touristen – und es werden auf Korsika jährlich mehr – ist die korsisch-sardische Fährverbindung beliebt. In der Hochsaison und an Wo-

Bonifacio 183

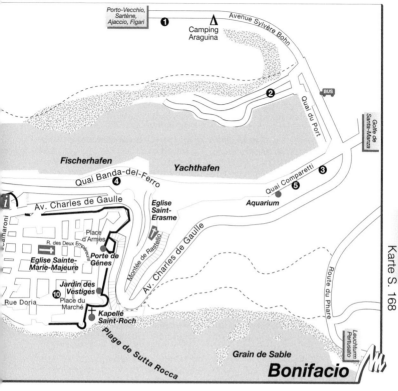

Südkorsika Karte S. 168

chenenden wird Autofahrern eine Reservierung ein bis zwei Tage vor der Abfahrt dringend empfohlen.

• *Flugzeug*: Vom 25 km entfernten Flughafen Figari/Sud-Corse täglich Verbindungen nach Paris, Marseille und Nizza; in der Saison weitere französische Ziele sowie Flüge nach Calvi und Bastia. Der Flughafen wird oft von ausländischen Charterflugzeugen angesteuert. Flughafenauskunft unter ✆ 04.95.71.10.10. Vom Flughafen gibt's eine Busverbindung nach Bonifacio, erste Abfahrt um 8 Uhr, gelegentlich sammelt der Busfahrer Ankommende von verschiedenen Flugzeugen, was Wartezeiten zur Folge haben kann.

Diverses

• *Autoverleih*: **Hertz**, Quai Portigliolo (beim Fischerhafen). ✆ 04.95.73.02.47.
Europcar, bei der Esso-Tankstelle an der Einfahrt zur Stadt. ✆ 04.95.73.10.99.

• *Bootsausflüge*: **Grottes et Falaises** heißt die 45-Minuten-Tour, die bei schönem Wetter unbedingt zu empfehlen ist. Die Ausflugsdampfer am Kopfende des Hafens verlangen ca. 11 €/Person, die kleineren Boote am Südquai 8 €/Person. Ein kleinerer Kahn mag zwar stärker schwanken, schafft aber mehr Intimität unter den Seelustigen. Fotoapparat mitnehmen. Idealer Fototermin ist die Zeit von 15 bis 16 Uhr. Abfahrt beim Yachthafen; alles Weitere unter *Bonifacio/Umgebung*.

Ausflüge zu den **Inseln Lavezzi und Cavallo** (mit Badestopp) werden nur in der

Hauptsaison durchgeführt. Ca. 21 €/Person bei den Dampfern am Kopfende des Hafens, ca. 11 €/Person bei den kleineren Booten am Südquai. Alles Weitere ebenfalls unter *Bonifacio/Umgebung*.

• *Bootsverleih*: **L'Ile bleue**, am Ende des Nordquais. Großes Angebot, nur Segelboote. Segelprofis schauen bei der Capitainerie vorbei, wo im Glaskasten täglich zweimal die Windverhältnisse an der Ost- und an der Westküste sowie die Wetterprognosen angeschlagen werden.

• *Parken*: Die Genuesen waren geniale Straßen- und Brückenbauer, an die motorisierte Zukunft haben sie natürlich nicht gedacht. Bonifacio ist eine Stadt für Fußgänger. Für Autofahrer hat die Stadtverwaltung sieben gebührenpflichtige, überwachte Parkplätze eingerichtet. Parkplätze Nr. 1 und 2 im Hafenviertel, Parkplätze Nr. 3–7 in der Oberstadt. Langes Herumkurven ist sinnlos, Platz findet man immer auf den großen Abstellflächen P 6 und P 7 im hinteren Teil der Oberstadt; ganz hinten beim Friedhof gibt's die Möglichkeit, das Auto den ganzen Abend stehen zu lassen (forfait soirée).

• *Tauchen*: Die Tauchschule **Atoll** – vier professionelle Tauchlehrer – am Quai Banda-del-Ferro führt mehrtägige Kurse durch und ist auch um die Unterbringung der Teilnehmer bemüht. Für Kinder unter 12 Jahren werden spezielle Tauchkurse angeboten. Von Ostern bis in die ersten Novembertage geöffnet.
☎ 04.95.73.02.83.

• *Waschen*: **Le Lavoir de la Marine**, Selfservice direkt am Anfang des Quai Comparetti. **Lavomatic Glacé**, am Nordquai. Wäsche abgeben, am Quai gegenüber einen Pastis trinken oder einen Stadtbummel machen – eine Stunde später abholen: gewaschen und getrocknet für 8 € pro Ladung.

• *Internet/Fax*: Eine namenlose Bar zwischen Hôtel La Caravelle und Aquarium stellt die nötigen Kommunikationsmittel zur Verfügung.

Übernachten (siehe Karte S. 182/183)

*** Hôtel Genovese (7), das Hotel neben dem Parkplatz Nr. 5 in der Oberstadt bittet für seine exklusive Lage zur Kasse. Die Zimmer sind klein, aber luxuriös. An der abschüssigen, straßenabgewandten Nordseite ist seit Jahren ein Swimmingpool geplant. DZ 121–229 € (der Top-Preis gilt für Suite mit Blick aufs Meer in der Hauptsaison). Für 10 € Aufschlag können Sie den noblen Aufenthalt mit einem üppigen Frühstück beschließen. März–Dezember geöffnet. Quartier de la Citadelle, Haute Ville. ☎ 04.95.73.12.34, ✆ 04.95.73.09.03.

*** Hôtel La Caravelle (5), die beste Herberge in der Unterstadt. Telefon und TV im Zimmer. DZ 84–190 € je nach Zimmerlage, Saison und Komfort. Ostern bis Mitte Oktober geöffnet. 35, quai Comparetti.
☎ 04.95.73.00.03, ✆ 04.95.73.00.41.

*** Hôtel du Centre Nautique (2), das Haus am Nordquai hatte früher vor allem nautische Klientel und verfügt auch heute noch über eine eigene Capitainerie. 10 komfortable Duplex-Zimmer mit Bad, TV, Minibar und Airconditioning für 69–160 €. Ganzjährig geöffnet. Quai Nord.
☎ 04.95.73.02.11, ✆ 04.95.73.17.47.

*** Hôtel Santa Teresa (11), im etwas abgelegenen Militärareal der Oberstadt. Im schmucklosen, ehemals von der Gendarmerie belegten Haus wurden zahlreiche komfortable, aber kleine Zimmer eingerichtet, die besseren zur Meerseite mit kleinem Balkon. DZ 76–111 €. April–Oktober geöffnet. Quartier St-François, Haute-Ville. ☎ 04.95.73.11.32, ✆ 04.95.73.15.99.

*** Hôtel Le Roi d'Aragon (3), so unterschiedlich wie der Komfort sind auch die Preise. DZ 34–111 € je nach Saison, Zimmergröße und Zimmerlage. Ganzjährig geöffnet. 13, quai Comparetti.
☎ 04.95.73.03.99, ✆ 04.95.73.07.94.

** Hôtel Royal (8), die preiswerte Alternative zum luxuriösen Genovese (s. o.) in der Oberstadt, geschmackvoll eingerichtete Zimmer, alle mit Dusche und TV. Ein freundlicher Leserbrief vermeldet, dass in der Saison an Wochenenden trotz guter Isolierung der Sound der unterhalb des Hotels angebauten Disko L'Agora durchdringt. DZ 38–99 € je nach Saison. Ganzjährig geöffnet. 8, rue Fred Scamaroni.
☎ 04.95.73.00.51, ✆ 04.95.73.04.68.

** Hôtel des Etrangers (1), die Lage an der Ausfallstraße ist im Vergleich zu den Hotels am Hafen natürlich nicht sehr attraktiv, und auch das etwas einfallslose Äußere mag abschrecken. Wir empfehlen das Haus trotzdem. Abschließbare Garage für Motor- und Fahrräder. Die Zimmer sind

Bonifacio

doppelverglast und sehr gepflegt, alle mit Dusche/WC. Die Preise differieren je nach Zimmergröße und Saison. DZ 43–72 €. Avenue Sylvère Bohn. Von Mitte April bis Oktober geöffnet. ✆ 04.95.73.01.09, ✉ 04.95.73.16.97.

Camping

Camping Araguina, am Ortseingang. Der einzige wirklich stadtnahe Camping und deshalb in der Saison oft überfüllt. 80 Stellplätze, auch Bungalow-Vermietung. Die Anlage besteht aus zwei Teilen: dem schönen, schattigen Gelände beim Haupteingang und dem später hinzugekommenen, größeren, terrassenförmigen und nur teils schattigen Areal auf der Straßenseite. Beide Teile verfügen über eigene sanitäre Einrichtungen. Die kleine Pizzeria beim Camping verdient eine Empfehlung. April–Oktober geöffnet. ✆ 04.95.73.02.96, ✉ 04.95.73.01.92.

Camping Cavallo Morto, 2½ km außerhalb der Stadt in Richtung Porto-Vecchio. Gepflegtes Areal mit 130 Stellplätzen, teilweise schattig. Kleines Restaurant angeschlossen, aber nur in der Hauptsaison geöffnet. Der Camping selbst ist von Mitte April bis Mitte Oktober geöffnet. ✆ 04.95.73.14.72, ✉ 04.95.7310.82.

Camping de la Trinité, 6 km außerhalb der Stadt an der Straße Richtung Sartène. 100 Stellplätze. Einsame Lage an der abends wenig befahrenen Straße. Mitte April bis Mitte Oktober geöffnet. ✆ 04.95.73.10.91, ✉ 04.95.73.16.90.

Camping des Iles, nur für Selbstfahrer. Straße in Richtung Leuchtturm Pertusato, ungefähr 2½ km außerhalb Bonifacios in die Straße links abzweigen (ausgeschildert), asphaltiertes Sträßchen bis fast zum Meer hinunter. 100 Stellplätze. Bis auf den Schatten fehlt auf diesem abgelegenen Camping nichts: Restaurant, Lebensmittelgeschäft, Bar. Der Strand, einen knappen Kilometer entfernt, ist ein Surfertraum. Der Campingbesitzer hat's kapiert und vermietet nebenbei Bretter. Glasklares Wasser und Aussicht auf die unbewohnten Inselchen Ratino und Piana. Zum Baden ist der Strand allerdings weniger geeignet. Mitte April bis Mitte Oktober geöffnet. ✆ 04.95.73.11.89, ✉ 04.95.73.18.77.

Essen und Trinken (siehe Karte S. 182/183)

Wer auf Meeresküche aus ist, liegt am Quai Comparetti goldrichtig: Jede Menge Restaurants mit Langusten und anderer frischer Meeresbeute sind im Angebot. Landküche und Pizzerien sucht man besser in der Oberstadt. Lokale Spezialität sind die *aubergines farcies à la bonifacienne:* mit kräftigem Käse, viel Basilikum und gelegentlich mit Tomaten gefüllte Auberginen.

Restaurant/Pizzeria de la Poste (6), Oberstadt. Neben Pizza über dem Holzfeuer gibt's auch eine hervorragende *melanzana in crostato* (Auberginen und Hackfleisch, mit Käse überbacken). Allerdings zieht der fixe Kellner dem Gast, noch bevor dieser den letzten Bissen heruntergeschluckt hat, die Papiertischdecke weg – das Lokal ist proppenvoll, und draußen warten die nächsten Gäste. Rue Fred Scamaroni.

Restaurant U Castille (9), Oberstadt. Kleines Speiselokal mit überaus freundlichem Wirt und vorzüglicher Küche zu moderaten Preisen; probieren Sie hier die *aubergines farcies à la bonifacienne* (s. o.). Im Sommer Straßenbetischung. Rue Simon Varsi.

Cantina Doria (10), Oberstadt. Spaghetti, Salate und bescheidene Gerichte. Kräftige Würste hängen von der Decke, einfache Tische bis auf die Straße hinaus – der Renner beim jugendlichen Publikum. Rue Doria.

Restaurant Le Goulet (4), am Hafen. Angenehmes und preiswertes Fischrestaurant, das sich mit seinen vier Plastiktischchen am Quai von der Korbsesselkonkurrenz angenehm abhebt. Serviert wird, was die Fischer reinbringen. Hausgemachte Teigwaren. Quai Banda-del-Ferro.

Sehenswertes

Oberstadt (Haute ville): Schmal ist die Halbinsel, auf der die Stadt errichtet wurde, und 80 % des ummauerten Areals nehmen Kasernen, Friedhof und das Kloster Saint-François ein, so dass der Wohnbevölkerung wenig

Bonifacio: der Hafen

Raum bleibt. Also baute man hoch und eng; in viele Gassen dringt nicht mehr Sonnenlicht als in manche Straßenschluchten des südlichen Manhattan. Und oft sieht man hinter der offenen Haustür Treppen von einer Steilheit, die für Zweibeiner an der Grenze des Zumutbaren liegt. An einen größeren zentralen Platz war bei der Erbauung Bonifacios schon gar nicht zudenken; eher wegen ihrer zahlreichen Geschäfte als wegen ihrer Breite wird heute die *Rue Doria* mit der kleinen *Place du Marché* an ihrem östlichen Ende als Stadtzentrum interpretiert.

An einigen Stellen ist Bonifacio verwegen auf überhängende Felsen gebaut. Wer sich die Südostecke der Stadt vom Schiff aus anschaut, mag sich fragen, wie lange die Häuser noch stehen. Die Absturzgefahr ist längst erkannt, und seit Jahren wird an Plänen zur Rettung Bonifacios gearbeitet. Ein unbedeutender Einsturz forderte im August 1966 immerhin zwei Todesopfer, und ein halbes Jahr später löste sich ein überhängendes Stück Felsen, das gleichzeitig das Dach eines Hauses bildete, und krachte ins Meer. Wind und Wasser setzen dem Kreidefelsen zu, Sprünge im Naturfundament sind die ersten Anzeichen drohenden Unheils. Während in Venedig das kontinuierliche Versinken der Stadt immerhin exakt berechenbar ist, weiß in Bonifacio keiner, wann und an welcher Stelle das nächste Unglück stattfinden wird.

Wer Bonifacio zu Fuß erkundet – zweifellos die schönste Art, die Stadt kennen zu lernen –, gelangt von der Unterstadt *(Marine)* über die *Montée de Rastello,* eine breite Treppe, hinauf zur *Kapelle Saint-Roch*. Die Aussicht von hier auf die steil abfallende Kreideküste und das sog. *Grain de Sable* (Sandkorn), ein aus dem Meer ragendes Felsstück, könnte atemberaubend genannt werden, wäre man vor lauter Treppensteigerei nicht bereits außer Atem. Noch ein paar flache Stufen, und man betritt über die alte Zugbrücke durch die *Porte de Gênes* die Oberstadt.

Gleich dahinter befindet sich die *Place d'Armes* mit dem Zugang zu einer Bastion (geöffnet Mo–Sa 11–17.20 Uhr, Eintritt 1,50 €), von der aus man einen fabelhaften Blick auf den Hafen genießt. Die *Rue des Deux Empereurs* (Straße der zwei Kaiser), die vom Platz wegführt, verdankt ihren Namen den Gästen zweier Häuser. Im einem logierte für drei Tage Karl V., der 1541 auf seiner Rückkehr von einem glücklosen Feldzug in Nordafrika wegen eines Sturmes vor Bonifacio zwangsankerte; etwas länger verweilte 1793 im gegenüberstehenden Haus *Napoléon I.,* bevor er – auch dies ein erfolgloses militärisches Abenteuer – nach Sardinien aufbrach. Für die Stadtgeschichte Bonifacios zwei illustre Gäste, mehr nicht.

Die Steinverstrebungen, die über den engen Gassen die Häuser verbinden – ein beliebtes Fotomotiv –, hatten einst die Aufgabe, das gesammelte Regenwasser in die zentrale Zisterne unter dem Vorbau der *Eglise Sainte-Marie-Majeure* zu leiten. Dieses für die Bonifacier im Kriegsfall überlebensnotwendige System von Aquädukten wurde von den Genuesen im 14. Jahrhundert installiert.

Jardin des Vestiges: Der am äußersten Südosteck der Befestigung gelegene Platz ist nicht – wie der Name verspricht – ein Garten, sondern ein kleiner Platz, wo man sich im Café oder einfach auf der Stadtmauer eine Pause gönnen kann. Im unterirdischen Teil des Geländes wurde ein kleines Lokalmuseum eingerichtet (geöffnet Mo–Sa 11–17.20 Uhr, Eintritt 1,50 €).

Der *Tour de la Bombarde,* im Grundgemäuer aus dem 14. Jahrhundert, im oberen Teil später oft restauriert, bietet einen großartigen Ausblick auf den östlichen Stadtteil mit dem Hafen und auf die weiße Felsenküste.

Eglise Sainte-Marie-Majeure: Die Kirche stammt aus pisanischer Zeit, wurde jedoch unter den Genuesen mehrmals umgebaut. Bei den Restaurierungsarbeiten 1983 wurde über der einen Apsis eine große Rosette freigelegt. Die Vorhalle *(Loggia)* datiert aus genuesischer Zeit und war Versammlungsort der Stadtältesten; Bonifacio war damals eine Art autonome Republik unter genuesischer Protektion. Der Gouverneur hatte die von den Stadtvätern Bonifacios erlassenen Gesetze bei seinem Amtsantritt per Unterschrift anzuerkennen. Heute ist die Loggia – in Ermangelung anderer Örtlichkeiten in der engen Oberstadt – meist von Kindern in Beschlag genommen, die den traditionsbeladenen Ort als Mini-Fußballfeld nutzen.

Unter der Loggia lag einst das von den Genuesen angelegte zentrale Wasserdepot der Stadt (siehe oben), in Belagerungszeiten für die Bevölkerung lebenswichtig. Der Raum wurde im Rahmen der Restaurierungsarbeiten der 80er Jahre zum städtischen Konferenzsaal umgemodelt.

Hauptsehenswürdigkeiten im Kircheninnern sind der reich verzierte Hochaltar und ein Weihwasserbecken aus weißem Marmor, beide aus dem 15. Jahrhundert. Der römische Sarkophag (3. Jahrhundert), ebenfalls aus Marmor, fällt in der überladenen Innenausstattung schon fast nicht mehr auf.

Place Bir-Hakeim: Der kleine Platz mit dem arabischen Namen erinnert an die bis 1983 in der Zitadelle kasernierte Fremdenlegion. Die martialische Statue stammt aus der algerischen Stadt Saïda und wurde von Legionären nach Bonifacio transportiert.

Escalier du Roi d'Aragon (Treppe des Königs von Aragonien): Die in der Nähe des Turms *Torrione* schräg in den steilen Felsen gehauene Treppe zum Meer zählt 187 Stufen und ist eher eine sportliche Herausforderung für Schwindelfreie als eine touristische Attraktion. Der Legende zufolge ließ *Alphons V.* die gefährliche Treppe während der Belagerung Bonifacios 1420 (siehe *Bonifacio/Geschichte*) in einer einzigen Nacht bauen, um sich so den Zugang zur Stadt zu erzwingen. Unwahrscheinlich, denn solch ein Unterfangen wäre von den Bonifaciern nicht unbemerkt geblieben, und es wäre den Einheimischen ein Leichtes gewesen, die aufsteigenden Eindringlinge abzuwehren. Etwas glaubwürdiger ist die Gegendarstellung: Die Bonifacier hätten die Treppe nächtens gebaut, um notfalls einer feindlichen Belagerung zu entkommen. Die Treppe ist nur in der Saison zugänglich (geringes Entgelt).

Die Treppe des Königs von Aragon: nur für Schwindelfreie

Eglise Saint-Dominique: Die Kirche (1270–1343) mit dem weißen, oktogonalen Turm ist einer der wenigen gotischen Sakralbauten auf Korsika. Lange Zeit war sie unzugänglich, weil auf Militärareal gelegen; inzwischen ist sie seit einigen Jahren (!) wegen Renovierungsarbeiten gesperrt.

Windmühlen: Sie stammen aus dem Jahr 1283 und waren als Kornmühlen über Jahrhunderte hinweg für das tägliche Brot der Städter unerlässlich. Der Besucher wird allerdings enttäuscht sein. Bei zwei der Mühlen sind nur noch die Stümpfe zu sehen, die etwas verloren aus dem öden Zitadellengelände ragen. Die dritte wurde 1983 restauriert, allerdings ohne den dekorativsten Teil – die Flügel fehlen.

Knapp hinter den Mühlenruinen entdeckt der aufmerksame Besucher eine einfache, moderne *Grabsäule*. Sie wurde von den Seeleuten Bonifacios gestiftet und erinnert an die 750-köpfige Besatzung der *Sémillante,* die 1855 von den Franzosen ausgesandt war, in den Krimkrieg einzugreifen. Das Schiff havarierte in der Meerenge von Bonifacio und ging mit Mann und Maus unter.

Cimetière Marin: Nekropole in der Oberstadt

Cimetière Marin: Der am äußeren Ende der Halbinsel gelegene Friedhof ist eine überaus reizvolle kleine Totenstadt. Die aneinander gefügten, meist stattlichen Grabhäuser mit Kreuz auf dem Dach verfügen teils über moderne Glastüren und Sicherheitsschlösser.

An der Südwestecke des Friedhofs befindet sich das **Kloster Saint-François** aus dem 13. Jahrhundert, dessen Kirche 1982 restauriert wurde: gotische Spitzbögen und ein beeindruckendes Gewölbe.

Caverne du Gouvernail: Hinter dem Friedhof führt ein in den Felsen geschlagener Tunnel in die Tiefe und auf halber Höhe des Kreidefelsens wieder ans Licht: großartiger Blick über die Meerenge auf Sardinien.
Öffnungszeiten: Juni–September täglich 10–18 Uhr; Eintritt 1,50 €.

Eglise Saint-Erasme: Die kleine, in den anliegenden Häuserkomplex integrierte Kirche mit neobyzantinischer Kuppel steht in der Unterstadt am Fuß der *Montée de Rastello,* stammt aus dem 13. Jahrhundert und ist dem Schutzpatron der Fischer geweiht. Im 19. Jahrhundert wurde sie durch verschiedene Umbauten stark verändert. Im Kircheninnern verwundert erst ein Schiffsmodell, das von der Decke hängt, dann eine Jeanne-d'Arc-Statue mit Trikoloreband. In einer Seitenkapelle überraschen vergoldete Holzschnitzereien (Sonne und Adler), und die im modernen Leuchtkasten ausgestellte Kopie des Turiner Leichentuchs ergänzt dann den Eindruck eines bizarren Sammelsuriums auf kleinstem Raum.

Aquarium: Wer an einem Tauchlehrgang teilnimmt, bekommt sicher einen guten Einblick in die Fauna und Flora der Meerenge von Bonifacio. Bequemer ist es jedoch, das zwischen den Cafés am Quai Comparetti eingezwängte

Aquarium aufzusuchen, wo in 13 Einzelaquarien die diversesten Meeresbewohner präsentiert werden.

Haben Sie gewusst, dass der *Meerjunker* drei Geschlechter kennt, das weibliche, das männliche und ein weiteres männliches, das durch Transformation eines weiblichen Fisches entstanden ist; dass die *Seegurke* als Meeres-Staubsauger jährlich mehrere Kilo Sand reinigt; dass der *Meer-Aal* bis zu 50 kg schwer ist? Katzenhaie (ausgewachsene Exemplare werden wegen Platzmangels meist wieder ins Meer zurückbefördert), *Hummer* und *Schläferkrabben* (sie schlafen nicht), *Drachenköpfe* (Fische, die aus einem billigen Horror-Movie geschnitten scheinen) und *Seeanemonen* – sie alle bevölkern die Vitrinen.

Die Fischer von Bonifacio haben von allem zusammengetragen, was zwischen Korsika und Sardinien schwimmt und kreucht. Ein informatives Faltblatt (auch in deutscher Sprache) führt den Besucher durch diese ebenso bizarre wie liebevolle Sammlung.

Öffnungszeiten: täglich 10–19 Uhr; Eintritt ca. 3,50 €, Kinder die Hälfte.

Baden

In unmittelbarer Stadtnähe finden sich keine attraktiven Strände. Die **Plage de Sutta Rocca**, über die *Kapelle Saint-Roch* zu erreichen, ist felsig und eher zum Sonnenbad geeignet. Die **Plage de la Rinella** am nördlichen Nebenarm des Hafens ist ein Opfer des regen Schiffsverkehrs geworden und verschmutzt. Schönere Möglichkeiten gibt es einige Kilometer östlich von Bonifacio und im *Golfe de Santa-Manza* (siehe *Bonifacio/Umgebung*).

Bonifacio/Umgebung

Grottes et Falaises: Ein überaus reizvoller Bootsausflug, der nebenbei zu zwei Grotten führt. Optischer Höhepunkt aber ist der Blick auf Bonifacio vom Wasser aus: Mauern, Bastionen und überhängende, bebaute Felsen – erst aus der Distanz zeigt sich die wahrhaft spektakuläre Stadtanlage in ihrer ganzen Verwegenheit.

Die Fahrt führt aus dem Hafen am Leuchtturm *La Madonetta* vorbei zur *Sdragonato-Grotte*, deren offene Decke – so wird es jeder einheimische Führer erzählen – die Umrisse Korsikas wiedergibt. Wer nach dem Höhlenbesuch noch immer ungerührt sein sollte, den wird spätestens der nächste Streckenabschnitt von der Schiffsbank reißen: die Umfahrung der Ostspitze Bonifacios, der Blick auf die südliche Steilküste der Stadt mit der schräg die Felsen hinunterführenden *Escalier du Roi d'Aragon* (siehe *Bonifacio/Sehenswertes*) und auf die gefährlich über den Abgrund ragenden Häuser im südöstlichen Teil der Oberstadt. Dann wird das *Grain de Sable* (Sandkorn) umfahren, ein von der Küste abgetrennter Kreidefelsblock im Meer. Auf der Rückfahrt folgt ein kleiner Schlenker zu einer Höhle an der Ostspitze der Halbinsel, deren Eingang in verblüffender Weise dem berühmten Napoleonshut ähnelt und die deshalb *Grotte de Napoléon* genannt wird.

Fahrpreis: Die Ausflugsdampfer am Kopfende des Hafens verlangen ca. 11 €/Person, die kleineren Boote am Südquai 8 €/Person. Idealer Fototermin ist die Zeit zwischen 15 und 16 Uhr.

Rimbomba

Der deutsche Kulturhistoriker *Ferdinand Gregorovius,* der den Ausflug in die Sdragonato-Grotte 1852 unternahm, notierte begeistert: "Nimmer sah ich ein Ähnliches und vielleicht steht diese Höhle einzig in Europa da. Der Eingang dieser Grotte ist (...) eine riesige Tropfsteinnische, aber öffnet sich in den Berg und führt durch ein kleines Tor in die ganze umschlossene innere Höhlung. Es war schön und ängstigend durch den kleinen Schlund zu steuern; die Wasser brandeten mit Wut gegen denselben, spritzten ihren weißen Gischt an das Gestein empor, schlugen zurück, verschlangen sich, wühlten sich wieder auf. Solchen wilden Wasserschwall zu hören, ist eine wahrhaft elementare Lust; seinen Laut gibt nur die italienische Sprache glücklich wieder – sie sagt rimbomba. Glücklich ward die Barke durch den Höhlenschlund gespült, und mit eins glitt sie hin in einem herrlich gewölbten Tempel von ungeheurem Kreisumfange, auf einem hier grünen, dort dunkelschwarzen, hier azurblauen und dort rosig gefärbten Wasserspiegel. Es ist ein wunderbares, natürliches Pantheon. Oben klafft die Kuppel auseinander und der helle Himmel scheint herein; ein Baum beugt sich und schwankt vom Rande herab, grüne Büsche und Kräuter neigen sich in den Spalt hernieder, und wilde Trauben flattern herein" (*Korsika. Historische Skizzen,* 1852).

Inseln Cavallo und Lavezzi: Der Bootsausflug von Bonifacio aus ist nicht billig (ca. 21 €/Person bei den Dampfern am Kopfende des Hafens, ca. 11 €/Person bei den kleineren Booten am Südquai). Die *Cavallo-Insel,* wo in der Regel ein Badestopp eingelegt wird, wurde in den 60er Jahren von einem Pariser Nachtclub-König an die sizilianische Mafia verschachert. Bauspekulationen und Geldwaschanlagen riefen den FLNC auf den Plan, der hier in den 80er und 90er Jahren zahlreiche Häuser in die Luft sprengte – nicht ohne sich selber in dubiose Aktivitäten verwickelt zu haben. Ruhiger sind die *Lavezzi-Inseln.* Das Naturschutzgebiet ist unbewohnt, Ornithologen erfreuen sich an den Kormoran-Kolonien. Eine steinerne Pyramide erinnert an die *Sémillante,* die 1855 zwischen den Inseln havarierte – die geborgenen Leichen wurden hier bestattet.

Falaises: Ein schöner Spazierweg, die *Promenade des Falaises,* zweigt bei der *Kapelle Saint-Roch* ab. Teils hart am Abgrund, den aufregendsten Abschnitt der Kreideküste stets vor Augen, gelangt man in eineinhalb Stunden zum *Leuchtturm von Pertusato,* der mit einem einladenden, kleinen Strand aufwartet.

Golfe de Santa-Manza: Der ungefähr 8 km von Bonifacio entfernte Golf, teils mit bewaldetem, teils mit Macchia überwachsenem Ufer, wird vor allem von Surfern geschätzt. Die Gegend gilt als windsicher, und auf dem Brett lassen sich die kleinen Nebenbuchten wunderbar erkunden. Beliebtester Einstieg ist die *Plage de Santa-Manza* hinter dem Hôtel du Golfe, die allerdings zum Baden weniger geeignet ist, da der Meeresboden an den zugänglichen Stellen sehr rasch unangenehm steinig wird.

Badefreundlicher und zum Surfen ebenso geeignet war einst die einsamere, rötlichsandige *Plage de Maora;* doch hat sie in den letzten Jahren wegen Ölverschmutzung und herumliegendem Müll an Attraktivität eingebüßt. Die Stadtverwaltung hat Abhilfe versprochen, aber darauf sollte man sich nicht zu sehr verlassen. Der Strand ist nicht ganz einfach zu finden, und ohne eigenes Fahrzeug geht schon gar nichts: erst Richtung Santa-Manza, dann der Beschilderung *"Village Hôtel Maora"* folgen.

- <u>Verbindungen</u>: In der Saison tägl. Busse von Bonifacio zur Plage de Santa-Manza.
- <u>Übernachten</u>: ** **Hôtel du Golfe**, an der Ostseite des Golfe de Santa-Manza. Das Hotel ist das einzige vor Ort. Alle Zimmer mit Dusche und WC. Großes Terrassenrestaurant. Nur Halbpension, für 2 Personen 95 €, Juli/August 119 €. Mitte März bis Mitte Oktober geöffnet. ✆ 04.95.73.05.91, ✉ 04.95.73.17.18.

Ermitage Sainte-Trinité: Die kleine Einsiedelei mit einer Wallfahrtskapelle aus Kalkstein stammt aus dem 13. Jahrhundert und wurde 1880 stark verändert. Der Ausflug ist vor allem wegen der großartigen Aussicht über die Küstenlandschaft zu empfehlen. Noch erhabener ist der Rundblick von der Felsspitze aus; sportlich Trainierte schaffen den Aufstieg von der Einsiedelei aus in 20 Minuten.

In der Regel am zweiten Septembersonntag findet eine *Prozession* um die Kapelle statt. PS-verliebte Pilger fahren direkt mit dem Auto vor, aber noch immer finden sich Gläubige, die den 7 km langen Weg von Bonifacio bis zur Ermitage barfuß zurücklegen. Fast ebenso traditionell wie die religiöse Feier sind die gefüllten Auberginen (*à la bonifacienne* – kräftiger Käse und viel Basilikum), die danach verspeist werden. Der Volksmund hat den Wallfahrtsort deshalb mit liebevoller Respektlosigkeit in *Notre Dame des Aubergines* umbenannt.

Anfahrt: Straße Richtung Sartène, etwa 6 km außerhalb der Stadt, kurz vor dem Camping de la Trinité führt links eine asphaltierte Straße hoch zur Ermitage.

Plage de Tonnara: Von der Straße in Richtung Sartène ungefähr 8 km nach Bonifacio links abzweigen. Der Strand – sowohl Sand als auch Felsen – ist relativ klein, aber ganz passabel. Zwei Restaurants direkt am Strand.

Route Bonifacio–Sartène

Die meisten Touristen rasen durch, wollen möglichst rasch die vielgepriesene Westküste der Insel erreichen und sind in einer guten Stunde schon in Sartène. Das muss nicht sein. An einigen Stellen lässt sich zumindest ein Badestopp einlegen.

Bucht von Figari: Das windreiche Büchtlein ist ein Surfertraum. Der ideale Einstieg ist die östliche Seite der Bucht. Die Zufahrt von Westen über *Pianottoli-Caldarello* endet bei einer etwas großspurig *"port"* genannten Schiffsanlegestelle. Knapp oberhalb davon führt in südlicher Richtung ein Sträßchen zur *Kevano-Plage.*

Kevano-Plage: Dieser einsame Strand schließt sich westlich an die Bucht von Figari an und ist Naturschutzgebiet. Das Wasser ist glasklar, der Boden feinkiesig, an einigen Stellen von gut sichtbaren, seeigelbewehrten Felsbrocken unterbrochen. Besonders schöne Badestellen findet man südlich des Genuesenturms.

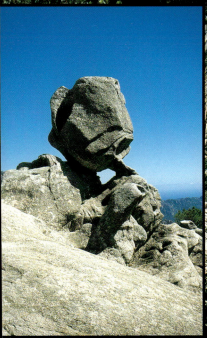

Felsformation im Fôret de L'Ospédale (KL) ▲

Bavella-Massiv (KL) ▲▲
Spektakulär – der Piscia di Gallo (KL) ▲

Bavella-Massiv – die Dolomiten Korsikas (KL)

Doppelkaskade im Bavella-Gebiet (KL)

▲▲ Der "Denkmalsgrat" (CB)
▲ Baden im Bavella-Gebiet – Lohnenswerte Alternative zu den Mittelmeerstränden (KL)

- *Anfahrt*: Bei Pianottoli auf die D 122, von der noch vor dem Ortsteil Caldarello ein Sträßchen nach Süden abzweigt. Dieses führt mehr oder weniger nah am Kevano-Strand entlang und erreicht oberhalb der Schiffsanlegestelle der Figari-Bucht wieder die D 122. Mehrere Zugänge zum Meer, ein besonders schöner an der meist geschlossenen Snackbar *Le Saint-Jean* vorbei. Entgegen allen Kartenangaben ist die Rundfahrt asphaltiert.
- *Camping*: **Camping Kevano**, am oben erwähnten Asphaltsträßchen. 90 Stellplätze in der Einsamkeit. Neuer Camping mit dem Vorteil guter sanitärer Anlagen. Mittlerweile sind die Bäume zu Schatten spendendem Umfang gewachsen; leicht abschüssiges Terrain, 400 m Fußweg zum Strand. Ca. Mitte April bis Mitte Oktober geöffnet.
  ℡ 04.95.71.83.22, 📧 04.95.71.83.83.
- **Le Damier**, etwas oberhalb des Campings Kevano, 100 Stellplätze, 1000 m vom Strand entfernt. Vom etwas luxuriöseren Outfit des Damier abgesehen, sind qualitativ zwischen den beiden keine nennenswerten Unterschiede auszumachen. Mai–September geöffnet.
  ℡ 04.95.71.82.95, 📧 04.95.71.82.60.

Nach *Pianottoli* beherrscht die Macchia das Bild, und wenn man ab und zu die Küste erblickt, zeigt sie sich felsig und unzugänglich.

Roccapina: Knapp bevor die Straße in Richtung Norden ins Landesinnere führt, lohnt auf einer kleinen Passhöhe der *Aussichtspunkt Roccapina* einen kurzen Stopp. Der Bergrücken, der sanft zum Meer abfällt, heißt *Rocher du Lion* (Fels des Löwen); im oberen Teil hat das Felsengestein die Form eines ruhenden Löwen: ein Sprung, ein Prankenhieb, und der vorgelagerte Genuesenturm wäre hinweggefegt.

Unterhalb dieser Naturskulptur liegt eine bildhübsche, kleine Bucht. Man erreicht sie über eine Naturstraße, die bei der *Auberge Coralli* hinunterführt. In der Vor- und Nachsaison ist wenig los am feinsandigen Strand, der einzige Campingplatz ist geschlossen, und die Autofahrer scheuen meist die holprige Zufahrt. Das Gelände ist naturgeschützt und Wildcampen strikt verboten, so dass nur Open-Air-Schläfer einen längeren Aufenthalt wagen.

- *Camping*: **Arepos Roccapina**, bei der Auberge Coralli links ab, ca. 2 km Holperweg. 150 Stellplätze, wenig Schatten, aber gepflegte sanitäre Anlagen. Lebensmittelladen. 800 m bis zum Strand. Mai–September geöffnet. ℡ 04.95.77.19.30, 📧 04.95.77.10.60.
- *Imbiss*: **Oasis du Lion**, auf der Passhöhe von Roccapina. Menüs, kleine Gerichte und eine wunderbare Aussicht. Beliebter Zwischenstopp für Radfahrer.

Sartène (korsisch: Sartè)

An die grünen Abhänge des Monte Rosso gebaut und mit einem Ausblick bis zum Golf von Valinco, gibt Sartène – vor allem bei der Anfahrt von Bonifacio – ein überaus idyllisches Bild ab. Nichts erinnert mehr an die Zeit, als die Vendetta hier tobte. Und dem flüchtigen Blick des Touristen entgeht auch, dass die düstere Romantik der mittelalterlichen Fassaden keine Lebensperspektive bietet.

"Die korsischste aller korsischen Städte" heißt der Werbeslogan der Stadt. Er stammt übrigens von *Prosper Mérimée*, Romancier, Novellenschreiber, Inspektor für historische Monumente in ministeriellem Auftrag und posthum also auch noch Werbetexter. In Sartène schien dem französischen Dichter die Zeit stehen geblieben, und auch in den 160 Jahren seither hat sich das Stadtbild wenig verändert. Die oft fünfgeschossigen granitenen

Sartène: Stadt im Grünen

Häuser mit ihren tagsüber meist geschlossenen Fensterläden nehmen sich wie mittelalterliche Trutzburgen aus.

Die geographische Lage im Landesinnern erweist sich heute – das gilt für ganz Korsika – als wirtschaftlicher Nachteil. Die wichtigste Einnahmequelle der Insel ist seit mehr als zwei Jahrzehnten die Tourismus-Industrie, und diese hat sich – Sonne und Meer verkaufen sich besser als wolkenverhangene Berge – an den Küstenorten festgesetzt. So kommt es, dass Sartène sich verschlossen, in seine Geschichte eingeigelt präsentiert, während das nur 13 km entfernte ehemalige Fischerörtchen *Propriano* zu einer wirtschaftlich blühenden Kleinstadt gewachsen ist.

Sartène ist ein Ort des Durchgangstourismus: ein Spaziergang durch die verwinkelte Altstadt, in die kein Sonnenstrahl zu dringen vermag, ein Besuch der *Eglise Sainte-Marie* mit dem berühmten *Kreuz des Catenacciu*, ein Pastis auf der großen *Place Porta*, ein Abendessen vielleicht – viel mehr nicht. Als Basis für Ausflüge ins grüne Umland von Sartène, ins *Sartenais*, wird meist Propriano mit seiner touristisch besser entwickelten Infrastruktur gewählt. Wer nicht darauf fixiert ist, bereits vor dem ersten Kaffee schon den Fuß im Meer zu haben, kann sich jedoch auch in einem der drei Hotels von Sartène oder im nahe gelegenen *Camping Olva* einquartieren.

Geschichte

Die Stadtgeschichte Sartènes führt ins Mittelalter zurück, in die Epoche der Auseinandersetzungen zwischen korsischen Feudalherren und Genuesen. Die Familie *della Rocca*, deren Stammsitz in der Nähe von *Olmeto* in Ruinenresten noch erhalten ist, beherrschte die Gegend vom 13. bis ins 16.

Jahrhundert, anfänglich mit pisanischer, später mit aragonischer Unterstützung. Anfang des 16. Jahrhunderts unterlagen die della Rocca den Genuesen, die Sartène – damals gegenüber den anderen Ortschaften noch ohne Sonderstellung – befestigten. Das Zitadellenviertel (heute Altstadtteil *Pitraghju-Manichedda*) mit der genuesischen Garnison bevölkerte sich rasch; die Zuzügler kamen vor allem aus den umliegenden Dörfern, wo die sich häufenden Überfälle von Seeräubern das Leben schwer machten. Im Jahr 1565 belagert *Sampiero Corso* die Stadt, die sich, von jeglicher Wasserzufuhr abgeschnitten, nach 35 Tagen ergibt. Zwei Jahre später wird der berühmte

Vendetta: Die Witwe lässt ihre Söhne am blutigen Hemd des ermordeten Gatten Rache schwören

Korse ermordet. Die Genuesen haben ihre Herrschaft schon wieder gefestigt, als Sartène 1583 von Seeräubern heimgesucht wird, die als kostbarste Beute 400 Bürger als Sklaven nach Nordafrika verschleppen.

Im korsischen Unabhängigkeitskrieg schlugen sich die noch immer einflussreichen regionalen Feudalherren (noch immer della Rocca) entgegen ihrer Tradition auf die Seite Genuas, was Sartène in den Jahren 1731–36 mehrere Belagerungen durch die Aufständischen einbrachte. Am 10. November 1736 legt der Paradiesvogel der korsischen Geschichte, der zum König von Korsika avancierte westfälische Glücksritter *Theodor von Neuhoff,* während einer Versammlung in Sartène das Schicksal der Insel in die Hände der Generäle *Luigi Giafferi, Luca Ornano* sowie *Ghiacinto Paoli* und kann so guten Gewissens am nächsten Tag Korsika verlassen. Dem Zeitgeist fügt sich ab 1760 auch der della-Rocca-Clan, und so können die Delegierten des Paoli-Staats 1763 ungestört einen Kongress in Sartène abhalten.

Mit der Niederlage von Ponte Nuovo 1769 wird Korsika zur französischen Provinz, Sartène hat seine geschichtsträchtige Rolle ausgespielt. Im selben

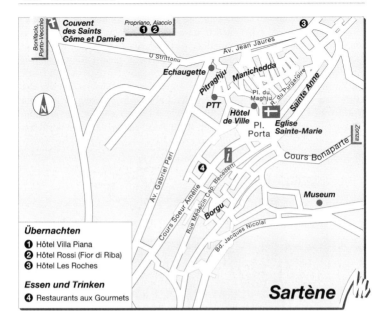

Jahr übrigens wurde *Napoléon I.* geboren; der große Korse und noch größere Korsenschlächter war mit "der korsischsten aller korsischen Städte" allenfalls biographisch verbunden: Zumindest Lokalhistoriker orten den Stammsitz seiner Mutter *Laetizia Ramolino* im Stadtteil *Borgu*.

Ende des 18. bis Mitte des 19. Jahrhunderts waren Sartène und das Sartenais Schauplätze bürgerkriegsähnlicher Auseinandersetzungen der verfeindeten Clans. Lokalpolitische Machtkämpfe wurden in der Rechtsform der Vendetta ausgetragen, die hier wilder tobte als anderswo auf Korsika. Zu blutiger Berühmtheit gelangte in diesem Zusammenhang das Dorf *Fozzano,* wo *Colomba Bartoli* unermüdlich die Ihren zur Rache ansportrte. *Prosper Mérimée* hat die Dame in seinem Roman *Colomba* verewigt, der korsische Schriftsteller *Lorenzi di Bradi* hat ihr eine Studie gewidmet, sieben Regisseure haben die Story auf Zelluloid zu bannen versucht, und auch wir wollen nicht versäumen, vor Ort (siehe *Sartène/Umgebung* und *Campomoro*) einen Einblick in die blutige Familienfehde zu geben.

Postleitzahl/Information/Verbindungen

- *Postleitzahl*: 20100
- *Information*: **Syndicat d'Initiative**, Rue Médecin Cap. Benedetti. Das kleine, freundliche Büro kennt alles rund um Sartène, nur die eigenen Öffnungszeiten nicht: in der Saison 15–18 Uhr, in der Vor- und Nachsaison 9–12 Uhr, Sa/So geschlossen. ✆ 04.95.77.15.40.
- *Verbindungen*: Busse zweimal täglich (außer So) nach Propriano, Ajaccio, Bonifacio, Porto-Vecchio. Abfahrt bei der Agentur Ollandini, Avenue Gabriel Péri. ✆ 04.95.77.18.41.

Sartène 197

Diverses

- *Einkaufen*: Sartène ist vor allem berühmt für die in der unmittelbaren Umgebung angebauten **Rotweine**. Es sind bislang die einzigen auf Korsika, denen das Spitzenprädikat V.D.Q.S. (Vin Délimité de Qualité Supérieure) verliehen wurde. Ein gutes Sortiment findet man in der *Cave Sartenaise* an der Place Porta. Interessanter jedoch ist es, bei den Produzenten direkt vorbeizuschauen (Reklametafeln, die zur Degustation einladen, findet man an den Straßen nach Propriano, Levie und Tizzano).
- *Parken*: In der Innenstadt herrscht nicht nur Mangel an breiten Straßen, sondern auch an Parkplätzen. Zudem kann der meist stockende Einbahnverkehr nervig werden. Die wenigen Parkmöglichkeiten überlasse man also freundlicherweise den Lieferanten und Einheimischen.

Tipp: Das Fahrzeug an der Avenue Jean-Jaurès stehen lassen und zu Fuß über Treppen und Gassen zur Place Porta gehen. Wohnmobile finden an der Ortsausfahrt Richtung Bonifacio (nach der Tankstelle links) ein Parkgelände.

Übernachten/Camping/Essen und Trinken

- *Übernachten/Camping*: ** **Hôtel Villa Piana (1)**, etwas außerhalb an der Straße nach Propriano. Gepflegte Zimmer mit Dusche/WC in einer zweistöckigen Villa; die Zimmer im Parterre verfügen über eine eigene Kieserrasse. Hoteleigener Tenniscourt. Oberhalb des Hauses wurde ein einladender Swimmingpool mit Blick übers Sartenais gebaut. Ruhige Lage, da von der relativ stark befahrenen Straße genügend zurückgesetzt. DZ 47–70 €, im 4-Bett-Zimmer (Chambre Salon) für 91 €. Unsere Empfehlung. April bis Mitte Oktober geöffnet. ✆ 04.95.77.07.04, ✉ 04.95.73.45.65.

** **Hôtel Rossi (Fior di Riba) (2)**, ebenfalls an der Straße nach Propriano (direkt oberhalb des vorgenannten). Villa im Stil eines italienischen Landhauses, von der Straße zurückversetzt. Im Garten darüber kleiner Swimmingpool. DZ 43–60 €. April bis Mitte Oktober geöffnet. ✆ 04.95.77.01.80, ✉ 04.95.73.46.67.

** **Hôtel Les Roches (3)**, an der Verlängerung der Avenue Jean-Jaurès. Von außen nicht sehr ansehnlicher Betonbau, innen jedoch gepflegt. Einige Zimmer mit Ausblick zum Golf von Valinco. Restaurant angeschlossen. DZ ca. 40 €.
✆ 04.95.77.07.61, ✉ 04.95.77.19.93.

Camping Olva les Eucalyptus, 4 km nördlich von Sartène an der Nebenstraße D 69. Der Platz überzeugt: 130 Stellplätze auf schattigem, leicht terrassiertem Terrain unter Nadelholz, Eichen und Eukalyptusbäumen. Gute sanitäre Einrichtungen. Swimmingpool und Tennisplatz. Die Pizzeria arbeitet mit Holzkohlenfeuer, ist in der Saison proppenvoll und verströmt unter der vegetativ überdachten Terrasse nebst guten Düften auch eine gute Stimmung. Ein campingeigener Bus hält zum Nulltarif die Verbindung nach Sartène aufrecht. Ideale Basis für Unternehmungen in die Umgebung. April–Oktober geöffnet. ✆ 04.95.77.11.58, ✉ 04.95.77.05.68.

- *Essen*: Von den Lokalen am Cours Soeur Amélie bietet das **Restaurant aux Gourmets (4)** eine gute und preiswerte Auswahl an Menüs – quer durch die korsische Küche im klimatisierten Saal. "Netter Service", bestätigt ein Leser.

Sehenswertes

Place Porta: Offiziell heißt der Platz seit Jahren schon *Place de la Libération*, doch hat sich dieser Name bisher nicht durchsetzen können. Mit "On en parle Place Porta" ("Davon spricht man auf der Place Porta") überschreibt der *Corse Matin* regelmäßig die Regionalspalte, unter der Nachrichten aus Sartène und dem Sartenais erscheinen, und erinnert damit an die Funktion des Platzes als Kommunikationszentrum. Der im Vergleich mit den engen Altstadtvierteln überaus großzügige Platz ist vermutlich der einzige Ort in der Innenstadt, den die Sonnenstrahlen zu erreichen vermögen. An seiner

Nordostseite dominieren das *Hôtel de Ville* (Rathaus), ehemals Sitz der genuesischen Gouverneure, und die *Eglise Sainte-Marie*.

Altstadt: Im stets düster wirkenden Viertel *Pitraghju-Manichedda* scheint die Zeit seit dem 16. Jahrhundert stillzustehen. Nur in der Nähe zur *Place Porta* haben sich zahlreiche touristische Shops und Cafés eingerichtet. Sonst ist Sartènes ältestes Viertel von engen Gässchen, zahlreichen Treppen und sanierungsbedürftigen Häusern gekennzeichnet. Tipp: Die *Rue du Purgatoire* (Zugang zwischen Rathaus und Kirche) entlang und über die untere Parallelstraße zurück zur *Place du Maghju* spazieren.

Das *Borgu-Viertel* südlich der *Place Porta* ist fast so alt, aber weniger verschlossen. Im einstigen Viertel der Armen haben sich heute – vor allem am *Cours Soeur Amélie* – zahlreiche Geschäfte niedergelassen.

U Catenacciu

Karfreitagnacht, 21.30 Uhr: Aus der *Eglise Sainte-Marie* tritt eine Gestalt, gehüllt in leuchtend rotes Gewand, den Kopf unter der leuchtend roten Kapuze verborgen; außer den Augen und den nackten Füßen ist vom Körper des *Catenacciu* nichts zu sehen. Mit einem 31,5 Kilogramm schweren Kreuz auf dem Rücken tritt er seinen Büßergang durch die Altstadt an. Nur hinkend kommt er voran, denn an seinem rechten Fuß zerrt eine Eisenkette von 14 Kilogramm Gewicht, deren Rasseln in schaurigem Einklang steht mit dem Klagegesang der Prozessionsteilnehmer. Hinter dem *Catenacciu* geht eine zweite Gestalt – ebenso verhüllt, jedoch in Weiß – und hilft ihm beim Tragen der Last. Es folgen acht schwarz gekleidete Büßer mit einer hölzernen Statue des toten Christus, dann der höhere und niedere Klerus und schließlich die Gläubigen.

Die gespenstische nächtliche Prozession – in die halbverschlossenen Fenster und auf Balkone gestellte Kerzenlichter ergänzen die spärliche Straßenbeleuchtung – hat ihren Ursprung im Mittelalter. Der *Catenacciu,* der große Büßer, dessen Identität einzig dem Pfarrer bekannt ist, mimt den Passionsgang Christi, um ein Gelübde zu erfüllen, gelegentlich auch, um eine schwere Sünde zu sühnen. In früheren Zeiten mögen auch reuige Bluträcher den schweren Gang angetreten haben. Die weiß gewandete Figur, der kleine Büßer, übernimmt die Rolle des Simon von Kyrene, der – laut den Evangelisten Matthäus, Markus und Lukas – von den römischen Soldaten gezwungen wurde, das Kreuz zu tragen.

Mittlerweile ist auch das Fernsehen mit dabei und die Zahl der Touristen bald so groß wie die der Prozessionsteilnehmer. Trotzdem hat *U Catenacciu* mit seiner streng ritualisierten Form den Charakter einer religiösen Feier bislang unbeschadet wahren können.

Eglise Sainte-Marie: Die zentrale Kirche Sartènes datiert aus den Jahren 1766–68 und steht an der Stelle eines früheren Baus, der, so vermerken die Quellen, obwohl noch relativ neu, wegen Konstruktionsmängeln im Juni 1765 eingestürzt war.

Im 19. Jahrhundert, als die Vendetta mit aller Kraft wütete, war die Kirche Ort mehrerer Friedensverträge. So versöhnten sich hier 1834 offiziell die *Roccaserra* aus dem Viertel Sainte-Anne mit den *Ortoli* aus dem Borgo, nachdem die blutigen Auseinandersetzungen die Stadt vier Jahre lang in ein bürgerkriegsähnliches Chaos gestürzt hatten. Auch der *Friede von Fozzano,* der die von der berühmt-berüchtigten *Colomba Bartoli* (siehe Kasten auf S. 201) angeheizte Blutfehde beendete, wurde hier geschlossen.

Der Hauptaltar aus braunrot-weißem Marmor (1781) wurde aus dem 1830 abgerissenen Franziskanerkloster Sartènes übernommen. Die bis zur Hüfte blau gewandete Statue dahinter stellt Mariä Himmelfahrt dar und wurde vom Künstler *Giuseppe Colonna Cesari* aus Porto-Vecchio aus dem Stamm eines Olivenbaums skulptiert.

Häuser wie Trutzburgen: in der Altstadt von Sartène

Links vom Haupteingang hängt an der Wand das berühmte eisenbeschlagene *Kreuz des Catenacciu,* die rostigen Ketten daneben gehören mit zu den Requisiten der Karfreitags-Prozession, eines theatralisch-religiösen Ereignisses, das jährlich immer mehr Touristen anzieht (siehe Kasten).

Echaugette (Wachtturm): Über eine Treppe bei der Post erreicht man den einzigen noch erhaltenen Teil der alten Zitadellenmauer, die von einem kleinen Turm gekrönt wird.

Centre de Préhistoire Corse: Das 1960 gegründete Museum ist in einem alten, restaurierten Gefängnis untergebracht, und ein Besuch ist für Ur- und Frühgeschichtler (auch für Amateure) durchaus empfehlenswert. Nebst Obsidian-Pfeilspitzen aus dem Neolithikum, Grabfunden aus dem Megalithikum sowie Schmuck und Scherben verdienen vor allem zwei Menhir-Statuen Aufmerksamkeit, die mit allen Mitteln der Wissenschaft restauriert und konserviert werden. Was haben die Monumente in den vielleicht 4000 Jahren nicht alles gelitten: Starke Temperaturschwankungen zerstörten die Kristallstruktur des Steins, salzige Nebel, Vereisung, Wasserschäden und biochemische Attacken durch Moos und Flechten begünstigten den Verfall. Physikalisch-chemische Behandlung und Imprägnierung sollen die so gebeutelten Statuen auch für die kommenden Generationen erhalten.

Öffnungszeiten: Mitte Juni bis Mitte September 10–12 und 14–18 Uhr, So geschlossen; Mitte September bis Mitte Juni 10–12 und 14–17 Uhr, Sa/So geschlossen. Eintritt ca. 1,50 €.

200 Südkorsika

Spin' A Cavallu, der "Pferderücken": Brücke über den Rizzanese

Couvent des Saints Côme et Damien: Das Kosmas und Damianus, den Schutzheiligen der Ärzte und Apotheker, geweihte Kloster am Ortsausgang nach Bonifacio ist nicht zu übersehen. Früher stand an seiner Stelle die Pfarrkirche von Sartène. Der Ausbau zum Franziskanerkloster erfolgte erst Mitte des 19. Jahrhunderts. Die heutige Kirche stammt aus dem Jahr 1871, die monumentale Fassade mit den beiden Schutzheiligen wurde 1896 hinzugefügt. Im Zweiten Weltkrieg fanden hier von den Nazis verfolgte lothringische und elsässische Ordensleute Schutz; 1950 wurde das Kloster der Obhut belgischer Franziskaner übergeben. Kunstgeschichtlich hat es nichts Besonderes zu bieten.

• *Übernachten*: Ob Durchreisende beherbergt werden, wie in Sartène gelegentlich zu hören ist, war bei der Probe aufs Exempel nicht auszumachen: Das Kloster zeigte sich dem Recherchierenden verwaist, die sechs Patres waren seelsorgerisch in der Umgebung zugange.

Sartène/Umgebung

Spin' A Cavallu: Der "Pferderücken" über den *Rizzanese* ist eines der fotogensten Beispiele genuesischer Brückenarchitektur auf Korsika. Man findet ihn an der Straße nach Levie (D 268), ungefähr 4 km von der Hauptstraße nach Propriano entfernt. Nachdem die Bäume abgeholzt wurden, hat jetzt die Kamera freien Blick, doch hat die Örtlichkeit dadurch und mit den steinernen Picknickbänkchen etwas von ihrer früheren Romantik eingebüßt.
Nach der Schneeschmelze im Frühjahr riskieren ganz Verwegene einen Sprung von der ca. 8 m hohen Genuesenbrücke, das Becken darunter ist dann 3,5 m tief. Etwas oberhalb findet man weitere hübsche Badegumpen.

Colomba

Etliche Morde sollen auf ihr Konto gehen. So wird erzählt, dass Colomba, am Fenster sitzend, einen ihrer Gegner erspähte und, ohne ihr Kind von der Brust abzusetzen, zum Karabiner griff und den Mann durchs halbgeöffnete Fenster erschoss. Jedoch: Das Gastrecht war ihr heilig, und deshalb erschoss sie den Sohn des mit ihrer Familie verfeindeten Bürgermeisters erst, nachdem er aus dem Haus ins Freie getreten war. Selbst bei ihrer Hochzeit soll sie sich mit Gewehren behängt und ein Stilett unter den Schal geschoben haben. Ihre *voceri* (improvisierte Klagegesänge) vor den aufgebahrten Ermordeten sollen so berauschend schön gewesen sein, dass selbst die Mörder an den Türen lauschten.

Zahlreiche Geschichten ranken sich um die berühmte Frau, die 1861 im Alter von 96 Jahren in Olmeto eines natürlichen Todes starb. *Prosper Mérimée* hat ihr mit seinem 1840 erschienenen Roman *Colomba* ein literarisches Denkmal gesetzt.

Wenn auch die meisten der ihr zugeschriebenen Morde vermutlich ins Reich der Legenden gehören, so kann man *Colomba Bartoli,* geborene *Carabelli,* doch zumindest der geistigen Urheberschaft bezichtigen. Unentwegt sann sie auf Rache und hetzte im Unterdorf von Fozzano gegen die blutsverfeindeten, im Oberdorf ansässigen Familien *Durazzo* und *Paoli.* Die Auseinandersetzungen brachen wohl Ende des 18. Jahrhunderts aus, ein Friedensabkommen in Corte stammt aus dem Jahr 1793. Doch hatten sich die Gemüter schnell wieder erhitzt, und schon bald ging das gegenseitige Morden weiter. Vermutlich war 1833, als der Krieg der Carabelli gegen die Durazzo und Paoli ganz Fozzano erfasst hatte, der ursprüngliche Anlass der Kämpfe längst vergessen. Am 13. Dezember 1834 wurde in der *Eglise Sainte-Marie* von Sartène erneut ein Friedensvertrag geschlossen. In der ausführlichen Präambel zum Vertrag heißt es unter anderem: "Die Bewohner, eingeschlossen und verbarrikadiert in ihren Häusern, können nie ausgehen, ohne Gefahr für ihr Leben zu riskieren (...) Noch einige Jahre, und man hätte in Fozzano nur noch Witwen und Waisen angetroffen" (Übersetzung, d. Verf.).

Ob der *Frieden von Fozzano,* den im Namen der Carabelli zwei Brüder Colombas unterzeichneten, von der rachedurstigen Löwin akzeptiert wurde, ist umstritten. Der Schlussstrich unter die Fehde war damit jedenfalls noch nicht gezogen. Exakt 17 Tage nach Vertragsabschluss wird ihr einziger Sohn François erschossen. Als man zwei Särge an ihrem Fenster vorbeiführt, ruft sie entzückt "Oh, welch gutes Frischfleisch!" – ein damals üblicher Ausdruck für Vendetta-Opfer der gegnerischen Seite. Als sie jedoch vernimmt, dass ihr Sohn nicht zu den Überlebenden, sondern zu den Getöteten zählt, stößt sie einen so schrillen Schrei aus, dass das ganze Tal widerhallt. Wenig später zog sich Colomba zu Verwandten im nahe gelegenen Olmeto zurück. Hier wurde sie 1839 von Prosper Mérimée aufgesucht. Das Motiv der Leidenschaft stand damals in der französischen Literatur hoch im Kurs, und so hörte der Dichter gespannt den Erzählungen seiner künftigen Heldin zu. Dass er sich dabei in deren Tochter verliebte, ist der Anfang einer anderen Geschichte ...

Die "Schmiede des Teufels": Dolmen von Fontanaccia

Im Sommer allerdings, bei einer Wassertiefe von maximal einem Meter, wäre der Sprung von der Brücke Selbstmord. Wohnmobile und Wildzelten bei der Brücke sind strikt verboten. Wer dies missachtet und trotz des nervenzerrüttenden Gequakes brünstiger Froschmännchen hier einschlafen kann, dem verdirbt spätestens eine Gendarmerie-Patrouille die Laune. Die kreuzt praktisch jede Nacht auf, oft mehrmals.

Fozzano: Das kleine Dorf in den Hügeln zwischen den Tälern des *Rizzanese* und des *Baracci* ist typisch für die Gegend: Granitene, turmartige Häuser, Festungen ähnlich, bestimmen das Bild. Sie gäben für eine Vendetta-Story noch heute eine gute Kulisse ab; vor 160 Jahren jedoch hätte man den Streifen als Dokumentarfilm drehen können – mit einer wilden Schönheit namens *Colomba Bartoli* in der Hauptrolle (s. Kasten auf S. 201).

Santa-Maria-Figaniella: Von Fozzano aus sind es nur ein paar hundert Meter bis zu diesem Dörfchen, das über eine kleine romanische Kirche aus dem 12. Jahrhundert verfügt. Beachtenswert ist der Steinfries an der Apsis und den Längsseiten mit seinen Masken- und Tierdarstellungen; teilweise haben diese allerdings witterungsbedingt ihre Konturen verloren. Der Schlüssel ist im nächstgelegenen Haus erhältlich. Im Inneren ein allzu pompöser Marmoraltar inmitten strenger, dunkler, karger Romanik.

Prähistorische Funde von Cauria: Fundstätten der megalithischen Kultur gibt es im Sartenais mehr als anderswo auf Korsika. Sie zu finden ist jedoch oft nicht so einfach. Wenn man Glück hat, weisen windige Beschilderungen den Weg; oft ist man aber auf die eigene archäologische Spürnase angewiesen – oder auf eine exakte Wegbeschreibung. Cauria ist der Name einer

Gegend (ca. 15 km südlich von Sartène), in der auf engem Raum drei megalithische Fundstätten versammelt sind. Von der Straße höchstens einen zehnminütigen Spaziergang entfernt liegt und steht das **Alignement de Stantari**, zwei parallele Menhir-Reihen, von Roger Grosjean, dem Spezialisten megalithisch-torreanischer Kulturen auf Korsika, 1964 freigelegt. Bei zwei der stehenden Steine sind menschliche Gesichtszüge deutlich zu erkennen, vage auch noch eine schwertähnliche Waffe über der Mitte des Körpers. Grosjean interpretiert solche bewaffneten Statuen als Darstellung der militärisch überlegenen torreanischen Feinde, die die Menhir-Kultur vernichteten (siehe *Geschichte* auf S. 92).

An den Menhiren nagt der Zahn der Zeit

In Cauria können heute oft nur noch Spezialisten feststellen, ob ein Stein künstlerisch behauen ist oder nicht, und in ein paar Jahren werden möglicherweise auch sie ratlos dastehen. Dem rapiden Verfallsprozess soll jetzt Einhalt geboten werden. Das Rettungsprogramm sieht die Reinigung, Entionisierung und Imprägnierung der Monumente vor. In Sartène ist ein Museum für Menhire und Menhir-Statuen geplant, wo die von der Natur bedrohten Zeugen der Megalith-Kultur dann sicheren Unterschlupf finden sollen.

Wenn Sie dann den hier beschriebenen Spaziergang durch Cauria unternehmen, werden Sie zwar noch immer den *alignements* und dem berühmten *Dolmen von Fontanaccia* begegnen: Kopien – natürlich originalgetreu – sollen auf dem Gelände ausgestellt werden. Wollen Sie die Originale aber noch an ihrem originalen Ort sehen, verschieben Sie den Abstecher nach Cauria nicht auf Ihren nächsten Korsika-Urlaub.

Ganz nah beim Alignement de Stantari (exakt in eine Richtung positionierte Steinreihen) steht eine Korkeiche, über deren unterste Gabelung ein Holztreppchen führt. Dieses müssen Sie benutzen, wenn Sie eines der berühmtesten und besterhaltenen megalithischen Denkmäler Korsikas sehen wollen. Der **Dolmen von Fontanaccia**, ein schon von weitem sichtbarer Steintisch, hat die Zeiten erstaunlich gut überstanden. Sechs riesige granitene Steinplatten ummauern von drei Seiten den längst geplünderten Grabraum; auf ihnen ruht die 3,4 m lange und 2,9 m breite Deckplatte mit einem Gewicht von über drei Tonnen. Von den Bauern der Umgebung ehrfürchtig *Stazzona d'u Diavuli* (Teufelsschmiede) genannt und weniger ehrfürchtig als Unterstand bei Gewittern verwendet, wurde der Dolmen erstmals 1840 von *Prosper Mérimée* vermessen und beschrieben.

Mit der Gewissenhaftigkeit des Kulturinspektors notierte Mérimée, dass in der Gegend möglicherweise noch weitere Fundstätten versteckt lägen; doch müsse man erst die Macchia abbrennen, die jegliche Sicht auf den Boden versperre. Soweit hätte er nicht einmal gehen müssen, um das **Alignement de Renaggio** im nahen Eichenwäldchen zu entdecken. Man kommt heute über einen Fußweg dahin, der vom Alignement de Stantari in Richtung Süden führt. Nach gut zehnminütigem Spaziergang durch Weideland – über die

Militärisch stramm ausgerichtet: Alignements de Palaggiu

Stacheldrahtzäune helfen besucherfreundliche Holzleiterchen – hat man das Gehölz am Fuße des Felsmassivs erreicht. Teils stehen die Menhire noch, teils wurden sie wieder aufgerichtet, teils wurden sie liegen gelassen. Die zweireihige Anordnung ist nur noch ansatzweise erkennbar. Der Gesamteindruck wirkt etwas chaotisch, einem mittelalterlichen jüdischen Friedhof nicht unähnlich.

• *Anfahrt*: Von Sartène in Richtung Bonifacio, nach knapp 2½ km rechts in Richtung Tizzano (D 48) abzweigen, nach weiteren 7,5 km weist links ein nur aus der Gegenrichtung lesbares Straßenschild nach Cauria. Nach 4½ km Fahrt auf diesem Sträßchen erblickt man am rechten Straßenrand ein kaum lesbares Schild mit der Aufschrift *"Dolmen-Menhir"*. Hier führt eine Naturstraße nach ca. 800 m zu einem kleinen Parkplatz, von da ab zu Fuß knappe 10 Minuten zum Alignement de Stantari.

Alignements de Palaggiu: Korsikas größte Menhirsammlung! Insgesamt 258 Menhire hat der Archäologe *Roger Grosjean*, der die Ausgrabungen in den 60er Jahren leitete, gezählt. Die lange Zweierreihe ist streng von Norden nach Süden ausgerichtet und überaus beeindruckend: Einige Steine stehen seit über 3000 Jahren stramm wie Soldaten, andere sind seit Hunderten von Jahren im Fallen begriffen, und viele liegen längst am Boden. Grosjean hat bei einigen Dutzend der Steine anthropomorphe (menschliche) Züge entdeckt und sie dadurch grob datieren können. Die meisten jedoch sind bereits so verwittert, dass sie sich jeder wissenschaftlichen Klassifizierung entziehen. Bei den Bauern der Umgebung heißen die *alignements* noch immer *Cimetière des Turcs* (Türkenfriedhof). Gegen das kollektive Erinnerungsvermögen an die üblen Sarazenenüberfälle des 16. Jahrhunderts vermag sich auch die bessere Geschichtskenntnis nicht durchzusetzen.

• *Anfahrt*: Vom Abzweig nach Cauria (siehe oben) noch 3,5 km auf der D 48 in Richtung Tizzano weiterfahren (die Menhir-Hinweise bei der *Domaine La Mosconi* ignorieren). Dann weist rechter Hand ein Schild einen Feldweg hoch. Wohltuender Spaziergang von einer knappen Viertelstunde durch niedrige Macchia und Heidelandschaft zu den Alignements.

Tizzano: Der Ort, 18 km von Sartène entfernt, liegt am Ende der D 48 *(Megalithenstraße)* an einer kleinen Bucht mit Fischerhafen. In Tizzano ist angenehm wenig los. Die Ortsreklame verspricht ein Taucherparadies. Der Fisch auf dem Teller schmeckt auf jeden Fall ausgezeichnet. Zum Baden ein kleiner Sandstrand gleich beim Ortseingang.

- *Übernachten/Camping*: ***** Hôtel du Golfe**, direkt am Meer, mit Felsstrand. 1994 eröffnetes Hotel mit einer geglückten Architektur: zur Landseite hin mehr Stein als Glas, zur Meerseite hin mehr Glas als Stein. Elegant gestaltete Zimmer mit großen Fenstern und Balkon zum Meer, teils sind Bad und WC getrennte Räume. DZ zu den stolzen Preisen von 84–107 € je nach Saison. April–Oktober geöffnet. ✆/℡ 04.95.77.14.76.
Camping L'Avena, ca. 2 km vor Tizzano links abzweigen (Naturstraße). 200 Stellplätze, größtenteils im Schatten. Sanitäre Anlagen okay, Waschmaschine. Angenehmes Terrassenrestaurant mit kleinen Snacks und Fassbier. Ca. 300 m zum Strand. Mai–September geöffnet. ✆ 04.95.77.02.18, ℡ 04.95.77.24.47.
- *Essen*: Das **Restaurant Chez Antoine** mit seiner Holzterrasse ist eine hervorragende kulinarische Adresse und obendrein ein schönes Plätzchen. Menü mit Fisch aus eigenem Fang für knapp 20 €. Teurer sind die Langusten, die der Wirt lebend vor dem staunenden Gast klappern lässt. Auch die Fischsuppe überzeugt.

Alo-Bisucce: Das 1963 von *Roger Grosjean* entdeckte und in den folgenden Jahren unter seiner Leitung ausgegrabene torreanische Kultmonument stammt aus der zweiten Hälfte des 2. Jahrtausends v. Chr. und hat einen Durchmesser von 8 m. Vom runden Hauptraum *(Cella)* aus gelangt man in drei enge Seitenkammern. Die Gewölbe muss man sich dazudenken; sie sind – wie bei den meisten torreanischen Bauten auf Korsika – längst eingestürzt oder zerstört worden.

- *Anfahrt*: Von Sartène in Richtung Bonifacio, nach knapp 2½ km in Richtung Tizzano, dann weitere 1,2 km, bis rechts eine Nebenstraße nach Grossa abzweigt. Noch 5 km, und schließlich weist rechts am Straßenrand ein Schild mit der Aufschrift *"Monument Torréen d'Alo-Bisucce – Age de Bronze"* auf den Fußweg durch die Macchia. In derselben kann man sich schnell verlieren, und bei nassem Boden kann's im oberen Teil gefährlich glitschig werden.
Die Straße führt weiter nach Belvédère (großartiger Blick auf den Golf von Valinco) und ist eine hübsche, wenn auch zeitraubende Alternative zur Schnellstraße Sartène–Propriano, um ans Meer zu gelangen.

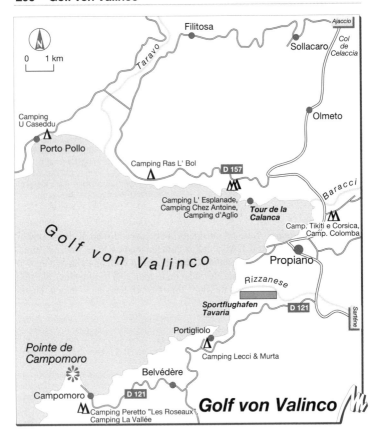

Golf von Valinco

Nicht so zugebaut wie der Golf von Ajaccio und nicht so unzugänglich wie der Golf von Porto, präsentiert sich der Golf von Valinco mit seinem überaus milden Klima als der badefreundlichste der vier großen Golfe der Westküste. Das grüne Sartenais und die Ausgrabungen von Filitosa, Korsikas berühmtester prähistorischer Fundstätte, reizen zu Ausflügen ins Landesinnere.

Nichts könnte den Gegensatz zwischen Küste und Hinterland besser ausdrücken als die nur wenige Kilometer voneinander entfernten Orte *Propriano* und *Olmeto,* das sonnige, prosperierende Tourismuszentrum und das oft nebelverhangene, verschlossene Bergdorf. Den insgesamt 12 km Sandstrand am Golf hat das Landesinnere an sportlichen Freizeitwerten wenig entgegenzusetzen, allenfalls eine Kanufahrt auf dem *Taravo* oder dem

Rizzanese, den beiden Hauptzuflüssen des Golfs, und dies auch nur im Frühjahr, wenn sie genügend Wasser führen.

Bei den Einheimischen ist der Rizzanese eher seiner Forellen wegen beliebt. Exzessive Fischerei und teilweises Austrocknen des Bachbetts haben den Bestand jedoch arg dezimiert. Das Angeln ist heute streng reglementiert, Zuwiderhandlungen werden mit hohen Geld-, ja sogar mit Gefängnisstrafen geahndet. Seit den 90er Jahren werden Forellen zugeführt, um den Anglern ihre Erfolgserlebnisse zu ermöglichen.

Propriano
(korsisch: Pruprià)

Der Hauptort des Golfs von Valinco, eine genuesische Gründung aus dem 17. Jahrhundert, war bis zum Beginn des Tourismus-Zeitalters nicht viel mehr als ein Fischerdorf mit Hafen – Verladestation für Sartène und das fruchtbare Hinterland.

Heute sind französische Touristen das hauptsächliche Frachtgut: Der Fährhafen von Propriano hält in der Saison die Verbindung nach Marseille, Nizza und Toulon aufrecht. Ganz und gar in kontinentalfranzösischer Hand ist der Yachthafen mit seinen 400 Anlegeplätzen. An der Hafenpromenade reihen sich Restaurants und Eisdielen aneinander und vermitteln einen beinahe städtischen Eindruck. Doch schon eine Häuserzeile dahinter ist – mit Ausnahme der Hauptstraße *Rue Général de Gaulle* – das pulsierende Leben zu Ende. Wer von der Seeseite her kommt, könnte demselben Trugbild erliegen wie Katharina II. angesichts der potemkinschen Dörfer.

An Sehenswürdigkeiten hat Propriano nichts zu bieten; einzig der gut ausgebaute Dienstleistungssektor macht die Stadt für den Korsikareisenden interessant.

*P*ostleitzahl/*I*nformation

- *Postleitzahl:* 20110
- *Information:* **Syndicat d'Initiative**, am Ostende des Yachthafens, freundliches Personal. Mo–Fr 8.30–12 und 13.30–18 Uhr, Sa 9–12 Uhr. ✆ 04.95.76.01.49, 📠 04.95.76.00.65.

*V*erbindungen

- *Schiff:* Verbindungen nach Kontinentalfrankreich mit der S.N.C.M, Details siehe Kapitel *Anreise*. Büro der **S.N.C.M.** sowie ihrer Tochter **CMN**: Quai Commandant L'Herminier, ✆ 04.95.76.04.36. Die Kähne steuern auch Porto Torres (Sardinien) an.
- *Bus:* Mit der Firma **Ricci** in nördliche Richtung nach Ajaccio, in südliche Richtung nach Sartène, ins Landesinnere über Levie und Zonza zum Bavella-Pass. Auch hier gilt: außerhalb der Saison sonn- und feiertags nie. 6, rue Général de Gaulle. ✆ 04.95.76.25.59.
Über Verbindungen nach Porto Pollo (nur in der Hauptsaison) informiert das Syndicat d'Initiative (Adresse siehe oben).

*D*iverses

- *Ausflüge:* **Giraschi Voyages**, im Angebot u. a. Halbtagestouren nach Filitosa oder nach Sartène. Rue des Lauriers. ✆ 04.95.76.00.02, 📠 04.95.76.00.76.
- *Bootsausflüge:* Das **Centre Nautique** am Yachthafen vermittelt Vergnügungsfahrten durch den Golf.
Die Firma **I Paesi di U Valinco** bietet mehrere Fahrten an, u. a. eine Tagestour nach Campomoro und Tizzano mit zwei Badestopps

Golf von Valinco Karte S. 206

208 Golf von Valinco

an besonders schönen, vom Land her nicht zugänglichen Stellen. Ca. 30 €, Kinder (6–12 J.) die Hälfte.

- *Autoverleih*: **Avis**, 25, rue Général de Gaulle.
- *Fahrräder/Mofas*: **TTC**, 25, rue Général de Gaulle, verleiht Mountainbikes und Scooter. ✆ 04.95.76.15.32, ✆ 04.95.76.15.34.
- *Bootsverleih/Surfbretter/Tauchausrüstung*: **Locamarine**, am Yachthafen. Von Mitte März bis Mitte November ist fast alles im Angebot: Schlauch- und Motorboote (bis 40 PS), eine kleine Yacht, Wasserski, Tauchausrüstung (komplett oder Einzelteile) etc. Für Boote ab 10 PS muss nicht nur ein Führerschein vorgezeigt, sondern auch eine Kaution hinterlegt werden. ✆ 04.95.76.11.32, ✆ 04.95.76.09.30.

Evasion Nautic Valinco, am Ostende des Yachthafens. Vermietet werden Boote verschiedener Pferdestärke, Kanus und Surfbretter. Über Letztere urteilte ein Leser kurz und bündig: "Marke uralt". ✆ 04.95.76.15.23, ✆ 04.95.76.20.85.

- *Wassersport-Kurse*: Surfen, Segeln und Wasserskifahren unter professioneller Anleitung lernt man bei **Evasion Nautic Valinco** (siehe oben). Für Surfen und Segeln auch spezielle Kurse für Kinder.

U Levante, am Yachthafen. Professionell geführte Tauchkurse verschiedenen Schwierigkeitsgrades (vormittags Tauchausflüge, nachts Unterwasserexkursionen). ✆ 04.95.76.23.83, ✆ 04.95.74.03.00.

- *Reiten*: **Ferme Equestre de Baracci**, an der D 257, einem Sträßchen, das nordöstlich von Propriano ins Landesinnere abzweigt (knapp nach dem Hotel Arcu di Sole an der gegenüberliegenden Straßenseite). Vom Stundenausritt bis zum 14-Tage-Abenteuer, an der Küste entlang oder in die Berge – die 15 Pferde reichen in der Saison kaum aus. Die Ferme ist bei den Franzosen sehr beliebt, zumal sie auch billige Unterkunft und Essen anbietet. In der Saison Reservierung empfohlen. ✆ 04.95.76.08.02, ✆ 04.95.76.19.48.
- *Buchhandlung*: Wenn alle Urlaubslektüre ausgegangen ist: Die **Hall de la Presse**, 10, rue Général de Gaulle, führt neben Wanderkarten auch ein Regal mit einigen deutsch- und englischsprachigen Krimis.
- *Einkaufen*: Zwei große **Supermärkte** haben sich südöstlich der Stadt an der Straße nach Sartène niedergelassen. Interessanter – trotz des vielen touristischen Schnickschnacks – ist ein Bummel durch die **Rue du Général de Gaulle**. Pfeifenraucher machen sich auf die Suche nach einer klassischen *Bruyère;* das Bruyère-Holz Korsikas gilt als das beste im ganzen Mittelmeerraum, und die Pfeifenverarbeitung war bis vor wenigen Jahrzehnten noch ein vielpraktiziertes Kunsthandwerk im Hinterland von Propriano.
- *Waschen*: **A Lavandara**, 23, avenue Napoléon. Waschsalon – do it yourself.

Übernachten/Camping

Nachfolgende Hotels und Campingplätze sind alle in Propriano oder in unmittelbarer Stadtnähe gelegen. Weitere Übernachtungsmöglichkeiten siehe *Küstenabschnitte nördlich bzw. südlich von Propriano*.

** Hôtel Le Claridge (5), der Kontrapunkt zum nachstehenden Loft Hotel: kein amerikanischer Traum, sondern eher die britische Version – freundlicher Familienbetrieb. Einladende Terrasse. DZ 38–61 €, alle mit Dusche/WC. April–Oktober geöffnet. Rue Bonaparte. ✆ 04.95.76.05.54, ✆ 04.95.76.27.77.

** Loft Hotel (4), der Name verpflichtet zu besonderem Styling: fleischfarbener Bau mit auffällig modernistischem Eingangsportal. Bei nächtlicher Beleuchtung denkt man eher an ein Drive-in aus einem US-Movie der 60er Jahre oder an eine Disko. Der Rezeptionsraum hält, was das Äußere verspricht: neonkühle Ausstrahlung, die Zimmerausstattung ist von derselben Ästhetik: hell, funktional, staubfrei. Und was der zeitgemäße Mensch für sein Loft braucht, ist vorhanden: Bad, Telefon und TV. DZ ca. 40 €. April–September geöffnet. 3, rue Jean-Paul Pandolfi. ✆ 04.95.76.17.48, ✆ 04.95.76.22.04.

* Hôtel Bellevue (2), renovierte Zimmer, alle mit Dusche, teils mit WC. Die vorderen Zimmer, teils mit Balkon, bieten einen großartigen Ausblick auf den Hafen. Im selben Familienbesitz wie das Claridge (s. o.). Ohne Parkplatz. DZ ab 38 €. Ganzjährig geöffnet. 9, avenue Napoléon. ✆ 04.95.76.01.86, ✆ 04.95.76.27.77.

Ferme Equestre de Baracci (L'Etrier), an der D 257, einem Sträßchen, das nordöst-

lich von Propriano ins Landesinnere abzweigt (am Hotel Arcu di Sole vorbei). Das angenehm lebendige Haus wird gelegentlich als Jugendherberge bezeichnet, ist aber der Dachorganisation nicht angeschlossen. Da die Ferme gleichzeitig auch eine Reitschule unterhält (s. o.), ist sie oft von kontinentalfranzösischen Gruppen ausgebucht, die hier einen einwöchigen Aktivurlaub gebucht haben. Reitschüler haben Schlafvorrecht. Aber Nachfragen kostet bekanntlich nichts. EZ ab 15 €, DZ ab 35 €. Route de Baracci.
✆ 04.95.76.19.48.

Camping Tikiti e Corsica, ca. 2 km nordöstlich von Propriano, von der Straße Richtung Ajaccio gut ausgeschildert. 300 Stellplätze. Terrassenförmige Anlage mit Nadelholz. Renovierte sanitäre Anlagen. Einkaufsmöglichkeit und kleine Bar. Rent-a-tent: Hauszelte mit Inventar für 4 Personen (getrennte "Schlafzimmer"), allerdings nur wochenweise. Ganzjährig geöffnet.
✆ 04.95.76.08.32, 🖷 04.95.76.18.25.

Camping Colomba, knapp hinter der Jugendherberge Ferme Equestre de Baracci (s. o.). Großer Camping mit 300 Stellplätzen und viel Schatten unter dichtem Laubwald. Einkaufsmöglichkeit, Snack-Bar und vor allem gute Atmosphäre. Zum Strand 500 m. Mitte April bis Mitte Oktober geöffnet. ✆ 04.95.76.06.42, 🖷 04.95.76.27.52.

Essen und Trinken

Restaurant Le Cabanon (1), alteingesessenes, preiswertes Fischrestaurant mit Terrasse über dem Hafen. Menüs ab 15 €, die Langusten wesentlich teurer, sie kommen direkt aus dem Vivier. Avenue Napoléon.

Restaurant J. Bischof (3), die fleischliche Variante zum vorgenannten: hauseigene Metzgerei! Probieren Sie Kalbsnierchen an Cassis-Sauce. Rue des Pêcheurs.

Restaurant A Manella (6), lockt in der Hauptsaison bis weit in die Nacht hinein mit Pizze und Grillspezialitäten. Wöchentlich wechselnde Karte. Hübsche Terrasse nach hinten. Rue Général de Gaulle.

Baden: Beiderseits der Hafenanlagen findet man grobkörnige, aber nicht unangenehme Sandstrände, der westliche ist größer und etwas gepflegter.

Die Badestrände an der *Baracci*-Mündung werden vor allem von den nahen Campingplätzen aus frequentiert. Für ein Sonnenbad reicht der klitzekleine Strand hinter dem Restaurant *La Maison des Pêcheurs*.

Küstenabschnitte südlich von Propriano

Plage de Portigliolo: Der kilometerlange feinsandige Strand südlich der *Rizzanese*-Mündung ist verlockend einsam. Kein Wunder, denn die meisten Zugänge sind mit Stacheldraht versperrt. Einzig zwei Lücken weist das Abwehrsystem auf: eine bei der nur in der Hauptsaison geöffneten Strandbar *Le Robinson*, die andere am südlichen Ende vor einer kleinen Feriensiedlung, vermutlich ein Zugeständnis an die Benutzer des nahe gelegenen Campingplatzes.

• *Anfahrt*: Von Propriano in Richtung Sartène, nach der Überquerung des Rizzanese rechts nach Campomoro abzweigen. Knapp hinter dem Sport- und Vergnügungsflughafen Tavaria beginnt der Strand.

• *Camping*: **Lecci & Murta**, am südlichen Ende der Plage de Portigliolo führt ein Nebensträßchen zum 300 m entfernten Camping hinauf. Recht komfortabler Platz in einsamer Lage mit 150 Stellplätzen. Kleiner Lebensmittelladen, Pizzeria mit Frühstücksmöglichkeit, Tennisplatz. April bis Mitte Oktober geöffnet. ✆ 04.95.76.02.67, ✉ 04.95.77.11.20.

Campomoro (korsisch: Campu Moru)

Am Fischerhafen werden gelegentlich Aale und Langusten ausgeladen. Etwas weiter draußen wird das Geschäft im größeren Stil betrieben, eine schwimmende Fischfarm (nicht zu besichtigen) liegt in der windgeschützten Bucht. Ansonsten ist im Dörfchen, dessen Name an die Sarazenen (Mauren) erinnert, wenig los. Die Lage hingegen – in einer Sandbucht am südlichen Ende des Golfs – ist nicht übel und hat touristische Zukunft.

... noch einmal: Colomba

Eine Gedenktafel in Campomoro erinnert an das Geburtshaus von *Lorenzi di Bradi* (1865–1945), einem korsischen Schriftsteller und Journalisten, der in der ersten Hälfte des 20. Jahrhunderts in Paris Karriere machte.
Seine Bücher müsste man heute in Antiquariaten zusammensuchen. Nur zwei haben in den 90er Jahren erneut den Weg in die Buchhandlungen angetreten. Eines davon heißt *La vraie Colomba* und ist ein Essay über *Colomba Bartoli* (siehe Kasten auf S. 201) mit einer Anekdotensammlung im Anhang. Das Büchlein, das mit spitzen Bemerkungen über *Prosper Mérimées* Bestseller *Colomba* nicht geizt, ist in fast jeder korsischen Buchhandlung zu finden (natürlich nur in französischer Sprache) und bietet eine vergnügliche Lektüre.

Der nächtens effektvoll angestrahlte *Genuesenturm*, der den äußersten Landzipfel, die *Pointe de Campomoro,* ziert, wurde 1989 restauriert und der Öffentlichkeit zugänglich gemacht. Der Spaziergang vom Dorf aus nimmt etwas mehr als eine Viertelstunde in Anspruch. Oben gelangt man über eine äußere Holztreppe zum Innenraum, der die Form einer Halbkugel hat, und von da über eine Steintreppe zu den Zinnen. Die militärstrategische Zweckmäßigkeit des Turms springt ins Auge: Die Aussicht auf das offene Meer und den Golf von Valinco ist großartig.

- _Postleitzahl_: 20110
- _Tauchen_: **Campomoro Plongée**, am östlichen Teil des Hafens stationiert. Tauchkurse und -ausflüge ins Naturschutzgebiet von Campomoro-Senetosa. Eine überaus freundliche Equipe, die sich zudem finanziell für den Schutz der Küste engagiert. ✆ 04.95.7423.29.
- _Übernachten/Camping_: **Hôtel Le Ressac** (keine Klassifizierung), am östlichen Ortsende. Der hölzerne Restaurantanbau aus den 90er Jahren will nicht so recht zum steinernen Hauptbau passen, die Zimmer aber sind korrekt, alle mit Dusche/WC, die teureren mit Terrasse und Blick über die Dächer aufs Meer. DZ 36–61 €, in der Hauptsaison nur Halbpension. April–Oktober geöffnet. ✆ 04.95.74.22.25, 📧 04.95.74.23.43.
- *** Hôtel Le Campomoro**, älteres Hotel mit rauem Charme, bei der Bootsanlegestelle westlich des Ortszentrums. Zum Hotel gehört das bei Einheimischen beliebte Restaurant des Amis. Der Besitzer schreibt Halbpension vor, macht aber Ausnahmen. DZ ca. 34 €. Juni–September geöffnet. ✆/📧 04.95.74.20.89.

Camping Peretto "Les Roseaux", im oberen Dorfteil, Zufahrt jedoch von der Küstenstraße aus. 50 Stellplätze. Terrassenförmiger Platz, dem es an Schatten nicht mehr mangelt. Im Gegenteil, der Besitzer muss teilweise die Bäume stutzen, damit genügend Sonne durchkommt. In der Saison Lebensmittelgeschäft (auch Fleisch, Gemüse, Früchte) und Bar. Gepflegte sanitäre Anlagen (mit Waschmaschine). 300 m zum Strand. Ganzjährig geöffnet. ✆/📧 04.95.74.20.52.

Camping La Vallée, oberhalb des Dorfes. 200 Stellplätze, im oberen Teil Schatten unter Laubbäumen, im unteren Teil schattenfrei. Bescheidene sanitäre Anlagen, Einkaufsmöglichkeit und kleines Restaurant. Mai–September geöffnet. ✆ 04.95.74.21.20.

Küstenabschnitte nördlich von Propriano

Die Nordseite des Golfs von Valinco, erst waldig mit einer relativ steil abfallenden Küste, dann ins flache _Taravo_-Mündungsgebiet übergehend, ist vor allem bei Campern beliebt: schöne Badebuchten in Stadtnähe (für Autofahrer) – man kann hier ruhig ein paar Tage verbringen.

Für Durchreisende: Eine ganz hübsche Badegelegenheit findet sich beim ca. 6 km von Propriano entfernt gelegenen _Tour de la Calanca;_ ein Asphaltsträßchen führt zum feinen und meist einsamen Kiesstrand hinunter. Im weiteren Verlauf der Küstenstraße (D 157) sind die Zugänge zum Meer weniger komfortabel.

- _Übernachten/Camping_: *** Hôtel Abbartello**, beim gleichnamigen Weiler. Hübsches Strandhotel, das auch Studios für 2-3 oder 4-5 Personen sowie kleine Stein-Bungalows vermietet. Die Hotelzimmer zur Meerseite hin verfügen über einen Balkon. Sowohl Fels- als auch Sandstrand. DZ 23–53 € je nach Saison und Meer- oder Landseite. Mai–September geöffnet. ✆ 04.95.74.04.73, 📧 04.95.74.06.17.

Camping L'Esplanade, an der Küstenstraße (D 157), ca. 8 km von Propriano entfernt. Größeres, zum Meer teilweise steil abfallendes, terrassenförmiges Gelände mit 100 Stellplätzen, "wunderschönen Holzbungalows" (Lesermeinung) und über 20-jähriger Camp-Tradition. Eichen und Olivenbäume, gute sanitäre Anlagen, Waschmaschine, Lebensmittelladen, Bar und Pizzeria, Letztere nur in der Saison geöffnet. Kinderspielplatz! Einziger Nachteil dieses sonst rundum empfehlenswerten Platzes: Vom Sandstrand am unteren Ende bis zum Lebensmittelladen am oberen Ende braucht man zu Fuß eine knappe Viertelstunde. Oben angelangt, verspürt man gleich wieder das Bedürfnis nach einem erfrischenden Bad im Meer. April–Oktober geöffnet. ✆ 04.95.76.05.03, 📧 04.95.76.16.22.

Golf von Valinco

Campitello Camping Chez Antoine, knapp nach dem Camping Esplanade und an derselben Sandbucht gelegen. Ein freundlicher Empfang auf einem sehr schönen Gelände mit 50 Stellplätzen. Camper finden viel Schatten im oberen Teil. Wer näher am Meer sein will, begibt sich hinunter und stellt sein Zelt auf der großen Wiese (mit einigen Schatten spendenden Bäumen) vor dem Strand auf. Neue sanitäre Anlagen, Heißdusche. Kein Lebensmittelverkauf, aber morgens schaut der Bäcker vorbei. Last but not least: Die Besitzer haben mehrere Jahre in Hamburg gelebt und sprechen Deutsch. Zwischen den beiden Terrains findet man das **Bistro Chez Antoine**, wo im Schatten uralter Steineichen Menüs und Pizze serviert werden. Schade, dass es nur in der Saison geöffnet ist. Der freundlichen Familie des Campings ist kein Vorwurf zu machen, das Bistro liegt nicht in ihrer Regie. Camping April–September geöffnet. ✆ 04.95.76.06.06, ✆ 04.95.76.02.60.

Camping d'Aglio, direkt neben dem vorgenannten. Die Alternative zum Camping L'Esplanade (s. o.) für Camper ohne große Komfortansprüche. Kleines, schattiges Gelände direkt am grobkörnigen, sauberen Sandstrand. Die warme Dusche ist kostenpflichtig. Kein Lebensmittelladen, aber auch hier kommt der Bäcker jeden Morgen vorbei, und wer sucht, der findet: anfangs am Ufer entlang, dann über einen Fußweg hoch – zum oben erwähnten Gartenlokal Chez Antoine. Mai–Oktober geöffnet. ✆ 04.95.76.07.15.

Camping Ras l'Bol, der Ferienkomplex beiderseits der Straße (knapp vor der Taravo-Mündung) ist unmöglich zu übersehen. "En avoir ras le bol" heißt "die Nase voll haben von etwas" – und dagegen kämpft die campingeigene Organisation *Corsica Loisirs* mit einer breiten Therapie-Palette an: Schwimm-, Surf-, Segel-, Wasserski-, Reit-, Kletter- und Kanukurse. Fahrräder werden verliehen, und auch ein Katamaran ist im Angebot. Wenn alles nichts nützt, dann ab ins Fitness-Center. Restaurant und Diskothek gehören selbstverständlich mit zur Infrastruktur. Neben den Ferienhäuschen, dem Motel und den Bungalows ist der Campingplatz, obwohl mit allem Luxus ausgestattet, für die Direktion eher zweitrangig. April–September geöffnet. ✆ 04.95.74.04.25, ✆ 04.95.74.01.30.

• *Essen*: **Restaurant/Pizzeria U Farniente**, 4 km von den Campingplätzen in Richtung Porto Pollo (knapp vor dem Hotel Abbartello). Korsische Küche, großes Salatangebot und vor allem eine traumhafte Lage – direkt über dem Meer. Sandstrand mit Felsen.

Porto Pollo

(korsisch: Portu Pollu)

Der Ort am nördlichen Ende des Golfs hat weniger Charme, als seine geographische Lage vermuten lässt. Bei Tauchern und Surfern ist Porto Pollo aber überaus beliebt, und nachdem seit einiger Zeit der große Sandstrand wieder gepflegt wird, kann der Ort auch für Badeferien empfohlen werden. Der Tourismus hält sich in Grenzen, er besteht zu einem großen Teil aus Festlandfranzosen, die hier ein Häuschen haben und morgens ihr Baguette über die Straße tragen.

• *Postleitzahl*: 20140
• *Verbindungen*: Busse nach Propriano (nur in der Hauptsaison).
• *Reiten*: **Ferme Equestre de Fil di Rosa**, knapp nach dem Abzweig nach Serra-di-Ferro. Kurse und Ausritte.
• *Tauchen*: Der **Club de Plongée** ist omnipräsent am Strand und nicht zu übersehen. ✆/✆ 04.95.74.07.46.
• *Übernachten/Camping*: * **Hôtel L'Escale**, im Dorfzentrum. Familiäre Atmosphäre in der pfiffigsten Herberge am Ort, Terrassenrestaurant direkt über dem Strand und daneben zwei Gebäude mit Zimmern. Ist die Nr. 20 noch zu haben, zögern Sie nicht: Balkon direkt zum Meer, schicke Einrichtung mit großem Bad. DZ ab 35 €. Hervorragendes Frühstücksbuffet. Mitte April bis September geöffnet. ✆ 04.95.74.01.54, ✆ 04.95.74.07.15.

* **Hôtel Le Golfe**, am Dorfende. Bieder und sauber. Familiär geführtes, unauffälliges, ältliches Haus, das in den Saison größtenteils von einer ebenfalls ältlichen Stammkundschaft lebt. Unterhalb des Hotels (und zu diesem gehörig) serviert die Pizzeria Le Golfe Pizze du feu de bois. DZ 34 €, im

Skulptierte Menhire auf dem Zentralmonument von Filitosa

August nur Halbpension. Mitte April bis September geöffnet. ✆ 04.95.74.01.66.

Camping U Caseddu, am Dorfeingang. Im vorderen Teil Schatten unter militärisch stramm ausgerichteten Pinien, im hinteren Teil besser ausgestattet, aber weniger Schatten. Sandplätzchen am Strand und rund geschliffene Felsen. 100 Stellplätze. Juni–September geöffnet.

✆ 04.95.74.01.80, 📠 04.95.74.07.67.

• *Essen*: **Restaurant L'Escale**, im oben genannten Hotel. Spezialität sind natürlich Fische. Nicht ganz billig, aber hervorragende Qualität. Versuchen Sie z. B. den Salat mit gegrillten Rougets, bevor Sie sich eine Dorade servieren lassen. Wer rechtzeitig kommt, hat die Chance auf einen Tisch mit Blick aufs Meer.

Hinterland von Propriano

Olmeto

Im Sommer ist der recht lebendige Ort bei den Bewohnern Proprianos der luftigen Lage wegen ein beliebtes Ausflugsziel. Der Rundblick auf den Golf von Valinco ist überwältigend. Zumindest einen Pastis-Stopp ist Olmeto wert. Für Camper an der nördlichen Golfküste bietet sich Olmeto auch als Alternative zu Propriano für den Lebensmitteleinkauf an.

• *Übernachten*: **Hôtel L'Aiglon** (keine Klassifizierung), an der Durchgangsstraße. Eine bescheidene Alternative, wenn in Propriano alles ausgebucht ist. Zimmer nach hinten verlangen oder sich am frühen Morgen vom Lastwagenverkehr wecken lassen. DZ ab 31 €, die billigeren ohne Dusche und mit Etagen-WC. ✆ 04.95.74.62.95.

Filitosa

Der Name eines unbedeutenden Nests im unteren Taravo-Gebiet steht heute für Korsikas berühmteste prähistorische Fundstätte. Die Einzigartigkeit Filitosas beruht einerseits auf den hier entdeckten Menhirstatuen mit ihren besonders eindringlichen, maskenhaften Gesichtszügen, andererseits auf der Vermischung von megalithischer und torreanischer Kultur. Der Fund von Menhirstatuen, die als Baumaterial für das torreanische Zentralmonument von Filitosa verwendet wurden, lieferte den unumstößlichen Beweis für die zeitliche Abfolge der beiden Kulturen. *Roger Grosjeans* These, dass die "bewaffneten" Menhirstatuen nichts anderes darstellen als die Konterfeis der waffentechnisch überlegenen torreanischen Eindringlinge, ist unter Wissenschaftlern heute allgemein akzeptiert. Die Auseinandersetzung zwischen den korsischen Megalithikern und den Torreanern wird in die Mitte des 2. Jahrtausends v. Chr. datiert.

Am Anfang der Ausgrabungsgeschichte steht eine Entdeckung, die *Charles-Antoine Cesari* 1954 auf seinem Grundstück machte: vier skulptierte Menhire, die "gesichts"wärts zu Boden lagen. Roger Grosjean, der Spezialist in Sachen korsischer Prähistorie, interessierte sich dafür und begann bald darauf mit den Ausgrabungen, der Freilegung der torreanischen Kultmonumente, der Menhire und Menhirstatuen. Grosjean leitete die Arbeiten bis zu seinem Tod 1975. Seine Nachfolger setzen das begonnene Werk noch heute fort, derzeit im eingezäunten Areal gegenüber dem Ostmonument.

Der Landbesitzer Cesari entwickelte sich zum Promotor seiner aufsehenerregenden Entdeckung und stiftete das kleine Museum am Eingang, dem er fortan als Konservator vorstand. Heute ist es sein Sohn *J. D. Cesari,* der als Museumsleiter und gelegentlich auch als kompetenter Führer die Verantwortung vor Ort übernommen hat – bei den sommerlichen Besuchermassen oft kein leichter Job.

Rundgang

Der Rundgang führt erst am kleinen Museum vorbei, dessen Besuch man sich besser für den Schluss aufhebt, in eine hübsche Allee, an der – als Vorgeschmack sozusagen – **Filitosa V** aufgestellt ist. Die Namengebung entspricht archäologischen Gepflogenheiten: Filitosa V = "fünfte in Filitosa gefundene Menhirstatue". Zugegebenermaßen nicht gerade poetisch, dafür für die Katalogisierung praktisch. Mit ihren 2,5 m Höhe (ohne den verloren gegangenen oberen Kopfteil) gehört sie zu den größten auf Korsika gefundenen Statuen. Besonders beeindruckend ist die Bewaffnung, ein langes Schwert und ein Dolch. Auch die Rückseite ist leicht skulptiert.

Kurz nach der Überquerung des *Sardelle*-Bachs bzw. Bachbetts steht man vor den ersten Mauern der torreanischen Ausgrabungen auf dem Hügel von Filitosa. Rechter Hand befindet sich das wenig spektakuläre **Ostmonument**, über dessen Zweck die Archäologen noch rätseln. Nicht viel mehr weiß man über das etwas besser erhaltene **zentrale Kultmonument**. Es diente vermutlich Bestattungs- oder Opferritualen – im Innenraum, der *Cella,* wurden Feuerspuren gefunden.

Aber nicht die torreanischen Überreste sind die Hauptattraktion, sondern vielmehr die auf dem Monument platzierten sechs Menhirstatuen. Nur die oberen Teile sind erhalten. Star unter ihnen ist eindeutig **Filitosa IX** – ihrer regelmäßigen, klar hervortretenden Gesichtszüge wegen gilt sie als die

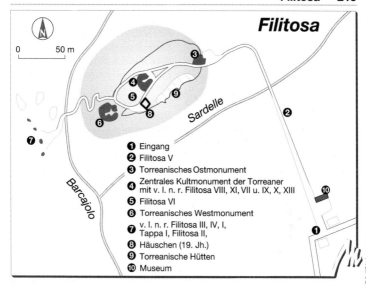

schönste Statue aus der Werkstatt der Bildhauer von Filitosa. Auch die Rückseite wurde vom Künstler leicht bearbeitet. Ebenfalls überzeugend gestaltet ist **Filitosa XIII**, die mit einem wuchtigen Kinn versehen ist. Die Rückseite stellt vermutlich einen Panzer dar.

Südlich des Eingangs sind sechs Fragmente mit Waffendarstellungen an den Felsen gelehnt, und das Nordostsegment des Rundbaus ist von 32 weiteren Menhir-Fragmenten gesäumt. Sämtliche hier ausgestellten Funde dienten den Torreanern als Baumaterial für ihr Kultmonument und wurden von den Archäologen mit äußerster Behutsamkeit aus dem Gemäuer gezogen.

Wenige Meter hinter dem zentralen Monument steht **Filitosa VI** mit strengen Gesichtszügen und einem langen Schwert.

Das **Westmonument** hat eine komplizierte und den Laien verwirrende Architektur aus Gängen und Kammern. Es ist begehbar, man kann klettern und kriechen, klüger wird man nicht. Auch Grosjean beschränkt sich auf die Vermutung, dass das Monument einst kultische Funktion hatte. Der Menschenschädel, den die Ausgräber im Innern fanden, enthielt sich jeglichen Kommentars.

Es wäre schade, würde man hier umkehren. Denn vom Westmonument führt ein schmaler Fußweg den Hügel hinunter über den *Barcajolo*-Bach zu einer hübschen Skulpturenausstellung im Freien. Es sind die ersten in Filitosa gefundenen Menhirstatuen. Von links nach rechts: *Filitosa III, Filitosa IV, Filitosa I, Tappa I* (nach einem 400 m entfernten Hügel benannt) und *Filitosa II*. Am besten erhalten sind die beiden linken Figuren mit ihren gut erkennbaren Dolchen.

Auf dem Rückweg – vielleicht hat man es bereits vorher schon wahrgenommen – fällt in der Nähe des Zentralmonuments ein Häuschen auf. Irgendein

Golf von Valinco

Seine Majestät Filitosa VI

korsischer Schäfer hat es im 19. Jahrhundert errichtet und, von aller Archäologie unbeleckt, Menhire und Mauerstücke seiner Vorfahren als Baumaterial verwendet. Ohne böse Absicht zahlte er so den Torreanern heim, was diese den Megalithikern angetan hatten.

Südöstlich davon ist das Gelände wegen aktueller Grabungen abgesperrt. Hier wurden torreanische Hütten gefunden und unweit davon Keramikreste aus der frühesten Besiedlungsphase Filitosas. Sie datieren aus dem 6. Jahrtausend v. Chr.

Tipp: Ideale Fotozeit ist der späte Vormittag. Der Sonneneinfall lässt dann die Konturen der Menhirstatuen besonders deutlich hervortreten.

Museum: Prunkstück des kleinen Museums ist die restaurierte Menhirstatue *Scalsa-Murta*. Oben am Kopf sind zwei Löcher zu sehen, in denen vermutlich Hörner steckten. Das eine Loch wurde von den Archäologen versuchsweise mit einem Rinderhorn versehen, das andere ist mittels eines an der Decke angebrachten Spiegels deutlich zu erkennen. Das Gesamtbild ist der Darstellung eines shardanischen Kriegers, die in Ägypten gefunden wurde (Reproduktion an der Wand), verblüffend ähnlich. Roger Grosjean zog daraus den Schluss, dass die Torreaner mit dem Seevolk der Shardanen identisch sind, das im 12. Jahrhundert v. Chr. eine Invasion Ägyptens versuchte und scheiterte.

Die beiden ebenfalls restaurierten Statuen *Filitosa XII* und *Tappa II* sowie einige weitere Funde ergänzen die Sammlung. Informationstafeln, Dokumentarfotografien und ein archäologischer Comicstrip über das Behauen der Steine und Aufrichten der Menhire sind zusätzliches Anschauungsmaterial.

- *Anfahrt*: Filitosa liegt an der D 57. Von Propriano aus entweder in Richtung Ajaccio und 4 km hinter Olmeto auf dem Col de Cellacia westlich in Richtung Sollacaro abzweigen. Oder über die Küstenstraße (D 157) fahren und nach dem Camping Ras l'Bol der Beschilderung in Richtung Norden folgen.
Wer ohne Fahrzeug unterwegs ist und nicht trampen will, kann in Propriano (Giraschi Voyages, Rue des Lauriers) einen Halbtagsausflug nach Filitosa buchen.

- *Öffnungszeiten*: täglich von Sonnenaufbis Sonnenuntergang; Eintritt ca. 4,50 € (Ausgrabungsgelände und Museum).
- *Tipp*: Man braucht nicht unbedingt ein dickes archäologisches Buch über Filitosa zu erstehen. Vor Ort wird eine kleine Broschüre von J. D. Cesari und L. Aquaviva – mit vielen Skizzen und Fotos – auch in deutscher Übersetzung verkauft. Sie stellt die Geschichte zwar etwas verkürzt dar und spekuliert gelegentlich mehr als nötig, zeigt Übersetzungsmängel – trotzdem ein nützlicher Begleiter.

Route Propriano–Ajaccio

Die schnellste Verbindung nach Ajaccio führt auf der gut ausgebauten N 196 über *Olmeto* (siehe *Hinterland von Propriano*) und *Petreto-Bicchisano*. Ungefähr 5 km hinter diesem hübsch gelegenen Doppelort überquert man den Taravo. Oberhalb der Brücke ist er ein Bach, unterhalb wird er zum Fluss. Wer Zeit hat, stellt das Fahrzeug hier ab, geht den schmalen, steilen Fußweg hinunter und findet einige herrliche Badebecken.

Eine ganz andere Art von Badevergnügen versprechen die **Bains de Taccana** (2 km nach der Taravo-Brücke): hydro- und physiotherapeutische Bäder mit Unterwassermassage, Inhalation, Heilgymnastik, Schlammbad etc., je nach medizinischer Indikation (Atemnot, rheumatologische und dermatologische Beschwerden und solche im Hals-Nasen-Ohren-Bereich). Das Wasser der nahe gelegenen *Vanina-Quelle,* seit 1976 auch als Tafel-Mineralwasser zugelassen, war einst die Hauptmedizin des mittlerweile modernisierten kleinen Kurzentrums.

Das Wohnhaus von Sampiero Corso

- *Öffnungszeiten Bains de Taccana*: Juni–September Mo–Sa 9–12 und 15–19 Uhr.
- *Übernachten*: *** Hôtel Les Bains de Taccana,** an der Straßenseite gegenüber dem Kurhaus. Die Bescheidenheit der Zimmer fällt wenig ins Gewicht, wenn man auf der wirklich hübschen Dachterrasse sitzt und den Blick in die grüne Umgebung schweifen lässt. Das von Kletterpflanzen umwucherte Landhotel mit Restaurant wird von Kurgästen wie Durchreisenden gleichermaßen frequentiert. DZ ca. 23 € (Dusche/WC auf Flur), im Restaurant Hausmannskost. Mitte Mai bis Mitte Oktober geöffnet. ✆ 04.95.25.71.03.

Ein kurzer Abstecher: Beim Ort *Grosseto* zweigt rechts ein Sträßchen nach **Santa-Maria-Sicchè** ab. Das namenlose, zugemauerte romanische Kirchlein am Ortseingang findet als landwirtschaftliches Depot Verwendung und ist nicht von besonderem Interesse. Im südlichen Ortsteil *Vico* findet man die fotogene Ruine eines alten Herrschaftssitzes. Es sind die Reste des *Wohnhauses von Sampiero Corso,* dem großen korsischen Helden des 16. Jahrhunderts. Die etwas versteckte Villa dahinter, heute in privater Hand und nicht zu besichtigen, ist der *Palazzo d'Ornano*, Stammsitz der angesehenen Familie, in die der Bauernsohn Sampiero einheiratete.

Von Grosseto aus führt die Straße über *Cauro,* einen hübschen, im Grünen gelegenen Ort mit gepflegten Gärten, in die Ebene von Ajaccio.

Golf von Valinco

Eine zeitaufwendige Alternative zur N 196 von Propriano nach Ajaccio ist die Nebenstraßenroute (D 157 – D 155 – D 55) über *Coti-Chiavari*. Erst führt die Route die nördliche Küste des Golfes von Valinco entlang, dann über den *Taravo* nach *Serra-di-Ferro*. Von diesem Dörfchen sind es noch 3½ km, bis links eine Asphaltstraße zur **Plage de Copabia** hinunterführt. Der Naturschutz ist hier den Bauspekulanten zuvorgekommen, der hübsche, einsame Sandstrand erhalten geblieben. Wanderer ereichen den Strand auf dem *Tra Mare e Monti Sud* von Serra-di-Ferro aus in einer halben Stunde.

- *Camping*: **La Ferme de Cupabia**, 600 m vor der Plage de Copabia. Der von einem sympathischen jungen Paar geführte Campingplatz hat keine großen Extras, er begnügt sich mit dem Wesentlichen: schattiges Terrain über mehrere Terrassen, saubere sanitäre Anlagen, kleines Restaurant – einer der schönsten Plätze auf der Insel. Juni–September geöffnet.
✆ 04.95.74.00.04.
Wer's mag: Camping wird auf dem sonnigen Gelände beim Strandrestaurant **A Cala di Cupabia** geduldet.

Hinter Serra-di-Ferro schlängelt sich ein schmales Höhensträßchen durch die teils abgebrannte Macchia und bietet immer wieder phantastische Ausblicke auf die unnahbare Küste. Erst richtig los geht die Kurbelei dann nach *Coti-Chiavari*. Durch dichte Eukalyptuswälder kurvt man hinunter zum Golf von Ajaccio. Mitten in diesem gottverlassen-schönen Wald trifft man auf eine Lichtung mit einer seltsamen Ruine; es handelt sich um ein 1906 endgültig aufgegebenes Gefängnis aus dem Zweiten Kaiserreich. Die zahlreichen Bremsspuren weiter unterhalb sind neueren Datums, sie stammen von der bei den Einheimischen äußerst beliebten Korsika-Rallye und von Amateuren, die sich für diesen Sport qualifizieren wollen.

Vannina und Sampiero – eine korsische Liebesgeschichte

Wir schreiben das Jahr 1528. *Sampiero Corso* und *Vannina d'Ornano* haben sich das Eheversprechen gegeben. Der als Krieger bereits bekannte Bauernsohn zählt dreißig Jahre, die Tochter aus gutem Hause immerhin zwölf. Sei es, dass dem Helden das Kriegshandwerk – er ist in den französisch-spanischen Auseinandersetzungen engagiert – keine Zeit lässt, seien es andere Gründe, die Hochzeit wird erst 1544 gefeiert.
1547–59 ist der große Korse vermutlich vollauf mit der Eroberung der Insel beschäftigt, und in seinem 1554 direkt neben seinen Schwiegereltern errichteten kastellartigen Haus verbringt er wohl nur wenige Nächte. Nachdem mit dem Vertrag von Cateau-Cambrésis 1559 Korsika dem Erzfeind Genua zugefallen ist, verlässt Sampiero die Insel, um an den europäischen Höfen für die korsische Sache zu werben. Man schreibt das Jahr 1562, als er – von Istanbul kommend – in Frankreich eintrifft und erfährt, dass Vannina inzwischen drauf und dran ist, auf die genuesischen Versöhnungsangebote einzugehen. Welche Kämpfe der Held in seiner Brust austrug, ist nicht überliefert, nur das Resultat: Er erwürgt seine Gemahlin eigenhändig. Er habe sie leidenschaftlich geliebt, sagen die Geschichtsschreiber. Leidenschaftlich gehasst jedenfalls haben fortan die d'Ornano den großen Korsen: Fünf Jahre nach dem Ehedrama ereilt ihn die Vendetta.

Napoléon überwacht den Kreisverkehr

Golf von Ajaccio

Von den vier großen Golfen der Westküste ist er der mildeste – windstill und warm. Der Erholungswert des Golfs von Ajaccio ist allerdings gering. An den wenigen Stränden tummeln sich zu viele Menschen, vor allem am Wochenende, wenn die Bewohner der korsischen Hauptstadt ausschwärmen.

Ajaccio selbst ist meist nur Etappenziel auf einer Korsika-Rundreise. Das Autoteil, das man so dringend braucht, die spezielle Batterie für die Kamera, das fehlende Geschenk für die Daheimgebliebenen – hier ist alles leichter zu finden. Konsumistische Triebtäter kommen ebenso auf ihre Kosten wie jene, die einfach ein wenig urbane Luft schnuppern möchten. Nach ein, zwei Tagen Stadtunruhe ist man dann vielleicht reif für einen durchaus reizvollen Ausflug ins Hinterland von Ajaccio, ins *Prunelli-Tal* nach *Bastelica*.

Ajaccio   (korsisch: Aiacciu)

An den grünen Abhängen des Monte San Angelo kleben Hochhäuser, die Skyline vermittelt bei der Einfahrt von Osten her den Eindruck einer schnell gewachsenen Großstadt.

Tatsächlich sind 75 % der Häuser nach 1949 gebaut worden. Tourismus und Verwaltung haben der Stadt einen gewaltigen Einwohnerschub gebracht, fast 80 % der arbeitenden Bevölkerung sind heute im Dienstleistungssektor tätig.

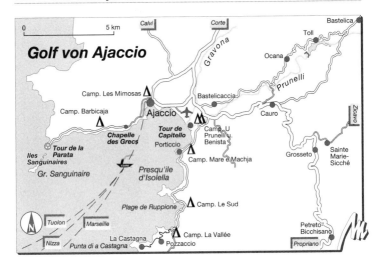

In der steten Konkurrenz mit Bastia um den Titel der größten Stadt Korsikas liegt Ajaccio derzeit leicht im Hintertreffen. Verglichen mit Bastia wirkt Ajaccio jedoch heller und freundlicher – vielleicht liegt es an der Gunst der Sonne, vielleicht an der großzügigeren Architektur, vermutlich aber an beidem.

Im ältesten Stadtviertel, das an die noch immer militärisch genutzte Zitadelle angrenzt, macht sich vornehmlich die Gastronomie breit. Die Geschäfts- und Verkehrsader ist der breit angelegte und trotzdem vom Verkehr verstopfte *Cours Napoléon*. Kleinere Läden findet man in der teilweise als Fußgängerzone respektierten *Rue Cardinal Fesch*. Am *Boulevard du Roi Jérôme* sitzen die Pastis-Trinker gut.

Wo auch immer in der Innenstadt, einer scheint allgegenwärtig: Ajaccios berühmtester Sohn, *Napoléon I*. Die Erinnerung an Frankreichs größten und größenwahnsinnigsten Kaiser wird hochgehalten, in allen Formen: vom gigantischen Napoléon-Denkmal an der *Place d'Austerlitz* bis zum Nepp-Napoléon im Souvenirladen. Dreimal taucht er im Straßenverzeichnis auf *(Cours Napoléon, Quai Napoléon, Rue Bonaparte)*, für weitere Straßennamen musste dann auf den weit verzweigten Bonaparte-Clan zurückgegriffen werden: auf die Mutter *Laetizia* und deren Stiefbruder *Kardinal Fesch,* auf die Brüder *Louis* (König von Holland) und *Jerôme* (König von Westfalen), auf die Schwester *Elisa* (Großherzogin der Toskana) und deren Mann *Felice Bacciocchi* (Fürst von Lucca und Piombino), auf den Sohn *Napoléon II.* (König von Rom), auf den Neffen *Napoléon III.* (Kaiser von Frankreich) und dessen Gemahlin *Eugénie* ... Wen wundert's da, dass in Ajaccio bis heute eine *Parti bonapartiste* der kaiserlichen Fahne die Stange hält? Auf der übrigen Insel und in Paris bedeutungslos, stellte sie in der korsischen Hauptstadt bis vor kurzem noch den Bürgermeister. Jährlich am 15. August, dem Geburtstag des Kaisers, finden in Ajaccio Napoléon-Feierlichkeiten statt, zu denen die letzten Sprösslinge des Bonaparte-Clans anreisen.

Der derzeitige Stammhalter der kaiserlichen Familie, Prinz Charles Napoléon, hat mit der Napoléon-Folklore allerdings nicht viel am Hut. Mit einer eigenen Gruppierung trat er 2001 bei den Kommunalwahlen gegen die seiner Meinung nach zu konservative bonapartistische Partei an. Heute sitzt er als Delegierter für die ökonomische und touristische Entwicklung der Stadt im Rathaus.

So ungetrübt, wie sich heute die Napoléon-Verehrung in Ajaccio ausnimmt, war das Verhältnis der Ajaccianer zum "großen Korsen" übrigens nicht immer. Als Napoléon im April 1814 abdanken musste, fielen in seiner Geburtsstadt Freudenschüsse, und die kaiserliche Büste wurde unter großem Gejohle ins Hafenbecken geworfen. Der berühmte Sohn von Ajaccio hatte sich nicht mehr um Korsika gekümmert, nachdem er sich zum Herrscher über halb Europa aufgeschwungen hatte. Ziemlich desinteressiert soll er einen Korsen, der bei ihm in Paris vorstellig wurde, gefragt haben: "Wie geht's denn auf Korsika? Bringen die Leute sich noch immer gegenseitig um?"

Geschichte

Von der römischen Siedlung *Adjacium* ist nicht viel mehr verbürgt als die Tatsache ihrer Existenz. Aktenkundig unter dem heutigen Namen wurde Ajaccio erstmals in einem Briefwechsel von *Gregor I.* (Papst von 590 bis 604). Reste einer frühchristlichen Basilika, vermutlich der ersten Kathedrale des Bistums, wurden im Nordosten der Stadt ausgegraben.

Das heutige Ajaccio geht auf eine Gründung der genuesischen *Bank des Heiligen Georg* (1492) zurück. Das damalige Stadtgebiet deckt sich in etwa mit der Altstadt bei der Zitadelle (an deren Stelle stand vermutlich ein genuesischer Palast). Im Jahr 1553 erobern die Franzosen – unterstützt von korsischen Freiheitshelden *Sampiero Corso* und vom gefürchteten türkischen Korsaren *Dragut* – die Stadt, bessern die Befestigungen aus und ergänzen mit dem Bau der Zitadelle das Abwehrsystem. Davon profitieren fortan die Genuesen, denen sechs Jahre später per Vertrag von Cateau-Cambrésis die ganze Insel zufällt. Auch im korsischen Unabhängigkeitskrieg bleibt die Stadt genuesisch. Der unabhängige korsische Staat unter Pasquale Paoli (siehe Kapitel *Geschichte* auf S. 102) hat in Ajaccio nie Fuß fassen können.

Im Jahr 1768 wird ganz Korsika französische Provinz und damit Teil der französischen Nationalgeschichte. Ein Jahr später erblickt *Napoléon I.* in Ajaccio das Licht der Welt. Als Kaiser von Frankreich erklärt er 1811 die Stadt zur Hauptstadt Korsikas und leitet damit ihren wirtschaftlichen Aufschwung ein. Seit der politischen Neugliederung Korsikas 1975 ist Ajaccio Hauptstadt des Departements *Corse-du-Sud* (Autokennzeichen 2 A), seit der Mitterrandschen Dezentralisierungsreform 1982 Sitz der korsischen Regionalversammlung.

222 Golf von Ajaccio

Postleitzahl/Information

- *Postleitzahl*: 20000
- *Information*: **Office de Tourisme**, 3, bd du Roi Jerôme. Gut mit Material bestückt und kompetentes Personal. Mo–Sa 8–19 Uhr, So 9–13 Uhr. ✆ 04.95.51.53.03, ✉ 04.95.51.53.01, E-Mail: *ajaccio.tourisme@wanadoo.fr*.

Parc Naturel Régional de la Corse, Maison du Parc, 2, rue Major Lambroschini. Das zentrale Büro des Korsischen Regionalparks informiert fachkundig über Wanderwege, Naturreservate, Flora und Fauna. Ganzjährig geöffnet.
✆ 04.95.51.79.10, ✉ 04.95.21.88.17. E-Mail: *infos@parc-naturel-corse.com*.

Verbindungen

- *Flugzeug*: Vom östlich der Stadt gelegenen Flughafen Campo dell'Oro täglich Linienflüge mit Air France und der Compagnie Corse Mediterrannée zum französischen Festland (Paris, Marseille, Nizza, Lyon). Am Wochenende Verbindungen in weitere französische Städte.
Air France, 3, bd du Roi Jérôme. ✆ 0.820.820.820.
Der Bus zum Flughafen (Abfahrt Terminal Maritime et Routier) kostet ca. 3 €. Die Fahrt dauert 15 Minuten.
- *Schiff*: Verbindungen nach Kontinentalfrankreich und Genua, Details siehe Kapitel *Anreise*. Büro der **S.N.C.M.**, Quai L'Herminier, ✆ 04.95.29.66.99, ✉ 04.95.29.66.63.
- *Bahn*: Täglich 4-mal Direktverbindung nach Bastia (über Corte, Fahrtzeit ca. 3½ Stunden) und 2-mal nach Calvi (umsteigen in Ponte-Leccia). Vor allem die Fahrt nach Corte ist eine abenteuerliche Reise durch Tunnels und über Viadukte!
- *Bus*: Täglich Verbindungen nach Bastia (über Corte) und Bonifacio (über Propriano, Sartène), Mo–Sa Busse nach Porto (über Cargèse). Zum südlichen Golfabschnitt: mehrere Verbindungen täglich über Porticcio bis zur Plage de Ruppione. Im **Terminal Maritime et Routier** unterhalten sämtliche Busgesellschaften einen Schalter: Destinationen und Abfahrtszeiten auf einen Blick. Zudem kann man hier auch sein Gepäck aufgeben und so unbelastet zu einer Stadtbesichtigung aufbrechen.

Diverses

- *Ausflüge mit dem Schiff*: Ein regelrechter Pendelverkehr (stündlich eine Abfahrt, Mittagspause) besteht in der Saison zwischen Ajaccio und dem 30 Schiffminuten entfernten Badeort **Porticcio**. Täglich fährt ein Schiff zu den **Iles Sanguinaires**, ein hübscher Halbtagsausflug, mehr nicht. Seltener stehen Tagesausflüge zum straßen- und autofreien **Girolata** und in das Naturschutzgebiet von **Scandola** (nördlich von Porto) auf dem Programm; Reisende ohne eigenes Fahrzeug können folgende Kombination versuchen: Ajaccio–Girolata und von Girolata nach Porto zurück. Auskünfte und Fahrkarten im südlichen Teil des Hafengeländes. In der Saison werden auch **Unterwasserfahrten** im Golf von Ajaccio angeboten.
- *Autoreparaturen*: Vertragswerkstätten der großen Autohersteller (u. a. VW/Audi, BMW, Opel, Fiat, Peugeot, Renault, Citroën) haben sich in Ajaccios nördlichem Vorort Mezzavia niedergelassen.
- *Autoverleih*: **Hertz**, 4, cours Grandval, ✆ 04.95.21.70.94; **Europcar**, 16, cours Grandval, ✆ 04.95.21.05.49; **Budget**, 1, boulevard Lantiviy, ✆ 04.95.21.17.18. Im Flughafengebäude Campo dell'Oro sind neben diesen noch weitere Firmen vertreten.
- *Fahrräder/Mofas/Motorräder*: Bei **Moto Corse Evasion**, montée Saint-Jean im Norden der Stadt. Mountainbikes und klassische Räder. Kaution ca. 300 €. ✆ 04.95.20.52.05, ✉ 04.95.22.48.11.
- *Parken*: Bevor die Nerven bei der Parkplatzsuche im Einbahnsystem draufgehen: kaltblütig in den unterirdischen Parkplatz an der Place de Gaulle eintauchen.
- *Markt*: jeden Morgen (außer Mo) am Hafen.
- *Einkaufen*: Boutiquen und einige schönere kleine Läden liegen an der zur Fußgängerzone erklärten **Rue Cardinal Fesch**. Fische findet man auf dem **Fischmarkt** an der Ostseite des Rathauses, Flöhe auf dem **Flohmarkt**, zu dem der

Wohnburgen in Ajaccio

obere Teil des Boulevard Lantivy jeweils sonntags umfunktioniert wird.

• <u>Waschen</u>: **Lavomatic Diamant**, 1, rue Maréchal d'Ornano.

Übernachten/Camping (siehe Karte S. 225)

Die folgenden Hotels liegen fast ausnahmslos im Stadtzentrum, die preisgünstigen sind in der Regel schnell ausgebucht. Die Campingplätze befinden sich alle mehrere Kilometer außerhalb des Stadtgebietes. Weitere Übernachtungsmöglichkeiten siehe *Küstenabschnitte nördlich bzw. südlich von Ajaccio*.

*** **Hôtel San Carlu (10)**, bei der Zitadelle. Zimmer mit Dusche/WC und TV. Haustiere werden im Hotel nicht geduldet. DZ 69–88 €. Mitte Dezember bis Januar geschlossen. 8, boulevard D. Casanova. ✆ 04.95.21.13.84, ℻ 04.95.21.09.99.

*** **Hôtel du Golfe (2)**, für die ausgezeichnete Lage im Hafenviertel ist das gepflegte 3-Sterne-Hotel nicht mal so teuer, sofern man nicht gerade in der Hochsaison hier logiert. Tiere haben Hausverbot! Alle Zimmer airconditioned, Dusche, WC und TV selbstverständlich, Fenster doppelverglast. DZ 59–87 €, die teureren mit kleinem Balkon und Blick über die Bucht von Ajaccio. Januar/Februar geschlossen. 5, boulevard du Roi Jérôme. ✆ 04.95.21.47.64, ℻ 04.95.21.71.05.

*** **Hôtel Napoléon (1)**, komfortables Hotel in einer ruhigen Nebenstraße des Cours Napoléon. Irreführend ist das für Autofahrer gedachte Hinweisschild *"Hôtel Napoléon"*, das zum unterirdischen Parking an der Place de Gaulle führt, den das Hotel als Parkplatz empfiehlt. Das Hotel selber befindet sich jedoch hinter der Post! Alle Zimmer mit WC/Dusche, DZ 63–82 €. 4, rue Lorenzo Vero. ✆ 04.95.51.54.00, ℻ 04.95.21.80.40.

*** **Hôtel Fesch (5)**, wohnen mit Stil im Herzen der Stadt. Alle Zimmer mit Dusche/WC und TV. DZ 50–72 €, für Katzen und Hunde werden ca. 5 € extra berechnet. Mitte Dezember bis Mitte Januar geschlossen. 7, rue Cardinal Fesch. ✆ 04.95.51.62.62, ℻ 04.95.21.83.36.

** **Hôtel Kallysté (11)**, wer sich von der bröckeligen Außenfassade nicht abschrecken lässt, findet in der ersten Etage schön renovierte, sehr geräumige Zimmer und freundliches Personal vor. Gegen den Straßenlärm kämpft die Doppelverglasung

Golf von Ajaccio

der Fenster, gegen die Stadthitze die Klimaanlage. DZ 44–64 €, TV und Dusche im Zimmer, WC auf der Etage, auch 4-Bett-Zimmer vorhanden. Für Haustiere werden ca. 5 € extra berechnet. 51, cours Napoléon. ✆ 04.95.51.34.45, ✉ 04.95.21.79.00.

** Hôtel Bonaparte (7), das beliebte, kleine Hotel am Markt wurde 2001 einer Renovierung unterzogen und war bei unserer Recherche noch geschlossen. Ob der Umbau mit einem Aufstieg zum 3-Sterne-Hotel verbunden ist, war nicht in Erfahrung zu bringen, ebenso wenig die künftigen Preise. Neueröffnung für 2002 zugesichert. 2, rue Etienne Conti. ✆ 04.95.21.44.19.

Hôtel Le Dauphin (12) (ohne Klassifizierung), wenn die Billigkonkurrenz ausgebucht ist, findet man hier an der Durchgangsstraße eine Bleibe. Im Nebenhaus, wo weitere Zimmer angeboten werden, entschädigt für den Straßenlärm der Zimmer nach vorne in der 5. Etage der Blick vom Balkon auf das Hafengeschehen. Hoteleigene Garage, die jedoch schnell voll ist. DZ 44–53 €. 11, bd Sampiero. ✆ 04.95.21.12.94, ✉ 04.95.21.88.69.

Hôtel Bella Vista (14) (keine Klassifizierung), hinter der Plage St-François. Eine Leserempfehlung. Das DZ mit Dusche soll ca. 34 € kosten, das Frühstück unter blühender Pergola extra. Wir gingen dem Tipp nach und fanden das Hotel im Juni 2001 geschlossen vor. Die telefonische Nachfrage endete bei einem Anrufbeantworter: vorübergehend nicht erreichbar. Nachbarschaftliche Gerüchte erzählten von einer eingestürzten Zimmerdecke, eine Wiedereröffnung des Billighotels sei aber geplant. Boulevard Lantivy. ✆ 04.95.21.07.97, ✉ 04.95.21.81.88.

Privatzimmer Battini (13), in einem großen Wohnblock über der Stadt (unweit der Place du Diamant) vermietet die freundliche Madame Bettini drei gepflegte, geräumige Zimmer, eines davon mit Dusche, die anderen mit Bad auf der Etage, jedes mit Balkon und Aussicht aufs Meer. DZ ca. 54 €, Frühstück mit hausgemachter Marmelade inklusive. Telefonische Voranmeldung empfohlen. Les Aloës, Bâtiment B, Rue des Aloës. ✆ 04.95.21.83.04 oder 06.84.55.38.63 (mobil).

Camping Les Mimosas, zunächst der Straße nach Alata, dann den unauffälligen grünen Wegweisern folgen. Ruhige Lage im Hinterland der Stadt und von dieser schon wieder eingeholt, wie die neuen Häuser über dem Terrain beweisen. 70 Stellplätze, größtenteils mit Schatten, gepflegte sanitäre Anlagen, preisgünstiges Restaurant. April bis Mitte Oktober geöffnet. ✆ 04.95.20.99.85, ✉ 04.95.10.01.77.

Camping Barbicaja, in Richtung Les Sanguinaires, ca. 5 km außerhalb der Stadt (etwas oberhalb der Straße gelegen). Terrassenförmige Anlage mit 110 Stellplätzen, gute sanitäre Einrichtungen, Waschmaschine, Kinderspielplatz. Knappe 200 m zu einem kleinen, sehr schönen Sandstrand. Von der Straße etwas zurückversetzt, so dass man den nächtlichen Autolärm überhört. April–September geöffnet. ✆/✉ 04.95.52.01.17.

Camping U Prunelli, 12 km außerhalb des Stadtzentrums (bei der Straßengabelung Propriano/Porticcio). 170 Stellplätze. Großes, schattiges Gelände am Prunelli-Fluss. Gute sanitäre Einrichtungen, Lebensmittelladen, Restaurant. Letzteres direkt an einem nierenförmigen Swimmingpool gelegen, der bei der nächtlichen Beleuchtung hollywoodreif wirkt. Fehlt nur noch der Kellner am Bassinrand! Die Busverbindungen nach Ajaccio sind gut, auch Tramper haben gute Chancen. Ganzjährig geöffnet. ✆ 04.95.25.19.23, ✉ 04.95.25.16.87.

Camping Benista, knapp hinter dem vorgenannten. 250 Stellplätze. Ebenfalls sehr schattig (Ulmen und Pappeln), mit kleinem Swimmingpool im hintersten Teil. Tennisplatz – und wer's mag: Neben dem Camping wurde ein kleiner Golfplatz angelegt (nichts für Profis, allenfalls zum Zeitvertreib). Gegen die abendlichen Mücken vermag aber auch das 4-Sterne-Angebot nichts auszurichten. Mai–Oktober geöffnet. ✆ 04.95.25.19.30, ✉ 04.95.25.93.70. Verbindung nach Ajaccio siehe *Camping U Prunelli*.

Essen und Trinken

Unzählige kleinere Restaurants betischen abends die Gassen des Altstadtviertels: Atmosphäre schnuppern und Speisekarten studieren. Noblere Speiselokale findet man am Cours Napoléon.

Restaurant La Mamma (3), bei Einheimischen wie Touristen beliebtes Lokal. Im Sommer beschattet ein Feigenbaum die Tische in der Passage. Korsische Küche und Fischküche. Zur ersten zählen das gegrillte Lamm, das gebratene Zicklein und die Wachteln, zur zweiten die Meeräsche am grünen Pfeffer. Frische Teigwaren. Leider kein offener Wein im Ausschank. Menüs ab 10 €. Unsere Empfehlung. Passage de Guinghetta.

Restaurant des Halles (4), direkt hinter dem Markt, etwas geschützt vom Tourismusrummel. Frische Fische, preiswerte Menüs ab ca. 11 € und ausgezeichneter Rosé im offenen Ausschank. Rue des Halles.

Restaurant L'Aquarium (6), in unmittelbarer Nachbarschaft des oben genannten, serviert ebenfalls frischen Fisch. Die auf der Straße ausgehängte Tafel zeigte vernünftige Preise, doch beim Apéro wurde dem Verfasser eine noblere Speisekarte aufgetischt, auf der nur die teureren Menüvorschläge verzeichnet waren. Lautstarker Protest gegen diese Touristenfalle war nötig, ein hinterher offerierter Erdbeerschnaps sollte wohl helfen, eine derartige Erfahrung besser zu verdauen. 2, rue des Halles.

Bar Au Son des Guitares (9), mit Tino Rossi berühmt gewordenes Lokal für Nostalgiker. Leicht übertteuertes Essen zu Chansons von Rossi, gelegentlich auch polyphone Gesänge. Rue Roi de Rome.

Pizzeria Chez Paulo (8), der Tipp für Nachteulen: bis zum Morgengrauen offen. 7, rue Roi de Rome.

Sehenswertes

Zitadelle: Zu besichtigen ist sie nur am dritten Septembersonntag, wenn auf ganz Korsika die als historisch klassifizierten Monumente den Tag der offenen Tür feiern. Die restlichen 364 Tage des Jahres sind die Militärs hier unter sich. Die Befestigung wurde 1553 von den Franzosen gebaut und ein paar Jahre später von den Genuesen übernommen; diese ergänzten das Abwehrsystem durch den großen Graben, der heute den Militärs u. a. als Tennisplatz dient. Eine Totalrenovierung erfuhr die Zitadelle dann im 18. Jahrhundert.

Musée du Capitellu: Das kleine Privatmuseum gegenüber der Zitadelle behauptet, anhand von Erinnerungsstücken einer alten Stadtfamilie die Geschichte Ajaccios von der Gründung bis zur Gegenwart zu erzählen. Dies ist etwas hochgegriffen. Der Gründer und Konservator des Museums, Spross einer reichen Familie, deren Stammbaum sich im 19. Jahrhundert mit demjenigen der Bonapartes verhakelt, stellt hier seine Erbstücke aus. Zu den Schmuckstücken gehört das luxuriöse Feldgeschirr mit dazugehörigem Mahagoniköfferchen, das *Napoléon I.* seinem Schwager *Felice Bacciocchi* vermachte. Ein Gemälde, das den *Col de Bavella* darstellt, stammt möglicherweise vom Neffen des großen englischen Malers *William Turner*. Eine endgültige Verifizierung durch die Londoner Tate Gallery steht noch aus ... Dem Deutschsprachigen hilft ein Begleitblatt beim Gang durch die etwas zusammengewürfelt wirkende Sammlung; wer des Französischen mächtig ist, erhält Informationen vom freundlichen Konservator, der fast zu jedem der Ausstellungsstücke eine Geschichte zu erzählen weiß.

Öffnungszeiten: April–Oktober 10–12 und 14–18 Uhr, Juli/August auch 21–23 Uhr; sonntagnachmittags geschlossen; Eintritt ca. 4 €.

Kathedrale: Sie stammt aus dem ausgehenden 16. Jahrhundert und erinnert mit ihrem kreuzförmigen Grundriss und der mächtigen Kuppel über dem Hauptschiff ein wenig an byzantinische Kirchenbauten. Im etwas überladenen Innern sieht man rechts des Haupteingangs ein Taufbecken aus weißem Marmor, über dem 1771 der knapp zweijährige Napoléon getauft wurde. Eine Marmortafel an der vordersten Säule links hält einen Wunsch fest, den der auf St. Helena verbannte Kaiser knapp vor seinem Tode geäußert haben soll: Wenn Paris seine Leiche ebenso wenig wolle wie seine Person, wünsche er in der Kathedrale von Ajaccio neben seinen Vorfahren beigesetzt zu werden. Es kam jedoch nicht so weit: 1840 wurden die kaiserlichen Überreste in den Invalidendom nach Paris überführt. Eine weitere Reminiszenz an die Bonapartes ist der Hauptaltar aus weißem Marmor, ein Geschenk seiner Schwester *Elisa*. Sie ließ ihn 1811 aus einer alten Kirche im toskanischen Lucca (das zu ihrem Großherzogtum gehörte) entfernen; heute würde man dies Kunstraub nennen.

Maison Bonaparte: Der Familienwohnsitz der Bonapartes, in dem der Imperator am 15. August 1769 das Licht der Welt erblickte, wurde über Generationen vererbt und jeweils im Stil der Zeit neu eingerichtet. Prinz *Victor-Napoléon,* ein Enkel des Napoléon-Bruders *Jerôme,* vermachte 1923 das Haus dem Staat; seither ist es Museum.

Napoléon musste im Jahr 1793 aus Korsika fliehen; in der ersten Etage zeigt man die Falltüre, durch welche er heimlich sein Vaterhaus verließ: Nur einmal noch kehrte er in seine Heimat zurück – nach dem Ägyptenfeldzug im Herbst 1799.

Das sehr traditionalistische Museum präsentiert das Haus in den verschiedenen Epochen: Mobiliar im Stil Ludwigs XV. und Ludwigs XVI. war bei den Bonapartes beliebt, und natürlich findet man allenthalben Porträts der Clan-Mitglieder.

Reliquie oder Ramsch?

Wer nicht weiß, wie Napoléon I. und Napoléon III. verwandt sind oder gar noch weiter in die Blutsverwandtschaften der Bonapartes eindringen möchte, findet im Saal 1 (2. Etage) den exakten Stammbaum. Er ist übrigens nicht ganz auf dem neuesten Stand: Seit 1997 ist *Prinz Charles Napoléon* Stammhalter. Allerdings ist wegen Scheidung und Wiederverheiratung seine Legitimität unter den Hardlinern der Bonapartisten umstritten. Die haben wohl vergessen, dass Napoléon I. es in puncto Ehe, Scheidung und Zweitehe genauso hielt. Im Gegensatz zu seinem großen Vorfahren kümmert sich der derzeitige Stammhalter um Korsika: 1997 gründete er die *Association pour la promotion et la défense de l'image de la Corse,* sehr frei übersetzt: "Vereinigung zur korsischen Imagepflege" ...

Des Weiteren findet das aufmerksame Auge im Napoléon-Stammbaum auch einen 1952 geborenen *Prince Alexandre de Tour et Taxis* – alles Weitere bitte in Regensburg nachforschen ...

Öffnungszeiten: April–September 10–12 und 14–18 Uhr; Oktober–März 10–12 und 14–16.45 Uhr; montagvormittags geschlossen. Eintritt ca. 3,50 €.

Musée A Bandera (Museum der Geschichte Korsikas): Ein kleines Privatmuseum, das von prähistorischen Funden bis zum Zweiten Weltkrieg quer durch die korsische Geschichte führt. Der unabhängige korsische Staat unter Pasquale Paoli kommt ausgiebig zur Sprache, u. a. mit einem Reliefmodell der Schlacht von Ponte Nuovo. Der sonst in Ajaccio allgegenwärtige Napoléon I. wird nur ganz kurz abgehandelt, Napoléon III. wird von einem zeitgenössischen republikanischen Karikaturisten als Geier dargestellt, sein Chefarchitekt Haussmann, der Paris umbaute, als Biber und Cousin Pierre Bonaparte als Wildschwein. Letzterer hatte, zu einem Duell aufgefordert, den republikanischen Sekundanten, der ihm die Aufforderung überbrachte, kurzerhand erschossen.

Ein besonderes Augenmerk gilt dem Zweiten Weltkrieg: der italienischen Irredentisten-Bewegung (eine faschistische Bewegung, die Korsika zu vereinnahmen versuchte), der deutschen Besetzung und dem korsischen Widerstand, der im Oktober 1943 in die erste befreite französische Provinz mündete.

Derzeit ist eine Vergrößerung der Ausstellungsfläche geplant, Napoléon wird dann wohl auch dieses Museum erobern.

Öffnungszeiten: Juni und September 9–12 und 14–18 Uhr; Juli/August 9–19 Uhr, Fr auch 20–22 Uhr; So geschlossen. Eintritt ca. 4 €.

Musée Fesch: Der monumentale Palast im Herzen der Stadt beherbergt Korsikas größte Kunstsammlung. Kardinal *Joseph Fesch,* Halbbruder der Mutter Napoléons, finanzierte den Bau, der in den Jahren 1829–37 errichtet wurde, zu einer Zeit, als er – bei seinem mächtigen Neffen in Ungnade gefallen – in Rom weilte. Macht, Geld und die Liebe zur Kunst stehen am Anfang dieser größten Privatsammlung ihrer Epoche. Die Akquisitionsmethoden sollen allerdings nicht die feinsten gewesen sein. Wie auch immer: Nahezu 16.000 Gemälde waren inventarisiert, als Fesch 1839 im römischen Exil starb. Ungefähr ein Drittel der Sammlung erbte Feschs Geburtsstadt Ajaccio, die einen Bruchteil davon im Museum präsentiert.

Den hohen Rang der Sammlung machen die in der ersten Etage ausgestellten italienischen Primitiven (Zeit der Vor-Renaissance) aus, bekanntester unter ihnen *Sandro Botticelli* (1445–1510), von dem das Gemälde *Jungfrau mit Kind, von einem Engel unterstützt* zu sehen ist, und *Giovanni Bellini* (gest. 1516), ebenfalls mit *Jungfrau und Kind* vertreten.

In der zweiten Etage stößt der Besucher auf ein – leider schlecht ausgeleuchtetes – Gemälde mit dem Titel *Architektur mit Darstellung Jesu im Tempel*. Es stammt von *Andrea Pozzo* (1642–1709), dem großen Perspektiv-Künstler und Baumeister der Renaissance.

Seit der Neueröffnung des Museums 1990 hat auch die Gegenwartskunst einen Platz im ehrwürdigen Bau bekommen. In drei Räumen des Erdgeschosses werden in wechselnden Ausstellungen Neuerwerbungen des *FRAC (Fonds Régional d'Art Contemporain)* präsentiert.

Öffnungszeiten: April–Juni und September Mo 13–17.15 Uhr, Di–So 9.15–12.15 und 14.15–17.15 Uhr; Juli/August Mo 13.30–18 Uhr, Di–Fr 9–18.30 Uhr, Sa/So 10.30–18 Uhr, Fr auch 21–24 Uhr; Oktober–März Di–Sa 9.15–12.15 und 14.15–17.15 Uhr. Eintritt ca. 4 €.

Chapelle Impériale: "Ich vermache 200.000 Francs für den Bau einer Kirche im Südflügel des großen Gebäudes, das ich in Ajaccio habe errichten lassen. Dort soll meine Grabstätte sein, für mich, meine Schwester Lätizia und für all diejenigen meiner Familie, die hier beigesetzt sein möchten." Der testamentarisch hinterlassene Wunsch des Kardinals wurde von Napoléon III. erfüllt, der 1857–59 die Chapelle Impériale bauen ließ. Im Souterrain der in luxuriösem polychromem Marmor gehaltenen Kapelle

ruhen neben Kardinal Fesch mehrere Mitglieder des Bonaparte-Clans, u. a. Laetizia Ramolino und Charles Bonaparte, die Eltern von Napoléon I.
Öffnungszeiten: Sie richten sich nach dem Musée Fesch (s. o.), das die Eintrittskarten verkauft (ca. 1,50 €).

Hôtel de Ville: Der *Salon Napoléonien* in der ersten Etage des Rathauses ist ein weiterer Ort des Napoléon-Kults: großformatige Porträts diverser Bonapartes, Büsten und eine Totenmaske. Für angemessene Beleuchtung sorgt ein riesiger Glaslüster, der als korsischer Beitrag für die Weltausstellung 1967 in Montreal/Kanada angefertigt wurde.
Öffnungszeiten: Im Sommer 9–12 und 15–19 Uhr; im Winter 9–11.45 und 14–17 Uhr; So geschlossen. Eintritt ca. 1,50 €.

Place Foch: Vom Verkehrslärm unbeeindruckt thront über dem Brunnen mit seinen vier wasserspeienden Granitlöwen – na, wer wohl? In weißem Marmor präsentiert sich der Imperator als Erster Konsul in würdiger römischer Gewandung. Der klassizistische Stil kündigt bereits den Cäsarenwahn an. Die Anlage stammt aus dem Jahr 1827.

Place du Diamant: Der riesige Platz, zur Meerseite hin vom Casino begrenzt, heißt heute offiziell *Place de Gaulle*. Doch bei den Einheimischen hat sich der neue Name so wenig durchsetzen können wie seinerzeit *Place Royale* oder *Place Bonaparte*. Früher ein beliebter Platz der Vergnügung, wird der "Diamant" heute vor allem seines Souterrains wegen geschätzt: Verzweifelnde Parkplatzsucher finden hier Erlösung. Und natürlich fehlt er auch hier nicht: Napoléon hoch zu Ross, mit Lorbeerkranz und im Kostüm des römischen Imperators, umrahmt von seinen vier Brüdern. (Die Aufnahme der Schwestern *Elise*, *Pauline* und *Caroline* hätte wohl die kaiserlich-königliche Männergruppe in ihrer Würde beeinträchtigt!) Das Denkmal datiert aus den 60er Jahren des 19. Jahrhunderts.

Place d'Austerlitz: Etwas außerhalb des Stadtzentrums fand man genügend Platz, ein Napoléon-Denkmal zu errichten, das in seinen Ausmaßen der Bedeutung des Militärdiktators und Kaisers endlich gerecht werden konnte. Die 1938 eingeweihte Gesamtanlage erinnert stark an die gigantomanische Architektur, wie sie auch Diktatoren des 20. Jahrhunderts zu schätzen wussten. Der Besucher, der etwas verloren auf der riesigen Place d'Austerlitz steht, wird in gebührender Distanz zum Imperator gehalten, der sich in klassischer Pose gegen den meist strahlend blauen Himmel abhebt. Auf einer schiefen Ebene, beiderseits von zwei Treppenaufgängen gesäumt, sind die glorreichen Stationen der Karriere Napoléons I. eingemeißelt: Austerlitz, Madrid, Moskau, Dresden etc., etc. Die *Schlacht von Waterloo* hat in dieser Art der Geschichtsschreibung selbstverständlich nicht stattgefunden.

Anglikanische Kirche: Eingezwängt in die Häuserreihe an der nördlichen Seite der *Avenue Général Leclerc*, ist sie eine der frühesten touristischen Einrichtungen auf Korsika. Das Gotteshaus wurde im 19. Jahrhundert auf Betreiben einer englischen Lady gebaut – zur Erbauung ihrer Landsleute, die im milden Klima Ajaccios zu überwintern pflegten. Die Zeiten ändern sich und mit ihnen die Sitten – heute ist in der Kirche eine Schule für klassischen Tanz untergebracht.

Chapelle des Grecs: Sie steht am Stadtrand links an der Straße nach Les Sanguinaires. Ihr Bau datiert aus dem 17. Jahrhundert. Zur *Kapelle der Griechen* wurde sie erst während des korsischen Unabhängigkeitskampfes, als ein großer Teil der griechischen *Kolonie von Paomia* (siehe *Cargèse* auf S. 239) nach Ajaccio flüchtete. Noch heute wird hier jeden Sonntag um 10 Uhr die griechisch-orthodoxe Liturgie gefeiert. Ein weiß gewandeter Pope steht dann vor dem Eingang und begrüßt die Kirchgänger, die die Kapelle noch immer zu drei Vierteln zu füllen vermögen.

Baden

Im 19. Jahrhundert mag Ajaccio bei den Engländern als Badeort hoch im Kurs gestanden haben, heute sucht man einladende Strände vergebens. Die kleine, meist überfüllte **Plage Saint-François** direkt neben der Zitadelle kann nicht empfohlen werden, das Wasser ist wirklich zu dreckig. Gegen ein Sonnenbad gibt's hier jedoch keine Einwände.

Einen saubereren, jedoch nicht viel größeren Strand findet man knapp vor der *Chapelle des Grecs*.

Bei den Einheimischen beliebt ist der dem Flughafen vorgelagerte **Tahiti-Strand**: groß, relativ sauber, aber ohne jeden Charme. Der Fluglärm setzt nur sporadisch ein, Ajaccio ist nicht Frankfurt.

Küstenabschnitte südlich von Ajaccio

Porticcio (korsisch: U Portichju)

Mit dem Auto sind die Ajaccianer in 15 Minuten am langen Sandstrand von Porticcio, und an Wochenenden führt der Massenexodus nicht selten zu Verkehrsstockungen. Porticcio ist ein Bade-, Sport- und Vergnügungszentrum geworden. Verborgene Reize sucht man vergebens, das Angebot liegt offen da: Einkaufszone mit Kinokomplex (drei Säle), Restaurants, Eisdielen, Feriensiedlungen ...

Information/Verbindungen

- *Postleitzahl*: 20166
- *Information*: **Syndicat d'Initiative**, direkt an der Durchgangsstraße im Ortszentrum (Einkaufszone). Kompetentes und freundliches Personal. ✆ 04.95.25.01.01, ✆ 04.95.25.06.21.
- *Verbindungen*: Nach Ajaccio täglich mehrere **Busse**. Gemütlichere Variante in der Saison: von 8.30 bis 18.30 Uhr (Mittagspause) stündlich mit dem **Schiff**.

Diverses

- *Fahrradverleih*: Bei **Maëva** (hinter dem Syndicat d'Initiative), nur Mountainbikes. ✆ 04.95.25.02.40.
- *Bootsverleih/Surfbretter*: Große Auswahl im **Centre Nautique** im Einkaufskomplex vor dem Informationsbüro. ✆ 04.95.25.01.06.
- *Rutschen*: Der moderne Vergnügungspark **Aqua Cyrne Gliss** an der Straße nach Ajaccio ist nicht zu übersehen. Hauptattraktion sind 8 Riesenrutschbahnen (insgesamt 600 m), über die man sitzend, liegend oder stehend (Könner) in die wohltemperierten Wasserbecken plumpst. Zusätzlich Snackbar, Sonnenplätze, Boule-Anlage, elektronische Spiele ... Nur in der Saison geöffnet.
- *Segel- und Surfkurse*: Im **Centre Nautique** (siehe oben) nachfragen. Spezielle Kurse für Kinder!

Küstenabschnitte nördlich von Ajaccio

- *Tauchkurse*: Ausflüge für Taucher zu den schönsten Stellen (bis zum Capo di Muro am Südende des Golfes) und Kurse bietet die Agentur **Maēva** (siehe oben) an. Auch nächtliche Expeditionen werden organisiert.
- *Wasserski*: Verleih bei der Agentur **Maēva** (siehe oben). ✆ 04.95.25.02.40.

Übernachten/Camping

** Hotel de Porticcio, wenig attraktiver Bau im Ortszentrum (Durchgangsstraße), aber für das sonst teure Porticcio vergleichsweise billig. Drei hoteleigene Tennisplätze. DZ ab 34 €, alle Zimmer mit Dusche. April–Oktober geöffnet. ✆ 04.95.25.05.77, ℻ 04.95.25.11.11.

Camping Mare e Macchja, der Weg in die Macchia beginnt gegenüber dem Syndicat d'Initiative. Ca. 90 Stellplätze. Größere Bungalow-Siedlung mit schattigem, kleinem Campingplatz, außerdem Restaurant und großer Swimmingpool. Juni–September geöffnet. ✆ 04.95.25.10.58, ℻ 04.95.25.13.89.

Schöner sind eindeutig die beiden nördlich von Porticcio gelegenen Campingplätze **U Prunelli** und **Benista** (siehe *Ajaccio/Übernachten*).

Südlich von Porticcio beherrschen zunehmend Feriensiedlungen und Villen reicher Ajaccianer das Bild. Der Weg zur **Presqu'île d'Isolella** ist nicht ausgeschildert; die dort wohnen, kennen ihn, und Fremde haben auf der hübschen Landzunge nichts zu suchen.

Die **Plage de Ruppione** verdient besondere Erwähnung. Der Sand ist feiner als bei Porticcio, der Strand nicht so überlaufen. Einer der wenigen öffentlichen Zugänge befindet sich gegenüber dem *Camping Le Sud* (s. u.). Von da bis zur *Pointe di a Castagna* haben dann wieder Bau- und Grundstücksspekulanten das Sagen, und sie sagen es kurz und bündig: *terrain à vendre*.

- *Camping*: **Le Sud**, ca. 8 km südlich von Porticcio (etwas oberhalb der Straße). 200 Stellplätze. Terrassenförmige Anlage mit einladenden, schattigen Plätzen, Lebensmittelverkauf und einer Pizzeria, in der nicht nur die Pizza stimmt, sondern auch die Aussicht: phantastischer Blick auf die Bucht. Nur 150 m von der Plage de Ruppione entfernt. Mitte April bis September geöffnet. ✆ 04.95.25.40.51, ℻ 04.95.25.47.39. Busverbindung nach Ajaccio 4-mal täglich.

La Vallée, bei der Straßengabelung D 55/D 55 (Coti-Chiavari/La Castagna). Viel Schatten unter Eukalyptusbäumen und Pinien, aber klein und bescheiden, auch was die sanitären Anlagen betrifft. Gute 100 m bis zum Meer (wenig attraktiver Mini-Strand). Ca. Juni–September geöffnet. ✆ 04.95.25.44.66. Busverbindung nach Ajaccio.

Küstenabschnitte nördlich von Ajaccio

Die Nordseite des Golfs verfügt nicht über Badestrände wie der südliche Teil, aber eines hat sie mit diesem gemeinsam: Landhäuser der reicheren Stadtbewohner und Hotelanlagen verändern zusehends die Landschaft. Die gut ausgebaute Küstenstraße, die von Ajaccio zur 12 km entfernten *Pointe de la Parata* führt, begünstigt diese Entwicklung. Die Küste ist meist felsig, das Wasser stets glasklar. Vor allem im unbebauten westlichsten Teil finden sich Gelegenheiten zum erfrischenden Bad, zu Tauch- und Schnorchelexpeditionen.

Der *Tour de la Parata* am äußersten Ende des Golfs bietet eine phantastische Aussicht – über die rötlich felsige Landzunge hinweg auf die vorgelagerten **Iles Sanguinaires**. Abgeschlossen wird die Inselreihe von der *Grande Sanguinaire*. Deren Leuchtturm diente im 19. Jahrhundert dem französischen Schriftsteller *Alphonse Daudet* für kurze Zeit als Wohnsitz, sehr zur Freude der Leuchtturmwärter, deren monotonen Alltag er in den *Lettres de mon Moulin* (*Le phare des Sanguinaires*) beschrieb. Lauffaule begnügen sich mit dem 20-minütigen Rundweg unterhalb des Genuesenturms (vom Adler, der sich zu Daudets Zeiten oben eingenistet hat, ist natürlich nichts mehr zu sehen), Ehrgeizigere finden über Macchia und Felsen bis zum Turm hoch.

Übernachten/Essen: ** **Hôtel Stella di Mare**, an der Route des Sanguinaires, ca. 7 km außerhalb von Ajaccio. Eine moderne, komfortable Hotelanlage aus Reihenhäusern und Bungalows. Bademöglichkeit am kleinen, hoteleigenen Sandstrand oder im Swimmingpool, von leuchtend grünem Teppich umsäumt. DZ 31–69 € je nach Saison, in der Hauptsaison nur Halbpension. April–Oktober geöffnet. ℡ 04.95.52.01.07, ℻ 04.95.52.08.69.

Camping Barbicaja, siehe *Ajaccio/Übernachten*.

Restaurant I Sanguinari, am Ende der Route des Sanguinaires. Beliebtes Ausflugslokal in schöner Lage, Fischspezialitäten, aber auch Menüs – nachher Verdauungsspaziergang zum Genuesenturm.

Hinterland von Ajaccio

Prunelli-Tal: Der Ausflug ins Prunelli-Tal lässt sich gut als halbtägige Rundfahrt gestalten. Wer für ein paar Stunden dem heißen Klima Ajaccios entfliehen will, der wird die kühle Bergluft von *Bastelica* zu schätzen wissen. Bis *Cauro* fährt man auf der N 196 (Richtung Propriano). Das im Grünen gelegene Dörfchen hat für die Ajaccianer Naherholungswert: frische Luft und Waldesschatten. Am Ortsende von Cauro zweigt die D 27 ab. Auf ihr gelangt man durch dichte Kastanienwälder, im oberen Teil von hochstämmigen Pinien unterbrochen, zum 770 ü. d. M. gelegenen Bastelica.

Bastelica: Den Dorfplatz beherrscht in heroischer Pose *Sampiero Corso*. Der Geburtsort des großen Korsen hat sich wahrlich nicht lumpen lassen: 3,5 m hoch ist die von *Vital-Dubray* angefertigte Bronzestatue. Enthüllt wurde sie unter großem Pomp am 21. September 1890. Am 7 m hohen Sockel sind drei Bronzereliefs angebracht: der französische Dauphin überreicht Sampiero einen Orden, die Schlacht von Tenda (1554, gegen das von einigen tausend Deutschen und Spaniern unterstützte genuesische Heer), die heimtückische Ermordung Sampieros.

Das *Geburtshaus Sampieros* im oberen Ortsteil *Dominicacci* (den Weg dahin kennt in Bastelica jedes Kind) wurde von den Genuesen nach der Ermordung des Helden 1567 niedergebrannt und erst im 18. Jahrhundert wieder aufgebaut.

Übernachten: ** **Hôtel Le Sampiero**, neben der Dorfkirche. DZ 28 €, bescheidene Zimmer. Angeschlossen ist ein gemütliches Café. ℡ 04.95.28.71.99, ℻ 04.95.28.74.11.

Wer noch weiter hinaufwill: Von Bastelica führt ein Sträßchen hoch zum 15 km entfernten **Val d'Ese**, einem der wenigen korsischen Skigebiete. Es wird vor allem von Ajaccianern genutzt. Drei Skilifte stehen zur Verfügung, doch mehr noch ist das 1600 m hoch gelegene Plateau bei den Langläufern beliebt. Im Sommer ist außer einer kleinen Bergerie und frei herumstreunenden Schweinen nichts zu sehen.

Hinterland von Ajaccio

Auf der Rückfahrt von Bastelica bietet sich als Alternative die Route nördlich des *Prunelli* an. Die schmale Straße windet sich am mitten im Grünen gelegenen **Stausee bei Tolla** entlang, der für die Wasserversorgung von Ajaccio unentbehrlich geworden ist. Beim *Col de Mercujo* führt ein Fußweg hoch zu einem Aussichtspunkt, von dem aus man die **Prunelli-Schlucht** mitsamt Staumauer überblickt. Über das auf einem Felssporn gelegene **Ocana** gelangt man dann allmählich wieder hinunter in die Ebene von Ajaccio.

Hoher Besuch in Bastelica

Man schreibt den 29. November 1855, als ein junger Ire, begleitet von einer fröhlichen Eskorte, in Bastelica auftaucht. Unter dem Arm trägt er eine Marmortafel mit der korsischen Inschrift: *"A lu piu corsi di li Corsi, Sampieru, eroe grandiosu fra l'innumerevoli eroi, che l'amore de la Patria (madre superba di virtù maschie) ha nutritu in ste muntagne e turrenti. – William Wyse, catolicu irlandese, gran nipote di Napulioni lu grandi, colmu d'ammirazione, dedica stu marmaru"* (Dem korsischsten aller Korsen, Sampiero, dem großen Helden unter den unzähligen Helden, den die Liebe zum Vaterland – großartige Mutter aller männlichen Tugenden – in diesen Bergen und Gewittern ernährt hat. – William Wyse, irischer Katholik, Großneffe Napoléons des Großen, voll der Bewunderung, hat diese Marmortafel gewidmet).

Die Tafel wird gleich am nächsten Morgen am Sampiero-Haus angebracht. Mittags werden die Notabeln des Dorfs zusammengetrommelt, die dem Besucher zu Ehren ein fürstliches Bankett ausrichten. Dabei machen Trinksprüche auf Napoléon III. die Runde, dessen Kaiserreich gerade in voller Blüte steht. Wenige Stunden später zieht der jugendliche Sampiero-Verehrer mit den napoleonischen Gesichtszügen wieder talabwärts.

Die Marmortafel von *William Wyse,* Dichter und Enkel des Napoléon-Bruders Lucien Bonaparte, ziert noch heute das Geburtshaus Sampiero Corsos.

Gravona-Tal: Das Tal, für den Straßenverkehr wie für die Eisenbahn die Hauptverbindung nach *Corte,* hat im unteren Teil wenig zu bieten. Einen Besuch verdient die 1998 eröffnete **Schildkrötenfarm U Cupulatta** (siehe Kasten auf S. 234).

Etwas weiter oben, bei einer Brücke knappe 1½ km vor der Abzweigung nach *Tavera,* steht rechts ein kleines Gehöft, dessen Grundstück man durchqueren müsste, um zu einem wohlgestalteten Kunstwerk der Prähistorie zu gelangen, dem *Menhir von Tavera.* (Der Berichterstatter tat sein Bestes und drang bis zum Schild mit der Aufschrift *"chien méchant"* – Warnung vor dem Hunde – vor. Dahinter lauerte ein zähnefletschender Cerberus, der sich jede weitere Recherche verbat.)

Knapp bevor die Straße steil zum *Col de Vizzavona,* ins Herz des Nationalparks, führt, wird das lang gestreckte Dorf **Bocognano** erreicht. Man schnuppert bereits Bergluft. Wanderer tun gut daran, sich hier mit

Proviant einzudecken; später stehen nur noch die Straßenhändler auf der Passhöhe und der Lebensmittelladen am Bahnhof von Vizzavona zur Verfügung.

Cupulatta ...

ist das korsische Wort für Schildkröte, und die – ob Land- oder Wasserschildkröte – lässt's sich in der Farm *U Cupulatta* gut gehen. Über 100 verschiedene Arten sind hier vertreten, vom kaum einen Daumen langen Panzertierchen bis zum Koloss von den Seychellen, der 150 kg auf die Waage bringt. Die Anlage in freier Natur ist überzeugend, und dem Biologenteam, das sich dem Studium, dem Artenschutz und der Aufzucht von Schildkröten widmet, gilt unsere Sympathie. Vielleicht nicht so aufregend wie ein Affen- oder Raubtierkäfig – oder doch: Schauen Sie diesen urzeitlichen Tieren mit ihrem ledrigen Hals und dem Panzergewicht auf dem Rücken einmal eine halbe Stunde lang zu ...

Anfahrt: An der N 193, knapp 700 m oberhalb des Abzweigs nach Tavaco an der gegenüberliegenden Straßenseite.
Öffnungszeiten: Juni–August 9–19 Uhr; April/Mai und September–November 10–17.30 Uhr. Außerhalb dieser Zeiten hat der Winterschlaf der Bewohner von U Cupulatta Vorrang. Eintritt ca. 6 €.

Am unteren Dorfende von Bocognano führt ein Sträßchen (D 27) zur **Cascade du Voile de la Mariée** ("Brautschleier-Wasserfall"); der poetische Name steht für Korsikas höchsten Wasserfall. Er ist bereits von der Brücke über den Bach aus gut zu sehen, für Nahaufnahmen muss man sich allerdings mühsam durch das unwegsame Gestrüpp hochkämpfen.

Im Prinzip führt die Straße weiter nach Bastelica (s. o.). Sie gilt aber als unbefahrbar, Reparaturen werden jährlich auf das kommende Jahr verschoben.

• *Reiten*: **Centre Equestre de Tavaco**, von der N 193 nach Tavaco abzweigen, nach 700 m links ausgeschildert. Es wird auch Deutsch gesprochen (seit eine Frau vom Pferd gefallen und in der Folge der Ereignisse sich hier verheiratet hat). Der Besitzer der 15 Pferde ist in Tavaco aufgewachsen und kennt die Gegend hervorragend. Seine Devise: Nicht das Pferd entdecken, sondern mit dem Pferd Korsika entdecken. Vorschläge für Ausritte bis zu drei Tagen hat er genug in der Tasche. Gäste können bei Bedarf im Gebäude der kleinen Pizzeria auf dem Gelände nächtigen. Ein Campingplatz ist geplant. Ein Lesertipp, dem wir gerne nachgegangen sind. ✆ 04.95.52.88.32 u. 04.95.52.91.02.

• *Übernachten/Camping*: *** Hôtel Beau Séjour**, im unteren Dorfteil von Bocognano. Ruhige Lage und freundliche Besitzer. DZ ca. 38 €. ✆/℻ 04.95.27.40.26.
Camping Les Eaux Vives, an der Straße Ajaccio–Corte (21 km von Ajaccio, rechte Straßenseite). Knapp über 30 Stellplätze. Für Autofahrer eine überlegenswerte Alternative zu den meist überfüllten Zeltplätzen am Golf von Ajaccio. Direkt am Fluss gelegen, klein, bescheiden und schattig. Im Frühjahr, wenn die Gravona genügend Wasser führt, nächtigen hier die Kanufahrer. Aber auch im Sommer ist der bewaldete Fleck zu empfehlen – allein schon des morgendlichen Erfrischungsbades im Fluss wegen. Snackbar vorhanden. Etwa von Mitte Mai bis September geöffnet. ✆ 04.95.52.81.09.

Capo Rosso

Golf von Sagone

Vom Capo Rosso im Norden und vom Capo di Feno im Süden begrenzt, ist der Golf mit seinen zahlreichen Buchten der größte unter den Golfen der Westküste. Für Autofahrer aber ist – mit wenigen Ausnahmen – nur das Teilstück zwischen der Liscia-Mündung und Cargèse erreichbar.

Neben den langen Stränden südlich von *Sagone* lockt vor allem das reizvoll über dem Meer gelegene *Cargèse,* einst das Zentrum griechischer Kolonisten. Zu einem Ausflug ins Hinterland lädt der hübsch in die Hügel eingebettete Ort *Vico* ein, in dem ehemals die Bischöfe von Sagone residierten.

Sagone (korsisch: Savona)

Der lange Strand östlich der Sagone-Mündung ist die Hauptattraktion des Orts, dem es an Hotels und vor allem an Ferienwohnungen nicht mangelt. Der Tourismus hat aus Sagone ein prosperierendes kleines Dorf gemacht – ohne viel zu zerstören. Allerdings war in den letzten Jahrhunderten auch nicht mehr viel da, was hätte zerstört werden können. Von den Sarazeneneinfällen des 9. Jahrhunderts erholte sich der einst blühende Handelsort nie mehr, auch wenn er als Bischofssitz des Bistums Sagone weiterhin noch eine Rolle spielte (die später von *Vico* übernommen wurde). Die Ruine der Kathedrale aus dem 12. Jahrhundert gehört zu den letzten Zeugen des alten Sagone. Doch nur selten verirrt sich heute ein Tourist zu den kümmerlichen Resten – beeindruckend sind sie wahrhaftig nicht.

236 Golf von Sagone

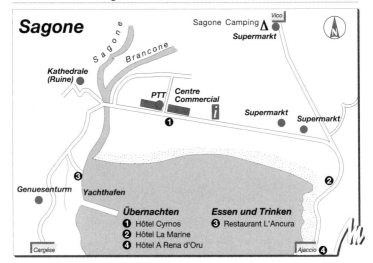

Postleitzahl/Information/Verbindungen

- *Postleitzahl*: 20118
- *Information*: Von Juni bis Mitte September (offiziellen Angaben zufolge täglich 9–13 und 15–19.30 Uhr) steht der Info-Wohnwagen des **Office de Tourisme** im Dorfzentrum. ✆ 04.95.28.05.36.
- *Verbindung*: Ein Bus fährt sowohl in Richtung Cargèse und weiter nach Porto als auch nach Ajaccio täglich 1-mal (So nur in der Hochsaison); nach Vico und weiter bis zum Bergort Soccia 2-mal pro Tag (außer So).

Diverses

- *Autoverleih*: **Location 2000**, an der Straße nach Vico. ✆ 04.95.28.04.78.
- *Bootsverleih*: **Sagone Nautic**, an der Straße nach Vico. ✆ 04.95.28.08.55.
- *Schiffsausflüge*: Tagesausflug mit dem Renaldo zum porösen, rotfelsigen **Capo Rosso** und weiter zu den **Calanche**, nach **Girolata** (dort Mittagessen) und **Scandola** – eine Traumreise! Auf der Rückfahrt wird eine Badepause eingelegt. Abfahrt um 8.30 Uhr, zurück gegen 17.30 Uhr. Alle weiteren Auskünfte und Fahrkarten bekommt man neben der Brasserie Le Bowling im Centre commercial oder im Restaurant L'Ancura am Yachthafen. ✆ 04.95.26.41.10.
- *Surfen/Tauchen*: Vermietung von Brettern und Taucherausrüstung sowie Kurse in beiden Disziplinen beim **Club Nautique du Cyrnos** im Hotel Cyrnos (der Club ist vom Hotel unabhängig). Ziel der Unterwasserexpeditionen sind die Tauchgründe bei Cargèse und um das Capo Rosso. Mai–September geöffnet. ✆ 04.95.28.00.01.

Übernachten/Camping/Essen und Trinken

- *Übernachten/Camping*: ** **Hôtel A Rena d'Oru (4)**, an der Straße nach Ajaccio (1 km außerhalb des Orts). Der etwas unansehnliche Kasten über der Straße erweist sich bei näherem Hinsehen als durchaus akzeptabel. Zumindest für eine ein- bis zweitägige Badepause (Strand direkt gegenüber) kann er empfohlen werden. Über dem Hotel versteckt findet man einen Swimmingpool. DZ 39–78 € je nach Saison, alle Zimmer mit Dusche/WC und Balkon. März–Oktober geöffnet. ✆ 04.95.28.00.09, ✉ 04.95.28.07.02.

** **Hôtel Cyrnos (1)**, im Zentrum. Das etwas ältliche Strandhotel (direkter Zugang zum Meer) ist das beliebteste und belebteste von ganz Sagone: Auf der Strandterrasse sitzen, einen Pastis trinken und den Surfern zuschauen! Sehr freundliche Belegschaft. DZ 39–75 €, alle Zimmer mit Dusche/WC und Balkon. Mai bis Mitte Oktober geöffnet. ✆ 04.95.28.00.01, 📧 04.95.28.00.77.

Hôtel La Marine (2) (keine Klassifizierung), an der Straße nach Ajaccio (knapp bevor sich diese in die Richtungen Cargèse und Vico gabelt). Direkt am Strand, Terrasse zum Meer. Kleines Hotel mit Flair und angeschlossenem Restaurant. DZ ca. 39 €, in der Hauptsaison teurer, teils WC auf der Etage. ✆ 04.95.28.00.03.

Sagone Camping (U Mintrastetu), an der Straße nach Vico (knapp 2 km außerhalb von Sagone). Schattiges, ebenes, sehr schönes Gelände mit 300 Stellplätzen und guten sanitären Einrichtungen. Gleich daneben größerer Supermarkt und Pizzeria. April bis Mitte Oktober geöffnet. ✆ 04.95.28.04.15, 📧 04.95.28.08.28.

• *Essen*: **Restaurant L'Ancura (3)**, am Yachthafen. Das einzige Restaurant Sagones, das Charme versprüht. Unter der holzüberdachten Terrasse oder ganz im Freien werden Fische und Langusten verzehrt; billiger und auch sehr gut sind die Pizze au feu de bois.

Küstenabschnitte südlich von Sagone

Plage du Liamone: Der traumhafte Sandstrand beiderseits der *Liamone*-Mündung ist fast 3 km lang. Hoher Wellengang ist hier keine Seltenheit; das Baden wird dann zum nicht ganz ungefährlichen Abenteuer.

• *Camping*: **U Sommalu**, südlich der Liamone-Mündung (an der Straße nach Casaglione). Seit er unter deutscher Leitung ist, hat der Camping eine radikale Wandlung erfahren – zum Guten. 135 Stellplätze, eigener Fußweg zum nur 700 m entfernten Liamone-Strand. Schönes Terrain mit viel Schatten. Auch Caravan- und Bungalow-Vermietung. Ronald Wettering hat ein breites Sportangebot aufgezogen: u. a. Mountainbike-Trips und Bergtouren (Letztere auch zweitägig mit Gipfelbiwak auf dem Monte Cervellu), Muli-Touren durch einsame Landschaften und Segeltörns mit einer Hochseeyacht. Zum Training vor Ort ein künstlicher Kletterfelsen und Fitness-Maschinen. Verleih von Motorrädern, Rollern und Mountainbikes, und für 2002 ist ein Swimmingpool versprochen. Restaurant, Bar und Lebensmittelladen. Mitte April bis September geöffnet. ✆/📧 04.95.52.24.21.

Golfe de la Liscia: Er ist neben der Bucht von Sagone das zweite größere Tourismuszentrum der Gegend. Der schönste Badestrand erstreckt sich südlich der *Liscia*-Mündung bis zum Genuesenturm *(Tour d'Ancone)*. Die ersten paar hundert Meter sind den Strandhotels vorbehalten, erst dann gibt's Freiheit, Gleichheit, Brüderlichkeit ... Einen öffentlichen Zugang findet man beim Hotel *Les Sables de la Lischia*. Der feine Sandstrand führt relativ rasch ins tiefe Wasser, bei Brandung ist also Vorsicht geboten!

Einziger Ort am Golf ist das an der Nordseite gelegene **Tiuccia**. Appartements, Einkaufsläden und Hotels haben das schön über dem Meer gelegene Dorf ziemlich verunstaltet. Größtenteils ist die Küste hier glitschig-felsig, der einzig nennenswerte Sandstrand (öffentlicher Zugang südlich von Tiuccia) ist – eine Surfschule trägt dazu bei – oft hoffnungslos überfüllt.

• *Übernachten/Camping*: **Hôtel Agula Marina (Chez André)**, am nördlichen Ortsausgang. Von der Terrasse – großartige Aussicht über den Golf – führt eine Treppe hinunter zum kleinen, hoteleigenen Strand, teils felsig, teils Sand. Panorama-Restaurant. Komfortable Zimmer mit Dusche/WC und Loggia zum Meer. Nur Halbpension, auch Appartement-Vermietung. April–September geöffnet. ✆ 04.95.52.21.12, 📧 04.95.52.23.32.

Camping La Liscia, an der Liscia-Brücke (2 km südlich von Tiuccia). Großes, schattiges Gelände (Laubbäume) mit 100 Stellplätzen. Wer die Straßennähe nicht erträgt, findet ruhigere Plätze im terrassenförmig

Golf von Sagone

auslaufenden oberen Teil. Auch Caravan-Vermietung. Gute sanitäre Einrichtungen, Waschmaschinen, Lebensmittelladen, Snackbar, Pizzeria (au feu de bois). Ein gut bestückter Spielplatz für Kleinkinder befindet sich (Eltern werden es zu danken wissen) direkt neben dem Terrassenrestaurant. Zum großen Strand geht man 1,2 km in Richtung Süden; eine gute Alternative ist der ca. 10 Fußminuten entfernte kleinere Strand südlich von Tiuccia (nicht gern gesehene Abkürzung durch das Gelände eines Résidence-Hotels). Am allernächsten ist der Strand beim Camping A Marina (s. u.). Mitte Mai bis Mitte Oktober geöffnet. ✆ 04.95.52.20.65, ✆ 04.95.52.30.24. Bushaltestelle direkt am Eingang (nach Ajaccio, Cargèse, Vico, Evisa, Fahrkarten an der Rezeption).

A Marina, direkt an der Liscia-Mündung. Der seit einiger Zeit als One-Woman-Betrieb gemanagte Camping hat sich eindeutig verbessert: gepflegtes Areal mit 65 Stellplätzen, einzig an Schatten mangelt es. Surfer finden hier einen Vorteil: Sie können ihr Brett praktisch vom Zeltausgang ins Wasser schieben (zum Baden s. o.). Sollte, was im Frühjahr 2001 der Fall war, die Brandung den Camping überfluten, halten Sie sich an die Weisung des seither aufgestellten Schilds: *"Fludilen sie sofort"* (ohne lang zu überlegen, wie man fludilt). Mitte April bis Mitte Oktober geöffnet. ✆ 04.95.52.21.84, ✆ 04.95.52.30.76.

Golfe de Lava: Zufahrt über die D 381, die ca. 12 km südlich der *Liscia*-Mündung von der Straße nach Ajaccio abzweigt. Eine große, weiße Sandbucht lockt. Eine Bungalowsiedlung hat eine minimale Dorfstruktur begründet: Lebensmittelgeschäft, Sportartikel, Pizzeria. Nur mit der Übernachtung kann's Probleme geben.

• *Übernachten/Camping:* **Hôtel Pavillonnaire Sole e Rena**, gepflegte Ferienanlage mit viel Grün und Wassersportangebot. Übernachtung im 2- oder 4-Personen-Pavillon. Nicht direkt am Meer. Nur Halbpension, für 2 Personen 84–107 € (je nach Saison). Hunde und Katzen sind nicht zugelassen. Mitte April bis Mitte Oktober geöffnet. ✆ 04.95.22.97.71, 📠 04.95.22.91.92.

Camping U Piotulu, ein abenteuerlich bescheidener Zeltplatz (60 Stellplätze) hinter der gleichnamigen Pizzeria. Dusche, Waschbecken und WC jeweils in zweifacher Ausführung vorhanden. Das kleine Terrain ist schattig, der Strand ist nah. Nur saisonal geöffnet. ✆ 0.4.95.20.61.63.

Küstenabschnitte nördlich von Sagone

Cargèse (korsisch: Carghjese)

"Cargèse la Grecque" (die Griechin) – so der Slogan des anmutig auf einem Felsvorsprung über dem Meer gelegenen Kleinstädtchens. Ein leicht abschüssiger Macchiagürtel, von einer Straße und einer Treppe durchbrochen, trennt den Ort vom kleinen Yachthafen. An die griechische Kolonie, die 1774 von Graf Marbeuf hier angesiedelt wurde, erinnert noch die vielbesuchte griechische Kirche und – eher abstrakt – die Partnerschaft, die Cargèse mit dem griechischen Ort Vytilo eingegangen ist, der am Anfang der lokalen Siedlungsgeschichte steht.

Beim Spaziergang im unteren Ortsteil vermittelt Cargèse mit seinen einfachen Häusern und gepflegten Vorgärten den Eindruck eines ruhigen Flecks, an dem sich gut leben ließe. Selbstverständlich aber hat die touristische Entwicklung auch hier nicht Halt gemacht. Abendlich füllen sich die Cafés und Eisdielen. Meist sind es Durchreisende, die ein oder zwei Tage Pause einlegen und den Ort angenehm beleben. Von monströsen Bauten der Tourismus-Industrie ist Cargèse dank seiner vom Meer zurückversetzten Lage bislang verschont geblieben. Einige Ferienkomplexe findet man in der Umgebung an den Stränden von *Ménasina* und *Pero*.

Geschichte

Die Geschichte von Cargèse beginnt im 17. Jahrhundert irgendwo auf dem Peloponnes. Der osmanischen Herrschaft überdrüssig, suchten zahlreiche griechische Familien in der Emigration ihr Heil. Jahrelang zogen sich die Verhandlungen hin, die der Bischof von Vitylo mit den Genuesen führte. Schließlich wurde den Griechen für wenig Geld das Gebiet von *Paomia* überlassen (5 km nordöstlich von Cargèse, heute haben einige bessergestellte Korsen dort ihre Landhäuser stehen). Von den ungefähr 800 Emigranten starben mehr als hundert auf der Überfahrt nach Genua, der Rest landete am 14. März 1676 an der Küste nördlich von Ajaccio.

Golf von Sagone

Wuchtiger Granitbau: Eglise Grecque in Cargèse

Emigranten sind bekanntlich willige Arbeitskräfte, da sie von der Hoffnung auf ein besseres Leben getragen sind. Bald schon hatten die Griechen den Landstrich fruchtbar und die Korsen zu armen Nachbarn gemacht, und die anfänglich gutnachbarschaftlichen Beziehungen wichen mehr und mehr einem spannungsgeladenen Verhältnis. Der berühmte Tropfen, der das Fass zum Überlaufen brachte, war der 1729 ausgebrochene korsische Unabhängigkeitskrieg. Die Griechen, nicht gewillt, gegen ihre genuesischen Wohltäter ins Feld zu ziehen, galten nun als schlechte Patrioten. Paomia wurde geplündert und zerstört, seine Bewohner flohen nach Ajaccio, wo heute noch die *Chapelle des Grecs* an diese Zeit erinnert.

Nachdem der korsische Widerstand gebrochen und die Insel an Frankreich gefallen ist, veranlasst der regierende Militärgouverneur *Graf Marbeuf* 1774 die Rückkehr der Griechen: Cargèse wird gegründet. Doch Ruhe ist noch lange nicht: Die französischen Revolutionswirren machen auch vor Korsika nicht Halt, und die griechischen Kolonisten sehen sich nun dem Zorn feindlich gesonnener Jakobiner aus Vico ausgesetzt, denen Marbeuf ein Dorn im Auge ist. Es folgt ein zweites Exil in Ajaccio, diesmal jedoch nur für vier Jahre. Dann beschließt das Direktorium in Paris, die Griechen ein weiteres Mal nach Cargèse zurückzuführen. Ungefähr ein Drittel der Vertriebenen hat die Nase jedoch voll und bleibt in Ajaccio.

Anfang des 19. Jahrhunderts flackern gelegentlich noch Differenzen zwischen den Griechen von Cargèse und Korsen aus den umliegenden Gemeinden auf. Doch Amors Pfeile führen immer häufiger zu Verbindungen zwischen den beiden Bevölkerungsgruppen und individualisieren so den Konflikt, bis er sich schließlich im freundlichen Nebeneinander von Griechenkorsen und

Cargèse

Korsengriechen französischer Staatsangehörigkeit gänzlich auflöst. Geblieben aus der Gründerzeit sind die griechische Kirche (ein Drittel der ca. 900 Einwohner ist griechisch-orthodoxer Konfession) sowie einige meist korsifizierte griechische Familiennamen.

Wie unproblematisch der Umgang zwischen den beiden Konfessionen in Cargèse heute ist, demonstriert der griechisch-orthodoxe Pope. In Ermangelung eines katholischen Seelsorgers betreut er die gesamte Gemeinde: Einen Sonntag liest er die Messe nach griechisch-orthodoxem Ritus (in der Eglise Grecque), am folgenden nach römisch-katholischem (in der Eglise Latine).

- *Postleitzahl*: 20130
- *Information*: **Office de Tourisme**, Rue du Docteur Dragacci (im Zentrum unterhalb der Durchgangsstraße). Sehr freundliches und kompetentes Personal. Mo–Fr 8.30–12 und 16–19 Uhr (Oktober–Mai 15–17 Uhr). ✆ 04.95.26.41.31, ✆ 04.95.26.48.80, Internet: www.corsica.net.cargese.
- *Verbindung*: Sowohl nach Porto wie auch nach Ajaccio Mo–Sa 2-mal täglich ein Bus (in der Hochsaison 1-mal täglich, auch So).
- *Autoverleih*: **Europcar**, Rue Marbeuf, ✆ 04.95.26.44.50; **Hertz**, bei der Peugeot-Garage am östlichen Ortsende.
- *Mountainbikes*: beim **Hôtel Punta e Mare** (siehe unten), auch für Nichtgäste.
- *Schiffsausflüge*: Tagesausflug mit der **Renaldo** zum rötlich felsigen **Capo Rosso** und weiter zu den **Calanches**, nach **Girolata** und **Scandola** (Letztere drei Stationen – die Highlights der korsischen Westküste – können auch von Porto aus angesteuert werden, siehe dort). Auf der Rückfahrt wird eine Badepause eingelegt. Abfahrt um 9 Uhr, zurück gegen 17 Uhr. Weitere Auskünfte und Fahrkarten beim Office de Tourisme (siehe *Information*).
- *Waschsalon*: **Laverie Cargésienne**, gegenüber dem Hôtel de France.
- *Übernachten/Camping*: ** **Hôtel La Spelunca**, am südlichen Ortsausgang. Alle Zimmer mit Dusche/WC und Telefon, teils mit kleiner Loggia. Kleine (?!) Hunde dürfen sich im Zimmer aufhalten. DZ 39–61 €. März–Oktober geöffnet. ✆ 04.95.26.40.12, ✆ 04.95.26.47.36.

* **Hôtel Bel'Mare**, am südlichen Ortsausgang. Alle Zimmer mit Dusche und WC, die meisten mit Loggia. Speiserestaurant mit großartigem Meerpanorama, das offensichtlich die Zimmerpreise verteuert. DZ 49–100 €. März–Oktober geöffnet. ✆ 04.95.26.40.13, ✆ 04.95.26.48.24.

* **Hôtel de France (Chez Mimino)**, am oberen Teil der Durchgangsstraße. Sehr bescheidene Zimmer, aber alle mit Dusche, WC jedoch auf der Etage. Sehr ansprechend ist das große Restaurant, teils Innenraum, teils Schilfdach, teils unter freiem Himmel. DZ 25–31 €. März–Oktober geöffnet. ✆ 04.95.26.41.07, ✆ 04.95.26.44.53.

Hôtel Punta e Mare (nicht klassifiziert), am nördlichen Ortsende (gegenüber der Abzweigung zum Pero-Strand). Ruhige, sehr gepflegte Zimmer mit Bad. Kein Blick aufs Meer, dafür von einigen Zimmern auf den hübschen Garten mit seinem Zitronenbaum. DZ 31–48 €, auch Appartements. ✆ 04.95.26.44.33, ✆ 04.95.26.49.54.

Camping Torracia, 4 km nördlich von Cargèse an der Straße nach Porto, vom Pero-Strand knapp 2 km entfernt. Ca. 100 Stellplätze. Einziger Camping weit und breit. Terrassenförmiges, steinhartes Terrain mit Schattenplätzen unter Pinien. Sanitäre Anlagen okay, Tennisplatz. Nicht einladend wirken die zahlreichen Verbotstafeln. Ein Lebensmittelgeschäft ist zwar vorhanden, das Angebot jedoch gering (besser in Cargèse einkaufen). Mai–September geöffnet. ✆ 04.95.26.42.39, ✆ 04.95.20.40.21.

Sehenswertes

Eglise Grecque: Der wuchtige Bau aus Granitblöcken stammt aus dem Jahr 1852 und ersetzte eine frühere Kirche, die zu klein geworden war. Zwanzig Jahre lang sollen damals die Gläubigen sonntäglich nach der Messe bis zum Einbruch der Dunkelheit am Neubau gearbeitet haben.

Im Innern trennt – wie in byzantinischen Kirchen üblich – eine Holzwand mit Ikonen *(Ikonostase)* den Chor vom Kirchenschiff. An den Wänden hängen weitere Ikonen. Vier wurden vermutlich von den ersten griechischen Immigranten 1676 mitgebracht, unter ihnen eine sehr eindrückliche Darstellung Johannes des Täufers mit Engelsflügeln (links unten das auf Wunsch der schönen Salome abgeschlagene Haupt des Heiligen) sowie ein Bild mit den drei großen byzantinischen Kirchenlehrern: Basilius, Gregor von Nazianz, Chrysostomus.

Ein Team aus italienischen, schweizerischen, französischen und russischen Ikonographen und Freskenmalern fand sich 1990 in Cargèse ein. Sie säuberten und restaurierten die alten Ikonen und schufen drei Großfresken. Letztere wurden nach allen Regeln der 800-jährigen Kunst gearbeitet: Die Farbe wird dabei auf den noch feuchten Putz aufgetragen. Die Vorbereitungszeit für diese Fresken – Konzeption, Suche nach harmonischem Einklang mit dem Kirchenganzen, Entwurf – dauerte ein halbes Jahr. Die Ausführung musste dann jeweils innerhalb eines Tages geschehen, solange der Putz noch nass war. Seit dem Arbeitsbesuch der internationalen Spezialisten erstrahlt die griechische Kirche in ihrem alten und in neuem Glanz.

Eglise Latine: Sie hat ihre Fassade der griechisch-orthodoxen Schwester zugekehrt und ist von dieser nur durch ein paar Gärten getrennt. Die römisch-katholische Kirche ist so alt wie die korsische Geschichte von Cargèse. Ab dem ersten Viertel des 19. Jahrhunderts fanden sich – meistens waren Verheiratungen der Anlass – die ersten nichtgriechischen Familien im Ort ein, die schon bald ihre eigene Kirche forderten. Der Hauptbau mit den halbrunden Seitenkapellen wurde 1825–28 fertig gestellt. Das Dach hielt – bis 1835 ein starker Wind kam und es mit sich forttrug. Die Innenausstattung wie auch der viereckige Turm wurden erst in den 40er Jahren des 19. Jahrhunderts in Angriff genommen.

Im Innern schlägt einem eine etwas sonderbare Mischung aus Barock und Klassizismus entgegen; rechts vom Eingang tritt in voller Rüstung eine Jeanne-d'Arc-Figur aus dem gemalten Theatervorhang, gegenüber als Pendant – weder barock noch klassizistisch – ein Soldat aus dem Ersten Weltkrieg mit seinem Schutzengel.

Baden

Plage de Ménasina: Sie liegt etwas unterhalb der Hauptstraße, etwa 3 km in Richtung Sagone. Sauberer Sandstrand, im Wasser teilweise felsig. Das Fahrzeug lässt man am besten oben an der Straße stehen.

Plage de Pero: Sie ist wesentlich größer und eindeutig beliebter als die oben genannte. Man erreicht sie über ein Asphaltsträßchen, das vom nördlichen Ortsausgang hinunterführt (ca. 2 km, ausgeschildert). Sauberer Sandstrand, das Wasser nimmt schnell an Tiefe zu. Vor Ort werden Surfbretter und Zodiacs verliehen.

- *Übernachten:* ***** Hôtel des Lentisques**, vom Strand durch eine Wiese getrennt. Komfortable, ruhige Bleibe. Swimmingpool. DZ 49–60 €. Von Mai bis Mitte Oktober geöffnet. ✆ 04.95.26.42.34, 📠 04.95.26.46.61.

Motel Ta Kladia (nicht klassifiziert), direkt am Strand. Komfort auf kleinem Raum zu relativ günstigen Preisen. Studios für 2 Personen 37–77 € je nach Größe (24 m² oder 30 m²) und Saison. Auch 4- und 6-Personen-Studios sind im Angebot. Von Mai bis Mitte Oktober geöffnet. ✆ 04.95.26.40.73, ✉ 04.95.26.41.08.

> Mehrere Leser empfehlen die **Wanderung von der Plage de Pero zum Genuesenturm** auf der Punta d'Omigna. Hin und zurück ca. zwei Stunden – besonders schön bei Sonnenuntergang (dann aber rasch zurück!).

Plage de Chiuni: Hinter dem *Col de Torraccia* führt ein Sträßchen zur Plage de Chiuni hinunter. In der grobsandigen Bucht dominiert der *Club Méditerranée*, der hier einen Bau hingestellt hat, dessen Architekten sich vermutlich der Postmodernen zurechnen. Clubeigen sind Surf- und Katamaranschule; der Strand hingegen ist öffentlich: beide Augen zudrücken oder Voyeur spielen.

Bucht von Arone: Eine Traumbucht! Der weit geschwungene Sandstrand ist zweifellos eine der schönsten Badeörtlichkeiten der Westküste. Dank seiner ziemlich abseitigen Lage ist er nie überfüllt. Man erreicht die Bucht über *Piana*. Von diesem malerischen Ort (siehe unten *Golf von Porto*) zweigt eine Asphaltstraße ab, die nach 12,5 km am Strand endet (bei der Gabelung knapp vor der Bucht links abzweigen; nur für Selbstfahrer oder äußerst geduldige Tramper!).
Eine Gedenktafel erinnert an das U-Boot *Casabianca*, das hier am 6. Februar 1943 Waffen für die korsischen Widerstandskämpfer an Land brachte.
Exakt auf halber Strecke führt rechts ein Fußweg zum *Tour de Turghio*, dem

schon von weitem sichtbaren Genuesenturm, der das *Capo Rosso* dominiert. Die Gratwanderung dahin dauert eine gute Stunde. Tagsüber kann die Sonne jedoch unbarmherzig brennen, und abends riskiert man, von der schnell einbrechenden Dunkelheit überrascht zu werden (bei Neumond nicht nur unangenehm, sondern gefährlich!). Besser also im Morgengrauen starten, die Aussicht ist phantastisch.

- *Camping/Essen*: **Camping de la Plage d'Arone**, wer Einsamkeit sucht, ist hier bestens aufgehoben: 125 Stellplätze an der Bucht. Der Camping wurde 2000 komplett überholt und leidet seither eindeutig weniger unter Schattenmangel. Kleine Zelte sind diesbezüglich besser dran, für sie ist Platz unter dem Gebüsch am meist ausgetrockneten Flussbett des Arone. Die sanitären Einrichtungen sind gepflegt. Lebensmittelverkauf bei der Rezeption. Fünf Fußminuten vom Strand entfernt. Juni–September geöffnet. ℡/℻ 04.95.20.64.54.

Das **Café de la Plage** unterhalb des Campings kann empfohlen werden: gute Stimmung, auch bei der Belegschaft. Ein paar Pinien geben Schatten, und abends kann man sich der aufkommenden romantischen Stimmung kaum erwehren. Menüs und Pizze.

Die etwas luxuriösere Variante ist das **Restaurant Le Casabianca** am nördlichen Strandende: Fischgerichte und frisch gefangene Langusten, aber auch Pizze.

Hinterland von Sagone

Vico
(korsisch: U Vicu)

Das verträumte Dörfchen, bereits in gebirgiger Lage, war einst Residenzort der Bischöfe von Sagone und ist noch heute politischer Hauptort der Region. Das Leben spielt sich vor allem am quadratischen Dorfplatz ab. Der lokale Familienadel hat sich in der Statue von *Casanelli d'Istria* verewigt, der es in der ersten Hälfte des 19. Jahrhunderts bis zum Bischof von Ajaccio brachte.

Im Süden steht – durch ein Tal vom Dorf getrennt – das **Franziskanerkloster von Vico**. Es stammt aus dem 15. Jahrhundert und wurde 1627 auf die heutigen Ausmaße erweitert. Nachdem die Französische Revolution 1793 die Mönche vertrieben hatte, erwarb die Familie *Casanelli d'Istria* die Gebäude, um sie zu retten. Später wurde das Kloster den Mönchen wieder zurückgegeben, die sich ihrerseits dafür bedankten, indem sie ihren aristokratischen Gönnern in der Kirche eine letzte Ruhestätte verschafften. Heute sind es fünf Patres des Oblaten-Ordens, die von hier aus die umliegenden Dörfer seelsorgerisch betreuen.

Sehenswert sind vor allem ein Holzkreuz aus dem 15. Jahrhundert unter der im vorderen Teil auf Säulen abgestützten Kapelle und der rot-graue Marmoraltar der Kirche (1698). Vom gepflegten Innenhof mit seiner hübschen Sonnenuhr gelangt man zum bewohnten Teil der Anlage (teils als Herberge genutzt). Im neuen Anbau *(Salle Albini)* daneben werden gelegentlich Ausstellungen gezeigt und Konzerte gegeben.

- *Übernachten/Camping*: **** Hôtel U Paradisu**, im unteren Dorfteil (ausgeschildert). Der Name ist eine Anspielung auf die Aussicht über das Tal und den Hügelzug mit dem Franziskanerkloster. Garten mit Swimmingpool, Restaurant. DZ mit Dusche/WC ca. 49 €. ℡ 04.95.26.61.62, ℻ 04.95.26.67.01.
Auberge Pippa Minicale, knapp 1 km außerhalb an der Abzweigung nach Evisa (Col de Saint-Antoine). Freundliches Restaurant mit 5 Gästezimmern, allerdings in wenig attraktiver Lage. DZ mit Dusche (WC auf der Etage) ca. 39 €. ℡ 04.95.26.61.51.
Kloster Saint-François, Gruppen und Individualisten finden hier ein Bett, Zimmer teils mit Kochgelegenheit. ℡ 04.95.26.83.83, ℻ 04.95.26.64.09.
Camping La Sposata, 1 km vor Vico (vom Col de Saint-Antoine 50 m in Richtung Evisa). 150 Stellplätze, Schatten und Wiese, im hinteren Teil terrassiert, durchschnittliche sanitäre Anlagen. Kleines Restaurant. Mitte April bis Mitte Oktober geöffnet. ℡ 04.95.26.61.55.

Guagno-les-Bains: Der kleine Kurort ist 12 km von Vico entfernt, die Fahrt dorthin führt durch zauberhafte Wälder. Das alte Gebäude des Thermalbads, dessen braune Natursteinfassade sich harmonisch in das Dorf einfügt, findet zwar noch Verwendung, hat aber an Bedeutung verloren, seit 1992 gegenüber die dreistöckige Kuranlage *Hôtel des Thermes* eröffnet hat. Wer kein Rheuma, keine kardiovaskulären Störungen, keine Atemprobleme hat und auch nicht der orthopädischen Hilfe bedarf, kann anstelle der Thermalkur auch ein Kaltwasserbad nehmen – einladende Badegumpen bei der oberen Brücke am Guagno-Bach (ca. 500 m vom Dorf entfernt).

Übernachten: ***** Hôtel des Thermes,** man braucht keine Rheumabeschwerden vorzuweisen, um eines der komfortablen Zimmer im modernen Kurhotel zu bekommen. Nebst den klassischen Thermal-Therapien auch türkisches Bad, finnische Sauna und UV-Bestrahlung. Zur Entspannung Swimmingpool, 2 Tenniscourts und ein großer Park. DZ ca. 61 €, Frühstück inbegriffen. Mitte Mai bis Oktober geöffnet. ✆ 04.95.28.30.68, ℻ 04.95.28.34.02.

Guagno: Vom Thermalort sind es noch 8½ km auf der kurvenreichen D 23, bis man inmitten von Wäldern auf einer Anhöhe dieses abgeschiedene Dorf erreicht. Im Norden erhebt sich stolz der *Col de Manganu*. Neben der überaus idyllischen Lage hält Guagno für den Besucher auch zwei Bars und ein Gîte d'étape bereit.

Übernachten: **Gîte d'étape,** im Dorf. Zwei 14-Bett-Zimmer, sehr gepflegte Waschräume, Duschen, WCs, komplett eingerichtete Küche. ✆ 04.95.28.33.47.

Wandern

Von Guagno aus in Richtung Osten führt eine schöne Tageswanderung über die verlassene *Bergerie de Bassitone* zum *Refuge de Pietra-Piana* am GR 20.

Eine von mehreren Lesern empfohlene Kurzwanderung führt zum **Lac de Creno**. Ausgangspunkt ist das Dörfchen *Soccia,* das man von Guagno-les-Bains (s. o.) aus über die Höhenstraße D 323 erreicht. Kurz hinter dem Ort findet man einen naturbelassenen Parkplatz. Von hier erreicht man in knapp einer Stunde bei leichtem Aufstieg durch Macchia und Kiefernwald den kleinen, idyllischen Gletschersee mit seinen Seerosen.

Unter UNESCO-Schutz: der Golf von Porto

Golf von Porto

Tiefblaues Meer und wilde Küstenlandschaft, an der Südküste die bizarren Felsen der Calanche, deren Rot sich im Abendlicht zum Feuerrot steigert, im Norden der unwegsame Nebengolf von Girolata und die von Fischadlern bewohnte Halbinsel Scandola – der Golf von Porto ist ein Meisterwerk der Natur.

Die UNESCO hat die Erhaltung dieser zauberhaften Landschaft zum Weltinteresse erklärt und den Golf von Porto unter ihren besonderen Schutz gestellt. Der Küstenabschnitt ist überdies – Meer und Hinterland inklusive – Teil des Korsischen Naturparks. Hoffen wir, dass diese doppelte Protektion ausreicht, um eine der schönsten Regionen des ganzen Mittelmeerraumes vor Zerstörungen jeglicher Art zu bewahren. Die touristische Entwicklung ist unter dem Gebot des Naturschutzes nur begrenzt möglich, Porto bildet die regelbestätigende Ausnahme. Camper, Wanderer und Spaziergänger liegen hier goldrichtig. Wer auf unmittelbare Strandnähe verzichten kann, sucht im höher gelegenen idyllischen Piana ein Quartier.

Porto (korsisch: Portu)

Der Ort mit dem wuchtigen pisanischen Wehrturm an der Mündung des gleichnamigen Flusses besteht aus zwei Teilen, die durch eine Eukalyptusallee verbunden sind: Porto und Marine de Porto. Beide sind gleichermaßen vom Tourismus geprägt. Zusammen bringen sie es im August auf stattliche 8000 Bewohner (inklusive Camper), in den Wintermonaten sinkt die Zahl unter 600.

Porto 247

Außer einem im Sommer heillos überfüllten Strand und einem Spaziergang zum Turm hat Porto wenig zu bieten. Doch mit seinen zahlreichen kleinen Hotels und überaus schönen Campingplätzen ist es ein beliebter Stammplatz für Ausflüge ins bewaldete Hinterland, zu den *Calanche* oder per Schiff nach *Girolata* und *Scandola*.

Postleitzahl/Information/Verbindungen

- *Postleitzahl*: 20150
- *Information*: **Office de Tourisme**, Marine de Porto, beim Parkplatz. April–September 9–12 und 13.30–18.30 Uhr. Das Büro hält auch zahlreiche Informationen für Wanderer bereit. ✆ 04.95.26.10.55, ℻ 04.95.26.14.25.

- *Verbindung*: Busse fahren täglich nach Ajaccio (über Piana-Cargèse) und ins Hinterland bis Ota (sonntags nur in der Hochsaison!). Von Mitte Mai bis Mitte Oktober Verbindung nach Calvi. Nach Evisa und Corte verkehren nur im Juli/August Busse! Haltestellen beim Supermarkt Banco (Porto) und in Marine de Porto.

Diverses

- *Schiffsausflüge*: Fahrten zu den **Calanche**, zum **Capo Rosso**, nach **Girolata** und **Scandola** sowie **Golfrundfahrten** werden fast auf Schritt und Tritt angeboten. Für romantische Gemüter wird selbst nächtens auf dem Golf rumgekurvt – vielleicht bei Vollmond empfehlenswert. Die Fahrt mit der *Scandola* oder der *Seascope A 24* kostet 50 % mehr, dafür garantiert ein gläserner Boden Einblicke in die Unterwasserwelt. Wer's probieren will: Fahrkarten (reservieren empfehlenswert) beim Hotel Monte Rosso (Marine de Porto).
Über Schiffsverbindungen nach **Cargèse** und **Calvi** erkundigt man sich am besten beim Office de Tourisme (siehe oben). Bei stürmischem Wetter – keine Seltenheit – wird jeglicher Schiffsverkehr eingestellt.

- *Bootsverleih*: ein halbes Dutzend Verleiher in Marine de Porto.
- *Fahrräder/Mofas*: **Porto Location**, bei der Ortseinfahrt von Porto (gegenüber dem Spar-Supermarkt). Mountainbikes, Scooter, Mofas und Motorräder. ✆/℻ 04.95.26.10.13.
- *Tauchen*: ungefähr ein halbes Dutzend Tauchangebote am Hafen.
- *Einkaufen*: Am Ortseingang von Porto protzen, nicht zu übersehen, die Supermärkte **Banco** und **Spar**.

248 Golf von Porto

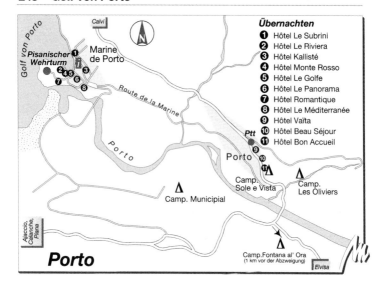

Übernachten

① Hôtel Le Subrini
② Hôtel Le Riviera
③ Hôtel Kallisté
④ Hôtel Monte Rosso
⑤ Hôtel Le Golfe
⑥ Hôtel Le Panorama
⑦ Hôtel Romantique
⑧ Hôtel Le Méditerranée
⑨ Hôtel Vaïta
⑩ Hôtel Beau Séjour
⑪ Hôtel Bon Accueil

Übernachten

Hotels findet man in beiden Ortsteilen mehr als genug. Trotzdem: Im Juli/August sind sie oft ausgebucht. Im September wirkt dann das Kräftespiel der Konkurrenz, die Preise purzeln. Beliebt sind die kleinen Hotels unterhalb des pisanischen Wehrturms. Sie sind preisgünstig und dank einer hübschen Fußgängerbrücke über den Porto-Fluss strandnah.

*** Hôtel Le Subrini (1), Marine de Porto, gehört zur ilotel-Kette. Komfortable Zimmer im Natursteinbau. Zur Meerseite verfügen die Zimmer über eine angenehme kleine Loggia und eine Küche, in der ersten Etage kommt ein Balkon dazu. DZ ca. 61 €. April bis Mitte Oktober geöffnet. ✆ 04.95.26.14.94, ✆ 04.95.26.11.57.

*** Hôtel Kallisté (3), Marine de Porto, das luxuriöseste und größte des Orts. Panoramaterrasse mit Bar. Der großflächig verglaste Anbau im unteren Teil – "Kongresssaal" genannt – ist Geschmackssache. Alle Zimmer mit Dusche/WC und Telefon, die meisten mit Balkon (Meerblick). DZ je nach Saison 54–61 €. April bis Mitte Oktober geöffnet. ✆ 04.95.26.10.30, ✆ 04.95.26.12.75.

*** Hôtel Le Méditerranée (8), Marine de Porto. Das Restaurant, gedeckte Terrasse mit Blick auf die Porto-Mündung, ist Pensionsgästen vorbehalten. Großer, nierenförmiger Swimmingpool. Alle Zimmer mit Dusche/WC, Telefon und Balkon, von Letzterem Blick auf die Porto-Mündung. DZ 46–54 €, Juli/August nur Halbpension. Juni bis Mitte September geöffnet. ✆ 04.95.26.10.27, ✆ 04.95.21.02.45.

Hôtel Monte Rosso (4), Marine de Porto. Unterscheidet sich vom Riviera daneben vor allem durch die etwas größeren Balkone. Snackbar. Alle Zimmer mit Dusche/WC. DZ je nach Saison 37–46 €. Mai–September geöffnet. ✆ 04.95.26.11.50, ✆ 04.95.26.12.30.

Hôtel Le Romantique (7) (keine Klassifizierung), Marina de Porto. Geräumige Zimmer mit Airconditioning, betischte Balkons mit Blick auf den Hafen. Unsere Empfehlung. DZ ab ca. 43 €. April–Oktober geöffnet. ✆ 04.95.26.10.85, ✆ 04.95.26.14.04.

** Hôtel Vaïta (9), Porto. Mit Terrassenrestaurant. Alle Zimmer mit Dusche/WC, Telefon und Balkon. DZ ca. 39 €. März–November geöffnet. ✆ 04.95.26.10.37, ✆ 04.95.26.12.81.

Hôtel Le Golfe (5) (keine Klassifizierung),

Marine de Porto. Mit Schnellrestaurant und Bar. Tiere haben Zimmerverbot. Alle Zimmer mit Dusche, teils mit WC, die meisten mit hübschen kleinen Balkonen. Für den Genuss der Sonnenuntergangsperspektive empfehlen wir Zimmer Nr. 321. DZ ab 34 €. April–September geöffnet. ✆ 04.95.26.13.33.

Hôtel Le Riviera (2), Marine de Porto. Mit Restaurant. Alle Zimmer mit Dusche/WC, teils mit Balkon. DZ ab ca. 28 €. April–Oktober geöffnet. ✆ 04.95.26.10.15.

Hôtel Beau Séjour (10), Porto. Mit kleiner Pizza-Snackbar, in der die jungen Pächter oft bis 2 Uhr morgens noch Gäste empfangen. Alle Zimmer mit Dusche, z. T. hübsche Balkone, Etagen-WC. DZ ab ca. 28 €. ✆ 04.95.26.12.11, ✉ 04.95.26.10.81.

Hôtel Bon Accueil (11), Porto. Mit Terrassenrestaurant zur Straße. Alle Zimmer mit Dusche/WC und Balkon. DZ ab ca. 28 €. April–Oktober geöffnet.
✆/✉ 04.95.26.12.10.

Hôtel Le Panorama (6), Marine de Porto. Ältliches Hotel, das aber seinen Namen verdient: Blick auf die Porto-Mündung mit Kiesstrand und Wehrturm. Restaurant mit preiswerten Menüs. Alle Zimmer mit Dusche, die billigeren mit Etagen-WC. DZ ab ca. 20 €. ✆ 04.95.26.11.05.

Camping

Camping Municipal, großes, ebenes Gelände mit 300 Stellplätzen. Viel Sand und Staub, wenig Schatten, Kaltwasserduschen. Einziger Vorteil gegenüber den nur unwesentlich teureren 3-Sterne-Anlagen in Porto ist die Strandnähe. Ca. Mitte Juni bis September geöffnet. ✆ 04.95.26.17.76, ✉ 04.95.26.14.12.

Camping Les Oliviers, sehr schönes, terrassenförmiges Gelände mit 180 Stellplätzen. Viel Schatten unter den Olivenbäumen, gepflegte sanitäre Anlagen. In der Hochsaison meist proppenvoll. Auf den unteren Plätzen riskiert man nächtens Diskolärm von gegenüber. Auch Vermietung von Bungalows. April–Oktober geöffnet.
✆ 04.95.26.14.49, ✉ 04.95.26.12.49.

Camping Sole e Vista, ebenfalls terrassenförmige Anlage. 150 Stellplätze, seiner Ortsnähe wegen ebenfalls schnell überlaufen. Es bleiben dann allenfalls noch die Plätze an der Sonne übrig. Sanitäre Anlagen okay. Mitte April bis Oktober geöffnet. ✆ 04.95.26.15.71, ✉ 04.95.26.10.79.

Camping Fontana al'Ora, an der Straße nach Evisa (1 km vom Abzweig in Porto). Hügeliges Gelände im Eichenwald. 70 schön eingerichtete Stellplätze, abgetrennt durch große, runde Steine, oft zu Mauern aufgeschichtet, um die Terrassen zu befestigen. Gepflegte sanitäre Anlagen, Waschmaschinen. Einladende Snackbar mit Terrasse. Der hausgemachte Myrtenlikör schmeckt köstlich. Der Besitzer – er stammt aus dem nahen Ota – kennt sich in der Gegend hervorragend aus. Zu den nächsten Badegumpen im Porto-Fluss sind es zu Fuß nur fünf Minuten. Wer noch etwas weiter flussaufwärts geht, findet tiefere Becken. Mitte April bis September geöffnet. ✆ 04.95.26.11.65, ✉ 04.95.26.10.83.

Essen und Trinken

Damit man trotz der oft billigen Zimmer auch in Porto auf seine Kosten kommt, zeigen die Speisekarten in der Regel überhöhte Preise. Man wäre nachsichtig, wenn wenigstens die Qualität stimmen würde. Ein empfehlenswertes Restaurant in Porto haben wir immer noch nicht gefunden.

Sehenswertes

Genuesischer Turm: Der fotogene Wehrturm auf dem oft stark umbrandeten rötlichen Felsen ist das Wahrzeichen von Porto und wurde seiner viereckigen Bauart wegen lange Zeit fälschlicherweise der pisanischen Epoche zugeordnet (auch von uns!). Wind und Wetter haben dem Turm im Lauf der Jahrhunderte arg zugesetzt, so dass er im oberen Teil an einigen Stellen aus den Fugen geraten ist. Noch rechtzeitig wurde die Einsturzgefahr erkannt,

Genuesischer Wehrturm über der Bucht von Porto

und 1993 erfuhr der Turm eine Renovierung. Seither führt bis zur ersten Etappe eine Außentreppe hoch, dann geht es innen weiter bis zur Plattform.
<u>Öffnungszeiten</u>: April–Oktober 10–18 Uhr, in der Hauptsaison nach hinten und vorne um eine Stunde verlängert. Eintritt ca. 2,50 €.

Aquarium: Klein, aber sehr schön aufgemacht. In den zwölf Bassins tummelt sich, was im Mittelmeer gefischt wird: Brassen und Barsche, Muränen, Fliegende Fische, Hummer, Langusten und Seespinnen. Wollen Sie die Zutaten für eine gute Bouillabaisse wissen, notieren Sie sich den Inhalt von Bassin Nr. 5.
<u>Öffnungszeiten</u>: Mo–Sa 10–21 Uhr, So 11–19 Uhr. Eintritt ca. 5,50 €.

Baden

Direkt an der Porto-Mündung, von Marine de Porto über eine Fußgängerbrücke erreichbar, erstreckt sich ein 500 m langer Kieselstrand, der zur Saison im hinteren Teil mit Sand aufgeschüttet wird, um mehr Platz für Badetücher zu schaffen. Die Wassertiefe nimmt schnell zu, noch schneller verliert man bei starker Brandung den Boden unter den Füßen. Aufpassen!

Küstenabschnitte südlich von Porto

Les Calanche

"Ein Wald aus purpurnem Granit: Spitzen, Säulen, Türmchen, überraschende Figuren, von der Zeit, vom nagenden Wind und von Meeresnebeln modelliert. Bis zu 300 m hoch, dünn, rund, verdreht, krumm, verunstaltet, unerwartet, phantastisch – diese erstaunlichen Felsen ähneln Bäumen, Pflanzen, Tieren, von Menschenhand geschaffenen Denkmälern, Mönchen in Kutten, gehörnten Teufeln, riesigen Vögeln – alles in allem ein monströses Volk, eine Menagerie von Alpträumen, die irgendein extravaganter Gott zu Stein erstarren ließ" (Guy de Maupassant, *Une Vie*. Übersetzung, d. Verf.).

Poetischer als der Poet hätten auch wir es nicht sagen können. *Les Calanche*, eine bizarre Felsenlandschaft zwischen Porto und Piana, strahlen einen einmaligen Zauber aus. Die Natur hat sich als Bildhauerin betätigt und überlässt die geschaffenen Skulpturen dem Spaziergänger zur freien Interpretation. Je länger man hinschaut, desto mehr entdeckt man; der Phantasie sind bekanntlich keine Grenzen gesetzt.

Durch die Calanche

Der "purpurne Granit" des Dichters hat als *Tafoni-Felsen* Eingang in die wissenschaftliche Literatur gefunden: Extreme Temperaturschwankungen und schnelle Wechsel zwischen Feuchtigkeit und Sonneneinwirkung bewirkten einen chemisch-mechanischen Verwitterungsprozess, der die Granitblöcke regelrecht aushöhlte. Wann dieser langwierige Prozess eingesetzt hat, ist umstritten – möglicherweise vor 200.000 Jahren, vielleicht auch ein paar hunderttausend Jahre früher.

Tafoni-Felsen sind auf Korsika keine Seltenheit, doch nirgendwo auf der Insel haben sie derart märchenhafte Formen angenommen wie hier zwischen Porto und Piana. Kein Wunder also, dass durch die Calanche einige Spazier- und Wanderwege angelegt wurden. Es sind insgesamt vier; für die Wanderungen Nr. 2 bis 4 ist gutes Schuhwerk dringend angeraten.

Tipp für Farbfotografen: Das Rot der Calanche-Felsen und einige besonders bizarre Gesteinsformationen lassen sich am besten spätnachmittags auf dem Wanderweg Nr. 1 (siehe unten) festhalten.

Wanderungen durch die Calanche

Autofahrer stellen ihr Gefährt (Achtung Autoknacker) in einer der zahlreichen in den Felsen gehauenen Parknischen in der Nähe des Wald-Bistros *Les Roches Bleues* ab. Wer sich mit dem Spaziergang Nr. 1 begnügen will, findet an dessen Ausgangspunkt einen größeren Parkplatz.

(1) Zum Château Fort: Der müheloseste, spektakulärste und deshalb beliebteste der Calanche-Wanderwege.

Ausgangspunkt ist ein größerer Parkplatz in einer Straßenkurve 600 m unterhalb von *Les Roches Bleues*. Vom

Golf von Porto

Calanche-Panorama

Tête de Chien (Hundekopf), einem Granitblock über dem Straßenrand, der tatsächlich so aussieht, wie er heißt, führt der Weg hinauf. Ohne Anstrengung gelangt man über Felsen und Macchia zum *Château* (Schloss), einem riesigen, quaderförmigen Felsbrocken, dessen meerzugewandte Wand senkrecht abfällt. Die Aussicht über die roten Tafoni-Felsen auf den Golf bis nach Porto ist einmalig.

> **Dauer**: 45 Minuten (hin und zurück).
> **Orientierung/Markierung**: Der Masse folgen. Wenn diese – was selten ist – ausbleiben sollte, auf die orangenen Punkte achten; gelegentlich ist noch die alte Markierung (blaue Punkte) sichtbar.

(2) La Châtaigneraie: Eine weniger spektakuläre, aber trotzdem sehr empfehlenswerte Rundwanderung, auf der man – meist im Schatten wandernd – einen unbezwingbaren Ausläufer der Calanche umgeht. Der Ausgangspunkt befindet sich knapp oberhalb von *Les Roches Bleues* (an der gegenüberliegenden Straßenseite). Der Anstieg ist steil, man kommt rasch ins Schwitzen. Hat man aber einmal die Höhe erreicht, führt der Weg erst durch Kastanien-, dann durch Kiefernwälder, die ab und zu einen herrlichen Blick auf den Golf freigeben. Langer Abstieg zur Straße, die man ca. 500 m unterhalb des *Tête de Chien* (siehe obige Wanderung) erreicht.

> **Dauer**: gute 2 Stunden. **Markierung**: blaue Streifen.

(3) La Corniche: Die Alternative zur *Châtaigneraie* für Eilige. Der Ausgangspunkt ist direkt am Bach gegenüber von *Les Roches Bleues*. Nach dem steilen Anstieg direkt am Felsmassiv entlang wird man mit einem hübschen Ausblick über den Golf belohnt. Dann führt der Weg rasch wieder hinunter durch das Gehölz auf die Straße, die man ca. 400 m unterhalb von *Les Roches Bleues* erreicht.

> **Dauer**: knappe 45 Minuten. **Markierung**: blaue Kreuze, gelegentlich blaue Punkte, im letzten Abschnitt ungenügende Markierung.

(4) Le Sentier Muletier: Den Namen verdankt der Rundweg einem alten Maultierpfad, auf dem die Tiere ehemals von *Piana* nach *Ota* trotteten. Ausgangspunkt ist eine kleine Marienstatue am Straßenrand ungefähr 500 m oberhalb von *Les Roches Bleues*. Auch hier ist der Anstieg sehr steil. Dann gelangt man auf den alten Pfad, auf dem man in südlicher Richtung weiterwandert. Großartiger Ausblick über die Calanche-Felsen auf den Golf. Die Straße erreicht man ungefähr 2 km oberhalb des Ausgangspunktes. Nachteil dieser Route: relativ langer Rückweg auf der Straße.

> **Dauer**: 1 Stunde. **Markierung**: blaue Punkte.

Piana

Der Ort gehört zweifellos zu den schönsten Korsikas: angenehme Höhenlage (435 m ü. d. M.), schöne Häuser und ein herrlicher Blick auf den Golf mit den davor liegenden Calanche. Vorhanden sind Lebensmittelgeschäfte, einige Bars, eine Post, wenige Hotels – und eine freundliche, leicht überalterte Bevölkerung. Wer Ruhe zu schätzen weiß und nicht unbedingt darauf angewiesen ist, das Meer vor der Haustüre zu haben, schläft hier ebenso gut, wenn nicht besser als in der touristischen Hochburg Porto. Zudem sind die berühmten Calanche von Piana aus ohne weiteres zu Fuß zu erreichen.

• *Verbindung*: Mo–Sa täglich eine Busverbindung nach Porto und Ajaccio (über Cargèse), sonntags nur in der Hochsaison.

• *Übernachten*: **** Hôtel Les Roches Rouges**, an der Straße zu den Calanche. Der Vorbeifahrende denkt eher an einen verlassenen Palazzo. Man muss sich das Hotel von der Talseite aus ansehen oder es ganz einfach betreten: Der Belle-Epoque-Bau mit Hoteltradition seit 1912 verfügt über eine Speiseterrasse mit einem einmaligen Ausblick auf Golf und Calanche. Auf dem Parkplatz verraten teure Autos teure Kundschaft. DZ ca. 69 €. April–Oktober geöffnet. ✆ 04.95.27.81.81, ✉ 04.95.37.81.76.

Hôtel Continental, im südlichen Ortsteil an der Straße nach Cargèse. Die alte Holztreppe sowie die Holzböden der durchwegs geräumigen Zimmer unterstreichen die Aussage der freundlichen älteren Wirtin, dass das Hotel auf eine Tradition bis in die 20er Jahre zurückblickt. Die billigeren Zimmer sind im Vorderhaus: Waschbecken im Zimmer, Dusche und WC auf der Etage. Über einen großen, gepflegten Garten gelangt man in ein neueres Gebäude, wo in absolut ruhiger Lage weitere Zimmer (mit Dusche/WC, teils mit Küche) vermietet werden. DZ 31–43 €. April–September geöffnet. ✆ 04.95.27.83.12.

• *Appartements*: **Le Casanova**, der freundliche Besitzer der gleichnamigen Pizzeria am Dorfplatz vermietet fünf 1- oder 2-Zimmer-Appartements in einem Haus am Ortsrand, dies auch tageweise und zu attraktiven Preisen. Die 1-Zimmer-Appartements verfügen über eine geräumige Küche (auf Kosten einer Mini-Toilette, aber das verzeiht man gerne), von allen Appartements genießt man einen traumhaften Blick auf den Golf und die Calanche. Wenn dann direkt vor der Nase noch die Esel weiden, ist die Romantik kaum zu überbieten. Ein weiteres Appartement im Nebenbau des Restaurants (mit Balkon über dem Dorfplatz). 1-Zimmer-App. für 31–46 €, 2-Zimmer-App. für 39–61 €. ✆ 04.95.27.84.20.

• *Gîte/Camping*: **Belvédère**, etwas oberhalb des Orts in sehr schöner Lage (ausgeschildert). Doppel- und Mehrbettzimmer, z. T. mit Terrasse und Meerblick. Große Küche zur Verfügung. Eine riesige, betischte Terrasse befindet sich mitten auf dem Areal. Das Mindeste, was sich über den Besitzer sagen lässt: Er ist eine Persönlichkeit, redet über Gott und die Welt, und dies auch auf Deutsch, wenn's sein muss. ✆ 06.85.78.02.56.

• *Essen*: **Restaurant/Pizzeria Le Casanova**, am Dorfplatz mit betischter Terrasse nach hinten. Pizze aus dem Holzofen und preiswerte Menüs. Spezialität: gegrillte *figatellu* aus eigener Herstellung (im heißen Brot eingepackte, kräftige korsische Würstchen, verglichen mit denen Nürnberger, Regensburger und Thüringer nur noch fade schmecken), serviert mit Kartoffeln aus der heißen Asche.

Baden

Bucht von Ficajola: Ein kurvenreiches Sträßchen zweigt einen Kilometer außerhalb von Piana von der D 824 ab. Nach 4 km Fahrzeug abstellen, es bleiben noch 10 Minuten Fußweg zur kleinen Bucht, die bereits ab nachmittags im Schatten liegt. Viel darf man nicht erwarten: ein klitzekleiner Sandstrand und ein paar Fischer, die das über der Bucht gelegene Restaurant *U Pescadore* beliefern.

Bucht von Arone: Die sehr schöne Badebucht ist gut 12 km von Piana entfernt und gehört bereits zum Golf von Sagone (siehe dort).

Küstenabschnitte nördlich von Porto

Plage de Bussaglia: 5 km nördlich von Porto zweigt ein Sträßchen zur weit geschweiften Bucht von Bussaglia ab. Der große Kiesstrand ist eine mögliche Alternative zum meist überfüllten Ortsstrand von Porto. Kinderfreundlich aber ist er auch er nicht: Die Wassertiefe nimmt rasch zu, und bei hohem Wellengang kann Baden gefährlich sein. Sicherer sitzt man in solchen Fällen in einem der beiden Strandrestaurants.

Tipp: An der Tankstelle knapp vor der Abfahrt zur Bussaglia-Bucht den Benzinstand kontrollieren, die nächste Tankmöglichkeit findet man erst wieder in Galéria.

Von der Bussaglia-Bucht schlängelt sich die schmale Straße in sicherem Abstand von der Küste in Richtung Norden, wobei man gleich zu Beginn der Strecke das Prachtexemplar eines kieselgemauerten Brunnens am rechten Straßenrand nicht übersehen sollte. Die Aussicht auf den Golf von Porto ist für Bei- und Mitfahrer gedacht. In *Partinello,* einem den Abhang entlanggebauten Ort, ist außer einem weiteren aus Kieseln gemauerten Brunnen am nördlichen Dorfausgang wirklich nichts zu sehen. Die kleine *Kiesbucht von Caspio* lohnt den Abstecher kaum: zwei Restaurants, wenig Flair, leichte Verschmutzung.

Plage de Gradelle: Noch bevor man die Passhöhe des *Col de la Croix* erreicht hat, führt eine Straße über den Ort *Osani* hinunter zur Plage de la Gradelle. Die Lage ist wunderschön, sogar ein freundliches Restaurant ist vorhanden, der Kiesstrand selber ist eher bescheiden. Weniger bescheiden sind die Mietpreise für die Zodiacs, mit denen man auf eigene Faust Fahrten in den *Golf von Girolata* unternehmen kann.

• *Camping*: **Camping de Gradelle**, 350 m vor dem Strand. 90 Stellplätze. Mit seinen zahlreichen über den Hügel verteilten kleinen Terrassen gibt der Camping ein recht

Unzugänglich für Blechkarossen: der Golf von Girolata

abenteuerliches Bild ab. Schattige Plätzchen, saubere sanitäre Einrichtungen und abends gute Stimmung auf der Terrassenbar bei der Rezeption. Für Familienzelte ist der steile Platz wenig geeignet, noch weniger für Wohnmobile. Letztere parken verbotenerweise unten am Strand. Juni–September geöffnet. ✆/📠 04.95.27.32.01.

Girolata (korsisch: Ghjirulatu)

Das Fischerdörfchen am gleichnamigen Golf gibt ein idyllisches Bild ab: einsamer Golf, ein paar Häuser und eine kleine Genuesenfestung (in privatem Besitz und unzugänglich). Für Autos unzugänglich, ist der denkmalgeschützte Ort ein beliebtes Ziel der Touristendampfer. Täglich mehrmals überantworten die Schiffe ihre Ladungen den paar Strandrestaurants und dem Strand, um sie drei Stunden später wieder einzusammeln und der vielgepriesenen Idylle zu entreißen. Die Bewohner von Girolata, 20 an der Zahl, haben sich an diesen Rhythmus längst gewöhnt, sie leben davon.

<u>Anfahrt</u>: Schiffsausflüge siehe Porto, Calvi, Cargèse, Sagone, Ajaccio; am billigsten vom nahen Porto aus.

Wanderung: Vom *Col de la Croix* führt ein alter Maultierpfad durch die Macchia zum Golf hinunter. Man erreicht erst die kleine Bucht von Tuara und wandert dann über einen Bergrücken nach Girolata. Die Wanderung dauert ungefähr eineinhalb Stunden, der Rückweg länger. Bei gutem Timing lässt sich die Reise von Girolata aus per Schiff fortsetzen.

Ohne schöne Umwege gelangt man auf einem anderen Macchia-Pfad in knappen eineinhalb Stunden nach Girolata. Der Ausgangspunkt, knappe 2 km vor dem *Col de Palmarella* gelegen, ist – unauffällig klein – durch eine weiße Schrift quer über die Straße (*Girolata,* mit Pfeil) markiert. Autofahrer lassen ihr Gefährt am besten auf der Passhöhe stehen.

256 Golf von Porto

La Scandola

Die gebirgige Halbinsel, die den Golf von Porto im Norden begrenzt, steht als Naturreservat seit 1975 unter besonderem Schutz. Als Rarität gelten die letzten drei Fischadlerpaare, die hier nisten. Kormorane, Wanderfalken und Kolonien von Silbermöwen haben auf La Scandola Zuflucht gefunden. Die Mönchsrobben, die noch vor wenigen Jahren eine Grotte bewohnten, sind nicht mehr da.

Auch das Meer mit seinen Korallen, Langusten, Fischen, Muscheln und den Algenkrusten, die an einigen Stellen die Felsen einsäumen, gehört zum Gebiet des Korsischen Naturparks.

La Scandola ist nur vom Wasser aus zugänglich. Wer mit dem eigenen Kahn unterwegs ist, beachte bitte die für das Naturreservat geltenden Schutzbestimmungen. Wir veröffentlichen hier die vom *Parc Naturel Régional de la Corse* erstellte offizielle Verbotsliste:

Untersagt sind: Jagd, Camping, Biwak, Feuer, das Ausreißen von Pflanzen, die Zerstörung von Nestern und Eiern, Foto- und Filmaufnahmen von Tieren aus kurzer Distanz, Fischen, Unterwasser-Fischerei, Tauchen mit Ausrüstung, Sammeln von Muscheln und Meerespflanzen, Deponieren von Abfall, längerer Aufenthalt (auf dem Meer) als 24 Stunden.

Anfahrt: Schiffsausflüge siehe Porto, Calvi, Cargèse, Sagone; am billigsten – in Verbindung mit dem Besuch von Girolata – von Porto aus.

Hinterland von Porto

Ota

Wie so oft auf Korsika führen die alten Hauptorte im Landesinnern durch die touristische Entwicklung an der Küste längst ein Schattendasein. Auch Ota teilt dieses Schicksal: Das Dorf, das so malerisch am grünen Abhang klebt, ist zwar der Hauptort, von dem aus Porto regiert wird, am wirtschaftlichen Puls der Zeit aber sitzt es nicht. So hat der Ort in der Abgeschiedenheit seine dörfliche Schönheit bewahren können. In den wenigen Bars sitzen neben Einheimischen vor allem Wanderer, die von Ota aus einen bequemen Zugang zur *Spelunca-Schlucht* finden.

- *Verbindung*: Tägl. Busse nach Porto; nach Evisa und ins Niolo nur in der Hauptsaison.
- *Übernachten/Essen*: Gleich zwei **Gîtes d'étape** bieten sich in Ota an, beide ganzjährig geöffnet: **Chez Marie** am Ortseingang (✆/📠 04.95.26.11.37) und **Chez Felix** im Dorfzentrum (✆/📠 04.95.26.12.92). Beide Gîtes führen ein Restaurant mit einheimischer Küche. *Felix* hat sich in den letzten Jahren zur Edelküche gemausert (Zicklein, Lamm etc.), während *Marie* weiterhin einfache Hausmannskost serviert.

Spelunca-Schlucht (Gorges de Spelunca)

Tief hat sich der Porto-Fluss ins Felsmassiv gegraben und eine Schlucht von wilder Schönheit geschaffen; sie ist einfach zu erreichen und deshalb ein beliebtes Ausflugsziel.

Die bequeme Variante: Von Porto auf der D 84 in Richtung Evisa fahren (reizvolle Alternative: über Ota auf die D 84), nach ungefähr 10 km eine der raren Parknischen suchen und die Schlucht von oben anschauen – ein imposantes Bild! Ungefähr einen Kilometer vor Evisa findet man den besten Aussichtspunkt: Über Täler und Schlucht hinweg reicht der Blick bis zum Golf von Porto.

Die gemütliche Variante: Man fährt von Ota auf der Nebenstraße D 124 knappe 2 km weiter bis zur Brücke über den Porto-Fluss und lässt dort das Fahrzeug stehen. Der Wanderweg durch die Schlucht führt nach der Brücke links hinauf. Er verläuft in einiger Höhe über dem Flussbett und an diesem entlang. Bis zur Stelle, an der sich die beiden Zubringerflüsse *Tavulella* und *Aïtone* zum *Porto* vereinigen, ist die Strecke ein gemütlicher Spaziergang, der sich in einer Stunde zurücklegen lässt. Rückkehr auf demselben Weg.

Für die geringe Anstrengung kann man sich nachträglich mit einem Bad belohnen. Etwa 200 m unterhalb der Straßenbrücke überspannt eine hübsche Genuesenbrücke den Fluss, der hier einladende Bassins bildet.

Die anstrengende Variante: Man geht beim oben erwähnten Zusammenfluss den Wanderweg weiter. Er führt in teils steilen Serpentinen den im oberen Teil bewaldeten Hang hinauf nach Evisa, das man nach ungefähr zwei Stunden beim Friedhof am südlichen Dorfende erreicht. Ganz Schlaue gehen den umgekehrten Weg: Sie starten in Evisa und steigen von oben in die Schlucht ein.

Taxi: Wenn man einen wanderfaulen Chauffeur dabeihat, der das Auto wieder zurückbringt, lässt man sich hochfahren und oben absetzen. Denselben Service leistet entgeltlich auch das Gîte Chez Felix in Ota.

Evisa

Auf der einen Seite die *Spelunca*-Schlucht, auf der anderen das riesige Waldgebiet von *Aïtone,* hat sich das 850 m hoch gelegene Evisa zu einem beliebten Ausflugsziel entwickelt. Auch Teilstreckenwanderer des GR 20 finden sich hier ein – sei es zu einer letzten Nacht im komfortablen Hotelbett, sei es zum Provianteinkauf in den zwei kleinen Supermärkten –, bevor sie oben am Col de Vergio zur großen Gebirgstour starten. Das Kontrastprogramm zur touristischen Betriebsamkeit stellen die einheimischen Männer in den Bars dar: An ihnen scheint die Zeit spurlos vorüberzugehen, sie gehören zum Dorfbild – wie die museale Benzinpumpe am Straßenrand, die längst ausgedient hat.

• *Verbindung*: Täglich zwei Busse über Vico nach Ajaccio (Abfahrt bei der Bar de la Poste). Nach Ota und Porto nur in der Hauptsaison Verbindungen!

• *Übernachten/Camping/Essen*: **** Hôtel L'Aïtone**, nördlicher Dorfausgang. Gepflegte, komfortable Zimmer, teils mit Balkon. Terrassenrestaurant, Swimmingpool. DZ 37–49 € (je nach Saison). Februar bis Mitte November geöffnet.
✆ 04.95.26.20.04, ✆ 04.95.26.24.18.

** Hôtel Scopa Rossa, nördlicher Dorfausgang. Gleicher Preis und gleicher Zimmerkomfort wie das obige; ebenfalls Terrassenrestaurant. DZ 37–49 € (je nach Saison). April–November geöffnet.
✆ 04.95.26.20.22, ✆ 04.95.26.24.17.

* Hôtel du Centre, im Dorfzentrum. Gepflegte Zimmer, einige mit Dusche, WC auf dem Flur. Im Restaurant werden korsische Spezialitäten serviert. DZ ca. 31 €. Juli–September geöffnet.
✆ 04.95.26.20.92.

Camping L'Acciola, knapp 500 m oberhalb des Dorfes an der Straße nach Vico. 70 Stellplätze. Wenig Schatten, dafür tolle

Aussicht auf die umliegenden Berge. Restaurant. Juni–September geöffnet.
✆ 04.95.26.23.01, ✉ 04.95.26.20.29.
Restaurant du Centre, im gleichnamigen Hotel (s. o.). Vorzügliche korsische Küche zu vernünftigen Preisen. Zum Einstieg empfehlen wir mit *brocciu* gefüllte Tomaten oder Auberginen.

Wanderung im Forêt d'Aïtone

Oberhalb von Evisa beginnt der Forêt d'Aïtone, einer der schönsten und größten Wälder Korsikas. Im Winter zählt der Wald zu den wenigen für den Skilanglauf erschlossenen Gebieten der Insel.

Vorschlag für eine Kurzwanderung im Forêt d'Aïtone, die sich mit einem erfrischenden Bad verbinden lässt: Ungefähr 2 km oberhalb von Evisa (Richtung Col de Vergio) führt links (Schild *"Piscine d'Aïtone"*) ein Weg durch artenreiche Flora hinunter zum Aïtone-Bach, der hier glasklare Badebecken bildet. Für den Rückweg empfehlen wir folgende Alternative: auf die Straße zurück, knapp 50 m Richtung Evisa, dann rechts der orangenen Markierung (*La Châtaigneraie*) folgen. Der Spaziergang führt größtenteils durch Kastanienwälder und endet nach 45 Minuten im oberen Dorfteil von Evisa.

Die Straße führt weiter zum 1477 m ü. d. M. gelegenen **Col de Vergio** und dann in die Hochebene des *Niolo* (siehe dort). Auf der Passhöhe kreuzt der GR 20 die Straße, im nahen Hotel treffen sich je nach Saison Wanderer oder Skifahrer. Der kleine Skilift wird in erster Linie von italienischen Touristen benutzt.

• *Übernachten/Camping/Essen*: *** Hôtel Castel de Vergio**, knapp unterhalb der Passhöhe auf der Niolo-Seite. DZ ca. 34 €. Billiger ist die Übernachtung im Schlafsaal, und da wiederum noch billiger, wenn man zugunsten des eigenen Schlafsacks auf die Bettwäsche des Hotels verzichtet. **Camping** hinter dem Gebäude wird geduldet, man sollte jedoch trotzdem erst anfragen. Zum Hotel gehören ein Restaurant und ein kleiner Lebensmittelladen. Mai–Juni geöffnet. ✆ 04.95.48.00.01.

Schönheit im touristischen Abseits: die Bucht von Galéria

Galéria und Fango-Tal

Die Straße von Porto Richtung Galéria bzw. Fango-Tal ist eng und sehr kurvenreich. Mit der schönen, für den Lenkradhalter geradezu gefährlich schönen Aussicht auf die Golfe von Porto und Girolato ist es spätestens am 400 m hohen **Col de Palmarella** zu Ende (über die Zugänge zum Meer und Bademöglichkeiten in diesem Teilstück siehe *Küstenabschnitte nördlich von Porto* auf S. 254). Die Passhöhe, eine beliebte Raststätte der Radfahrer, von der aus man bis Girolata sehen kann, bildet übrigens die Grenze zwischen den beiden korsischen Provinzen *Haute-Corse* und *Corse du Sud*.

Die Straße vom Col de Palmarello hinunter ins *Fango-Tal* verläuft ebenfalls kurvenreich, ist aber wesentlich besser ausgebaut, und die Aussicht hat sich geändert: statt Meerblick und Macchia jetzt nur noch Macchia. Spätestens an der Tankstelle, wo man auf die D 351 trifft, steht die Entscheidung an: links nach Galéria oder rechts ins Fango-Tal. (Der Entscheidung auszuweichen und erst 2 km in Richtung Galéria, dann direkt nach *Calvi* weiterzufahren, ist natürlich auch eine Möglichkeit, aber sicher nicht die beste!) Wer vormittags ankommt, findet noch Zeit, ins Fango-Tal vorzudringen, und kann sich abends eine Übernachtungsmöglichkeit in Galéria suchen; wer nachmittags ankommt, fährt besser erst nach Galéria und nimmt sich am folgenden Tag Zeit für eine Tour ins wunderschöne Tal.

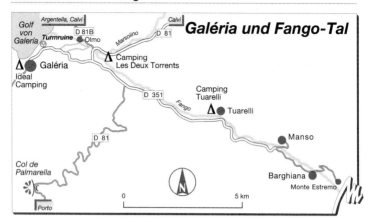

Galéria

Zwischen dem Golf von Porto mit seiner wilden Schönheit und dem Touristenmagneten Calvi gelegen, fristet Galéria eher das Dasein eines Mauerblümchens. Viele Urlauber kalkulieren für die Strecke von Porto nach Calvi einen halben Tag ein – und fahren an Galéria vorbei. Die Touristendampfer, die von Calvi aus zum Golf von Girolata schippern, machen hier nur Halt, um Klientel ein- oder aussteigen zu lassen. Die lokalen Gastronomen haben das Nachsehen, Galéria bleibt weiterhin im Abseits.

Mit einem ortsnahen und doch abgeschiedenen Strand im Norden und dem überaus reizvollen Fango-Tal im Hinterland hat Galéria diese Missachtung nicht verdient. Wanderer wissen den Ort zu schätzen, sie füllen nicht nur das Gîte d'étape und den zentralen Campingplatz, sondern auch die Bars im alten Dorfzentrum, das aus ein paar Häusern und der Kirche besteht. Galéria ist Etappenziel auf dem *Tra Mare e Monti Nord,* der in 7 bis 10 Tagen von Calenzana nach Cargèse führt – einer der schönsten Wanderwege der Insel.

Postleitzahl/Information/Verbindungen

- *Postleitzahl*: 20245
- *Information*: 4 km außerhalb der Ortschaft trifft man auf die D 81 (Porto–Calvi). An dieser Stelle steht ein Informationshäuschen des Syndicat d'Initiative. Geöffnet ist es nur in der Hochsaison.
- *Verbindung*: Mo–Sa täglich ein Bus nach Calvi (Abfahrt um 7.30 Uhr). Schlechter ist die Verbindung nach Porto: in der Hauptsaison ebenfalls Mo–Sa täglich ein Bus, in der Vor- und Nachsaison weniger häufig, im Winter keine Verbindung.

Diverses

- *Schiffsausflüge*: Galéria ist Station auf der Rundfahrt von Calvi nach Girolata und zurück. Information und Fahrkartenverkauf im Hotel Filisorma oder im Camping Idéal (s. u.). Ob ein Schiff fährt, wird nicht in Galéria, sondern in Calvi entschieden.
- *Fahrradverleih*: Der **Idéal Camping** (s. u.) vermietet einige Mountainbikes.
- *Tauchen*: In den Résidences L'Incanta findet man den Tauchclub **A Lucerna**. Ausflugsziele der 3-Stunden-Trips sind das Naturreservat von La Scandola im Süden und das Capo a u Cavallo im Norden.

Galèria

Übernachten/Camping

** Hôtel Filosorma, direkt am Strand. Alle Zimmer mit Dusche/WC, einige mit Balkon zum Meer. Restaurant angeschlossen. DZ ab 40 €. Mai bis Mitte Oktober geöffnet. ✆ 04.95.62.00.02, 📠 04.95.62.03.44.

* Hôtel Stella Marina, am südlichen Ende der Uferstraße. Alle Zimmer mit Dusche/WC, teils mit traumhaftem Blick aufs Meer. Restaurant/Pizzeria mit ausgezeichneter Küche. DZ 39–54 €. Mai–Oktober geöffnet. ✆ 04.95.62.00.03, 📠 04.95.62.04.29.

Hôtel L'Auberge, im alten Dorfzentrum. Kleines, familiär geführtes Hotel mit bescheidenen, hübsch eingerichteten Zimmern, "zauberhaft, aber sehr laut" (Leserbrief). Die Küche des Besitzers ist hervorragend und obendrein preiswert, so dass man sich gleich als Halbpensionär einrichten kann. Das äußerst beliebte Haus ist oft ausgebucht. DZ ca. 39 €. ✆ 04.95.62.00.15.

Hôtel Stagnolo, Teil des Idéal Camping (s. u.). Man darf sich vom etwas vernachlässigten Äußeren nicht täuschen lassen. Alle Zimmer mit Dusche/WC. Gute Stimmung im Café vor der Rezeption, das vor allem bei den Campern beliebt ist. Restaurant angeschlossen. DZ 31–39 € je nach Saison. April–Oktober geöffnet. ✆ 04.95.62.01.46.

Privatzimmer La Martinella, an der Uferstraße. 5 geräumige Zimmer mit Bad in einer einladenden Villa mit Garten, der private Kühlschrank gehört zum Komfort. Hinter der resoluten Fassade der Besitzerin – eine Einheimische übrigens – verbirgt sich ein Meer an Freundlichkeit. März–Oktober geöffnet. DZ 31–42 € (je nach Saison). ✆ 04.95.62.00.44.

Gîte d'étape, von der Kirche aus 800 m den Hinweisschildern folgen. Das Gîte liegt direkt am Wanderweg *Tra Mare e Monti Nord*. Ruhig, sauber und von einer freundlichen Madame geführt, die auch erlaubt, dass man das Auto für ein paar (Wander-)Tage hier stehen lässt. Übernachtung ca. 12 € pro Person mit Schlafsack. Gegen Aufschlag werden Leinen zur Verfügung gestellt. Auch Campingmöglichkeit. April–Oktober geöffnet. ✆ 04.95.62.00.46.

Idéal Camping, zentrale Lage. Großes, Gelände mit 300 Stellplätzen, im hinteren Teil viel Schatten. Viele Wanderer des *Tra Mare e Monti Nord* legen hier eine Pause ein. Nach mehreren Leserbriefen sind wir der Sache nochmals nachgegangen: Der Camping wirkt tatsächlich etwas verwahrlost, er bedarf eindeutig der Pflege. Die sanitären Anlagen beim Eingang sind zwar einwandfrei (im oberen Teil nur Kaltduschen), aber aus dem Gelände selbst ließe sich mehr machen. Angenehme Snackbar. Restaurant. Zum Dorfstrand ist es nur ein Katzensprung. Mai bis Mitte Oktober geöffnet. ✆ 04.95.62.01.46.

Camping Les Deux Torrents, an der D 51 nach Calvi (die Straße, die im Landesinneren verläuft), 500 m nach der Brücke über den Fango. Das Terrain mit 150 Stellplätzen ist im vorderen Teil wenig attraktiv, weiter hinten findet man hübsche, schattige Plätze. Der Zeltplatz ist – vor allem für Selbstfahrer – eine Alternative, wenn das beliebte Idéal Camping heillos überfüllt ist. Kleine Snackbar und Tennisplatz. Mitte Juni bis Mitte September geöffnet. ✆ 04.95.62.00.67, 📠 04.95.62.03.32.

> Vor dem Riciniccia wurde ein großer **Parkplatz für Wohnmobile** eingerichtet. Über Nacht (20–8 Uhr) gebührenpflichtig.

Essen und Trinken

Restaurant L'Echappatoire, knapp außerhalb des Orts (an der Straße nach Calvi). Klein, aber fein – und dies zu moderaten Preisen. Junges, freundliches Personal. Schattige Terrasse mit Blick auf den Riciniccia-Strand. Lesertipp.

Restaurant L'Auberge, im gleichnamigen Hotel (siehe oben). Ausgezeichnete Küche, freundlicher Service.

Restaurant Le Loup de Mer, am südlichen Strandende. Sehr schöne Terrasse direkt am Meer. Fischspezialitäten, allerdings keine Menüs und kein offener Wein, was den Preis des Abendmahls beträchtlich erhöht. Wenn Letzterer keine Rolle spielt, lassen Sie sich gleich eine Bouillabaisse vorsetzen: ca. 113 € für 2 Personen.

Restaurant L'Alivu, an der Uferstraße. Terrassenrestaurant mit ruhiger Stimmung bei korsischer Küche und Pizze.

Snack A Sulana, an der Uferstraße. Preiswerte Plats du Jour, gute Pizze, Snacks, gutes Fassbier, Kicker und Billard – von Einheimischen und Touristen gleichermaßen aufgesucht.

Bar Chez Titine, neben dem Hotel/Restaurant L'Auberge (siehe oben). Auch Snacks. Ebenfalls sehr beliebt, hält die Türen am längsten offen.

Baden: Ein längerer Kiesstrand ist dem Ort direkt vorgelagert. Besser gefallen hat uns der längere und einsamere *Riciniccia-Strand* im Mündungsgebiet von *Marsolino-* und *Fango-Bach;* das Gebiet steht unter Naturschutz, Nacktbaden wird geduldet. Von einer weithin sichtbaren Turmruine mit Anbau nördlich von Galéria führt ein Treppenweg zum Strand hinunter. Unmittelbar hinter dem Gürtel aus Feinkies und Sand bietet ein Etang die erfrischende Alternative eines kalten Süßwasserbads.

Fango-Tal: rund geschliffene Steine im glasklaren Wasser

Fango-Tal

Das Fango-Tal ist eines der reizvollsten Täler auf Korsika. Am Flussbett führt eine gut asphaltierte Straße entlang, Autofahrer haben also keine Unbequemlichkeiten zu gewärtigen. Zweifellos schöner aber ist es, das fast ebene Tal auf zwei Rädern zu erkunden.

Im unteren Teil von dichtem Buschwerk umsäumt, sucht sich der Fango seinen Weg an großen, runden Kieseln vorbei. Im oberen Teil ist die Vegetation magerer, und das Bachbett verläuft zwischen flachen Felsen, die tatsächlich schon so weich gespült sind, dass man sich an ihnen kaum mehr verletzten kann. Doch ist der Fango mehr als nur eine Augenweide. Bis in den frühen Sommer erwarten ungezählte einladende Bassins den Besucher. Kunstspringer finden ca. 400 m hinter dem Ort *Tuarelli* eine geradezu phantastische Naturanlage: ein ungefähr 8 m hoher Felsen, das Becken darunter ist glasklar und tief genug. Weiter oben, knapp vor dem Abzweig nach *Manso,* reicht's noch zum Sitzbad, auf den heißen Steinen finden Sonnenanbeter ihr Paradies.

Hinter dem Ort *Barghiana* wird die Straße enger, dann auch holpriger und endet schließlich beim Weiler *Monte Estremo.* Von hier geht es nur noch zu Fuß weiter in eine wunderbare Gebirgslandschaft, deren stolzeste Gipfel der *Capu Tafunatu* mit seinem berühmten Loch und die *Paglia Orba* sind (siehe nachstehenden Wandervorschlag).

• *Übernachten/Camping/Essen*: **Structure d'Accueil Tuarelli**, gleich am Ortseingang von Tuarelli. 3 Schlafsäle mit jeweils 8 Betten, Übernachtung ca. 10 € pro Person. Daneben ein sanitär bescheidenes, aber wunderschönes Campinggelände: schattige Plätze gleich über den Fango-Becken! Restaurant und Pizzeria. Mitte März bis Oktober geöffnet. ✆ 04.95.62.01.75.

Tageswanderung: Vom Fango-Tal zum Refuge de Puscaghia

Barghiana–Refuge de Puscaghia: 3 Stunden (Rückweg: selbe Strecke, selbe Zeit)
Schwierigkeitsgrad: leicht, gut erkennbarer Pfad
Höhenunterschied: 1000 m

Fahrzeug einfach in Barghiana parken und zu Fuß weitergehen. Je weiter man in das Fango-Tal eindringt und dem Flussbett folgt, desto schönere und tiefere Badebecken wird man finden. Wer nicht gerade im August herkommt, hat noch die Möglichkeit, einsame Fleckchen am Flussufer zu entdecken. Es gibt einige Stellen, die sogar tief genug zum Springen sind.

Der atemberaubende Anblick des *Capu Tafunatu* (2343 m) und der *Paglia Orba* (2525 m), die sich stolz in der Ferne erheben, bleibt unvergesslich. Der Tafunatu, der auf dem Weg zum *Refuge de Puscaghia* noch besser zu erkennen sein wird, ist ein kleines Wunder der Natur. *Tafunatu* kommt von *tafuni* (Löcherung durch Verwitterung). Der Legende nach hat der Teufel in einem Wutanfall dieses gewaltige Loch (ca. 30 mal 12 m) geschlagen. Wer im Krater steht, hat einen phantastischen Ausblick über das Fango-Tal bis zum Meer. Links vom Tafunatu erhebt sich der schönste Berg Korsikas, die *Paglia Orba* – auch heute noch ein Traum vieler Wanderer und Kletterer.

Auf eine Beschreibung des Aufstieges auf den Tafunatu und die Paglia Orba sei verzichtet: Die Wege auf diese Gipfel sind gut markiert und auch in der Hütte *Ciottuli di i Mori* – Ausgangspunkt für die Besteigung der beiden Berge – genauestens skizziert.

Wegbeschreibung: In *Barghiana* den unbefestigten Fahrweg nehmen, am Friedhof und an der Kirche vorbeigehen. Man kann diesem gut befahrbaren Weg 5 bis 6 km folgen. Unterwegs zeigt sich erneut der Capu Tafunatu, sein Loch im Gipfel scheint zum Greifen nahe. Der Weg endet an einer kleinen Steinbrücke. Hier oder gegebenenfalls schon vorher – je nach Zustand der Straße – das Auto abstellen und zu Fuß weitergehen.

Die kleine Steinbrücke überqueren. Der Bach, den man hier kreuzt, gleicht Ende Oktober einem Wildwasser, im Sommer allerdings ist er fast völlig ausgetrocknet. Nahe der Brücke dicht mit Moos bewachsene Felsen. Nach einigen Metern führt der Pfad in einen der schönsten Eichenwälder Korsikas. Am Waldausgang überquert man einen weiteren Flusslauf (im Sommer ausgetrocknet) und lässt auf der linken Seite die Ruine eines Forsthauses zurück.

Hier beginnt ein steiniger Weg, der schon bald in einen noch sehr gut erhaltenen Maultierpfad übergeht. Die Bewohner von Galéria benutzten ihn früher, um während der Sommerzeit mit Sack und Maultier in den Bergen Schutz vor der Hitze und der Mückenplage zu finden. Er schlängelt sich in Serpentinen bis zur **Bocca di Capronale** (1329 m) hinauf.

Auf der Höhe steht ein kleines Stahlkreuz unter drei Laricio-Kiefern. Der halbstündige Abstieg zum Refuge de Puscaghia führt auf einem gut sichtbaren Pfad durch die niedrige Macchia. Schon bald ist die Hütte im Tal zu erkennen. Sie liegt direkt am Flussbett der *Lonca* und ist von mächtig aufragenden Berggipfeln umgeben. Im Südwesten öffnet sich ein in der Ferne breiter werdendes Tal mit großem Waldbestand, im Nordosten zieht sich eine immer enger werdende Schlucht bis zum *Massif des Capu a Giarghiole* (2105 m).

Das **Refuge de Puscaghia** ist eigentlich ein *Relais de transhumance* (außerhalb des GR 20) – während der heißen Sommermonate werden die Ziegen aus dem Tal hinaufgebracht.

Unsere Bitte an alle Wandersleut: keine Abfälle zurück- und die Hütte sauber verlassen.

Christina Echeverria

Route Galéria–Calvi

Wer's eilig hat, wählt die gut ausgebaute D 81 und gelangt über die *Bocca di Marsolino* relativ schnell nach Calvi. Zu sehen gibt's auf dieser Strecke nichts Erwähnenswertes. Die Gegend trägt – im Gegensatz zum fruchtbaren Teil der Balagne zwischen Calvi und L'Ile-Rousse – den Namen *Balagne déserte,* was man frei mit "gottverlassene Balagne" übersetzen kann. Menschliche Siedlungen sind in diesem wasserarmen Landstrich weit und breit keine zu sehen, karger Macchiabewuchs ist die höchste Stufe der Vegetation.

Die Küstenstraße (D 81B) führt zwar durch eine fast ebenso unbewohnte Gegend, bietet aber immer wieder aufregende Ausblicke auf das Meer. Die Straße ist kurvig und äußerst eng, für breite Wohngefährte wenig geeignet. Die einzige nennenswerte Bademöglichkeit ist der lange Kiesstrand bei **Argentella**. Der Name erinnert an das Silber, das hier in früheren Zeiten abgebaut wurde. Die verlassenen Minen befinden sich am Südende der Bucht (über der Straße). Dass die französische Regierung 1960 hier ein Experimentiergelände für unterirdische Atomversuche einrichten wollte, sei am Rande vermerkt. Das Projekt scheiterte am heftigen Widerstand der Bevölkerung, die das Angebot Arbeitsplätze gegen Verseuchungsrisiko entschieden ablehnte.

Route Galéria-Calvi

Erfrischung im Fango

Von Argentella führt die Straße noch einmal durchs Landesinnere, bevor sie sich hart an der Küste entlang in ungezählten Kurven nach Calvi zieht. Die Aussicht im letzten Teilstück ist atemberaubend: Tiefblaues Meer umspült die unzugänglich-karge, zerklüftete, gelbe Felsküste.

• *Camping/Essen*: **Camping La Morsetta**, am südlichen Ende der Kiesbucht bei Argentella. 180 Stellplätze. Schön und schattig. Sehr gepflegte sanitäre Einrichtungen. Größeres Lebensmittelgeschäft (Früchte und Gemüse), Snackbar, Strandrestaurant/Pizzeria (mit Holzkohleofen). Mitte Mai bis September geöffnet. ✆ 04.95.65.25.24, ✆ 04.95.65.25.29.

Camping Clos du Moufflon, an der Stelle, wo die Straße vom Landesinneren wieder die Küste erreicht, 15 km vor Calvi. Steil ist die Küste und steil ist der Camping mit seinen 55 Stellplätzen, den man über ein kurzes Serpentinensträßchen erreicht. Wer der wilden Natur hold ist, liegt hier richtig. Vom Camping führt ein Weg zu einem kleinen Felsstrand (für Kinder nicht geeignet!). Sehr schöne sanitäre Einrichtungen. Kleiner Lebensmittelladen. Fleisch, Brot und Croissants muss man am Vorabend bestellen, dafür wird frische Ware garantiert.

Der freundliche Besitzer – er ist schon seit über 20 Jahren hier – hat sich nebenbei etwas gegen etwaige Urlaubslangeweile einfallen lassen: eine kleine Bibliothek, in der man auch etliche zerlesene B-Romane (zwischen Belletristik und Groschenliteratur – "Billigtristik" sozusagen) in deutscher Sprache findet. Ein weiteres Plus ist die gut bestückte Bar. Mitte Juni bis Mitte September geöffnet. ✆ 04.95.65.03.53.

Die Zitadelle von Calvi

Balagne

Der Volksmund spricht vom "Garten Korsikas": Zwischen zwei öden, wasserarmen Landstrichen gelegen – der Balagne déserte im Südwesten und dem Désert des Agriates im Nordosten –, erscheint die fruchtbare Balagne wie ein kleines Paradies.

Mit den beiden Hafenstädten *Calvi* und *L'Ile Rousse*, beide durch Schifffahrtslinien mit dem französischen Festland verbunden, verfügt die Balagne gleich über zwei Tourismuszentren. Sie liegen nur 24 km voneinander entfernt, die Straße ist großzügig breit. Wer ohne eigenes Fahrzeug unterwegs ist, braucht sich nicht über die schlechten Busverbindungen zu ärgern: Das Balagne-Bähnchen pendelt – zumindest in der Hauptsaison – tagsüber im Stundentakt die Küstenstrecke hin und her.

"Ich fand in der Balagna viele schön gesichelte Getreidefelder, ein lieblicher Anblick in korsischen Landen. Überall, zumal in der Nähe der Orte, gibt es die üppigsten, wahrhaft paradiesischen Haine von Kastanien, Walnußbäumen und Mandeln, Gärten von Orangen und Zitronen und Ölwald an Ölwald", schrieb der deutsche Kulturhistoriker *Ferdinand Gregorovius,* der die Gegend 1852 durchstreifte. Inzwischen ist, wie auf ganz Korsika, auch in der Balagne ein Großteil der Arbeitskräfte in die Städte und aufs französische Festland abgewandert. Der Garten Eden wird nicht mehr bestellt wie einst. Trotzdem: Eine Rundfahrt durchs hügelige, auch heute noch überaus fruchtbare Hinterland mit seinen malerischen Dörfern, seinen Barockkirchen und seinen immer wieder überraschenden Ausblicken auf die Küstenlandschaft ist überaus reizvoll.

Calvi

Die auf einem Felssporn über dem Meer thronende Zitadelle mit ihrer wuchtigen Umwallung ist neben Bonifacio wohl das eindrucksvollste Zeugnis genuesischer Stadtarchitektur auf Korsika. Das Bollwerk hat im Lauf der Geschichte zahlreichen, wenn auch nicht allen Eroberungsversuchen standgehalten.

Heute braucht sich Calvi nicht mehr zu verteidigen, das Stadttor ist für den Tourismus geöffnet. Einzig in der Südecke der Befestigungsanlage ist der Zutritt verboten. Hier ist eine knapp 1400 Mann starke Einheit der französischen Fremdenlegion einquartiert.

Abends sieht man die kurz geschorenen Ausländer nicht selten in den Cafés der Unterstadt. Doch zahlenmäßig fallen sie kaum ins Gewicht, jedenfalls nicht im Sommer. Im bunten Trubel der Touristen, der Calvi in der Hauptsaison aus allen Nähten platzen lässt, wirken die khakibraunen Uniformen mit ihren dekorativen roten Kordeln schon fast wieder exotisch.

Ruhe oder gar Einsamkeit sucht man vergebens. Calvi ist unstrittig die Nummer eins unter Korsikas Tourismuszentren. Hat man dies einmal akzeptiert, so lässt sich der Aufenthalt im überaus lebendigen Städtchen in vollen Zügen genießen.

Kolumbus – ein Calvese?

Die *Place Christophe Colomb* sowie die *Avenue Christophe Colomb* in Calvi erinnern an Kolumbus, und seit dem 500-jährigen Jubiläum der Entdeckung Amerikas (1992) ziert eine halbe Nussschale mit einer kleinen Bronzebüste des berühmten Seefahrers die Außenmauer der Zitadelle (an der Place Christophe Colomb). Im Zitadellenviertel sollen noch die Überreste des 1794 von den Engländern zerschossenen Geburtshauses von Kolumbus stehen.

Aber stammt er nun aus Calvi oder nicht? Den Ruhm, die Geburtsstadt des großen Seefahrers zu sein, reklamieren für sich auch einige spanische und italienische Orte, allen voran Genua. Letzteres hat – so ergibt die Konsultation diverser Lexika – den Meinungsstreit zumindest vorerst für sich entschieden: Christoph Kolumbus war Genuese.

Oder hat der pfiffige Lokalhistoriker vielleicht doch recht, der herausgefunden hat, dass 1451, im Geburtsjahr von Kolumbus, in Calvi noch immer ein Gesetz aus dem Jahr 1278 gültig war, das die Stadt als Bestandteil der Kommune Genua dekretierte – ist Kolumbus also ein calvesischer Genuese?

Vermutlich hat auch Christoph Kolumbus nicht gewusst, wo er geboren wurde. Er, der zeit seines Lebens nicht merkte, dass er Amerika entdeckt hatte – wie sollte er sich in der regionalen Geographie ausgekannt haben? (Das weniger knifflige Problem, ein Ei auf die Spitze zu stellen, löste er hingegen überzeugend.)

Geschichte

"CIVITAS CALVI SEMPER FIDELIS", steht über dem Eingangstor zur Zitadelle geschrieben ("Die Bürgerschaft von Calvi ist stets treu"). Mit "treu" war damals "genuatreu" gemeint, und damit ist das erste halbe Jahrtausend der Stadtgeschichte charakterisiert. Die Gründung der Genuesenstadt führt ins Jahr 1268 zurück, als die pisanisch-genuesischen Auseinandersetzungen um die Vormacht auf Korsika in vollem Gange waren. Der Spanier *Alphons V.,* der mit der Hilfe des korsischen Edelmanns *Vincentello d'Istria* von 1420 bis 1434 praktisch die ganze Insel in die Hand bekam, scheiterte nicht nur bei der Belagerung Bonifacios (ebenfalls genuatreu), sondern biss sich auch an Calvi die Zähne aus. Zwar gelang ihm 1420 die Eroberung der Zitadelle, aber ein Jahr später schon sollen die Calvesen die Besatzer massakriert und die genuesische Herrschaft wiederhergestellt haben.

Die imposante Befestigung der Zitadelle, bezahlt von der *Bank des Heiligen Georg,* der damaligen Besitzerin Korsikas (siehe *Geschichte* auf S. 97), wurde Ende des 15. Jahrhunderts fertig gestellt. Den Eroberungsversuchen der mit *Sampiero Corso* verbündeten Franzosen und Türken in den Jahren 1553 und 1559 widerstand Calvi erfolgreich. Aus dieser Zeit stammt übrigens der oben zitierte Wahlspruch. Die Stadt blieb genuesisch, und auch der einzige unabhängige korsische Staat der Geschichte, die Republik *Pasquale Paolis,* endete vor den Stadttoren Calvis.

Im Jahr 1794, als derselbe Paoli, mittlerweile von der französischen Nationalversammlung zum Präsidenten Korsikas ernannt, sich dem revolutionären Terror der Pariser Zentrale widersetzte und sich mit England verbündete, geriet Calvi unter massiven englischen Beschuss: 24.000 Kanonenkugeln sollen auf die Festung abgefeuert worden sein. Ein damals 36-jähriger Admiral namens *Nelson* verlor bei dieser Gelegenheit sein rechtes Auge. Der Admiral ließ sich jedoch durch ein solches Missgeschick in seiner militärischen Karriere nicht stoppen: Drei Jahre später verlor

Calvi

er bei einem misslungenen Angriff auf Teneriffa den rechten Arm und in der Schlacht bei Trafalgar 1805 schließlich sein Leben. Die Engländer zogen sich 1797 aus Calvi zurück; seither gilt die Treue der Stadt den Franzosen.

Postleitzahl/Information/Verbindungen

• *Postleitzahl*: 20260

• *Information*: **Office Municipal du Tourisme**, beim Yachthafen. Auch Material für Wanderer. Kompetentes Personal. Ganzjährig Mo–Fr 9–12 und 14–18 Uhr (in der Saison durchgehend), Sa 9–12 und 14–17 Uhr. ✆ 04.95.65.16.67, ✉ 04.95.65.14.09. E-Mail: *omt.calvi@wanadoo.fr*, Internet: *www.ville-calvi.fr*.

• *Verbindungen*: **Flugzeug**: Vom 7 km südlich der Stadt gelegenen Flughafen Calvi Sainte-Catherine täglich Linienflüge mit Air France bzw. Compagnie Corse Méditerranée zum französischen Festland (Paris, Marseille, Nizza, Lyon, Bordeaux etc.). Auskünfte, auch über saisonale Verbindungen, unter ✆ 08.02.80.28.02 (Flughafen). Die Taxifahrer freuen sich: keine Busverbindung zum Flughafen!

Schiff: Verbindungen nach Kontinentalfrankreich und Genua, Details siehe Kapitel *Anreise*. Büros der Schifffahrtsgesellschaften: *S.N.C.M.*, Quai Landry, ✆ 04.95.65.01.38; *Corsica Ferries*, Port de Commerce, ✆ 04.95.65.43.21 (nur in der Hauptsaison); *C.M.N.*, ✆ 04.95.65.01.38.

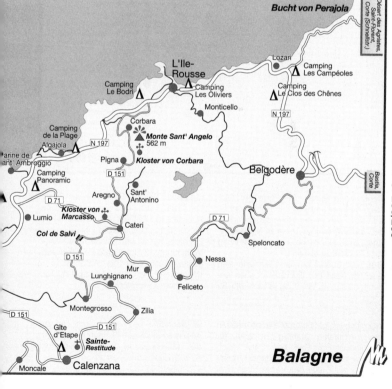

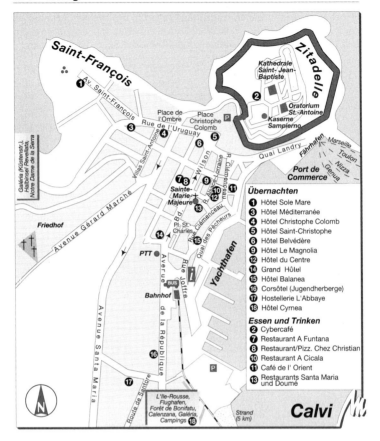

Bahn: Nach Bastia drei Züge pro Tag, nach Ajaccio (umsteigen in Ponte Leccia) ebenso viele. In der Hauptsaison halten die *Trains-Tramways de la Balagne* tagsüber eine stündliche Pendelverbindung mit L'Ile-Rousse aufrecht.

Bus: Wie überall an der Westküste sind auch in Calvi die Busverbindungen äußerst dürftig. In Richtung Süden Mo–Sa täglich ein Bus bis Galéria (in der Saison bis Porto); die Verbindung über L'Ile-Rousse nach Saint-Florent wird nur in der Saison aufrechterhalten, nach Calenzana ebenfalls nur in der Saison regelmäßige Verbindung (2-mal täglich). Exakte Auskünfte (auch über die Abfahrtsorte in Calvi) erteilt das Office Municipal du Tourisme (siehe *Information*).

Diverses

• *Schiffsausflüge*: Mehrere Firmen machen am Yachthafen auffällig Reklame für Rundfahrten im **Golf von Calvi** (auch nachts), für Ausflüge zur **Halbinsel Revellata** mit der Grotte des Veaux Marins sowie für längere Touren zum **Naturreservat La Scandola** und weiter nach Girolata. Angebote studieren! Fahrten knapp unter dem Meeresspiegel bietet die *Seascope A 24* am Quai Landry an.

• *Busausflüge*: Tagesausflüge sowohl ins Hinterland der Balagne als auch nach

Porto, Ajaccio oder Bonifacio bietet u. a. **Corse-Voyages** am oberen Ende des Boulevard Wilson an (klimatisierte Busse).

• *Parken*: Das suchende Herumfahren ist zeitraubend und bereitet wegen des Einbahnstraßensystems zusätzlichen Ärger. Vernünftiger und nervenschonender ist es, sein Fahrzeug auf einem der beiden großen Gratis-Parkplätze stehen zu lassen: bei der Place Christophe Colomb unterhalb der Zitadelle (außer Donnerstag, dann hat hier der Markt Vorrang) oder am südlichen Ende des Yachthafens.

• *Autoverleih*: **Avis**, 6, av. de la République (bei Ollandini), ✆ 04.95.65.06.74.
Europcar, Av. de la République (gegenüber vom Bahnhof), ✆ 04.95.65.10.35.
Hertz, 2, rue Joffre (neben der Tourist-Information), ✆ 04.95.65.06.64.
Sämtliche Verleiher auf engstem Raum findet man im Flughafengebäude Calvi Sainte-Catherine.

• *Motorräder/Fahrräder*: **Garage Ambrosini**, Villas Saint-Antoine (in der Nähe der Place Christophe Colomb). Motorräder (Kaution ist bis etwa 250 €) und Fahrräder. ✆ 04.95.65.02.13.

• *Bootsverleih/Surfbretter*: Am Strand südlich des Yachthafens vermietet u. a. der **Calvi Nautique Club** Katamarane und Surfbretter. Wer damit nicht klarkommt, kann beim CNC einen Segel- bzw. Surfkurs buchen. ✆ 04.95.65.10.65.

• *Tauchen*: **J.M.B. Diving**, am Strand beim Piniengürtel. Auch Nacht-Tauchen. Ganzjährig in Betrieb. ✆ 04.95.65.12.07.

• *Festivals*: **Festival du Vent**, jährlich Ende Oktober. Das 1992 aus der Taufe gehobene "Festival des Windes" (oder *Festiventu*, wie die Korsen sagen) ist eine der originellsten Veranstaltungen der Insel. Im Programmheft erscheinen fröhlich durcheinander gewirbelt: Konzerte, Straßentheater, Luftsport, wissenschaftliche Vorträge und Diskussionen.
Rencontres de Chants Polyphoniques de Calvi, jährlich Mitte September. Polyphone Gesänge an verschiedenen Örtlichkeiten im Zitadellenviertel, u. a. in der Kathedrale. In der Regel schließen die *Rencontres* mit einem poly-polyphonen Konzert aller teilnehmenden Gruppen auf der Place d'Armes.
Calvi Jazz Festival, letzte Juniwoche. Gratiskonzerte an mehreren Plätzen in der Stadt, eintrittspflichtige auf der Open-Air-Bühne am Fuß der Zitadelle hinter dem Handelshafen.

• *Markt*: donnerstags auf der Place Christophe Colomb unterhalb der Zitadelle.

• *Einkaufen*: Kein Problem bei der hochentwickelten touristischen Infrastruktur, die Unterstadt ist voller Shops, Boutiquen, Lebensmittelgeschäfte mit korsischen Wein-, Wurst- und Honigspezialitäten. Supermärkte findet man an der Ausfallstraße nach L'Ile-Rousse.

• *Waschsalon*: bei **Les Résidences Pinea** an der Straße nach L'Ile-Rousse, täglich 7–20 Uhr geöffnet.

Übernachten

*** **Hôtel Balanea (15)**, Calvis luxuriösestes Hotel, zentrale Lage. Die teuersten Zimmer liegen in der 5. Etage und bieten einen phantastischen Ausblick über den Hafen aufs Meer. DZ 49–185 € je nach Saison und Lage des Zimmers, Frühstück inklusive. Für Vierbeiner kostet der Luxusnacht ohne Frühstück nur 16 €. 6, rue Clémenceau. ✆ 04.95.65.94.94, ✎ 04.95.65.29.71.

*** **Hostellerie L'Abbaye (17)**, Luxushotel mit Stil, erbaut auf den Ruinen einer Franziskanerabtei aus dem 16. Jahrhundert. In der ehemaligen Kapelle ist die Küche untergebracht, eine im Keller gefundene Holztruhe aus dem 16. Jahrhundert wurde restauriert und ziert heute den Hotelflur. An den Fassaden wuchert dicht das Grünzeug, so dass die Fenster teilweise regelrecht freigeschnitten werden müssen. Üppig ist die Vegetation auch im verwunschenen Hintergarten. DZ 75–179 € je nach Saison und Ausstattung, Frühstück inbegriffen. April–Oktober geöffnet. Route de Santore. ✆ 04.95.65.04.27, ✎ 04.95.65.30.23.

*** **Hôtel Le Magnolia (9)**, zentral gelegenes, gediegenes Luxushotel im Stil der Belle Epoque. Die riesige Magnolie im Innenhof ist mit einem Rebstock verwachsen, der sich über das Eingangstor rankt. Eine Insel der Ruhe mitten im lauten Calvi, fast unwirklich – Eric Rohmer hätte hier eine ideale Filmkulisse vorgefunden. DZ 54–130 € je nach Saison und Ausstattung, die teureren mit Blick auf den Garten. Frühstück extra, je nach Wahl kontinental oder englisch, im Zimmer oder im schattigen Garten serviert. März–Dezember geöffnet. Place du Marché. ℡ 04.95.65.19.16, ℻ 04.95.65.34.52.

*** Hôtel Saint-Christophe (5), moderner Bau in großartiger Lage. Sehr schöne, aber kleine Zimmer, alle mit Balkon, nur die auf der untersten, der 4. Etage (die Etagen werden abwärts gezählt), nicht – dafür hat man hier gleich den Swimmingpool mit Blick aufs Meer und Zitadelle vor der Nase. Letztere kann man auch bei einem Drink vom ruhigen Vorplatz des Hotels aus studieren. An Gäste werden auch Mountainbikes vermietet. DZ 76–127 € je nach Saison, die teureren mit Meerblick, Frühstück inbegriffen. April–Oktober geöffnet. Place Bel'Ombra. ℡ 04.95.65.05.74, ℻ 04.95.65.37.69.

*** Grand Hôtel (14), altes Luxushotel im Stadtzentrum im Stil der Jahrhundertwende, die Außenfassade ist vom Zahn der Zeit angegriffen, innen aber ist das Hotel renoviert. Klimatisiertes Restaurant und edle Bar mit einladender Cocktailkarte. Deutschsprachige Rezeption. DZ 58–90 €, die schönsten in der 4. Etage mit Aussicht über Calvis Dächer aufs Meer. April–Oktober geöffnet. 3, boulevard Wilson, ℡ 04.95.65.09.74, ℻ 04.95.65.25.40.

** Hôtel Belvédère (6), das Hotel hat eine umfassende Außen- und Innenrenovierung erfahren: nach außen auf der ersten Etage eine offene Architektur mit großen Fenstern zur Straße, innen komfortable, schallgedämpfte Zimmer. DZ 37–99 € je nach Saison. Place Christophe Colomb. ℡ 04.95.65.01.25, ℻ 04.95.65.33.20.

** Hôtel Christophe Colomb (4), laute Lage. DZ 39–92 € je nach Saison. April bis Mitte Oktober geöffnet. Place Bel'Ombra. ℡ 04.95.65.06.04, ℻ 04.95.65.29.65.

** Hôtel Méditerranée (3), direkt an der Straße, mit großer Dachterrasse. DZ 46–85 € je nach Saison, die teureren mit Balkon und Meeresblick. Rue de l'Uruguay. Mitte April bis Oktober geöffnet. ℡ 04.95.65.08.58, ℻ 04.95.65.43.28.

** Hôtel Sole Mare (1), sehr ruhige Lage auf der Halbinsel Saint-François. Bademöglichkeit bei der nahen Felsküste oder im hoteleigenen Swimmingpool. DZ 34–84 € je nach Saison. Nach erfolgter Renovierung sind die kritischen Leserbriefe gegenstandslos geworden. April–Oktober geöffnet. Pointe Saint-François. ℡ 04.95.65.09.50, ℻ 04.95.65.33.20.

** Hôtel Cyrnea (18), wem der nahe Strand hinter der Pinède wichtiger ist als das Zentrum mit seinen Geschäften und Bars, liegt hier goldrichtig. Von den Badehotels an der Ausfallstraße nach L'Ile-Rousse gilt dem Cyrnea unsere Empfehlung – allein schon wegen des im marokkanischen Stil eingefassten Swimmingpools und des freundlichen Empfangs. Gepflegte Zimmer mit Balkon. DZ 51–63 € je nach Saison. April–November geöffnet. Route de Bastia (gleich nach dem Camping Paduella). ℡ 04.95.65.03.35, ℻ 04.95.65.38.46.

Hôtel du Centre (12), bescheidenes, sympathisches Hotel direkt beim alten Fischmarkt im Stadtzentrum (im überdachten Markt wird heute gelegentlich noch Gemüse angeboten, Fische kauft man tiefgefroren in den Supermärkten). Achtung: Der halbstündliche Glockenschlag der nahen Sainte-Marie-Majeure ist unbarmherzig. In der Hauptsaison ist das Hotel schnell ausgebucht, Reservierung wird dringend angeraten. Etagen-WC, einige Zimmer mit Dusche. DZ 28–42 €. Juni–September geöffnet. 14, rue Alsace-Lorraine. ℡ 04.95.65.02.01.

Jugendherberge Corsôtel (16), einige 2-Bett-, zum größten Teil aber 4-Bett-Zimmer. Essen und Alkoholgenuss ist in den Zimmern verboten. Kleiner Aufenthaltsraum mit TV und Selfservice-Restaurant (alkoholfrei), das für ca. 8,50 € ein gutes Menü anbietet. Pro Person 20 €, Frühstück inbegriffen. Avenue de la République (schräg gegenüber dem Bahnhof). ℡ 04.95.65.14.15, ℻ 04.95.65.33.72.

Camping

Camping Les Tamaris, an der Küstenstraße nach Galéria (ca. 1 km außerhalb der Stadt). Schattiges, terrassenförmiges Gelände zum langen Felsstrand hinunter. 160 Stellplätze, saubere sanitäre Einrichtungen und ein von Lesern mehrfach empfohlenes Restaurant. Mai–September geöffnet. ℡ 04.95.65.23.59, ℻ 04.95.65.35.25.

Camping La Pinède, Straße nach L'Ile-Rousse (ca. 2½ km außerhalb der Stadt). 240 Stellplätze, stadt-, strand- und supermarktnah und deshalb Calvis beliebtester Campingplatz. Er erstreckt sich im Pinienhain zwischen der Straße und der Eisenbahnlinie. Die Ausschilderung ist etwas dürftig; hinter dem Supermarkt Rallye links abzweigen und dem Sträßchen durch den Wald folgen. Schattige Plätze zuhauf, Oberfläche relativ weich, nach 3 cm Tiefe steinhart. Gepflegte sanitäre Anlagen, Lebensmittelladen, Pizzeria mit Swimmingpool, Tennisplatz. Über die Gleise gelangt man direkt zur großen Sandbucht von Calvi. Ein besonderes Angebot für GR-20-Wanderer: Sie können das für das Gebirge unnötige Gepäck an der Rezeption zur Bewahrung aufgeben – kostenlos für mehrere Tage oder Wochen. April–Oktober geöffnet. ✆ 04.95.65.17.80, ℻ 04.95.65.19.60.

Camping Paduella, gegenüber La Pinède (auf der anderen Seite der Straße nach L'Ile-Rousse). Kein Swimmingpool und nicht ganz so strandnah wie La Pinède, in puncto Komfort aber mit diesem vergleichbar. Gelände leicht terrassenförmig angelegt. 130 Stellplätze. Mai bis Mitte Oktober geöffnet. ✆ 04.95.65.06.16, ℻ 04.05.65.17.50.

Camping Les Castors, knapp außerhalb der Stadt an der Straße nach Pietra-Maggiore (200 m nach dem Abzweig). Ebenes Gelände mit einigen Schattenplätzen und wenig Charme. Die militärisch stramm ausgerichtete Bungalow-Reihe verschönert den Gesamteindruck auch nicht. Swimmingpool. 80 Stellplätze. Mai–September geöffnet. ✆ 04.95.65.13.30, ℻ 04.95.65.31.95.

Camping La Clé des Champs, 100 m nach Les Castors. Kleines Gelände (35 Stellplätze), halb eingerahmt von den Häusern des Stadtrands. "Hohe, schattenspendende Bäume, sehr saubere und gepflegte sanitäre Anlagen mit Warmwasserduschen und für die stadtnahe Lage ein günstiger Preis" (Leserbrief). Eher ein Platz für Wohnmobile als für Zelturlauber. Ca. 500 m zum Strand. April–Oktober geöffnet. ✆/℻ 04.95.65.00.86.

Essen und Trinken (siehe Karte S. 270)

Ein Mangel an Lokalen herrscht wahrlich nicht: Über 100 Restaurants und Pizzerie warten auf den Gast. Sehr beliebt, wenn auch nicht gerade billig sind die Lokale am Hafen, spätabends lockt hier vor allem das Cocktail- und Eisangebot.

Restaurant A Funtana (7), Boulevard Wilson/place Marchal. Auf der Straße halten die Wirtsleute als Pappkameraden die Speisekarte – ein beleibter Korse aus der Castagniccia und seine Frau aus der Deutschschweiz. Das "Heidi" findet man dann auch wieder auf der Speisekarte: *Daube de poulpe sauce Aïdi* – der Tintenfischpfeffer ist eine Erfindung des Hauses und schmeckt hervorragend. Wer skeptisch ist, kann auch Pizza oder Paella wählen oder das 100 % korsische Menü: korsischer Salat, korsische Wurstwaren, korsische Suppe, korsisches Kalbsragout, Bohnenragout auf korsische Art, korsischer Käsekuchen, Kastanienflan und korsischer Käse. Und das alles zu vernünftigen Preisen. Unsere Empfehlung!

Spiel von Licht und Schatten: in der Zitadelle von Calvi

Restaurant A Cicala (10), Place du Marché, direkt neben der kleinen, offenen Markthalle. Die Fischspezialitäten sind hier billiger und ebenso gut wie in den Restaurants am Quai. Auch Paella im Angebot. Bestuhlung auf der Gasse.

Restaurant/Pizzeria Chez Christian (8), Boulevard Wilson/Place Marchal, direkt neben dem Funtana. Menüs und Pizze auf einer kastanienbestandenen Terrasse in ruhiger und zentraler Lage. Preis- und empfehlenswert.

Restaurants Santa Maria und Chez Doumé (13), im Zentrum der Unterstadt. Der große Platz vor der Hauptkirche der Stadt ist abends bis auf den letzten Quadratmeter voll mit Tischen, in der Saison spielen die Bands direkt auf der Kirchentreppe: gute Stimmung. In Sachen Massenqualität ist zwischen den beiden Restaurants kein nennenswerter Unterschied auszumachen.

Cybercafé (2), in der Zitadelle (unterhalb der Kathedrale). Neben Internet-Anschluss auch Pizze, Crêpes, Sandwichs, Snacks und Salate.

Café de l'Orient (11), am Quai. Mit Internet-Anschluss: draußen Eis schlecken, innen Mails versenden.

Sehenswertes

Zitadelle: Die Zitadelle mit ihrer intakten Ummauerung aus dem 15. und 16. Jahrhundert ist das Wahrzeichen von Calvi. Der Rundgang die Mauern und Bastionen entlang bietet ein spektakuläres Panorama: Blick auf die Unterstadt mit dem Hafen und auf den Golf von Calvi, Blick aufs offene Meer hinaus, Blick auf die einsame Kapelle *Notre Dame de la Serra* im Südwesten. Die Oberstadt selbst erweist sich dann – befindet man sich einmal innerhalb der imposanten Mauern – als überraschend klein. Den Zugang zur Zitadelle findet man von der *Place Christophe Colomb* aus. Von hier führt der Aufgang zum Stadttor mit der Inschrift *"Civitas Calvi Semper Fidelis"*, dem Treuebekenntnis der Stadt zu Genua. Im kleinen Informationszentrum, das am Eingang untergebracht ist, liegt u. a. auch ein Plan der Zitadelle aus; er trägt jedoch mehr zur Verwirrung als zur Orientierung bei. Vorschlag: den Panorama-Rundgang genießen und dann die Stadt kreuz und quer erkunden.

Im Zentrum der Oberstadt steht die aus dem 13. Jahrhundert stammende **Kathedrale Saint-Jean-Baptiste**. Im 15. Jahrhundert brannte sie fast vollständig ab und wurde wiederaufgebaut. Eine erneute Zerstörung verursachte 1567 die Explosion des nahe gelegenen Pulverarsenals; der Wiederaufbau im Jahr 1570 gab der Kathedrale ihr heutiges Aussehen. Im Innern ist sie hell und freundlich; besonders beachtenswert sind der reich verzierte Marmoraltar, die Kanzel aus Eichenholz mit ihren feinen Schnitzarbeiten sowie ein von den Notabeln der Stadt gestiftetes Weihwasserbecken aus Alabaster rechts vom Eingang. In der Apsis ist ein Holztryptichon aus dem Jahr 1498 zu sehen: Verkündigungsdarstellung, Szenen aus dem Leben Jesu, Lokalheilige; der Mittelteil des Gemäldes ist nicht mehr erhalten.

Neben einem kleinen *Salon de Thé,* in einer Nische der engen Häuserreihe versteckt, findet man das **Oratorium Saint-Antoine**, erkenntlich an einem

Im Zentrum der Zitadelle: die Kathedrale Saint-Jean-Baptiste

kleinen Glockenturm. Aufmerksamkeit verdient das hübsche Relief aus schwarzem Schiefer über dem Türsturz. Es zeigt den Heiligen Antonius mit einem Schwein zwischen den beiden Schutzpatronen der Stadt, Franz von Assisi und Johannes dem Täufer. Antonius ist der Schutzheilige der Haustiere, das Schwein ein bei Antonius-Darstellungen durchaus übliches Attribut. Das Oratorium Saint-Antoine beherbergt eine Sammlung regionaler Sakralgemälde. An den Wänden sind die Fresken aus dem 16. Jahrhundert größtenteils arg zerstört; am besten erhalten ist eine Darstellung des

Gekreuzigten mit der Jungfrau Maria und Antonius (mit Schweinchen darunter) zur linken und den Heiligen Sebastian und Rochus zur rechten Seite. Der Stifter des Gemäldes hat sich zu Füßen Jesu kniend verewigen lassen, auffällig verkleinert – Bescheidenheit ist eine Zier. Als Zugabe bietet das kleine Oratorium einen wunderbaren Ausblick über den Hafen Calvi.

Nicht weit vom Zitadelleneingang liegt der ehemalige **Palast der genuesischen Gouverneure**. Eine Besichtigung ist nicht möglich. Das Gebäude mit dem trikolorebeflaggten, renovierten Festungsturm heißt heute *Caserne Sampiero* und ist Stützpunkt der Fallschirmjäger der Fremdenlegion. Der Job scheint kein Zuckerschlecken zu sein – in der Nähe der Kathedrale Saint-Jean-Baptiste hat man den hartgesottenen Berufsmilitärs ein Erholungszentrum eingerichtet.

Kirche Sainte-Marie-Majeure: Die große Kirche mit der etwas ramponierten Fassade in der Unterstadt datiert aus dem Jahr 1774. Sie fällt vor allem durch ihren polygonalen Grundriss auf. Das dunkle Innere des gedrungenen Baus besteht aus einem Vorraum, einem mehr breiten als langen Hauptteil mit vier Seitenkapellen und einer Apsis. Außer der etwas eigenwilligen Architektur hat die Kirche nichts Nennenswertes zu bieten.

Phytolacca Divica

... lautet die wissenschaftliche Bezeichnung der Bäume auf der kleinen Place de l'Ombre. Ein Schild erklärt, was die Schatten spendende Phytolacca Divica alles *nicht* ist: "Kein Holzgewächs, keine jährlich sprießende Pflanze, kein Kork, kein Baum, kein Pilz, kein Strauch, kein Gemüse, nichtessbar, nicht brennbar ... nicht zu klassifizieren" (Übers., d. Verf.). Positiv vermerkt werden ihre honighaltigen Blüten. Im Schatten der seltsamen Bäume, deren mächtig wuchernde Wurzeln an Elefantenfüße erinnern, treffen sich Calvis Boule-Spieler – eine kleine Oase der Ruhe in der hektischen Stadt.

Baden

Der schmale, mehrere Kilometer lange Sandstrand, der mit einem Piniengürtel dahinter den *Golf von Calvi* säumt, gehört zu den schönsten der ganzen Insel. Die Wassertiefe nimmt nur sehr langsam zu, Familien mit kleinen Kindern liegen hier richtig. Mehrere Strandpizzerie und Bars sorgen dafür, dass man den ganzen Tag am Strand verbringen kann – stets die gewaltige Zitadelle von Calvi im Blickfeld.

Gute Schwimmer und Springer können zur Abwechslung die *Felsküste der Halbinsel Saint-François* aufsuchen. Baden ist hier allerdings nur bei ruhiger See möglich. Bei starker Brandung bleibt dem Besucher die Rolle des Zuschauers in einem aufregenden Naturschauspiel.

Calvi/Umgebung

Notre Dame de la Serra: Die Kapelle aus dem 19. Jahrhundert liegt auf einem Hügel südwestlich von Calvi und ist ein beliebtes Ausflugsziel. Nicht des stets verschlossenen Gebäudes wegen, sondern um den einzigartigen Rundblick zu genießen, finden Spaziergänger und Autofahrer den Weg hierher. Wer mit dem eigenen Fahrzeug von Süden nach Calvi kommt, nehme sich Zeit für den kurzen Abstecher. Der Postkarten-Blick auf die Stadt, auf die vorgelagerte Zitadelle, den Hafen und den Golf mit seinem langen Sandstrand ist gleichzeitig eine erste geographische Orientierungshilfe.

- *Anfahrt*: Von der Küstenstraße nach Galéria führt ca. 4 km außerhalb von Calvi (gegenüber der Halbinsel Revellata) ein ausgeschildertes Nebensträßchen zur Kapelle hinauf.
- *Wanderung*: Ausgangspunkt ist der Süden Calvis. Die Route de Santore entlanggehen, bei der Kreuzung nach der Résidence Casa Vecchia rechts abzweigen. Der Spaziergang zur Kapelle dauert knappe zwei Stunden.

Halbinsel Revellata: Einen schönen Blick auf die Halbinsel westlich von Calvi genießt man vom kleinen Parkplatz der Küstenstraße aus, und vielleicht sollte man sich damit begnügen. Für die wenigen Badebuchten lohnt es sich kaum, die Stoßdämpfer zu ruinieren, und für Fußgänger ist der Weg durch die gnadenlose Hitze auch nicht gerade verlockend. Die aufregendste Stelle der Halbinsel, die *Grotte des Veaux Marins* (Seehundsgrotte), ist ohnehin nur mit dem Schiff zu erreichen. Für die Einfahrt in die 200 m lange Grotte, deren Decke 25–30 m über dem Meeresspiegel liegt, ist eine ruhige See unabdingbare Voraussetzung; Seehunde sind keine mehr zu sehen, aber die Fahrt kann dennoch durchaus romantisch sein (siehe *Calvi/Schiffsausflüge* auf S. 270).

Forêt de Bonifatu

Forêt de Bonifatu (Wald von Bonifatu): Wer der brütenden Hitze der Küste entfliehen will, ist im Forêt de Bonifatu gut aufgehoben. Der große Kiefernwald im Talkessel lädt zu Spaziergängen und Wanderungen von beliebiger Dauer ein, die *Figarella,* deren Bachbett im unteren Lauf meist ausgetrocknet ist, bildet im oberen Teil zahlreiche Badebecken.

Die *Auberge de la Forêt,* ein bescheidenes Hotel mit Restaurant, hat sich längst zu einem Treffpunkt entwickelt. Ganz in der Nähe führt der *Tra Mare e Monti Nord* vorbei, einer der schönsten Wanderwege Korsikas (von Calenzana nach Cargèse). Und immer mehr GR-20-Wanderer wählen die kleine Waldherberge als Startort, seit einige Reiseführer publik gemacht haben, dass das erste Teilstück der großen Korsikadurchquerung (von Calenzana aus) nicht besonders aufregend ist. Sie steigen direkt vom Forêt de Bonifatu zum *Refuge de Carozzu* auf und treffen erst dort auf die berühmte Wanderroute.

- *Anfahrt*: Von Calvi aus in Richtung Flughafen, dann weiter auf der D 251 das Figarella-Bachbett entlang bis zur *Auberge de la Forêt* fahren. Die Straße hört knapp hinter der Auberge auf (kleiner Parkplatz). Keine Busverbindung!
- *Übernachten/Camping/Essen*: **Auberge de la Forêt**, bei Wanderern und Sonntagsspaziergängern beliebtes Waldhaus. Im Restaurant werden neben Menüs verschiedener Preisklassen auch kleinere Gerichte angeboten. Man kann sich natürlich auch auf einen Pastis auf der Terrasse beschränken. Besonders gemundet haben die hausgebackenen Kuchen aus Kastanienmehl. DZ ca. 46 €, Dusche im Zimmer, WC auf dem Flur. Billiger ist die Übernachtung im 6- oder 12-Bett-Schlafraum: ca. 11 €/Person. Noch billiger ist es, sein Zelt im hübschen Garten der Auberge aufzuschlagen: Dusche, Waschbecken, WC vorhanden. April–Oktober geöffnet. ✆/✉ 04.95.65.09.98.

Wanderung: Forêt de Bonifatu – Bocca di Erbaghiolu – Bocca di Bonassa

> **Forêt de Bonifatu – Bocca di Erbaghiolu – Bocca di Bonassa**: 2,5 Stunden
> **Bocca di Bonassa – Forêt de Bonifatu**: 2 Stunden
> **Höhenunterschied**: 700 m
> **Kartenmaterial**: IGN-Faltkarte 1:50.000, Corse Nord, Blatt II 4
> **Schwierigkeitsgrad**: geeignet für Anfänger, verlangt etwas Kondition

Man hat vom Forêt de Bonifatu aus mehrere Möglichkeiten, die Bergwelt kennen zu lernen. Vom Parkplatz kann man entweder auf die *Carozzu-Hütte* oder zum *Refuge di l'Ortu di u Piobbu* hinaufsteigen (ca. 2 km, ab der Schranke am Ende eines unbefestigten Waldweges ausgeschildert). Wer nur zum Baden herkommen möchte, kann sich in den herrlichen Badebecken im kristallklaren Wasser des *Figarella-Baches* vergnügen.

Folgender Rundweg ist weniger bekannt und doch sehr schön. Er ist auch geeignet für Anfänger, die mal in die korsische Bergwelt reinschnuppern und ohne Risiken einen Bergrücken erklimmen wollen, verlangt jedoch Kondition. Auch geübte Bergwanderer kommen auf ihre Kosten, da es immerhin 700 m Höhenunterschied zu überwinden gilt und der Ausblick wirklich lohnenswert ist.

Wegbeschreibung: Ausgangspunkt ist der Pfad auf der rechten Seite hinter der kleinen Steinbrücke beim *Maison forestière* (beim Schild "Attention au feu"). Der schmale Waldweg schlängelt sich von 536 m Höhe hoch zur **Bocca di Erbaghiolu** (1258 m).

Anfangs durchquert man dichten Mischwald, überwiegend aus Erdbeerbäumen *(arbousier)* und Lariciokiefern bestehend. Ersterer ist ein auf Korsika häufig vorkommender Baum, der seine Früchte im Dezember und Januar trägt. Dabei handelt es sich um kleine, erdbeerähnliche Bällchen, die in Likör, Honig oder Konfitüre wiederzufinden sind.

Der Mischwald geht nach und nach in Nadelwald über, der mit zunehmender Höhe an Dichte gewinnt. Der Pfad auf die Bocca di Erbaghiolu ist *orange* gekennzeichnet.

Auf der Höhe angekommen, folgt man einem *gelb* markierten Pfad, der rechts durch einen ebenen, kleinen Tannenwald führt. Nach kurzem Abstieg erreicht man schließlich die **Bocca di Bonassa** (1179 m). Hier kann man sich nun die wohlverdiente Rast gönnen und den Blick auf den Golf von Calvi genießen. Die Bocca di Bonassa ist die grasüberwachsene Hochebene mit einer alten Bergerie, die von Jägern noch immer als Unterschlupf benutzt wird.

Abstieg: Ein Pfad mit roter Markierung (die frühere orangefarbene wurde überpinselt) führt uns abwärts zum Wald von Bonifatu. Die Vegetation ähnelt derjenigen, der wir bereits beim Aufstieg begegnet sind. Unten stößt man auf die Straße, die zum Ausgangspunkt zurückführt.

Christina Echeverria

Calenzana (korsisch: Calinzana)

Der stattliche Ort im Landesinnern ist Ausgangspunkt sowohl für die berühmte Korsikadurchquerung auf dem *GR 20* (Calenzana–Conca) als auch für die reizvolle Wanderroute *Tra Mare e Monti Nord* (Calenzana–Cargèse). Gestartet wird im unteren Dorfteil bei einer bescheidenen Bar, die sich – ihrer Existenzgrundlage bewusst – den Namen *Snackbar Le GR 20* gegeben hat. Im Hochsommer treffen mit jedem Morgen neue Gruppen von Wanderern ein, streifen vollbepackt durch die Lebensmittelläden, um sich noch mit allerletztem Proviant einzudecken, bevor sie dann endgültig Abschied von der Zivilisation nehmen. Nicht selten jedoch schrumpft der geplante große 12-Tages-Trip zur 2-Tages-Wanderung zusammen. Meist ist nicht einmal mangelnde Kondition die Ursache der frühen Rückkehr, sondern vielmehr der übergewichtige Rucksack. Der Mann hinter dem Tresen der *Snackbar Le GR 20* weiß ein Liedlein davon zu singen. Profis halten 20 kg Gepäck für die absolut oberste Grenze.

- *Verbindungen*: In der Saison 2-mal täglich Bus nach Calvi und zurück.
- *Übernachten/Camping*: *** Hôtel Bel Horizon**, bei der Barockkirche, DZ 31–39 € (Einzelpersonen weniger), Dusche im Zimmer, WC auf dem Flur. Das Frühstück – es wird extra berechnet – kann auf der Terrasse eingenommen werden. April–September geöffnet. ✆ 04.95.62.71.72.
Hôtel Montegrosso (keine Klassifizierung), im unteren Dorfteil schräg gegenüber der Snackbar Le GR 20. Der herbfreundlichen Marie-Jo, die das Haus praktisch alleine führt, täte die Erfahrung gut, dass auch Deutsche freundliche Gäste sein können. DZ ca. 31 € (Einzelpersonen weniger), Dusche im Zimmer, WC auf dem Flur. Mai–Oktober geöffnet. ✆ 04.95.62.70.15.
Gîte d'étape, knapp vor dem Ortseingang links. Seit 2000 auf 35 Betten aufgestockt, auf dem Terrain daneben Platz für 50 Zelte. ✆ 04.95.62.70.08.

Sehenswertes

Eglise Saint-Blaise: Die Barockkirche mit ihrem großen Vorplatz im Ortszentrum wird von einem freistehenden, vierstöckigen Glockenturm (1870–75) dominiert. Nach demjenigen von *La Porta* (Castagniccia) ist er der imposanteste der ganzen Insel. In letzter Zeit zeigt er offensichtlich

Anzeichen von Altersschwäche; zumindest lässt sich die Linie mit der Schrift "Danger", die im Umkreis von einem Meter das Parken verbietet, so interpretieren. Im untersten Teil ist eine Gedenktafel angebracht: Sie erinnert an den *Campo Santo dei Tedeschi* ("Heiliges Feld" bzw. "Friedhof der Deutschen"), der sich an die Kirche anschließt. Anno 1732 fanden hier 500 von den Genuesen gekaufte deutsche Söldner im Kampf gegen ein unabhängiges Korsika den Tod.

Biologische Kriegsführung im 18. Jahrhundert

Der Aufruhr der korsischen Nationalisten hatte schon weite Teile der Insel erfasst, als Genua 1731 den habsburgischen Kaiser *Karl VI.* um militärische Hilfe anging. Dieser sagte kurzfristig 8000 deutsche Söldner zu, die monatliche Miete des Heeres wurde auf 30.000 Gulden (plus Kost und Logis für das Mietobjekt) festgesetzt. Diverse deutsche Kleinfürsten setzten so ihre Landeskinder in bare Münze um; wie viel der kaiserliche Menschenhändler als Maklerprovision einstrich, ist nicht bekannt.

Im Januar 1732 wurden 800 deutsche Söldner auf die Balagne angesetzt, um dort den nationalistischen Widerstand zu brechen. Calenzana, das sich als Hort der Aufständischen einen Namen gemacht hatte, sollte regelrecht durchkämmt werden. Gegenüber der zahlenmäßigen Übermacht aus dem hohen Norden schienen die Korsen keine Chancen zu haben. Da griffen die Bedrohten zu ihrem letzten Mittel, der biologischen Waffe. Sie strichen die Stiere des Dorfs mit Pech ein und zündeten sie ganz einfach an. Die vor Schmerz tobenden Tiere wirbelten die feindliche Schlachtordnung komplett durcheinander. Um nachzudoppeln, warfen die Korsen dann noch Bienenkörbe aus den Fenstern auf die fremden Patrouillen hinunter. Die Tierchen – aus ihrer Winterruhe böse aufgeschreckt – stachen wütend zu. Mit ebenso großer Wut erlösten die Calenzaner die Söldner darauf von ihren rasenden Schmerzen. Tote Feinde sind gute Feinde. Die 500 bei Calenzana gefallenen Deutschen wurden von den Korsen ehrenhaft bestattet, und der deutsche Kulturhistoriker *Ferdinand Gregorovius,* der Calenzana 1852 besuchte, wusste zu berichten, dass die Geistlichen den Friedhof der Deutschen noch immer jährlich mit Weihwasser besprengten: "So rächt sich der Korse an den Feinden, die ihm seine Unabhängigkeit zu morden kamen."

Chapelle Sainte-Restitude: Ungefähr einen Kilometer außerhalb von Calenzana findet man linker Hand an der D 151 eine größere weiße Kapelle mit einer oktogonalen Kuppel. Sie wurde auf den Resten einer pisanischen Kirche errichtet, hat aber im Lauf der Jahrhunderte mehrere Umbauten erlebt.
Die große Überraschung kam 1951: Bei Restaurierungsarbeiten wurde ein in den barocken Altar eingebauter früherer Altar zu Tage gefördert. Dahinter wurde das Grab der *Heiligen Restitude* freigelegt, einer Märtyrerin, die im Jahr 303 den Christenverfolgungen unter dem römischen Kaiser *Diokletian* zum Opfer fiel. Den Sarkophag aus Carrara-Marmor aus dem 4. Jahrhundert schmückten zwei kleine Fresken, die vermutlich aus dem 13. Jahr-

hundert stammen. Sie sind heute neben dem Altar ausgestellt; eines von ihnen zeigt die Enthauptung der Heiligen und vier weiterer Personen. An der Errichtung einer Krypta für den Sarkophag sowie an der Renovierung der Kapelle beteiligte sich fast die gesamte Bevölkerung der Umgebung.

Jeden Ostermontag findet zu Ehren der Heiligen, die am 2. August 1984 vom umtriebigen Papst Johannes Paul II. offiziell zur Schutzpatronin Calenzanas und der Balagne dekretiert wurde, eine große Prozession statt.

<u>Schlüssel</u>: Die Kapelle ist in der Regel nicht geöffnet. Der Schlüssel wird in der Drogerie im Dorfzentrum von Calenzana gegen Deponieren des Reisepasses ausgehändigt.

Fahrt durchs Hinterland

Chapelle Sainte-Restitude

Von Calenzana aus lässt sich die Fahrt – an der Chapelle Sainte-Restitude vorbei – als Rundreise durch das olivenreiche Hinterland der Balagne fortsetzen. Etwas unterhalb des Ortes **Lunghignano** ist eine restaurierte Ölmühle wieder in Betrieb: *U Fragnu* hält seine Türen von April bis Oktober geöffnet. Ein freundlicher Esel trottet im Kreis, derweil der Eseltreiber mit Kompetenz rund um die Produktion des Olivenöls referiert.

Von da gelangt man nach **Montegrosso** mit seiner auffälligen Barockkirche (im Ortsteil Montemaggiore), von deren Vorplatz aus man einen großartigen Blick auf den Golf von Calvi genießt. Von hier führt eine Nebenstraße durch die karge Macchialandschaft direkt nach Calvi zurück. Wer den größeren Teil des Tages noch vor sich hat, dem sei empfohlen, auf der D 151 zu bleiben und über den *Col de Salvi* die Rundfahrt auszudehnen in die fruchtbareren Landstriche der Balagne (siehe *Das Hinterland der Balagne* auf S. 289).

Paragliding: **Altore**, Schule für Gleitflieger, unterhält eine Station auf dem Weg von Montegrosso nach Cateri (noch vor dem Col de Salvi). Auch Flüge im Doppel. ✆ 04.95.61.80.09.

Route Calvi – L'Ile-Rousse

Lumio
(korsisch: Lumiu)

Der größere Ort liegt in einer fruchtbaren Umgebung, in der noch immer Wein angebaut wird. Einen kurzen Abstecher lohnt die pisanische *Kirche San Pietro e San Paolo* inmitten des alten, idyllischen Friedhofs von Lumio. Der heute verschlossene Eingang des kleinen, schlichten, einschiffigen Granitbaus ist von zwei Miniatur-Skulpturen (Löwen?) bewacht. Der Weg zur Kirche zweigt bei einer Kurve unterhalb des südlichen Ortsschildes ab (beim Reklame-Fass mit der Aufschrift *"Cave"*).

* *Camping*: **Camping Panoramic**, an der D 71, die nördlich von Lumio in Richtung Landesinneres abzweigt. Der Name hält, was er verspricht: Aussicht auf das Meer und den Hafen von Marine de Sant'Ambroggio. Terrassenförmiges Gelände etwas abseits der kaum befahrenen Straße, schattige Plätze im Mischwald, im oberen Teil Eukalyptus, gepflegte sanitäre Anlagen. Der schöne Platz sei vor allem Selbstfahrern empfohlen, die Natur und Ruhe den überfüllten Strandcampings vorziehen. Kleine Snackbar, Swimmingpool. 100 Stellplätze. Juni bis Mitte September geöffnet. ✆ 04.95.60.73.13.
Camping Monte Ortu, nördlich von Lumio, von der Straße nach L'Ile-Rousse aus zu erreichen (ausgeschildert). Der Platz ist auf einem Hügel (Monte Ortu) gelegen, Aussicht auf das Meer einerseits, auf Lumio andererseits. Schattenplätze, Swimmingpool, Tennisplatz. Einzig das hässliche Rezeptionsgebäude ist abschreckend. 100 Stellplätze. Juni–September geöffnet. ✆ 04.95.60.73.93, ✉ 04.95.60.63.03.

Am südlichen Ortsende von Lumio zweigt ein Sträßchen zur **Plage Arinella** ab. Zahlreiche Mini-Villen bestimmen das Bild. Der kleine, grobsandige Strand beim kleinen Restaurant ist nicht von besonderem Interesse. Wer die Straße an der Bahnlinie entlang weiterfährt, findet die Ruine eines genuesischen Wehrturms, die das nördliche Ende des Golfs von Calvi markiert. Die felsige Küste hier ist besonders bei Schnorchlern beliebt – über Wasser hat man einen Blick auf Calvi.

Marine de Sant'Ambroggio (Sant'Ambrosgiu): Wer's wirklich will, muss vorab buchen: Ferienanlage mit Yachthafen und edlen Boutiquen. Golfspieler sind an der Landnase *Punta di Spano* zugange. Auch dem *Club Méditerranée* ist die schöne Lage nicht entgangen.

Algajola (korsisch: Algaiola)

Die teilweise noch erhaltenen Festungsmauern und die restaurierte Burg täuschen Größe vor. Doch besteht Algajola in der Hauptsache aus einer kleinen Geschäftsstraße und einem großen, schattigen Platz. Unweit dahinter rauscht das Meer.

Als Erste entdeckten die Phönizier den lieblichen Küstenabschnitt und gründeten hier die Handelssiedlung *Argha*. Mehr als tausend Jahre später kamen die Genuesen und bauten Algajola zum Stützpunkt aus, der selbst Calvi lange Zeit an Bedeutung übertraf. Die alte genuesische Festung, nach einem Türkeneinfall im 17. Jahrhundert wiederaufgebaut, ist heute das eindrucksvollste Relikt aus dieser Epoche. Sie ist übrigens heute im Privatbesitz einer bretonischen Familie und der Öffentlichkeit nicht zugänglich. 1794, in den französisch-englischen Auseinandersetzungen um die Vorherrschaft auf Korsika, geriet Algajola wie Calvi unter massiven englischen Beschuss. Die Engländer zogen bekanntlich den Kürzeren und überließen die Insel den Franzosen. Erst im 20. Jahrhundert kamen sie wieder – als Touristen. Die Ladies and Gentlemen machten Algajola in den 20er Jahren zur blühenden Badestation. Noch heute schwärmen die ältesten Bewohner des Orts von diesem goldenen Zeitalter.

Algajola

Pisanisches Kleinod: San Pietro e San Paolo von Lumio

Doch ist die Zeit der rauschenden Garden-Parties passé, Deutsche und Italiener sind wesentlich häufiger anzutreffen als Engländer, und die Touristenzentren Calvi und L'Ile-Rousse haben Algajola längst in den Schatten gestellt.

- *Verbindungen*: In der Hauptsaison fahren die Züge der *Trains-Tramways de la Balagne* tagsüber stündlich in Richtung Calvi und L'Ile-Rousse, in der Nebensaison etwas weniger häufig, im Winter immerhin noch 3-mal pro Tag.
- *Übernachten/Camping*: **** Hôtel L'Ondine**, Ortszentrum. Algajolas luxuriösestes Hotel verfügt über einen attraktiven Innenhof mit Blumengarten und Swimmingpool, um den die insgesamt 60 Zimmer gruppiert sind. Terrassenrestaurant zum Meer. Ein ruhiges Ferienhotel, geeignet für alle, die Entspannung suchen und ein bisschen Komfort zu schätzen wissen. DZ 46–58 €. April–Oktober geöffnet.
✆ 04.95.60.70.02, ✆ 04.95.60.60.36.

** Hôtel de la Plage, am Ostende des Orts und direkt am Meer gelegenes ältliches Hotel mit schöner Straßenterrasse. Die Rückseite mit ihren Arkaden wirkt ziemlich heruntergekommen und der kleine Hotelstrand nicht sehr einladend, doch 200 m weiter beginnt die Aregno-Plage, der große Sandstrand von Algajola. Einige Umbauten sind für die Saison 2002 vorgesehen. Viele Stammgäste. DZ ab ca. 46 €, in der Hauptsaison nur Halbpension. Juni–September geöffnet. ✆ 04.95.60.72.12, ✆ 04.95.60.64.89.

Hôtel Saint-Joseph, am Westende des Orts, direkt am Meer gelegen, kleiner Felsstrand, der für das schnelle Morgenbad reicht. Sehr freundlicher Empfang, ruhiger, einladender Garten, gepflegter Frühstücksraum. Halbpensionäre speisen bei der Schwiegermutter der Besitzerin im Hôtel de la Plage (s. o.). DZ ca. 46 €, im August ca. 61 €. Unsere Empfehlung. Mitte April bis Mitte Oktober geöffnet. ✆ 04.95.60.73.90, ✆ 04.95.60.28.71.

Hôtel L'Esquinade, Ortszentrum. Kleines, familiär geführtes Hotel mit Fischküche, das leider oft ausgebucht ist. DZ ca. 31 €, im August ca. 61 €, für Einzelreisende billiger, alle Zimmer mit Dusche und WC. Mai–September geöffnet.
✆/✆ 04.95.60.70.19.

Camping de la Plage, ca. 1 km in Richtung L'Ile-Rousse. Rund 100 Stellplätze in

schattigem, ebenem Gelände mit modernen sanitären Einrichtungen, Pizzeria und Lebensmittelladen. Zum Baden braucht man nur die Bahnlinie zu überqueren, und schon ist man an der Aregno-Plage. April bis Mitte Oktober geöffnet.
✆/✆ 04.95.60.71.76.

• *Essen*: **Pizzeria Le Chariot**, im Ortszentrum. Auf dem schattigen Dorfplatz werden schmackhafte Pizze verschiedener Größe serviert. Gute Stimmung, ein Treffpunkt sowohl der Touristen als auch der Einheimischen.

Aregno-Plage

Der Strand von Aregno, wie die große Sandbucht nördlich von Algajola offiziell heißt, ist im Sommer allenfalls am ortsnahen, westlichen Ende überfüllt. Glasklares Wasser, relativ schnell zunehmende Tiefe.

Verbindungen: In der Hauptsaison halten *Trains-Tramways de la Balagne* direkt am Strand. Frequenz siehe *Algajola*.

L'Ile-Rousse (korsisch: L'Isula)

Ihren Namen verdankt die Stadt der vorgelagerten ockerroten Insel, die mit dem Bau eines Damms zur Halbinsel degradiert wurde und seitdem bequem zugänglich ist. Bei Sonnenuntergang wandelt sich das Ocker zum dramatischen Blutrot – die beste Zeit nicht nur für Fotografen, sondern auch für einen Spaziergang zum Genuesenund zum Leuchtturm.

Tagsüber ist L'Ile-Rousse ein heißes Pflaster. In der Statistik der jährlichen Sonnentage hält die Stadt den korsischen Rekord. Warum, das wissen die Götter und vielleicht auch die Meteorologen. Der Laie spürt es – spätestens nach zwei Tagen Aufenthalt in L'Ile-Rousse.

Eitel Sonnenschein bringt bekanntlich Tourismus, und an Hotels, Restaurants und Bars mangelt es in L'Ile-Rousse wahrlich nicht. Korsikas prosperierendster Wirtschaftszweig lässt die Stadt nach Westen, Osten und Süden auswuchern: Résidence-Hotels, Feriensiedlungen, Luxusvillen. Wer jedoch außerhalb der Hauptsaison unterwegs ist, wird dem freundlich-hellen Badeort trotzdem angenehme Seiten abgewinnen können. Stadt- und Strandleben sind hier eng miteinander verknüpft, und als Basisort für einen Ausflug ins Hinterland der Balagne liegt L'Ile-Rousse günstiger als Calvi.

Geschichte

"Das ist der Galgen, an dem Algajola baumeln wird", soll *Pasquale Paoli* ausgerufen haben, als er 1758 *Paolivilla* – seit der Französischen Revolution in *L'Ile-Rousse* umbenannt – gründete. Korsikas jüngste Stadt ist die handelsund militärstrategische Antwort der korsischen Revolutionäre auf die genuesentreuen Hafenstädte Calvi und Algajola. Die Bauarbeiten sollen trotz der ballistischen Störungsversuche Genuas relativ flott vorangekommen sein. Die weitere Geschichte verlief jedoch bekanntlich anders. Nach der Entscheidungsschlacht von Ponte Nuovo 1769 war der paolinische Staat am Ende, und auch die Genuesen konnten sich nicht mehr halten. Kaum gegründet, fiel L'Ile-Rousse also an die Franzosen.

L'Ile Rousse 285

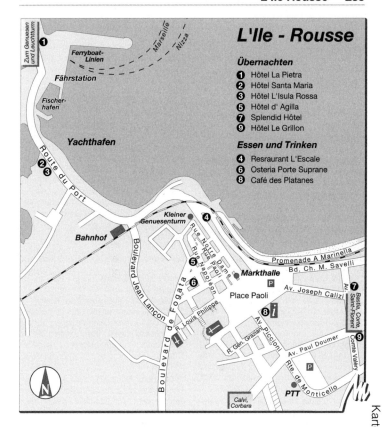

L'Ile - Rousse

Übernachten

- ❶ Hôtel La Pietra
- ❷ Hôtel Santa Maria
- ❸ Hôtel L'Isula Rossa
- ❺ Hôtel d' Agilla
- ❼ Splendid Hôtel
- ❾ Hôtel Le Grillon

Essen und Trinken

- ❹ Resraurant L'Escale
- ❻ Osteria Porte Suprane
- ❽ Café des Platanes

Postleitzahl/Information

- *Postleitzahl*: 20220
- *Information*: **Office du Tourisme**, place Paoli. Mo–Fr 9–12 und 14–18 Uhr, am Samstag 9.30–12 Uhr. ✆ 04.95.60.04.35, ✆ 04.95.60.24.74, E-Mail: info@ot-ile-rousse.fr, Internet: www.ot-ile-rousse.fr.

Verbindungen

- *Schiff*: Verbindungen nach Kontinentalfrankreich mit der S.N.C.M., Details siehe Kapitel *Anreise*. Büro der **S.N.C.M.** und der **Corsica Ferries** an der Avenue Joseph Calizi.
- *Bahn*: In der Hauptsaison sorgen die *Trains-Tramways de la Balagne* tagsüber für eine stündliche Pendelverbindung mit Calvi. Nach Bastia 3 Züge pro Tag, nach Ajaccio (umsteigen in Ponte Leccia) ebenso viele.
- *Bus*: Nach Bastia 1-mal täglich, die Verbindung nach Calvi wird nur in der Saison (ebenfalls 1-mal täglich) aufrechterhalten, das Gleiche gilt für die Route durch den Désert des Agriates nach Saint-Florent. Exakte Auskünfte (auch über Zielorte im Hinterland der Balagne) erteilt das Office du Tourisme (siehe *Information*).

Balagne

Diverses

- *Bootsausflüge*: Informationen im Office du Tourisme, gelegentlich auch Schifffahrten nach Ajaccio.
- *Busausflüge*: Tagesausflüge ins Hinterland der Balagne, zum Cap Corse, aber auch nach Porto und zu den Calanches von Piana bietet **Corse-Voyages** an der Place Paoli.
- *Autoverleih*: **Hertz**, Avenue Paul Doumer, ℅ 04.95.60.12.63.
- *Mountainbikes*: **La Passion en Action**, Avenue Paul Doumer. Nur Mountainbikes. ℅ 04.95.60.15.76.
- *Tauchen*: Der **Club Beluga Diving** wird von Hans Bert, einem Deutschen, geleitet und besitzt 2 seegängige Tauchboote. Angebot an Kursen verschiedener Niveaus, Tauchausflüge zu fischreichen Riffen oder zum Wrack des Bombers von Calvi. Ausrüstung wird zur Verfügung gestellt. Man findet den professionell geführten Club, der für seine Klienten auch Duschräume und Sauna bereithält, im Hotel La Pietra (s. u.). ℅ 04.95.60.17.36, ℡ 04.95.60.52.25.
- *Buchhandlung*: Im **Maison de la Presse**, Avenue Piccioni, findet man zwar keine deutschsprachige Literatur, aber immerhin einen Querschnitt durch die deutsche Presselandschaft von *Spiegel* (mit zwei Tagen Verspätung) bis *Bild*, ein großes Angebot an Wanderkarten und in französischer Sprache Regale voller Sachbücher über Korsika und korsischer Belletristik.
- *Waschen*: Waschsalon an der Rue Napoléon, täglich 7–24 Uhr.

Übernachten (siehe Karte S. 285)

*** Hôtel Santa Maria (2), modernes Hotel gegenüber dem Yachthafen. Im elegant gestylten Foyer mit Bar und Billardtisch schlucken die Teppichböden jeden Laut. Sonnige Frühstücksterrasse mit Blick auf die Halbinsel und den Leuchtturm. Swimmingpool und Fitness-Raum vorhanden. DZ 74–115 €, stark saisonabhängig. Alle Zimmer mit Dusche/WC, die teureren mit Bad und Meerblick. Route du Port. ℅ 04.95.63.05.05, ℅ 04.95.60.32.48.

** Hôtel L'Isula Rossa (3), gleich neben dem Santa Maria, kleiner und ältlicher als dieses, in puncto Zimmerkomfort jedoch annähernd so gut. DZ 31–100 €, alle Zimmer mit Dusche/WC. Promenade du Port. März–Oktober geöffnet. ℅ 04.95.60.01.32, ℡ 04.95.60.34.97.

*** Hôtel La Pietra (1), das Hotel auf der Halbinsel (knapp vor dem Genuesenturm) wurde mit SETCO-Geldern (siehe Kapitel *Wirtschaft*) gebaut. Im Eröffnungsjahr 1960 war der Bau sicher das Nonplusultra korsischer Hotelarchitektur. Später wurde der quaderförmige, zweistöckige Kasten nicht mehr unbedingt als Schmuckstück der Landschaft empfunden. 1996 wechselte das Haus seinen Besitzer und wurde verschönert und aufgemöbelt: Eine einladende Speiseterrasse über dem Meer, Fitness-Raum und Sauna sind fertig gestellt, ein Swimmingpool und ein Garten befinden sich noch im Planungsstadium. Vorteilhaft ist die äußerst ruhige Lage, zu Fuß knappe 10 Minuten ins Ortszentrum. Klimatisierte DZ mit Balkon oder Loggia für 51–92 € je nach Saison und Zimmerausblick, die teureren Zimmer liegen auf der Meeresseite direkt über einem kleinen Felsstrand. April–Oktober geöffnet. Chemin du Phare, ℅ 04.95.63.02.30, ℡ 04.95.60.15.92.

** Splendid Hôtel (7), dem Hotelnamen Ehre macht der märchenhafte Palmengarten, in dem sich fürstlich speisen lässt (daneben ein kleiner, nierenförmiger Swimmingpool). Leider oft von Gruppen ausgebucht. April bis Mitte Oktober geöffnet. DZ 49–74 €. Avenue Comte Valéry, ℅ 04.95.60.00.24, ℡ 04.95.60.04.57.

** Hôtel Le Grillon (9), gepflegtes, kleineres Hotel an der Durchgangsstraße, doch von dieser etwas zurückversetzt, so dass die Zimmer erstaunlich ruhig sind. Angenehme Atmosphäre, auch im Restaurant. DZ 33–54 €, alle Zimmer mit Dusche/WC. April–Oktober geöffnet. Avenue Paul Doumer. ℅ 04.95.60.00.49, ℡ 04.95.60.43.69.

Hôtel d'Agilla (5) (nicht klassifiziert), das Restaurant *L'Ile d'Or* vermietet Zimmer verschiedener Größe in einem renovierten Haus im Zentrum, alle mit Dusche/WC/TV. Rezeption im Restaurant an der Place Paoli. DZ 39 €, Juli/August 61 €. ℅ 04.95.60.12.05, ℡ 04.05.60.16.42.

Camping

Camping Les Oliviers, ca. 1 km außerhalb des Stadtzentrums an der Straße nach Bastia. Ebenes, großes Gelände mit über 200 Stellplätzen zwischen Straße und Bahnlinie mit wenig Schatten unter den Olivenbäumen. Sanitäre Einrichtungen okay. Über einen Fußweg gelangt man zu einem kleinen Felsstrand. Der Platz ist eher für Stadtbummler als für Badeurlauber geeignet. Mai–September geöffnet. ✆ 04.95.60.19.92, 📠 04.95.60.30.91.

Camping Le Bodri, ca. 3 km außerhalb des Stadtzentrums an der Straße nach Calvi. Tipp für Rucksack-Touristen: Das Balagne-Bähnchen von L'Ile-Rousse nach Calvi macht direkt vor dem Campingplatz Station (Haltestelle Bodri). Etwas abseits der Straße gelegenes, größeres Gelände mit verschiedenen Baumarten, das jedoch insgesamt zu wenig Schattenplätze bietet. Ordentliche sanitäre Einrichtungen, Lebensmittelladen und Pizzeria. Ein kurzer Fußweg über die Bahnlinie führt zu einer kleinen Sandbucht. Mitte Juni bis Mitte September geöffnet. ✆ 04.95.60.10.86, 📠 04.95.60.39.02.

Essen und Trinken (siehe Karte S. 285)

An Lokalen herrscht in L'Ile-Rousse kein Mangel. Besonders beliebt sind die kleinen Straßenrestaurants hinter der Markthalle, die vor allem Fischspezialitäten anpreisen.

Osteria Porte Suprane (6), Place Santelli (Nordende des Boulevard de Fogota). Korsische Spezialitäten und kleinere Menüs. Empfehlenswert. Mi geschlossen.

Restaurant L'Escale (4), hinter dem Marktplatz. Das populärste unter den Fischrestaurants mit einem preiswerten *assiette du pêcheur*, bei dem sich Gambas, Rougets, Muscheln und Tintenfische finden.

Zum Drink bieten sich die nicht gerade billigen Cafés mit den Korbsesseln auf der Place Paoli an. Wenn schon teuer, dann gleich ins **Café des Platanes (8)**. Es verströmt zumindest Charme und zeigt ein schönes Interieur mit Fotos des alten Ile-Rousse.

Sehenswertes

Altstadt: Die von Platanen eingerahmte, große *Place Paoli* ist das Zentrum der Pastistrinker, Boulespieler und Parkplatzsuchenden. In ihrer Mitte thront auf einem Sockel die von vier Palmen geschützte Büste des Stadtgründers *Pasquale Paoli*. Eine Gedenktafel aus dem Jahr 1989 erinnert an die Hundertjahrfeier der Rückführung seiner Asche aus England.

Nördlich der Place Paoli steht, auf insgesamt 21 Säulen abgestützt, die alte *Markthalle*. Sie findet noch immer Verwendung. Dahinter erstreckt sich der kleine Stadtkern, heute von Restaurants dominiert. Die Gassen enden bei einem kleinen *Genuesenturm* aus vorpaolinischer Zeit, der – zwischen Rathaus und Straße eingezwängt – zu wenig Platz hat, um aufzufallen.

Halbinsel mit Genuesen- und Leuchtturm: Der Spaziergang zum Sonnenuntergang: über den Damm zum Genuesenturm hinauf und weiter bis zum Leuchtturm *de la Pietra* – Romantik garantiert! Der ockerfarbene bis rote Felsen fällt schroff ins Meer ab, hungrige Möwen segeln am Abgrund entlang, im Frühjahr blühen die Kakteen.

Bequeme fahren mit dem Auto bis zur Straßensperre unterhalb des Genuesenturms. Von da geht es nur noch zu Fuß weiter. Es sei denn, man nimmt sich den jungen Einheimischen zum Vorbild, der mit ohrenbetäubendem Lärm und seiner Liebsten auf dem Sozius das Sträßchen hochdonnerte – und dabei den träumenden Verfasser dieses Reiseführers um Haaresbreite verfehlte.

Auch im Sommer nicht überfüllt: Küste bei l 'Ile-Rousse

Baden

Von den Badestränden ist der nächste der beste: von der *Place Paoli* über die Eisenbahnschienen in den weißen Sand. Im Sommer ist der Stadtstrand jedoch hoffnungslos überfüllt. Als Alternative bleibt dann der kleinere Sandstreifen, der sich östlich hinter den Felsen anschließt; oder man unternimmt gleich eine Fahrt zu den weiter entfernt liegenden Sandbuchten von *Lozari* im Osten oder *Algajola* im Westen. Letztere ist auch mit der Eisenbahn zu erreichen.

Route L'Ile-Rousse – Désert des Agriates

Bis **Lozari** ist die Küste felsig und reizt kaum zum Sprung ins Wasser. Hinter diesem kleinen Ort jedoch öffnet sich eine große, weiße Sandbucht, die in Dünen übergeht und auch im Hochsommer nicht überfüllt ist. Der beste Zugang ist eine ca. 400 m lange Naturstraße nach der Straßengabelung Saint-Florent/Belgodère.

Camping Les Campéoles (Camping Communal de Belgodère), rechts der Straße auf der Höhe der oben genannten Sandbucht. 4-Sterne-Terrain mit 150 Stellplätzen, Schatten ist hier allerdings eine Rarität. Ein Großteil des Geländes ist den zu stolzen Preisen vermieteten Bungalows vorbehalten. Bar, Lebensmittelladen und sehr gute sanitäre Einrichtungen. Mitte Mai bis September geöffnet.
✆ 04.95.60.20.20, ℻ 04.95.60.22.58.

Camping Le Clos des Chênes, bei der Straßengabel von Lozari 1,3 km in Richtung Belgodère. Größeres, luxuriöses Gelände mit 235 Stellplätzen im lockeren Eichenwald. Lebensmittelladen, Snackbar, Grillanlagen, Swimmingpool. Gepflegte sanitäre Einrichtungen, Waschmaschinen vorhanden. Geeignet für Campingbusse und Wohnwagen. Mitte April bis September geöffnet. ✆ 04.95.60.15.13, ℻ 04.95.60.21.16.

In Porto-Vecchio (ML) ▲

Bucht von Pinarellu (KL) ▲▲

▲▲ Imposanteste Stadtanlage ganz Korsikas – Bonifacio (KL) ▲ Bonifacio – Blick auf den Hafen (KL)
▲ Bonifacio – Grain de Sable (KL)

Bonifacio – die Oberstadt (KL) ▲▲
Der Hafen von Bonifacio (KL) ▲

▲▲ Sartène – im Hintergrund der Golf von Propriano (KL)
▲ Sartène – "die korsischste aller korsischen Städte" (KL)
▲ Sartène – Place Porta (KL)

Eine letzte Bademöglichkeit bietet die überaus malerische **Bucht von Peraiola** an der Mündung des *Ostriconi*. Das Auto an der Straße stehen lassen und den Pfad zum Sandstrand einschlagen.

Von hier aus führt die Straße ins Landesinnere zum *Désert des Agriates,* eine Einöde aus Felsen und Macchia (siehe *Nebbio* auf S. 149).

Das Hinterland der Balagne

Eine Rundfahrt durch das fruchtbare Hinterland der Balagne lässt sich praktisch nur mit dem eigenen Fahrzeug machen, sei es vier- oder zweirädrig. Der Versuch, sich mit dem Bus durchzuschlagen, kostet nicht nur Nerven und Zeit, sondern verlangt eine exakte Planung. Eine gut ausgetüftelte 2-Tages-Tour hingegen – Wanderung und Bus kombiniert – kann durchaus reizvoll sein.

Immer wieder überraschen den Besucher kleine Dörfer mit Barockkirchen, teils an die Abhänge, teils kühn auf Felssporne gebaut. Die Region zählte einst zu den wohlhabenderen der Insel. Doch hat der "Garten Korsikas" mit seinen Olivenbäumen, Zitronen und Orangen längst an landwirtschaftlicher Bedeutung verloren.

Für die folgende Rundfahrt braucht man nicht besonders früh aufzustehen, sofern man motorisiert ist und einen ganzen Tag einplant. Sie führt von *L'Ile-Rousse* über die D 151 (Abzweig von der Straße nach Calvi) nach *Cateri,* von da weiter über die D 171 nach *Belgodère* und über die N 197 zurück nach *L'Ile-Rousse*. Die Rundreise lässt sich natürlich auch in umgekehrter Richtung durchführen, ebenso sind weitere, hier nicht erwähnte Abstecher denkbar.

Ungefähr 1½ km westlich von L'Ile-Rousse führt links eine Straße nach **Corbara** hinauf. Das Dorf mit seinen engen Gassen war, bevor *Pasquale Paoli* L'Ile-Rousse gründete, der Hauptort der Balagne. Knappe 2 km weiter steht, von Olivenhainen umgeben, am Fuße des markanten *Monte Sant'Angelo* das **Kloster von Corbara**. Der ursprüngliche Bau der Franziskaner aus dem 15. Jahrhundert wurde während der Französischen Revolution zerstört. Was übrig blieb, kauften 1856 die Dominikaner und errichteten um die Barockkirche aus dem 17. Jahrhundert ein Kloster mit beträchtlichen Ausmaßen. Im Jahr 1905 erließ Paris ein laizistisches Gesetz, aufgrund dessen das Gebäude in kommunales Eigentum überführt wurde. Während des Ersten Weltkriegs wurden hier deutsche und österreichische Gefangene interniert. Erst 1927 wurde das Kloster den Dominikanern zurückgegeben. Besondere Aufmerksamkeit verdient der Kreuzgang mit seinem schmuck bepflanzten Innenhof. Das Kircheninnere ist für einen Barockbau überraschend schlicht. Derzeit leben im Kloster von Corbara fünf Dominikaner.

<u>Öffnungszeiten</u>: Unklar. Der nichtöffentliche Teil der Anlage kann nur mit Führung besichtigt werden. Die Zeiten dafür sind neben dem Kirchenportal angeschlagen.

Am Kloster vorbei führt ein Weg hinauf zum 562 m hohen Gipfel des **Monte Sant'Angelo**. Der Aufstieg dauert 45 Minuten, und der Rundblick soll nach Aussagen eines Klosterbewohners "magnifique" sein. Der Verfasser dieses Buches blieb unten, es war 12 Uhr mittags.

San'Antonino: wohnen wie die Adler

Pigna: Kaum 2 km weiter thront rechts auf einem Felssporn das überaus fotogene Dörfchen. Die Schilder zur *Casa di l'Artigiani,* in der kunsthandwerkliche Erzeugnisse ausgestellt werden, und zur *Casa musicale* sind nicht zu übersehen. Pigna ist das Herz der *Corsicada,* einer Bewegung, die in den 60er Jahren ins Leben gerufen wurde, um das vom Aussterben bedrohte korsische Kunsthandwerk neu zu beleben (siehe *Wissenswertes A–Z/Kunsthandwerk*), sich aber auch für die korsische Musik (Instrumentalmusik, polyphone Gesänge) stark machte. Ateliers jeder Art finden sich inzwischen im abgeschiedenen Balagne-Dorf: Kupferstecher, Hersteller von Musikdosen, Bildhauer, Keramiker etc. – und natürlich führt dieses Revival auch zu demographischen Veränderungen. Man zählt heute in Pigna mehr Kinder als Greise, in korsischen Dörfern eine Einmaligkeit.

Das Fahrzeug lässt man am besten in der Nähe der Barockkirche mit den zwei Glockentürmchen stehen und geht zu Fuß durch die Treppengassen des malerischen 70-Seelen-Dorfs.

• *Festival*: **Festivoce**, erste Julihälfte. Musik, Tanz, Theater, Ausstellungen, Filme und mehr. Das Festival steht unter der künstlerischen Leitung von Toni Casalonga, dem kulturellen "Motor" von Pigna, und bezieht die umliegenden Dörfer als Veranstaltungsorte mit ein.

• *Übernachten*: **Casa musicale**, am unteren Dorfrand. Das rührige Haus – Festivals, Workshops, Konzerte, Seminare – hat 7 Gästezimmer, jedes hat seinen eigenen Namen und ist individuell eingerichtet. Ein kleines Restaurant mit Terrasse sowie eine Bar gehören mit zur Einrichtung. Wenn die Casa nicht gerade von Musikern ausgebucht ist, werden auch Durchreisende aufgenommen. DZ 42–69 €, abhängig von Zimmerausstattung und Saison. Auskunft über Aktivitäten und Zimmerreservierung unter ✆ 04.95.61.77.33, ✉ 04.95.61.74.28.

A Merendella, mitten im Dorf. Ein korsisches Spezialitätengeschäft, das über vier Zimmer verfügt, zwei davon mit Dusche/WC. DZ 46–54 €. ✆ 04.95.61.80.10.

Das Hinterland der Balagne

Aregno wird als Nächstes erreicht. Am Ortsausgang steht inmitten eines alten Friedhofs die *Eglise de la Trinité,* ein romanisch-pisanisches Kirchlein aus dem 12. Jahrhundert. Auffallend ist das polychrome Mauerwerk (hellgrau, dunkelgrau, braun), vergleichbar mit der Kirche *San Michele* bei *Murato* (siehe dort), allerdings nicht ganz so kontrastreich. An der Westseite bewachen zwei kleine Menschen-Skulpturen (eine männlich, die andere weiblich) den Eingang, eine dritte (männlich) schmückt den Giebel. Über den schmalen Fenstern der Seitenfassaden sind noch gut erhaltene Flachreliefs zu erkennen. Im Kircheninnern – der Bau ist allerdings meist geschlossen – befinden sich Fresken aus dem 15. Jahrhundert.

Sant'Antonino: Knapp hinter Aregno zweigt links ein äußerst schmales Sträßchen nach Sant'Antonino ab. Einheimische behaupten, es sei das älteste Dorf Korsikas. Es soll als Zuflucht gedient haben, wenn unten an der Küste die Seeräuber auftauchten. Man glaubt dies ohne weiteres, wenn man das wie ein Adlerhorst über der Landschaft thronende Dorf sieht. Der überwältigenden Aussicht wegen ist Sant'Antonino mit seinen engen Gassen und Treppen ein beliebtes Ausflugsziel geworden, die Dorfbar mit ihrer kleinen Terrasse läuft ganz gut. Das Fahrzeug lässt man bei der Kirche unterhalb des Dorfs stehen.

* *Dorfbesichtigung vom Eselsrücken aus:* Die *promenade à dos d'âne* in Sant'Antonino ist ein Unikum auf Korsika. Die Grautiere trotten, ohne mit der Wimper zu zucken, die steilsten Kopfsteinpflastergassen hoch. Die müheloseste Art, das Dorf zu besichtigen, und nicht nur für Kinder ein 20-minütiger Spaß. Die Hitze mutet man den braven Tieren nicht zu. Ihre Arbeitszeit beschränkt sich auf täglich vier Stunden: 16–20 Uhr. Preis für die Tour: ca. 8 €.

Kaum einen Kilometer nach der Abzweigung Richtung Sant'Antonino stößt man auf ein Dörfchen mit hübschen Steinhäusern und Arkaden. Es ist **Cateri**, ein Verkehrsknotenpunkt der Balagne, allerdings ohne großen Verkehr. Geradeaus weiter auf der D 151 gelangt man nach *Montegrosso* und *Calenzana* (siehe dort) und weiter nach *Calvi*.

Rechts führt die D 71 nach *Lumio* (siehe dort); nach ein paar hundert Metern zweigt wiederum rechts ein Sträßchen zum **Kloster von Marcasso** ab. Es wurde 1621 von Franziskanern gegründet, die seither ohne Unterbrechung hier wirken. Selbst die Klostersturmer der Französischen Revolution haben die Mönche in Ruhe gelassen. Heute ist die religiöse Gemeinschaft auf vier Franziskaner geschrumpft, die sich um die seelsorgerische Betreuung der umliegenden Gemeinden kümmern.

Das Kloster von Marcasso ist in seinen Ausmaßen bescheidener als das von Corbara, das Innere der Klosterkirche ist jedoch sehr beeindruckend. Zahlreiche Gräber sind in den holprigen Fußboden eingelassen, befremdend schön bemalte Seitenaltäre überraschen. Besondere Aufmerksamkeit verdient auch das Chorgestühl aus dem Jahr 1658.

Eine kleine Tafel weist darauf hin, dass die Franziskaner von Marcasso Durchreisende, die ihr Leben mit ihnen für ein Wochenende oder auch länger teilen möchten, gern aufnehmen und auch für ein seelsorgerisches Gespräch zur Verfügung stehen. Besser könnte man die Freundlichkeit dieses abgeschiedenen Orts nicht ausdrücken.

Wer in *Cateri* – wie unsere Rundreise dies tut – links die D 71 in Richtung *Belgodère* einschlägt, trifft erst auf **Muro**, einen stattlichen Ort, der einst Zentrum des Olivenanbaus der Balagne war. Auch hier sind noch einige sehr schöne Steinhäuser mit Arkaden erhalten.

In **Feliceto**, 4 km weiter, lohnt eine *Glasbläserei* den Besuch. Man findet sie unterhalb der Kirche. Der Ofen ist seit bald 20 Jahren rund um die Uhr in Betrieb. Der Erkaltungs- und Härtungsprozess des auf 1500 Grad erhitzten Materials dauert ungefähr zehn Stunden. Die Produkte wandern am Tag darauf in den Ausstellungs- und Verkaufsraum: Vasen, Aschenbecher, Pichets, auch polychrome Arbeiten.

- *Öffnungszeiten der Glasbläserei*: Täglich 9.30–12 und 15–18.30 Uhr. Wer den Glasbläsern bei der Arbeit zuschauen will: Geblasen wird am Montag, Mittwoch und Freitag.
- *Einkaufen*: Die Domaine Renucci zieht einen ausgezeichneten **Rot-**, **Weiß-** und **Rosé-Wein**: Flaschen ab ca. 4 €. Die Degustierstube befindet sich gleich unterhalb des Hotels Mare e Monti (s. u.), das im gleichen Besitz ist. Auch hauseigenes **Olivenöl** im Verkauf.
- *Übernachten/Essen*: **** Hôtel Mare e Monti**, ein altes Haus, das den Stil eines Grandhotels (hauseigene Kapelle!) nicht aufgegeben hat und dadurch angenehm unzeitgemäß wirkt. Die Speiseterrasse ist filmreif. DZ (z. T. ohne Dusche) 45–58 € je nach Saison. Mitte April bis Mitte Oktober geöffnet. ✆ 04.95.63.02.00, ✉ 04.95.63.02.01.

Osteria U Mulinu

Das Schild *"Osteria U Mulinu"* am östlichen Ortsausgang von Feliceto wirkt so bescheiden, dass kaum ein Reisender es wahrnimmt. Doch dahinter verbirgt sich ein auf Korsika einzigartiges Lokal. Mit Brueghels *Bauernhochzeit* an der Wand hat *Joseph Ambrosini,* der mit seiner Frau gemeinsam diese lukullische Bauernstube betreibt, die angemessene Dekoration gefunden.

Joseph Ambrosini legt auf Werbung keinen großen Wert. Ganz einfach, weil er sie nicht braucht. Die ihn kennen, kommen wieder, und es sind genug. Die Mund-zu-Mund-Propaganda reicht völlig. Dass der französische Rockstar Johnny Hallyday und die Schauspielerin Catherine Deneuve bei ihm gespeist haben (nicht zusammen!), erfahre ich beiläufig aus einigen Presseartikeln, die der Wirt aus der Schublade fischt. Dabei flattert ein luxuriöses Stück Papier auf den Boden und dummerweise unter meine Schuhe. Es ist die Speisekarte von Paul Bocuse, auf der Rückseite würdigt der französische Gourmet-Papst persönlich die Küche des U Mulinu. Etwas beschämt über mein Ungeschick, überreiche ich das frisch verschmutzte Dokument dem Wirt. "Ah, Bocuse – ein Mensch wie andere auch", lacht Ambrosini, "mir ist jeder Kunde gleich viel wert."

Einzig die Fußballmannschaft aus dem schweizerischen Sion macht da eine Ausnahme. Der Wirt, der früher für den Club von Calvi gekickt hat, organisiert jährlich ein Freundschaftsspiel mit den Schweizern – und hinterher die Küche für sie. Dann geht's rund. Die Schinken fliegen quer durch den Raum – exakt auf die Teller vor die Nasen der Gäste. Und am

Das Hinterland der Balagne

späten Abend greift Joseph zur Gitarre, um korsische Lieder vorzutragen, oder zur Pistole, um seine Freude durchs offene Fenster in die korsischen Berge zu ballern. So ungefähr berichtete ein mitgereister Journalist in seiner Lokalzeitung.

Der Gast braucht nicht lange zu wählen, mit welchen Leckerbissen er sich verwöhnen lassen will. Die Ambrosinis bieten pro Abend nur ein einziges Menü an. Dieses kostet ca. 23 € (Wein inklusive) – Gaumenfreuden garantiert. Sie können natürlich auch auf den Schmaus verzichten und einfach nur einen Blick in die 400 Jahre alte Mühle werfen: Im Nebenraum drehen die Mühlräder (nur jedes zweite Jahr), damit die Oliven ihr kostbares Öl preisgeben (Dienstag geschlossen, Reservierung dringend geboten, ✆ 04.95.61.73.23).

Speloncato liegt nicht direkt an der D 71. Man erreicht das Dorf über ein Nebensträßchen, das hinter dem Ort *Nessa* abzweigt und später wieder auf die D 71 trifft. Auf einen Felssporn gebaut, gehört Speloncato zu den schönsten Dörfern der Balagne. Zeugen einstiger Größe sind die barocke Stiftskirche und daneben ein etwas heruntergekommener Palazzo mit hübscher Loggia. In den engen Gassen und Treppen mit ihren Torbögen scheint die Uhr stehen geblieben. Das heutige Leben tickt am Dorfplatz, der von malerischen Häusern mit Freitreppen gesäumt ist und in dessen Cafés man beim Pastis schnell ins Träumen geraten kann.

• *Übernachten/Essen*: **** Hôtel A Spelunca**, das Haus war einst der Palazzo eines aus Speloncato stammenden Kardinals. Angeschlossen ist ein Restaurant (Terrasse zum Dorfplatz) mit korsischen Spezialitäten. Hohe Zimmer, teilweise mit Dusche, zwei davon sind direkt vom stilvollen Salon des Kardinals aus zugänglich. DZ 39–54 € je nach Saison. Mai–September geöffnet. ✆ 04.95.61.50.38, ✉ 04.95.61.53.14.

Belgodère: Das größere Dorf liegt an einem Abhang inmitten der fruchtbarsten Gegend der Balagne. Im Zentrum die auffallend große *Barockkirche Saint-Thomas,* um den großen Platz davor gruppieren sich zwei Cafés, ein kleiner Supermarkt, ein korsischer Spezialitätenladen und eine Metzgerei mit ausgezeichneten Wurstwaren. Außer dieser brauchbaren Infrastruktur hat Belgodère wenig zu bieten.

Wer sich die Füße vertreten will: Gegenüber der Kirche führt eine Gasse zum alten Dorfkern, der auf einen Felsvorsprung gebaut ist. Die kümmerlichen Reste einer ehemaligen Festung, die man hier vorfindet, verdienen kaum Erwähnung. Doch der Ausblick über die schönsten Beete von "Korsikas Garten", wie die Balagne genannt wird, bis hinunter zur Küste ist den kurzen Spaziergang wert.

Von Belgodère führt die Rundfahrt über die gut ausgebaute N 197 über den Küstenort *Lozari* zurück nach *L'Ile-Rousse*.

Blick auf den Alesani-Stausee

Das Inselinnere

"Wenn du Korsika und die Korsen kennen lernen willst, dann geh ins Landesinnere!" Diesen Satz wird man auf Korsika oft hören, er ist zum Gemeinplatz geworden, und wie die meisten Gemeinplätze hat er einen wahren Kern. Die Korsen sind keine Seefahrer und Händler, keine Fischer, sondern raue "montagnards" (Bergbewohner) und Hirten – zumindest waren sie es in ihrer Geschichte. An der Küste herrschten stets die Besatzer: erst die Römer, dann die Genuesen, und heute setzen – nach Meinung vieler Autonomisten – die Franzosen diese unheilvolle Tradition fort.

"Das gebirgige Innenland ist das wahre Korsika. Hier leben die freiheitsliebenden Korsen, hier gelten noch die Gesetze der Gastfreundschaft, hier gibt's die authentische korsische Küche und zum Nachtisch den besten *brocciu*." Solche Idealisierung bekommt man nicht nur von begeisterten Touristen zu hören, sondern natürlich auch von Korsen selber. Verschwiegen wird meist die Kehrseite der Medaille. Das Landesinnere ist ökonomisch weit schlechter dran als die Küstengegenden, und je höher ein Dorf gelegen ist, desto überalterter ist die Bevölkerung.

Castagniccia

Ihren Namen verdankt die hügelige Landschaft den riesigen Kastanienwäldern, aus denen, fast wie im Märchen, Dörfer mit meist barocken Kirchtürmen auftauchen. In früherer Zeit waren die Kastanien noch als Rohstoff zur Mehlproduktion und für das Kunsthandwerk von Interesse, heute finden sie praktisch nur noch als Schweinefutter Verwendung. Das typische korsische Schwein – vom Aussehen her ein domestiziertes Wildschwein bzw. ein wildes Hausschwein – trifft man hier öfter an als anderswo auf der Insel.

Doch auch der Appetit der in den dorfnahen Wäldern umherstreifenden Schweine ist begrenzt, und so verrottet der Großteil der Kastanien. Als hätten die Dörfer ihr Schicksal mit dem der Kastanie verknüpft, sind auch sie vom steten Verfall geprägt: Die Abwanderung in der früher am dichtesten besiedelten Region Korsikas schreitet unaufhaltsam voran. Und dass weite Teile der Kastanienwälder von einer Pilzkrankheit befallen sind, passt in diese Endzeitstimmung. Wenn nichts dagegen unternommen wird, so befürchten Einheimische, könnte der letzte Kastanienbaum der Castagniccia bereits in 30 Jahren das Zeitliche segnen.

Es ist ruhig geworden in der Castagniccia. Die romantischen Dörfchen verraten wenig von den früheren Zeiten, als der Wind der Geschichte noch wüst durch die Täler wehte: In *Cervione* residierte als König von Korsika der deutsche Abenteurer *Theodor von Neuhoff;* in *Morosaglia* wurde der korsische Unabhängigkeitskämpfer *Pasquale Paoli* geboren, der in der Castagniccia seine treuesten Anhänger fand; die Klöster von *Alesani* und *Orezza* waren Versammlungsorte des politischen Widerstands.

Weite Teile der Castagniccia wurden 1990 dem *Parc Naturel Régional de la Corse* zugeschlagen. Seither ist das Kastaniengebiet für Wanderer weitgehend erschlossen. Zahlreiche Wege sind gut ausgeschildert. Eine größere Route führt von Moriani-Plage nach Corte, als Teil des *Da Mare a Mare (Nord),* auf dem man die Insel an den höchsten korsischen Gipfeln entlang in mehreren Tagen von Ost nach West oder umgekehrt durchqueren kann.

Eine Fahrt durch die Castagniccia ist praktisch nur mit dem eigenen Fahrzeug zu machen, der öffentliche Busverkehr ist miserabel. Die Straßen sind eng und kurvenreich, schnell kommt man nicht voran. Weile statt Eile: Ruhig einen ganzen Tag einplanen, es lohnt sich!

Die folgende Reiseroute durchquert die Castagniccia von Südosten nach Nordwesten – mit einigen Abstechern. Der schnellste Weg ins Kastanienparadies führt vom Ostküstenort *Prunete* über die D 71 direkt nach *Cervione*. Unzweifelhaft schöner jedoch ist der Zugang über die *Corniche de la Castagniccia*: Abzweig in *Moriani-Plage,* dann – an der einsamen, von großen Kastanienbäumen umrahmten *Barockkirche San-Nicolao* vorbei – den waldigen Abhang entlang nach Cervione. Für Wohnmobile allerdings ist das Corniche-Sträßchen nicht zu empfehlen: An der engsten Stelle ist es nur 2,10 m breit, und im Tunnel hinter Santa Maria Poggio (2,50 m hoch, Felszacken) könnte ihnen das Dach hängen bleiben.

Cervione (korsisch: Cervioni)

Das Städtchen mit seinen gelblichen Häusern ist eng an den Abhang des *Monte Castello* gebaut. Heute spielt sich das Leben vorrangig an der lärmigen Durchgangsstraße ab. Wer jedoch etwas von der Aura der Vergangenheit spüren will, lässt besser sein Fahrzeug stehen und begibt sich zu Fuß in den Ortskern. Der Bischofspalast aus dem 18. Jahrhundert war nicht nur Sitz des Bischofs von Aleria, sondern 1736 auch königliche Residenz *Theodors von Neuhoff* oder *Theodors I.,* wie sich der deutsche Glücksritter selbst nannte. Etwas oberhalb liegt die *Villa Casalta-Santolini* mit zwei angebauten Rundtürmen. Der derzeitige Bewohner hat den stattlichen Familiensitz einer Restaurierung unterzogen und den jahrelang verwilderten Garten, in dem eine riesige Palme wächst, wieder hergerichtet. Das Familiengrab dieser Lokalnobilität findet man am Ortsausgang Richtung Piedicroce.

Sehenswertes

Cathédrale Saint-Erasme: Der 1714 fertig gestellte Barockbau steht an der Stelle einer Kathedrale aus dem 16. Jahrhundert, die zusammen mit dem angrenzenden Bischofspalast von *Alexander Sauli* (1535–1592) gestiftet wurde, der als Bischof von Aleria in Cervione residierte.

In einer Seitenkapelle der reich dekorierten Kirche wird in einem Glaskasten die Mitra (Bischofsmütze) des von den Einheimischen als *Santu Lisandru* verehrten Bischofs und Schutzpatrons der Stadt aufbewahrt.

Das enge Städtchen ließ keinen Raum für einen freistehenden Bau, die Wohnhäuser fügen sich fast nahtlos an die Kathedrale an. An der Talseite

Cervione: eng an den Hang des Monte Castello gebaut

der Kirche – im Unterbau an der südöstlichen Ecke – bietet das Restaurant *Les 3 Fourchettes* korsische Spezialitäten an. Das Übereinander von Gastronomie und Sakralbau stört die Optik jedoch keineswegs.

Museum: Das im Bischofspalast in den Räumen des früheren theologischen Seminars untergebrachte Museum verfügt über eine hochinteressante ethnographische Abteilung, die man sich nicht entgehen lassen sollte. Die kleine Ausstellung von Kirchengewändern hingegen, eine Reverenz an die Geschichte des Gebäudes, darf man getrost übersehen, ebenso die wenigen archäologischen Funde.

Die Liebe und Sorgfalt, mit der die ethnographische Sammlung betreut und präsentiert wird, ist einem Verein mit dem umständlichen Namen *Association pour le Développement des Etudes du Centre Est de la Corse (ADECEC)* zu verdanken. Unter anderem unterhält die Organisation auch eine Datenbank in korsischer Sprache sowie die Rundfunkstation *Voce nustrale,* die rund um die Uhr Sendungen in korsischer Sprache über den Äther verbreitet (Wellenlänge: 105,1 MHz).

Fast täglich trifft aus den Speichern der Korsen "altes Zeug" ein, das von der ADECEC auf seinen musealen Wert geprüft, gegebenenfalls registriert und in die Ausstellung integriert wird.

Eine komplette Schmiedewerkstatt ist ausgestellt, in der – au Backe – ein rostiges Zänglein mit dem Hinweis versehen ist, dass einst der Schmied auch zahnärztliche Funktionen wahrnahm. In einem anderen Raum werden die einzelnen Schritte der Wollverarbeitung vom Schaf bis zum Endprodukt präsentiert. Eine komplette alte korsische Küche *(U Fucone)* ist zu sehen und anderes mehr.

Ein besonders exquisites Stück der Sammlung ist die in der Nähe von Cervione gefundene *poudrière* von *Pasquale Paoli,* ein Gerät, das dem berühmten Freiheitskämpfer zur Herstellung des Schießpulvers diente.

Öffnungszeiten: ganzjährig 10–12 und 14.30–18 Uhr, sonn- und feiertags geschlossen; Eintritt ca. 1,50 €.

Der erste und letzte König von Korsika

Die Lage der gegen Genua kämpfenden Freiheitskämpfer war verzweifelt, als am 12. März 1736 Baron *Theodor von Neuhoff* mit einer Schiffsladung voll Getreide, Waffen, Munition und Geld in Aleria anlegte. Der deutsche Kulturhistoriker Ferdinand Gregorovius, der Korsika 1852 durchwanderte, beschreibt in seinen historischen Skizzen die theatralische Erscheinung dieses Fremdlings, der den bedrängten Patrioten wie ein Deus ex Machina vorkommen musste: "Er war angetan mit einem langen Kaftan von scharlachroter Seide, mit maurischen Pantalons und gelben Schuhen, ein spanischer Hut mit einer Feder bedeckte sein Haupt, im Gürtel von gelber Seide steckten ein paar reich ausgelegte Pistolen, ein Schleppsäbel hing an seiner Seite und in der rechten Hand hielt er einen langen Szepterstab. Hinter ihm her stiegen ans Land in ehrfürchtiger Haltung sechzehn Herren seines Gefolges, elf Italiener, zwei französische Offiziere und drei Mauren. So betrat dieser rätselhafte Mann Korsika mit der Miene eines Königs und mit dem Willen, es zu sein."

Man schrieb inzwischen den 15. April 1736, als im Kloster von Alesani die versammelten korsischen Notablen vor 2000 Zuschauern Theodor von Neuhoff feierlich zum König von Korsika proklamierten. "Die Korsen waren zu arm", schreibt Gregorovius, "sie hatten keine Krone aus Gold; sie flochten eine von Lorbeer- und von Eichenzweigen und setzten sie auf das Haupt ihres ersten und letzten Königs. So wurde Baron Theodor von Neuhoff, der sich bereits Grande von Spanien, Lord von Großbritannien, Pair von Frankreich, Graf des Heiligen Reiches, Fürst des Römischen Reiches nannte, König der Korsen, seines Namens Theodor I."

Einen Rest an politischem Realitätssinn wahrten die korsischen Patrioten dennoch: Die frischgebackene Monarchie wurde konstitutionell abgesichert, die Gesetzgebung blieb in der Hand des Volkes und seiner parlamentarischen Vertreter. Die Amtshandlungen *Theodors I.* beschränkten sich mehr oder weniger auf die Verleihung adliger Titel an die korsischen Führer, und so gab es denn unzählige Grafen und Freiherren, als der flotte Hochstapler, von den Korsen zusehends als solcher durchschaut, am 11. November 1736 sein Königreich mit ebenso großem Pomp verließ, wie er gekommen war.

Kloster von Alesani

Von *Valle-d'Alesani* – auf dem Weg dorthin hat man einen hübschen Ausblick auf den *Stausee von Alesani* – führt ein neu asphaltiertes Sträßchen zum ehemaligen Franziskanerkloster hinunter (Wegweiser *Couvent d'Alesani).* Im Kloster von Alesani spielte sich die wohl aberwitzigste Szene der korsischen Geschichte ab: Ein deutscher Glücksritter wurde von den führenden korsischen Patrioten zum König von Korsika ernannt (siehe auch Kasten links).

Das Kloster von Alesani wurde von der französischen Regierung als historisches Denkmal klassifiziert. Nachdem 1987 die letzten Franziskanermönche den stillen Ort verlassen hatten, wurden die Restaurierungsarbeiten in Angriff genommen. Das farbige Innere der Klosterkirche wurde teilweise gerettet, aber noch bröckelt allenthalben der Putz. Das Juwel der Kirche ist die reich bebilderte Barockkapelle zu Ehren der *Notre Dame d'Alesani;* sie lässt die einst reiche Innenausstattung der Kirche erahnen. Doch allzu viel sollte man vom Besuch des Klosters nicht erwarten. Die gesamte Anlage wirkt ärmlich. Enttäuschungen nach hohen Erwartungen vermag allein die wunderschöne Lage des geschichtsträchtigen Orts auszugleichen.

• *Essen*: **Restaurant San Petru**, an der D 71 (am oberen Ortsausgang von Castagneto). "Regionale Speisen, wenig Auswahl, dafür aber große Portionen. Die freundliche Bedienung kommt aus Lothringen und spricht perfekt Deutsch", schreibt eine Leserin. Stimmt alles, und wir fügen hinzu, dass die großen Portionen auf einer angenehmen Schattenterrasse über der Straße serviert werden.

Piedicroce (korsisch: Pedicroce)

Der über dem *Orezza-Tal* gelegene Ort gehört zu den größeren der Castagniccia. Wahrzeichen von Piedicroce ist die *Eglise Saint-Pierre et Saint-Paul* mit ihrem leicht überdimensionierten Vorplatz. Von hier aus genießt man einen phantastischen Ausblick auf die Kastanienwälder der Umgebung, aus denen ab und zu kleine Dörfer herausblinzeln.

Eglise Saint-Pierre et Saint-Paul: Die französische Regierung hat die imposante Barockkirche unter Denkmalschutz gestellt. Seither erfuhren die Fassade und der obere Teil des Turms eine geglückte Restaurierung. Innen ist die Kirche üppig geschmückt: links und rechts des Altars die Statuen von Petrus und Paulus, trompetende Putten, darüber Deckenmalerei in leuchtenden Farben.

• *Übernachten/Essen*: **** Hôtel Le Refuge**, an der Durchgangsstraße. Zum Haus gehört ein Restaurant mit doppelstöckigem Terrassenanbau, das eine deftige Küche serviert. DZ mit Dusche/WC ca. 46 €. April–Oktober geöffnet. ✆ 04.95.35.82.65, ✉ 04.95.35.84.42.

Gîtes communaux, an der Straße nach Stazzona, ausgeschildert. Billigunterkunft für Wanderer. ✆ 04.95.35.81.66.

Eglise Saint-Pierre et Saint-Paul

Piedicroce/Umgebung

Couvent d'Orezza: An der Straße nach Morosaglia, ca. 1 km außerhalb von Piedicroce. Das einstige Franziskanerkloster von Orezza war ein beliebter Versammlungsort des antigenuesischen Widerstands. Hier wurde 1735 die korsische Unabhängigkeit ausgerufen. Heute ist vom geschichtsträchtigen Kloster, in dem sich übrigens 1790 der 65-jährige *Pasquale Paoli* und der 21-jährige *Napoléon Bonaparte* trafen, nur noch eine gewaltige Ruine zu sehen. Nach der Französischen Revolution wurde das Kloster aufgegeben. Die endgültige Zerstörung besorgten dann im Zweiten Weltkrieg deutsche Bomber, deren Ziel ein hier eingerichtetes italienisches Waffendepot war. Nachdem in den letzten Jahren immer mehr Touristen die Ruine für halsbrecherische Kletterpartien benutzten, wurde sie jetzt zu ihrem Schutz (sowie dem der Touristen) und zum Ärger der Fotografen mit einem Stacheldraht umzäunt.

Kloster von Orezza: Geburtsort des unabhängigen Korsika

Source d'Orezza (Quelle von Orezza): Fünf Jahre lang lag der Betrieb verwaist, dann bekamen im Jahr 2000 die Korsen ihr nationales Mineralwasser wieder zurück. Das früheren Inselbesuchern vertraute grüne Etikett wurde durch ein blaues ersetzt, das Wasser aber ist dasselbe geblieben: konkurrenzlos prickelnd frisch. Ein Betrieb mit Stammsitz in der Champagne hat sich für 10 Jahre die Lizenz zur Ausbeutung der Quelle gesichert. Der neue Chef vom nordfranzösischen Festland hat immerhin eine biographische Beziehung zur Insel: Auf dem erwähnten blauen Etikett posieren seine korsischen Großeltern.

Die Quelle liegt 4 km von Piedicroce entfernt und ist den kurzen Ausflug überaus wert. Zunächst gelangt man nach **Stazzona**, einem kleinen Ort mit hübschem Glockenturm und einem großen Brunnen, in dessen Becken sich kühles Trinkwasser in rauen Mengen ergießt. Von dort führt das kurvenreiche Sträßchen durch dichte Kastanienwälder steil hinunter ins *Orezza-Tal*. Wer sich einen Schluck direkt aus der Quelle genehmigt, die unter dem oktogonalen Bau wie ein kleines Heiligtum wirkt, wird aber schnell feststellen: Es schmeckt, gelinde gesagt, etwas eigenartig. Grund ist der extrem starke Eisengehalt des Wassers, für den der rostrot verfärbte Stein des Quellbeckens einen augenfälligen Beweis liefert. Im Fabrikgebäude vor Ort werden im Entgasungsturm erst Wasser und Gas getrennt, dann wird dem Wasser das Eisen entzogen, und schließlich wird ihm das aufbewahrte Gas wieder zugeführt. Erst dann wird das Mineralwasser abgefüllt, auf Paletten gestapelt und der Orezza-Lastwagenflotte zum Vertrieb auf der ganzen Insel überantwortet.

Öffnungszeiten: April bis Mitte Oktober Mo–Sa 8–20 Uhr, So 9–20 Uhr; Mitte Oktober bis März Mi–Sa 8–20 Uhr, So 9–20 Uhr. Außerhalb dieser Öffnungszeiten kann man das Rostwasser am Brunnen vor dem Eingangsportal versuchen (völlig ungefährlich). Eintritt frei.

Wasserfall bei Carcheto (Lesertipp): Knappe 5 km in Richtung Cervione gegenüber der *Bar Armand* (mit Parkplatz) dem Schild *"Cascade"* folgen. Ein viertelstündiger Fußweg führt zur Quelle *Funtana di L'Onda* – ein schöner Ort fürs Picknick – und weiter zu einem Wasserfall mit kleinem See. Einsam und idyllisch!

Tageswanderung: Monte San Petrone

> **Campodonico – Monte San Petrone**: 4½ Stunden (für den Abstieg 2 Stunden)
> **Höhenunterschied**: 900 m
> **Kartenmaterial**: IGN-Faltkarte 1:50.000, Nr. 42/50 (Blatt Corte), oder IGN-Faltkarte 1:25.000, Nr. 42/50 (Blatt Corte Est)
> **Schwierigkeitsgrad**: leicht, etwas Kondition für den Aufstieg erforderlich
> **Anfahrt**: Von der D 71 (Cervione – Ponte Leccia) führt 2 km nach Piedicroce links eine Stichstraße (D 246) hinauf nach Campodonico. Wer nicht mit dem eigenen Auto unterwegs ist, sollte sich einen Mietwagen besorgen, da es in dieses abgelegene Dorf keine Busverbindungen gibt und sich auch das Trampen oft als hoffnungslos erweist.

Ausgangspunkt ist das Dorf Campodonico (850 m). Die meisten Wanderführer schlagen den *Col de Prato* vor, aber ich kann ruhigen Gewissens versichern, dass Campodonico den schönsten und interessantesten Startpunkt abgibt.

Schon das Dorf selbst lohnt einen Besuch. **Campodonico** ist ein uralte korsische Ortschaft, bestehend aus etwa 10 Häusern und einer Kirche. Die meisten Bewohner haben ihre Heimat verlassen und auf dem Kontinent Arbeit gefunden. Wie in den meisten korsischen Bergdörfern stehen über die Hälfte der Häuser leer. Nur wenige, z. B. das erste am Dorfeingang, werden noch von Korsen bewohnt. Sie arbeiten in Bastia und ziehen sich am Wochenende oder während der Ferienzeit in die stille Abgeschiedenheit des Dorfes zurück.

Wegbeschreibung: Für den Anstieg auf den *Monte San Petrone* folgen Sie dem Weg, der rechts an der Quelle vor dem ersten Haus vorbeiführt. Dieser breite und gut erkennbare Pfad zieht sich die erste halbe Stunde durch einen Kastanienwald (Richtung Westen) und geht in etwa 1000 m Höhe in offenes Gelände über. Parallel dazu fließt unterhalb der *Fium'Alto*, der sich mit zunehmender Höhe nähert und schließlich auf 1200 m mit dem Wanderweg zusammentrifft. Dem Flussbett folgen, der Fium'Alto ist allerdings bald nur noch ein Rinnsal. Der Pfad führt auf eine freie Ebene, auf der häufig Kühe weiden (1350 m).

Links zweigt ein Weg auf die *Bocca di San Pietro* ab, während wir uns aber rechts halten und die Ebene in nördlicher Richtung auf den Wald zu überqueren. Bald erreichen Sie eine Quelle (1500 m) – sie spendet normalerweise selbst im Sommer genügend Wasser –, danach eine verfallene Bergerie. Nun durchquert man den dichten Buchenwald in Richtung Norden (eine kleine Öffnung führt auf den richtigen Weg). Der Pfad ist kaum noch erkennbar, dafür sind in regelmäßigen Abständen gut sichtbare Steinmänner *(cairns)* aufgestellt. Nach kurzer Zeit kommt man auf eine Lichtung (1603 m), dringt (den Steinmännern folgend) erneut in den Buchenwald ein und erreicht den Fuß des steilen Gipfelabhangs. Nach einigen steilen Serpentinen durch den Wald und einer kleinen, leichten Kletterpartie ist der Gipfel des Monte San Petrone erreicht. Auf seiner Spitze (1767 m) wacht eine *Statue des San Petru* über die Castagniccia. Sie wurde von einer Frau in mühevoller Handarbeit in den Felsen gemeißelt.

Der **Monte San Petrone** ist der höchste Berg der Castagniccia und bietet ein außergewöhnliches Panorama: im Norden das *Cap Corse* mit dem *Monte Stello*, im Westen die Gipfel des *Monte Padru*, des *Monte Cinto* und der *Paglia Orba* (stolzester und faszinierendster Berg Korsikas), im Süden kann man den *Monte Rotondo*, den *Monte d'Oro* und den *Monte Renoso* ausmachen. Und nicht zuletzt bietet sich ein wunderschöner Blick über die gesamte Castagniccia mit ihren Dörfern, die an den Felsen zu kleben scheinen.

Christina Echeverria

La Porta (korsisch: A Porta)

Ein weiterer empfehlenswerter Abstecher durch die Kastanienwälder! Ungefähr 12 km nördlich von Piedicroce führt eine schmale Straße über das Dörfchen *Stoppia-Novia* nach La Porta. Mit einem Restaurant und zwei Bars darf sich der in einer Talsenke gelegene Ort schon zu den größeren der Castagniccia zählen.

Die Attraktion von La Porta ist die **Kirche Saint-Jean-Baptiste**, sonntags auch ein beliebtes Ausflugsziel der Einheimischen. Mit ihrer reich verschnörkelten Fassade (1707) und dem überdimensionierten Glockenturm (1720) gehört sie zu den schönsten Barockbauten Korsikas. Einzig der unterschiedliche Fassadenputz von Kirchengebäude (gelb/weiß) und Turm (bräunlich) will nicht recht einleuchten. Vielleicht wollten die Restauratoren damit die Eigenständigkeit der beiden Teile unterstreichen.

Die Innenausstattung der Kirche birgt wenig Aufregendes; ins Auge fallen vor allem das große Gemälde links mit der dramatischen Darstellung des Martyriums der Heiligen Eulalia sowie ein gewaltiger Ölofen, der die vordere rechte Seitenkapelle verunstaltet. Weniger auffällig ist das Schmuckstück der Kirche, eine Orgel aus dem Jahr 1780, über die ein Informationsblatt an der Kirchentür instrumentale Details verrät. Einmal im Jahr, im Sommer, wird auf dem kostbaren Instrument ein Konzert gegeben.

Der freistehende Glockenturm, über dessen Größe jeder Besucher staunt, ist das Werk eines Architekten aus dem Nachbarort *Quercitello*.

Wer Zeit hat und mehr von den landschaftlichen Reizen der Castagniccia mitbekommen möchte, setzt die Rückfahrt über *Croce* fort und gelangt nördlich von *Campana* wieder auf die Hauptverkehrsstraße Piedicroce – Ponte Leccia.

• *Camping*: **U San Petrone**, an der D 71 (beim gleichnamigen Hotel auf der Passhöhe des Col de Prato). Schönes Terrain mit guten sanitären Anlagen, Abstellplatz für Wohnmobile. Wunderbare Aussicht über die Castagnicca.
Hier beginnt der klassische Aufstieg zum Monte San Petrone (alternativer Aufstieg siehe oben), ausgeschildert sind auch kürzere Wanderungen (30 Min. bis 3 Std.), z. T. auf alten Maultierpfaden in die Dörfer Castagniccia.

Morosaglia (kors.: Merusaglia)

La Porta: Der Glockenturm ist etwas zu groß geraten

Das stille Bergdorf am nordwestlichen Rand der Castagniccia, ungefähr 3 km hinter dem *Col de Prato* (985 m), hat sich in der korsischen Geschichte verewigt. Im östlichen Ortsteil **Stretta** wurde im April 1725 *Pasquale Paoli* geboren, Korsikas berühmtester Freiheitskämpfer und Chef des ersten und bisher einzigen unabhängigen korsischen Staates (1755–69). Wegen der ständigen Bedrohung durch Genuesen und Franzosen gelang es ihm jedoch nicht, sein Staatsgebilde zu festigen (siehe auch Kapitel *Geschichte* auf S. 102). Die Asche des "Vaters des Vaterlandes" wurde 1889 in aller Stille von London, wo Paoli im Exil starb, nach Stretta überführt. Die Urne steht heute mit anderen Erinnerungsstücken in einem kleinen Museum, das im Geburtshaus Paolis eingerichtet wurde.

Öffnungszeiten des Museums (Maison natale de Pasquale Paoli): April–September 9–12 und 14.30–19.30 Uhr (im Winter unregelmäßig), Di geschlossen. Eintritt ca. 11,50 €.

Von Morosaglia führt die Straße – teils durch Kastanienwald, teils durch Halbmacchia – hinunter ins *Golo-Tal* nach *Ponte Leccia* (siehe dort).

... und über allem thront der Monte Cinto (2706 m)

Nördliche Hochtäler

Das einsame Asco-Tal und die Hochebene des Niolo sind vor allem bei Bergsportlern beliebt. Dazwischen liegt der Monte Cinto, mit seinen 2706 Metern Korsikas höchster Berg. Jahr für Jahr finden immer mehr Gipfelstürmer den Weg hierher.

Manche empfinden die Rekordhöhe an sich schon als Herausforderung. Doch ist der *Monte Cinto* nur einer unter vielen Gipfeln dieser hochalpinen Region. Es gibt zahlreiche andere Wanderwege, die zu ebenso schönen und meist einsameren Zielen führen.

Auch Spaziergänger ohne sportliche Ambitionen, die einfach nur die frische Bergluft genießen wollen, sind im Niolo gut aufgehoben. Wer in der ersten Septemberhälfte unterwegs ist, kann es so einrichten, dass er am 8. September in *Casamaccioli* ist. Dann findet dort das *Fest der Santa di Niolo* statt, ein Ereignis, das jährlich Tausende von Besuchern anzieht.

Ponte Leccia (korsisch: U Ponte à A Leccia)

Der Ort ist in erster Linie ein Verkehrsknotenpunkt: In Ponte Leccia befindet sich Korsikas einziger Umsteigebahnhof. Die Schienen von *Calvi* stoßen hier auf die Eisenbahntransversale *Bastia–Ajaccio*. Dasselbe gilt für die Straßenführung: Hier zweigt die N 197 nach *L'Ile-Rousse* und *Calvi* von der N 193 *(Bastia–Ajaccio)* ab. Bei der vierbogigen Genuesenbrücke über den

Ponte Leccia

Golo führt ein Sträßchen in die *Castagniccia* und, etwas nördlich des Ortes, ein weiteres ins *Asco-Tal*. Einige Kilometer weiter – nicht genug des Straßenbaus – wurde Anfang der 90er Jahre eine neue, schnellere Route durch das *Ostricioni-Tal* nach *L'Ile-Rousse* eröffnet.

Snacks, Eisdielen, eine Bank, Lebensmittelgeschäfte, ein Supermarkt, Restaurants und eine Disko bilden die Infrastruktur dieses unattraktiven und wenig einladenden Orts (eine Touristeninformation sucht man hier vergebens). Doch Wanderer, die am frühen Morgen ins Asco-Tal aufbrechen wollen, kommen oft nicht umhin, hier zu nächtigen und sich mit den nötigen Lebensmitteln einzudecken. Selbstfahrer haben die Alternative, die Nacht in Corte zu verbringen und dafür eine Dreiviertelstunde früher aufzustehen.

Verbindungen

- *Bahn*: nach Ajaccio und Bastia täglich ein halbes Dutzend Verbindungen, nach Calvi zwei Züge pro Tag.
- *Bus*: Die Busverbindungen können mit der romantischen Eisenbahn nicht konkurrieren, trotzdem: je zwei pro Tag nach Ajaccio und Bastia, in der Saison ebenso viele nach Calvi (außerhalb der Saison täglich nur ein Bus).

Übernachten/Camping

* **Hôtel des Touristes**, im Ortszentrum. Hier hat man sich ganz auf den schnellen Durchgangstourismus eingerichtet und ist doch freundlich geblieben. Einige Zimmer, teilweise asketische Kabinen ohne Fenster, haben wie in Motels einen direkten Außenzugang. Die alte Bar mit den vier Tischen reicht längst nicht mehr aus. Zum Essen, das übrigens vorzüglich schmeckt, bietet sich eine kleine Terrasse an oder der etwas einfallslose Glaspalast daneben. DZ ca. 34 €, alle Zimmer mit Dusche/WC. April–Oktober geöffnet. ℡ 04.95.47.61.11.

* **Hôtel Las Vegas**, am Ortsausgang Richtung Corte. Kleiner als das oben genannte. Der Restaurantbetrieb wird nur noch gelegentlich aufrechterhalten. An den Hotelnamen erinnern ein Flipperkasten und ein Kicker. Hinter dem Haus ist eine kleine Wiese, auf der Camper geduldet werden, aber bitte vorher bei der freundlichen Wirtsfamilie anmelden. DZ mit Dusche ca. 31 €, mit Dusche auf der Etage ca. 29 €. ℡ 04.95.47.61.59.

Camping (Aire naturelle) Domaine de Griggione, an der Straße nach Corte (3½ km von Ponte Leccia). Mehr Wohnmobilisten als Camper. 25 Stellplätze, wenig Schatten. Außer einer Warmdusche wenig Komfort. Im nahen Golo ist das Baden erlaubt. April–September geöffnet. ℡ 04.95.47.62.92.

Campita Camping, an der Straße ins Niolo (1½ km nach dem Abzweig bei Francardo). Kleines Terrain mit 25 Stellplätzen. Der sehr freundliche Besitzer spricht gut Deutsch.

"Der einmalig schöne, in einer wilden Urlandschaft gelegene Campingplatz befindet sich in einem 11 ha großen Waldgelände und wird auf 2 km Länge vom Golo durchflossen. Für Kanufahrer wurden extra vier Zufahrten zum Fluss geschaffen, so dass man mit Auto und Boot bis zum Ufer heranfahren kann. Für Bergsteiger und Wanderer ist der Platz ein günstiger Ausgangspunkt für Unternehmungen im wilden Traunata-Massiv, in der Rotondo-Gruppe und im Cinto-Massiv, vom Hochland Niolo aus oder vom Plateau Stagnu im Stranciacone-Tal. In der Nähe von Francardo, in Carporalino, ist ein Trainingslager für Kletterer im steilen Fels." (Hans Schymik)

Auch **Ferienwohnungen** werden vermietet, diese sind vom Campinggelände durch ein größeres Feld getrennt. April–September geöffnet. ℡ 04.95.47.44.15.

Weitere Campings in der Nähe von Ponte Leccia, siehe *Asco-Tal*.

306 Nördliche Hochtäler

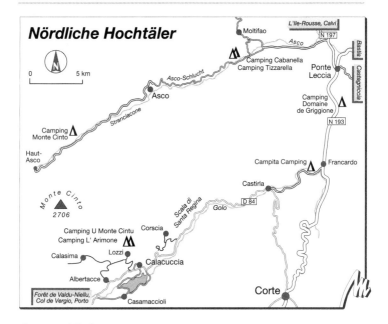

Asco-Tal

Die ersten paar Kilometer nach dem Abzweig nördlich von Ponte Leccia kann man ganz flott fahren, dann aber wird die Straße kurvig und eng. Links sieht man hinunter zur märchenhaft schönen Asco-Schlucht, das Wasser bildet gelegentlich Badebecken.

Wildcampen ist im Asco-Tal mit seiner einzigartigen Flora (ungefähr 40 geschützte Pflanzenarten) strengstens verboten. Die Forstbeamten patrouillieren täglich. Die *Grotte de Pietrabello* im unteren Teil der Schlucht ist ein von den Forschern noch nicht gänzlich ausgelotetes, riesiges Höhlenlabyrinth. Das mag Abenteurer verlocken, doch die Besichtigung ist nicht nur äußerst gefährlich, sondern nach mehreren Todesfällen – einige Hobby-Höhlenforscher haben den Ausgang nicht mehr gefunden – mittlerweile auch streng verboten.

Asco, das Dorf am oberen Ende der Schlucht, ist das einzige des Tales und bietet außer seiner Schönheit nichts Besonderes. Vom oberen Dorfausgang führt ein Asphaltsträßchen hinunter zu einer kleinen, schmucken *Genuesenbrücke*. Hier bildet der *Asco*, der sich im oberen Verlauf *Stranciacone* nennt, einige größere Bassins. Geübte Wildwassersportler finden unterhalb der Brücke einen idealen Einstieg für die abenteuerliche Fahrt durch die Schlucht. Spätestens Ende Mai jedoch ist der Segen der Schneeschmelze vorüber, und auch der wendigste Kajak kommt zwischen den Steinen nicht mehr durch.

Hermann die Schildkröte

Direkt gegenüber dem Camping *A Tizzano* wurde 1993 das "Dorf der Schildkröten" *(Village de Tortues, Moltifao)* eröffnet. Das ehrgeizige Projekt wird vom Korsischen Naturpark und weiteren Organisationen getragen. Erklärtes Ziel ist es, die sog. Hermann-Schildkröte, eine Unterart der Griechischen Landschildkröte, vor dem Aussterben zu bewahren. Derzeit lebt dieses einst auf Korsika und in Südfrankreich beheimatete Panzertierchen nicht mehr in freier Wildbahn. Nachdem ein erstes europäisches Schildkrötendorf in Sompot (Departement Var) eingerichtet wurde, zog jetzt Korsika nach.

Aus Geldmangel beschränkt sich die Dorfgröße vorläufig auf zwei Hektar. Hier wird Klein-Hermann – unter einem Netz gegen Raubvögel geschützt – aufgezogen und soll fünf Jahre später in die freie korsische Natur entlassen werden. Die ältere Generation ist in einem speziellen Gehege untergebracht. Und da man sich schon um Schildkröten kümmert, hat man auch gleich einige andere Landschildkröten zu Gast.

Später soll die Anlage auf 12 Hektar erweitert werden. Noch immer in der Planungsphase steckt ein künstlicher Teich für die Dorfbewohner sowie eine Ausstellung der Flora des oberen Asco-Tals. Auf Schautafeln werden die possierlichen Urtierchen und ihre Lebensgewohnheiten vorgestellt. Besuch empfohlen!

PS: Was Hühnerdieben auf Korsika blüht, weiß der Verfasser nicht. Wer jedoch einen Hermann klaut – so wurde ihm versichert –, dem sei das Gefängnis gewiss. Und dort gehe es ihm bestimmt nicht so gut wie den Schildkröten in ihrem Dorf.

Öffnungszeiten: April–September Mo–Fr 9–12 und 14–18 Uhr, Führungen 10, 11, 15 und 16 Uhr; Juli/August täglich geöffnet. Eintritt ca. 3 € (Kinder gratis). Falls Sie den Eintritt zu teuer finden sollten: Sie tragen damit dazu bei, dass Hermann dereinst wieder frei die korsische Macchia durchstreifen kann.

Von Asco fährt man noch 15 km – die Straße wird wieder bequemer, die Landschaft entzückt weiter mit wildromantischer Schönheit – bis nach **Haut-Asco** (1422 m). Früher waren hier zwei Skilifte in Betrieb, die vor allem von Städtern aus Ajaccio und Bastia genutzt wurden. Im Frühjahr 1998 zerstörte ein Bergsturz die Einrichtungen. Seither hat Haut-Asco als Wintersportort ausgedient. Im Sommer treffen sich in Haut-Asco die Wanderer; die Siedlung liegt nicht nur am GR 20, sondern ist auch für Tagestouren ein idealer Ausgangspunkt (siehe Wandern).

• *Übernachten/Camping/Essen*: **Chambres d'hôtes Vesperini**, am Ortseingang von Asco. Familiäre Bleibe, gute korsische Küche und Verkauf von Honig aus eigener Imkerei. DZ 43 € (inklusive Frühstück), wir empfehlen gleich Halbpension. Abendessen nur für Gäste. Die Aquarelle an den Wänden stammen übrigens von der Wirtin, verfertigt an langen Winterabenden. April bis Mitte Oktober geöffnet. ✆ 04.95.47.83.53.

* **Hôtel Le Chalet**, Haut-Asco. Herberge für Wanderer mit Pizzeria und Lebensmittelladen. DZ ca. 31 €. Billiger ist die Übernachtung im Schlafsaal, man zahlt ca. 10 € pro Person. Mai–September geöffnet. ✆/📠 04.95.47.81.08.

Camping (Aire naturelle) Cabanella, oberhalb des oberen Abzweigs nach Moltifao. Kleines, bescheidenes Terrain direkt am Asco mit Sonnen- und Schattenplätzen. Bademöglichkeit im Fluss, Einstieg für Kanuten. Gegenüber kleines Restaurant mit preiswerter Küche in familiärer Atmosphäre und im selben Haus einige Gästezimmer für ca. 40 €, Frühstück inbegriffen. März–Oktober geöffnet. ✆ 04.95.47.80.29.

Camping A Tizzarella, knapp oberhalb des oben genannten und ebenfalls direkt am Asco gelegen. Freundlicher Empfang in schönem, schattigem Gelände. Ca. 40 Stellplätze (2001 im Ausbau begriffen) und gepflegte sanitäre Anlagen. Einladendes kleines Restaurant. Bademöglichkeit im Fluss, aber bitte nicht waschen! Der Camping leidet unter den Dumping-Preisen des *Cabanella* (s. o.), dem talaufwärts Fahrenden als Erster begegnet. A Tizzarella ist etwas teurer, doch ist dies angesichts der schönen Anlage durchaus gerechtfertigt. Juli–September geöffnet. ✆ 04.95.47.83.92.

Camping Monte Cinto, 10 km oberhalb von Asco bzw. 5 km vor Haut-Asco. Sehr bescheidener Platz unter Kiefern und direkt am Stranciacone, der hier kleine Bassins bildet. 50 Stellplätze. Mitte Juni bis September geöffnet. ✆ 04.95.47.84.48.

Tagesbergtour: Von Haut-Asco auf die Bocca di Pampanosa

> **Höhenunterschied**: 1000 m
> **Schwierigkeitsgrad**: Die Bergtour ist nicht ganz ohne Gefahr und verlangt sehr viel Vertrautheit mit dem Hochgebirge!
> **Markierung**: Steinmänner
> **Kartenmaterial**: IGN-Faltkarte 1:25.000 (die Bocca Pampanosa ist eingezeichnet)

Aufgrund eingegangener Leserbriefe weisen wir darauf hin, dass diese Tour nur für geübte Bergsteiger empfohlen wird!

Wer knapp vor der Station *Haut-Asco* in Richtung Süden auf das Hochgebirge blickt, hat den *Cirque de Trimbulacciu* vor Augen, der links vom *Capu Larghia* und rechts von der *Punta Minuta* begrenzt wird. Im oberen Teil sind zwei Einschnitte zu sehen, links die *Bocca di Pampanosa*, rechts die *Bocca Rossa*.

Wegbeschreibung: Ausgangspunkt ist die Skistation von Haut-Asco *(Plateau de Stagnu)*. Hier wählt man den Fußweg in Richtung *Cirque de Trimbulacciu*. Er beginnt am Parkplatz gegenüber vom *Hôtel Le Chalet* und führt ganz nahe an der *Hütte des Österreichischen Alpenvereins* vorbei. Am Anfang verläuft der Pfad auf derselben Höhenlinie und führt mitten in einen Wald von alten, hochstämmigen Lariziokiefern. Danach überquert man einen Wildbach und steigt hinunter zum Bachbett des *Stranciacone*.

Kurz bevor man dieses erreicht hat, folgt man rechts der Markierung *Monte Cinto* und gelangt zu einem Felsvorsprung mit einem imposanten Steinmann *(cairn)*, daneben zwei Stelen; sie erinnern an zwei Alpinisten, die hier in der Winterkälte den Tod fanden. Von hier aus ist es noch eine halbe Stunde bis zu einer kleinen Holzbrücke über den Stranciacone. Über sie führt der Weg zum Monte Cinto. Wir lassen die Brücke jedoch auf der linken Seite liegen und folgen dem Schild mit der weißen Aufschrift *"Punta Minuta"*.

Erst geht es den steilen, glatten Felsen entlang. Dann endet der Pfad in einem großen Geröllfeld, an dessen

Bergtour: Von Haut Asco auf die Bocca ...

Brücke bei Asco: ein Meisterwerk des genuesischen Brückenbaus

rechtem Rand Steinmänner mehr oder weniger gut den Verlauf der Route markieren. Am oberen Ende angelangt, muss man die Passage suchen, die links zwischen den Erlen hindurch zum Fuß eines Steilhangs führt. Man muss die Hände zu Hilfe nehmen, um ihn zu überqueren, die Füße finden im Felsen Halt (eine Stunde).

Danach führt der Weg rechts in Richtung eines isoliert stehenden Baumes, der ziemlich mitgenommen aussieht. Man lässt ihn rechts stehen und nimmt den Pfad links hinunter. Von der Kurve aus erblickt man weit unten ein großes Feld mit Erlen. Der Pfad führt weiter zu einem Wildbach, der seine Existenz der Schneeschmelze am *Pampanosa-Korridor* verdankt. Von dort geht es den Abhang rechts entlang steil hinauf. Der Weg ist relativ gut markiert. Das Schneefeld, das sich dann auf der linken Seite auftut, ist nur gefährlich, wenn der Schnee die ganze Schlucht ausfüllt; dann sind Steigeisen und Pickel notwendig. Selbst Ende Juli kann hier noch Schnee liegen.

Im weiteren Verlauf muss man sich links halten, am Felsen unterhalb des Firnschnees entlang. Eine leichte Kletterei auf einen Felsvorsprung von 20 bis 30 m Höhe, und man hat ein steiles Geröllfeld erreicht, das links vom Firnschnee meist eine kleine Passage freilässt.

Am oberen Ende dieses Schneefeldes angelangt (2 Stunden), erklimmt man links einen kleinen Felsvorsprung und befindet sich nun auf einem steilen Geröllfeld, das man bis zu einem weiteren Felsvorsprung hinaufsteigt, an dessen Fuß man rechts entlanggeht. Dann links auf der schiefen Ebene hinauf bis zum Geröllfeld aus großen, locker sitzenden Steinen, das sich direkt unterhalb des oberen Schneefeldes des *Pampanosa* befindet (2½ Stunden). Je nach Jahreszeit, manchmal sogar im August, kann der Schnee die ganze Breite des

Korridors bedecken und sich über einen 45 bis 50 Grad steilen Abhang im oberen Teil bis hoch zur **Bocca di Pampanosa** ziehen. In diesem Fall sind Steigeisen und Pickel unbedingt notwendig für die Passage. Im günstigeren Fall schneiden lockere Felsbrocken den Firnschnee ungefähr 50 m unterhalb des Gipfels in zwei Teile, und eine breite, steinige Furche erlaubt es, zwischen dem Felsen und der Schneemauer der linken Flanke *(Capu Larghia)* entlangzugehen. Trotzdem muss man, um auf die Bocca zu kommen, einen kleinen Kamin bezwingen, in dem auf halber Höhe ein Steinblock eingezwängt ist (keine große Schwierigkeit).

Auf dem Gipfel angekommen, findet man ein paar Meter linker Hand eine grüne Terrasse. Die Aussicht von hier auf die Ostseite der *Paglia Orba* und das *Viru-Tal* ist großartig. Ganz hinten im Tal ist das Metalldach des *Refuge de Tighiettu* zu erkennen. Links der *Col de Crucetta* und der *Monte Fallo.*

Bernard Zappoli, Toulouse (übersetzt v. Verf.)

Niolo

Die geographische Abgeschiedenheit der Niolo-Hochebene mag erklären, dass hier die Tradition noch stärker zu spüren ist als anderswo auf der Insel. Das Niolo gilt noch immer als das Land der Hirten par excellence. Seine Dörfer, alle über 800 m hoch gelegen, waren lange Zeit verkehrstechnisch von der übrigen Welt abgeschnitten. Die D 84, die sich von *Evisa* über den *Col de Vergio* ins Niolo schlängelt und dieses hinter *Calacuccia* unter dem schönen Namen *Scala di Santa Regina* wieder verlässt, gehört zu den jüngsten Überlandstraßen auf Korsika.

Für Wanderer ist das Niolo, vielleicht mehr noch als das Asco-Tal, ein Paradies. Bergsteiger suchen den südlichen Aufstieg zu Korsikas höchstem Gipfel, dem *Monte Cinto* (2706 m), oder zu den Bergseen um den *Monte Rotondo* im Süden, Spaziergänger geben sich dem Lariciokiefernduft in Korsikas größtem Waldgebiet hin, dem *Forêt de Valdu-Niellu,* oder suchen den Weg zu den Dörfern oberhalb der Hauptstraße *Calacuccia–Albertacce.*

• *Information*: **Office de Tourisme de Niolu**, an der D 84 (ca. 1 km unterhalb von Calacuccia). Das regionale Büro hält einige Informationen für Wanderer bereit und verkauft auch Kartenmaterial.
✆ 04.95.48.05.22, ✆ 04.95.48.08.80.
• *Wandern*: Der Parc Naturel Régional hat in der Serie *Sentiers de Pays* das Faltblatt *Niolu* mit 7 Wandervorschlägen (2–7 Stunden) herausgegeben. Ausgangspunkte dieser orange gekennzeichneten Wanderwege sind Albertacce, Calasima, Corscia, Casamaccioli, Calacuccia. Mit Ausnahme der Tour zu den *Fünf Mönchen* (von Calasima aus) erwarten den Wanderer keine größeren Schwierigkeiten.

Der schönste Zugang ins Niolo ist zweifellos die Fahrt von Osten her. Man zweigt bei *Francardo,* 9 km südlich von Ponte Leccia, nach **Castirla** ab.

Oberhalb von Castirla beginnt die **Scala di Santa Regina**, eine kühn in den Felsen gehauene Straße, die dem Fahrer volle Aufmerksamkeit abverlangt. Sollte er doch einen Blick nach links riskieren, so sieht er weit unten den Golo als klägliches Rinnsal seinen Weg durch den kantigen Granitfelsen nehmen. Doch kann – je nachdem, wie viel Wasser aus dem Stausee von Calacuccia abgelassen wird – der Pegel schnell ansteigen. Tafeln weisen auf die

Wildschöner Zugang ins Niolo: die Scala di Santa Regina

jederzeit mögliche Flut hin. Die verwegen-romantische Straßenführung der *Scala* hat erst beim *Staudamm von Corscia* ein Ende. Der kleine Stausee markiert den östlichen Eingang zum Niolo.

Wesentlich größer ist der **Stausee von Calacuccia**. Er dient nicht nur der Elektrizitätsgewinnung, sondern auch der Bewässerung weiter Landstriche an der Ostküste. Korsikas größtes Stauprojekt wurde mit Geldern der *SOMIVAC* (siehe Kapitel *Wirtschaft*) realisiert.

Essen: Wer sich gerne gut und preiswert mit hausgemachten korsischen Gerichten verwöhnen lässt, sollte es nicht versäumen, in Castirla im **Restaurant Chez Jacqueline** (vor der Golo-Brücke auf der rechten Seite) einzukehren (Tipp von Christina Echeverria).

Calacuccia

Der Blick von Calacuccia auf die umliegenden Berge gibt bereits einen Vorgeschmack auf zu bestehende Abenteuer: Bei klarem Wetter scheinen die *Paglia Orba,* der *Monte Cinto* und die *Cinque Frati* ("Fünf Mönche", ein nicht zu übersehendes fünfgipfliges Gebirge) zum Greifen nahe. Der am Abhang über dem Stausee gelegene Hauptort des Niolo ist mit seinen zwei Hotels, den Restaurants, Bars und Lebensmittelgeschäften eine ideale Basis für Wanderer und Bergsteiger.

Dolmen von Calacuccia: Den Beweis für die prähistorische Besiedlung des Niolo findet man auf einer Wiese links an der Straße nach Albertacce hinter dem *Restaurant Corsica*. Mit der klassischen Schönheit des Monuments von *Fontanaccia* (siehe *Sartène/Umgebung* auf S. 203) kann der Dolmen von Calacuccia mit seiner von der Witterung zerfressenen Deckplatte allerdings nicht konkurrieren.

312 Nördliche Hochtäler

Aufgestauter Golo beim Corscia-Staudamm

• <u>Verbindungen</u>: Di und Do ein Bus nach Bastia, Abfahrt 7 Uhr, Mo–Sa einer nach Evisa und Porto, Abfahrt 9 Uhr. Busfahrkarten gibt's im Hôtel des Touristes.

• <u>Übernachten/Camping</u>: **** Hôtel des Touristes**, Ortsmitte. Der kleine Palazzo ist der Klassiker des Niolo und wird seit 1856 von derselben Familie geführt. Schon Felix von Cube, der Pionier der korsischen Bergwelt, stieg hier ab (1899). Den stilvoll eingerichteten Speisesaal zieren Niolo-Fotos aus den 30er Jahren, zwei weitere Salons schließen sich an. Terrasse, Garten und Tennisplatz. Die Küche ist hervorragend, Halbpension deshalb in Erwägung zu ziehen. DZ 39–54 €. Bei den billigsten Zimmern muss man Etagenduschen in Kauf nehmen, die teuersten sind mit einem hübschen Bad ausgestattet. Mai–September geöffnet. ✆ 04.95.48.00.04, ✉ 04.95.48.05.92.

** Hôtel L'Acqua Viva, am oberen Ortsausgang bei der elf-Tankstelle und im selben Besitz wie diese. Komfortabler, als es von außen den Anschein hat. Sehr gepflegte Zimmer, alle mit Dusche/WC/TV, die nach hinten mit großartigem Blick auf den Monte Cinto. DZ 46–51 € je nach Saison. ✆ 04.95.48.00.08, ✉ 04.95.48.08.82.

Gîte d'étape, am oberen Dorfausgang, mit Tennisplatz. Neu errichtete "Bungalows" mit Dusche/WC. Übernachtung für 10 € pro Person. Anmeldung beim Hôtel des Touristes (s. o.).

Gîtes d'Etape Couvent de Calacuccia, ehemaliges Franziskanerkloster etwas außerhalb des Orts in Richtung Albertacce (rechts oberhalb der Straße). Die letzten Mönche haben das 1654 gebaute Kloster 1981 verlassen. Ein Trakt wurde in den 90er Jahren zum Gîte umgebaut. Die einst düsteren Zimmer sind jetzt in helles Holz gekleidet, den Gästen wird eine große Gemeinschaftsküche mit langen Holztischen zur Verfügung gestellt. Im klösterlichen Garten findet der Gast eine hübsche Terrasse mit einer Schatten spendenden Steineiche vor. DZ mit Dusche/WC ab 35 €, Übernachtung im Schlafsaal für ca. 11 € pro Person. Hunde müssen draußen bleiben. ✆ 04.95.48.00.11.

Camping U Monte Cintu, oberhalb von Lozzi. Eine gute Basis für Wanderer. Sehr schönes, einladendes Gelände mit viel Schattenplätzen. Gepflegte sanitäre Anlagen mit Heißwasserduschen. Elektrische Anschlüsse vorhanden. In der Bar werden Pizze und Omeletts serviert. 25 Stellplätze. Die Möglichkeit zum morgendlichen Erfrischungsbad findet man in knapp 15 Gehminuten beim Ponte di Santa Lucia, einer Genuesenbrücke. Mitte Mai bis

September geöffnet. ☎ 04.9548.04.45.
Camping L'Arimone, gleich neben dem vorgenannten und nicht ganz so attraktiv wie dieser. Juni–September geöffnet. ☎ 04.95.48.05.51.

Albertacce (korsisch: E Lupertacce)

Der idyllische Teil dieses kleinen Orts ist zweifellos die Dorfstraße, die parallel zur Durchgangsstraße verläuft: Die aneinander gebauten Steinhäuser vermitteln ein sehr einheitliches Ortsbild. Knapp außerhalb des Orts, noch vor der Abzweigung nach Casamaccioli, wird der Golo überquert, der direkt unterhalb der Brücke einladende Bassins bildet. Die Hauptstraße führt weiter in den *Forêt de Valdu-Niellu*, in Korsikas größtes Waldgebiet, das sich bis zum 1477 m hohen *Col de Vergio* (siehe dort) hinaufzieht.

Tageswanderung: Vom Maison Forestière de Poppaghia zum Lac de Nino

Maison Forestière de Poppaghia – Lac de Nino: 3 Stunden
Lac de Nino – Maison Forestière de Poppaghia (über den Col de Saint-Pierre): 2–3 Stunden
Schwierigkeitsgrad: leicht
Höhenunterschied: 700 m
Kartenmaterial: IGN-Faltkarte 1:50.000, Corse Nord, Blatt III/5

Der Aufstieg zum Lac de Nino, einem Gletschersee, der zu den schönsten der 53 Gebirgsseen auf Korsika gehört, ist überaus lohnenswert. Der beschriebene Rundweg eignet sich auch für weniger Erfahrene.

Wegbeschreibung: Ausgangspunkt ist das *Maison Forestière de Poppaghia* (1076 m) im *Forêt de Valdu-Niellu*, ca. 9 km von Albertacce entfernt (an der D 84). Auf der linken Seite befindet sich ein Parkplatz, an dem unsere eintägige Wanderung zum *Lac de Nino* beginnt. Die Markierung zum Lac de Nino ist gelb, später kommen noch Steinmänner *(cairns)* hinzu. Der Weg steigt langsam an und führt durch einen herrlichen Wald, vor allem aus Nadelbäumen bestehend. Man erreicht den Flusslauf der *Colga*, dem man ab hier auf der rechten Seite folgt. Der Weg führt bald aus dem Wald heraus und vorbei an der *Bergerie de Colga* (1411 m), bei der wir den Bach überqueren. Erst nach der Bergerie de Colga beginnt die eigentliche Bergbesteigung. Der bisher sehr breite Weg geht in einen schmalen Pfad über und verschwindet nach einiger Zeit fast völlig. Von nun an geht es über Felsbrocken und Steinplatten weiter. Hier ist bei nassem Wetter Vorsicht geboten. Ansonsten ist die Kletterei leicht und ohne Hindernisse. Die Markierungen sind so gut erkennbar, dass man den Aufstieg zum *Col de Stazzona* (1762 m) nicht verfehlen kann. Am schönsten wäre es, wenn man das letzte Stück bis zum Grat des Col de Stazzona mit geschlossenen Augen zurücklegen könnte. Denn wenn man die Augen wieder öffnen würde, wäre die Überraschung umso größer: Der Blick gleitet über den **Lac de Nino**, der dem Wanderer mit seinen satten grünen Wiesen und stattlichen Bergen im Hintergrund zu Füßen liegt.

Am schönsten ist der Lac de Nino von Frühjahr bis Mitte Juni, da um diese

Jahreszeit die grünen Ufer des Sees noch nicht von der Sonne verbrannt sind. Man hat das Gefühl, auf einem Schwamm zu laufen, da die Wiesen (*pozzini* genannt), durch kleine Rinnsale unterbrochen, mit Wasser vollgesogen sind. Oft trifft man hier auf grasende Kühe, Schweine und Schafe.

Der Lac de Nino liegt auf 1743 m Höhe und ist die Quelle des *Tavignano*. Häufig sieht man am Seeufer Angler, die unerschütterlich und bei jedem Wetter in der Stille dieser bizarren und oft von Nebel eingehüllten Landschaft ihrer Tätigkeit nachgehen.

Wer es vermeiden möchte, den gleichen Weg abzusteigen, hat folgende Möglichkeit:

Am Anfang folgen wir ein gutes Stück dem GR 20 (rot-weiße Markierung), der am gleichen Ende des Sees auf der gegenüberliegenden Seite ansteigt. Der GR 20 führt auf die *Bocca a Reta* (1883 m), von der aus der Abstieg beginnt. Auf einem ausgedienten Maultierpfad geht es auf dem Höhenrücken des *San Tomaghiu* hinunter bis zum *Col de Saint-Pierre* (1452 m). Der Pass ist leicht zu erkennen, da auf seiner Höhe eine kleine Kapelle steht. Bis hierher ist der Weg nicht zu verfehlen, die Markierungen des GR 20 sind sehr deutlich. Etwas mehr Aufmerksamkeit ist nach dem Col de Saint-Pierre nötig, wo wir an einer markanten Abzweigung den GR 20 verlassen.

An dieser Abzweigung teilen sich mehrere Wege: Der GR 20 verläuft links weiter bis zum *Castel di Verghio*, dem Hotel unterhalb des *Col de Vergio* (siehe dort). Nach rechts führt der Weg, dem wir bereits beim Aufstieg kurz vor dem Flusslauf der Colga begegnet sind. Unser Weg aber zieht sich fast geradeaus durch einen Wald. Etwas Aufmerksamkeit ist nötig, um den mit Steinmännern gekennzeichneten Pfad nicht zu verpassen. Auf der Wanderkarte ist dieser Weg gestrichelt eingezeichnet. Er führt uns unten wieder auf die Hauptstraße (D 84), auf der wir nur ein kleines Stück abwärts marschieren müssen, um zum *Maison Forestière de Poppaghia,* unserem Ausgangspunkt, zurückzukehren.

Christina Echeverria

Casamaccioli (korsisch: Casamacciuli)

Das Dörfchen, ein paar hundert Meter vom südlichen Ende des Stausees von Calacuccia entfernt, verdankt seine Berühmtheit einem namenlosen Maultier, das nach frommer Überlieferung eine Marienstatue vor dem Zugriff der Sarazenen gerettet haben soll.

Jährlich am 8. September findet das **Fest der Santa di Niolo** statt. Die Einheimischen reden vom *foire* (Jahrmarkt), denn schon längst ist der damit verbundene dreitägige Jahrmarkt wichtiger als die religiöse Zeremonie.

Der Jahrmarkt von Casamaccioli ist der größte ganz Korsikas. An die 20.000 Besucher finden in den drei Tagen den Weg ins abgeschiedene Niolo. Schon das riesige Polizeiaufgebot zur Regelung der Parkprobleme bietet ein ungewohntes Bild. Das sonst so verträumte Casamaccioli ist kaum mehr zu erkennen. Das Fest beginnt mit der Messe am Morgen des 8. September. Wegen des großen Besucherandrangs wird sie auf dem Platz vor der Kirche gelesen, in der Regel vom Bischof von Ajaccio persönlich. Danach wird la Santa (die Marienstatue, siehe Kasten) in einer Prozession zum Jahrmarkt getragen, der um diese Zeit schon voll im Gange ist: korsische Spezialitätenhändler, Kunsthandwerker, Trödel-Profis, Flohmarkt, Karussselle, Schießstände und schnell gezimmerte Bretterbuden, in denen hauptsächlich Pastis ausgeschenkt wird. Dicht umlagert sind die vorsintflutlichen, aber überaus hübschen Roulette-Tische im Freien, an denen man unglaublich rasch Geld verlieren kann. Der Rummel dauert bis tief in die Nacht, und die ist in Casamaccioli im September empfindlich kalt, auch wenn tagsüber die Sonne brennt.

Die Muttergottes auf dem Maultier

Die Legende berichtet von einem Schiffbrüchigen, der in seiner Not zur Muttergottes flehte und ihr für seine Rettung eine Statue zu stiften versprach – ein in alter Zeit durchaus üblicher Handel. Die Muttergottes hatte Erbarmen mit dem Verzweifelten, der Gerettete hielt sich an die Abmachung, und so kam ein Franziskanerkloster an der Westküste in den Besitz einer vielbewunderten holzgeschnitzten Marienstatue. Im Kloster wäre das Schmuckstück auch geblieben, wären nicht am Meereshorizont die gefürchteten Sarazenen aufgetaucht, deren Erscheinen stets Plünderung und Zerstörung verhieß. Das Niederbrennen der Klöster gehörte zu den Routinetätigkeiten der Vandalen, und so beschloss die Bevölkerung der umliegenden Dörfer, wenigstens die Marienstatue zu retten. Den hitzigen Streit darüber, in welcher Dorfkirche sie vor dem muslimischen Zugriff am sichersten sei, beendete ein wahrhaft weiser Vorschlag. Man möge doch die Statue auf den Rücken eines Maultieres binden und dieses dann in die Berge jagen. In dem Dorf, wo es Halt mache, sei Maria unterzubringen. Die Idee fand allgemeinen Beifall, und kurz bevor die Sarazenen landeten,

Religiöser Auftakt zu Korsikas größtem Jahrmarkt: das Fest der Santa di Niolo

sprengte ein verantwortungsbeladenes Maultier ins Landesinnere, verfiel dann wohl allmählich in den bekannten Trott, der die beneidenswerte Kondition dieser Tiere ausmacht, und tauchte zwei Tage später mit der unversehrten Marienstatue wieder auf – in Casamaccioli. Die auf so wundersame Art gerettete Marienstatue ist seither in der Dorfkirche zu besichtigen.

Corte – Korsikas heimliche Hauptstadt

Corte und Umgebung

Corte, die einstige Hauptstadt des unabhängigen Korsika, das Restonica-Tal und das Waldgebiet von Vizzavona sind mit dem eigenen Fahrzeug bequem erreichbar und deshalb zu beliebten Zielen auf der Durchreise geworden. Der Monte Rotondo und der Monte d'Oro hingegen entziehen sich dem schnellen Zugriff der motorisierten Touristen.

Die Region im Zentrum der Insel hält für jeden etwas parat. Bergsteiger und Wanderer finden ein gut ausgebautes Netz an Wegen vor. Badeurlauber haben die dafür nötige Ausrüstung meist nicht dabei und begnügen sich mit einem Kurzbesuch in Corte. Wer wenigstens einen optischen Eindruck von der Romantik korsischer Berglandschaften mit nach Hause nehmen will, dem sei die Reise per Eisenbahn von Ajaccio aus empfohlen. Besonders abenteuerlich ist die kurvenreiche Streckenführung zwischen Vizzavona und Corte. Das Züglein fährt scharf an den Abgründen entlang, verschwindet oft in kurzen Tunnels und zuckelt einige Male in atemberaubender Höhe über Viadukte.

Corte

(korsisch: Corti)

Die Zitadelle, hoch auf dem schroffen Felsen über dem Tavignano errichtet, ist das Wahrzeichen der Stadt. Der stolze "Adlerhorst" symbolisiert den korsischen Widerstand, der Corte im 18. Jahrhundert zur Hauptstadt des unabhängigen Korsika erkor. Bis heute ist Corte für viele Autonomisten die "heimliche Hauptstadt" der Insel.

Dass Korsikas einzige Universität nicht in Ajaccio, nicht in Bastia, sondern in Corte steht, ist nur mit der geschichtlichen Bedeutung der Stadt im Kampf um die korsische Unabhängigkeit zu erklären. Gegründet wurde die Universität 1765 von *Pasquale Paoli,* der von 1755 bis 1769 den einzigen unabhängigen Staat in der Geschichte Korsikas lenkte und der die Bedeutung der Bildung für die Entwicklung eines demokratischen Staatswesens erkannte. Die Universität hatte genau so lange Bestand wie der paolinische Staat. Nach der Niederlage von Ponte Nuovo 1769 (siehe auch Kapitel *Geschichte*) musste sie ihre Türen wieder schließen.

Die Autonomisten forderten nach dem Zweiten Weltkrieg wiederholt die Neugründung einer korsischen Universität, der u. a. auch die Pflege der korsischen Kultur und Sprache obliegen sollte. Aber erst 1981 war es so weit: Über 200 Jahre nach ihrem Debüt konnte die Universität in Corte zum zweiten Mal eröffnen. Derzeit verfügt sie über die Fakultäten Rechtswissenschaft, Wirtschafts- und Politikwissenschaft, Literatur- und Geisteswissenschaften sowie Technische Wissenschaften. Aus dem *Centre de Recherche Médicale* wird vielleicht dereinst eine medizinische Fakultät aus der Taufe gehoben, ebenfalls in Entwicklung begriffen ist die Umweltwissenschaft. Studenten verjüngen und beleben das Stadtbild. Das gilt für deutsche Städte wie für Corte. Ohne die ungefähr 4000 Studenten wäre Corte wohl wesentlich provinzieller. Selbst die etwas baufällige Oberstadt wird am Leben erhalten: In den alten Häusern haben sich einige Töpferwerkstätten eingerichtet. Anders am *Cours Paoli,* der Geschäftsader von Corte: Hier herrscht – Kleider machen Leute – eindeutig städtisches Flair. Die Cafés sind stets gut besucht – zumindest bis Semesterende.

Corte und Umgebung

Geschichte

Der Ort am Zusammenfluss von *Restonica* und *Tavignano* war ohne große Bedeutung, als die Genuesen im 13. Jahrhundert Korsika in ihre Gewalt brachten. Die imposante Zitadelle geht auf den korsischen Adligen und Vizekönig Korsikas von Aragoniens Gnaden, *Vincentello d'Istria*, zurück, der die Stadt 1420 eroberte. Doch fiel Corte 1434 bereits wieder an die Genuesen. "Der korsischste aller Korsen", *Sampiero Corso*, eroberte Corte 1553 gemeinsam mit den Franzosen. Sechs Jahre später – dank des Vertrags von Cateau-Cambrésis – waren erneut die Genuesen an der Macht.

Pasquale Paoli, der Vater des Vaterlandes

Die glorreiche Ära Cortes fällt ins 18. Jahrhundert, in die Zeit des korsischen Befreiungskampfes. Für die korsischen Nationalisten, deren Rückhalt stets das Innenland war, hatte die Stadt im Herzen der Insel oberste Priorität. Sie eroberten Corte 1730, mussten aber zwei Jahre später vor den in genuesischen Diensten kämpfenden deutschen Söldnern kapitulieren (siehe Kasten *Biologische Kriegsführung im 18. Jahrhundert* auf S. 280). In der Folgezeit war Corte heftig umkämpft. Die finanziell stark angeschlagene genuesische Republik lag in den letzten Zügen und hatte der militärischen und politischen Einmischung Frankreichs auf Korsika nichts mehr entgegenzusetzen. Unter *Gian Pietro Gaffori*, dem "General der Nation", gelang den Unabhängigkeitskämpfern 1751 die Einnahme der Stadt. *Pasquale Paoli,* der "Vater des Vaterlandes", machte sie 1755 zur Hauptstadt seiner Republik. Doch das goldene Zeitalter der korsischen Unabhängigkeit dauerte nicht lange: Der junge, in ganz Europa beachtete Paoli-Staat fand mit der Schlacht von *Ponte Nuovo* 1769 sein Ende, und Corte wurde französisch.

Postleitzahl/Information

- *Postleitzahl*: 20250
- *Information*: **Office de Tourisme**, nach mehreren Umzügen ab 2002 wieder in der Zitadelle. Der Informationsjob wird von freundlichen und kompetenten Studenten wahrgenommen, die am bunten Touristenhaufen ihre Fremdsprachenkenntnisse ausprobieren. Gute Informationen über Korsikas Naturpark und Wanderrouten. Mo-Fr 9–12 und 14–17 Uhr, in der Hauptsaison länger. ✆ 04.95.46.26.70, 04.95.46.34.05, E-Mail: *corte-tourisme@wanadoo.fr*, Internet: *www.corte-tourisme.com*.

Verbindungen

- *Bahn*: Täglich 4-mal Direktverbindung nach Bastia und Ajaccio, zwei Verbindungen nach Calvi (umsteigen in Ponte Leccia).
- *Bus*: Mit der romantischen Eisenbahn können die Busunternehmen nicht konkurrieren. Trotzdem: Busse fahren täglich 2-mal nach Ajaccio und Bastia, Abfahrt an der Avenue Xavier Luciani.

Diverses

- *Autovermietung*: **Europcar**, Place Paoli. ✆ 04.9546.06.02.
- *Parken*: Großer Gratis-Parkplatz am oberen Ende der Avenue Jean Nicoli. Von dort lässt sich die Stadt ohne weiteres zu Fuß erkunden.
- *Zeitungen*: Das **Maison de la Presse**, ebenfalls am Cours Paoli, führt im Sommer auch deutsche Presse. Daneben auch ein großes Angebot an Wanderkarten.
- *Internet*: im Nebenraum des Grand Café du Cours (siehe *Essen und Trinken*).
- *Weine*: Cortes schönstes Weingeschäft ist zweifellos **La Vieille Cave**, ein kleiner, dunkler Kellerladen mit noch dunkleren Weinfässern in einer Seitengasse knapp unterhalb der Place Paoli.
- *Korsische Spezialitäten*: **U Granghju**, 2, boulevard Paoli (direkt unterhalb der Place Paoli): Würste, Weine und Liköre. Auch Töpfereiprodukte.
- *Kunsthandwerk*: In der Oberstadt haben sich Werkstätten mit Direktverkauf, meist **Töpfereien**, niedergelassen. Wer seine oder andere Kinder beglücken möchte: Die *Casa du Legnu* an der Place Gaffori stellt einmalig schöne **Holzspielsachen** her!
- *Markt*: Freitagvormittag auf dem Gratis-Parkplatz unterhalb der Avenue Jean Nicoli.
- *Feste/kirchliche Feiern*: **Internationales Folklorefestival**, am letzten Juli-Wochenende. Sehr lebendiges Festival, das sich zu Recht "international" nennt, gelegentlich werden sogar Gruppen aus Übersee eingeladen.
Ghjurnate di u Populu Corsu, am ersten, manchmal zweiten August-Wochenende: Die "Tage des korsischen Volkes" werden von autonomistischen Gruppierungen organisiert. Neben korsischen Folkloreabenden finden auch politische Diskussionen und Vorträge statt.
Karfreitagsprozession, sie heißt so, findet aber bereits am Vorabend statt, also am Gründonnerstag. Ausgehend von der Chapelle Sainte-Croix windet sich die Prozession, angeführt von den Trägern einer großen Christusfigur, durch Straßen und Treppengassen der Oberstadt. Angehörige des Klerus und Frauen sind von der Prozession ausgeschlossen!
Saint-Théophile-Prozession, sie findet jährlich am Abend des 18. Mai statt. Mehr darüber und über die Hintergründe siehe *Sehenswertes/Oratoire Saint-Théophile*.

Übernachten (siehe *Karte S. 321*)

Corte verfügt über erstaunlich wenig Hotels. In der Hochsaison kann es deshalb zu Engpässen kommen. Während des Semesters wiederum sind die billigsten Unterkünfte oft von Studenten belegt. Wer am Morgen ankommt, hat bessere Chancen. Umsichtige reservieren telefonisch. Camper haben keine Probleme. Beide aufgeführten Campingplätze sind stadtnah. Weitere Übernachtungsmöglichkeiten siehe *Restonica-Tal*.

Hôtel HR (12), empfehlenswerte Unterkunft in Bahnhofsnähe. Ein Résidence-Hôtel für Studenten bzw. gehobene Jugendherberge mit ein paar sehr komfortablen Zimmern (oberste Preisklasse). Während des Semesters sind von den 96 Zimmern höchstens 10 für Durchreisende frei, in den Semesterferien ist es dagegen kein Problem, hier unterzukommen. Sauna, Fitness-Raum und großer Garten. Waschmaschine. Günstiges Frühstück. DZ 21–60 €, Dusche/WC auf der Etage. allée du 9 Septembre. ✆ 04.95.45.11.11, ✉ 04.95.61.02.85.

** **Hôtel de la Paix (1)**, komfortables Mittelklassehotel in ruhiger Stadtlage, oft von Reisegruppen ausgebucht. DZ 41–55 €. Avenue Général de Gaulle.
✆ 04.95.46.06.72, ✉ 04.95.46.23.84.

Corte und Umgebung

Hôtel du Nord (6) (keine Klassifizierung), freundlich, billig und zentral, in der Regel schnell ausgebucht. Alle Zimmer mit Dusche, die teureren mit WC. DZ 28–45 €. 22, cours Paoli. ✆/✉ 04.95.46.00.68.

** Hôtel Sampiero Corso (11), modernes Hotel direkt an der Ausfallstraße nach Ajaccio. Alle Zimmer mit Dusche/WC, DZ 42–43 €. April–September geöffnet. Avenue Président Pierucci. ✆ 04.95.46.09.76, ✉ 04.95.46.00.08.

* Hôtel de la Poste (2), freundliches, älteres Hotel mit sehr bescheidenen Zimmern. Das Hotel ist bei Trampern sehr beliebt und oft ausgebucht. Telefonische Voranmeldung wird empfohlen. Dusche im Zimmer, bei den teureren auch WC. DZ 29–42 € (je nach Komfort). 2, place Duc de Padoue. ✆ 04.95.46.01.37.

Hôtel Cyrnos Colonna (9), bescheidene Unterkunft, Rezeption in der Bar Colonna an der gegenüberliegenden Straßenseite. An der Vorderseite des Hotels rauscht der Verkehr nach Ajaccio vorüber. Sehr unterschiedliche Zimmer, teils renoviert. Allerdings hatte man es mit der Renovierung sehr eilig: Löcher wurden einfach zutapeziert, und Teppiche kaschieren eher, als das sie schmücken. Die Bäder hingegen sind sehr schön ausgestattet. DZ mit Dusche/ WC 28–39 €. 3–4, avenue Xavier Luciani. ✆ 04.95.46.26.21.

*C*amping

Camping Restonica, direkt an der Restonica, stadtnächster Camping. 60 Stellplätze. "Neben dem netten Besitzerehepaar gibt es Schatten, supersaubere sanitäre Anlagen, eine Bar und die nicht zu unterschätzende Nähe zum Supermarkt" (Leserbrief). Mitte April bis Mitte Oktober geöffnet. ✆ 04.95.46.11.59, ✉ 04.95.46.24.40.

Camping Alivetu, nach der Restonica-Brücke rechts. 100 Stellplätze auf größerem, steinigem Terrain im Olivenhain. Die sanitären Anlagen sind etwas dürftig. "Aus dem Platz ließe sich eindeutig mehr machen", schrieben wir in der letzten Auflage und meinen dies weiterhin. April bis Mitte Oktober geöffnet. ✆ 04.95.46.11.09, ✉ 04.95.46.12.34.

Camping U Sognu, zwischen Tavignano und Restonica. Eine internationale Kundschaft teilt sich die 70 Stellplätze. Das kleine Gelände ist hübsch eingerichtet, hat allerdings wenig Schatten. Gepflegte sanitäre Anlagen mit Warmduschen in einem alten Steinhaus. Im vorderen Teil ein Pizza-Backofen (au feu de bois), im hinteren Teil eine einladende Osteria mit Grill über offenem Feuer. Vom Camping aus genießt man einen Postkarten-Blick auf die Zitadelle von Corte. Zu Fuß ist man in 10 Minuten im Stadtzentrum. März–Oktober geöffnet. ✆ 04.95.46.09.07.

*E*ssen und *T*rinken

Die meisten Speiselokale findet man an der Hauptgeschäftsstraße der Stadt, dem Cours Paoli.

Osteria/Pizzeria U Paglia Orba (8), Pizze und Paste, aber auch von Erfindungsreichtum zeugende Gerichte à la carte und stets ein billiges Menü. Ein großes Salatangebot, ein freundliches, junges Wirtepaar, ein einladender kleiner Balkon über der Straße – was will man mehr? Unsere Empfehlung. So geschlossen. 5, avenue Xavier Luciani.

Restaurant L'Oliveraie (3), eine Leserempfehlung, die wir gerne bestätigen: hervorragendes Essen zu moderaten Preisen. Wunderbare Schattenterrasse in abgeschiedener Lage. Wegen der nahen Uni oft von Studenten aufgesucht. Ortsteil Perru.

Restaurant Chez Julien (4), die Menüs sind preiswert und schmecken ausgezeichnet. Der Raum mit dem alten Piano in der Ecke hat Atmosphäre. 24, cours Paoli.

Restaurant Le Passe Temps (7), korsische Menüs, aber auch Crêpes und ausgezeichnete Pizze. Spezialität ist das *Entrecôte à la façon Restonica,* mit korsischem Käse überbacken und mit Grappa flambiert. Rampe Sainte-Croix.

Brasserie Pascal Paoli (10), Pizze und Pasta. Die Küche ist hervorragend, auch die herrlich schmeckende *Pizza Paoli* (Lesertipp von einem, der eigentlich kein Pizza-Esser ist). 2, place Paoli.

Grand Café du Cours (5), bei Studenten beliebtes altes Kaffeehaus. Seit im Nebenraum diskret ein *Espace Cyber* eingerichtet wurde, noch beliebter. Cours Paoli.

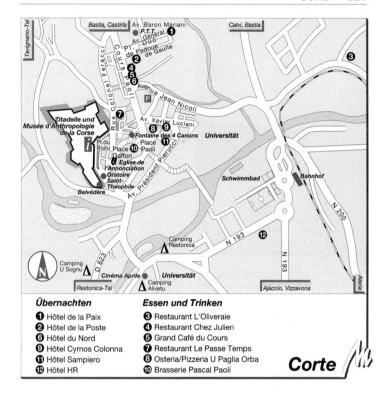

Übernachten

- ❶ Hôtel de la Paix
- ❷ Hôtel de la Poste
- ❻ Hôtel du Nord
- ❾ Hôtel Cyrnos Colonna
- ⓫ Hôtel Sampiero
- ⓬ Hôtel HR

Essen und Trinken

- ❸ Restaurant L'Oliveraie
- ❹ Restaurant Chez Julien
- ❺ Grand Café du Cours
- ❼ Restaurant Le Passe Temps
- ❽ Osteria/Pizzeria U Paglia Orba
- ❿ Brasserie Pascal Paoli

Sehenswertes

Zitadelle: Die ältesten Teile der Zitadelle, zumindest der als *Nid d'Aigle* (Adlerhorst) bezeichnete Turm, gehen auf *Vincentello d'Istria* zurück, einen korsischen Edelmann, der im 15. Jahrhundert mit Aragoniens Unterstützung als Vizekönig über Korsika herrschte. Eine noch frühere Befestigung ist nachgewiesen, doch ist davon nichts mehr zu sehen. Die Wohnhäuser und eine kleine Kapelle, die einst innerhalb der Ummauerung die eigentliche Zitadellenstadt ausmachten, wurden bei der letzten großen Umgestaltung – sie fällt in die Regierungszeit des Bürgerkönigs *Louis Philippe* – zerstört.

Im Zweiten Weltkrieg marschierten die italienischen Faschisten in Corte ein und verwendeten die Zitadelle – einst Hort des korsischen Widerstands – als Gefängnis für korsische Widerstandskämpfer. Von 1962 bis 1984 stationierten die Franzosen eine Einheit der Fremdenlegion in der Festung. Erst seit sie abgezogen ist, ist das Gelände wieder öffentlich zugänglich. Derzeit sind Instandsetzungsarbeiten im Gange, an denen sich der französische Staat mit der Hälfte der Kosten beteiligt; einige der Steinüberdachungen haben eine Sanierung dringend nötig, soll nicht eines Tages ein unschul-

322 Corte und Umgebung

Musée d'Anthropologie de la Corse: architektonischer Kontrast

diger Tourist von einem herunterfallenden Steinbrocken erschlagen werden.
Seit der Eröffnung des *Musée d'Anthropologie de la Corse* (s. u.) ist die Besichtigung der Zitadelle an den Museumseintritt gekoppelt. Der Rundgang führt über 166 Stufen einer Marmortreppe (der Stein wurde im Restonica-Tal abgebaut) hoch zum markantesten Punkt der Anlage, zum *Nid d'Aigle* (Adlerhorst). Der nächtens angestrahlte Turm befindet sich direkt über dem senkrecht abfallenden Felsen. Die *Kaserne* aus dem 18. Jahrhundert wird meist weniger beachtet als die winzigen *cachots,* in denen die Gefangenen in Einzelhaft schmachteten. Unweit davon steht die *echauguette,* ein Ausguckposten, Baujahr 1440. In der Regierungszeit *Pasquale Paolis* wurde das Türmchen dem Henker als Wohnung zur Verfügung gestellt. Der Job hatte offensichtlich wenig soziales Prestige, dem Henker stand kaum mehr Wohnraum zur Verfügung als den Häftlingen von nebenan.

<u>Öffnungszeiten</u>: Im Sommer tägl. 10–19.30 Uhr, im Winter Di–Sa 10–12 und 14–17.45 Uhr. Eintritt ca. 5,50 € (auch gültig für den Besuch des Musée d'Anthropologie de la Corse).

Musée d'Anthropologie de la Corse: Architektonisch ein kühner Wurf – eine Glasfront, die sich in die mittelalterliche Zitadelle einfügt. Das 1997 eröffnete Museum bietet einen Rundgang durch die Geschichte der Insel von ihrer Entdeckung bis zu ihrer touristischen Verwertung. Bergerien und korsisches Handwerk haben hier ebenso ihren Platz wie die traditionellen religiösen Bruderschaften. Bemerkenswert ist auch die Ausstellungstechnik: Plakate kann man durch Gucklöcher betrachten, in der *Phonotek,* einem Hör-Raum, lauscht man klassischen korsischen Instrumenten und polyphonen Kirchengesängen. Eine Abteilung des Museums nennt sich ganz ehrlich *"un musée en train de se faire".* Das ist es: ein Museum, das erst wird – work in progress. Einziger Mangel der sonst lobenswerten Ausstellungstechnik: Die Legenden sind nur in französischer und korsischer Sprache und durchwegs zu niedrig angebracht.

<u>Öffnungszeiten</u>: Im Sommer tägl. 10–19.30 Uhr, im Winter Di–Sa 10–12 und 14–17.45 Uhr. Eintritt ca. 5,50 € (auch gültig für den Zitadellenbesuch).

Place du Poilu: Am Platz vor dem Zitadelleneingang steht der *Nationalpalast,* einst Regierungszentrale des unabhängigen Korsika. Hier residierte

Gian Pietro Gaffori vor der von genuesischen Kugeln zerschossenen Fassade seines Wohnhauses

Pasquale Paoli von 1755 bis 1769 als Staatschef, und hier hatte er auch seine Wohnung. Ebenfalls in den Räumen dieses wenig palastähnlichen Baus – übrigens ein genuesisches Bauwerk und als solches in Corte ein Unikum – war die 1765 gegründete und nach der Zerschlagung des Paoli-Staates 1769 zwangsaufgelöste Universität zu Hause. Heute sind im Nationalpalast das *Centre de Recherches Corses* (Zentrum für Korsika-Forschung) der neuen Universität sowie eine kleine Galerie untergebracht.

Ebenfalls an der Place du Poilu, im Haus Nr. 1, wohnten einst die Eltern Napoléons. Eine Tafel erinnert an *Joseph Bonaparte,* den älteren Bruder des Kaisers, der 1768 hier geboren wurde.

Place Gaffori: Die Bronzestatue des "Generals der Nation" steht mitten auf dem Platz. *Gian Pietro Gaffori* gehört zu den großen Unabhängigkeitskämpfern und militanten Wegbereitern der von *Pasquale Paoli* begonnenen Organisation eines demokratischen korsischen Staates.

Im Sockel der Statue sind zwei Flachreliefs eingelassen. Das eine zeigt Gafforis Sohn als Geisel in der Hand der Genuesen. Das andere die heldenhafte *Faustina Gaffori* bei der Verteidigung ihres Wohnhauses. Die Genuesen hatten nämlich eine kurze Abwesenheit ihres Mannes genutzt und versucht, das Haus zu stürmen. Die Verteidiger hinter den Fensterläden waren schon drauf und dran aufzugeben. Da drohte ihnen die tapfere Faustina – den Zunder gefährlich nah an die Lunte eines Pulverfasses haltend – mit kollektivem Selbstmord. Diese tödliche Alternative im Rücken, feuerten die Männer verzweifelt weiter, bis Gaffori zurückkam und die Angreifer vertrieb. Im Sommer kommt man leider kaum dazu, die beiden Reliefs zu würdigen. Die Tische einer Spaghetteria und einer Bar rücken dem korsischen Helden zentimeternah zu Leibe. Nicht verstellt hingegen ist der Blick auf die Einschusslöcher der genuesischen Kugeln am *Wohnhaus Gafforis* (an der Nordseite des Platzes).

Die **Eglise de l'Annonciation** (Verkündigungskirche) an der Südseite des Platzes, deren Turm die Oberstadt dominiert, gehört mit der Zitadelle zu den ältesten Bauten Cortes. Sie stammt aus dem Jahr 1450 und wurde im 17. Jahrhundert wesentlich erweitert. Eine Seitenkapelle auf der linken Seite ist dem *Heiligen Theophil,* dem Schutzpatron der Stadt, geweiht (in der Kirche als Wachsfigur zu sehen).

Der 1676 geborene *Blaise de Signori* trat auf eigenen Wunsch bereits mit 17 Jahren dem Franziskanerorden bei, wo er den Namen Theophil annahm. Seine Studien führten ihn nach Rom und Neapel. Eine weniger von ihm als von seinen Vorgesetzten gewünschte Bewerbung um eine Professorenstelle in Rom scheiterte, weil sich der Kandidat unterwegs ein Bein brach. In Italien wurde Theophil als Gründer zahlreicher Eremitagen bekannt. Im Jahre 1730 schickte ihn der Orden nach Korsika zurück, damit er dort sein Werk fortsetze. Die korsischen Widerstandskämpfer – in den Franziskanerklöstern gern gesehene Gäste – sollen Theophil häufig um Rat gebeten haben. Er starb – mittlerweile wieder nach Italien zurückberufen – am 19. Mai 1740. Im Jahr 1930 wurde Theophil von Papst *Pius XI.* heilig gesprochen. Unter den zahlreichen Heiligen der katholischen Kirche ist er der einzige Korse.

Oratoire Saint-Théophile: Der kleine Bau steht an der Stelle des Geburtshauses des Heiligen. Am 19. Mai, Theophils Todestag, wird auf dem Vorplatz des Oratoriums die Messe gelesen. Die Besucher sind zahlreich, denn meist kommt der Bischof von Ajaccio zu diesem Anlass persönlich nach Corte. Am Vorabend führt um 21 Uhr eine Prozession durch die Straßen der Stadt, Kerzen werden in die Fenster gestellt.

Vom Oratorium bietet sich ein kurzer Spaziergang zum **Belvédère** an, einem Aussichtspunkt am Südende der Zitadelle. Der Weg ist ausgeschildert, der Blick auf die Unterstadt und die Täler des *Tavignano* und der *Restonica* großartig.

Place Paoli: Cortes lebendigster Platz, am Schnittpunkt zwischen Ober- und Unterstadt gelegen. Der bronzene "Vater des Vaterlandes", der in staatsmännischer Pose in Richtung der nach ihm benannten Straße blickt, datiert aus dem Jahr 1864.

Fontaine des 4 Canons (Brunnen der 4 Kanonen): Der alte Brunnen an einer schattigen Kreuzung der Treppengassen nördlich der Place Gaffori ist allenfalls wegen seiner absonderlichen Gestaltung sehenswert: Auf der oktogonalen Pyramide ruht eine löchrige Kanonenkugel. Der Spaziergang durch das ruhige Quartier mit seinen etwas heruntergekommenen Häusern hingegen ist überaus reizvoll.

Restonica-Tal

Nach einem verheerenden Waldbrand im September 2000 war das Tal bis Ende Juni 2001 gesperrt. Unsere jüngsten Recherchen stammen von Mitte Juni 2001, wir drangen nur bis zum Informationshäuschen (Informationen über die Katastrophe) auf der Höhe des Tuana-Camping vor, hoffen aber, dass die frühere Beschreibung noch oder bald wieder stimmt.

Das Tal ist seiner wilden Romantik wegen berühmt. Im unteren Teil führt die *Restonica-Schlucht* durch ein märchenhaft schönes Waldgebiet. Spezialisten sprechen von *Corte-Kiefern,* der Laie kann die Bäume von ihren Artverwandten kaum unterscheiden und freut sich einfach über den herrlich duftenden Wald. Im oberen Teil fällt die Felsenlandschaft links und rechts steil ins Bachbett ab, das hier wunderschöne Bassins bildet. Geübte Kajakfahrer – von März bis Anfang Mai ist der Wasserstand genügend hoch – finden im Restonica-Tal eine faszinierende Herausforderung.

Restonica-Tal: duftende Kiefern und rauschendes Wasser

Man kommt auch mit dem Auto ins Paradies, und da liegt der Haken. Im Sommer sind täglich bis zu 1000 Touristen im Tal unterwegs. Im oberen Teil ist das Sträßchen sehr eng, und schon gegen Mittag kommt es zu prekären Verkehrssituationen, wenn die bereits wieder talabwärts Fahrenden mit dem Gegenverkehr der Spätaufsteher konfrontiert sind. Am Ende der 15 km langen Straße, bei der *Bergerie de Grotelle,* ist die Situation oft hoffnungslos. Der kleine Parkplatz ist überfüllt. Geparkt wird also am Straßenrand bzw. auf der Straße, da diese so eng ist, dass man von einem Rand nicht sprechen kann. Das Chaos ist – zumindest in der Hauptsaison – vorprogrammiert.

<u>Last-Minute-Information</u>: Die D 623 im Restonica-Tal ist ab dem Camping Tuani bis zum Talende neu asphaltiert (aber nicht breiter geworden). Wenn auf dem Parkplatz der Bergerie de Grotelle mehr als 60 Fahrzeuge stehen, wird das Tal nach ca. 10 km (ab Corte) für den Privatverkehr gesperrt, um bei Gefahr eine schnelle Evakuierung der Touristen sicherzustellen. Geregelt wird das Ganze von Gardiens. Am Talende wird zur Zeit (zumindest in der Hauptsaison) eine Parkgebühr erhoben.

Die **Bergerie de Grotelle** – mit der touristischen Entwicklung zu einer Bergsiedlung mit Käse- und Sandwichverkauf angewachsen – ist Ausgangspunkt für einige schöne Wanderungen. Doch auch für die kürzeste, diejenige zum *Lac de Melo* (gute zwei Stunden hin und zurück), sollte man gutes Schuhwerk dabeihaben. Mokassins, Espadrilles oder gar Stöckelschuhe sind fehl am Platz. Die Freiwillige Feuerwehr von Corte ist in der Saison durchschnittlich zweimal pro Tag gefordert – meist wegen böser Fußverstauchungen.

Corte und Umgebung

• *Übernachten/Camping*: **Hôtel Le Refuge** (keine Klassifizierung), im untersten Teil des Tales. Mehr Hotel als Refuge. Sehr gepflegte Zimmer. Großartige Speiseterrasse über der rauschenden Restonica (Badebecken!). DZ 52–67 €, in der Saison oft nur Halbpension möglich. April bis Mitte Oktober geöffnet. ☎ 04.95.46.09.13, ✆ 04.95.46.22.38.

Auberge de la Restonica (keine Klassifizierung), knapp unterhalb des oben genannten (2 km von Corte entfernt). Die hübsche Auberge mit Natursteinmauern, direkt an der Restonica gelegen, hat nur 7 Zimmer zur Verfügung. Schattige Terrasse, kleiner Swimmingpool, ausgezeichnetes Restaurant. Ein gepflegtes Plätzchen! DZ ab 44 €, in der Hauptsaison nur Halbpension. Gegenüber betreibt dieselbe Familie das Hôtel Dominique Colonna – teurer und weniger charmant. April bis Mitte Oktober geöffnet. ☎ 04.95.46.25.25, ✆ 04.95.61.15.79.

Camping Tuani, 6½ km von Corte entfernt. 90 Stellplätze. In puncto Romantik schlägt der Tuani die Stadtcampings von Corte eindeutig. Die Lage im Kiefernwald direkt an der zum Bade einladenden Restonica ist ein Traum. Die sanitären Anlagen sind bescheiden an der Zahl, aber sehr gepflegt,. Für Campingbusse ist der Platz nicht geeignet. Ostern–September geöffnet. ☎/✆ 04.95.46.11.65.

• *Essen*: **Chez César** (Relais du Lac), im Restonica-Tal, 11 km von Corte entfernt. Das gemütliche Waldrestaurant wird meist nur für den kurzen Snack benutzt, doch kann man hier auch ausgezeichnet essen. Wanderer finden im Wirt einen guten Ratgeber – wenn er Zeit hat; César ist ein ausgezeichneter Kenner des Restonica-Tals und der umliegenden Bergwelt.

Wanderung: Vom Restonica-Tal zum Lac de Melo, Lac de Capitello und Lac de Goria (1–2 Tage)

> **Bergerie de Grotelle – Lac de Melo**: 1 Stunde
> **Höhenunterschied**: 400 m
> **Schwierigkeitsgrad**: leicht, die Wanderung kann auch für Familien mit Kindern empfohlen werden
> **Markierung**: gelb
>
> **Lac de Melo – Lac de Goria**: 2½ Stunden
> **Höhenunterschied**: 400 m (Lac de Melo – Brèche de Goria)
> **Schwierigkeitsgrad**: mittel, Kondition erforderlich
> **Markierung**: orange, später gelb, Steinmänner
>
> **Lac de Melo – Lac de Capitello**: 45 Minuten
> **Höhenunterschied**: 200 m
> **Schwierigkeitsgrad**: leicht, etwas steiler Weg
> **Markierung**: orange, Steinmänner

Wer alle drei Seen an einem Tag sehen möchte, muss morgens sehr früh aufsteigen oder eine Übernachtung in einem der nachgenannten Refuges einplanen. Ich habe diese Wanderung schon öfter an einem einzigen Tag gemacht und muss sagen, dass mir der Lac de Goria am besten gefällt. Er ist der am wenigsten aufgesuchte, da der Zugang doch einiges mehr an Kondition erfordert als der zu den anderen beiden Seen.

Wenn möglich, sollte man die Wanderung nicht an Sonntagen unternehmen. Da der Weg zu den ersten beiden Seen leicht begehbar ist und keinerlei Schwierigkeiten aufweist, trifft man gerade dann auf wahre Menschenmassen. Zum Leidwesen der Gardiens des Naturparks gibt es immer noch Touristen, die sich leichtsinnig und im Glauben an einen kleinen Spaziergang mit viel zu leichtem Schuhwerk (selbst Stöckelschuhe wurden gesichtet!) an den Aufstieg machen.

Wanderung: Vom Restonica-Tal ...

Bergerie de Grotelle: Startpunkt für Wanderungen

Wegbeschreibung: Das Auto auf dem Parkplatz am Ende der Restonica-Straße bei der *Bergerie de Grotelle* stehen lassen. Dort kennzeichnet ein Schild den Einstieg zu einem gut begehbaren Weg (gelbe Markierung). Nach ca. 40 Minuten Wanderung gabelt sich dieser in zwei Pfade mit unterschiedlichen Schwierigkeitsgraden. Die bequemere Variante führt links sanft ansteigend – ohne Kletterstellen – zum Lac de Melo. Wer's etwas würziger mag, schlägt den Weg rechts ein. Er ist steiniger und führt über eine größere Felsplatte (bei regnerischem Wetter gefährlich!). An zwei Stellen müssen kleine Felswände erklettert werden, Hilfsmittel sind vorhanden: Leitern und Ketten, an denen man sich ohne große Schwierigkeiten hochziehen kann. Nach einer letzten kleinen Kletterpartie streckt man die Nasenspitze dem **Lac de Melo** entgegen. Er ist umsäumt von grünen Wiesen, und auch das Wasser schimmert im zartesten Grün.

Vom Lac de Melo aus lässt sich der Weg fortsetzen zum **Lac de Capitello**. Den Melo-See rechts umgehen, vorbei an einer kleinen Holzhütte, die den Gardiens während der Saison (Mai–September) als Unterkunft dient. Der Pfad – orange Markierung und Steinmänner – ist leicht erkennbar. Ein erster kurzer Aufstieg folgt einem Wasserlauf, den man in einer Höhe von 1830 m überquert. Danach wird das Gelände etwas flacher. Den Steinmännern folgend, erreicht man bald eine kleine Felswand, die leicht zu überwinden ist. Oben angelangt, sind es nur noch einige Serpentinen (10 Minuten Wanderung) bis zum Lac de Capitello. Der fast runde See wirkt mit seiner dunklen Farbe geheimnisvoll und respekteinflößend. An der gegenüberliegenden Seite erhebt sich eine hohe Felswand, die mit etwas Phantasie einen Bären mit erhobenen Tatzen erkennen lässt, der majestätisch über dem Lac de Capitello wacht.

Lac de Capitello

Vorschlag zur Zweitageswanderung: Am See vorbei führt der Weg steil ansteigend weiter bis auf die Brèche de Capitello (2225 m), wo man auf den GR 20 stößt. Von hier aus hat man die Möglichkeit, entweder das *Refuge de Manganu* (rechts) oder das *Refuge de Petra Piana* (links) aufzusuchen. Von beiden ist man ca. 3 Stunden entfernt. Vor allem, wer die beschriebene 2-Seen- zur folgenden 3-Seen-Wanderung ausweiten will und etwas spät aufgebrochen ist, kann hier eine Übernachtung einschalten.

Um den Reiz des dritten der Bergseen, des **Lac de Goria**, kennen zu lernen, steigt man vom Lac de Capitello erst wieder die Felswand hinunter zur Ebene (ca. 10 Min.) und folgt von da der gelben Markierung und den Steinmännern in Richtung Westen, die den Weg nach oben weisen – mitten durch ein Geröllfeld. Nach einem steilen Aufstieg verschwindet der Weg in einem großen Erlenfeld. Dahinter beginnt der Anstieg zur *Brèche de Goria* (2140 m), die sich dem Wanderer wie eine große Zahnlücke präsentiert, gerade breit genug für eine Person mit Rucksack. Erschöpft lehnt man sich oben an den schattigen, kühlen Felsen und genießt den Ausblick auf die Bergriesen Korsikas. In der Tiefe unten leuchtet der Lac de Goria. Er hat eine fast ovale Form und ist von Wiesen umrahmt. Hohe Felswände umschließen den See fast gänzlich – bis auf eine Seite, an der ein Wasserfall für den Abfluss sorgt.

Der Abstieg (400 m Höhendifferenz) zum See ist mit Steinmännern gekennzeichnet: teilweise über Felsplatten, aber auf meist gut erkennbarem Pfad, der in sanften Serpentinen hinunterführt. Den See hat man dabei ständig im Blickfeld.

Christina Echeverria

Wandern im Tavignano-Tal

Das Tavignano-Tal ist den Wanderern vorbehalten. Es ist autofrei, und deshalb herrscht hier im Vergleich mit der benachbarten Restonica-Schlucht wesentlich weniger Betrieb.

Wer außer einem kühlen Bad im Fluss weiter keine Ambitionen hat, findet einige Möglichkeiten in der unmittelbaren Nähe von Corte, doch sind diese Becken meist überfüllt. Wer etwas mehr Stille sucht, muss das Badevergnügen mit einer Kurzwanderung verbinden; ein ausgedienter Maultierpfad führt am nördlichen Abhang über der Schlucht entlang. Nach ca. 1½ Stunden erreicht man den Abstieg zu einigen größeren Flussbecken.

Eine eintägige Wanderung führt von der Tavignano-Schlucht durch den *Forêt de Melo* ins Niolo nach *Calacuccia*.

Zwei Tage muss man für die Rundwanderung *Corte – Tavignano-Tal – Refuge de Sega – Restonica-Tal – Corte* einkalkulieren, ebenso für den Aufstieg von Corte durch das Tavignano-Tal zum *Lac de Nino*. Für beide Varianten bietet sich das **Refuge de Sega** als Unterkunft an. Es ist von Corte aus in guten fünf Stunden zu erreichen und belohnt die Bewältigung dieser ersten Etappe mit schönen Badebecken im Tavignano.

Route Corte–Aleria

Die knapp 50 km lange Strecke führt durch eine menschenarme Gegend, stets am *Tavignano* entlang. Mit seinen 80 km Länge (vom *Lac de Nino* bis *Aleria*) ist dieser Fluss hinter dem Golo (85 km) der zweitlängste Korsikas. Von Corte sind es 17 km, bis man den Tavignano auf einer imposanten *Genuesenbrücke* überquert. Sie gehört zu den wenigen auf Korsika, die breit und stark genug sind, um auch den modernen Verkehr zu ertragen. Der Blick von der Brücke auf den bereits zum stattlichen Fluss angewachsenen Tavignano und auf die kantigen, grauen Felsufer ist überwältigend. Von da führt die Straße durch prächtige Korkeichenwälder hinunter in die Ebene von Aleria. Unterwegs locken einige Flussbecken zum Bad, die schönsten wenige Kilometer oberhalb des Örtchens *Faio*.

Route Corte – Col de Vizzavona

Die gebirgige Landschaft – eher vor- als hochalpin – gehört zu den bleibenden Eindrücken für das Auge, auch wenn man sie nur aus der Perspektive der bequem ausgebauten Überlandstraße kennen lernt. Für Zugreisende ist die Fahrt nach *Vizzavona* geradezu abenteuerlich. Aber keine Angst: Der Lokführer beherrscht seinen Job. Bestimmt schon tausendmal ist er um die Abhänge gekurvt, hat sein Züglein unbeirrt über die schwindelerregend hohen Viadukte und durch die unzähligen Tunnels manipuliert.

Venaco (korsisch: Venacu)

Es ist das erste größere Dorf auf der Strecke, vielmehr ein aus mehreren Weilern zusammengesetzter Ort. Den Bahnhof von Venaco findet man etwas unterhalb der Straße.

Im **Venachese**, wie die Gegend um Venaco genannt wird, sind zahlreiche Wanderwege angelegt. Einer der schönsten führt in einer Schlaufe von *San Pietro di Venaco* (nördlicher Ortsteil von Venaco) über einen Gebirgskamm zur *Bergerie de Polvarella*, von da aus zur *Bergerie de Codupratu* und über die *Bergerie de Tatarellu* zurück nach Venaco. Die Wanderung dauert ungefähr 5 Stunden.

Wandern: Der Parc Naturel Régional hat in der Reihe *Sentiers de Pays* ein Faltblatt mit mehreren Wandervorschlägen im Venachese (4–5 Stunden) herausgegeben, u. a. auch die oben erwähnte. Die Wege sind orange markiert.

Ungefähr 6 km nach Venaco überquert man den *Vecchio*, ein fast unscheinbares Gewässer, das sich tief ins Gebirge gefressen hat. So tief, dass die

Eisenbahnbrücke in schwindelnder Höhe: Pont du Vecchio

Überquerung des Tales die Straßenbau- und Eisenbahningenieure des 19. Jahrhunderts geradezu herausforderte. Der **Pont du Vecchio**, ein gigantischer Straßenviadukt, wurde 1827 fertig gestellt. Über ihm überspannt in schwindelerregender Höhe ein Eisenbahnviadukt das Tal, eine Konstruktion, die mit ihren starken Eisenverstrebungen an einen horizontalen Eiffelturm erinnert. Und tatsächlich: Der Ingenieur dieses Meisterwerks ist *Gustave Eiffel* (1832–1923), der 1889 auf der Weltausstellung in Paris mit dem später nach ihm benannten Turm Furore machte.

Seit 1999 rollt der Straßenverkehr auf einem dritten Viadukt gleich neben Eiffels kühnem Oeuvre, der alte Pont du Vecchio ist seither zur Nebenstraße degradiert.

• *Übernachten*: **Hôtel U Frascone** (keine Klassifizierung), am oberen Ortsausgang, direkt an der Bahnlinie (wenig Verkehr). Unbedingt Zimmer nach hinten verlangen. Diese sind nicht nur ruhiger, sondern auch größer und bieten obendrein eine phantastische Aussicht über das Venachese. DZ ca. 46 €, Frühstück inklusive. ✆ 04.95.47.00.85.

Vivario
(korsisch: Vivariu)

Das enge Bergdörfchen verfügt über einige Bars und Lebensmittelläden und ist kaum mehr als eine Station für Durchreisende und Wanderer. Den Bahnhof von Vivario findet man einen Kilometer nördlich des Orts.

Nordwestlich von Vivario, von der Straße aus gut zu sehen, steht auf einem Hügel die Ruine des *Fort de Pasciolo,* eine französische Befestigung aus dem 18. Jahrhundert. Der Hügel – ein Fußweg führt zu ihm hinauf – lag den Eisenbahningenieuren offensichtlich im Weg. Die Schienenführung zieht eine große Schlaufe mit einigen Tunnels um das natürliche Hindernis.

• *Wandern*: Der Aufstieg über *Canaglia* zum GR 20 *(Refuge de l'Onda)* dauert knappe vier Stunden, viele ziehen allerdings den etwas kürzeren Weg von *Tattone* aus vor (s. u.).

Vizzanova

- *Übernachten/Essen*: **Hotel Macchje Monte**, im oberen Dorfteil an der Durchgangsstraße. Bescheiden, familiär und freundlich. Restaurant mit traditionellen korsischen Gerichten, die im schattigen Gärtchen verzehrt werden. "Ein echt guter Tipp" (Leserbrief). DZ 31–38 €, Dusche im Zimmer, WC auf der Etage – oder besser gleich Halbpension für 38 € pro Person. März–Dezember geöffnet. ✆ 04.95.47.22.00.

Der Weiler **Tattone** am Nordrand des *Forêt de Vizzavona* verfügt über ein großes Alters- und Pflegeheim und einen kleinen Bahnhof, mehr nicht. Wanderer finden von hier den Aufstieg über *Canaglia* zum GR 20 *(Refuge de l'Onda)*.

- *Camping*: **Camping Le Soleil**, 150 m vom Bahnhof von Tattone entfernt (Halt auf Verlangen). Campingwiese mit Blick auf den Monte d'Oro. 25 Stellplätze unter Kirsch- und Apfelbäumen. Gepflegte sanitäre Anlagen mit Warmwasserduschen. Unter dem Glasdach des Anbaus werden Pizze serviert. Im Holzbungalow unterhalb des Hauptgebäudes werden zu je knapp 11 € drei Zimmer vermietet (Schlafsäcke mitnehmen!). Mai–Oktober geöffnet. ✆ 04.95.47.21.16.

Camping Savaggio, ca. 1½ km nördlich von Tattone, und – was will man mehr – die Eisenbahn hält auch hier auf Wunsch. Das Terrain mit seinen 25 Stellplätzen ist bei Wanderern beliebt. Hübsche Schattenplätze, warme Dusche, Einkaufsmöglichkeit. Mai bis Mitte Oktober geöffnet. ✆ 04.95.47.22.14.

Zwischen Corte und Aleria: auf der mittelalterlichen Genuesenbrücke rollt das 20. Jahrhundert über den Tavignano

Vizzavona

Das Dorf könnte – die einsame Lage legt die Vermutung nahe – ein Zentrum des Wandertourismus sein. Doch weit gefehlt. Außer dem Bahnhof (mit Lebensmittelverkauf!), ein paar Häusern, einem Hotel und einer Waldkapelle wird nichts geboten. Vizzavona ist weder ein schönes noch ein verschlafenes Dorf, sondern ganz einfach ein Weiler mit Bahnhof.

- *Übernachten/Essen*: * **Grand Hôtel du Monte d'Oro**, 600 m vor der Passhöhe, und seit die Straßenführung geändert wurde, nicht mehr vom Durchgangsverkehr belästigt. Das 1880 gegründete, von Madame und Monsieur Sicurani geführte Hotel

atmet durch und durch den Geist vergangener Zeiten, als die besseren Hotels sich noch mit einem "Grand" zu schmücken pflegten: gepflegtes Parkett im Salon, efeuverhangener Speisesaal. Am Sonntag kommt der Pfarrer und zelebriert in der nahen Kapelle die Messe. Hotelgäste werden auf Anruf am Bahnhof abgeholt, GR-20-Wanderer werden auf Wunsch zum Startpunkt gefahren. Auch die billigsten Zimmer (Dusche/WC auf dem Flur) machen einen überaus gepflegten Eindruck. Einige Zimmer bieten einen wunderbaren Ausblick auf den Gipfel des Monte d'Oro. DZ 42–71 € je nach Saison und Zimmerkomfort. Wem das zu teuer ist, dem bietet das Hotel ein Zimmer im Gîte oder ein Bett im Refuge an (s. u.). Voranmeldung ist ratsam. Mai–September geöffnet.
✆ 04.95.47.21.06, ✆ 04.95.47.22.05.

Hôtel I Laricci, oberhalb des Bahnhofs. Das ehemalige *Moderne* wurde von einer GmbH übernommen, renoviert und umgetauft. Restaurant und schön gestalteter Garten mit Chaiselongues. Unsere einzige Kritik: In Sachen GR 20 zeigte sich der Pächter nicht gerade kompetent, aber das ändert sich vielleicht mit den Jahren. Freundliche Zimmer mit Holzböden und blau oder rot gestrichenen Wänden. Nur Halbpension ca. 72 € für 2 Personen, ca. 57 € für Einzelpersonen. Billiger ist die Nacht im Anbau: Schlafräume mit Matratzen, aber auch hier wird auf Halbpension Wert gelegt, ca. 24 € pro Person. Mitte Mai bis Mitte Oktober geöffnet.
✆/✆ 04.95.47.21.12.

Gîte d'Etape Monte d'Oro, beim gleichnamigen Grand Hôtel. Wanderern empfehlen wir gleich die Halbpension im Gîte: gut zubereitete Speisen, in Riesenportionen serviert. Übernachtung im eigenen Schlafsack für ca. 14 €/Person (DZ, 3- und 4-Bett-Zimmer), Halbpension ca. 29 €/Person. Für Bettlaken 3 € Aufschlag. Anmeldung beim Grand Hôtel du Monte d'Oro (s. o.).

Refuge Restaurant de la Gare, gegenüber dem Bahnhof. Insgesamt 18 Betten, verteilt auf drei Räume. Übernachtung ca. 12 €/Person. Angesichts des freundlichen Betriebs empfehlen wir gleich Halbpension für ca. 22 €/Person. ✆/✆ 04.95.47.22.20.

Refuge Monte d'Oro, neben dem Gîte d'Etape Monte d'Oro. Übernachtung in der 3-Matratzen-Kammer ca. 10 €/Person, eigener Schlafsack nötig. Anmeldung beim Grand Hôtel du Monte d'Oro (s. o.).

Col de Vizzavona (1163 m): Der Pass ist die Wasserscheide zwischen West und Ost, die Grenze zwischen Nord- und Südkorsika *(Haute-Corse – Corse du Sud)* sowie die Mitte des GR 20, der von Nordwest nach Südost verläuft. Ein Blick auf die Karte genügt: Der Col de Vizzavona ist das geographische Zentrum Korsikas. Von der Passhöhe führt die N 193 in großen Schleifen hinunter ins Tal der *Gravona,* die bei Ajaccio ins Meer mündet. Der erste Ort auf der Südseite des Passes ist *Bocognano* (siehe dort).

Forêt de Vizzavona: Im riesigen Waldgebiet mit seinen herrlich duftenden Kiefern trifft man auf GR-20-Wanderer oder solche, die zum *Monte d'Oro* (2389 m) aufsteigen, oder auf Autofahrer, die sich einfach die Füße vertreten wollen.

Wer im *Forêt de Vizzavona* nur ein bisschen schnuppern will, dem sei der Spaziergang zu den **Cascades des Anglais** empfohlen. Der Ausgangspunkt liegt an der Straße 900 m nördlich der Passhöhe – am Straßenrand ein kleiner Parkplatz und ein hölzernes Hinweisschild mit der Aufschrift *"Cascades"*. Von hier aus gelangt man auf einem breit angelegten Forstweg in einer Viertelstunde zum Bachbett des *Agnone*. Noch vor der Brücke führt links ein gut markierter Pfad hinauf zu den Kaskaden. Je höher man steigt, desto mehr empfehlen sich feste Wanderschuhe und desto einsamer sind die Badebecken. An die englischen Touristen, die Anfang dieses Jahrhunderts die Gegend durchstreiften, erinnert der Name der Kaskaden. Doch der Unrat, der hie und da den schönen Wald von Vizzavona verunziert, stammt nicht von ihnen.

Ein Plätzchen im Schatten

Südliches Bergland

Nur wenige Gipfel überschreiten die 2000-Meter-Grenze, Wandergruppen trifft man – vom GR 20 abgesehen – seltener als im Norden. Und das Verkehrsnetz ist fast durchwegs aus engen Sträßchen geknüpft, öffentliche Verkehrsmittel sind eine Rarität.

Das südliche Landesinnere der Insel ist weniger bekannt als der Norden. Das mag daran liegen, dass die Landschaft weniger kontrastreich ist. Doch hat auch der nicht so spektakuläre Süden seine Schönheiten, und er braucht sich ihrer nicht zu schämen. Das fanden wohl auch die Verantwortlichen des *Parc Naturel Régional de la Corse*, die seit einigen Jahren vermehrt auf den weniger beachteten Süden – insbesondere auf die *Alta-Rocca* – aufmerksam machen. Einzig die Bavella-Gegend hat eine PR-Kampagne nicht nötig: Das berühmte Nadelgebirge ist ein Bestseller der Postkartenhersteller.

Ortschaften und Regionen, die zwar auch zum südlichen Bergland gehören, jedoch relativ einfach von der Küste her zu erreichen sind, findet man unter den jeweiligen Küsten-Kapiteln, z. B. Santa-Maria-Sicchè unter *Route Propriano–Ajaccio* oder den Forêt de l'Ospédale unter *Hinterland von Porto-Vecchio*. Im Zweifelsfall hilft Ihnen der Index im Anhang.

Das Taravo

Vom *Col de Verde* schlängelt sich ein ungemein enges Höhensträßchen durch den **Forêt de Saint-Antoine**, ein Waldgebiet aus Laricio-Kiefern und

334 Südliches Bergland

Buchen. Vor lauter Wald sieht man den Fluss nicht mehr, der einen rechter Hand begleitet. Es ist der *Taravo,* der sich seinen Weg quer durch das südliche Bergland sucht und sich dann in den *Golf von Valinco* ergießt.

Taravo ist auch der Name der besiedelten Region im oberen Flussverlauf, die etwas mehr als ein halbes Dutzend Dörfchen umfasst, die untereinander nicht nur mit Straßen, sondern auch mit Wanderwegen verbunden sind.

Zicavo ist der Hauptort im Taravo-Gebiet, kein besonders ansehnliches Dorf, doch finden Wanderer hier die Möglichkeit, sich mit Proviant einzudecken. Von Zicavo wie auch vom 4 km weiter nördlich gelegenen *Cozzano* aus führen Wege hinauf zum GR 20, der in südöstlicher Richtung auf den *Monte Incudine* und weiter ins *Bavella-Massiv* führt. Im Winter ist die südliche Umgebung von Zicavo ein beliebtes Langlaufgebiet.

● *Übernachten/Camping/Essen*: **Hôtel Le Florida** (keine Klassifizierung), am oberen Ortsausgang von Zicavo (etwas unterhalb der Straße). Ruhige Lage. Der moderne Bau mit ausladender Terrasse passt so gut wie sein Name in die Landschaft. Innen findet man jedoch eine überaus freundliche Familie vor. Das Restaurant serviert korsische Spezialitäten. In der Hauptsaison sind die 10 vorhandenen Zimmer schnell ausgebucht. DZ ca. 31 €, alle Zimmer mit Dusche/WC und sehr gepflegt. ✆ 04.95.24.43.11.

* **Hôtel du Tourisme**, im Dorfzentrum, nach der Straßengabel ca. 50 m in Richtung Aullène. Ebenfalls mit angeschlossenem Restaurant. DZ 26–31 €, Zimmer eine Nuance bescheidener als im oben genannten Hotel. ✆ 04.95.24.40.06.

Gîte d'Etape Bella Vista, 4 km nördlich des Orts (knapp nach Cozzano) in einer ehemaligen Kastanientrocknerei. Der freundliche Wirt kennt sich in der Gegend hervorragend aus. Einladende Sonnenterrasse. Übernachtung ca. 12 €/Person, Abendessen ca. 10 €. **Camping** auf dem Gelände möglich. ✆ 04.9524.41.59.

Monte Incudine

Nach Zicavo verlässt die D 69 das Taravo-Tal und zieht sich – im ersten Teilstück fast stets auf derselben Höhe bleibend – die Abhänge entlang nach *Aullène,* dem ersten Dorf in der *Alta-Rocca.* Für den 26 km langen Streckenabschnitt muss man gut 45 Minuten Fahrzeit kalkulieren.

Exakt 10 km von Zicavo entfernt zweigt links ein 12 km langes, äußerst schmales Sträßchen mit der Nummer D 428 ab. An seinem Ende steht die Kapelle San Pietro. Von hier aus führt ein Wanderweg (erst rot markiert, dann weiß-rote GR-20-Markierung) auf den **Monte Incudine**. Es ist der kürzeste Aufstieg – knappe 5 Stunden – zum 2134 m hohen Gipfel. Wer ein Zelt dabeihat, findet bei den Ruinen des 1983 durch einen Brand zerstörten *Refuge de Pedinelli* (1623 m) eine gute (legale) Biwakmöglichkeit.

Die Alta-Rocca

Im Nordwesten die Chaîne d'Istria, eine Gebirgskette mit der Punta di u Cavalelli (1419 m) als höchstem Punkt, im Nordosten das Bavella-Gebirge, im Südosten die Punta di a Vacca Morta und im Süden das Flussbett des Fiumicicoli – so etwa lässt sich die als Alta-Rocca bezeichnete Landschaft geographisch umreißen.

Der Name hat übrigens nichts mit "hohen Felsen" zu tun, wie Sprachenkundige vermuten könnten; er bezeichnete vielmehr einst den höher gelegenen östlichen Teil des von den korsischen Feudalherren *della Rocca* beherrschten Gebiets.

Am besten lernt man die Alta-Rocca natürlich als Wanderer kennen. Die Wanderroute *Da Mare a Mare,* die in sechs Tagesetappen die Ostküste (Porto-Vecchio) mit der Westküste (Propriano) verbindet, führt durch die Dörfer *Carbini, Levie, Zonza, Quenza, Serra-di-Scopamena, Altagène* und *Sainte-Lucie-de-Tallano,* also mitten durch die Alta-Rocca. Wer sich mit einer Tagestour begnügen will, stellt sein Fahrzeug in einem der Dörfer ab. Sie sind fast alle durch Wanderwege *(Sentiers de l'Alta-Rocca)* miteinander verbunden.

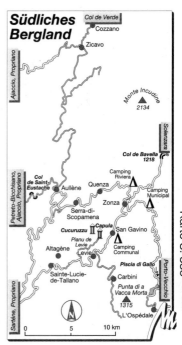

* *Wandern*: Der Parc Naturel Régional de la Corse hat in der Reihe *Sentier de Pays* das informative Faltblatt *Alta-Rocca* mit 8 Wandervorschlägen (3–6 Stunden) herausgegeben, inkl. Kartenskizze, Auflistung der Refuges, Gîtes d'étape und Campingplätze. Die Wege sind orange markiert.

Von *Zicavo* aus erreicht man die Alta-Rocca bei **Aullène**. Wenn sie geöffnet ist, sollte man sich die Dorfkirche anschauen. Sehenswert ist die aus Kastanienholz geschnitzte Kanzel aus dem 17. Jahrhundert. Ihre Pfeiler sind Schlangen, die aus einem Maurenkopf entspringen. Das ungewöhnliche Motiv erinnert an die Zeiten der Sarazeneneinfälle.

In Aullène steht man vor der Entscheidung: Rechts führt eine Straße über den *Col de Saint-Eustache* nach *Petreto-Bicchisano* (siehe dort), auf der D 69 könnte man weiterfahren und würde ins *Rizzanese-Tal* und nach *Sartène* gelangen. Für die Rundfahrt durch die Alta-Rocca wählen wir aber die linke Straße Richtung Zonza.

Tipp: Benzinstand kontrollieren. Die Tankstelle in Aullène ist die einzige weit und breit.

Über *Serra-di-Scopamena* gelangt man nach **Quenza**, mit seinen Steinhäusern ein überaus schmuckes Dörfchen, im Sommer ein Ort mit angenehm frischem Klima, im Winter treffen sich hier die Langläufer. Die sanfte Landschaft kontrastiert hart mit dem schroffen Nadelgebirge der nördlichen *Bavella-Gruppe* im Hintergrund.

Gleich am Ortseingang, etwas unterhalb der Straße, steht die *Chapelle Sainte-Marie*. Sie stammt aus dem Jahr 1000 und gehört zu den ältesten Kirchenbauten auf Korsika. Außer dem schönen Granitschindeldach ist jedoch wenig zu sehen. Das Innere wird derzeit als Lagerraum verwendet und ist nicht zugänglich. Am Ortsausgang fällt ein verträumtes Schlösschen mit integriertem Wehrturm auf – es ist in Privatbesitz.

• *Übernachten/Essen*: ** **Auberge Sole e Monti**, am östlichen Dorfausgang von Quenza. Ein rundum gepflegtes Hotel, gut bestückte Bar, Restaurant mit Cheminée. Dem quirligen Patron sieht man die gute heimische Küche an: Wildschweine, Spanferkel, Lämmer und Zicklein stehen auf dem Speisezettel. DZ für 61–69 € ist die Ausnahme, der Regelfall ist Halbpension. April bis Mitte Oktober geöffnet. ✆ 04.95.78.62.53, ✆ 04.95.78.63.88.

Die D 420 führt weiter nach *Zonza*. Fast auf dem gesamten Streckenabschnitt (7½ km) hat man in leicht wechselnden Perspektiven die spitzen *Bavella-Gipfel* im Blickfeld – atemberaubend! Fußgänger kürzen die Strecke ab. Ungefähr 600 m nach dem Ortsausgang weist rechts ein Schild mit der Aufschrift *"Sentiers de l'Alta Rocca"* nach Zonza (eindreiviertel Stunden). Dem hölzernen Wink folgend, gelangt man durch einen Eichenwald zum Bachbett der *Criviscia* hinunter und auf der anderen Seite wieder zur Straße hinauf, die man einen Kilometer vor Zonza erreicht.

Zonza

Der von Kiefern-, Eichen- und Kastanienwäldern umgebene größere Gebirgsort bietet touristische Infrastruktur: mehrere Hotels, Bars und Einkaufsläden. Das Dorf hat seine granitene Schönheit aber bewahren können. Das touristische Angebot hat seinen Grund: Zonza liegt nah am Bavella-Pass und ist als Straßenknotenpunkt von Bedeutung. Wer von *Solenzara* an der Ostküste das Bavella-Massiv aufsucht, setzt die Reise später in Richtung *Porto-Vecchio* oder durch das Landesinnere an die Westküste fort, in beiden Fällen führt der Weg über Zonza. Wer von Porto-Vecchio aus zum Bavella-Pass fährt, kommt zwangsläufig an Zonza vorbei. Und für die wenigen, die sich in der Alta-Rocca etwas genauer umsehen wollen, gehört der Besuch dieses schönen Dorfs sowieso ins Programm.

Übrigens: Die herrlichen Wälder, die sich bis zum Bavella-Gebiet im Nordosten und in die Umgebung von L'Ospédale im Südosten erstrecken, sind des Öfteren ein Dauerbrenner im wörtlichen Sinn. Die Narben diverser Katastrophen sind bis heute sichtbar, doch die Selbstheilungskräfte der Natur lassen hoffen.

- *Information*: Der **Parc Naturel Régional de la Corse** unterhält in den Sommermonaten ein Informationsbüro im Rathaus (Ortszentrum, Straße Richtung Sartène). Mo–Sa 9–13 und 16.30–18.30, So 9–12 Uhr. Material über den Naturpark, Broschüren und Faltblätter für Wanderer, u. a. auch über die Alta-Rocca.
- *Verbindungen*: Mitte Juni bis Mitte September Mo–Sa täglich 1-mal Busverbindung nach Porto-Vecchio und Ajaccio, außerhalb der Saison nur Mo, Mi und Fr. In der Saison täglich 1-mal zum Bavella-Pass, im Juli/August oft auch 2-mal.
- *Übernachten/Camping*: **Hôtel Le Tourisme**, im Ortszentrum (an der Straße nach Ajaccio). Erbaut 1882 und damit Zonzas ältestes Hotel. Restaurant mit Aussichtsterrasse. Nach zur Jahrtausendwende erfolgtem Umbau würden wir ihm einen dritten Stern verliehen. Immerhin: *Hôtel de France* zeichnet den Gastbetrieb mit drei Kaminen aus. Sehr gepflegte, komfortable Zimmer mit Dusche/WC und Haartrockner. Einrichtung je nach Wahl im Stil Ludwigs XV. oder im (post)modernen Design. DZ ab 49 €, am fürstlichsten nächtigt man in der Suite für ca. 74 €. April–Oktober geöffnet. ✆ 04.95.78.07.72, ℻ 04.95.78.73.23.

Hôtel L'Incudine, im Ortszentrum. Mit Restaurant. Alle Zimmer mit Dusche/WC. DZ ca. 43 €. April bis Mitte Oktober geöffnet. ✆/℻ 04.95.78.67.71.

Hôtel La Terrasse, im Ortszentrum (etwas oberhalb der Straßenkreuzung). Restaurant mit zwei großen Speisesälen und einer Terrasse, auf der man traumhaft schöne Sonnenuntergänge erleben kann. DZ ca. 46 €, ein 4-Bett-Zimmer für ca. 69 €. Unsere Empfehlung. April–Oktober geöffnet. ✆ 04.95.78.67.69, ℻ 04.95.78.73.50.

Camping Municipal, 3½ km in Richtung L'Ospédale. Sehr schönes Gelände mit 120 Stellplätzen mitten im Kiefernwald. Auf den Dächern der sanitären Anlagen ruhen Tanks – Warmwasser durch Sonnenenergie. Juni–September geöffnet. ✆ 04.95.78.62.74, ℻ 04.95.78.66.25.

Camping Riviera, an der Straße nach Quenza. 2000 eröffnet, ein Jahr später mangelte es noch an Schatten. Wenn die Natur hilft, kann der Camping dereinst mit dem vorgenannten konkurrieren, zumal er weniger restriktive Öffnungszeiten hat.

Levie

(korsisch: Livia)

Das Dorf ist der unbestrittene Hauptort der Alta-Rocca, auch wenn es etwas verschlafener als das touristisch entwickeltere Zonza wirkt. Das gesellschaftliche Leben spielt sich an der Hauptstraße mit ihren kleinen Läden und Bars ab, das private in den hübsch im Grünen liegenden Häusern, die dem Ort ein stattliches Aussehen verleihen.

Das **archäologische Museum** (Musée Départemental de Levie), gegründet 1963 von François de Lanfranchi, dem Leiter des *Institut Corse d'études préhistoriques,* verdient Beachtung – allein schon der sorgfältigen Präsentation wegen. Neben Funden aus dem Prä-Neolithikum und dem Neolithikum ist das sog. Araguina-Skelett oder *La Dame de Bonifacio* zu sehen, das älteste Menschenskelett auf ganz Korsika. Mittels der Radiokarbonmethode datierten die Archäologen das Todesjahr der "Dame von Bonifacio" auf 6570 v. Chr. Ein Grabfund aus Capula (siehe Levie/Umgebung) zeigt ein weiteres weibliches Skelett, daneben die Reste des mehrtägigen Leichenschmauses. Die wissenschaftliche Rekonstruktion dieser ältesten bekannten korsischen *manghjaria* ergab vier Hammelkeulen und ein Schulterstück (zusammen 20 kg) sowie zwei Schinken. Wie groß die feiernde Trauergemeinde war, lässt sich natürlich nicht feststellen.

Die Evolution im Tierreich wird anhand von Skeletten plastisch demonstriert: ein neolithisches Schaf neben einem heutigen Mufflon, Schädel von Ziegen, Schweinen, Hunden und Katzen aus dem Neolithikum und der Moderne.

- *Öffnungszeiten des Museums*: Juli–September täglich 10–18 Uhr; Oktober–Juni 10–12 und 14–16.30 Uhr, So/Mo geschlossen. Eintritt ca. 1,50 €.
- *Information*: **Office de Tourisme de l'Alta-Rocca**, im Dorfzentrum. Nur in den Sommermonaten geöffnet. ✆ 04.95.78.41.95, ✉ 04.95.78.46.74.
- *Verbindung*: Mitte Juni bis Mitte September Mo–Sa täglich 1-mal Busverbindung nach Porto-Vecchio und Ajaccio, außerhalb der Saison nur Mo, Mi und Fr
- *Camping*: **Camping Communal**, San Gavino. Im Dorfzentrum von San Gavino der Ausschilderung folgen. Kleines, bescheidenes Gelände mitten im Wald. Gleich daneben ein richtiger Fußballplatz. Nur in den Sommermonaten geöffnet. Kein Telefon.

Levie/Umgebung

Cucuruzzu und Capula: Von der Straße in Richtung Sartène führt nach 3 km rechts ein Asphaltsträßchen hinauf zu einem Plateau *(Pianu de Levie)*, auf dem zwei der größten torreanischen Siedlungen ausgegraben wurden.

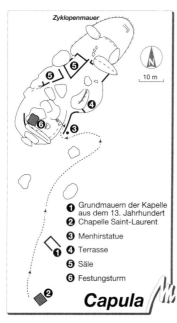

❶ Grundmauern der Kapelle aus dem 13. Jahrhundert
❷ Chapelle Saint-Laurent
❸ Menhirstatue
❹ Terrasse
❺ Säle
❻ Festungsturm

Durch das waldige Gelände wurde ein schöner Rundgang angelegt: vom Eintrittshäuschen 15 Minuten bis *Cucuruzzu,* von da 20 Minuten bis *Capula* und schließlich 15 Minuten zurück zum Eingang. Die Zeitangaben schließen die Besichtigung nicht mit ein. Der Spaziergang ist aber selbst ohne die Ausgrabungen empfehlenswert.

Die Ausgrabungsstätte von *Cucuruzzu (Castellu di Cucuruzzu)* ist eines der imposantesten Zeugnisse der torreanischen Besiedlung Korsikas. Knochenfunde und Mahlsteine lassen einige Rückschlüsse auf die damalige Lebensweise zu; vieles jedoch bleibt auch für Fachleute im Dunkeln. Der Laie hat einige Mühe, sich aus den vorhandenen Mauerresten aus dem 1. Jahrtausend v. Chr. ein konkretes Bild zu machen. Trotzdem: hingehen, ansehen, selber spekulieren. Zur groben Orientierung: links vom Eingang die eigentliche Festung; geradeaus (im Osten) das Kultmonument mit *Cella,* das vermutlich dem Totenkult diente; außerhalb der Ummauerung sind noch Reste von Grundmauern des torreanischen Dorfes zu sehen.

Capula (Castellu di Capula), die zweite torreanische Ausgrabungsstätte auf dem Rundgang, war noch bis ins Mittelalter besiedelt. Korsische Feudalherren stritten sich um den Ort, bis er im 13. Jahrhundert endgültig zerstört wurde.

Von einer *Kapelle aus dem 13. Jahrhundert* (1), auf einer kleinen Kuhweide außerhalb der torreanischen Festung gelegen, sind nur noch die Grundmau-

Torreanerfestung von Capula

ern zu sehen. Zum Teil wurden ihre Überbleibsel 1917 als Baumaterial für die *Chapelle Saint-Laurent* (2) verwendet.

Vor der Festungsmauer überrascht die untere Hälfte einer Menhir-Statue mit Schwert (3), die hier gefunden wurde – ein Zeugnis für eine frühere, von den Torreanern zerstörte megalithische Siedlung (über Megalithiker und Torreaner siehe *Geschichte* auf S. 90 ff).

Im Innern gelangt man erst zu einer kleinen *Terrasse* (4) und von da um einen Felsblock herum in den zentralen Bereich mit den teilweise noch erhaltenen Grundmauern zweier rechteckiger *Säle* (5). Nördlich davon ist das Gelände wegen Ausgrabungsarbeiten gesperrt. Die höchste Stelle der Anlage (6) gibt den Wissenschaftlern noch immer Rätsel auf. War hier ein Festungsturm, ein Grab, eine Zisterne?

Wie alle torreanischen Denkmäler ist auch Capula ein Ort der Rätsel. Die Archäologen unter der Leitung von *François de Lanfranchi,* dem Gründer des Museums in Levie, bemühen sich weiterhin, Licht ins Dunkel dieser schriftlosen Epoche zu bringen.

Die Festung ist nur über den Eingang bei der Menhir-Statue zugänglich. Das Gelände von einer anderen Seite zu betreten ist nahezu unmöglich, gefährlich und überdies verboten.

- *Öffnungszeiten*: April/Mai und Oktober 9–18 Uhr; Juni und September 9–19 Uhr; Juli/August 9–20 Uhr. Eintritt ca. 3 €, Kinder die Hälfte. Zur Begleitung kann man sich Informationsblätter mitgeben lassen. Wer nicht lesen mag, hängt sich einen Info-Walkman um die Ohren (beides auch in deutscher Sprache).

Sainte-Lucie-de-Tallano: Das Bergdorf in der südwestlichen Alta-Rocca liegt auf einem Hügel zwischen den Tälern des *Rizzanese* und des *Fiumicicoli*.

Die Häuser sind bis zu vier Stockwerke hoch und wirken mit den meist geschlossenen Fensterläden abweisend – ähnlich wie im nahen Sartène. Das öffentliche Leben spielt sich am Dorfplatz beim Kriegerdenkmal und in der dortigen Bar ab.

Eine geologische Besonderheit ist der sog. *Kugeldiorit,* der bis in die 70er Jahre im Süden des Orts abgebaut wurde. Die Gesteinsformation, die sonst nur noch in Finnland zu finden ist, weist helle Kugeln im dunkeln Grundgestein auf. Im Querschnitt zeigt das "durchschossene" Gestein eine hübsche Musterung, der Schwarzweißaufnahme eines Leopardenfells vergleichbar. Wer ein kleines oder größeres Stück dieser Seltenheit mit nach Hause nehmen will, findet am unteren Dorfausgang rechts ein Haus mit der Hinweistafel *Pierre Corse* (korsischer Stein). Schönheit, Gewicht und Verhandlungsgeschick bestimmen den Preis.

Am oberen Dorfausgang (an der Straße nach Levie) steht rechts das *Kloster Saint-François* aus dem 15. Jahrhundert. Es ist offiziell als *monument historique* klassifiziert und wegen Restaurierungsarbeiten seit Jahren nicht zugänglich.

Das Bavella-Gebiet

Viele halten das Bavella-Massiv für das schönste Gebirge Korsikas, zweifellos ist es das spektakulärste. Beim Anblick der **Aiguilles de Bavella** (Bavella-Nadeln) mit ihren unzähligen Spitzen und Steilwänden zuckt jedem Fotografen die Hand. Die Gebirgskette nördlich des Bavella-Passes ist rundum fotogen, von Quenza oder Zonza aus gesehen ebenso wie von der Passstraße, die sich von Solenzara hochschlängelt. Wanderer werden von diesem Panorama natürlich zuhauf angelockt. Aber auch der südlich des Passes gelegene Teil des Bavella-Gebirges erfreut sich immer größerer Beliebtheit.

Die Waldwanderung zum **Cumpudellu** (frz. *Trou de la Bombe,* dt. *Bombenloch),* einem großen Felsenloch, ist – abgesehen von den letzten paar Kraxelmetern – auch mit Kindern möglich: Von der *Auberge du Col de Bavella* an der Ostseite des Bavella-Passes folgt man erst ein Stück dem GR 20 (weiß-rote Markierung). Nach ungefähr 10 Minuten weist ein Schild rechts hoch. Von der Gabelung weg erreicht man – immer den roten Punkten folgend – in ca. einer Stunde das spektakuläre Loch. Das Hochklettern wird mit einem zauberhaften Ausblick belohnt.

Lesertipp: Anschließend kann man noch zum Gipfel des Felsmassivs aufsteigen, was ungefähr 15 Minuten in Anspruch nimmt: vom Felsenloch das letzte (anstrengende) Stück wieder zurückklettern und den Steinmännchen bergaufwärts folgen. Oben genießt man nebst dem wunderschönen Ausblick eine angenehme Stille. Wer Letztere nicht erträgt, probiert das Echo aus. Der Abstieg dauert ungefähr 10 Minuten.

Selbstfahrer erreichen den **Bavella-Pass** am bequemsten von Porto-Vecchio durch den Forêt de l'Ospédale über Zonza. Die Fahrt von Solenzara aus ist wegen der teilweise äußerst engen Straße für alle Arten von Wohnfahrzeugen völlig ungeeignet. Auf der Passhöhe befindet sich ein größerer Parkplatz, in der Hauptsaison allerdings oft nicht groß genug. Neben "Nur-

Fotogene Bergwelt: Bavella-Massiv

Füße-Vertretern" sind hier auch GR-20-Wanderer und Kletterer anzutreffen. Eine Marienstatue, *Notre Dame de la Neige,* schützt vor Gefahren im Gebirge – sofern man ihr einen symbolischen Stoff- oder Papierfetzen zusteckt. Wer nur etwas frische Luft schnappen oder Fotos schießen will, findet einige bequeme Trampelfade vor.

Am Ostabhang des Passes mit seinen tausendfach fotografierten, windzerzausten Kiefern liegt die ehemalige **Bergerie de Bavella**. Von Bergerie-Romantik jedoch keine Spur mehr: Bei den Steinhäusern mit ihren Wellblechdächern handelt es sich hauptsächlich um Sommersitze der Bewohner von Solenzara und Porto-Vecchio. Ein Restaurant und einige schnell gezimmerte Snackbars ergänzen den etwas trostlosen Anblick. Es ist die Kehrseite der touristischen Medaille, auf deren Kopf die märchenhaften Bavella-Nadeln prangen.

• *Übernachten*: **Les Aiguilles de Bavella** (Gîte d'étape), auf der Passhöhe. Mit Restaurant und Bar. Übernachtung ca. 12 €/Person, Halbpension im einzigen DZ 32 €/Person, in einem der vier 4-Bett-Zimmer für ca. 27,50 €/Person.
✆ 04.95.57.46.06.

Auberge du Col de Bavella (Gîte d'étape), an der Ostseite des Passes. Insgesamt 26 Schlafplätze für ca. 12 €/Person, Halbpension ca. 27,50 €/Person. Wer nicht im Restaurant speisen will, findet eine Kochgelegenheit im Anbau.
✆ 04.95.57.43.87.

Bergerie am GR 20

GR 20

Die vielgepriesene landschaftliche Schönheit des GR 20 darf nicht darüber hinwegtäuschen: Die große Fernwanderung quer über die Insel ist eine anspruchsvolle Gebirgstour durch teilweise schwieriges Gelände. Die Bewältigung der Tagesetappen erfordert gute Kondition und Trittsicherheit. Andernfalls wird die Wanderung leicht zur Quälerei, die einem schnell den Spaß an der Freude raubt.

Prinzipiell kann der GR 20 zwischen Juni und Oktober begangen werden, doch sind noch im Juni einige Streckenabschnitte nur mit großer Anstrengung oder gar nicht passierbar. Auf dem Teilstück zwischen der Manganu-Hütte und der Petra-Piana-Hütte liegt gar das gesamte Jahr über ein zu querendes Schneefeld. Die Mitnahme von Eispickel, Steigeisen und einem leichten Seil ist deshalb besonders im Frühsommer zu empfehlen. Zudem kann es bis Juni Verpflegungsengpässe geben, denn viele Bergerien bieten ihren Käse erst zu einer späteren Zeit an. Im Hochsommer (Juli/August) dagegen ist der GR 20 stark frequentiert, die Schutzhütten und Zeltplätze sind häufig voll, und die stechende Hitze in den Mittagsstunden verdoppelt jede Anstrengung. Aus unserer Erfahrung bietet sich der September als ideale Wanderzeit an. Informationen erhält man bei den folgenden Büros des *Parc Naturel Régional de la Corse:*

Ajaccio: Maison du Parc, 2, rue Major Lambroschini, 20000 Ajaccio, ✆ 04.95.51.79.10, ✉ 04.95.21.88.17.

Beim Hauptbüro des Naturparks erhalten Sie Infos über alle Regionen, durch die der GR 20 verläuft. Ganzjährig geöffnet.

Regionalbüros: Der Naturpark unterhält darüber hinaus in den Sommermonaten ein Informationsbüro im Rathaus von *Zonza* (Ortszentrum, Straße Richtung Sartène). Geöffnet ist es Mo–Sa 9–13 und 16.30–18.30 Uhr sowie So 9–12 Uhr. Ein weiteres Büro findet man in *Porto-Vecchio* (Rue Colonel Quenza). Geöffnet ist es ebenfalls in den Sommermonaten, allerdings nur vormittags. ✆ 04.95.70.50.78.

Ausrüstung

Der individuelle Bedarf lässt sich kaum verallgemeinern, doch ist die nüchterne Einstufung des GR 20 als anspruchsvoller alpiner Fernwanderweg durch schwieriges Gelände Grund genug, den Rucksack nicht übermäßig zu beladen. Das Gewicht ist ein ganz entscheidender Faktor für das Gelingen der Tour. Deshalb: nur die wichtigsten Utensilien einpacken! Der Rucksack sollte nicht schwerer als 12–14 kg sein – Nahrungsmittel und Wasservorrat (Minimum 2–3 Liter) nicht mitgerechnet. Alle, die mit 20 kg und mehr losziehen, werden wahrscheinlich nach wenigen Etappen aufgeben oder umdenken müssen, in jedem Fall werden sie sich das Leben im wahrsten Wortsinn schwer machen und den Spaß an der Wanderung schnell verlieren.

Unerlässlich für die Tour sind ein Paar gut eingelaufene, feste Wanderschuhe und ein bequem gepolsterter Rucksack; sehr nützlich sind ein warmer Schlafsack (auch im Sommer wird es nachts empfindlich kalt!) und ein wetterfestes, d. h. wasser- und winddichtes Zelt. Auch wenn an der Küste eitel Sonnenschein herrscht, kann es in den korsischen Bergen überraschend zu einem Wettersturz kommen, und dann wird es schwierig. Auf ein Zelt zu verzichten und in einer der Schutzhütten zu übernachten steht

---

Vorbereitung
Ausrüstung, S. 343
Karten, S. 344
Verpflegung, S. 345
Markierung, S. 346
Routenplanung, S. 346
Akklimatisierung, S. 346
Schutzhütten (Refuges), S. 347
Müll-Entsorgung, S. 348
Camping interdit!, S. 348
Attention au feu!, S. 349

Nördlicher Teil: Calenzana–Vizzavona

1. Etappe
Auberge de la Forêt de Bonifatu – Refuge de Carrozzu, S. 349
Einstieg in Calenzana, S. 350

2. Etappe
Refuge de Carrozzu – Ruine des Refuge d'Altore, S. 352

3. Etappe
Ruine des Refuge d'Altore – Bergerie de Ballone, S. 355

4. Etappe
Bergerie de Ballone – Refuge de Ciuttulu di i Mori, S. 357

5. Etappe
Refuge de Ciuttulu di i Mori – Hôtel Castel de Vergio, S. 358

6. Etappe
Hotel Castel de Vergio – Refuge de Manganu, S. 360

7. Etappe
Refuge de Manganu – Refuge de Petra Piana, S. 364

8. Etappe
Refuge de Petra Piana – Refuge de l'Onda, S. 366

9. Etappe
Refuge de l'Onda – Vizzavona, S. 368

Südlicher Teil: Conca–Vizzavona

1. Etappe
Conca – Refuge de Paliri, S. 369

2. Etappe
Refuge de Paliri – Refuge d'Asinao, S. 371

3. Etappe
Refuge d'Asinao– Refuge d'Usciolu, S. 374

4. Etappe
Refuge d'Usciolu – Refuge de Prati, S. 377

5. Etappe
Refuge de Prati – Refuge de Capannelle, S. 378

6. Etappe
Refuge de Capannelle – Vizzavona, S. 380

zwar jedem offen, doch sollte man sich besonders in den Sommermonaten (Juli/August) darauf einstellen, dass die wenigen Betten in den Hütten bereits belegt sind. Und: Eine Reservierung ist grundsätzlich nicht möglich! Zudem wird es ohne Zelt bei einem Wettersturz erheblich schwerer, ein halbwegs vernünftiges Notlager zu errichten. Mit Zelt zu wandern bedeutet also, den Faktor Sicherheit zu erhöhen. Sehr empfehlenswert ist auch die Mitnahme zweier Wanderstöcke. Viele Wanderer, denen man in den korsischen Bergen begegnet, nutzen sie und schonen damit die ohnehin stark beanspruchten Kniegelenke – vor allem auf abschüssigen Passagen.

Unsere Liste ist eine Anregung für das Zusammenstellen des individuellen Gepäcks:

Wandergepäck – Checkliste

Notwendig
- Hemd(en)
- T-Shirts
- Unterwäsche
- Strümpfe/Socken
- Pullover
- Regenschutz (Anorak, Kawai, Poncho)
- Hose, kurz
- Hose und Ersatzhose, lang
- Handtuch
- Mütze/Sonnenhut
- Turnschuhe
- Wasserflasche(n) (2–3 Liter)
- Waschzeug/Toilettenartikel
- Sonnenschutzcreme/UV-Schutz
- Taschenmesser
- Taschenlampe (Stirnlampen sind nützlich)
- Uhr
- Wanderapotheke (z. B. Blasenpuder)
- Wanderführer
- Wanderkarte
- Dokumente (Pass, Auslandskrankenschein)
- Geld
- Proviant

Nützlich
- Schreibzeug (Stift, Papier, Block)
- Reisewaschmittel
- Nähzeug, Ersatzschnürsenkel
- Kompass, Höhenmesser
- Kocher, Streichhölzer
- Kochgefäß (Töpfchen/Alubecher)
- Besteck
- Plastiktüten (zum wasserdichten Verpacken)
- Aufbaugetränkepulver
- Mineral-/Multivitamintabletten
- Schlafsack
- Isomatte
- Zelt
- Wanderstöcke
- Tiefenwirksame Kniesalbe
- Sonnenbrille/Ersatzbrille (für Brillenträger)
- Halstuch
- Badehose

Luxus
- Fotoapparat, Filme
- Fernglas
- Abendlektüre
- Wäscheklammern

Karten

Gutes Kartenmaterial gehört zur Grundausstattung auf dem GR 20. Die Wegmarkierungen sind zwar in der Regel gut zu erkennen, doch ist der gelegentliche Blick auf die Karte immer hilfreich. Sehr empfehlenswert sind die zwei Karten von *Didier Richard* im Maßstab 1:50.000 *(Corse du Nord, Nr. 20, und Corse du Sud, Nr. 23),* wenn sie dereinst wieder auf den Markt kommen. Mit etwas Glück findet man noch Restbestände in den Buchhandlungen vor Ort. Als Alternative reichen auch die IGN-Karten 73 und 74 im Maßstab 1:100.000 völlig aus. Wer sich hundertprozentig absichern möchte, besorgt sich die IGN-Karten im Maßstab 1:25.000. Auf ihnen ist fast jeder Stein eingezeichnet, allerdings benötigt man dann für den kompletten GR 20 insgesamt fünf Karten (4149OT, 4250OT, 4251OT, 4252OT und 4253OT), was sich wiederum nachteilig auf Platzbedarf und Gewicht im Rucksack auswirkt. Die Karten sind zu Hause im Buchhandel erhältlich, können aber auch auf Korsika gekauft werden (etwas billiger). Sie sind eine ideale Ergänzung zu unserer Beschreibung.

Wichtiger Hinweis zur Orientierung: Wenn in unserer Beschreibung vom "linken Flussufer" die Rede ist, dann ist damit immer das orografisch linke Flussufer gemeint, d. h. *"flussabwärts links"*. Entsprechendes gilt natürlich auch fürs rechte Flussufer.

Verpflegung

Die GR-20-Tour erfordert auch in puncto Verpflegung eine sorgfältige Planung. Möglichkeiten zum Einkaufen sind zwar vorhanden, doch vergehen in der Regel ein bis drei Tage, ehe man die nächste Verpflegungsstelle erreicht hat. Hier die Verpflegungsstellen im Überblick:

Verpflegungsstelle	Lebensmittel	Restaurant
Nördlicher Teil		
Calenzana	einige	einige
Forêt de Bonifatu	ja	ja
Haut-Asco	ja	ja
Bergerie de Ballone	ja	nein
Castel de Vergio	ja	ja
Corte	viele	viele
Bergerie de Tolla	ja	nein
Vizzavona	ja	ja
Südlicher Teil		
Conca	ja	einige
Col de Bavella	ja	einige
Refuge d'Asinao	ja	nein
Refuge d'Usciolu	ja	ja
Refuge de Prati	ja	nein
Col de Verde	ja	ja
Refuge de Capannelle	ja	ja

Außerhalb der Hauptsaison, wenn viele Bergerien geschlossen sind, kann es Verpflegungsengpässe geben. Sehr empfehlenswert ist daher die Mitnahme leichter und nahrhafter Trockennahrung, die mit Wasser aufgekocht wird. Dabei muss es nicht teure Outdoor-Spezialnahrung sein, Fertiggerichte aus dem Supermarkt tun es genauso. Man sollte jedoch auf die

Zusammensetzung achten: Weniger als 15 g Fett und mindestens 80 g Kohlenhydrate pro Mahlzeit bilden eine gute Basis. Darüber hinaus bieten sich als Zwischenmahlzeiten Puffreis-Taler (mit Salz), Müsliriegel (ohne Zucker) und Pumpernickel an.

Grundsätzlich ist auf dem GR 20 unbedingt auf einen ausreichenden Wasservorrat zu achten (Minimum 2–3 Liter).

Markierung

Der GR 20 ist weiß-rot markiert, die Zubringer orange oder gelb. Die Markierungen sind in der Regel gut zu erkennen; bei schlechter Sicht kann ein kleines Fernglas hilfreich sein.

Routenplanung

Der GR 20 von Calenzana im Nordwesten bis nach Conca im Südosten ist insgesamt 170 km lang. Die Grundsatzfrage, ob man den GR 20 besser von Norden nach Süden oder in umgekehrter Richtung gehen sollte, hängt vom persönlichen Geschmack ab. Für den *Start in Calenzana* spricht die im Norden spektakulärere Landschaft, in die man bereits am ersten Tag eintaucht. Außerdem beschreiben alle GR-20-Reiseführer die Tour von Nord nach Süd. Für den *Start in Conca* im Süden spricht der einfachere Einstieg in niedrigeren Höhen, was der Akklimatisierung dienlich ist. Man hat die Sonne meist im Rücken, und Selbstversorger profitieren von einem deutlich leichteren Rucksack, wenn sie die schwierigeren nördlichen Etappen erreichen.

Unsere Beschreibung des GR 20 geht einen Kompromiss ein, indem sie für den nördlichen Teil in Calenzana startet, für den südlichen in Conca. Endpunkt beider Teilabschnitte ist Vizzavona. Eingestandener Nachteil dieses Verfahrens: Wer den ganzen GR 20 gehen will, muss die eine Hälfte der Kapitels "rückwärts" lesen. Dafür sind wir auf dem Buchmarkt die Einzigen, die eine Beschreibung des südlichen Teils von Conca aus anbieten. Die wachsende Fraktion derer, die auf dem GR 20 "gegen den Strom" wandern, wird dies zu schätzen wissen.

Akklimatisierung

Zur Akklimatisierung vor der Tour bietet sich Calvi an mit seinem wunderschön in einem Pinienwäldchen gelegenen Campingplatz *La Pinède* (siehe *Calvi*). Die Anlage ist zwar 2½ km vom Zentrum entfernt, aber über den wunderbaren Sandstrand der weiten Bucht mit der Stadt verbunden. Es gibt die Möglichkeit, an der Rezeption des Campingplatzes kleinere Gepäckstücke kostenlos für mehrere Tage oder Wochen aufzugeben – ein schöner Service für alle, die im Anschluss an die Wanderung noch etwas Zeit am Strand verbringen und ihr Marschgepäck reduzieren wollen (ein überdimensionales Badetuch oder Schnorchelgerät benötigt man in den korsischen Bergen wirklich nicht). Die freundliche Bedienung an der Rezeption bestellt auf Nachfrage auch ein Taxi zum 20 km entfernten Forêt de Bonifatu (ca. 28 €).

Wer sich dem Abenteuer GR 20 von Süden annähern will und vorher ein paar Tage am Strand Kräfte sammeln möchte, findet dazu im Durchgangsort *Favone* die günstigste Gelegenheit. Das direkt an der N 198 gelegene, reizlose Örtchen bietet einen schönen Sandstrand und neben Hotels auch die *Camping-Ranch Bon Anno*. Mitten im Ort zweigt die D 168 ins Landesinnere ab, auf der man im eigenen Gefährt, mit dem Taxi oder in ca. vier Stunden zu Fuß Conca erreicht. Der Camping *La Tonnelle* in Conca ist gut geeignet für die letzte Nacht vor dem Aufbruch zur großen Wanderung und bietet nebenbei einen privaten Shuttleservice von und nach Sainte-Lucie de Porto-Vecchio an. Wer mit dem PKW anreist, kann sein Fahrzeug gegen eine geringe Gebühr auf dem Campingplatz stehen lassen (ca. 1,50 €/Tag).

Gemütlichkeitsfaktor 10

Schutzhütten (Refuges)

Auf dem gesamten GR 20 gilt absolutes Campingverbot! Die Konsequenz: Tägliches Etappenziel sind die schlichten Selbstversorgerhütten des *Parc Naturel Régional de la Corse,* die im Abstand einer Tagestour den GR 20 säumen. Die meisten dieser *Refuges* sind in den Sommermonaten bewirtschaftet. Das bedeutet nicht, dass hier immer Verpflegung erhältlich ist oder Mahlzeiten serviert werden. Die Bewirtschaftung beschränkt sich meist auf die Anwesenheit eines Hüttenwarts *(gardien),* der sich um erforderliche Reparaturen kümmert, notfalls für Erste Hilfe sorgt, die Übernachtungsgebühren entgegennimmt und Waren aus dem mehr oder weniger umfangreichen Angebot verkauft. Zelten ist in unmittelbarer Nähe der Hütten ausdrücklich erlaubt *(aire de bivouac)*.

Die Gebühren für eine Übernachtung auf den komfortlosen Matratzenlagern der Refuges (inkl. Gaskocher ca. 7,50 €) oder auf dem Zeltplatz (inkl. Gaskocher ca. 3 €) sind vor Ort zu entrichten. Sollte kein Gardien anwesend sein, bitte den vorhandenen Briefkastentresor benutzen! Das Geld dient einzig der Unterhaltung des GR 20.

Die folgende Tabelle listet sämtliche Übernachtungsmöglichkeiten des GR 20 auf:

Übernachtungsmöglichkeiten	Art	Hüttenplätze
Nördlicher Teil		
Calenzana	2 Hotels, Gîte d'étape	
Refuge de l'Ortu Piobbu	Schutzhütte	30
Refuge de Carrozzu	Schutzhütte	24
Forêt de Bonifatu	Auberge	
Haut-Asco	Hotel	30
Refuge d'Altore	Hüttenruine	
Refuge de Tighiettu	Schutzhütte	30
Bergerie de Ballone	Bergerie	
Refuge de Ciuttulu	Schutzhütte	30
Castel de Vergio	Hotel	
Refuge de Manganu	Schutzhütte	24
Refuge de Sega	Schutzhütte	
Refuge de Petra Piana	Schutzhütte	27
Bergerie de Tolla	Bergerie	
Refuge de l'Onda	Schutzhütte	14
Vizzavona	2 Hotels, Gîtes d'étape	
Südlicher Teil		
Conca	Gîte d'étape	36
Refuge de Paliri	Schutzhütte	23
Col de Bavella	Gîte d'étape	26
Refuge d'Asinao	Schutzhütte	30
Refuge d'Usciolu	Schutzhütte	48
Refuge de Prati	Schutzhütte	32
Col de Verde	Herberge	22
Refuge de Capannelle	Schutzhütte	12

Müll-Entsorgung

Bitte unbedingt beachten: Abfälle immer zur nächsten Schutzhütte mitnehmen. Denn nur von hier kann der Müll später per Hubschrauber ausgeflogen werden!

Camping interdit!

Das strikte Campingverbot dient einerseits dem Schutz des Wanderers vor den schwer zu löschenden Macchia-Bränden, zum anderen soll damit die Gefahr der durch Unachtsamkeit entstehenden Feuer reduziert werden. In den Sommermonaten (Juli/August) sind zahlreiche Gardiens unterwegs, deren einzige Aufgabe darin besteht, das Campingverbot zu kontrollieren. Wildzelter, denen Lagerfeuerromantik mehr bedeutet als Sicherheit und ein achtsamer Umgang mit der Natur, werden unmissverständlich zum Abbruch ihres Lagers aufgefordert. Ohne triftigen Grund wird niemand lange verweilen können. Es ist daher sinnvoll, von vornherein die nächstgelegene Hütte als Etappenziel anzusteuern. Man erspart sich Ärger und lebt sicherer.

Attention au feu!

Der Leichtsinn, in den Sommermonaten kleine Lagerfeuer in der ausgedörrten Vegetation zu entfachen, führt immer wieder zu folgenschweren Bränden, die Menschen und Natur gefährden. Auch eine scheinbar gelöschte Feuerstelle fängt leicht wieder zu schwelen an und kann sich zu einer nicht kontrollierbaren Feuerwalze ausweiten. Wer von den Flammen überrascht und eingeschlossen wird, befindet sich in einer fast auswegslosen Situation. Eine Evakuierung aus der Luft ist in der Regel nur an den Hütten machbar. Die mancherorts markierten Landeplätze sind gerade auch für diesen Zweck eingerichtet worden. Die Warnung kann nicht deutlich genug ausgesprochen werden: *Offenes Feuer ist streng verboten!* Weiteres zu diesem leidigen Thema siehe *Wissenswertes von A bis Z/Waldbrände* auf S. 87).

GR 20, nördlicher Teil: Von Calenzana nach Vizzavona

1. Etappe: Auberge de la Forêt de Bonifatu – Refuge de Carrozzu

Traditionell beginnt der GR 20 zwar in Calenzana, immer beliebter aber wird der Einstieg über den Forêt de Bonifatu. Der Hauptvorteil dieser Variante liegt in der kürzeren Etappe – man kann sich auf den anspruchsvollen Fernwanderweg behutsam einstellen. Aber Vorsicht: Stechende Hitze zur Mittagszeit kann auch diese Etappe schnell zur schweißtreibenden Kraftprobe machen!

Der Weg beginnt im **Forêt de Bonifatu** hinter der Schranke am Parkplatz der *Auberge de la Forêt* (540 m). Der anfangs breite Feldweg steigt auf den ersten 2 km sanft empor. Der Flusslauf einige Meter tiefer auf der linken Seite zieht mit seinen Gumpen die Tagestouristen an, die sich im kalten Wasser eine Abkühlung verschaffen. Am Wegrand das eine oder andere Auto – der Abschied von der Zivilisation steht noch bevor. Am Ende des Feldwegs auf Höhe der **Furt Runcu** (620 m) zweigt ein steiler, gut ausgeschilderter Pfad nach rechts ab.

Der Weg folgt jetzt der rot-weißen GR-20-Markierung. Die ersten anstrengenden Meter über Stock und Stein geben einen Vorgeschmack auf das, was uns in der Folgezeit erwartet. Der Aufstieg hinauf zur Carrozzu-Hütte führt über mehrere Bachläufe, die im Hochsommer zwar kaum als solche zu erkennen sind, in der Übergangsjahreszeit oder nach starken Regenfällen jedoch zu ernsthaften Hindernissen werden können. Das reißende Wasser hat schon zu schweren Unfällen geführt – also Vorsicht! Im unteren Abschnitt wird einer der Bachläufe, der *Spasimata,* seit einigen Jahren von einer stabilen **Hängebrücke** (890 m) überspannt, ein reizvolles Fotomotiv und zugleich ein beliebter Rastplatz mit Bademöglichkeit. Tagestouristen, die dieses Etappenstück begehen (darunter viele mit unzureichendem Schuhwerk), sorgen dafür, dass es hier recht voll wird. Wer erst in der Mittagshitze an der Auberge de la Forêt aufgebrochen ist, wird spätestens hier seinen Fehler erkennen. Denn aller Anfang ist schwer – das gilt gerade für den ersten Abschnitt hinauf zur Carrozzu-Hütte.

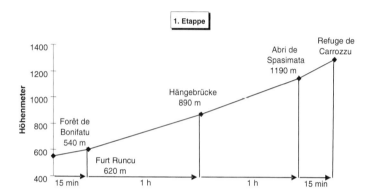

Nach der Querung der Hängebrücke wird der Weg steiler, steigt serpentinenartig an und führt schließlich zum **Abri de Spasimata** (1190 m). Ein dezentes Hinweisschild kündigt das noch zehn Minuten entfernte **Refuge de Carrozzu** (1270 m) an. Von hier genießt man einen ersten weiten Blick hinab ins Tal. Das Meer schimmert graublau am Horizont. Für Camper gibt es leider nur wenig ebene Plätze ohne Geröll oder störende Wurzeln: In den Monaten Juli/August kann es also eng werden – ein weiteres Argument für den frühzeitigen Aufbruch im Forêt de Bonifatu. Hinter einem hoch aufragenden Felsblock liegt gut ausgeschildert die Dusche, eine eigenwillige Schlauchkonstruktion, die trotz ihrer Schlichtheit funktioniert. Auch ein kleines Toilettenhäuschen mit Wasserspülung ist vorhanden. Letztere behutsam betätigen, nasse Füße lassen sich sonst kaum vermeiden.

Alternativeinstieg in Calenzana

Der alternative Startpunkt der Wanderung liegt in Calenzana, einer 1800-Seelen-Gemeinde wenige Kilometer südöstlich von Calvi. Möchte man später damit prahlen, den GR 20 auf der traditionellen Route gelaufen zu sein, ist diese Variante obligatorisch. Die Strecke verläuft allerdings schon zu Beginn auf schwierigem Terrain.

1. Etappe: Auberge de la Forêt de Bonifatu ... 351

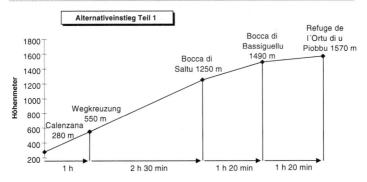

Teilstück 1: Calenzana – Refuge de l'Ortu di u Piobbu

Der Ausgangspunkt der Etappe befindet sich im unteren Teil von **Calenzana** (280 m) bei einer schlichten Bar mit dem treffenden Namen *Snackbar GR 20*. Der Weg orientiert sich zum südöstlichen Ortsausgang und folgt dem angenehm begehbaren Maultierpfad hinauf zur *Quelle von Ortiventi*. In der Ferne schimmert noch einige Zeit die Silhouette der Festung von Calvi, doch schon bald entschwindet die Zivilisation. Auf dem ersten Abschnitt der Wanderung begleiten zwei Markierungen den Weg: einerseits die langsam ans Herz wachsende rot-weiße Markierung des GR 20, andererseits die orange Markierung des ebenfalls in Calenzana beginnenden Fernwanderwegs *Tra Mare e Monti,* der über Galéria ans Meer nach Cargèse führt.

An einer **Wegkreuzung** (550 m) trennen sich die Routen. Der GR 20 wendet sich nach links und steigt in südliche Richtung hinauf zur *Bocca di Ravalente*. Man quert den im Sommer nur wenig Wasser führenden *Arghioa*-Bachlauf und steigt über zeitweilig steile Serpentinen an Eichen und Kiefern vorbei hoch zur **Bocca di Saltu** (1250 m). Die folgende Strecke auf felsigem Terrain ist sehr anspruchsvoll; Seilsicherungen entschärfen die besonders bei feuchter Witterung nicht ungefährliche Passage. Der GR 20 orientiert sich am *Capu Ghiovu* vorbei zur **Bocca di Bassiguellu** (1490 m), steigt noch einige Meter an und erreicht schließlich auf angenehm begehbarem, leicht abschüssigem Gelände das **Refuge de l'Ortu di u Piobbu** (1570 m).

Teilstück 2: Refuge de l'Ortu di u Piobbu – Refuge de Carrozzu

Der Wegweiser prophezeit eine sechseinhalbstündige Etappe, ehe man sich vom **Refuge de l'Ortu di u Piobbu** (1570 m) in südwestliche Richtung hinauf zu den Ruinen der ehemaligen *Bergerie Mandriaccia* orientiert, einen Bachlauf mit Quelle quert und sich in Richtung der **Bocca Pisciaghia** (1950 m) hocharbeitet. Auf halber Wegstrecke erreicht der GR 20 erneut eine Quelle und verschafft die Genugtuung, wenigstens das erste Teilstück des kräftezehrenden Anstiegs bewältigt zu haben. Hier den Wasservorrat unbedingt auffüllen: Bis zum Ende der Etappe gibt es keine Quelle mehr – das Wasser muss bis zur Carrozzu-Hütte reichen! Der GR 20 steigt erstmals über die 2000-Meter-Grenze und bietet beeindruckende Ausblicke

352 GR 20, nördlicher Teil

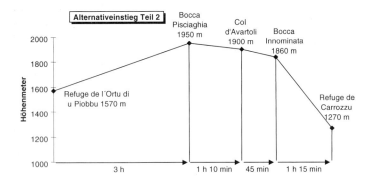

über den *Cirque de Bonifatu*, ein Panorama, das in Erinnerung bleiben wird. Es bietet sich an, hier ein wenig zu verweilen und sich für die zweite Hälfte der Etappe zu stärken.

Der weitere Weg verläuft am südlichen Hang des *Capu Ladroncellu* entlang und erreicht nach einzelnen Gipfelpassagen den **Col d'Avartoli** (1900 m). Auch der folgende Streckenabschnitt verläuft auf anspruchsvollem, felsigem Terrain am östlichen Hang der *Punta Ghialla* entlang. Der Weg quert den Bergkamm, orientiert sich an der Westflanke zur **Bocca Innominata** (1860 m) und führt schließlich sehr steil und schwer begehbar hinab ins Tal. Schritt für Schritt zeigt sich die Binsenweisheit, dass dem mühsamen Anstieg ein ebenso mühsamer Abstieg folgt – die hart erarbeiteten Höhenmeter werden Stück für Stück wieder preisgegeben. Man quert einen Bachlauf nahe der alten *Bergerie de Carozzu* und erreicht wenige Minuten später das **Refuge de Carozzu** (1270 m), das erste Etappenziel derer, die den Einstieg über den Forêt de Bonifatu gewählt haben.

2. Etappe: Refuge de Carozzu – Ruine des Refuge d'Altore

Für Wanderer, die im Forêt de Bonifatu gestartet sind, ist die abenteuerliche Hängebrücke über den Spasimata-Bach der eigentliche Beginn ihrer GR-20-Wanderung. Der Weg steigt zunächst gleichmäßig steil an und verläuft später oberhalb der 2000-Meter-Grenze. Der Abstieg zum Hôtel Le Chalet auf dem Plateau de Stagnu ist nicht weiter empfehlenswert, es sei denn, man braucht Proviant.

Vom **Refuge de Carozzu** (1270 m) führt der Weg zunächst zurück zum *Abri de Spasimata* und folgt der rot-weißen Markierung in Richtung *Haut-Asco*. Ein schlichtes Schild erleichtert die Orientierung. Man geht einige Höhenmeter bergab (Seilsicherungen!) und erreicht die erwähnte **Spasimata-Hängebrücke** (1220 m), eine zunächst wenig vertrauenerweckende Konstruktion. Der Hinweis, dass sich nicht mehr als zwei Personen gleichzeitig auf der Brücke befinden dürfen, überrascht nicht. Das schweizerische

2. Etappe: Refuge de Carozzu ... 353

Hängebrücke über den Spasimata

Filmteam freilich, das sich um spektakuläre Aufnahmen bemühte, scherte sich nicht darum. In Dreiergruppen marschierten sie so lange im Gänsemarsch von einer Seite zur anderen, bis die Aufnahmen zur allgemeinen Zufriedenheit im Kasten waren. Zur Beruhigung sei verraten: Die Brücke hat auch dieser Belastung standgehalten.

Am linken Ufer des Spasimata beginnt nun der steile, lang gezogene Anstieg. Sollten die schräg abfallenden Platten, über die der Weg zunächst verläuft, feucht sein, ist größte Vorsicht geboten. Im Zweifelsfall sollte man die ganze Etappe verschieben und besseres Wetter abwarten! Die angebrachten Seilsicherungen sollten unbedingt genutzt werden. Am Ende des Kessels führt der Weg in einer weiten Linkskurve zunächst wieder einige Meter hinab, um anschließend durch allerlei Gestrüpp steil hochzusteigen. Man erreicht ein weitläufiges Plateau und genießt den Blick ins Tal. Wenige Schritte entfernt liegt versteckt der kleine **Lac de la Muvrella** (1860 m), der die Bezeichnung See allerdings kaum verdient und als Trinkwasserreservoir nicht zu empfehlen ist. Der Wasservorrat sollte für den Rest der Etappe ohnehin noch ausreichen. Wenn nicht, sollte man versuchen, die kleine Quelle ausfindig zu machen, die sich angeblich im Gebüsch hinter dem See befindet.

Der Weg führt nun noch steiler in südlicher Richtung weiter hoch – die eigenwillige Felsformation nahe der Scharte der **A Muvrella** (1990 m) ist eine Orientierungshilfe. Der lange Aufstieg wird oben fürstlich belohnt, und die Neugier weicht der Faszination des herrlichen Blicks über das tief eingeschnittene Tal auf der anderen Seite. Keine Sorge, der Weg führt nicht gleich wieder hinunter. Nach kurzem Rechtsschwenk mit leichter

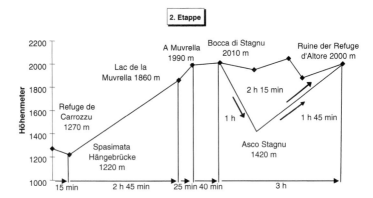

Kletterpassage geht es links am Hang nur wenige Meter hinab. Man nähert sich der **Bocca di Stagnu** (2010 m), darf dabei erneut ein wenig klettern und erreicht die gut ausgeschilderte Abzweigung zum *Plateau de Stagnu*. Auch hier muss geklettert werden.

Seit einigen Jahren führt der GR 20 aus kommerziellen Gründen – der erwähnten Ausschilderung folgend – hinab ins Tal zum **Hôtel Le Chalet** (1420 m). Doch ist es eindeutig empfehlenswerter, die anfangs weiß markierte Route einzuschlagen und sich damit am früheren Streckenverlauf zu orientieren.

Die Passagen der *Bocca Culaghia* und später der *Punta Culaghia* sind rundum beeindruckend, dann folgt ein kräftezehrender Abstieg über ein sehr abschüssiges Geröllfeld. Die Steine sind lose, höchste Konzentration ist geboten. Unten angekommen, beginnt an einer Weggabelung der unmittelbare Wiederanstieg zur Ruine des **Refuge d'Altore** (2000 m), einer vor Jahren niedergebrannten Schutzhütte, an die noch spärliche Reste erinnern: der Schlauch, aus dem das Wasser plätschert, die Duschmöglichkeit in den Felsen weiter hinten am Bach und die sorgsam mit Steinen gesicherten Zeltplätze. Die "Dusche" befindet sich übrigens nur wenige Meter hinter dem Schlauch – einfach dem deutlich vernehmbaren Rauschen des Wassers folgen.

Abstieg nach Haut-Asco/Plateau de Stagnu

Von der Ruine des Refuge d'Altore bietet sich ein herrlich weiter Blick hinab ins Tal in Richtung Plateau de Stagnu, doch ist es nicht empfehlenswert, den direkten Abstieg über die groben Felsblöcke und Geröllmassen zu versuchen. Die zahlreichen Kletterstellen sind ziemlich unangenehm und auch zeitraubend. Es ist sinnvoller, entlang der letzten Etappe zur knapp eine halbe Stunde entfernten Weggabelung abzusteigen. Die linke Route führt das bereits bekannte Geröllfeld hinauf, die rechte vorbei an vereinzelten, vom Wind gezeichneten Bäumen hinab ins Tal und mündet wenige hundert Meter oberhalb der Hotelanlagen in die Straße des Asco-Tals. Zur Freude einiger Motorradfahrer eignet sich das Gelände als Teststrecke für geländegängige Maschinen. Die Zivilisation ist nah.

Auf dem Plateau irritiert der stark frequentierte Parkplatz, den man von der Veranda des Restaurants aus ausgiebig betrachten kann. Die Tische sind gut besetzt, das Geschäft läuft. Für die Hotelbetreiber war die Verlegung des alten GR 20 zweifellos ein cleverer Schachzug. Wer hier seine Vorräte auffüllen mag, erkundigt sich am Tresen nach der Verpflegungsliste *(ravitaillement)*, die die erhältlichen Lebensmittel in französischer Sprache aufführt, und stellt seinen persönlichen Wunschzettel zusammen. Brot, Obst, Marmelade, Schokolade – das Angebot ist nicht aufregend, aber wohlsortiert. Wurst *(saucisse corse)* und Käse *(fromage corse)* schmecken ausgezeichnet, haben allerdings ihren Preis. Wie wäre es mit einer warmen Mahlzeit? Menü (ca. 12 €), Pizza (ca. 6 €), Omelette (ca. 5,50 €) oder ansprechende Fleisch-, Wurst- und Salatplatten bietet die Speisekarte. Münztelefon und Duschen (ca. 1,50 €) stehen im Hotel zur Verfügung. Und schräg hinter dem Parkplatz (gegenüber der Hotelanlage) wartet ein schlichter Campingplatz.

Der Wiederaufstieg mit Einkaufstüte folgt sinnvollerweise der kürzeren, dafür landschaftlich weniger reizvollen Route entlang der 1998 durch einen Bergsturz zerstörten Skipiste. Der Weg orientiert sich an den Masten des Schlepplifts und erreicht nach gut einer Stunde wieder den rot-weiß markierten GR 20.

3. Etappe: Ruine des Refuge d'Altore – Bergerie de Ballone

Vorsicht ist auf dieser Etappe oberstes Gebot: Der Abstieg in den Kessel von Solitude gilt als das anspruchsvollste Teilstück des gesamten GR 20, doch entschädigen landschaftlich überaus reizvolle Perspektiven für die Mühen dieser "Königsetappe". Die Warnungen werden offenbar befolgt – bislang hat es kaum ernsthafte Unfälle gegeben. Bei schlechten Wetterverhältnissen verbietet sich die Passage dieser Etappe!

Der frühzeitige Aufbruch an der Ruine des **Refuge d'Altore** (2000 m) erweist sich als großer Vorteil. Andernfalls ist es kaum möglich, den tiefen Kessel vor Einfall der brennenden Mittagssonne zu betreten und ihn wieder zu verlassen. Ein weiteres Argument für die beschriebene Streckeneinteilung, denn ein Start der Etappe auf dem *Plateau de Stagnu* verschiebt die Querung des Kessels um gut zwei Stunden – und hat damit eine noch schweißtreibendere Passage dieser Schlüsselstelle zur Folge.

Der Weg führt von der ehemaligen Schutzhütte steil hinauf zum **Col Perdu** (2180 m). Unmittelbar danach schließt sich eine Kletterpartie an. Der weite Blick hinab ins tief eingeschnittene Tal des **Cirque de la Solitude** (1980 m) mag im ersten Moment erschrecken, doch führt die Route nicht wieder ganz

Cirque de la Solitude

hinunter. Während des Abstiegs und des folgenden Wiederaufstiegs sollten die Seil- bzw. Kettensicherungen genutzt werden. Ein Abrutschen auf dem losen Gestein kann leicht zu Verletzungen führen. Auch ist zu bedenken, dass medizinische Hilfe Stunden oder gar Tage auf sich warten lassen kann! Obendrein kann Unachtsamkeit auch andere Wanderer gefährden. Bitte deshalb einen Mindestabstand untereinander einhalten und die Kettensicherungen grundsätzlich einzeln benutzen.

Nach dem kräftezehrenden Abstieg steigen die Markierungen auf der linken Hangseite wieder steil an und führen hinauf zur **Bocca Minuta** (2220 m). Der Aufstieg wird durch eine Leiter mit einem halben Dutzend Sprossen gewürzt, die ein senkrechtes Teilstück überwinden hilft. Die abenteuerliche Querung des Solitude-Kessels endet mit einem weiten Blick hinüber ins *Stranciacone-Tal*. Irgendwo weit unten bei den vereinzelten Bäumen liegt eine kleine Bergerie – das malerische Etappenziel.

Auf schmalen Pfaden und schräg abfallenden Platten geht es steil abwärts zum modernen, windschnittig gestylten **Refuge de Tighiettu** (1640 m), dessen schwarzes Design in drastischem Kontrast zur Landschaft steht. Die Hütte, die das niedergebrannte Refuge d'Altore ersetzt, wurde erst vor wenigen Jahren fertig gestellt. Die Zeltplätze sind leider knapp, so dass sich schon deswegen der weitere Weg zur **Bergerie de Ballone** (1440 m) lohnt. Die dortigen Biwakplätze, auf denen jeweils ein Zelt bequem Platz findet, sind überaus reizvoll. Kleine Steinmäuerchen begrenzen die ebenen Stellflächen und bieten halbwegs Schutz vor den streunenden korsischen Schweinen. Wir empfehlen, abends den Steinring zu schließen und sämtliche Lebensmittel im Zelt unterzubringen oder an einen der umstehenden Bäume zu hängen. Die Tiere entpuppen sich andernfalls als penetrante nächtliche Ruhestörer. Die Bergerie, auf dem kleinen Eingangsschild korsisch als *"Bergerie u Vallone"* bezeichnet, wird in der Saison (Juni–Oktober) von zwei freundlichen Männern bewirtschaftet. Ihnen zu Diensten sind zwei treu dreinblickende Esel, die in gemächlichem Trott alles Nötige aus dem Tal heraufschaffen. Die Bergerie kümmert sich sehr um das leibliche Wohl der Gäste. Es gibt deftige Steaks mit Pommes (ca. 10 €), leckere Omeletts (ca. 6 €) und riesengroße Sandwichs mit würzigem korsischem Käse (ca. 3 €). Auch ein kühles Bier wird serviert. Darüber hinaus sind eine kleine Auswahl an Lebensmit-

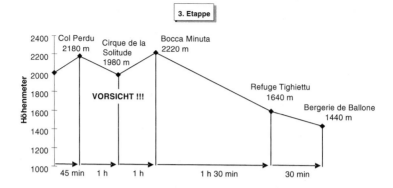

teln und die handelsüblichen Gasbehälter im Angebot. Doch sind die spärlichen Vorräte schnell aufgebraucht.

Keinesfalls auslassen sollte man die paar Schritte zum Flusslauf des *Stranciacone* mit seinen Gumpen, in denen sich herrlich baden lässt. Einige dieser Becken haben gar die Form kleiner Badewannen. Was will man mehr? Am nächsten Morgen versüßt eine Tasse Kaffee auf der rückwärtigen Terrasse mit Talblick den Abschied von der Bergerie de Ballone.

4. Etappe: Bergerie de Ballone – Refuge de Ciuttulu di i Mori

Die kurze Etappe führt auf direktem Weg zur Paglia Orba, für viele Korsika-Kenner einer der schönsten Berge der Insel. Nach den anstrengenden letzten Tagen lässt sich hier problemlos eine Tagestour mit leichtem Gepäck einschieben, denn der Aufstieg zum Gipfel ist von der Schutzhütte aus relativ leicht zu bewältigen.

Von der **Bergerie de Ballone** (1440 m) führt der Weg ohne große Höhenunterschiede in ein kühles, Schatten spendendes Waldstück, dessen sattgrüne Farben zum satten Blau des wolkenlosen Himmels in reizvollem Kontrast stehen. Das Motiv für ein gelungenes Foto findet sich mühelos. Nach dem Waldstück wird die Strecke steiler und steiniger: Das anstrengendere zweite Teilstück der Etappe, der Anstieg von 1400 m auf fast 2000 m, beginnt. Die gut markierte Route verläuft entlang der südöstlichen Flanke der *Paglia Orba* und führt steil hinauf zur **Bocca di Foggiale** (1960 m). Während des kräftezehrenden Aufstiegs sollte man nicht versäumen, den Blick zurück nach Osten zu richten. Bei guter Sicht lässt sich der knapp 10 km entfernte Stausee von Calacuccia erkennen – eine bläulich glänzende Fläche inmitten grüner Umgebung.

Der Pfad knickt nach bewältigtem Anstieg in nordwestliche Richtung ab, steigt einige Meter leicht an und gibt bald den Blick frei auf das spektakuläre Loch im *Capu Tafunatu* und das nicht mehr weit entfernte **Refuge de Ciuttulu di i Mori** (1990 m).

358 GR 20, nördlicher Teil

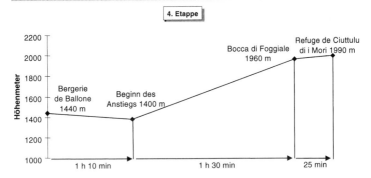

Zahlreiche Wanderer haben die Qualität des hiesigen Trinkwassers beklagt, das in alter GR-20-Manier aus schwarzen Schläuchen fließt, von denen niemand weiß, welcher Bachlauf oder welche Quelle sie speist. Der Genuss des Wassers soll vereinzelt Durchfall und Übelkeit verursacht haben. Es empfiehlt sich daher dringend, das Wasser vor Gebrauch abzukochen! Macht man sich dieses Ritual auf der gesamten Wanderung zur Gewohnheit – auch wenn auf anderen Hütten Probleme mit der Wasserqualität nur selten bekannt wurden –, ist man auf der sicheren Seite. Das Refuge bietet eine einfache Duschgelegenheit unterhalb der Steinhütte und einige Meter weiter ein komfortables, bis auf halbe Höhe weiß gekacheltes Toilettenhäuschen. Man sollte sich den Luxus gönnen, die Tür offen stehen lassen und das einzigartige Panorama genießen. Wo sonst auf der Welt bietet ein schlichtes Wasserklosett derart spektakuläre Ausblicke?

5. Etappe: Refuge de Ciuttulu di i Mori – Hôtel Castel de Vergio

Auch diese Etappe zählt zu den kürzeren des GR 20, so dass sich mancher entschließen wird, den Weg von der Bergerie de Ballone zum Hôtel Castel de Vergio an einem einzigen Tag zurückzulegen. Der Ärger allerdings kommt gewiss, denn der am Golo entlangführende Abschnitt lädt ein zu Pausen an herrlichen Badegumpen, zum Sprung ins eiskalte Wasser oder zu faulem Dösen auf den Steinterrassen im Sonnenschein.

Der Streckenverlauf des ersten Abschnitts lässt sich schon vom **Refuge de Ciuttulu di i Mori** (1990 m) gut einsehen. Der GR 20 führt in weitem Bogen auf dem nahe liegenden Höhenrücken hinab ins *Golo-Tal*. Der Blick in westliche Richtung reicht bei schönem Wetter und guten Sichtverhältnissen bis zum Golf von Porto. Der gut begehbare Pfad verläuft durch vegetationsarmes Gebiet und erreicht in steil abfallenden Serpentinen schnell den Bachlauf. Die Schutzhütte im Hintergrund ist weiterhin gut sichtbar.

Die folgenden Kilometer zählen zu den reizvollsten der ganzen Wanderung: "Gumpen-Jumpen" ist angesagt. Die flachen Becken gehen ineinander über,

5. Etappe: Refuge de Ciuttulu di i Mori ... 359

Erholung am Golo

an manchen Stellen ist es sogar möglich, sanft von einer Wanne in die nächsttiefere zu gleiten. Die angenehm gewärmten, weich geschwungenen Steinterrassen sind ein ideales Plätzchen zum Dösen und Träumen.

Der Weg führt weiter am Golo entlang, wechselt bald auf die **linke Flussseite** (1540 m) und nähert sich der **Cascade de Radule** (1370 m), kleinen Wasserfällen, deren Rauschen schon weithin zu vernehmen ist. Der GR 20 quert vorher noch einmal den Golo und wechselt zurück auf die **rechte Flussseite** (1450 m). Man steigt in felsigem Gelände wenige Höhenmeter hinauf und erblickt nach kurzem Rechtsschwenk die harmonisch in die Steinlandschaft eingebettete **Bergerie de Radule** (1440 m).

Der traditionelle Verlauf der Wanderung orientiert sich von der Bergerie in Richtung der asphaltierten Passstraße, die an der *Fer-à-Cheval* genannten 180-Grad-Kurve erreicht wird und dann zum *Hôtel Castel de Vergio* hinaufführt. Die reizvollere Alternative zu dieser nächsten Verpflegungsstation führt kurz hinter der Bergerie auf der gelb markierten Route hinauf zum **Col de Vergio** (1480 m). Eine Holztafel weist den Weg, der die ersten Meter steil ansteigt, danach aber angenehm begehbar durch ein kleines Birkenwäldchen führt und schließlich die Passstraße auf Höhe eines Parkplatzes erreicht.

Die kleine Imbissbude, die in der Regel geöffnet ist, bietet eine Auswahl guter korsischer Wurstwaren. Man darf probieren und tut gut daran, hier die Vorräte aufzufüllen – im **Hôtel Castel de Vergio** (1400 m, siehe *Evisa*) wird man nicht mehr so preiswert einkaufen können. Das Hotel liegt etwa 1½ km unterhalb des Passes, auch hier führt der Weg über eine asphaltierte

360 GR 20, nördlicher Teil

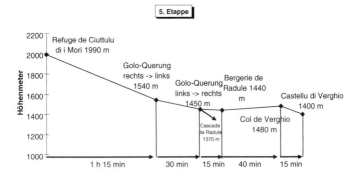

Straße, doch ist das abfallende Teilstück wesentlich angenehmer zu begehen als die oben erwähnte ansteigende Alternative ab der markanten 180-Grad-Kurve. Die hilfsbereiten Mitarbeiter des Hotels verteilen die obligatorischen Lebensmittellisten *(ravitaillement),* aus denen man sich die Verpflegung für die kommenden Tage zusammenstellen kann. Das Angebot ist vergleichsweise üppig, sogar Müsli und Nutella sind im Angebot. Wem die Übernachtung in einem der Zimmer zu teuer ist, kann sein Zelt auf dem schlichten Terrain einige hundert Meter unterhalb des Hotels aufschlagen. Das Gelände ist recht hübsch, doch gibt es sanitäre Einrichtungen nur im Hotel – Duschgelegenheiten existieren nicht. Im Hotel hat man auch die Möglichkeit, einfach zu frühstücken: Brot, Marmelade, heißer Kaffee, Kakao oder Tee (ca. 4,50 €).

6. Etappe: Hôtel Castel de Vergio – Refuge de Manganu

Der neue Proviant hat den Rucksack schwerer gemacht, doch lässt sich die Etappe zum Refuge de Manganu – anders als die bisherigen Abschnitte – ohne große Anstrengungen bewältigen. Die Abzweigung zum Refuge de Sega gegen Ende der Etappe ermöglicht einen vorzeitigen Abstieg nach Corte.

Die Strecke biegt wenige Meter unterhalb des **Hotels Castel de Vergio** (1400 m) hinter dem grauen Stromhäuschen des Schlepplifts nach rechts in den Wald ein, führt kurze Zeit bergab und erreicht schließlich den rot-weiß markierten GR 20. Man wandert ohne große Höhenunterschiede auf angenehm begehbaren Pfaden durch ein kühles Waldgebiet und trifft auf die **Abzweigung** (1380 m), die rechts zum Col de Saint-Pierre hinaufführt. Das niedrige Steinmäuerchen, das quer über den Weg läuft, markiert diese wichtige Richtungsänderung. Die Wanderung wird anstrengender, bleibt aber im Vergleich zum bisherigen Schwierigkeitsgrad des GR 20 noch immer angenehm. Die kleine Kapelle am **Col de Saint-Pierre** (1450 m) markiert einen 90-Grad-Schwenk nach links in südöstliche Richtung und leitet den im Zickzackkurs langsam beginnenden Aufstieg zur **Bocca a Reta**

6. Etappe: Hôtel Castel de Vergio ... 361

(1880 m) ein. Man durchquert ein kleines Wäldchen, überschreitet die Baumgrenze und genießt bei gutem Wetter und klarer Sicht einen weiten Blick bis zur Westküste der Insel. Der zunehmend steinige Weg erreicht – erster Vorbote des **Lac de Nino** (1740 m) – ein sattgrünes Plateau. Nach einer Viertelstunde ist der Abstieg zum See geschafft. Leider lässt die Wasserqualität zu wünschen übrig und lockt nicht zum Baden. Ein schöner Platz für eine ausgiebige Pause findet sich dagegen problemlos. In der Mittagszeit wird es allerdings oft voll, denn Wanderer aus beiden Richtungen wählen die Stelle gerne für eine Rast.

Der GR 20 verläuft anschließend völlig schattenlos auf feinem Sandboden, doch trotz der Mittagshitze ohne große Anstrengungen. Man quert den noch unscheinbaren *Tavignano* und gelangt auf der rechten Flussseite zur **Ruine** (1600 m) einer Schutzhütte – Hinweisschilder verbieten streng das Zelten. Der Weg erreicht die **Bergerie de Vaccaghia** (1620 m), die nach einem kurzen Rechtsschwenk ganz unerwartet vor einem auftaucht. Die Schäfer verkaufen im Sommer deftigen korsischen Käse zu ebensolchen Preisen an die Scharen hungriger Wanderer. Bei klarer Sicht lässt sich in der Ferne das *Refuge de Manganu* erkennen.

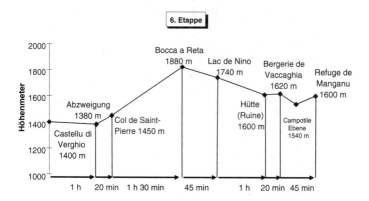

Nur wenige Schritte weiter markiert eine Holztafel die Route zum *Refuge de Sega* (1160 m) im Tavignano-Tal auf halber Strecke nach Corte. Der Abstieg hinab in die alte Festungsstadt empfiehlt sich als landschaftlich sehr reizvolle Alternative zur Fortsetzung des GR 20 in Richtung Vizzavona, dem traditionellen Abschluss des nördlichen Teilstücks.

Der Weg hinüber zur Manganu-Schutzhütte verläuft zunächst quer über die weite **Campotile-Ebene** (1540 m) und führt abschließend, in guter GR-20-Tradition, über große Fels- und Steinbrocken. Unmittelbar vor dem **Refuge de Manganu** (1600 m) wird eine Holzbrücke erreicht, unter der sich das Wasser in seichten Becken sammelt – eine Einladung zum kühlen Bad. Hinter dem Refuge gibt es eine ausreichende Zahl guter Zeltplätze.

Abstieg nach Corte

Der Abstieg durchs *Tavignano-Tal* nach Corte ist die Alternative zur Fortsetzung der traditionellen GR-20-Route in Richtung Vizzavona. Theoretisch lässt sich die Strecke an einem einzigen Tag bewältigen, praktisch aber empfiehlt sich eine Zwischenstation beim Refuge de Sega. Denn nur so bleibt Zeit genug für längere Pausen in dieser einzigartigen Landschaft. Darüber hinaus zählt die Schutzhütte am Tavignano wegen ihrer Lage zu den schönsten des *Parc Naturel Régional de la Corse*.

Teilstück 1: Refuge de Manganu – Refuge de Sega

Erster Orientierungspunkt nach Verlassen des **Refuge de Manganu** (1600 m) ist die *Bergerie de Vaccaghia*, die man, aus nördlicher Richtung kommend, bereits am Vortag passiert hat. Der Weg führt zunächst also ein kurzes Stück zurück. Bei schlechter Sicht empfiehlt es sich, jedes Risiko zu vermeiden und die weite *Campotile-Ebene* zwischen der Schutzhütte und der Bergerie komplett zu queren, bis man vor der oben erwähnten Ausschilderung steht, die in östliche Richtung zur Sega-Hütte weist (gelb markierter Weg). Bei guter Sicht allerdings ist die Abkürzung querfeldein problemlos: Man wendet sich gleich nach Erreichen der Ebene nach rechts, orientiert sich grob am Flusslauf des *Tavignano* und quert denselben bei der erstbesten Gelegenheit.

Hängebrücke vor der Sega-Hütte

Der markierte Weg verläuft auf der linken Seite des Flusses, entfernt sich später etwas von diesem und führt dann wieder sanft abfallend ins Tal. Man erreicht die **Bergerie de Tramizzole** (1430 m), verliert trotz vereinzelter leichter Anstiege schnell an Höhenmetern und trifft erneut – das Rauschen des Wassers ist schon zu hören – auf den wildromantischen Tavignano, in diesem Bereich einer der schönsten Flüsse Korsikas. Der Pfad führt bald an einem nicht zu übersehenden Wasserfall vorbei, dann zu den ersten Bademöglichkeiten. Die wenigen Bäume haben sich mittlerweile zu einem lang gezogenen Waldgebiet verdichtet, das auch bei strahlend blauem Himmel für angenehme Temperaturen und Schatten sorgt. Das einfallende Licht inszeniert reizvolle Farbenspiele – Fotografen brauchen nicht lange nach Motiven zu suchen.

6. Etappe: Hôtel Castel de Vergio ... 363

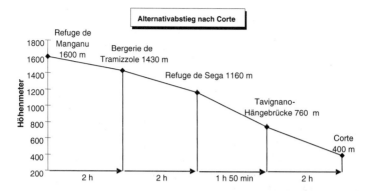

Auf der folgenden Strecke werden die Mühen des *Parc Naturel Régional de la Corse* zur Wiederaufforstung der arg in Mitleidenschaft gezogenen Vegetation sichtbar. Die zahllosen Brände, die in den trockenen Sommermonaten zum täglichen Bild auf Korsika gehören, machen dieses Unterfangen zwar zu einem Wettlauf mit der Zeit, doch gibt es zu dieser Sisyphusarbeit keine Alternative.

Bald quert man eine vertrauenerweckende, reizvolle Hängebrücke und erreicht das kleine **Refuge de Sega** (1160 m), das Etappenziel. Hinter den beiden Wellblechboxen, in denen man wider Erwarten recht bequem übernachten kann, liegt das hübsche Steinhaus des Gardien sowie eine ausreichende Anzahl schöner Zeltplätze. Sehr attraktiv ist der nahe See, der sogar einen kleinen Wasserfall mit Rutsche zu bieten hat. Das Wasser ist – gelinde gesagt – alles andere als warm. Doch gibt es tatsächlich Wagemutige, die genug Selbstüberwindung aufbringen, über die Felsen klettern und sich die paar Meter über den glatten Stein ins kühle Nass gleiten lassen. Viel Spaß!

Teilstück 2: Refuge de Sega – Corte

Der Abschied vom Refuge de Sega (1160 m) fällt schwer, doch steht noch die letzte Etappe in Richtung Corte auf dem Programm. Die auf dem Wegweiser angegebene Wanderzeit ist untertrieben; man wird sich beeilen müssen, um das Ziel in dieser Zeit zu erreichen. Es empfiehlt sich, eine gute halbe Stunde mehr einzukalkulieren und Hektik zu vermeiden.

Die erste Hälfte der orange markierten Strecke verläuft auf der rechten Seite des *Tavignano* durch angenehm schattige Wälder. Der Weg lässt sich gut begehen, größere Höhenunterschiede sind nicht zu bewältigen. Wer seinen Blick am Wegrand entlangschweifen lässt, wird einige Brombeersträucher entdecken, die im Spätsommer mit saftigen Früchten locken.

Nach der reizvollen **Tavignano-Hängebrücke** (760 m) und den ebenso schönen Badegumpen wechselt das Bild schlagartig – und die traurige Erkenntnis macht sich breit, dass man mit Riesenschritten der Zivilisation entgegenläuft: Seien es die vielen Tagestouristen, die in Turnschuhen oder Badelatschen die vermeintlich attraktivsten Plätze am Wasser zu erobern suchen, seien es die vereinzelten Müllberge, die die Landschaft verschandeln, oder der Lärm, der die vertraute Stille jäh durchbricht. Solange man noch halbwegs alleine ist, sollte man die Gelegenheit nutzen, seinen Füßen eine Abkühlung zu gewähren oder ein erfrischendes Bad zu nehmen. Denn der weitere Weg verläuft recht hoch über dem Flussbett, und die Sonne brennt erbarmungslos in das tief eingeschnittene Tal. Die Luft steht, kein Windhauch ist zu spüren. Die Landschaft allerdings entschädigt für diese Durststrecke. Der Blick reicht schon früh nach **Corte** (400 m). Die mächtig über der Stadt thronende Zitadelle weist die Richtung und sorgt hoffentlich für die nötige Motivation auf den letzten Metern. Der steinige Weg scheint nicht enden zu wollen. Der Pfad schlängelt sich, unterbrochen von kurzen Anstiegen, langsam talabwärts und erreicht die kleine Straße unterhalb der Zitadelle – Corte ist da.

Möchte man die kommende Nacht auf einem der örtlichen Campingplätze verbringen, empfiehlt sich die Anlage *U Sognu,* die man über die erwähnte Straße unterhalb der Zitadelle erreicht (siehe Stadtplan *Corte* auf S. 321). Eine warme Dusche wartet und vielleicht abends ein warmes Essen in der ehrwürdigen und heimlichen Hauptstadt vieler Korsen ...

See mit "Rutsche"

7. Etappe: Refuge de Manganu – Refuge de Petra Piana

Erneut ist Vorsicht angesagt, denn auf halbem Weg zum Refuge de Petra Piana hält sich sogar in den heißen, trockenen Sommermonaten ein kleines Schneefeld. Kurz danach besteht die Möglichkeit, zu den Bergseen Lac de Capitello und Lac de Melo abzusteigen. Doch gehört die Etappe auch ohne diesen Abstecher zu den längeren des GR 20 – inklusive Seentour kann die Etappe leicht zur Strapaze ausarten.

Die Etappe beginnt mit einem langen Anstieg hinter dem **Refuge de Manganu** (1600 m). Der Weg steigt ohne große Pausen mehr als 600 Höhenme-

7. Etappe: Refuge de Manganu ... 365

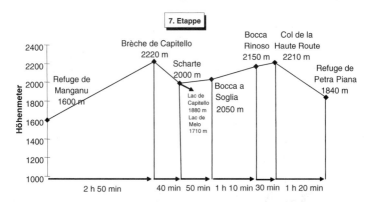

ter hoch, zunächst in südöstliche, dann in östliche Richtung, und erreicht kurz vor Überschreiten der 2000-Meter-Grenze eine kleine Ebene mit einem winzigen See. Im Sommer wird man allerdings kaum mehr als spärliche Wasserreste finden.

Die Strecke hinauf zur **Brèche de Capitello** (2220 m) wird jetzt zunehmend steiler, steiniger und anstrengender – lose Geröllbrocken fordern die Konzentration. An der Scharte allerdings entschädigt ein wahrer Bilderbuchblick auf den *Lac de Capitello* und den weiter unten liegenden *Lac de Melo* für die Mühen. Beide zählen zu den schönsten korsischen Bergseen. Und das mächtige *Rotondo-Massiv* im Hintergrund sorgt für die würdige Kulisse.

Als eindrucksvolle Gratwanderung verläuft der GR 20 danach auf anspruchsvollem Gelände, quert ein auch im Sommer bestehendes Schneefeld und bietet einen ständigen Blick auf den Capitello-See. Eispickel, Steigeisen und ein leichtes Seil sind hier von Vorteil. Auf jeden Fall ist größte Vorsicht geboten! Der Weg fällt in einer lang gezogenen Rechtskurve kontinuierlich ab und erreicht östlich der *Punta alle Porte* eine **Scharte** (2000 m).

Der Weg führt auf fast gleichbleibender Höhe weiter zur **Bocca a Soglia** (2050 m), wo die gelb markierte Seentour wieder auf den GR 20 trifft. Dann wechselt er zur nördlichen Kammseite, führt in nordöstliche Richtung und erreicht bald den nach rechts abzweigenden, steilen Anstieg zur **Bocca Rinosa** (2150 m).

Wenige Minuten später erscheint am Horizont der *Lac de Rinoso,* ein kleiner See in schöner Lage. Der Weg verläuft am Fuß der *Punta Mozzello* entlang und erreicht bald den **Col de la Haute Route** (2210 m), den Beginn des Abstiegs. In südöstlicher Richtung nähert man sich Schritt für Schritt dem auf einem schönen Hochplateau gelegenen **Refuge de Petra Piana** (1840 m). Die Schutzhütte ist für viele Wanderer der Ausgangspunkt für eine Mehrtagestour ins Rotondo-Massiv und daher oft stark frequentiert.

Abstecher zum Lac de Capitello und Lac de Melo

Der Abstieg erfolgt entlang der gelb markierten Route von der oben genannten Scharte durch eine enge Rinne; in einer guten halben Stunde ist der **Lac de Capitello** (1880 m) erreicht. Hier bieten sich zwei Möglichkeiten: Entweder man geht denselben Weg zurück oder man unternimmt einen weiteren Abstecher hinunter zum **Lac de Melo** (1710 m).

Auch am Lac de Melo hat man die Wahl: entweder weiter in Richtung Corte oder zurück zum GR 20 (jedoch auf anderer Route). Im ersten Fall orientiert man sich hinter dem See in nördliche Richtung zur touristisch überlaufenen *Bergerie de Grotelle,* die man in einer Stunde erreicht; von dort führt eine asphaltierte Straße durchs Restonica-Tal ins 15 km entfernte Corte. Eine Busverbindung besteht nicht.

Im zweiten Fall orientiert man sich weiter an der gelb markierten Route und erreicht den guten alten GR 20 auf Höhe der *Bocca a Soglia*.

8. Etappe: Refuge de Petra Piana – Refuge de l'Onda

Auf der Etappe zum Refuge de l'Onda hat der GR-20-Wanderer die Qual der Wahl: Er muss sich zwischen der Route im Tal und der auf dem Grat entscheiden.

Zwar bietet die Talwanderung mehr an landschaftlichen Reizen, doch hat bei gutem Wetter auch die Gratwanderung mit teilweise herrlichen Ausblicken ihre Sonnenseite. Bei schlechtem Wetter empfiehlt sich aus Sicherheitsgründen die Talvariante. Ansonsten sind die Anforderungen bei beiden Routen ähnlich.

Nur wenige Minuten südlich des **Refuge de Petra Piana** (1840 m) gabelt sich der Weg: Links führt die *Vallée-Route* durchs Manganello-Tal, rechts die *Crêtes-Route* in größerer Höhe über den Bergkamm.

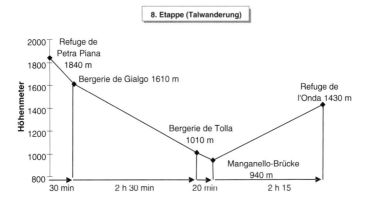

8. Etappe: Refuge de Petra Piana ...

Gratwanderung: Die gelb markierte Abzweigung über den Bergkamm verläuft zunächst in südwestliche Richtung, verliert kurzzeitig etwas an Höhe und steigt dann hoch zur *Bocca Manganello* (1800 m). Die weitere Strecke orientiert sich ohne große Höhenunterschiede grob in südliche Richtung zur *Punta Murace* (1420 m), zur *Punta di i Pinzi Corbini* (2020 m) und weiter zur *Bocca a Meta* (1890 m). Man wandert an der nordöstlichen Hangseite entlang, erklimmt eine sehr steile Passage und steigt stufenweise hinab zur *Bocca d'Oreccia* (1430 m). Die letzten Meter führen erneut bergauf, ehe man wieder auf den talwärts verlaufenden GR 20 stößt und das kurze Stück zum *Refuge de l'Onda* (1430 m) hinuntergeht.

Ausstiegsmöglichkeit aus dem GR 20: Nahe der *Bocca Manganello* zweigt rechts ein Wanderweg nach *Guagno* ab, ein 250-Seelen-Nest, das in gut drei Stunden bequem erreicht ist. Von hier führt eine Asphaltstraße nach Vico und weiter an die Westküste. Keine Busverbindung.

Talwanderung: Der GR 20 orientiert sich an der **Bergerie de Gialgo** (1610 m), nähert sich in östlicher Richtung dem Manganello-Bach und erreicht eines der beeindruckendsten korsischen Bergtäler. Der Weg wird immer angenehmer, führt an einem wildromantischen Wasserfall vorbei und erreicht den *Forêt Communale de Vivario,* ein weitläufiges Waldgebiet, das einige Kilometer weiter südlich in den *Forêt Domaniale de Vizzavona* übergeht. Man wendet sich nach rechts in südöstliche Richtung und orientiert sich nun am linken Flussufer des Manganello-Bachs – am Wegrand soll sich eine kleine Quelle befinden.

Im weiteren Verlauf laden herrliche Badegumpen zum Pausieren ein. Schließlich erreicht man die **Bergerie de Tolla** (1010 m), die letzte größere Verpflegungsstelle vor Vizzavona: Holztisch, grasbewachsene Steinhütte, schwerer Rotwein und Esel, die im Schatten vor sich hindösen – ein Idyll, das den Abschied schwer macht ...

Der Weg orientiert sich weiter talwärts, quert auf der **Manganello-Brücke** (940 m) den Bach und führt dann in südwestlicher Richtung am rechten *Grottaccia*-Ufer das letzte Stück hinauf zum **Refuge de l'Onda** (1430 m), einer stattlichen Schutzhütte, in deren Nachbarschaft die gleichnamige Bergerie mit Brot, Käse und Wein alles tut, diesen Wandertag angenehm ausklingen zu lassen.

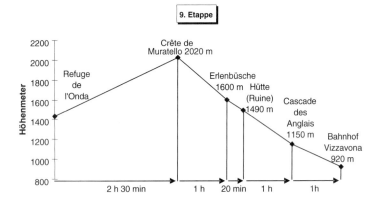

9. Etappe: Refuge de l'Onda – Vizzavona

Die Zivilisation meldet sich zurück. Die letzte Etappe auf dem nördlichen Teilstück der Fernwanderung quer durch Korsika endet in Vizzavona, einem verschlafenen Nest mit Bahnanschluss. Zunächst geht es allerdings ein letztes Mal über die 2000-Meter-Grenze, erst danach wandert man kontinuierlich abwärts bis auf 920 m.

Der letzte Abschnitt des GR 20 beginnt gleich am **Refuge de l'Onda** (1430 m) mit einem lang gezogenen Anstieg in südliche Richtung. Auf Höhe der *Punta Muratello* wendet sich der Weg nach links und steigt dann ein anstrengendes Stück hinauf zur **Crête de Muratello** (2020 m). Man bleibt kurze Zeit auf dem Grat und erreicht eine nach links abzweigende gelbe Route. Dieser Weg führt über den *Monte d'Oro* und ist für die letzten Stunden bis Vizzavona eine Alternative zum GR 20.

Der GR 20 fällt kontinuierlich in südöstlicher Richtung ins reizvolle *Agnone-Hochtal* ab, führt über Geröllbarrieren, lockere Steine und schräg abfallende Granitplatten, bis man schließlich ein flaches **Plateau mit vereinzelten Erlenbüschen** (1600 m) erreicht. Der Weg wird zunehmend besser, er verläuft jetzt oberhalb des Agnone-Bachs (am linken Ufer) und führt zur **Ruine** einer ehemaligen Hütte (1490 m).

Über die *Passarelle de Tortetu* gelangt man auf die andere Flussseite – das von Badegumpen gesäumte letzte Stück der Etappe hat begonnen! Man erreicht einen kühlen, Schatten spendenden Buchenwald und bald darauf die charakteristischen Flussstufen des Agnone, allgemein bekannt als **Cascade des Anglais** (1150 m). Der Name geht auf die zahlreichen englischen Urlauber zurück, die zur Zeit der vorletzten Jahrhundertwende diese Stelle mit Vorliebe aufgesucht haben.

Der GR 20 wechselt ein letztes Mal die Uferseite, verläuft nun in nordöstlicher Richtung und erreicht als breiter Forstweg das "Zentrum" von **Vizzavona** (920 m). Der Ort entpuppt sich als verschlafenes Nest – ein kleiner Bahnhof, ein paar Häuschen, ein Hotel (siehe *Vizzavona*).

Der *Trinighellu,* die Eisenbahn, macht es möglich, von Vizzavona zügig zurück ans Meer zu gelangen – nach Ajaccio oder über Ponte Leccia nach Calvi. Die Strecke zwischen Corte und Vizzavona ist ein Erlebnis erster Güte: Über luftige Viadukte, schmale Tunnels und in engen Serpentinen schlängelt sich das Bähnchen hinab nach Corte. Abenteuer Eisenbahn im 21. Jahrhundert – ein stilvoller Abschluss einer großen Wandertour.

GR 20, südlicher Teil: Von Conca nach Vizzavona

1. Etappe: Conca – Refuge de Paliri

Bereits die erste Etappe hat es in sich. Obwohl technisch eher anspruchslos, machen die große Hitze und ein gewaltiger Anstieg von immerhin 800 Höhenmetern dem Wanderer das Leben schwer. Dafür entschädigt am Ende der Tagesetappe die traumhafte Lage des Refuge de Paliri.

Vom Campingplatz *La Tonnelle* in **Conca** (252 m) führt der Weg rechts an der Dorfkirche vorbei bis zur Querstraße, wo man nach links abbiegt. Wenige Meter nach einem kleinen Lebensmittelmarkt sieht man das erste GR-20-Hinweisschild, das nach rechts weist. An üppig blühenden Oleanderbüschen, knorrigen Korkeichen, Feigenbäumen und filigranen Mimosen vorbei verläuft die Straße steil hoch in den Ortsteil Radicale, bis eine große Holztafel den Beginn des GR 20 markiert.

Ganz unspektakulär verschwindet ein schmaler Trampelpfad im dichten Wald. Gleich zu Beginn hat ein unbekannter "Künstler" aus einem gefällten Baum am Wegrand die Kontur Korsikas herausgehauen, quasi als Steinmännchenersatz. Nach wenigen Minuten ist mit der **Fontaine de Radicale** (365 m) bereits die erste von zwei Quellen auf dieser Etappe erreicht. Wenig später öffnet sich der Wald, und die Vegetation wechselt in mannshohes Gebüsch, das noch ausreichend Schatten spendet. Es geht stetig leicht bergauf, und mit zunehmendem Sonnenstand macht einem allmählich die Hitze zu schaffen.

Badegumpe am Pinzuntu

GR 20, südlicher Teil

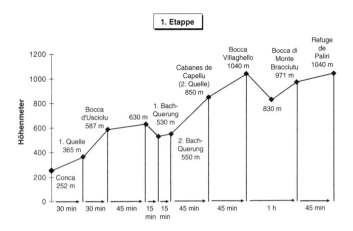

Immer wieder öffnet sich die Macchia, und man wird mit tollen Panoramablicken auf Conca und die dahinter liegende Ostküste entschädigt. Nach insgesamt ca. einer Stunde Fußmarsch sind mit Erreichen der **Bocca d'Usciolu** (587 m) die ersten 300 Höhenmeter geschafft. Eine eindrucksvolle Felsscharte mit der typisch weiß-roten Markierung weist den Weg ins Nachbartal mit schönem Tiefblick zu den Sandstränden zwischen Solenzara und Favone. Der weitere Verlauf des GR 20 ist weithin sichtbar. Die Landschaft ist eher eintönig und mit flächendeckendem, niedrig wachsendem Macchia-Gebüsch typisch für die Küstenregionen im Süden Korsikas. Der Weg "plätschert" leicht ansteigend vor sich hin, bis in ca. 630 m Höhe ein lichtes Waldstück erreicht wird. Dass es hier vor längerer Zeit einen heftigen Waldbrand gegeben haben muss, kann man nur noch an der schwarzen Verfärbung der Rinde und einigen verkohlten Baumstümpfen erkennen. Der Rest ist von Macchia dicht überwuchert.

Durch dieses Wäldchen fällt der Weg ca. 100 m steil in Serpentinen ab bis zum Erreichen des Punta-Pinzuta-Baches, der hier zum ersten Mal überquert wird. Wer jetzt bereits Lust auf eine Erfrischung verspürt, kann sich auf zwei wunderschöne Gumpen freuen, die etwas oberhalb der Furt Badegäste erwarten und auch im Hochsommer ausreichend Wasser zum Abtauchen führen.

Nach dieser **ersten Bach-Querung** kommt ein kurzer, steiler Anstieg, der dann am orografisch linken Ufer schnell wieder in einen gemächlichen Sonntagnachmittagspaziergang übergeht. Nach der **zweiten Bach-Querung** ist es allerdings vorbei mit der Gemütlichkeit. Der Sonne voll ausgesetzt, führt der Weg steil bergauf bis zu den Ruinen der **Cabanes de Capellu** (850 m), einer ehemaligen Bergerie. Hier weist ein Schild den Weg zur zweiten Quelle *("source")*. Das schattige Plätzchen drängt sich für ein Päuschen geradezu auf, bevor es wieder in der prallen Sonne weiter bergauf geht bis zur **Bocca Villaghello** (1040 m). Bereits kurz vor dem Pass offenbart sich die ganze Pracht der korsischen Bergwelt. Gleichzeitig bietet sich in östlicher Richtung ein phantastischer Blick zum Meer. Die für Korsika typischen Tafonifelsen rücken am Pass erstmals ins Blickfeld. Wer die Insel zum ersten Mal besucht, mag erahnen, was ihn in den nächsten Tagen erwartet und was den Reiz dieses Gebirges im Meer ausmacht.

Hinter dem Pass lohnt es sich, die Wanderstöcke hervorzuholen. In steilen Kehren windet sich der GR 20 durch ein Waldstück hinunter über die Foce di u Bracciu (905 m), um anschließend ohne jeglichen Schatten die 971 m hoch gelegene **Bocca di Monte Bracciutu** zu erklimmen. Es folgen ein kurzer Abstieg durch ein wunderschönes Kiefernwäldchen und ein leichter Aufstieg an der Punta di i Paliri (1091 m) vorbei bis zum **Refuge de Paliri** (1040 m), dem Ziel der ersten Tagesetappe.

Einen schöneren Platz hätten die Verantwortlichen des *Parc Naturel Régional de la Corse* nicht finden können. Nach allen Seiten bieten sich phantastische Fotomotive mit Meerblick, Tafonifelsen und den für Korsika typischen, völlig zerzausten Laricio-Kiefern. Die Hütte hat außer einer Kochstelle, einem Matratzenlager und einem ebenso leidenschaftslosen Gardien nichts weiter zu bieten. Einkaufsmöglichkeiten gibt es keine. Stellplätze für Zelte sind in ausreichender Anzahl vorhanden. Die Trinkwasserquelle und die Dusche liegen ein paar Minuten entfernt vom Refuge in Richtung der nächsten Etappe. Das Wasser ist eiskalt, aber daran gewöhnen sich sogar Warmduscher bereits nach wenigen Tagen.

2. Etappe: Refuge de Paliri – Refuge d'Asinao

Die zweite Etappe ist technisch ebenfalls anspruchslos. Wer einen Vorgeschmack auf die schwierigeren Nordetappen erleben möchte, hat die Möglichkeit, die alpine Variante über die Bavella-Türme zu wählen. Die "normale" Tour verläuft überwiegend durch Wald mit vielen Wasserquellen, ist insgesamt jedoch sehr lang und ermüdend. Am Col de Bavella besteht die Möglichkeit, die Tour zu teilen.

Der Sonnenaufgang über dem Meer und die knallrot in der Morgensonne leuchtende Südwand der Punta Tafunata di i Paliri (1312 m) motivieren zu neuen Taten. Die atemberaubende Landschaft findet zunächst auf halber Höhe entlang der Crête de Punta Tafunata ihre Fortsetzung. Die Quelle gleich hinter dem Refuge de Paliri ist die einzige bis zum Col de Bavella: Man tut also gut daran, hier noch einmal vollzutanken.

Dahinter führt ein geruhsamer Spazierweg leicht bergab durch lichten Kiefernwald. So bleibt genug Muße, die Landschaft mit Bergrücken zur Rechten und Ostküste zur Linken in vollen Zügen zu genießen. Die Gemütlichkeit findet allerdings nach ca. 15 Minuten ein Ende, da es wieder bergauf geht. So richtig anstrengend wird es, wenn sich der Pfad abrupt nach Norden wendet und sich in sehr steilen Serpentinen zur **Foce Finosa** (1206 m) emporschraubt. Der schweißtreibende Aufstieg wird belohnt mit spektakulären Tafoni-Bildungen an senkrechten Felstürmen und weit reichenden

Tiefblicken ins Tal und bis zur Küste. Der Pass gewährt erstmals den Blick zu den steil aufragenden nördlichen Bavella-Türmen, die gerne auch als die "Dolomiten Korsikas" bezeichnet werden. Wer ein phantastisches Panorama genießen möchte, sollte die Felsen am Pass emporklettern und dabei den Fotoapparat nicht vergessen.

Hinter der Foce Finosa erwartet den Wanderer ein schattiger Waldweg, der nach ca. 15 Minuten in einen Forstweg mündet, dem man nach links folgt. Nach Querung des **Volpajola-Baches** (1020 m) nicht gleich den ersten verlockend breiten Feldweg nach links nehmen, sondern erst nach weiteren ca. 200 m in einen zweiten, kleineren, weiß-rot markierten Waldweg links abzweigen. Dieser mündet nach ca. 30 Minuten in einen weiteren Forstweg, dem man nach rechts folgt. Bereits von weitem zeugen Generatorengeräusche von der nahenden Zivilisation. Bis zur D 268 kommt man an zwei gefassten Quellen vorbei. Die zweite kann leicht übersehen werden, weil sie von Reisebussen zugeparkt ist.

Mit dem Erreichen der Asphaltstraße könnte der Kontrast kaum härter treffen. Seit dem Ausbau der Bavella-Solenzara-Strecke zählt der **Col de Bavella** (1218 m) zu den Top-Touristen-Magneten der Insel. Entsprechend verloren kommt man sich als GR-20-Wanderer dort oben zwischen den Blechlawinen vor. Immerhin trifft man als Erstes auf die *Auberge du Col de Bavella,* wo man ein zweites Frühstück einnehmen bzw. sogar übernachten kann. Schräg gegenüber befindet sich ein kleiner Supermarkt, der auf die Bedürfnisse der GR-20-Wanderer eingestellt ist.

Der GR 20 folgt der Straße wenige Meter bis zur Passhöhe, die durch die *Notre-Dame des Neiges,* eine Marienstatue, markiert ist. Man überquert den bereits in den frühen Morgenstunden völlig überfüllten Parkplatz, die Hochweide mit einigen Kühe streichelnden Kindern und ihren fotografierenden Eltern und marschiert direkt auf die Bavella-Türme zu. Hier weist ein Schild auf die "Variante alpine" hin, die jedoch aufgrund einiger Hinweise entgegenkommender GR-20-Wanderer zumindest in den Sommermonaten nicht zu empfehlen ist. Sie ist zwar kürzer und spektakulärer als die "normale" Strecke, jedoch fordert die landschaftlich überaus reizvolle Route dem drastisch angewachsenen Touristenstrom auf die Bavella-Türme ihren Tribut. Die Tour wird von Tagesausflüglern derart überschwemmt, dass es an einigen "harzigen" Schlüsselstellen zu regelrechten Stauungen kommt.

Die Standardvariante führt an der Westflanke des nördlichen Bavella-Massivs vorbei durch das weitläufige Asinao-Tal. Die erste halbe Stunde geht es über große Steine hinweg bergab. Die eigentlich nicht schwierige Strecke wird dadurch sehr unangenehm, vor allem für Wanderer mit einer Neigung zu Kniebeschwerden. Der Weg schwenkt nach Norden und steigt wieder an. Immer den Blick auf das Tal mit dem tief unten fließenden Asinao-Bach vor Augen, erlebt man eine ständig wechselnde Szenerie. Mal durch dichten Wald, dann wieder durch sonnenüberflutete Macchia werden mehrere Bäche überquert, die ausreichend Trinkwasser liefern. Mit zunehmender Höhe überwiegen die Waldpassagen. Nach weiteren drei Stunden

2. Etappe: Refuge de Paliri ...

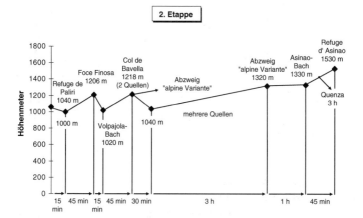

trifft die alpine Variante wieder auf die klassische Route. Kurze Zeit später lädt eine kleine Gumpe am Wegesrand immerhin zu einem erfrischenden Fußbad ein. Nach weiteren 10 Minuten bietet eine topfebene Fläche Platz für ein Notbiwak für zwei Zelte. Das Tal wird immer schmaler, die Szenerie alpiner, und der Asinao kommt immer näher, bis man das **Refuge d'Asinao** (1530 m) bereits auf halber Hanghöhe erkennen kann. Wenige Minuten später wird der Bach, der auch im Hochsommer noch üppig Wasser führt, überquert. Das letzte Stück erfordert noch einmal die Mobilisierung der letzten Kräfte, wenn es über den steilen, sonnigen und geröllreichen Hang zur Hütte hochgeht, dem zweiten Etappenziel. Auf halber Höhe besteht eine Abstiegsmöglichkeit nach **Quenza** (3 Stunden). Die Lage des Refuge ist ebenfalls einzigartig. Wie von einer Aussichtsplattform schweift der Blick vom Südhang des gewaltigen Monte Incudine (2134 m) über das Asiano-Tal bis zum Bavella-Massiv. Das Ganze dann noch bei Sonnenuntergang betrachtet, rundet die Tour versöhnlich ab.

Entgegen manchen Literaturhinweisen ist das Zelten neben der Asinao-Hütte ausdrücklich erlaubt – wie neben allen PNRC-Hütten in dem dafür vorgesehenen Areal. Warme Mahlzeiten gibt es nicht, dafür aber leckeren Schafskäse, Baguette und offenen Rotwein. Und mehr braucht man eigentlich auch nicht. Wenn man Glück hat, bekommt man von der Hüttenwirtin, Madame Aline, noch eines ihrer Pralinés, die sie immer für "ihre" Wanderer bereithält (Merci!).

374 GR 20, südlicher Teil

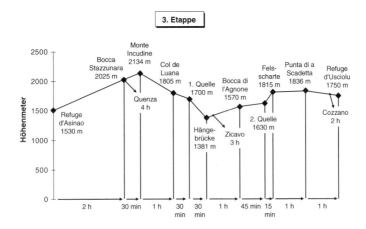

3. Etappe: Refuge d'Asinao – Refuge d'Usciolu

Mit achteinhalb Stunden netto ist diese Etappe die längste im Südteil des GR 20, dafür allerdings auch die spektakulärste. Die Besteigung des Monte Incudine (2134 m) und die Überschreitung des "Denkmalsgrats" sind die Höhepunkte dieser Tour. Sie erfordern gute Kondition und Trittsicherheit. Aufgrund der Länge bietet sich am Ufer des Bachs Casamintellu et de Monte Tignosu eine gute und geduldete Möglichkeit zum Biwakieren.

Ein frühes Aufbrechen ist aufgrund der Länge der Etappe empfehlenswert. Während die Asinao-Hütte noch verschlafen im Schatten liegt, leuchten die umliegenden Gipfelspitzen in der gerade aufgehenden Morgensonne bereits goldgelb. Eine Holztafel weist den Weg zum "Alcudine" und meint damit den Monte Incudine (2134 m), an dessen Südhang der GR 20 steil nach oben führt. Die Piste zeigt viel Geröll, ist aber aufgrund der moderaten Temperaturen am frühen Morgen problemlos zu bewältigen. Nach ca. einer Stunde fordern große Granitplatten zu ersten Kraxeleien auf. Im Frühjahr sind hier noch vereinzelte Schneefelder anzutreffen. Ein Blick zurück lässt die Asinao-Hütte tief unten im Tal winzig klein erscheinen, und das Bavella-Gebirge wirkt mit seinen lang gezogenen Schatten am frühen Morgen noch gewaltiger als am Vorabend. Nach insgesamt zwei Stunden ist mit Erreichen der **Bocca Stazzunara** (2025 m) der erste Aufstieg geschafft und der Südwestgrat des Monte Incudine erreicht. Auf der linken Seite besteht eine Abstiegsmöglichkeit nach **Quenza** (4 Stunden), auf der rechten ist das mächtige Gipfelkreuz aus Beton bereits erkennbar. Man folgt dem Kamm, und über einen letzten kurzen Kletterabschnitt ist der Gipfel des **Monte Incudine** (2134 m) erklommen.

Der Berg besteht aus einem gewaltigen, glatt geschliffenen Granitblock, auf dem man bequem umherschlendern kann, wenn nicht gerade ein heftig we-

3. Etappe: Refuge d'Asinao ... 375

Tor zum Denkmalsgrat

hender Mistral für Gleichgewichtsstörungen sorgt. Bei schönem Wetter ist der Incudine einer der schönsten Aussichtsberge Korsikas überhaupt. Der Blick schweift rundum und erfasst drei Viertel der gesamten Insel: vom Golf von Propriano über das Cagna-Gebirge bis nach Sardinien, über den Golf von Porto-Vecchio, zum Monte Rotondo, zum Monte Cinto und zur Paglia Orba.

Über die landschaftlich ebenfalls eindrucksvolle *Crête de la Foce Aperto* erfolgt der Abstieg bis zum **Col de Luana** (1805 m). Hier knickt der Weg scharf nach links ab und verläuft in nordwestlicher Richtung auf ein Wäldchen mit uralten, mächtigen Buchen zu. Gleich zu Beginn ist rechts, etwas versteckt hinter Erlengebüsch, die **erste Trinkwasserquelle** (1700 m) dieser Etappe zu finden. Sanft bergab, vorbei an den Resten des Refuge de Pedinielli, ist die **Hängebrücke** über den Bach *Casmintellu et de Monte Tignosu* (1381 m) bald erreicht. Noch vor der Brücke sind rechts, direkt am Ufer, ein paar ebene, grasbewachsene Flächen zu sehen. Sie sind zum Biwakieren sehr gut geeignet, wenn dies auch nicht ausdrücklich erlaubt ist.

Hinter der Brücke folgt man dem Forstweg ein kurzes Stück nach rechts, bis der GR 20 abermals nach rechts abzweigt. Dem Verlauf der Straße folgend, hat man eine weitere Abstiegsmöglichkeit nach **Zicavo** (3 Stunden). Der GR 20 indes überquert eine landschaftlich überaus reizvolle Hochebene mit ausgedehnten Weideflächen und vereinzelten Buchenwäldchen, durchzogen von vier kleineren Bächen. Die Landschaft ist leicht hügelig, und es geht mal rauf, mal runter. Am Ende der Durchquerung des *Plateau du Coscione* taucht der Weg wieder in dichten Buchenwald ein, und man erreicht die **Bocca di l'Agnone** (1570 m), an der ebenfalls eine Abstiegsmöglichkeit nach **Zicavo** besteht (2 Stunden). Forstbetrieb scheint hier ein Fremdwort zu sein, so wild und zerzaust liegen abgestorbene oder abgebrochene Baumreste kreuz und quer zwischen Jungholz und Altbestand herum. Gemeinsam mit einem mehrfach kreuzenden Fahrweg windet sich der GR 20 hindurch. Die Orientierung ist aufgrund guter Farbmarkierungen problemlos. Nach ca. einer Stunde Waldwanderung kommt man an die **zweite Quelle** etwas oberhalb einer Lichtung. Diese wäre vorzüglich zum Biwakieren geeignet, wenn dies nicht ausdrücklich verboten wäre *("Camping et bivouac interdit")*.

Nach kurzem Anstieg wird am *Col de Monte Occhiatu* (1680 m) die Waldgrenze erreicht, und damit ist der Blick frei auf das weitläufige Travo-Tal. Auf 1815 m Höhe ist eine **Felsscharte** erreicht, die schlagartig den Blick zur Ostküste freigibt. Wer den rechten Felsturm hochkraxelt, bekommt einen imposanten Blick auf den Incudine und die gesamte Umgebung geboten. Nun beginnt der "Denkmalsgrat" (Arrête des Statues), der seinen Namen von den wegsäumenden, an Statuen erinnernden Felsformationen erhielt. Der Weg tanzt förmlich am Grat entlang. Mal geht es über die Felsspitzen drüber, dann wieder links an ihnen vorbei mit mächtigen Tiefblicken ins Travo-Tal, dann wieder rechts herum mit weit schweifendem Blick zur Ostküste und auf das offene Meer. An der **Punta di a Scadetta** (1836 m) wird der höchste Punkt erreicht, und das **Refuge d'Usciolu** (1750 m) zeigt sich erstmalig spektakulär wie ein Adlerhorst am steilen Berghang. Bis zum Erreichen der Hütte wird es allerdings nochmals etwas "harzig". Über schräge Granitplatten und enge Scharten ist ein letztes Mal Trittsicherheit gefragt. Kurz vor dem Ziel dieser Etappe besteht an der **Bocca di Suragheddu** (1800 m) eine Abstiegsmöglichkeit nach **Cozzano** (2 Stunden).

Die Usciolu-Hütte hat neben einer traumhaften Lage sogar einen richtigen "Supermarkt" zu bieten. Sie gilt als die am besten ausgestattete Hütte am GR 20. Neben einer warmen Mahlzeit, frischem Obst, Joghurt usw. kann man kurioserweise sogar Ansichtskarten kaufen, die der Wirt am nächsten Tag auf seinem Esel ins Tal bringt.

4. Etappe: Refuge d'Usciolu – Refuge de Prati

Fast die komplette Tour ist eine Gratwanderung zwischen 1500 und 2000 Höhenmetern. Bei schönem Wetter bietet sie den ganzen Tag, neben einigen Kraxeleien, herrliche Panoramen in das obere Taravo-Tal und über die bewaldeten Hänge des Fium'Orbu bis zur Küste im Osten. Trinkwasser ist knapp, denn es gibt nur eine Quelle.

Was am Vortag mit dem Denkmalsgrat begann, findet auf der vierten Etappe seine konsequente Fortsetzung: Passwandern bis zum Abwinken. Der Kamm in ca. 2000 m Höhe wird bereits nach einer halben Stunde erreicht, und der "Ritt" über die Bergspitzen kann beginnen. Erstmals bietet sich ein weit reichender Blick auf die Ostküste mit dem markanten Etang d'Urbino südlich von Aleria. Beim weiteren Aufstieg bis zur **Bocca di a Formicula** (1950 m) pendelt der GR 20 zwischen Ost- und Westhang hin und her. Nur bei schönem Wetter lassen sich die daraus resultierenden unterschiedlichsten Panoramen wirklich genießen. Bei starkem Wind wird diese Tour eher zur Tortur.

4. Etappe: Refuge d'Usciolu ...

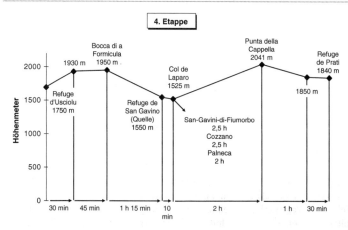

Nach Überquerung einer geröllreichen Hochebene ist wieder eine kräftige Kniemuskulatur gefragt, denn es geht die nächsten eineinhalb Stunden in Serpentinen steil bergab. Abermals bewähren sich hier Wanderstöcke. Bald taucht der Weg in Schatten spendenden Buchenwald ein und überquert dabei eine wunderschöne Waldlichtung (Biwakmöglichkeit), die schon fast an eine kultische Begegnungsstätte aus grauer Vorzeit erinnert. Im weiteren Verlauf werden die Punta Bianca (1954 m) und die Punta Mozza (1881 m) umwandert, bis das neue, in der Sonne glänzende Blechdach des **Refuge de San Gavino** (1550 m) auf sich aufmerksam macht. Die Hütte ist in Privatbesitz und nicht für GR-20-Wanderer zugänglich. Sie ist dennoch von zentraler Bedeutung, denn ca. 30 m unterhalb befindet sich die einzige Quelle, die auch im Hochsommer ausreichend Wasser führt.

Wenige Minuten später ist mit dem **Col de Laparo** (1525 m) der tiefste Punkt der heutigen Etappe erreicht. Hier kreuzt der GR 20 den nicht minder reizvollen Fernwanderweg *Da Mare a Mare Centre* (M. A. M. C.), der die Ost- und Westküste miteinander verbindet. Wer sich hier für den Abstieg entscheidet, hat die Qual der Wahl: nach **San-Gavini-di-Fiumorbo** (2½ Stunden) im Osten oder nach **Cozzano** (2½ Stunden) und **Palneca** (2 Stunden) im Westen. Cozzano und Palneca sind durch Linienbusse mit Ajaccio verbunden (Fahrplan vorher im Touristenbüro besorgen).

Ohne Schatten geht es wieder bergauf, vorbei an windzerzausten Buchen. Oben angekommen, beginnt der "Tanz" um den Grat erneut. Am Westhang der Punta di Campolongo (1695 m) vorbei überquert man den Kamm am Col de Rapari (1614 m) und befindet sich wieder auf der Ostseite. So geht es ein paar Male hin und her. Nach einigen Kraxeleien wird ein riesiges Geröllfeld überquert. Fast wie der Zuckerhut in Rio de Janeiro thront der Spitzkegel *Rocher de la Penta* (1675 m) über dem Taravo-Tal und bestimmt das Bild. Kurz vor dem Erreichen des höchsten Punkts (ca. 2000 m) knapp unterhalb der **Punta della Cappella** (2041 m) beruhigt sich die Landschaft etwas, und

Rocher de la Penta

man überquert eine Hochweide. Die Prati-Hütte rückt erstmalig ins Blickfeld. Das gesamte Gebiet des Fium'Orbu mit der Ostküste im Hintergrund liegt dem Wanderer zu Füßen. Der Monte Renosu (2352 m) und der Monte d'Oru (2389 m) zeichnen sich deutlich ab, und das Bollwerk des Monte Incudine (2134 m) begrenzt den Blick nach Süden. Eine phantastische Szenerie, bevor der Weg zunächst steil zum **Refuge de Prati** (1840 m) abfällt und die Gedanken an Dusche, Käse und Rotwein konkretere Formen annehmen.

Die letzte halbe Stunde verläuft der Pfad flach in einem weiten Bogen über eine saftige Hochweide auf das Etappenziel zu. Die Prati-Hütte liegt auf einem flachen Sattel. Ein geeigneter Zeltplatz ist schnell gefunden.

5. Etappe: Refuge de Prati – Refuge de Capannelle

Die Tour gleicht eher einem gemächlichen Sonntagsspaziergang durch wunderschöne, ausgedehnte Wälder und steht damit in starkem Kontrast zu den beiden vorgenannten Gipfeletappen. Am Col de Verde bietet eine bewirtschaftete Hütte die Möglichkeit zur Übernachtung oder auch zu einem zweiten Frühstück.

Letztmalig kann man den weit reichenden Blick zur Ostküste beim kurzen Aufstieg auf eine Hochebene genießen. Das Plateau ist ringsherum von einem Felsgürtel umrahmt und führt auf ebenem Gelände zur **Bocca d'Oru** (1855 m). Der Blick schweift über das obere Taravo-Tal mit seinen ausgedehnten Wäldern und den bereits von der Sonne angestrahlten Osthängen des Monte Grosso (1895 m) und der Punta Cappella (2032 m).

In Serpentinen führt der Weg sehr angenehm Richtung Talgrund, erreicht kurze Zeit später die Baumgrenze und taucht in dichten Laubwald ein, der nach Querung einer kleinen Lichtung in Nadelwald übergeht. Der GR 20

5. Etappe: Refuge de Prati ... 379

wird immer breiter, und allmählich macht sich Forstbetrieb bemerkbar. Schließlich wird ein Fahrweg erreicht, der schräg zu überqueren ist. Nach Tagen in der freien Natur ist der Geruchssinn inzwischen so sensibilisiert, dass erste Abgase wahrgenommen werden, die darauf hindeuten, dass der **Col de Verde** (1289 m) nicht mehr weit ist.

Am Pass befindet sich direkt neben dem Parkplatz ein bewirtschaftetes Refuge mit einem angeschlossenen Zeltplatz und weiteren Übernachtungsmöglichkeiten im Haus. Hier bietet sich eine Pause mit einem zweiten Frühstück an. Beim Zeltplatz findet man eine Wasserquelle, und die Toiletten sind ebenfalls sehr empfehlenswert (sogar mit Papier!).

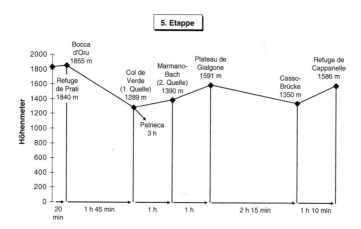

Zwischen Refuge und Parkplatz folgt der GR 20 zunächst einem breiten Fahrweg, der dann wieder nach oben führt und eher einem ausgetrockneten Bachbett gleicht. Der Mischwald geht in Nadelwald über. Auffällig sind die riesigen Tannen, die einen Umfang von über 6 m erreichen können und ein wenig an die Redwoods in Kalifornien erinnern. Den kerzengeraden Wuchs der Tannen wusste bereits der berühmte Admiral Nelson zu schätzen, der sie als Schiffsmasten nutzte. Bachrauschen macht sich bemerkbar, und kurz vor der Überquerung des **Marmano-Baches** (1390 m) stößt man auf eine weitere Quelle. Direkt nach der Quelle knickt der GR 20 scharf nach rechts ab (aufpassen, schlecht markiert!). Die ehemalige Hängebrücke fiel einem Unwetter zum Opfer, und so wurden behelfsmäßig zwei Baumstämme über den Bach gelegt.

Auf der anderen Talseite führt der Weg steil nach oben zum **Plateau de Gialgone** (1591 m). Die Vegetation ändert sich schlagartig. Der Wald lichtet sich. Farne, Buchen, Erlen und mächtige Laricio-Kiefern mischen sich darunter. Es werden mehrere Bäche überquert. Die Hochebene wäre sehr gut zum Biwakieren geeignet, wenn es nicht wieder einmal ausdrücklich verboten wäre *("Camping et bivouac interdit")*.

Hinter dem Plateau verschwindet der GR 20 wieder in dichtem Wald. Er überquert dabei mehrere Bäche, und es geht stetig und gemütlich bergab. Kurz vor dem Zusammentreffen verläuft der Weg eine Weile parallel zur D 169, einer Stichstraße, die in vielen Windungen zum Skigebiet von Ghisoni hochführt. An der Straße hält man sich links und marschiert bis zur **Casso-Brücke** (1350 m). Gleich hinter der Brücke zweigt ein Pfad links ab, und es geht am orografisch linken Ufer steil bergauf bis zu den Bergeries de Tragette (1520 m). Zusammen mit dem gewaltigen Monte Renoso (2352 m) im Hintergrund und einigen wild verzwirbelten Laricio-Kiefern stellen sie ideale Fotomotive korsischer Wildheit dar.

Von dort ist das **Refuge de Capannelle** (1586 m) bald erreicht. Da die Hütte leider direkt an der Straße liegt, hat sie nicht den Charme der bisherigen Unterkünfte. Auch das gesamte Umfeld zeugt von der Zerstörung der Natur durch die umliegenden Skipisten. Dafür gibt es immerhin ein uriges Lokal mit schöner Aussichtsterrasse, wo man nach getaner Arbeit seinen wohlverdienten Rotwein mit Blick auf die Ostküste schlürfen kann.

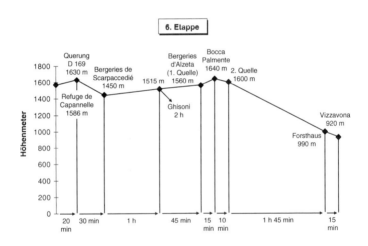

6. Etappe: Refuge de Capannelle – Vizzavona

Gemütlich klingt die letzte Etappe des Südteils des GR 20 aus. Rückblicke auf das Renosu-Massiv und das Panorama an der Bocca Palmente sind die landschaftlichen Höhepunkte dieser Tour.

Wer sich entschlossen hat, von Vizzavona aus per Eisenbahn in die Zivilisation zurückzukehren, darf sich einerseits auf ein eindrucksvolles Fahrerlebnis freuen. Andererseits hat man alle Zeit der Welt, denn Züge verkehren bis zu viermal am Tag (laut Sommerfahrplan 2001 letzte Fahrt nach Corte um 17.34 Uhr, letzte Fahrt nach Ajaccio um 18.50 Uhr).

6. Etappe: Refuge de Capannelle ... 381

Hinter dem **Refuge de Capannelle** (1586 m) führt der GR 20 zunächst ein kurzes Stück hoch bis zur D 169 (1630 m), der man ca. 200 m nach rechts folgt. Der Pfad zweigt dann nach links ab und taucht in Kiefernwald ein. Es geht hinunter auf 1450 m bis zur Querung des Giargalozeo-Baches. Dahinter liegen die **Bergeries de Scarpaccedié** (1450 m) idyllisch mitten im Wald. Ohne Anstrengung folgt man dem leicht ansteigenden Waldweg, überquert dabei den Scarpaccedié-Bach und gelangt zu einer Hochebene, die einen traumhaften Blick zurück zum Monte Renosu (2352 m) zulässt. Am besten die Kuppe hochsteigen, denn hier ist der Blick am eindrucksvollsten. Es besteht die Möglichkeit, zu biwakieren oder abzusteigen nach **Ghisoni** (2 Stunden), vorbei an den Bergeries de Cardo.

Das Publikum des Wanderers

Der GR 20 knickt nun scharf in nordwestliche Richtung ab und führt auf einem gemütlichen Waldweg zu den fotogenen **Bergeries d'Alzeta** (1560 m). Hier befindet sich auch eine Quelle. Über offenes Gelände erfolgt der letzte Anstieg hoch zur **Bocca Palmente** (1640 m), von der man ein prächtiges Panorama bis zur Ostküste genießen kann. Mit der Überquerung des Passes schiebt sich der gewaltige Monte d'Oru (2389 m) mächtig ins Bild.

Von nun an geht es nur noch bergab bis nach Vizzavona. Kurz hinter dem Übergang wartet eine weitere Quelle etwas versteckt hinter Erlengebüsch auf ihre durstigen Besucher. Im weiteren Verlauf erreicht man nach einer Stunde durch dichten Buchenwald einen Forstweg, der zu überqueren ist. Beim nächsten Feldweg zweigt man links ab und folgt ihm ca. 750 m bis zur Einmündung in die N 193, der Hauptverkehrsachse zwischen Bastia und Ajaccio. Nach einer Woche in der Abgeschiedenheit der korsischen Bergwelt trifft der rege Straßenverkehr hart, und man fühlt sich irgendwie fehl am Platz. So ist man froh, dass die "Autobahn" beim **Forsthaus** (990 m) nur überquert werden muss und der GR 20 weiter bergab durch den Wald in Richtung *Vizzavona Gare* führt.

Nach weiteren 15 Minuten wird eine frisch asphaltierte Teerstraße erreicht, der man links bis in den Ortskern **Vizzavonas** (920 m) folgt. Auf direktem Weg trifft man schließlich auf eine Reihe ausgemergelter, schwer bepackter Wanderer, die entspannt und *Café au Lait* schlürfend auf der Terrasse der Bahnhofskneipe auf den nächsten Zug warten.

Etwas Französisch

Guter Wille wird honoriert. Wer sich mit auch nur wenigen französischen Wörtern durchzuschlagen versucht, zeigt damit, dass er als Gast gekommen ist, und kann sich der Freundlichkeit des Gastgebers gewiss sein.

Grüße

guten Tag	**bonjour**
guten Abend	**bonsoir**
gute Nacht	**bonne nuit**
auf Wiedersehen	**au revoir**
bis bald	**à bientôt**
bis gleich	**à toute à l'heure**

Gespräche

Wie geht es dir?	Comment vas-tu?
Wie geht es Ihnen?	Comment allez-vous?
danke	merci
Mir geht es gut, und dir (Ihnen)?	Je vais bien, et toi (vous)?
Wie heißen Sie?	Quel est votre nom?
Wie heißt das auf Französisch?	Comment cela se dit en français?
Ich bin ...	Je suis ...
Deutsche/r	Allemand/Allemande
Österreicher/in	Autrichien/Autrichienne
Schweizer	Suisse/Suissesse
Entschuldigung	pardon
Deutschland/deutsch	l'Allemagne/allemand/e
Sprechen Sie Deutsch?	Parlez-vous allemand?
(Englisch, Italienisch)?	(anglais, italien)?
Kennen Sie...?	Connaissez-vous...?
Ich habe nicht verstanden	Je n'ai pas compris
Ich weiß (es) nicht	Je ne (le) sais pas
Ich suche	Je cherche
Geben Sie mir ..., bitte!	Donnez-moi ..., s'il vous plaît!
einverstanden! o.k.!	d'accord!

Minimalwortschatz

ja	oui
nein	non
vielleicht	peut-être
und	et
oder	ou
schön	beau (bel, belle)
groß/klein	grand (grande)/petit (petite)
viel	beaucoup de
wenig	peu de
es gibt/es gibt nicht	il y a/il n'y a pas
wo/wohin	où
wann	quand
wie viel/wie viele	combien
warum	pourquoi
..., bitte! (Aufforderung)	..., s'il vous plaît!

Unterwegs

Ich suche ...	Je cherche ...
Wo ist ... ?	Où est ...?
Ich möchte ...	Je voudrais ...
Ich möchte nach ... gehen	Je voudrais aller à ...
Wann kommt ... an?	A quelle heure arrive ... ?
Wann fährt/fliegt ein ... nach ... ?	A quelle heure un (une) ... pour ...?
Um wie viel Uhr ?	A quelle heure ?
um (4) Uhr	à (quatre) heures
Weg	le chemin
Straße	la rue
Überlandstraße	la route
Autobahn	l'autoroute
Kreuzung	le carrefour
Kreisel	le rond-point
Ampel	les feux, le feu rouge
abbiegen	tourner
links	à gauche
rechts	à droite
geradeaus	tout droit
Abfahrt, Abflug	le départ
Ankunft	l'arrivée
Information	l'information
Fahrkarte	le billet
einfach	aller simple
hin und zurück	aller retour
Flughafen	l'aéroport
Flugzeug	l'avion
Hafen	le port
Schiff	le bateau
Fährschiff	le ferry-boat
Bahnhof	la gare
Zug	le train
Bus	le bus
Busbahnhof	la gare routière

Rund ums Auto

Ich möchte mieten (für einen Tag)	Je voudrais louer (pour un jour)
Wie viel kostet das (pro Tag)?	Combien ça coûte? (par jour)?
Voll, bitte!	Le plein, s'il vous plaît!
Ich habe eine Panne	Je suis tombé en panne
(Der Anlasser) geht nicht mehr.	(Le démarreur) ne marche plus.
Auto	la voiture
Führerschein	le permis de conduire
Tankstelle	la station d'essence
Benzin	l'essence
Diesel	le gas-oil/le gazole
Öl	l'huile
Ölwechsel	la vidange (d'huile)
Unfall	l'accident
Abschleppdienst	le dépannage
Autowerkstatt	le garage
Anlasser	le démarreur
Auspuff	l'échappement
Batterie	la batterie
Blinker	le clignotant
Bremsen	les freins
Bremslichter	les feux de stop
Felge	la jante
Gang	la vitesse
Gebläse	le ventilateur
Handbremse	le frein à main
Kupplung	l'embrayage
Kühler	le radiateur
Lichtmaschine	la dynamo
Motor	le moteur
Motorhaube	le capot
Reifen	le pneu
Rückwärtsgang	la marche arrière
Scheibenwischer	l'essuie-glace
Scheinwerfer	le phare
Schlauch	le tuyau
Stoßdämpfer	l'amortisseur
Wasser (destilliert)	l'eau distillée
Vergaser	le carburateur
Zündkerzen	les bougies

Unterkunft

Haben Sie ...?	Avez-vous ...?
ein Zimmer reservieren	réserver une chambre
Doppelzimmer	la chambre double
Einzelzimmer	la chambre single
Wie viel kostet das?	Combien ça coûte?
Das ist zu teuer.	C'est trop cher.
ein billigeres Zimmer	une chambre moins cher
mit Dusche/mit Bad	avec douche/avec salle de bain
für eine Nacht	pour une nuit
für (3) Tage	pour (trois) jours
voll (alle Zimmer belegt)	complet
Vollpension	pension complète
Halbpension	demi-pension
Frühstück	le petit déjeuner
Ich nehme es (das Zimmer).	Je la prends.
Zeltplatz	le camping
Zelt	la tente
im Schatten	à l'ombre
elektrischer Anschluss	le branchement électrique
Dusche	la douche
Waschmaschine	le lave-linge

Bank/Post

offen	ouvert
geschlossen	fermé
Ich möchte sFr wechseln.	Je voudrais changer des francs suisses.
... ein Fax aufgeben	... envoyer un fax
Wechselstube	le (bureau de) change
Bank	la banque
Geldwechsel	le change
Wechselkurs	le cours du change
Briefkasten	la boîte aux lettres
Briefmarke	le timbre
Brief	la lettre
Telefonkarte	la télécarte
Ansichtskarte	la carte postale
Luftpost	par avion
Eilpost	exprès
Einschreiben	lettre recommandée
Ferngespräch	la communication interurbaine

Einkaufen

Haben Sie ...?	Avez-vous ...?
Ich hätte gern ...	Je voudrais ..., s'il vous plaît.
Wie viel kostet das?	Combien ça coûte?
Das ist zu teuer/billiger.	C'est trop cher/moins cher.
Das gefällt mir nicht.	Ça ne me plaît pas.
1 Pfund/Kilo	une livre/un kilo de
100 Gramm	cent grammes
groß/klein	grand/petit
Lebensmittelgeschäft	l'alimentation
Bäckerei	la boulangerie
Metzgerei	la boucherie
Wurstwarenhandlung	la charcuterie
Apotheke	la pharmacie
Buchhandlung	la librairie
Schreibwarenhandlung	la papeterie
Apfel	la pomme
Briefumschlag	l'enveloppe
Brot	le pain
Buch	le livre
Butter	le beurre
Ei	l'oeuf
Essig	le vinaigre
Honig	le miel
Käse	le fromage

Klopapier	le papier de toilette	*Shampoo*	le shampooing
Marmelade	la confiture	*Sonnenöl*	l'huile solaire
Milch	le lait	*Streichhölzer*	les allumettes
Öl	l'huile	*Tomaten*	les tomates
Orange	l'orange	*Wurst*	la charcuterie
Pfeffer	le poivre	*Zeitung*	le journal
Salz	le sel	*Zucker*	le sucre
Seife	le savon		

Sehenswertes/geographische Begriffe

Wo ist der/die/das ...?	**Où est le/la ...?**
Wo ist der Weg/die Straße zum ...?	**Pourriez-vous m'indiquer le chemin pour ...?**
rechts/links	**à droite/à gauche**
hier/dort	**ici/là**

Berg	la montagne	*Leuchtturm*	le phare
Burg	le château	*Meer*	la mer
Brücke	le pont	*Museum*	le musée
Bucht	la baie	*Pass*	le col
Dorf	le village	*Platz*	la place
Fluss	la rivière	*Schlucht*	les gorges
Gipfel	le sommet	*See*	le lac
Hafen	le port	*Stadt*	la ville
Höhle	la grotte	*Staudamm*	le barrage
Insel	l'île	*Strand*	la plage
Kapelle	la chapelle	*Turm*	la tour
Kirche	l'église	*Wald*	la forêt
Kloster	le couvent	*Wasserfall*	la cascade

Hilfe/Krankheit

Ich habe (hier) Schmerzen.	J'ai des douleurs (ici).	*Unfall*	l'accident
Ich bin allergisch gegen ...	J'ai une allergie contre ...	*Zahnarzt*	le dentiste
		Ich brauche ...	J'ai besoin de ...
Konsulat	le consulat	*Heftpflaster*	le sparadrap
Arzt	le docteur	*Mullbinde*	la bande de gaze
Krankenhaus	l'hôpital	*Schmerzen*	des douleurs
Polizei	la police	*krank*	malade

erkältet	enrhumé	Ich habe ...	J'ai ...
Grippe	la grippe	... Kopfschmerzen	... mal à la tête
Husten	la toux	... Halsschmerzen	... mal à la gorge
Durchfall	la diarrhée, la colique	... Zahnschmerzen	... mal aux dents
Verstopfung	la constipation	Auge/die Augen	l'oeil/les yeux
Entzündung	l'inflammation	Ohr	l'oreille
Ohrenentzündung	l'otite	Magen	l'estomac
Insektenstich	la piqûre d'insecte	Rücken	le dos

Können Sie mir bitte helfen?	Pourriez-vous m'aider, s'il vous plaît?
Wo ist ein Arzt/eine Apotheke?	Où pourrais-je trouver un docteur/ une pharmacie?
Wann hat der Arzt Sprechstunde?	A quelle heure le cabinet est-il ouvert?

Allgemeine Zeitbegriffe

vorgestern	avant-hier	Woche	la semaine
gestern	hier	Monat	le mois
heute	aujourd'hui	Jahr	l'an/l'année
morgen	demain	danach	après
übermorgen	après-demain	Wie viel Uhr ist es?	Quelle heure est-il?
Stunde	l'heure	Um wie viel Uhr?	A quelle heure?
Tag	le jour	Wann?	Quand?

Tageszeiten, Tage, Monate, Jahreszeiten

Morgen	le matin	April	avril
Nachmittag	l'après-midi	Mai	mai
Abend	le soir	Juni	juin
Nacht	la nuit	Juli	juillet
Montag	lundi	August	août
Dienstag	mardi	September	septembre
Mittwoch	mercredi	Oktober	octobre
Donnerstag	jeudi	November	novembre
Freitag	vendredi	Dezember	décembre
Samstag	samedi	Frühjahr	le printemps
Sonntag	dimanche	Sommer	l'été
Januar	janvier	Herbst	l'automne
Februar	février	Winter	l'hiver
März	mars		

Zahlen

1	un	17	dix-sept	1000	mille
2	deux	18	dix-huit	1999	mille neuf cent quatre-vingt-dix-neuf
3	trois	19	dix-neuf		
4	quatre	20	vingt		
5	cinq	21	vingt et un	einmal	une fois
6	six	22	vingt-deux	zweimal	deux fois
7	sept	30	trente	der erste	le premier (la première)
8	huit	40	quarante		
9	neuf	50	cinquante	der zweite	le deuxième
10	dix	60	soixante	die Hälfte von ...	la moitié de ...
11	onze	70	soixante-dix		
12	douze	80	quatre-vingt	ein Drittel	un tiers
13	treize	90	quatre-vingt-dix	ein Viertel	un quart
14	quatorze				
15	quinze	100	cent	ein Paar...	une pair de...
16	seize	200	deux cents		

Speiselexikon

Kellner!	**Monsieur!**
Die Speisekarte bitte!	**La carte, s'il vous plaît!**
Ich hätte gerne ...	**Je voudrais bien ...**
Haben Sie ...?	**Est-ce que vous avez ....?**
Die Rechnung bitte!	**L'addition, s'il vous plaît!**

Allgemeines

l'assiette	*Teller*	le cendrier	*Aschenbecher*
l'addition	*Rechnung*	chaud	*heiß*
l'auberge	*Landgasthof*	la commande	*Bestellung*
boire	*trinken*	compris	*inbegriffen*
la brasserie	*eigentlich Brauhaus; heute v. a. Bezeichnung für Cafés mit Mittags- und Abendtisch*	le couteau	*Messer*
		la cuillère	*Löffel*
		cuit	*gekocht*
		le déjeuner	*Mittagessen*
la carte	*Speisekarte*	dur	*hart, zäh*
... des vins	*Weinkarte*	l'entrée	*Vorspeise*
... du jour	*Tageskarte*	l'épice	*Gewürz*

Etwas Französisch

faire revenir	anbraten	... du jour	Tagesgericht
la fourchette	Gabel	poêlé	in der Pfanne gebraten
froid, froide	kalt	à point	gebraten (außen knusprig, innen rosa)
fumé	geräuchert		
le garçon	Kellner, Ober	le pot	Topf
en gelée	gesülzt	le pourboire	Trinkgeld
la glace	Eis	prêt	bereit, angerichtet
le glaçon	Eiswürfel	quart	ein Viertel
la goutte	Tropfen	quartier	Viertel, Teilstück
le gratin	Auflauf, Überbackenes	les quenelles	Klößchen, Röllchen
les grillades	Gegrilltes	râpé	geraspelt, gerieben
grillé	gegrillt	réchauffer	aufwärmen
les herbes de Provence	Kräuter der Provence	recommandé	empfohlen, empfehlenswert
l'hors-d'œuvre	Vorspeise	le relais	Landgasthof
l'huile	Öl	la rouille	scharfe rote Soße
libre-service	Selbstbedienung	saignant	kurz angebraten
maigre	mager	salé	gesalzen
manger	essen	service (non) compris	Bedienung (nicht) inbegriffen
mijoté	geschmort	servir	bedienen, auftragen
mousseux	schäumend	le sel	Salz
moulin à poivre	Pfeffermühle	la soupe	Suppe
la note	Rechnung	tendre	zart, mürbe
l'ouvre-bouteilles	Flaschenöffner	la terrine maison	Pastete nach Art des Hauses
la peau	Haut, Schale		
le petit déjeuner	Frühstück	le thym	Thymian
le pichet	Weinkaraffe	tiède	lauwarm
la pincée	Prise	la tranche	Schnitte, Scheibe
plat	Gericht, Platte		

Fleisch, Wild und Geflügel

l'agneau	Lamm	la chèvre	Ziege
l'assiette anglaise	kalte Platte	le chevreuil	Reh
bien cuit	durchgebraten	le coq	Hahn
le bifteck	Beefsteak	le coq au vin	Hähnchen in Rotweinsoße
le bœuf	Ochse oder Rind		
le boudin	Blutwurst	le coquelet	Brathähnchen
la brochette	Spießchen	la côte	Rippenstück
la caille	Wachtel	... d'agneau	Lammkotelett
le canard	Ente	... de veau	Kalbskotelett
le carré d'agneau	Lammrückenstück	la dinde	Pute
le cerf	Hirsch	le dindon	Truthahn, Puter
la charcuterie	Wurstaufschnitt	l'entrecôte	Zwischenrippenstück
le châteaubriand	Grillsteak	l'épaule d'agneau	Lammschulter
le cheval	Pferd	l'escalope	Schnitzel

Etwas Französisch

les escargots	*Weinbergschnecken*
le faisan	*Fasan*
le faux-filet	*Lendenstück vom Rind*
le filet	*Lendenbraten*
le foie	*Leber*
le gibier	*Wild*
le gigot	*Keule*
la goulache	*Gulasch*
la grenouille	*Frosch*
le jambon	*Schinken*
le jambonneau	*Schweinshaxe*
le jarret	*Haxe*
la langue de bœuf	*Ochsenzunge*
le lièvre	*Hase*
le lapin	*Kaninchen*
le mouton	*Hammel, Schaf*
la noisette d'agneau	*Lammnüsschen*
l'oie	*Gans*
l'os	*Knochen*
la paupiette	*Roulade*
le perdreau	*junges Rebhuhn*
la perdrix	*Rebhuhn*
les pieds de cochon	*Schweinsfüße*
le pigeon	*Taube*
le pintadeau	*Perlhuhn*
la poitrine	*Brust*
le porc	*Schwein*
le porcelet	*Spanferkel*
la poularde	*Masthuhn*
le poulet	*Brathähnchen*
la queue	*Schwanz*
les rognons	*Nieren*
le rôti	*Braten*
le sanglier	*Wildschwein*
le saucisson	*Schnitt- oder Brühwurst*
la selle d'agneau	*Lammrücken*
le steak au poivre	*Pfeffersteak*
le tournedos	*Lendenschnitte*
les tripes	*Kutteln, Innereien*
le veau	*Kalb, Kalbfleisch*
la viande	*Fleisch*
la volaille	*Geflügel*

Meeresfrüchte/Fische

l'anchois	*Sardelle (Anchovis)*
l'anguille	*Aal*
le bar	*Barsch*
le barbeau (barbillon)	*Barbe*
la bargue	*Meerbutt*
la baudroie	*Seeteufel*
la bouillabaisse	*kräftige Fischsuppe mit mehreren Fischarten*
le cabillaud	*Kabeljau*
la carpe	*Karpfen*
le congre	*Meer- bzw. Seeaal*
les coquillages	*Muscheln*
les crevettes	*Garnelen*
le denté	*Zahnbrasse*
les écrevisses	*Flusskrebse*
le flétan	*Heilbutt*
le gambas	*Garnelen, Krabben*
le grondin	*Knurrhahn*
le homard	*Hummer*
les huîtres	*Austern*
la lotte de mer	*Seeteufel*
le loup de mer	*Wolfsbarsch*
le maquereau	*Makrele*
la morue	*Stockfisch*
les moules	*Muscheln*
le perche	*Seebarsch*
la plie	*Scholle*
le poisson	*Fisch*
... de rivière	*Flussfisch*
le poulpe	*Tintenfisch*
la praire	*Venusmuschel*
la raie	*Rochen*
la rascasse	*Drachenkopf*
le sandre	*Zander*
les sardines à l'huile	*Ölsardinen*
le saumon	*Lachs*
la seiche	*Tintenfisch*
la sole	*Seezunge*

le st-pierre	St.-Petersfisch	la truite	Forelle
la tanche	Schleie	... fumée	Räucherforelle
le thon	Thunfisch	le turbot	Steinbutt
le tourteau	Taschenkrebs		

Gemüse/Beilagen

les artichauts	Artischocken	la mâche	Feldsalat
les asperge	Spargel	le millet	Hirse
le béchamel	weiße Sahnesoße	les nouilles	Nudeln
les cèpes	Steinpilze	les oignons	Zwiebeln
les chanterelles	Pfifferlinge	la pâte	Teig
le chou	Kohl	les pâtes	Nudeln
le chou-fleur	Blumenkohl	le pain	Brot
le chou vert	Grünkohl	les petits pois	Erbsen
la choucroute	Sauerkraut	le poireau	Lauch, Porree
le concombre	Gurke	la poirée	Mangold
les courgettes	Zucchini	les pommes de terre	Kartoffeln
les crudités	Rohkost		
l'échalote	Schalotte	lc radis	Rettich
les épinards	Spinat	la ratatouille	geschmortes Gemüseallerlei zumeist aus Auberginen, Zucchini, Paprika und Tomaten
le fenouil	Fenchel		
les fleurs de courge	Zucchini-Blüten		
la garniture	Beilage		
le gingembre	Ingwer	le riz au beurre	Butterreis
les girolles	Pfifferlinge	les roses des prés	Wiesenchampignons
les haricots verts	grüne Bohnen		
la laitue	Kopfsalat	la salade	Salat
les légumes	Gemüse	la sauge	Salbei
les lentilles	Linsen	la semoule	Grieß

Obst, Dessert, Gebäck und Käse

l'abricot	Aprikose	le gâteau	Kuchen
les amandes	Mandeln	la macédoine de fruits	Obstsalat
le beignet	Krapfen	les myrtilles	Heidelbeeren
la brioche	Hefegebäck	la noisette	Haselnuss
le calisson	Mandelkuchen	la noix	Walnuss
la confiserie	Süßwaren	la pâtisserie	Konditorei, Gebäck
doux, douce	süß	la pêche	Pfirsich
le flan	Pudding	le petit gâteau	Teegebäck
la figue	Feige	le pignon	Pinienkern
le fromage	Käse	la poire	Birne
la framboise	Himbeere	la pomme	Apfel
les fruits	Früchte, Obst	les primeurs	Obst und Gemüse

le pruneau	Back- oder Dörrpflaume	le sorbet aux fruits	Früchtesorbet
la pulpe	Mark, Fruchtfleisch	le soufflé	Eierauflauf
les raisins	Weintrauben	le sucre	Zucker (sucré: gesüßt)
le ramequin	kleiner Käsekuchen	le sirop	Sirup
le plateau de fromage	Käseplatte	la tarte	Kuchen
le sablé	Sandgebäck	la tartelette	Törtchen

Diverses

l'aïoli	Knoblauch-Mayonnaise	le potage	Suppe
le beurre	Butter	la potée	Eintopf
... d'ail	Knoblauchbutter	les rillettes d'oie	Gänsepastete
la ficelle	sehr dünnes, langes Weißbrot	la soupe au pistou	mit Basilikum, Knoblauch und Olivenöl verfeinerte Gemüsesuppe
la graisse d'oie	Gänseschmalz	la tapenade	ein mit Anchovis und Kapern verfeinertes Olivenpüree (Brotaufstrich)
le jaune d'œuf	Eigelb		
la menthe	Pfefferminz		
le miel	Honig	les truffes	Trüffel
la moutarde	Senf	le velouté	Crèmesuppe
l'œuf (brouillé)	(gekochtes) Ei	les vermice	sehr feine Nudeln
le persil	Petersilie	le vinaigre	Essig
la poivrade	Pfeffersoße	le yaourt	Joghurt

Getränke

l'alcool	Alkohol	l'infusion	Kräutertee
la bière (brune) blonde	helles (dunkles) Bier	le jus	Saft
		le lait	Milch
la biere à la pression	Bier vom Fass	... entier	Vollmilch
la boisson	Getränk	le pastis	Anisschnaps, der mit Wasser zu einer gelblichen Flüssigkeit verdünnt wird
la bouteille	Flasche		
brut	trocken, herb (Champagner)		
		les rafraîchissements	Sammelbegriff für Erfrischungsgetränke
le café	Kaffee		
... au lait	Milchkaffee	le thé	Tee
le digéstif	Verdauungsschnaps	le verre	(Trink-)Glas
		le vermouth	Wermut
demi	halb	le vin	Wein
demi-sec	halbtrocken	... blanc	Weißwein
l'eau	Wasser	... de pays	Landwein
... gazeuse	mit Kohlensäure	... de table	Tischwein
... naturelle	natürliches Mineralwasser	... du pays	einheimischer Wein
... de vie	Branntwein	... rouge	Rotwein

Raum für Notizen

Raum für Notizen

Verlagsprogramm

Unsere Reisehandbücher im Überblick

Deutschland:
- Altmühltal
- Allgäu
- Berlin & Umgebung
- *MM-City* Berlin
- Bodensee
- Franken
- Fränkische Schweiz
- Mainfranken
- Nürnberg, Fürth, Erlangen
- Oberbayerische Seen
- Schwäbische Alb

Niederlande:
- *MM-City* Amsterdam
- Niederlande
- Nordholland – Küste, Ijsselmeer, Amsterdam

Nord(west)europa:
- England
- Südengland
- Irland
- Island
- *MM-City* London
- Norwegen
- Südnorwegen
- Südschweden
- Schottland

(Süd-)Osteuropa:
- Baltische Länder
- Kroatische Inseln & Küste
- Nordkroatien – Kvarner Bucht
- Polen
- *MM-City* Prag
- Slowenien & Istrien
- Ungarn
- Westböhmen & Bäderdreieck

Griechenland:
- Amorgos & Kleine Ostkykladen
- Chalkidiki
- Griechenland
- Griechische Inseln
- Nord- u. Mittelgriechenland
- Karpathos
- Korfu & Ionische Inseln
- Kos
- Kreta
- Kreta – der Osten
- Kreta – der Westen
- Kreta Infokarte
- Kykladen
- Lesbos
- Naxos
- Paros/Antiparos
- Peloponnes
- Rhodos
- Samos
- Samos, Chios, Lesbos, Ikaria
- Santorini
- Skiathos, Skopelos, Alonnisos, Skyros – Nördl. Sporaden
- Thassos, Samothraki
- Zakynthos

Südosteuropa:
- *MM-City* Istanbul
- Türkei – Mittelmeerküste
- Türkei – Südküste
- Türkei – Westküste
- Zypern

Frankreich:
- Bretagne
- Côte d'Azur
- Korsika
- Languedoc-Roussillon
- *MM-City* Paris
- Provence & Côte d'Azur
- Provence Infokarte
- Südwest-Frankreich

Italien:
- Apulien
- Chianti – Florenz, Siena
- Elba
- Gardasee
- Golf v. Neapel
- Italien
- Italienische Riviera & Cinque Terre
- Kalabrien & Basilikata
- Liparische Inseln
- Oberitalien
- Oberitalienische Seen
- *MM-City* Rom
- Rom/Latium
- Sardinien
- Sizilien
- Toscana
- Toscana Infokarte
- Umbrien
- *MM-City* Venedig
- Venetien & Friaul

Schweiz u. Malta:
- Tessin
- Malta, Gozo, Comino

Nordafrika u. Vorderer Orient:
- Sinai & Rotes Meer
- Tunesien

Spanien:
- Andalusien
- Costa Brava
- Costa de la Luz
- Ibiza
- Katalonien
- Madrid & Umgebung
- Mallorca
- Mallorca Infokarte
- Nordspanien
- Spanien

Kanarische Inseln:
- Gomera
- Gran Canaria
- *MM-Touring* Gran Canaria
- Lanzarote
- La Palma
- *MM-Touring* La Palma
- Teneriffa

Portugal:
- Algarve
- Azoren
- Madeira
- *MM-City* Lissabon
- Lissabon & Umgebung
- Portugal

Lateinamerika:
- Dominikanische Republik
- Ecuador

Aktuelle Informationen zu allen Reiseführern finden Sie im Internet unter www.michael-mueller-verlag.de

Gerne schicken wir Ihnen auch das aktuelle Verlagsprogramm zu.

Michael Müller Verlag GmbH, Gerberei 19, 91054 Erlangen
Tel.: 0 91 31 / 81 28 08-0; Fax: 0 91 31 / 20 75 41;
E-Mail: mmv@michael-mueller-verlag.de

Sach- und Personenindex

A
Adresse 72
Alignement 72, 91, 203
Alphons V. 96, 181, 188, 268
Ambrosini, Joseph 292
Andreani, Jean-Louis 71
Anreise durch Frankreich 20
Anreise durch Österreich/Italien 14
Anreise durch die Schweiz/Italien 17
Anreise/Eisenbahn 22
Anreise/Fahrrad 23
Apotheken 77
Aquarien 189
Arbeit 72
Architektur 67
Augustus 157
Austern 160
Autofahren auf Korsika 30
Autonomisten 65, 73, 108, 109, 112, 156, 175
Autoreisezüge 23

B
Bacciocchi, Felice 220
Baden 46
Bartoli, Colomba 196, 201, 210
Bellini, Giovanni 228
Bergerie 73
Bergsteigen 49
Bevölkerungsstruktur 65
Bier 45
Bildungswesen 66
Blutrache 73, 201
Bonaparte, Charles 105, 229
Bonaparte, Elisa 220
Bonaparte, Eugénie 220
Bonaparte, Jérôme 220
Bonaparte, Joseph 324
Bonnet, Bernard, 111
Botticelli, Sandro 228
Bradi, Lorenzi di 196, 210
Brocciu 42, 294
Busverbindungen 33
Buttafoco, Mathieu 103

C
Cairns 85
Camping 39
Caratini, Roger 71
Cäsar 157
Ceccaldi, Andrea Colonna 99
Cesari, Giuseppe Colonna 199
Charterflüge 13
Christentum 94
Clanismus 109
Comparetti, Jérôme 179
Corsicada 290
Costa, Sebastiano 100, 102
Culioli, Gabriel Xavier 70, 71, 108, 175
Cyrnäus, Peter 181

D
Da Mare a Mare 50
Daudet, Alphonse 232
Diebstahl 74
Diokletian 139, 280
Diplomatische Vertretungen 74
Dolmen 75, 91, 203, 311
Doria, Andrea 98
Doria, Giovanni 169
Dragut 181, 221

E
Eiffel, Gustave 32, 331
Eisenbahnverbindungen 32
Erignac, Claude 111
Ermäßigungen 75
Essen 40
Etang 75

F
Fabrikant, Michel 52, 82
Fahrrad/Mountainbike 36
Fährverbindungen 24
Fauna 60
Feiertage 75
Feriendörfer 37
Fesch, Joseph 67, 220, 228
Fisch 42
Fischerei 63
Fleisch 41
Flora 59
Fombonne-Bresson, Jean-Marc 71
Fontane, Theodor 74
Fotozubehör 76
Französische Revolution 105
Fremdenlegion 76, 188, 267, 276
Fremdenverkehrsämter 78

G
Gaffori, Gian Pietro 100, 319, 324
Gaulle, Charles de 108
Geld 76
Genuesertürme 87, 126, 243
Genuesische Herrschaft 96
Geographie 56
Geschichte 90
Gesundheit 77
Giaccobi, François 109
Giafferi, Luigi 99, 101, 195
Giovannali 163
Giscard d'Estaing, Valéry 57
Gîtes d'étape 40
Gîtes ruraux 40
Glasbläserei 292
Golf 55
Goscinny, René 71, 94
GR 20 49, 342ff.
Gregor I. 95, 221
Gregorovius, Ferdinand 71, 99f., 181, 191, 266, 298
Griechen 93, 156, 239
Grosjean, Roger 90, 92, 178, 203ff., 214

Sach- und Personenindex

H-J

Haustiere 78
Heinrich II. 98
Herodot 94, 156
Hôtel de Ville 81
Hotels 38
Industrie 64
Istria, Casanelli d' 244
Istria, Vincentello d' 96, 181, 268, 322
Johannes Paul II. 281
Joxe, Pierre 110
Jugendherbergen 40
Justinian 95

K

Karl V. 98, 187
Karl VI. 99, 280
Käse 42
Klima 57
Klöster 40
Kolumbus, Christoph 267
Konsulate 74
Korsen 66
Korsisch 84
Korsische Unabhängigkeit 99
Kriminalität 79
Kunst 67
Kunsthandwerk 79, 290

L

Landwirtschaft 63
Lanfranchi, François de 337, 339
Linienflüge 13
Literatur 70

M

Macchia 59
Mairie 81
Marbeuf, Comte de 105, 239
Marius 94
Massa, Pietro 169
Matra, Alerio 100
Matra, Emmanuele 102
Maupassant, Guy de 251
Medici, Katharina von 98
Megalithkultur 91

Menhir 79, 203, 213
Mérimée, Prosper 71, 74, 127, 148, 193, 196, 201
Mietwagen 31
Mitfahrzentralen 24
Mohrenkopf 80, 95
Morand, Charles 107
Motorrad 34
Mufflon 60
Müllentsorgung 80
Musik, korsische 68
Mussolini, Benito 108

N

Napoléon I. 59, 62, 82, 106f., 187, 196, 220f., 226f.
Napoléon II. 220
Napoléon III. 220
Napoléon, Prinz Charles 221, 227
Nelson, Horatio Viscount 268
Neuhoff, Theodor von 101, 195, 295, 298

O

Office de Tourisme 81
Öffnungszeiten 80
Ornano, Alfonso d' 97
Ornano, Luca 195
Ornano, Vannina d' 218

P

Paoli, Ghiacinto 100ff., 152, 195
Paoli, Pasquale 101f., 105f., 115, 129, 134, 140, 268, 284, 295, 303, 317
Parc Naturel Régional de la Corse 52, 81
Parteien 112
Pastis 45
Perugino 128
Philipp II. 98
Pieds-noirs 63, 65, 82, 109, 156
Pippin 95
Pisanische Herrschaft 95
Plato 86
Polyphone Gesänge 83
Post 83
Pozzo, Andrea 228

R

Raffaelli 99
Rail & Fly 13
Ramolino, Laetizia 196, 220, 229
Ratzel, Friedrich 56
Refuges 347
Reisedokumente 84
Reisezeiten 58
Reiten 54
Rocca-Serra, Jean-Paul de 109
Römer 94, 156, 158
Rossi, Jean-Michel 71
Rousseau, Jean-Jacques 103

S

Sambucuccio d'Alando 96
Sampiero Corso 97f., 115, 169, 181, 195, 217f., 232f., 268
Santoni François 71, 113
Sarazenen 95
Schildkröten 234
Schnorcheln/Tauchen 47
Schymik, Hans 52f., 81
Scipio, Lucius Cornelius 94
Scipio, Publius Cornelius 156
Segeln 48
Seneca 136
SETCO 64
Siesta 84
Siméoni, Max 109, 113
Skifahren 54
SOMIVAC 63, 109
Sport 46
Sprengstoffanschläge 65, 109
Steinmänner 85
Strabo 156
Strom 85
Sulla 94, 157
Surfen 48
Syndicat d'Initiative 81

T/U

Tabak 85
Telefon 85
Thalasso-Therapie 86

Theophil 324
Thermalbäder 245
Torreaner 91, 177f., 213, 338
Torreanische Kultur 92
Tourismus 64, 82
Touristen 66, 86
Tra Mare e Monti 50, 260, 277, 279
Trinken 40
Trinkgeld 40, 87
Übernachten 37

Uderzo, Albert 71, 94, 155
Urban V. 163

V-Z

Vandalen 95
Vendetta 98, 196, 201
Venturini, Ignazio 100
Vital-Dubray 232
Wachtürme 87
Waldbrände 60, 87
Wanderführer 53
Wanderkarten 53
Wandern 49
Weine 44
Wildwasserfahrten 54
Wildzelten 39
Winde 58
Windmühlen 132, 188
Wirtschaft 62
Wyse, William 233
Zeitungen 88
Zoll 89
Zweiter Weltkrieg 108, 115
Zyklopenmauern 89

Geographischer Index

A

Aiguilles de Bavella 340
Ajaccio 219
Albertacce 313
Aleria 155
Alesani (Kloster) 298
Algajola 282
Alignement de Renaggio 203
Alignement de Stantari 203
Alignements de Palaggiu 204
Alo-Bisucce 205
Alta-Rocca 335
Aregno 291
Aregno-Plage 284
Argentella 264
Asco 306
Asco-Tal 306
Aullène 335

B

Bains de Taccana 217
Balagne 266
Balagne déserte 264
Barcaggio 131
Bastelica 232
Bastia 114
Bavella-Massiv 340
Bavella-Pass 340
Belgodère 293

Bergerie de Ballone 345, 355, 357
Bergerie de Bavella 341
Bergerie de Gialgo 367
Bergerie de Grotelle 326
Bergerie de Radule 359
Bergerie de Tolla 345, 367
Bergerie de Tramizzole 362
Bergerie de Vaccaghia 361
Bergeries d'Alzeta 381
Bergeries de Scarpaccedié 381
Bocca a Reta 360
Bocca a Soglia 365
Bocca di a Formicula 376
Bocca di Bassiguellu 351
Bocca di Bonassa 278
Bocca di Capronale 264
Bocca di Erbaghiolu 278
Bocca di Foggiale 357
Bocca di l'Agnone 375
Bocca di Monte Bracciutu 371
Bocca di Pampanosa – Wanderung 308
Bocca di Saltu 351
Bocca di Stagnu 354
Bocca di Suragheddu 376
Bocca d'Oru 378
Bocca d'Usciolu 370
Bocca Innominata 352
Bocca Minuta 356

Bocca Palmente 381
Bocca Pisciaghia 351
Bocca Rinosa 365
Bocca Stazzunara 374
Bocca Villaghello 371
Bocognano 233
Bonifacio 179
Brèche de Capitello 365
Bucht von Arone 243, 254
Bucht von Ficajola 254
Bucht von Figari 192

C

Cala Rossa 174
Calacuccia 311
Calacuccia (Stausee) 311
Calanche 250
Calenzana 279, 345, 350
Calvi 267
Campodonico 301
Campomoro 210
Campotile-Ebene 361
Canari 137
Canonica 124
Cap Corse 126
Capu Tafunatu 263
Capula 338
Cargèse 239
Casamaccioli 314
Casamozza 151
Cascade de Piscia di Gallo 178
Cascade de Radule 359

Geographischer Index

Cascade des Anglais 333, 368
Cascade du Voile de la Mariée 234
Castagniccia 295
Castel de Vergio 345
Castello d'Arraggio 178
Castirla 310
Cateri 291
Cauria 202
Cauro 232
Centuri-Port 134
Cervione 296
Chapelle Sainte-Restitude 280
Christe-Eleïson (Berg) 162
Cirque de la Solitude 355
Col d'Avartoli 352
Col de Bavella 372
Col de la Haute Route 365
Col de Laparo 377
Col de Luana 375
Col de Palmarella 259
Col de Saint-Pierre 360
Col de San Stefano 147
Col de Verde 379
Col de Vergio 258, 359
Col de Vizzavona 333
Col Perdu 355
Conca 345, 348, 369
Corbara 289
Corte 318, 345, 363
Cucuruzzu 338
Cumpudellu 340

D/E

Désert des Agriates 149
Dolmen von Fontanaccia 203
Erbalunga 128
Etang de Biguglia 124
Etang de Diane 160
Etang d'Urbino 160
Evisa 257

F

Fango-Tal 262
Favone 166
Feliceto 292
Filitosa 213

Finocchiarola-Inseln 130
Fiumorbo 163
Foce Finosa 371
Forêt d'Altone 258
Forêt de Bonifatu 277, 345, 349
Forêt de Bonifatu (Wanderung) 278
Forêt de L'Ospédale 178
Forêt de Saint-Antoine 333
Forêt de Vizzavona 333
Fozzano 196, 202

G

Galéria 260
Ghisonaccia 161
Ghisoni 162
Girolata 255
Golfe de Pinarellu 176
Golf von Ajaccio 219
Golf von Calvi 276
Golf von Porto 246
Golf von Porto-Vecchio 174
Golf von Sagone 235
Golf von Valinco 206
Golfe de la Liscia 237
Golfe de Lava 239
Golfe de Santa-Giulia 176
Golfe de Santa-Manza 191
Golfo di Sogno 174
Gravona-Tal 233
Grottes et Falaises 190
Guagno 245
Guagno-les-Bains 245

H/I

Haut-Asco 307, 345, 348, 354
Hôtel Castel de Vergio 358, 360
Ile Cavallo 191
Iles Lavezzi 191
Iles Sanguinaires 231

K/L

Kevano-Plage 192
Kyrie-Eleïson (Berg) 162
La Giraglia 131
La Porta 302

Lac de Capitello 327, 366
Lac de Creno 245
Lac de Goria 327
Lac de la Muvrella 353
Lac de Melo 327, 366
Lac de Nino 313, 361
Lavasina 128
Levie 337
L'Ile-Rousse 284
L'Ospédale 178
Lozari 288
Lumio 281
Lunghignano 281

M

Macinaggio 129
Maison Forestière de Poppaghia 313
Marcasso (Kloster) 291
Marine d'Albo 137
Marine de Giottani 137
Marine de Luri 128
Marine de Pietracorbara 128
Marine de Porticciolo 128
Marine de Sant'Ambroggio 282
Marine de Solaro 166
Monte Cinto 304
Monte Incudine 335, 374
Monte San Petrone 301
Monte Sant'Angelo 289
Montegrosso 281
Moriani-Plage 152
Morosaglia 303
Morsiglia 135
Moulin Mattei 131
Murato 148
Muro 292

N

Nebbio 141
Niolo 310
Nonza 138
Notre Dame de la Serra 277

O

Ocana 233
Oletta 147

Olmeto 213
Orezza (Kloster) 300
Ota 256

P

Paglia Orba 263
Partinello 254
Patrimonio 140
Peraiola (Bucht) 289
Petreto-Bicchisano 217
Piana 253
Piedicroce 299
Pietranera 127
Pietrapola (Thermalbad) 163
Pieve 149
Pigna 290
Pinarellu 176
Pino 135
Plage Arinella 282
Plage de Bussaglia 254
Plage de Canella 166
Plage de Chiuni 243
Plage de Copabia 218
Plage de Gradelle 255
Plage de Ménasina 242
Plage de Padulone 159
Plage de Palombaggia 176
Plage de Pero 242
Plage de Portigliolo 210
Plage de Quercioni 162
Plage de Ruppione 231
Plage de Tonnara 192
Plage du Liamone 237
Plateau de Gialgone 379
Pointe de la Chiappa 176
Pointe de la Parata 231
Pont du Vecchio 331
Ponte Leccia 304f.
Porticcio 230
Porto 246
Porto Pollo 212
Porto-Vecchio 168
Presqu'île d'Isolella 231
Propriano 207
Prunelli-Schlucht 233
Prunelli-Tal 232
Punta della Cappella 377
Punta di a Scadetta 376
Punta Mortella 146

Q/R

Quenza 336
Refuge d'Altore 352, 354f.
Refuge d'Asinao 373
Refuge de Capannelle 380f.
Refuge de Carrozzu 278, 349ff.
Refuge de Ciuttulu di i Mori 357f.
Refuge de l'Onda 366, 368
Refuge de l'Ortu di u Piobbu 351
Refuge de Manganu 329, 360ff., 364
Refuge de Paliri 371
Refuge de Petra Piana 329, 364f.
Refuge de Prati 378
Refuge de Puscaghia 263
Refuge de San Gavino 377
Refuge de Sega 330, 362f.
Refuge de Tighiettu 356
Refuge d'Usciolu 376
Restonica-Tal 325
Revellata (Halbinsel) 277
Roccapina 193
Rocher du Lion 193
Rogliano 130

S

Sagone 235
Sainte-Lucie-de-Tallano 339
Sainte-Trinité (Ermitage) 192
Saint-Florent 141, 146
Saint-François (Halbinsel) 276
Sampolo (Stausee) 162
San Cipriano (Bucht) 175
San Michele 148
San Parteo 125
San Quilico de Montilati 179
Santa Severa 128
Santa-Maria-Figaniella 202
Santa-Maria-Sicchè 217
Sant'Antonino: 291
Santo-Pietro-di-Tende 149
Sartène 193
Scala di Santa Regina 310
Scandola 256
Sdragonato-Grotte 190
Seneca-Turm 136
Serra di Pigna 125
Solenzara 164
Sorio 149
Source d'Orezza 300
Speloncato 293
Spelunca-Schlucht 257
Spin' A Cavallu 200
Stazzona 300

T

Taravo 333
Tarco 166
Tattone 332
Tavignano-Tal 329
Tiuccia 237
Tizzano 204
Tollare 131
Tolla-Stausee 233
Torre 177
Tour de la Calanca 211
Trou de la Bombe 340
Tuarelli 263

V-Z

Val d'Ese 232
Venachese 330
Venaco 330
Vico 244
Vivario 331
Vizzavona 332, 345, 368, 381
Zicavo 334
Zonza 336